OUVRAGE RÉALISÉ SOUS LA DIRECTION D'HÉLÈNE SABBAH

Littérature 2de

Des textes aux séquences

Édition 2004

Hélène SABBAH
Agrégée de Lettres classiques

Catherine WEIL
Agrégée de Lettres classiques
Professeur associé à l'IUFM de Versailles

HATIER

Conception maquette : Mateo Baronnet
Réalisation : Ici & Ailleurs
Iconographie : Édith Garraud, assistée de Christine Charier / Hatier Illustration
Relecture, corrections : Yves Tissier
Chronologies en pages de garde : Vincent Landrin

ISBN : 2-218-**74582**-8

XVIIIe

1700 — 1750 — 1800

…e	Louis XIV (1661-1715)	Régence de Philippe d'Orléans (1715-1723)	Louis XV (1723-1774)	Louis XVI (1774-1792)	Ire République, Directoire et Consulat (1792-1804)

1664 Condamnation de Foucquet

1682 Installation de Louis XIV à Versailles

1668 Paix d'Aix-la-Chapelle

1678 Paix de Nimègue

1659 Traité des Pyrénées fin de la guerre France/Espagne

1686-1794 Guerre de la ligue d'Augsbourg

1681 Dragonnades contre les révoltes des protestants

1716 Système financier de Law

1720 Effondrement du système de Law

1717 Triple Alliance

1719 Guerre entre la France et l'Espagne

1701-1714 Guerre de Succession d'Espagne

1702-1705 Révolte des Camisards

1724 Édit contre les protestants

1713 Excommunication des Jansénistes

1741-1748 Guerre coloniale avec l'Angleterre

1748 Traité d'Aix-la-Chapelle

1762 Affaire Calas

1766 Affaire du chevalier de La Barre

1756-1763 Guerre de Sept Ans

1764 Expulsion des Jésuites

1776 Indépendance des États-Unis

1789 RÉVOLUTION

1787 Édit de tolérance envers les les protestants

1793 Exécution de Louis XVI

1795 Directoire

1799 Coup d'État du 18-Brumaire

1685 Révocation de l'édit de Nantes

1755 Tremblement de terre de Lisbonne

1766-1769 Voyage de Bougainville

1768-1779 Voyages de Cook

1666 Création de l'Académie des sciences de Paris

1681 Halley étudie la comète qui portera son nom

1687 Newton, *Principes mathématiques de philosophie naturelle*

1736 Confirmation des principes de Newton par le calcul du méridien terrestre

1765 Invention de la machine à vapeur

1774 Grand téléscope de Herschel

1783 Lavoisier Analyse de l'eau

1800 Volta Pile électrique

1661 Début de la construction du château de Versailles

1662 Philippe de Champaigne *Ex-voto*

1662 Vermeer *La Jeune Fille à la perle*

1710 Destruction de l'abbaye de Port-Royal des-Champs

1717 Watteau *L'Embarquement pour Cythère*

1721 Bach *Six Concertos brandebourgeois*

1742 Haendel *Le Messie*

1748 Fouilles de Pompéi

1766 Fragonard *Les Hasards heureux de l'escarpolette*

1787 Mozart *Don Giovanni*

1793 David *Marat expirant*

Classicisme — **Philosophie des Lumières**

Swift 1667-1745

Lesage 1668-1747

Marivaux 1688-1763

Montesquieu 1689-1755

Voltaire 1694-1778

L'abbé Prévost 1697-1763

Goldoni 1707-1793

Rousseau 1712-1778

Sterne 1713-1768

Diderot 1713-1784

Cazotte 1719-1792

Beaumarchais 1732-1799

Rétif de la Bretonne 1734-1806

…rneille 1606-1684

Sade 1740-1814

Laclos 1741-1803

Condorcet 1743-1794

…hefoucauld 1613-1680

Goethe 1749-1832

…ière 1619-1688

Schiller 1759-1805

…ontaine 1621-1695

Chénier 1762-1794

…ère 1622-1673

Perrault 1628-1703

G. de Staël 1766-1817

Boileau 1636-1711

Chateaubriand 1768-1848

Racine 1639-1699

Présentation

Cette nouvelle édition du *Littérature 2de, des textes aux séquences* répond de manière plus juste à un programme qui, lors de la première édition en 2000, n'était pas encore stabilisé. Ainsi, les trois principaux axes de modification ont porté sur l'organisation des objets d'étude, sur une meilleure adaptation à la préparation des épreuves anticipées de français et sur une prise en compte plus importante de la chronologie.

Dans la continuité de la première édition, ce manuel propose, regroupés en **séquences**, un ensemble de textes accompagnés de questions, d'illustrations, de fiches « Repères », de pages « Contexte historique et culturel » et de « Notices biographiques ». L'organisation des séquences renvoie aux **objets d'étude** du programme, à l'intérieur d'une structure en **quatre grandes parties**.

Grandes parties et objets d'étude

Le programme définit quatre grandes perspectives d'étude :

– **Intertextualité**, **production et singularité des textes**, qui traite des sources de l'écriture et des conditions historiques de production.

– **Genres et registres**, qui regroupent le roman, la nouvelle et le théâtre dans leurs spécificités et leur évolution historique.

– **Histoire littéraire et culturelle**, qui s'attache à des courants littéraires du XIXe et du XXe siècle.

– **Argumentation et délibération**, abordée à travers les démarches qui consistent à démontrer, convaincre ou persuader.

C'est dans ce cadre que se répartissent les **sept objets d'étude** de la classe de seconde : « Écrire, publier, lire », « Le travail de l'écriture », « Le récit : le roman ou la nouvelle », « Le théâtre : les genres et registres (le comique et le tragique) », « Un mouvement littéraire et culturel du XIXe ou du XXe siècle », « Démontrer, convaincre et persuader », « L'éloge et le blâme ».

Un regroupement en séquences

Chaque **objet d'étude** est traité à travers plusieurs **séquences**. Chacune regroupe des textes et des documents iconographiques autour d'un aspect particulier. Les textes sont classés par ordre chronologique, de façon à donner aux élèves des repères qui leur manquent parfois. On peut choisir de travailler en suivant une séquence, ou d'en construire d'autres en utilisant de manière transversale celles qui existent. La diversité des textes et de nombreuses interférences offrent une grande variété de choix.

Les approches pédagogiques

Chaque texte proposé est accompagné d'un **ensemble d'exercices**, qui correspondent à des démarches diverses de **découverte** et d'**apprentissage**, ou de **vérification** des savoirs : recherches d'histoire littéraire, réflexion sur le sens et l'évolution des mots, lecture analytique, lectures comparées, maîtrise de la langue. Il s'agit toujours de faciliter l'entrée dans le texte en plaçant l'élève en situation de recherche et de découverte, l'objectif étant de comprendre les caractéristiques et les enjeux littéraires en relation avec les objets d'étude.

L'étude des textes est aussi l'occasion d'une découverte progressive des **exercices de l'épreuve anticipée** : on s'oriente ainsi vers le travail sur un corpus, vers le commentaire, vers la dissertation et vers l'écriture d'invention.

Nous souhaitons que cet ouvrage aide les enseignants dans leurs démarches pédagogiques, en leur offrant un grand choix de textes et des approches de la littérature à la fois variées et efficaces. Nous espérons aussi que ce manuel saura accompagner les élèves dans leur apprentissage de la littérature.

Hélène Sabbah

Sommaire

PRODUCTION ET SINGULARITÉ DES TEXTES

1. Le travail de l'écriture

Séquence 1 Les sources antiques

1 **C. Gagnière**, *Pour tout l'or des mots* 16

2 La fable d'**Ésope** à **La Fontaine** et à **Perrault**

– **Ésope**, *Fables*, « Le Renard et le Bouc dans le puits » 18

– **J. de La Fontaine**, *Fables*, « Le Renard et le Bouc » 19

– **C. Perrault**, *Le Labyrinthe de Versailles*, « Le Renard et le Bouc » 20

3 Le théâtre comique de **Plaute** à **Molière** et **Corneille**

– **Plaute**, *La Marmite* 21

– **Molière**, *L'Avare* 21

– **Plaute**, *Le Soldat fanfaron* 22

– **P. Corneille**, *L'Illusion comique* 23

4 Le théâtre tragique d'**Euripide** à **Racine**

– **Euripide**, *Iphigénie à Aulis* 24

– **J. Racine**, *Iphigénie* 25

– **J. Racine**, préface d'*Iphigénie* 27

5 LIRE L'IMAGE : **Léonard de Vinci**, *Vierge à l'enfant avec sainte Anne et saint Jean-Baptiste*
P. Picasso, *Mère et enfant* 28

REPÈRES L'inspiration antique et l'imitation 29

Séquence 2 Carnets et brouillons d'écrivains

1 **P.-M. de Biasi**, *Brouillons d'écrivains*, « Mille et une ratures » 30

2 Les conseils de **Boileau** : *Art poétique* 32

3 Les réécritures de **Chateaubriand** : *Mémoires d'outre-tombe* 34

4 Le travail de **Flaubert** dans *Madame Bovary* 36

5 Le travail préparatoire de **Zola** : *Carnets d'enquêtes*

– Notes pour *L'Assommoir* 38

– Notes pour *Germinal* 38

– Notes pour *La Terre* 39

6 Les corrections de **Balzac** dans *César Birotteau* 40

7 LIRE L'IMAGE : **G. Caillebotte**, *Perspective de rues* (étude) / *Rues de Paris, temps de pluie* 42

REPÈRES Travaux préparatoires et brouillons d'écrivains 43

Séquence 3 Plaisir et difficulté d'écrire

1 **C. Marot**, « Petite épître au roi » 44

2 **J.-J. Rousseau**, *Les Confessions* 46

3 **J. Vallès**, *L'Enfant* 48

4 **F. Ponge**, *La Rage de l'expression*, « Le Mimosa » 50
5 **J.-P. Sartre**, *Les Mots* 51
6 **N. Sarraute**, *Enfance* 53
7 Écrire « l'inimaginable »
– **R. Antelme**, avant-propos de *L'Espèce humaine* 55
– **J. Semprun**, *L'Écriture ou la Vie* 56
8 LIRE L'IMAGE : **Ingres**, *Le compositeur Cherubini et la Muse de la poésie lyrique* 58
REPÈRES Les mots : nature, sens et usage 59

PRODUCTION ET SINGULARITÉ DES TEXTES

2. Écrire, publier, lire

Séquence 4 Du *volumen* au livre de poche

1 La naissance du livre
– **G. Jean**, *L'Écriture, mémoire des hommes* 62
– **G. Jean**, « Du *volumen* au codex » 63
2 La composition de la page
– **J. Toulet**, *Le Livre français, hier, aujourd'hui, demain* 65
– **G. Apollinaire**, *Calligrammes*, « Il pleut » 66
3 L'invention de l'imprimerie : **A. Manguel**, *Une histoire de la lecture* 67
4 La diffusion des livres
– *Dictionnaire des Littératures de langue française*, article « Colportage » 69
– *Dictionnaire des littératures*, article « Bibliothèque bleue » 71
5 La révolution du livre de poche : **G. de Sairigné**, *L'Aventure du livre de poche* 72
6 Le destin des « livres à 10 francs » : **C. Rousseau**, *Le Monde des livres* 74
7 LIRE L'IMAGE : affiche « Les trois révolutions du livre » 76
REPÈRES Historique du livre 77

Séquence 5 De l'écriture à la publication

1 Auteurs et éditeurs : de **Balzac** à **Jérôme Lindon**
– **H. de Balzac**, *Illusions perdues* 78
– Entretien avec **J. Lindon**, *Le Français dans le monde* 80
2 L'établissement du texte
– **G. Flaubert**, *Madame Bovary* 82
– **P. Loti**, *Le Roman d'un enfant* 82
3 Les différents « auteurs » : pages de titre de *La Curée*, de **Zola** 83
4 Les obstacles à la publication
– **R. Pomeau**, note sur *L'Ingénu* de **Voltaire** 84
– **E. Pinard**, *Réquisitoire du procès de* Madame Bovary 86
5 Le livre et ce qui le fait connaître : **C. Sales**, *La Trahison* 88
6 LIRE L'IMAGE : couvertures 90
REPÈRES Codes et contraintes d'édition 91

Séquence 6 Être lecteur

1 **J. Vallès**, *L'Enfant* 92
2 **G. de Maupassant**, préface de *Pierre et Jean* 94
3 **J.-P. Sartre**, *Les Mots* 95
4 **J. Guéhenno**, *Carnets du vieil écrivain* 98
5 **I. Calvino**, *Si par une nuit d'hiver un voyageur* 100
6 **R. Queneau**, *Contes et propos*, « Un conte à votre façon » 102
7 **A. Saumont**, *Après*, « Fille lisant à l'arrêt du bus » .... NOUVELLE INTÉGRALE 104
8 **A. Thibaudet**, *Nouvelle Revue française*, « Réflexions sur le roman » 106
9 LIRE L'IMAGE : affiche « Lire en fête » 108
REPÈRES Communication et fonctions du langage 109

GENRES ET REGISTRES

3. Le roman et la nouvelle

Séquence 7 Du fait réel au récit de fiction

1 Brèves et faits divers : trois brèves de ***Libération*** 112
2 De la dépêche à l'article court : articles du ***Monde*** et du ***Parisien*** 113
3 Du fait divers à la littérature
– Les sources de *Robinson Crusoé* 114
– **F. Fénéon**, *Nouvelles en trois lignes* 115
4 Compte rendu d'un fait réel ou récit de fiction ?
– Article du ***Monde***, « La terre a encore tremblé… » 116
– **Voltaire**, *Candide ou l'Optimisme* 118
– **A. Londres**, *La Chine en folie* 120
– **M. Yourcenar**, *Nouvelles orientales*, « Comment Wang-Fô fut sauvé » 121
– **Colette**, *Les Heures longues*, « La Tête » 122
– **H. Barbusse**, *Le Feu* 123
5 **G. Genette**, *Fiction et diction* 125
6 LIRE L'IMAGE : **J. Hélion**, *Faits divers* 126
REPÈRES Historique du roman 127

Séquence 8 Narrateur et lecteur

1 **A.-R. Lesage**, *Histoire de Gil Blas de Santillane*, « Gil Blas au lecteur » 128
2 **D. Diderot**, *Jacques le Fataliste et son maître* 130
3 **Stendhal**, *Le Rouge et le Noir* 131
4 **H. de Balzac**, *La Peau de chagrin* 133
5 **G. de Maupassant**, *Contes de la bécasse*, « Aux champs » 134
6 **A. Camus**, *La Chute* 136
7 **J. Rouaud**, *Des hommes illustres* 137
8 **P. Rambaud**, *Une journée d'été*, « La salle des fêtes » .... NOUVELLE INTÉGRALE 139

9 **C. Gailly**, *Un soir au club* 142
10 LIRE LE TEXTE ET L'IMAGE : **Tardi**, *Casse-pipe à la Nation* 144
L. Malet, *Casse-pipe à la Nation* 145
REPÈRES Le discours narratif, narrateur et lecteur 146
REPÈRES Le point de vue 147

Séquence 9 Structure du récit romanesque

1 **H. de Balzac**, *Le Colonel Chabert* 148
2 **Stendhal**, *La Chartreuse de Parme* 150
3 **E. A. Poe**, *Nouvelles Histoires extraordinaires*, « Le portrait ovale » . . . NOUVELLE INTÉGRALE 151
4 **G. Flaubert**, *L'Éducation sentimentale* 154
5 **É. Zola**, *L'Assommoir* 156
6 **G. de Maupassant**, *Bel-Ami* : incipit et épilogue 158
7 LIRE L'IMAGE : illustration du *Roman de Mélusine* 160
REPÈRES Structure du récit romanesque 161

Séquence 10 Personnages et héros de fiction

1 **A. Furetière**, *Le Roman bourgeois* 162
2 **A.-R. Lesage**, *Histoire de Gil Blas de Santillane* 164
3 **H. de Balzac**, *Le Père Goriot* 165
4 **T. Gautier**, *Récits fantastiques*, « Jettatura » 167
5 **Villiers de L'Isle-Adam**, *Contes cruels*, « Vox populi » . . . NOUVELLE INTÉGRALE 169
6 **É. Zola**, « ébauche » de *La Bête humaine* 172
7 **N. Sarraute**, *Enfance* 173
8 **D. Sénécal**, « Où vont-ils pêcher ces noms ? », *Lire* 175
9 LIRE L'IMAGE : personnages de romans 176
REPÈRES Le personnage de roman 178
REPÈRES Le registre épique 179

Séquence 11 Lieux et temps dans le récit

1 **H. de Balzac**, *Adieu !* 180
2 **Th. Gautier**, *Récits fantastiques*, « Omphale » 182
3 **V. Hugo**, *Les Misérables* 183
4 **É. Zola**, *La Curée* 185
5 **J. Green**, *Léviathan* 186
6 **A. Camus**, *L'Étranger* 188
7 **P. Veilletet**, *Mots et Merveilles*, « La société des lacs » 190
8 LIRE L'IMAGE : **E. Hopper**, *Nighthawks (Les Noctambules)* 192
REPÈRES Lieux et temps dans le récit 193

Séquence 12 Étude de nouvelles intégrales

1 **H. H. Munro**, dit **Saki**, *Nouvelles*, « Sredni Vashtar » NOUVELLE INTÉGRALE 194
2 **Vercors**, *Le Silence de la mer*, « Ce jour-là » NOUVELLE INTÉGRALE 199
3 **R. Bradbury**, *Un remède à la mélancolie*, « Le dragon » NOUVELLE INTÉGRALE 203
4 **Q. Monzó**, *Olivetti, Moulinex, Chaffoteaux et Maury*, « N'en soyez pas si sûr » NOUVELLE INTÉGRALE 207
5 LIRE L'IMAGE : **R. Magritte**, *L'Espion* 211
REPÈRES La nouvelle 212
REPÈRES Le fantastique 213

GENRES ET REGISTRES

4. Le théâtre

Séquence 13 Le théâtre antique

LA TRAGÉDIE

1 **J. de Romilly**, *La Tragédie grecque* 216
2 La reprise des mythes antiques dans la tragédie 218
3 **Euripide**, *Médée* 219
4 **Sophocle**, *Œdipe roi* 221

LA COMÉDIE

5 **P. Grimal**, *La Civilisation romaine* 223
6 **Aristophane**, *Les Cavaliers* 224
7 **Plaute**, *Le Marchand* 226
8 LIRE L'IMAGE : deux représentations de Médée 228
REPÈRES Le théâtre antique 229

Séquence 14 La tragédie classique

1 Personnages et lieux de la tragédie : didascalies initiales
– **J. Racine**, *Andromaque* 230
– **J. Racine**, *Phèdre* 230
– **P. Corneille**, *Polyeucte* 231
– **P. Corneille**, *Cinna* 231
2 L'exposition dans la tragédie : **P. Corneille**, *Cinna* 232
3 La fatalité tragique
– **P. Corneille**, *Le Cid* 234
– **P. Corneille**, *Horace* 236
– **J. Racine**, *Britannicus* 238
– **J. Racine**, *Iphigénie* 240
– **P. Corneille**, *Suréna* 242
4 Le récit tragique : **J. Racine**, *Phèdre* 244
5 Le dénouement tragique : **J. Racine**, *Andromaque* 246

6 Règles et codes de la tragédie . . . 248
– **J. Racine**, préface de *Mithridate* . . . 248
– **N. Boileau**, *Art poétique* . . . 249

7 LIRE L'IMAGE : mises en scène de *Britannicus* et de *Phèdre* . . . 251

REPÈRES La tragédie . . . 252

REPÈRES Le registre tragique . . . 253

Séquence 15 La comédie aux XVIIe et XVIIIe siècles

1 Personnages et lieux de la comédie : didascalies initiales
– **P. Corneille**, *L'Illusion comique* . . . 254
– **Molière**, *L'Avare* . . . 254
– **Marivaux**, *La Fausse Suivante* . . . 255
– **Beaumarchais**, *Le Mariage de Figaro* . . . 255

2 L'exposition dans la comédie
– **Molière**, *Tartuffe* . . . 256
– **Molière**, *George Dandin* . . . 259
– **Marivaux**, *Le Jeu de l'amour et du hasard* . . . 260

3 Thèmes et ressorts du comique
– **Molière**, *L'Avare* . . . 262
– **Molière**, *Amphitryon* . . . 264
– **Molière**, *Les Fourberies de Scapin* . . . 266
– **Beaumarchais**, *Le Mariage de Figaro* . . . 267

4 Le dénouement de la comédie
– **Molière**, *Tartuffe* . . . 270
– **Molière**, *Dom Juan* . . . 272

5 Règles et codes de la comédie
– **Molière**, préface de *Tartuffe* . . . 274
– **Beaumarchais**, préface du *Mariage de Figaro* . . . 275

6 LIRE L'IMAGE : **P. D. Olivero**, *Intérieur du Théâtre royal de Turin en 1740* . . . 277

REPÈRES La comédie . . . 278

REPÈRES Le registre comique . . . 279

Séquence 16 Le théâtre au XIXe siècle

LE DRAME ROMANTIQUE

1 Personnages et lieux du drame romantique : didascalies initiales
– **V. Hugo**, *Hernani* . . . 280
– **A. de Musset**, *Lorenzaccio* . . . 281

2 **V. Hugo**, préface de *Cromwell* . . . 282

3 **V. Hugo**, *Hernani* . . . 283

4 **A. de Musset**, *Lorenzaccio* . . . 287

5 **A. de Vigny**, *Chatterton* . . . 288

6 **A. de Musset**, *Les Caprices de Marianne* 290
7 **A. de Musset**, *On ne badine pas avec l'amour* 292
8 **E. Labiche**, *Le Voyage de Monsieur Perrichon* 294
9 LIRE L'IMAGE : **L. L. Boilly**, *L'Effet du mélodrame* 296
REPÈRES Le drame romantique 297

Séquence 17 Le théâtre au XXe siècle

1 **G. Feydeau**, *On purge Bébé* 298
2 **J. Romains**, *Knock ou le Triomphe de la médecine* 301
3 **J. Cocteau**, *La Machine infernale* 303
4 **J. Giraudoux**, *La guerre de Troie n'aura pas lieu* 304
5 **A. Camus**, *Les Justes* 306
6 **J. Tardieu**, *La Comédie du langage*, « Finissez vos phrases ou Une heureuse rencontre » 307
7 **P. Claudel**, *L'Échange* 309
8 **E. Ionesco**, *Rhinocéros* 311
9 **N. Sarraute**, *Pour un oui ou pour un non* 313
10 LIRE L'IMAGE : représentation de *La Tempête*, festival d'Avignon 315
REPÈRES Le théâtre au XXe siècle 316
REPÈRES Le registre pathétique 317

HISTOIRE LITTÉRAIRE

5. Mouvements littéraires au XIXe siècle

Séquence 18 Le romantisme

1 **F.-R. de Chateaubriand**, *René* 320
2 **A. de Lamartine**, *Les Méditations*, « Le Lac » 322
3 **V. Hugo**, *Les Orientales*, « L'enfant » 324
4 **Stendhal**, *Le Rouge et le Noir* 326
5 **V. Hugo**, *Les Feuilles d'automne*, « Soleils couchants » 327
6 **A. de Vigny**, *Servitude et Grandeur militaires* 329
7 **A. de Musset**, *La Confession d'un enfant du siècle* 330
8 **A. Bertrand**, *Gaspard de la nuit*, « Ondine » 332
9 **G. de Nerval**, *Odelettes rythmiques et lyriques*, « Fantaisie » 333
10 **V. Hugo**, *Châtiments*, « Ô soleil, ô face divine... » 334
11 LIRE L'IMAGE : **C. F. Friedrich**, *Voyageur contemplant une mer de nuages* 335
REPÈRES Le romantisme 336
REPÈRES Le registre lyrique 337

Séquence 19 Réalisme et naturalisme

1 **Stendhal**, *Le Rouge et le Noir* 338
2 **H. de Balzac**, *Le Cousin Pons* 340
3 **G. Flaubert**, *Madame Bovary* 342
4 **G. Flaubert**, *L'Éducation sentimentale* 343
5 **É. Zola**, *La Curée* 345
6 **É. Zola**, *Le Ventre de Paris* 346
7 **É. Zola**, *L'Assommoir* 348
8 **É. Zola**, *Le Roman expérimental* 349
9 **G. de Maupassant**, *Contes divers*, « L'aveugle » ..... NOUVELLE INTÉGRALE 351
10 **G. de Maupassant**, préface de *Pierre et Jean* 354
11 LIRE L'IMAGE : **L. A. Lhermitte**, *La Paie des moissonneurs* 356
REPÈRES Du réalisme au naturalisme 357

HISTOIRE LITTÉRAIRE

6. Mouvements littéraires au XXe siècle

Séquence 20 Esprit nouveau et surréalisme

1 **É. Verhaeren**, *Les Villes tentaculaires*, « Les usines » 360
2 **B. Cendrars**, « Prose du Transsibérien et de la petite Jehanne de France » 362
3 **G. Apollinaire**, *Alcools*, « Zone » 364
4 **G. Apollinaire**, *Calligrammes*, « La colombe poignardée et le jet d'eau » 365
5 **P. Eluard**, *Capitale de la douleur*, « Leurs yeux toujours purs » 366
6 **R. Desnos**, *C'est les bottes de 7 lieues cette phrase : « je me vois »*, « Les gorges froides » 367
7 **A. Breton**, *Nadja* 368
8 **M. Jacob**, *Sacrifice impérial*, « La terre » 369
9 **H. Michaux**, *La nuit remue*, « Icebergs » 370
10 **P. Eluard**, préface de *Poésie involontaire et Poésie intentionnelle* 371
11 LIRE L'IMAGE : **R. Magritte**, *La Condition humaine* 372
REPÈRES Esprit nouveau et surréalisme 373

Séquence 21 Littérature et Résistance

1 **Vercors**, *Le Silence de la mer* 374
2 **C. Roy**, *Poésies*, « Les cloches du sommeil » 376
3 **L. Aragon**, *Le Musée Grévin*, « J'écris dans ce pays » 377
4 **P. Emmanuel**, *L'Honneur des poètes*, « Les dents serrées » 379
5 **R. Desnos**, *Destinée arbitraire*, « Ce cœur qui haïssait la guerre » 380
6 **J. Anouilh**, *Antigone* 381
7 **R. Char**, *Feuillets d'Hypnos* 383
8 **A. Camus**, *Discours de Suède* 385

9 **J. Ferrat**, « Nuit et Brouillard » ... 386
10 LIRE L'IMAGE : **R. Guttuso**, *Le Triomphe de la guerre* ... 388
REPÈRES La littérature engagée ... 389

7. Démontrer, convaincre, persuader

Séquence 22 L'éducation en débat

1 Fabliau (anonyme), « Du vilain qui conquit le paradis par plaid » ... 392
2 **Érasme**, *De l'éducation des enfants* ... 395
3 **Montaigne**, *Essais*, « De l'institution des enfants » ... 396
4 **Molière**, *Les Femmes savantes* ... 398
5 **J.-J. Rousseau**, *Émile ou De l'éducation* ... 400
6 **Voltaire**, *Jeannot et Colin* ... 402
7 **Condorcet**, *Cinq Mémoires sur l'Instruction publique* ... 404
8 **V. Hugo**, *Les Contemplations*, « À propos d'Horace » ... 406
9 **J. Ferry**, « Circulaire concernant l'enseignement moral et civique » ... 408
10 **L. Cornu**, **J.-C. Pompougnac** et **J. Roman**, *Le Barbare et l'Écolier* ... 410
11 **P. Meirieu**, *L'école et les parents*, « Pour un nouveau pacte éducatif » ... 411
12 **A. Jacquard**, *L'école et les parents*, « Hors de la réussite scolaire, point de salut » ... 413
13 LIRE L'IMAGE : dessins de **Plantu**, *Le Monde* ... 415
REPÈRES Le discours argumentatif ... 416
REPÈRES Énoncé, énonciation ... 417

Séquence 23 L'autre en question

1 **J. de Léry**, *Histoire d'un voyage en la terre du Brésil* ... 418
2 **Montaigne**, *Essais*, « Des cannibales » ... 420
3 **Marivaux**, *La Colonie* ... 421
4 **Montesquieu**, *De l'esprit des lois* ... 423
5 **Voltaire**, *Candide ou l'Optimisme* ... 424
6 **C. Lévi-Strauss**, *Anthropologie structurale II* ... 425
7 **J. Prévert**, *La Pluie et le Beau Temps*, « Étranges étrangers... » ... 427
8 **A. Jacquard**, *Éloge de la différence* ... 429
9 **A. Memmi**, *Ce que je crois* ... 430
10 **É. Badinter**, *L'Un est l'Autre* ... 432
11 **J.-C. Carrière**, *La Controverse de Valladolid* ... 433
12 LIRE L'IMAGE : publicité Benetton ... 436
REPÈRES L'ironie ... 437

8. L'éloge et le blâme

Séquence 24 Portraits et éloges

1 **Molière,** *Tartuffe* 440
2 **J. B. Bossuet,** *Oraison funèbre d'Henriette d'Angleterre* 443
3 **J. de La Bruyère,** *Les Caractères,* « De la mode » 445
4 **J. de La Bruyère,** *Discours de réception à l'Académie française* 446
5 **Montesquieu,** *Lettres persanes* 448
6 **V. Hugo,** *Châtiments,* « Au peuple » 449
7 **P. Eluard,** *Au rendez-vous allemand,* « Gabriel Péri » 451
8 **A. Cohen,** *Le Livre de ma mère* 452
9 **A. Malraux,** *Oraisons funèbres,* « Transfert des cendres de Jean Moulin au Panthéon » 454
10 *Dictionnaire des Littératures,* article « Éloge » 455
11 LIRE L'IMAGE : **J. Garnier,** *Allégorie à Louis XIV, protecteur des Arts et des sciences* 456
REPÈRES L'éloge et le blâme 457

Séquence 25 À quoi sert la littérature

1 **J.-J. Rousseau,** *Émile ou De l'éducation* 458
2 **É. Zola,** *Les Romanciers naturalistes* 460
3 **J. Lemaître,** *Les Contemporains* 461
4 **M. Proust,** *Sur la lecture* 463
5 **J. Gracq,** *La Littérature à l'estomac* 465
6 **J. Guéhenno,** article du *Figaro* 466
7 **N. Júdice,** *Lettres à la jeunesse,* « Lettre à un jeune lecteur de poésie » 468
8 **U. Eco,** *De la littérature* 470
9 LIRE L'IMAGE : **J. Ensor,** *Autoportrait avec des masques* 472
REPÈRES Le registre polémique 473

CONTEXTE HISTORIQUE ET CULTUREL
XVIe siècle 474
XVIIe siècle 478
XVIIIe siècle 482
XIXe siècle 486
XXe siècle 490
NOTICES BIOGRAPHIQUES 494
INDEX DES AUTEURS ET DES ŒUVRES 504
GLOSSAIRE 507

Victor Hugo (1802-1885), *Notes, esquisses et manuscrit pour « Le Rhin »* (1840), (BNF ; Paris).

PRODUCTION ET SINGULARITÉ DES TEXTES

1

Le travail de l'écriture

Séquence 1

Les sources antiques 16

Repères : L'inspiration antique et l'imitation 29

Séquence 2

Carnets et brouillons d'écrivains 30

Repères : Travaux préparatoires et brouillons d'écrivains 43

Séquence 3

Plaisir et difficulté d'écrire 44

Repères : Les mots : nature, sens et usage 59

Séquence 1

Les sources antiques

1 Claude Gagnière, *Pour tout l'or des mots* (1996)

Est-il possible de faire du neuf en littérature ? Dans un ouvrage à la gloire des mots, Claude Gagnière répond catégoriquement : « tout le monde copie sur tout le monde ». Mais sans doute y a-t-il différentes façons de copier...

Il est assez de geais à deux pieds comme lui
Qui se parent souvent des dépouilles d'autrui
Et que l'on nomme plagiaires.

La Fontaine, « Le Geai paré des plumes du paon ».

Allez, fripier d'écrits, impudent plagiaire.

Molière, *Les Femmes savantes*, III, 3.

« Il n'y avait encore au monde que deux auteurs, Eschyle et Sophocle[1], que, déjà, le second passait pour avoir pillé le premier », écrivait Victorien Sardou[2].

Disons-le tout net : depuis que le monde est monde, tout le monde copie sur tout le monde. Copie, recopie, imite, pastiche, emprunte, pique, s'inspire, vole, pille, pompe ou plagie.

Térence[3] l'affirmait déjà, un siècle et demi avant notre ère : « Rien n'est dit qui n'ait été dit. »

Rien non plus n'autorise à croire qu'il ait pu, depuis, en être autrement. Jean Giraudoux[4] est on ne peut plus clair : « Le plagiat est la base de toutes les littératures, excepté de la première, qui d'ailleurs est inconnue. »

Plagiat, ce mot venu de l'Antiquité serait donc, si l'on s'en réfère à son étymologie, aussi vieux que la chose.

Chez les Romains on nommait *plagiaire* celui qui était condamné au fouet pour avoir vendu ou acheté comme esclaves des personnes qu'il savait être de condition libre. D'une manière générale, le plagiaire était celui qui s'emparait des esclaves d'autrui. Le mot latin de *plagiarius* proviendrait, selon les dictionnaires, soit du mot grec *plagos* (fourbe – hypocrite), soit du radical *plaga* (plaie – coup).

1. Eschyle (≃ 525-456), Sophocle (495-406) : auteurs tragiques grecs (► p. 221).

2. Victorien Sardou (1831-1908) : auteur français de drames et de comédies.

3. Térence (≃ 185-159) : auteur comique latin.

4. Giraudoux (1882-1944) : romancier et dramaturge français (► p. 304).

Diego Vélasquez (1599-1660), *Les Ménines ou La Famille de Philippe IV*, détail (1656), huile sur toile ; 3,18 × 2,76 m (musée du Prado ; Madrid).

Pablo Picasso (1881-1973), *Plaque décorée d'une infante, « Les Ménines »* (1957), céramique, 24 × 19,2 cm (musée Picasso ; Paris).

Martial[5] employa cette métaphore afin d'en flétrir l'auteur qui s'approprie les pensées d'un autre, s'exposant ainsi au fouet de l'opinion publique. Étonnante carrière que celle de ce mot de *plagiat* qui, à deux millénaires de distance, assimile le vol d'une œuvre écrite au rapt d'un esclave ! Quel autre rapport peut-il exister entre ces deux délits si ce n'est un préjudice commercial ou financier causé à la victime ?

Éd. Robert Laffont, coll. « Bouquins ».

5. Martial (40-104) : poète satirique latin.

RECHERCHE

Les mots et leur usage

1. *Tout le monde copie sur tout le monde...* (l. 3-5). Les verbes énumérés ensuite appartiennent-ils au même niveau de langue ? Donnez le sens précis de chacun. Sont-ils exactement synonymes ?

Bilan de lecture

2. Quel est le thème de ce texte ? Reformulez-le en deux phrases qui feront apparaître ses deux étapes.
3. Repérez tous les noms propres. Qui désignent-ils ? Quelle est l'utilité de leur présence dans le texte, pour celui qui écrit, pour le lecteur ?
4. Qu'avez-vous appris en lisant ce texte ? Donnez votre point de vue sur les démarches de « copie » littéraire : *emprunt, imitation, pastiche, plagiat...* Pourquoi, selon vous, copie-t-on un écrivain ?

Maîtrise de la langue

5. Composez sur un autre sujet une phrase qui « copiera » la formule de V. Sardou en reprenant sa structure : « *Il n'y avait encore au monde que deux ..., que ...* ».

Lecture de l'image

6. Quels éléments communs permettent de reconnaître le personnage du tableau de Vélasquez dans celui de Picasso ? Quelles sont les différences ?
7. Comment comprenez-vous la démarche de Picasso ?

REPÈRES L'inspiration antique... ▶ p. 29

2 La fable
d'Ésope à La Fontaine et à Perrault

Grandville (1803-1847), « Le Renard et le Bouc », illustration des *Fables* de La Fontaine (1838 ; Fournier et Perrotin ; Paris), gravure (BNF ; Paris).

Par admiration pour les écrivains de l'Antiquité gréco-romaine, les auteurs classiques ont souvent puisé à la source de leurs œuvres : La Fontaine s'inspire ainsi des fables d'Ésope.

Texte 1

Le Renard et le Bouc dans le puits

Un renard tombé dans un puits se vit contraint d'y rester, faute de pouvoir en remonter. Or un bouc assoiffé vint au même puits ; avisant le renard, il lui demanda si l'eau était bonne. Feignant la joie dans son malheur, le renard fit longuement l'éloge de l'eau, prétendant qu'elle était excellente, et engagea le bouc à descendre à son tour. N'écoutant que son désir, le bouc plongea sans plus réfléchir ; dès qu'il se fut désaltéré, il chercha avec le renard un moyen de remonter. Le renard lui dit qu'il avait une idée qui pourrait les sauver tous les deux : « Appuie donc tes pattes de devant contre la paroi et incline tes cornes : je monterai sur ton dos, puis je te hisserai à mon tour. » Le bouc se rangea de bon cœur à ce deuxième avis ; le renard, escaladant en trois bonds ses pattes, grimpa sur son dos, d'où il prit appui sur ses cornes, atteignit l'orifice du puits et se disposa à prendre le large. Comme le bouc lui reprochait de ne pas respecter leur accord, le renard se retourna : « Mon gaillard », lui dit-il, « si tu avais autant de cervelle que de barbe au menton, tu ne serais pas descendu sans songer d'abord au moyen de remonter ! »

De même chez les hommes : si l'on a du sens, il convient d'examiner l'issue d'une entreprise avant de s'y attaquer.

Notice biographique ▶ p. 502

Ésope, *Fables* (VIe siècle av. J.-C.),
trad. D. Loayza, éd. GF-Flammarion, 1995.

Texte 2

Le Renard et le Bouc

Capitaine Renard allait de compagnie
Avec son ami Bouc des plus haut encornés.
Celui-ci ne voyait pas plus loin que son nez ;
L'autre était passé maître en fait de tromperie.
La soif les obligea de descendre en un puits.
Là chacun d'eux se désaltère.
Après qu'abondamment tous deux en[1] eurent pris,
Le Renard dit au Bouc : « Que ferons-nous, compère ?
Ce n'est pas tout de boire, il faut sortir d'ici.
Lève tes pieds en haut, et tes cornes aussi :
Mets-les contre le mur. Le long de ton échine
Je grimperai premièrement ;
Puis sur tes cornes m'élevant,
À l'aide de cette machine,
De ce lieu-ci je sortirai,
Après quoi je t'en tirerai.
– Par ma barbe, dit l'autre, il est bon[2] ; et je loue
Les gens bien sensés comme toi.
Je n'aurais jamais, quant à moi,
Trouvé ce secret, je l'avoue. »
Le Renard sort du puits, laisse son compagnon,
Et vous lui fait un beau sermon
Pour l'exhorter à patience.
« Si le ciel t'eût, dit-il, donné par excellence
Autant de jugement que de barbe au menton,
Tu n'aurais pas, à la légère,
Descendu dans ce puits. Or, adieu, j'en suis hors.
Tâche de t'en tirer, et fais tous tes efforts :
Car pour moi, j'ai certaine affaire
Qui ne me permet pas d'arrêter en chemin. »

En toute chose il faut considérer la fin.

Jean de La Fontaine, *Fables*, III, 5, 1670.

1. De l'eau.
2. Cela est bon.

Contexte XVIIe s. ▸ p. 478
Notice biographique ▸ p. 498

Benjamin Rabier (1864-1939), « Le Renard et le Bouc », lithographie (1906 ; éd. Jules Tallandier, Paris), (coll. Archiv f. Kunst & Geschichte ; Berlin).

Texte 3

Dans Le Labyrinthe de Versailles, *qui inspira la décoration et le plan du jardin destiné à l'éducation du Dauphin, Perrault a repris le thème de certaines fables d'Ésope, les accompagnant d'un quatrain sur l'amour.*

Le Renard et le Bouc

Un Bouc et un Renard descendirent dans un puits pour y boire, la difficulté fut de s'en retirer ; le Renard proposa au Bouc de se tenir debout, qu'il monterait sur ses cornes, et qu'étant sorti il lui aiderait. Quand il fut dehors, il se moqua du Bouc, et lui dit : « Si tu avais autant de sens que de barbe, tu ne serais pas descendu là, sans savoir comment tu en sortirais. »

Tomber entre les mains d'une Coquette fière,
Est un plus déplorable sort,
Que tomber dans un puits la tête la première,
On est bien fin quand on en sort.

Charles Perrault, *Le Labyrinthe de Versailles*, XXIV, 1670.

Contexte XVIIe s. ▸ p. 478
Notice biographique ▸ p. 500

RECHERCHE

Histoire littéraire

1. Cherchez les dates, l'origine sociale et la nationalité d'Ésope. Grâce à qui peut-on connaître sa vie ?
2. Donnez les dates de La Fontaine. Quels liens le rattachent aux noms suivants : *Vaux-le-Vicomte, Château-Thierry, Le Nôtre, Foucquet, Limousin* ?
3. Citez d'autres œuvres de Perrault que vous connaissez et précisez à quel public elles s'adressent.

Maîtrise de la langue

4. Dans la fable d'Ésope (▸ texte 1), transformez le discours direct du renard (l. 8-9, 13-15) en discours indirect, puis en discours indirect libre.

Travail sur un corpus de textes

5. Dites en quelques lignes quelle est l'histoire racontée dans les textes 1 et 2, et comparez ce résumé au texte 3. Que remarquez-vous ?
6. Comparez les trois textes en faisant apparaître, sous forme de tableau, les similitudes et les différences sur les plans suivants : *présentation des deux personnages, comportements ; étapes de l'histoire ; formes de discours ; formulation, place et sens de la moralité.*
7. À partir de l'étude précédente, expliquez en quoi La Fontaine et Perrault, en reprenant le texte d'Ésope, ont ajouté des éléments personnels.
8. Laquelle des fables préférez-vous ? Pourquoi ?

Vers le commentaire

9. Construisez et rédigez un ou plusieurs des axes suivants, portant sur le texte de La Fontaine (▸ texte 2) : *l'importance du dialogue dans la fable et ce qu'il révèle ; le rôle du narrateur et ses choix ; le sens de la fable et l'enseignement qu'il faut en tirer, au-delà du dernier vers.*

Écriture d'invention

10. Choisissez une fable de La Fontaine et résumez-la à la manière de Perrault (▸ texte 3) sans ajouter de quatrain.
11. Réécrivez en prose, à la manière d'Ésope (▸ texte 1), une fable de La Fontaine de votre choix.

Oral

12. Choisissez une fable de La Fontaine et préparez sa lecture à plusieurs voix, en respectant les rôles du narrateur et des personnages s'exprimant au discours direct ou au discours indirect libre.
13. Racontez oralement une fable de votre choix en transposant au discours indirect les passages de discours direct.

REPÈRES L'inspiration antique... ▸ p. 29
Le discours narratif ▸ p. 146

3 Le théâtre comique de Plaute à Molière et à Corneille

Molière et Corneille se sont inspirés de Plaute pour créer certains de leurs personnages, comme Harpagon (▸ texte 2) ou Matamore (▸ texte 4).

Texte 1

Notice biographique ▸ p. 500
Du même auteur ▸ p. 22 p. 226

EUCLION. – Je suis perdu ! je suis mort ! je suis assassiné ! Où courir ? Où ne pas courir ? arrêtez-le, arrêtez-le ! Mais qui ? Et qui l'arrêtera ? Je ne sais, je ne vois rien, je vais en aveugle… Où vais-je, où suis-je, qui suis-je, je ne sais plus, j'ai la tête perdue… Par pitié vous autres, je vous en prie, je vous en supplie, venez à mon secours : indiquez-moi l'homme qui me l'a ravie. (*Au public*) Que dis-tu toi ? Je veux t'en croire : tu as la figure d'un honnête homme. Qu'y a-t-il ? pourquoi riez-vous ? Je vous connais tous. Je sais que les voleurs sont légion parmi vous ; ils ont beau se cacher sous des vêtements blanchis à la craie, et demeurer sagement assis tout comme de braves gens… Hein, quoi ? personne ne l'a ? Tu m'assassines. Dis-moi, voyons : qui l'a ? Tu ne sais pas ? Ah, pauvre, pauvre malheureux ! je suis mort.

Plaute, *La Marmite* (IIIe siècle av. J.-C.), vers 713-721, trad. A. Ernout, éd. Les Belles Lettres, 1932.

Texte 2

Contexte XVIIe s. ▸ p. 478
Notice biographique ▸ p. 500
Du même auteur ▸ p. 254 p. 262

HARPAGON. (*Il crie au voleur dès le jardin, et vient sans chapeau.*)
– Au voleur ! au voleur ! à l'assassin ! au meurtrier ! Justice, juste ciel ! Je suis perdu, je suis assassiné ! On m'a coupé la gorge, on m'a dérobé mon argent ! Qui peut-ce être ? Qu'est-il devenu ? où est-il ? où se cache-t-il ? Que ferai-je pour le trouver ? Où courir ? où ne pas courir ? N'est-il point là ? n'est-il point ici ? Qui est-ce ? Arrête ! (*Il se prend lui-même le bras.*) Rends-moi mon argent, coquin !… Ah ! c'est moi. Mon esprit est troublé, et j'ignore où je suis, qui je suis, et ce que je fais. Hélas ! mon pauvre argent, mon pauvre argent, mon cher ami, on m'a privé de toi ! Et, puisque tu m'es enlevé, j'ai perdu mon support, ma consolation, ma joie ; tout est fini pour moi, et je n'ai plus que faire au monde ! Sans toi, il m'est impossible de vivre. C'en est fait, je n'en puis plus, je me meurs, je suis mort, je suis enterré !

Molière, *L'Avare*, acte IV, scène 7, 1668.

Étude comparée

1. Quel est le thème commun aux deux textes ? Répondez en prenant appui sur le lexique.

2. Relevez des éléments communs concernant la ponctuation, les modes verbaux, les types de phrases : quels sont les éléments strictement similaires ?

3. En quoi les deux textes diffèrent-ils ? Justifiez votre réponse par des repérages précis.

4. *Imitation, plagiat, emprunt* : après avoir lu le texte de C. Gagnière (▸ p. 16), quel terme utiliseriez-vous pour désigner le texte de Molière ?

REPÈRES L'inspiration antique… ▸ p. 29
Le théâtre antique ▸ p. 229

▲ Le capitaine Matamore dans *L'Illusion comique* de **Corneille**, lithographie de Langlame (XIXe siècle), (bibliothèque des Arts décoratifs ; Paris).

Texte 3

PYRGOPOLINICE[1] (*sortant de chez lui, aux esclaves restés dans la maison*). – Faites briller mon bouclier ; que son éclat soit plus resplendissant que les rayons du soleil dans un ciel pur. Il faut, quand besoin en sera, dans le feu de la mêlée, que l'éclat de ses feux éblouisse les regards de l'ennemi. Et toi, ma chère épée, console-toi, cesse de te lamenter, et ne perds point courage, s'il y a trop longtemps que je te porte oisive à mon côté, tandis que tu meurs d'envie de faire un hachis de nos adversaires. – Mais où est Artotrogus[2] ? est-il là ?

ARTOTROGUS. – Il est là, aux côtés d'un héros fort et fortuné, et beau comme un roi et un guerrier… Mars[3], auprès de tes prouesses, n'oserait parler des siennes ni les leur comparer.

PYRGOPOLINICE. – N'est-ce pas lui que je sauvai dans les plaines Charançoniennes[4], où commandait en chef Bumbomachidès Clutumistharidysarchidès[5], petit-fils de Neptune ?

ARTOTROGUS. – Je m'en souviens ; tu veux parler de ce guerrier aux armes d'or, dont tu dispersas d'un souffle les légions, comme le vent dissipe les feuilles ou le chaume des toits.

PYRGOPOLINICE. (*d'un ton négligent*). – Peuh ! tout cela n'est rien.

ARTOTROGUS. – Rien, bien sûr, au prix de toutes les autres prouesses… (*à part*) que tu n'as jamais faites. (*S'avançant sur la scène pour s'adresser au public*) Si jamais on peut voir plus effronté menteur, fanfaron plus vaniteux que mon homme, je veux bien être à qui le trouvera, je m'engage à devenir son esclave. Il n'y a qu'une bonne chose : les olives confites qu'on mange chez lui sont furieusement bonnes.

PYRGOPOLINICE. – Où es-tu ?

ARTOTROGUS. – Me voici. Et dans l'Inde, par Pollux[6], te rappelles-tu cet éléphant ! Comment, d'un coup de poing, tu lui as cassé le bras ?

PYRGOPOLINICE. – Comment, le bras ?

ARTOTROGUS. – Je voulais dire la cuisse.

PYRGOPOLINICE. – Et j'avais frappé mollement.

ARTOTROGUS. – Parbleu ! Si tu y avais mis toute ta force, avec ton bras, tu lui aurais traversé le cuir, le ventre, et la mâchoire, à cet éléphant.

Plaute, *Le Soldat fanfaron* (≃ 191 av. J.-C.), trad. A. Ernout, éd. Les Belles Lettres, 1936.

1. Nom formé sur trois mots grecs qui signifient « tour » (*purgo-*), « ville » (*poli-*) et « vaincre » (*-nice*).

2. Nom formé sur deux mots grecs, signifiant « rongeur de pain ».

3. Dieu de la guerre.

4. Terme fantaisiste. Le charançon est un insecte nuisible aux graines.

5. Nom inventé par Plaute.

6. Un des deux Dioscures, fils de Zeus et de Léda, jumeau de Castor. Ici, l'expression est un juron familier.

Notice biographique ► p. 500
Du même auteur ► p. 21, p. 226

Lecture analytique

1. Quel est le thème du dialogue entre les deux personnages ? Répondez à partir des champs lexicaux.

2. Par quels procédés les deux interlocuteurs mettent-ils en valeur les exploits de Pyrgopolinice ? Quels traits de caractère cette mise en valeur révèle-t-elle chez l'un et chez l'autre ?

3. Quel est le rôle d'Artotrogus : par rapport à Pyrgopolinice ? par rapport au public ? Appuyez-vous sur ses différentes répliques.

4. Quel est le registre du dialogue ? En quoi correspond-il au type du « soldat fanfaron » ?

REPÈRES
L'inspiration antique… ► p. 29
Le registre épique ► p. 179

L'Illusion comique, de **Corneille**, mise en scène de Giorgio Strehler, avec Gérard Desarthe dans le rôle de Matamore (Odéon, Théâtre de l'Europe), 1985.

Texte 4

MATAMORE. – Il est vrai que je rêve, et ne saurais résoudre
Lequel je dois des deux le premier mettre en poudre,
Du grand sophi[1] de Perse, ou bien du grand mogor[2].

CLINDOR[3]. – Eh ! de grâce, monsieur, laissez-les vivre encor.
Qu'ajouterait leur perte à votre renommée ?
D'ailleurs, quand auriez-vous rassemblé votre armée ?

MATAMORE. – Mon armée ? Ah, poltron ! ah, traître ! pour leur mort
Tu crois donc que ce bras ne soit pas assez fort ?
Le seul bruit de mon nom renverse les murailles,
Défait les escadrons, et gagne les batailles.
Mon courage invaincu contre les empereurs
N'arme que la moitié de ses moindres fureurs ;
D'un seul commandement que je fais aux trois Parques[4],
Je dépeuple l'État des plus heureux monarques ;
La foudre est mon canon, les Destins mes soldats :
Je couche d'un revers mille ennemis à bas.
D'un souffle je réduis leurs projets en fumée ;
Et tu m'oses parler cependant d'une armée !
Tu n'auras plus l'honneur de voir un second Mars[5] ;
Je vais t'assassiner d'un seul de mes regards,
Veillaque[6] : toutefois, je songe à ma maîtresse ;
Ce penser[7] m'adoucit : Va, ma colère cesse,
Et ce petit archer qui dompte tous les Dieux
Vient de chasser la mort qui logeait dans mes yeux.
Regarde, j'ai quitté cette effroyable mine
Qui massacre, détruit, brise, brûle, extermine ;
Et pensant au bel œil qui tient ma liberté,
Je ne suis plus qu'amour, que grâce, que beauté.

Pierre Corneille, *L'Illusion comique,* acte II, scène 2 (vers 225-252), 1636.

1. Souverain de Perse.
2. Déformation de « grand Mogol » : nom donné au souverain de l'Empire turc des Mogols.
3. Valet de Matamore.
4. Divinités grecques qui président à la naissance, à la vie, à la mort des humains.
5. Dieu de la guerre chez les Romains.
6. Coquin.
7. Cette pensée.

Contexte XVIIe s. ▸ p. 478
Notice biographique ▸ p. 496
Du même auteur ▸ p. 232, p. 254

RECHERCHE

Les mots et leur usage

1. Cherchez l'étymologie et le sens du mot *matamore*. Quels traits de caractère et de comportement ce nom détermine-t-il ? À quel type de personnage le spectateur peut-il s'attendre ?

Lecture analytique

2. De quoi est-il question dans le discours de Matamore ? Répondez en prenant appui sur le champ lexical dominant.
3. À travers quels procédés d'écriture les actions du personnage sont-elles présentées ? Quels sont les effets produits ? Quel trait de caractère le lecteur peut-il percevoir ?
4. Déterminez le registre et la fonction de cette tirade. Qu'a de particulier le dernier vers ? Quel effet produit-il ?

Étude comparée

5. Mettez en parallèle les textes de Plaute (▸ texte 3) et de Corneille (▸ texte 4) : qu'ont en commun les personnages principaux ? Grâce à quels procédés leur caractère est-il mis en relief ?
6. Qu'est-ce qui vous paraît le mieux faire comprendre le caractère du héros : le dialogue ou la tirade ?

REPÈRES
L'inspiration antique... ▸ p. 29
La comédie ▸ p. 278

4 Le théâtre tragique d'Euripide à Racine

Haut-relief : autel circulaire grec, « Le sacrifice d'Iphigénie » (musée des Offices ; Florence).

On retrouve, dans les pièces de Racine, des personnages et des situations inspirés d'Euripide. Dans les deux extraits qui suivent, la jeune Iphigénie s'adresse à son père, Agamemnon, qui s'apprête à l'offrir en sacrifice aux dieux, pour obtenir des vents favorables à l'expédition contre Troie.

Texte 1

IPHIGÉNIE
Si je pouvais, mon père, parler ainsi qu'Orphée[1],
que ma voix pût persuader les rochers de me suivre,
et attendrir les cœurs que je voudrais,
je lui demanderais secours. Mais, tout mon art,
ce sont mes larmes que je t'offre. Que puis-je d'autre ?
Comme un rameau de suppliant, j'entoure tes genoux
de ce corps que ma mère pour toi mit au monde.
Ne me fais pas mourir avant mon heure. La lumière est si douce
à regarder. Ne me force pas à me rendre au pays souterrain !
Je fus la première à te dire « mon père », et que tu nommas ton enfant,
la première à laisser aller mon corps sur tes genoux,
à donner et à recevoir de toi le plaisir des caresses.
Tu me disais alors : « Te verrai-je, ma fille,
mener heureuse au foyer d'un mari
une vie brillante et digne de moi ? »
Et moi je répondais, suspendue à ton cou,
à ce menton que touche à présent ma main suppliante :
« Moi, te verrai-je alors, un vieillard, recevant
l'affectueux accueil de mon foyer, mon père ?
Te rendrai-je les soins dont tu as nourri mon enfance ? »
J'ai bien gardé le souvenir de ces paroles,
mais toi tu les as oubliées et tu veux me tuer.
Que cela ne soit pas ! J'en adjure Pélops[2], Atrée[3] ton père,
ma mère que voilà, qui dans les douleurs m'enfanta.
Quelle douleur la ressaisit en ce moment !
Qu'ai-je à voir aux amours d'Alexandre[4]
et d'Hélène ? Pourquoi, parce qu'il vint à Sparte, dois-je périr, mon père ?
Ah ! ne détourne pas tes yeux ! accorde-moi un regard, un baiser,
pour qu'en mourant j'emporte au moins de toi
ce souvenir, si ma prière échoue à te fléchir !
(*Elle prend Oreste[5] dans ses bras.*)
Mon frère, tu es bien petit pour secourir les tiens.
Joins cependant tes pleurs aux miens et demande à ton père
qu'il épargne la mort à ta sœur.
Les innocents eux-mêmes ont la prescience du malheur.
Vois, qu'a-t-il besoin de paroles ? Il t'implore, mon père.

1. Personnage de la mythologie grecque qui charmait, avec sa lyre, les êtres, animés ou inanimés.
2. Arrière-grand-père d'Iphigénie, sacrifié par son père Tantale, lui-même fils de Zeus. Ce héros a donné son nom à la région du Péloponnèse.
3. Ancêtre des Atrides, qui inspirèrent de nombreuses tragédies (▶ p. 218).
4. Autre nom de Pâris, dont les amours avec Hélène de Troie déclenchèrent une guerre célèbre.
5. Frère d'Iphigénie.

Ah ! considère-moi, aie pitié de ma jeune vie,
par ton menton qu'ensemble nous touchons, nous tes deux bien-aimés,
lui, le petit oiseau, moi déjà une femme.
Un seul mot contiendra ma prière et vaincra. C'est le plus fort de tous :
le soleil que voilà, tout homme avec joie le regarde.
Sous terre est le néant. Bien fou celui de qui les vœux appellent
la mort. Vivre honteux vaut mieux que mourir avec gloire.

Notice biographique ► p. 497
Du même auteur ► p. 219

Euripide, *Iphigénie à Aulis* (405 av. J.-C.), vers 1211-1252, in *Théâtre complet*, trad. Marie Delcourt-Curvers, éd. Gallimard, « Bibliothèque de la Pléiade », 1962.

Texte 2

IPHIGÉNIE

Mon père,
Cessez de vous troubler, vous n'êtes point trahi.
Quand vous commanderez, vous serez obéi.
Ma vie est votre bien. Vous voulez le reprendre :
Vos ordres sans détour pouvaient se faire entendre.
D'un œil aussi content, d'un cœur aussi soumis
Que j'acceptais l'époux que vous m'aviez promis,
Je saurai, s'il le faut, victime obéissante,
Tendre au fer de Calchas[1] une tête innocente,
Et respectant le coup par vous-même ordonné,
Vous rendre tout le sang que vous m'avez donné.
Si pourtant ce respect, si cette obéissance
Paraît digne à vos yeux d'une autre récompense,
Si d'une mère en pleurs vous plaignez les ennuis[2],
J'ose vous dire ici qu'en l'état où je suis
Peut-être assez d'honneurs environnaient ma vie
Pour ne pas souhaiter qu'elle me fût ravie,
Ni qu'en me l'arrachant un sévère destin
Si près de ma naissance en eût marqué la fin.
Fille d'Agamemnon, c'est moi qui la première,
Seigneur, vous appelai de ce doux nom de père ;
C'est moi qui si longtemps le plaisir de vos yeux,
Vous ai fait de ce nom remercier les dieux,
Et pour qui tant de fois prodiguant vos caresses,
Vous n'avez point du sang dédaigné les faiblesses.
Hélas ! avec plaisir je me faisais conter
Tous les noms des pays que vous allez dompter ;
Et déjà, d'Ilion[3] présageant la conquête,
D'un triomphe si beau je préparais la fête.
Je ne m'attendais pas que pour le commencer,
Mon sang fût le premier que vous dussiez verser.
Non que la peur du coup dont je suis menacée
Me fasse rappeler votre bonté passée.
Ne craignez rien : mon cœur, de votre honneur jaloux,

1. Au couteau du devin chargé du sacrifice.

2. Soucis, inquiétudes.

3. Autre nom de la ville de Troie, que les Grecs, sous la conduite d'Agamemnon, vont attaquer.

Philippe Millereau (≈ 1570-1610), *Le Sacrifice d'Iphigénie* (détail), huile sur bois, 96 × 108 cm (château de Fontainebleau).

Ne fera point rougir un père tel que vous ;
Et si je n'avais eu que ma vie à défendre,
J'aurais su renfermer un souvenir si tendre.
Mais à mon triste sort, vous le savez, seigneur,
Une mère, un amant attachaient leur bonheur.
Un roi digne de vous a cru voir la journée
Qui devait éclairer notre illustre hyménée.
Déjà sûr de mon cœur à sa flamme promis,
Il s'estimait heureux : vous me l'aviez permis.
Il sait votre dessein[4] ; jugez de ses alarmes.
Ma mère est devant vous, et vous voyez ses larmes.
Pardonnez aux efforts que je viens de tenter
Pour prévenir les pleurs que je leur vais coûter.

Jean Racine, *Iphigénie*, acte IV, scène 4, vers 1174-1220, 1674.

4. Projet.

RECHERCHE

Les mots et leur usage

1. Quel sens ont les mots suivants dans le texte de Racine : *sévère* (v. 18), *sang* (v. 25), *amant* (v. 39), *hyménée* (v. 41), *flamme* (v. 42), *alarme* (v. 44) ? En quoi le choix et l'emploi de ces mots sont-ils liés au genre littéraire du texte ? Trouvez dans le texte d'autres termes appartenant au lexique de la tragédie.

Histoire littéraire

2. Explicitez l'allusion à Orphée dans le texte d'Euripide. Quels auteurs latins ont raconté son histoire ? Quels auteurs français ont repris la légende des Atrides (► p. 218) ?

3. L'admiration manifestée par de nombreux auteurs du XVIIe siècle pour les auteurs antiques est à l'origine d'une célèbre « querelle » (► p. 480). Cherchez des informations concernant ce conflit : *dates, œuvres représentatives, protagonistes, idéologies en présence, arguments...* À quelle problématique plus large cette « querelle » se rattache-t-elle ?

Étude comparée

4. Quels sont les éléments communs aux deux textes sur les plans suivants : *situation de communication ; contenu des paroles ; registre(s)* ?

5. Retrouvez et reformulez les arguments utilisés par Iphigénie pour fléchir son père dans les deux textes. Quel texte vous semble le plus émouvant ?

6. Repérez et classez les différents éléments qui différencient cependant les deux extraits. Quelles explications pouvez-vous trouver à ces différences ?

7. Lequel des textes préférez-vous ? Pourquoi ?

REPÈRES L'inspiration antique... ► p. 29
La tragédie ► p. 252

Texte 3

Racine a exposé lui-même dans ses préfaces ce qu'il doit à Euripide et pourquoi il s'est souvent inspiré de ses œuvres.

1 […] Voici les principales choses[1] en quoi je me suis un peu éloigné de l'économie[2] et de la fable d'Euripide[3]. Pour ce qui regarde les passions, je me suis attaché à le suivre plus exactement. J'avoue que je lui dois un bon nombre des endroits qui ont été les plus approuvés dans ma tragédie. Et je l'avoue d'autant plus volontiers que ces approbations m'ont confirmé dans l'estime et dans la vénération que j'ai toujours eu[4] pour les ouvrages qui nous restent de l'Antiquité. J'ai reconnu avec plaisir, par l'effet qu'a produit sur notre théâtre tout ce que j'ai imité ou d'Homère ou d'Euripide, que le bon sens et la raison étaient les mêmes dans tous les siècles. Le goût de Paris s'est trouvé conforme à celui d'Athènes. Mes spectateurs ont été émus des mêmes choses qui ont mis autrefois en larmes le plus savant peuple de la Grèce, et qui ont fait dire qu'entre les poètes, Euripide était extrêmement tragique, *tragicôtatos*, c'est-à-dire qu'il savait merveilleusement exciter la compassion et la terreur[5] qui sont les véritables effets de la tragédie.

Jean Racine, préface d'*Iphigénie* (extrait), 1675.

1. Racine vient d'énumérer des choix différents de ceux d'Euripide.

2. Organisation.

3. L'histoire racontée par Euripide.

4. *Eues* (règle d'accord du participe différente au XVIIe siècle).

5. Allusion aux théories d'Aristote (IVe siècle av. J.-C.), pour qui la tragédie doit provoquer « la terreur et la pitié ».

Contexte XVIIe s. ▶ p. 478
Notice biographique ▶ p. 501
Du même auteur ▶ p. 230, p. 246

RECHERCHE

Histoire littéraire

1. Cherchez une édition de l'*Iphigénie* de Racine et de celle d'Euripide, et comparez les deux listes de personnages, ainsi que les lieux de l'action.

Bilan de lecture

2. Quel est, selon Racine, l'intérêt d'imiter les œuvres d'Euripide ?
3. Qu'est-ce que l'imitation d'Homère et d'Euripide a fait découvrir à Racine concernant le public et ses émotions ?
4. Quels sentiments pour Euripide se dégagent du texte ? Par quels termes et par quels procédés d'écriture se trouvent-ils exprimés ?

Travail sur un corpus de textes

5. Dans la préface d'*Iphigénie* (▶ texte 3), Racine évoque le pouvoir qu'a la tragédie d'émouvoir le public. Expliquez ce qu'il y a d'émouvant dans les deux situations mises en scène chez Racine (▶ p. 25) et chez Euripide (▶ p. 24). Quelles formulations peuvent susciter la compassion ?

Vers la dissertation

6. Dans un court développement argumenté et illustré d'exemples pris dans cette séquence, vous expliquerez comment certains auteurs classiques se sont inspirés des Anciens (thèmes, personnages, situations…) et quel(s) intérêt(s) ils y ont trouvé(s).

Lecture de l'image

7. Décrivez ce que vous voyez sur le tableau *Le Sacrifice d'Iphigénie* (▶ p. 26). Quels éléments de l'histoire d'Iphigénie retrouvez-vous ?
8. En quoi ce tableau illustre-t-il la démarche de retour à l'Antiquité ?

REPÈRES
L'inspiration antique… ▶ p. 29
La tragédie ▶ p. 252

5 Lire l'image : Léonard de Vinci / Picasso

Léonard de Vinci (1452-1519),
Vierge à l'Enfant avec sainte Anne et saint Jean-Baptiste
(étude), fusain rehaussé de blanc sur papier brun ;
139,7 × 100,1 cm (National Gallery ; Londres).

Pablo Picasso (1881-1973) *Mère et enfant* (≃ 1922),
crayon sur papier, feuille de carnet ;
42 × 30,5 cm (collection particulière).

RECHERCHE

Histoire culturelle

1. Cherchez qui était Léonard de Vinci, dans quel contexte il vécut et quelles ont été ses relations avec la France. Citez plusieurs domaines artistiques dans lesquels il s'est illustré, et certaines de ses inventions.

2. À quels courants picturaux Picasso se rattache-t-il ? Citez le titre d'une de ses œuvres les plus célèbres, qui dénonce la guerre. S'agit-il ici du même style de peinture ? Cherchez dans une biographie de Picasso quelle fut sa formation initiale.

Étude comparée

3. Mettez en parallèle les informations concernant la taille des deux dessins et la technique utilisée. Que remarquez-vous ?

4. Quelles informations les deux titres donnent-ils concernant les personnages représentés et le domaine d'inspiration des deux représentations ?

5. Comparez les deux œuvres et faites apparaître tous leurs points communs : *thème ; personnages ; position ; technique utilisée et support.*

L'inspiration antique et l'imitation

En affirmant que, depuis l'Antiquité gréco-romaine, « tout le monde copie tout le monde », V. Sardou (▸ p. 16) met l'accent sur un phénomène d'imitation et d'intertextualité qui touche tout le domaine artistique et pas seulement la littérature : quelles sont les raisons de cette « imprégnation » ? Quelles formes prend-elle ?

L'Antiquité, source de savoir

En effectuant un retour historique vers l'Antiquité gréco-romaine, les artistes de la **Renaissance** (▸ p. 474) sont les premiers à manifester une admiration pour ceux qu'ils considèrent comme des exemples de perfection.
La connaissance des langues anciennes, hébreu, grec et latin, permet aux humanistes un **retour aux textes d'origine** : ils puisent leur savoir et leurs références dans la philosophie, chez Épicure ou Sénèque, dans l'histoire, avec Thucydide ou Tacite, dans l'éloquence avec Démosthène ou Cicéron, dans la Bible.

■ **Ex :** Les *Essais* (▸ p. 396) montrent que Montaigne nourrit sa réflexion personnelle de lectures antiques. Il en est de même pour Rabelais et pour Érasme (▸ p. 395).

Néanmoins, certaines formes littéraires très répandues à cette époque – le sonnet par exemple – ne sont pas celles de l'Antiquité.

Des œuvres prises comme modèles

À l'époque **classique** (au XVIIe siècle ▸ p. 478), en revanche, les modèles antiques donnent lieu à de véritables imitations, sur le plan des formes, des thèmes et des structures, définis par Aristote et Horace dans leurs arts poétiques.

■ **Ex :** La Fontaine reprend les thèmes des fables d'Ésope (▸ p. 18) ; Boileau compose des satires et des épîtres, genres anciens, ainsi qu'un art poétique (▸ p. 32) ; les tragédies et les comédies, très codifiées, utilisent les sources antiques, Euripide (▸ p. 24), Sophocle (▸ p. 221), Eschyle, Aristophane, Plaute (▸ p. 21) jusqu'à paraître les plagier.

Il n'existe pas de « propriété littéraire » et l'**admiration** presque inconditionnelle peut excuser la reprise parfois textuelle des œuvres (▸ p. 21). S'inspirer des auteurs antiques, comme le font Racine et Molière, c'est leur rendre **hommage**, et les préfaces (▸ p. 27) sont là pour expliquer et justifier leurs démarches.

Des modèles à dépasser

À la fin du XVIIe siècle, la « **querelle des Anciens et des Modernes** » pose la question des limites de cette inspiration : les partisans des Modernes, dont Perrault (▸ p. 20) et Fontenelle, jugent nécessaire de dépasser une imitation qui s'enferme dans le passé sans s'ouvrir à la créativité de l'esprit nouveau et moderne, celui des **Lumières**.
Aucun des philosophes du XVIIIe siècle, Rousseau, Diderot, Voltaire, ne rejette l'Antiquité ; au contraire, toute leur réflexion en est imprégnée, mais sur un plan plus historique que littéraire. L'histoire grecque et l'histoire romaine, le droit romain constituent des références dont s'enrichissent leurs recherches et leurs théories politiques. Le savoir antique constitue toujours la matière essentielle des « **humanités** », base de toute formation intellectuelle.

Permanence des thèmes et reprise des mythes

Dans son souci de **modernité**, le XIXe siècle ne fait pas de l'Antiquité la source essentielle d'inspiration : le drame romantique s'intéresse à la Renaissance, la poésie personnelle ou engagée est étroitement associée à l'époque, le roman devient témoignage social. Les références antiques demeurent, mais elles sont souvent **bibliques** et ne concernent pas le choix des genres : elles figurent de manière sporadique dans les œuvres, même si leurs auteurs, notamment Hugo et Rimbaud, sont formés à l'écriture antique au point de composer des vers latins.

Il est frappant de constater que le XXe siècle est marqué par un retour à l'Antiquité à travers la reprise de grands **mythes** (▸ p. 218) : la guerre de Troie, les Atrides, Orphée, Œdipe. Remaniées, adaptées en fonction des sensibilités (Cocteau, Giraudoux, Anouilh) ou des orientations philosophiques (Sartre, Camus), ces histoires rappellent que leur fonction de mythe est de dépasser le temps qui les a vues naître, et que leur capacité essentielle est d'offrir une ou plusieurs réponses aux interrogations humaines.

■ **Ex :** Les relations d'Oreste avec son père (dans *Les Mouches*, de Sartre), l'engagement d'Antigone (▸ p. 381) chez Anouilh, les réflexions sur la guerre de Giraudoux, le tragique de la vie d'Œdipe (▸ p. 303), ne sont pas propres à une époque : leur permanence – qui ne relève pas de l'imitation – participe à l'existence d'une culture et de références communes.

REPÈRES Le théâtre antique ▸ p. 229

Séquence 2

Carnets et brouillons d'écrivains

1 Pierre-Marc de Biasi, « Mille et une ratures » (2001)

Le travail de l'écrivain passe d'abord par le brouillon et par la pratique des ratures, qui montrent les états successifs d'un manuscrit. Le chercheur Pierre-Marc de Biasi analyse leur nature et leurs fonctions.

Rature d'**Émile Zola**.

Homophonies

Un jour de séminaire, au square Rapp, Barthes[1], l'éveilleur d'esprit, avait lancé cette formule à la fois énigmatique et d'une clarté déconcertante : « La littérature, c'est la rature. » Barthes faisait confiance au symbolisme fortuit des mots. Or, c'est un fait : la rature est littéralement rivée à la chose littéraire (« litté-rature ») et la langue française ne permet à aucun moment d'oublier qu'en matière de littérature, le grand art ne consiste pas pour l'écrivain à brûler les étapes de la rédaction, à avancer tête baissée vers un achèvement prématuré du texte, mais au contraire à retarder l'irréversible, à saisir chemin faisant toutes les opportunités d'un retour sur soi de l'écriture. L'œuvre à l'état naissant ne prend vraiment connaissance de ce qu'elle cherche à devenir que dans l'espace du doute et de la re-formulation, à travers ses propres repentirs[2]. Replacée dans le champ des curiosités homophoniques, cette relation native entre rature et littérature peut d'ailleurs se lire comme une sorte d'injonction – « Lis tes ratures » – qui constitue en effet l'un des impératifs catégoriques majeurs du métier d'écrivain : une vigilance comptable des métamorphoses infligées aux formes et aux significations par laquelle l'écrivain élucide le sens de son projet pour pouvoir le mener à bien, avant que d'autres – les généticiens du texte – n'aillent y rechercher, après coup, les indices significatifs de son itinéraire créatif. […][3]

1. Roland Barthes (1915-1980), écrivain et critique français, professeur au Collège de France.

2. Terme de peinture désignant la trace d'un changement apporté à une œuvre au cours de sa réalisation.

3. Suit ici un paragraphe qui aborde la notion de rature sous un angle historique.

Identité

Pour donner tout son sens à une rature, la première précaution est de s'interroger sur son identité : est-on en face d'une rature autographe, faite de la main de l'écrivain lui-même, ou s'agit-il d'une rature allographe, réalisée par une autre main ? Si la rature n'est pas autographe, dans quelles circonstances et par qui a-t-elle été pratiquée sur le manuscrit : par un secrétaire sous la dictée de l'écrivain, par l'éditeur, par un ami à qui l'écrivain avait demandé de l'aide, par un correcteur professionnel, par un héritier pudibond ?

Fonction

La rature, qui sert à corriger du texte déjà écrit, répond, sous des formes très variables, à différentes fonctions. Les plus connues sont le remplacement et la suppression : la rature est un tracé opératoire marquant la décision d'annuler un segment précédemment écrit pour y substituer un autre segment (« rature de substitution ») ou pour l'éliminer sans remplacement (« biffure », « rature de suppression »). Mais les manuscrits démontrent qu'il existe trois autres fonctions importantes de la rature. L'écrivain utilise couramment la rature pour enregistrer le fait qu'un segment a fait l'objet d'une exploitation ou d'une réécriture (« rature d'utilisation » ou « de gestion ») et n'appartient plus aux éléments actifs de la rédaction : Flaubert, par exemple, barre d'une grande croix de Saint-André le feuillet raturé de sa page de brouillon lorsqu'il la recopie au propre sur un nouveau feuillet, où le travail de transformation va se poursuivre. Avec un tracé spécifique, la rature peut également servir à marquer le projet ou l'acte de déplacer un segment écrit en vue de le faire disparaître de son lieu primitif pour le réinsérer dans une autre zone du manuscrit (« rature de transfert » ou « de déplacement »). Enfin, l'écrivain utilise une forme particulière de rature pour délimiter l'espace d'une rature à venir, en marquant un segment qui pourra donner lieu à une éventuelle annulation ou correction ultérieure (« rature de suspension dilatoire » ou « provisionnelle »). D'un point de vue fonctionnel, la rature peut donc se définir comme l'instrument de cinq mécanismes distincts (substitution, suppression, transfert, gestion, suspension) dans un dispositif technique où les deux premiers modes opératoires (remplacer, éliminer) désignent des gestes d'écriture fondamentaux tandis que les trois autres modalités (transférer, gérer, suspendre) constituent des formes relativement plus rares.

Brouillons d'écrivains, catalogue de l'exposition, © BNF, 2001.

Rature de **Gustave Flaubert**.

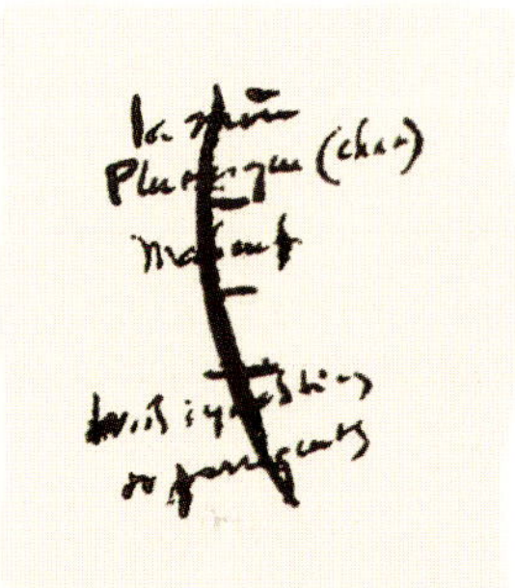

Rature de **Victor Hugo**.

Bilan de lecture

1. Expliquez le titre du paragraphe 1 : *Homophonies*. Qu'y a-t-il à la fois de paradoxal et de logique à associer les mots *littérature* et *rature* ?

2. Quels sont les deux grands types de rature distingués dans le paragraphe 2 ? Qu'est-il important de savoir à propos d'une rature dite *allographe* ?

3. Identifiez les fonctions attribuées aux ratures. Parmi ces fonctions, lesquelles correspondent à ce que vous faites lorsque vous raturez ?

4. Que révèlent les ratures sur la manière d'écrire, les difficultés de l'écriture, la possibilité de progresser ?

Oral

5. Débat : Pensez-vous que les manuscrits les plus raturés correspondent aux meilleures œuvres ?

Lecture des documents

6. Comparez les manières de raturer de Hugo, Zola et Flaubert : *type de tracé, lisibilité du texte supprimé.*

REPÈRES Travaux préparatoires... ► p. 43

2 Les conseils de Nicolas Boileau : *Art poétique* (1674)

Dans son Art poétique, *ensemble de recommandations aux écrivains, Boileau commence par évoquer certains impératifs généraux.*

Il est certains esprits dont les sombres[1] pensées
Sont d'un nuage épais toujours embarrassées ;
Le jour[2] de la raison ne le saurait percer.
Avant donc que d'écrire apprenez à penser.
Selon que notre idée est plus ou moins obscure,
L'expression la suit, ou moins nette, ou plus pure.
Ce que l'on conçoit bien s'énonce clairement,
Et les mots pour le dire arrivent aisément.
Surtout, qu'en vos écrits la langue révérée[3]
Dans vos plus grands excès vous soit toujours sacrée.
En vain vous me frappez d'un son mélodieux,
Si le terme est impropre, ou le tour vicieux ;
Mon esprit n'admet point un pompeux barbarisme[4],
Ni d'un vers ampoulé[5] l'orgueilleux solécisme[6].
Sans la langue, en un mot, l'auteur le plus divin
Est toujours, quoi qu'il fasse, un méchant écrivain.
Travaillez à loisir[7], quelque ordre qui vous presse,
Et ne vous piquez point[8] d'une folle vitesse ;
Un style si rapide, et qui court en rimant,
Marque moins trop d'esprit, que peu de jugement,
J'aime mieux un ruisseau qui, sur la molle arène[9],
Dans un pré plein de fleurs lentement se promène,
Qu'un torrent débordé qui, d'un cours orageux,
Roule, plein de gravier, sur un terrain fangeux.
Hâtez-vous lentement ; et, sans perdre courage,
Vingt fois sur le métier remettez votre ouvrage :
Polissez-le sans cesse et le repolissez ;
Ajoutez quelquefois, et souvent effacez.

Chant 1, vers 147-174.

1. Obscures, peu claires.
2. La lumière.
3. Respectée.
4. Faute portant sur l'emploi d'un mot.
5. Qui manque de simplicité.
6. Faute portant sur la construction d'une phrase ou d'un groupe de mots.
7. Travaillez à votre aise, sans vous presser.
8. Ne vous vantez point.
9. Sable.

Contexte XVIIe s. ▶ p. 478
Notice biographique ▶ p. 495
Du même auteur ▶ p. 249

RECHERCHE

Histoire littéraire

1. Cherchez qui était Boileau et quelle fonction il a occupée auprès de Louis XIV.
2. Donnez le titre et la date de publication de trois œuvres autres que l'*Art poétique*.

Lecture analytique

3. Quels sont les deux modes verbaux dominants ? Donnez leur valeur et déterminez les formes de discours utilisées dans cet extrait.
4. Quelles sont les trois grandes recommandations du texte ? Sur quoi portent-elles ?
5. Relevez quelques formulations imagées qui rendent le discours plus accessible et expliquez-les.
6. À quoi le lecteur perçoit-il que celui qui parle est présent dans le texte et donne son point de vue ?
7. Les conseils donnés par Boileau sont-ils uniquement personnels ? Vous semblent-ils démodés à notre époque ? Repérez des formules qui pourraient devenir ou sont devenues des proverbes.

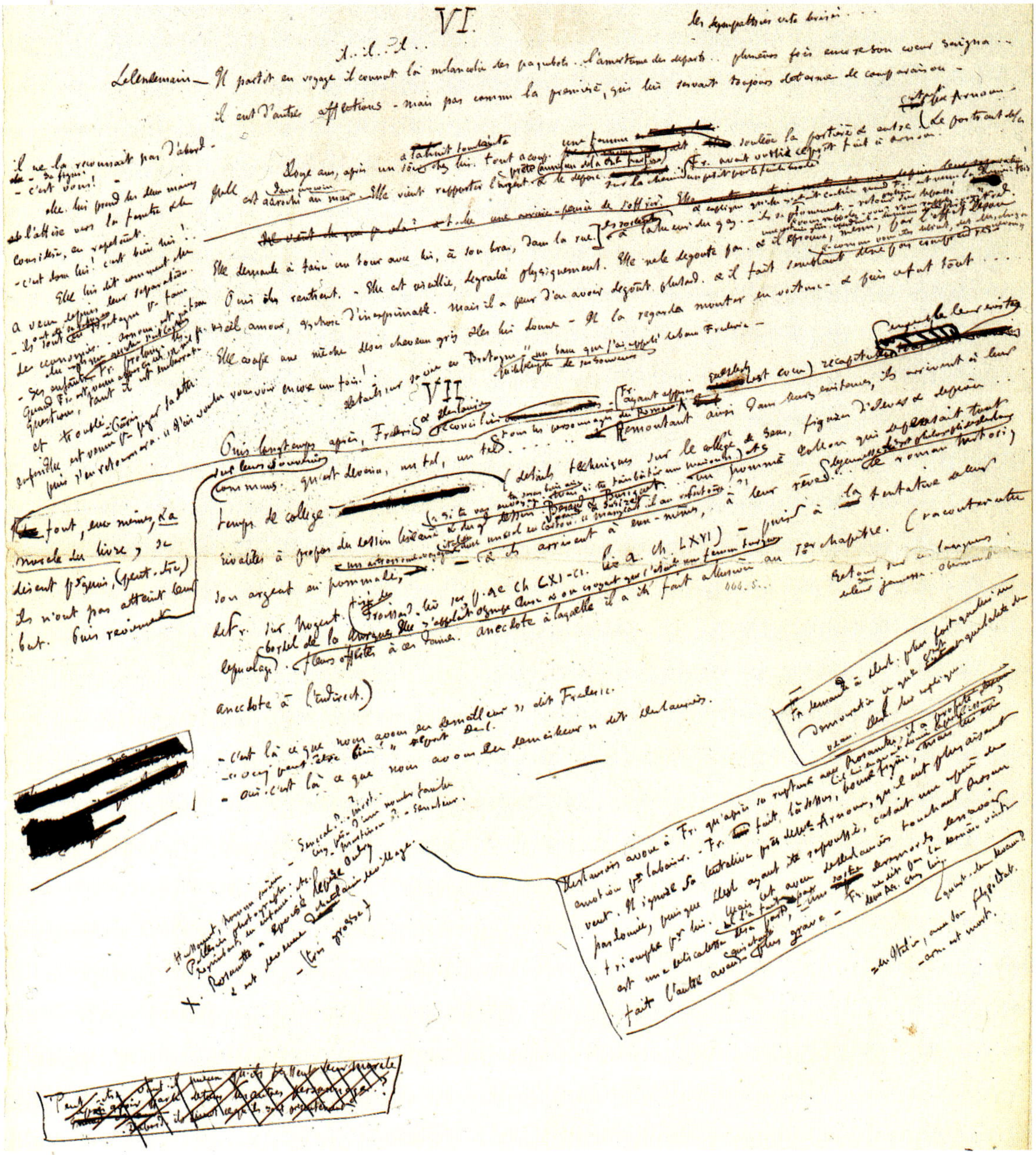

Gustave Flaubert (1821-1880), *L'Éducation sentimentale* (1862-1869, publié en 1869), manuscrit autographe, 45 × 36 cm (BNF ; Paris).

Vers le commentaire

8. Construisez et rédigez les axes de commentaire suivants du texte de Boileau : *l'expression diversifiée de recommandations et d'injonctions ; la nature des conseils pour bien écrire et les domaines concernés.*

Vers la dissertation

9. Boileau recommande de « polir » et « repolir » une œuvre. Dans un développement construit et illustré d'exemples, dont certains peuvent venir de votre propre expérience, vous expliquerez en quoi consiste ce travail de « polissage », avec quels « outils » et dans quels objectifs il doit être mené.

Écriture d'invention

10. À la manière de Boileau, inventez deux ou trois formules, de deux alexandrins chacune, pour exprimer des recommandations concernant l'art d'écrire.

Lecture du document

11. Repérez et identifiez les différents procédés de correction de Flaubert sur le manuscrit (ci-dessus). Quels effets visibles ont-ils sur le texte initial ?

12. Quel est l'intérêt, pour un lecteur d'aujourd'hui, d'observer et d'analyser un tel brouillon ?

REPÈRES Travaux préparatoires... ▶ p. 43

3 Les réécritures de Chateaubriand : *Mémoires d'outre-tombe* (1848)

Texte 1

L'écriture de Chateaubriand est le résultat de nombreuses corrections et de multiples réécritures, comme il le rappelle lui-même dans un passage des Mémoires d'outre-tombe, *à propos de son roman* Atala.

Je m'occupais à revoir les épreuves d'*Atala* (épisode renfermé, ainsi que *René,* dans le *Génie du christianisme*[1]) lorsque je m'aperçus que des feuilles me manquaient. La peur me prit : je crus qu'on avait dérobé mon roman, ce qui assurément était une crainte bien peu fondée, car personne ne pensait que je valusse la peine d'être volé. Quoi qu'il en soit, je me déterminai à publier *Atala* à part[2], et j'annonçai ma résolution dans une lettre adressée au *Journal des Débats* et au *Publiciste*[3].

Avant de risquer l'ouvrage au grand jour, je le montrai à M. de Fontanes[4] : il en avait déjà lu des fragments en manuscrit à Londres. Quand il fut arrivé au discours du père Aubry, au bord du lit de mort d'Atala, il me dit brusquement d'une voix rude : « Ce n'est pas cela ; c'est mauvais ; refaites cela ! » Je me retirai désolé ; je ne me sentais pas capable de mieux faire. Je voulais jeter le tout au feu ; je passai depuis huit heures jusqu'à onze heures du soir dans mon entresol[5], assis devant ma table, le front appuyé sur le dos de mes mains étendues et ouvertes sur mon papier. J'en voulais à Fontanes ; je m'en voulais ; je n'essayais pas même d'écrire, tant je désespérais de moi. Vers minuit, la voix de mes tourterelles m'arriva, adoucie par l'éloignement et rendue plus plaintive par la prison où je les tenais renfermées : l'inspiration me revint ; je traçai de suite[6] le discours du missionnaire, sans une seule interligne, sans en rayer un seul mot, tel qu'il est resté et tel qu'il existe aujourd'hui. Le cœur palpitant, je le portai le matin à Fontanes qui s'écria : « C'est cela ! c'est cela ! Je vous l'avais bien dit, que vous feriez mieux ! »

François-René de Chateaubriand, *Mémoires d'outre-tombe,* IIe partie, livre 13, 1848.

1. Œuvre de Chateaubriand, publiée en 1802.
2. *Atala* fut publié séparément en 1801.
3. Journaux de l'époque.
4. Ami de Chateaubriand, futur grand maître de l'Université.
5. Logement situé entre le rez-de-chaussée et le premier étage.
6. À la suite, de manière continue.

Bilan de lecture

1. Que vous a appris ce texte concernant :
– le rôle joué par la presse dans l'information littéraire à l'époque de Chateaubriand ?
– l'importance, pour cet écrivain, d'un jugement critique porté sur son œuvre ?
– sa manière de travailler : conditions de l'écriture (lieu et temps), état d'esprit, étapes successives ?

2. Qu'y a-t-il de décourageant et d'encourageant dans les paroles de Fontanes (l. 11, 21-22) ?

Écriture d'invention

3. Cherchez, dans une édition d'*Atala,* le discours du missionnaire. Mettez-vous à la place de Fontanes, et exposez, exemples à l'appui, les qualités qu'il a reconnues à la seconde version du texte de Chateaubriand. Vous utiliserez la première et la seconde personnes.

REPÈRES Travaux préparatoires... ▶ p. 43
Le discours narratif ▶ p. 146

Textes 2

Les extraits suivants montrent le travail de remaniement et de correction fait par Chateaubriand dans les Mémoires d'outre-tombe.

Extrait 1

Version 1

Il fallut quelque temps à un sauvage de mon espèce pour s'accoutumer à la servitude d'un collège et pour régler ses mouvements au son d'une cloche. Ces dignes gens me reconnaîtraient-ils aujourd'hui à travers le temps et l'adversité ?

Version 2

Il fallut quelque temps à un hibou de mon espèce pour s'accoutumer à la cage d'un collège et régler sa volée au son d'une cloche. Ces dignes gens me reconnaîtraient-ils aujourd'hui sous les travestissements du temps ?

Extrait 2

Version 1

Du sommet du mont Dol on aperçoit la mer et les vastes marais couverts d'une multitude de feux follets pendant la nuit.

Version 2

Du haut de ce tertre isolé, l'œil plane sur la mer et sur des marais où voltigent, pendant la nuit, des feux follets, lumière des sorciers qui brûle aujourd'hui dans nos lampes.

Extrait 3

Version 1

Il n'y a pas de jour encore où, en rêvant à ce que j'ai été, je ne revoie en pensée le rocher sur lequel je suis né, la chambre où ma mère me fit le funeste présent de la vie, la tempête et les flots dont le bruit berça mon premier sommeil.

Version 2

Il n'y a pas de jour, où, rêvant à ce que j'ai été, je ne revoie en pensée le rocher sur lequel je suis né, la chambre où ma mère m'infligea la vie, la tempête dont le bruit berça mon premier sommeil.

Contexte XIXe s. ▶ p. 495
Notice biographique ▶ p. 495
Du même auteur ▶ p. 320

François-René de Chateaubriand, *Mémoires d'outre-tombe*, cité par Antoine Albalat, dans *Le Travail du style*, 1903, © Armand Colin.

Étude comparée

1. Pour chaque groupe de deux extraits, expliquez les transformations effectuées dans la *version 2* par rapport à la *version 1*. Sur quels mots portent-elles ? Quelles améliorations apportent-elles ?

2. En quoi peut-on dire que la version 2 est dans les trois cas plus imagée ? Quelle est la figure de rhétorique récurrente ?

Maîtrise de la langue

3. Composez deux phrases commençant l'une par *Du haut de ce tertre isolé…* (▶ extrait 2) et l'autre par *Il n'y a pas de jour où…* (▶ extrait 3), et suivant exactement la même structure syntaxique que les *versions 2* de Chateaubriand, mais avec des mots différents.

REPÈRES Travaux préparatoires... ▶ p. 43

4 Le travail de Flaubert dans *Madame Bovary* (1857)

Dans des lettres adressées à son amie Louise Colet, Flaubert révèle et analyse les difficultés rencontrées lors de la rédaction du roman Madame Bovary, *comme en témoignent les extraits suivants.*

Texte 1

Je me tourmente, je me gratte. Mon roman a du mal à se mettre en train. J'ai des abcès de style et la phrase me démange sans aboutir. Quel lourd aviron qu'une plume et combien l'idée, quand il faut la creuser avec, est un dur courant ! Je m'en désole tellement que ça m'amuse beaucoup. J'ai passé aujourd'hui ainsi une bonne journée, la fenêtre ouverte, avec du soleil sur la rivière et la plus grande sérénité du monde. J'ai écrit une page, en ai esquissé trois autres. J'espère dans une quinzaine être enrayé ; mais la couleur où je trempe est tellement neuve pour moi que j'en ouvre des yeux ébahis.

Croisset, nuit de jeudi 1 h, 23 août 1851.

Texte 2

Au milieu de tout cela j'avance péniblement dans mon livre. Je gâche un papier considérable. Que de ratures ! La phrase est bien lente à venir. Quel diable de style ai-je pris ! Honnis soient les sujets simples ! Si vous saviez combien je m'y torture, vous auriez pitié de moi. – M'en voilà bâté pour une grande année au moins. Quand je serai en route j'aurai du plaisir ; mais c'est difficile.

Croisset, lundi soir, 3 novembre 1851.

Texte 3

Je ne sais si c'est le printemps, mais je suis prodigieusement de mauvaise humeur. J'ai les nerfs agacés, comme des fils de laiton. – Je suis en rage sans savoir de quoi. C'est mon roman peut-être qui en est cause. – Ça ne va pas. Ça ne marche pas. Je suis plus lassé que si je roulais des montagnes. J'ai dans des moments, envie de pleurer. Il faut une volonté surhumaine pour écrire. Et je ne suis qu'un homme. – Il me semble quelquefois que j'ai besoin de dormir pendant six mois de suite. Ah ! de quel œil désespéré je les regarde, les sommets de ces montagnes où mon désir voudrait monter !

Sais-tu[1] dans huit jours combien j'aurai fait de pages, depuis mon retour de pays *[sic]* ? 20. Vingt pages en un mois, et en travaillant chaque jour au moins 7 heures ! – Et la fin de tout cela ? Le résultat ? Des amertumes, des humiliations internes, rien pour se soutenir que la férocité d'une Fantaisie indomptable. Mais je vieillis et la vie est courte.

Croisset, 3 avril 1852, samedi 4 h.

1. Louise Colet.

Texte 4

J'ai repris mon travail. J'espère qu'il va aller. Mais franchement *Bovary* m'ennuie. Cela tient au sujet et aux retranchements perpétuels que je fais. Bon ou mauvais, ce livre aura été pour moi un tour de force prodigieux, tant le style, la composition, les personnages et l'*effet sensible* sont loin de ma manière naturelle. Dans *Saint Antoine* j'étais chez moi. Ici, je suis chez le voisin. Aussi je n'y trouve aucune commodité.

Croisset, 11 h du soir, 13 juin 1852.

Texte 5

Je suis en train de recopier, de corriger et raturer toute ma première partie de *Bovary*. Les yeux m'en piquent. Je voudrais d'un seul coup d'œil lire ces cent cinquante-huit pages et les saisir avec tous leurs détails dans une seule pensée. Ce sera de dimanche en huit que je relirai tout à Bouilhet et le lendemain, ou le surlendemain, tu me verras. Quelle chienne de chose que la prose ! Ça n'est jamais fini ; il y a toujours à refaire. Je crois pourtant qu'on peut lui donner la consistance du vers. Une bonne phrase de prose doit être comme un bon vers, *inchangeable*, aussi rythmée, aussi sonore. Voilà du moins mon ambition (il y a une chose dont je suis sûr, c'est que personne n'a jamais eu en tête un type de prose plus parfait que moi ; mais quant à l'exécution, que de faiblesses, que de faiblesses mon Dieu !). Il ne me paraît pas non plus impossible de donner à l'analyse psychologique la rapidité, la netteté, l'emportement d'une narration purement dramatique. Cela n'a jamais été tenté et serait beau. Y ai-je réussi un peu ? Je n'en sais rien. À l'heure qu'il est je n'ai aucune opinion nette sur mon travail.

Croisset, jeudi 4 h du soir, 22 juillet 1852.

Contexte XIXe s. ▸ p. 486
Notice biographique ▸ p. 497
Du même auteur ▸ p. 33, p. 154, p. 342, p. 343

RECHERCHE

Les mots et leur usage

1. Recherchez dans un dictionnaire plusieurs expressions dans lesquelles le mot *plume* est associé, métaphoriquement, à l'écriture. S'il s'agit de citations, précisez les auteurs et les sources.

Histoire littéraire

2. Dans une biographie de Flaubert, cherchez ce que désigne le mot *Croisset*.

3. Qui est Louise Colet, la correspondante de Flaubert ? À quoi fait référence *Saint Antoine* écrit en italique (▸ texte 4) ?

4. Les extraits de lettres sont datés de 1851 et 1852. Quel événement historique a marqué l'année 1851 ? Sous quels régimes politiques la France vit-elle avant et après cet événement ?

Travail sur un corpus de textes

5. Qu'observez-vous en rapprochant les différentes dates indiquées dans le paratexte ? Mettez ces dates en relation avec les textes 1 et 5 : qu'en déduisez-vous concernant la réalisation de l'œuvre ?

6. Quel est le thème commun aux cinq extraits ? Repérez les éléments lexicaux relevant du domaine matériel, des réactions physiologiques ou de l'état psychologique de celui qui écrit.

7. Récapitulez les caractéristiques du travail d'écriture telles qu'elles sont décrites dans ces extraits.

8. Quelles informations ces extraits donnent-ils concernant la manière d'écrire de Flaubert ?

9. Les extraits proviennent de lettres : à quels indices peut-on le déterminer ? Comment peut-on savoir si cette correspondance est réelle ou fictive ?

REPÈRES Travaux préparatoires... ▸ p. 43

5 Le travail préparatoire de Zola : *Carnets d'enquêtes*

Zola préparait ses romans par de minutieuses recherches faites dans des ouvrages spécialisés ou sur le terrain. Ses notes, dessins et photos, consignés dans les Carnets d'enquêtes, *permettent au lecteur de mieux comprendre la démarche du romancier dans sa recherche de détails et de précisions.*

Texte 1

Notes pour *L'Assommoir*[1] (paru en 1877)

La forge au fond d'un terrain vague. Entrée fangeuse. Un hangar, charpente, briques, platras, sol battu, tout noir dans la forge. Des fenêtres poussiéreuses.

Gervaise entre à la tombée du jour. La forge au charbon de terre, dans une poussière de grabilles. Le soufflet, la flamme blanche éclairant fortement. Chauffé à blanc et obtenu promptement. Le charbon dans un tonneau. Contre le mur, les clouières. Des outils noirs. On prend le bout de fer à la pince. On coupe le fer d'un coup au marteau. Les têtes de boulons rondes, six pans, carrées ; les rondes les plus difficiles. Crochet pour attiser et tirer du feu. Les cisailles. Le boulon est taraudé, le rivet non. Poids des marteaux, les petits trois livres, les gros vingt livres.

Cloutier boulonnier à la main, dix à douze francs ; aujourd'hui six francs. Une clouière sur l'enclume, et la tête au marteau.

400 petits rivets de 12 millimètres
200 *id.* de 20 millimètres
100 *id.* de 33 millimètres, les plus gros, deux hommes.
Le forgeron tient ; le frappeur frappe.

1. Notes utilisées dans le chapitre VI.

Texte 2

Notes pour *Germinal*[2] (paru en 1885)

Sur la fosse, les constructions lourdes en brique. Toits en zinc plats. Construction massive, de corps rapprochés, accroupie, tapie comme une bête. Seules les deux cheminées, lourdes, trapues, quoique hautes, s'élèvent au-dessus de la construction et se voient de partout. Des tuyaux de vapeur dépassent faiblement les toits, un a une respiration forte et lente, régulière, qu'on entend continuellement. Dans le bas il y a aussi à ras de terre un échappement continu de vapeur. C'est une basilique d'un nouveau genre. Mais ce que je veux prendre surtout, c'est la position topographique. La fosse près du canal, dans le fond, tandis que le coron est bâti en haut d'une pente, sur un plateau, au milieu de la route.

2. Notes utilisées dans le chapitre 1 de la Ire partie.

Contexte XIXe s. ▶ p. 486
Notice biographique ▶ p. 503
Du même auteur ▶ p. 156, p. 172, p. 185, p. 345

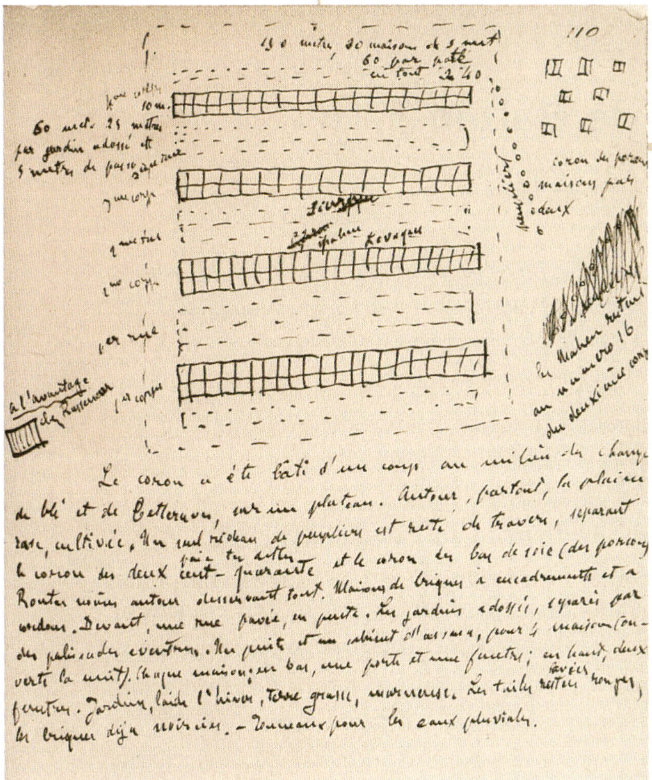

Émile Zola, carnet préparatoire pour *Germinal*, plan des corons (BNF ; Paris).

Texte 3

Notes pour *La Terre*[3] (paru en 1887)

Cent quatre-vingts hectares. Douze chevaux. Écuries. La bergerie, sept à huit cents moutons : on les nourrit avec foin, paille, luzerne sèche. Six ou sept cochons, rien que pour l'usage de la maison. Quatre à cinq cents poules. Vingt-cinq vaches. Douze domestiques : deux batteurs ; quatre charretiers, ou laboureurs, ou charrues ; deux hommes de cour à tout faire, vachers ; un berger et un porcher qui l'aide. Une servante et la fermière pour le laitage, les fromages, le pain, etc. Les vaches ne sortent pas avant la moisson et rentrent à la Toussaint, aux premières gelées. Les moutons sortent vers le 20 mai, et rentrent également à la Toussaint. Dans le bail, ces époques de sortie sont fixées et le bail défend aussi de jamais laisser sortir le taureau. Pas d'eau, pas d'oies. La ferme avait une moissonneuse mécanique, mais elle s'est détraquée, et le fermier en est revenu à la faux. Il ne loue que des batteuses à vapeur.

Émile Zola, *Carnets d'enquêtes,*
présentation d'H. Mitterand, éd. Plon, 1986.

3. Notes utilisées pour le chapitre 1 de la IIe partie.

RECHERCHE

Les mots et leur usage

1. Répertoriez les mots des trois extraits dont vous ignorez le sens et cherchez ce qu'ils signifient.

2. Établissez une liste de termes appartenant au lexique technique du monde professionnel. Trouvez vous-même un principe de classement.

Histoire littéraire

3. Dans l'un ou l'autre des romans concernés, au choix, retrouvez le passage qui intègre ces notes et expliquez comment Zola les a utilisées. Quelles remarques pouvez-vous faire alors sur le travail de l'écrivain ?

Travail sur un corpus de textes

4. À quel univers professionnel chacun des trois textes fait-il référence ? Relevez les termes qui vous ont permis de répondre.

5. À quoi le lecteur perçoit-il qu'il s'agit de notes ?

6. Quelle est la valeur du présent utilisé dans les trois extraits ? Déduisez de cette réponse et de la précédente la forme de discours utilisée dans les trois textes.

Vers la dissertation

7. À partir des notes de Zola et de leur intégration à différentes œuvres, exposez et caractérisez la manière de travailler de ce romancier : quelle est sa conception du roman ?

Écriture d'invention

8. À la manière de Zola, observez un lieu professionnel et prenez des notes (10 à 15 lignes) soit sur les lieux, soit sur le travail qu'on y fait.
Transformez ensuite ces notes en texte littéraire, en faisant une description précise ou le récit d'un épisode romanesque. Vous adopterez le point de vue d'un narrateur omniscient.

Lecture du document

9. De quoi se compose la page manuscrite extraite du carnet préparatoire pour *Germinal* ? Quelle est son utilité pour le romancier ?

10. Quelles informations l'utilisation de ce document donne-t-elle au lecteur concernant la méthode de Zola et les ambitions du naturalisme ?

REPÈRES Travaux préparatoires... ► p. 43
Du réalisme au naturalisme ► p. 357

6 Les corrections de Balzac dans *César Birotteau* (1837)

Balzac corrigeait sans cesse son travail, au point que les épreuves d'imprimerie de ses romans devenaient illisibles. Un article du Figaro*, daté de 1837 et repris en 1903 dans un ouvrage critique, rapporte sa manière de procéder.*

Édouard Ourliac a spirituellement raconté dans le *Figaro* comment fut conçu et écrit *César Birotteau,* qui devait paraître dans ce journal le 15 décembre 1837.

« L'imprimerie, dit-il, était prête et frappait du pied comme un coursier bouillant.

« M. de Balzac envoie aussitôt deux cents feuillets[1] crayonnés en cinq nuits de fièvre. On connaît sa manière. C'était une ébauche, un chaos, une apocalypse, un poème hindou. L'imprimerie pâlit. Le délai est bref, l'écriture inouïe. On transforme le monstre, on le traduit à peu près en signes connus. Les plus habiles n'y comprennent rien de plus. On le porte à l'auteur. L'auteur renvoie les deux premières épreuves collées sur d'énormes feuilles, des affiches, des paravents !

« C'est ici qu'il faut frémir et avoir pitié. L'apparence de ces feuilles est monstrueuse. De chaque signe, de chaque mot imprimé part un trait de plume qui rayonne et serpente comme une fusée à la congrève[2], et s'épanouit à l'extrémité en pluie lumineuse de phrases, d'épithètes et de substantifs soulignés, croisés, mêlés, raturés, superposés ; c'est d'un aspect éblouissant.

« Imaginez quatre ou cinq cents arabesques de ce genre, s'enlaçant, se nouant, grimpant et glissant d'une marge à l'autre, et du sud au septentrion[3]. Imaginez douze cartes de géographie enchevêtrant à la fois villes, fleuves et montagnes. Un écheveau brouillé par un chat, tous les hiéroglyphes de la dynastie de Pharaon, ou les feux d'artifice de vingt réjouissances.

« À cette vue, l'imprimerie se réjouit peu.

« Les compositeurs se frappent la poitrine, les presses gémissent, les protes[4] s'arrachent les cheveux, les apprentis perdent la tête.

« Les plus intelligents abordent les épreuves et reconnaissent du persan, d'autres l'écriture madécasse[5], quelques-uns les caractères symboliques de Whisnou. On travaille à tout hasard et à la grâce de Dieu.

« Le lendemain, M. de Balzac renvoie deux feuilles de pur chinois. Le délai n'est plus que de quinze jours. Un prote généreux offre de se brûler la cervelle.

« Deux nouvelles feuilles arrivent très lisiblement écrites en siamois. Deux ouvriers y perdent la vue et le peu de langue qu'ils savaient.

« Les épreuves sont ainsi renvoyées sept fois de suite. On commence à reconnaître quelques symptômes d'excellent français ; on signale même quelques liaisons dans les phrases…

« Bref, *César Birotteau,* dit Ourliac, fut écrit et corrigé à *quinze* reprises par M. de Balzac en *vingt jours,* et déchiffré, débrouillé et réimprimé *quinze fois* dans le même délai… Il fut composé en vingt jours par M. de Balzac malgré l'imprimerie, composé en vingt jours par l'imprimerie malgré M. de Balzac… »

1. Un feuillet est l'ensemble de deux pages, recto et verso, d'un livre ou d'un cahier.

2. Terme d'artillerie : l'expression *fusée à la congrève* désigne une fusée qui, grâce à une mèche inextinguible, libère de nombreuses autres petites fusées très meurtrières.

3. Le nord.

4. Chefs d'un atelier de composition typographique.

5. De Madagascar.

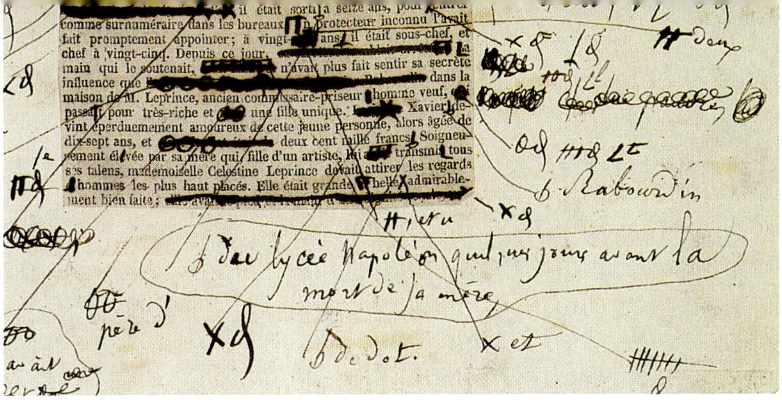
… il était sorti à seize ans, … comme surnuméraire dans les bureaux. Un protecteur inconnu l'avait fait promptement appointer ; à vingt [redacted] ans il était sous-chef, et chef à vingt-cinq. Depuis ce jour, [redacted] main qui le soutenait, [redacted] n'avait plus fait sentir sa secrète influence que [redacted] dans la maison de M. Leprince, ancien commissaire-priseur, homme veuf, passant pour très-riche et [redacted] une fille unique. [redacted] Xavier devint éperduement amoureux de cette jeune personne, alors âgée de dix-sept ans, et [redacted] deux cent mille francs. Soigneusement élevée par sa mère qui, fille d'un artiste, lui a transmis tous ses talens, mademoiselle Celestine Leprince devait attirer les regards des hommes les plus haut placés. Elle était grande, belle, admirablement bien faite ; …

Honoré de Balzac (1799-1850), *La Femme supérieure,* épreuve corrigée par Balzac lui-même (BNF ; Paris).

Les corrections d'auteur valant cinquante centimes l'heure, on juge les sommes énormes que l'impression de ses œuvres dut coûter à Balzac. D'après Champfleury[6], cette dépense faisait perdre en moyenne au grand romancier le prix d'insertion qu'il touchait dans les Revues.

L'ouvrage tiré, paru, publié, la torture de l'écrivain n'était pas finie. Il se mettait à raturer la deuxième édition. Il offrit ainsi à M. Deberny[6] un exemplaire de son *Louis Lambert,* qu'il avait corrigé en marge pour la prochaine impression.

On connaît les « épreuves » de Balzac. M. de Lovenjoul[6] a souvent ouvert à ses confrères le trésor de ses riches collections. Nous avons songé nous-mêmes à reproduire, sinon des spécimens, du moins quelques exemples de ratures manuscrites. Malheureusement la plupart sont illisibles, les meilleures n'ont pas d'importance, et il est à peu près impossible de s'y reconnaître. Ces citations eussent d'ailleurs tenu trop de place dans notre modeste livre. Balzac changeait, ajoutait, résumait, et sa dernière rédaction, en général, n'est pas sensiblement supérieure à la première.

Le supplice littéraire de Balzac contient une grande leçon : c'est qu'il faut travailler à fond ses manuscrits, si l'on ne veut pas s'exposer à noircir indéfiniment ses épreuves. De façon ou d'autre, on ne peut pas se passer de travail.

Antoine Albalat, *Le Travail du style,* 1903 © Armand Colin.

6. Contemporains de Balzac, écrivains, éditeurs ou collectionneurs.

Contexte **XIXe s.** ▶ p. 486

RECHERCHE

Les mots et leur usage

1. Donnez le champ sémantique du mot *épreuve* et son sens précis dans le contexte de l'édition.

Lecture analytique

2. Qui est l'auteur de l'article du *Figaro* ? À quel endroit précis commence et finit cet article ? Qui le présente et le commente ? Répondez en observant dans le texte les indices d'énonciation, la ponctuation, la disposition des paragraphes.

3. a. Repérez des particularités d'écriture de l'article : *disposition typographique, type et longueur des phrases et des paragraphes, ponctuation, figures de rhétorique, champs lexicaux...* Qu'est-ce qui est mis en relief dans la manière de procéder de Balzac et dans les réactions suscitées à l'imprimerie ?

b. Quel est le registre de cet article ? À quelle forme de discours appartient-il ?

c. Qu'est-ce que le journaliste cherche à provoquer chez le lecteur ?

4. Comparez la manière d'écrire du journaliste à celle du critique qui présente le texte : *registres, formes de discours.* Que vous apprennent l'un et l'autre ? Auquel des deux faites-vous le plus confiance en matière d'information ?

5. Qu'apprend la page d'épreuve de *La Femme supérieure* (ci-dessus) sur la manière de corriger de Balzac ? Mettez-la en relation avec des passages précis de l'article.

Écriture d'invention

6. En prenant pour modèle l'article du *Figaro* sur Balzac (▶ p. 40) et en utilisant les extraits de lettres de Flaubert (▶ p. 36), rédigez un article de presse dans lequel vous expliquerez au lecteur d'aujourd'hui les difficultés rencontrées par Flaubert dans la rédaction du roman *Madame Bovary.*

REPÈRES Travaux préparatoires... ▶ p. 43
Énoncé, énonciation ▶ p. 417

7 Lire l'image : Caillebotte

Gustave Caillebotte (1848-1894), *Perspective de rues* (étude) (1877), mine de plomb et fusain sur papier chamois, 30 × 46 cm (collection particulière).

Gustave Caillebotte (1848-1894), *Rue de Paris, temps de pluie* (1877), huile sur toile, 212,2 × 276,2 cm (The Chicago Art Institute ; Chicago).

RECHERCHE

Histoire culturelle

1. De quelle ville Caillebotte était-il originaire ?
2. Quel est le nom du mouvement auquel il appartenait ?
3. Par quel tableau évoquant le monde du travail est-il particulièrement connu ?

Étude comparée

4. Observez la première représentation : en quoi peut-on parler d'« étude » ?
5. Que retrouve-t-on de l'étude dans le tableau final ? À quoi a-t-elle servi ?
6. Énumérez tout ce que le peintre a ajouté : qu'est-ce qui vous paraît le plus important, ce qu'il a posé d'abord ou ce qu'il a ajouté ensuite ?
7. Dans le travail de l'écrivain, qu'est-ce qui peut être comparé à l'étude initiale du peintre ?

REPÈRES Travaux préparatoires... ▸ p. 43

Travaux préparatoires et brouillons d'écrivains

On pourrait croire que l'artiste est celui qui réalise, en un seul élan inspiré, une œuvre prête à être publiée. Les travaux préparatoires, essais, esquisses, plans et brouillons, montrent au contraire que la création artistique implique des étapes de réflexion et de recherche, des hésitations, des difficultés. Faut-il les dévoiler au public ?

En léguant ses manuscrits à la Bibliothèque nationale, en 1881, Victor Hugo répond à cette question. Il reconnaît à ses travaux une valeur publique et ouvre ainsi la voie à la divulgation de ce qui permet de suivre la réalisation d'une œuvre : le projet et les recherches, la structure, la rédaction, les ultimes corrections.

Projet et recherches

C'est souvent à travers des documents personnels qu'un auteur évoque ou définit un projet. Une **correspondance** avec des proches, avec un éditeur, des **notes** dans des carnets, des **feuillets** gribouillés précisent, à des stades divers, les grandes lignes, un thème, une intrigue, des personnages, ou l'ampleur et les difficultés de l'œuvre à venir.

■ **Ex :** Flaubert parle de *Madame Bovary* dans des lettres à Louise Colet (▸ p. 36) ; Zola réfléchit, dans son « ébauche » de *La Bête humaine,* à son personnage principal (▸ p. 172) ; Camus imagine, dans ses *Carnets* en 1937, le personnage de Meursault, héros de *L'Étranger* (▸ p. 188), publié en 1942.

Le projet s'accompagne, chez de nombreux écrivains, d'une **recherche de documentation** qui englobe des notes de lectures, des observations de voyages, des données bibliographiques, des témoignages, des souvenirs historiques.

■ **Ex :** Le travail préparatoire de Zola remplit de volumineux *Carnets d'enquêtes* (▸ p. 38), révélateurs de la minutie de ses observations. Sous forme de notes, de croquis, il consigne des informations de toutes sortes : nature des lieux, mœurs de milieux professionnels, habitudes vestimentaires et alimentaires, mobilier, fonctionnement d'une ferme, d'une forge ou d'une mine. Il utilise aussi la photographie.

Mise en place d'une structure

Si certains auteurs comme Stendhal avancent « à l'inspiration », d'autres, comme Flaubert, Zola, Hugo ou Francis Ponge, passent par l'élaboration d'un **plan.** Celui-ci précise l'organisation interne, qui correspond à la structure narrative de l'œuvre : succession des faits, chronologie des épisodes.

■ **Ex :** Le plan général de *La Bête humaine,* de Zola, donne, mois par mois, avec une numérotation de chapitre, le déroulement de l'intrigue :
– [février] III – Au Havre. Mouvement de la gare. Réveil de Séverine.
– [déc] VII – Train perdu dans la neige. Les Misard. Flore voyant que Jacques et Séverine sont amants.

Rédaction, brouillons et ratures

Les brouillons jouent un rôle important dès le projet et la structure, parce qu'ils reçoivent les idées, servent à consigner des **sources** – parfois des faits divers (▸ p. 114) –, sont le support des premières **ébauches.** Ils se présentent sous des formes très diverses : feuilles volantes, petits papiers, « paperolles » (chez Proust), pages de carnets.

■ **Ex :** Conservés par certains, comme Flaubert (▸ p. 33), Hugo (▸ p. 14), Proust, détruits par d'autres, comme Chateaubriand, ces brouillons griffonnés constituent la preuve du travail effectué.

Le brouillon est le lieu d'**interrogations**, d'hypothèses sur l'ordre du récit, de recommandations que se donne l'écrivain – « montrer cela d'abord dans le dialogue » (Flaubert), de questions sur l'effet produit. Mais surtout, en tant que premières rédactions, les brouillons révèlent, à travers les ratures, les hésitations, les corrections, les refus, les tâtonnements, les **recherches** successives des écrivains pour arriver à la traduction exacte de l'idée (▸ p. 33, 35, 38).

Le brouillon est la première forme **autographe** de l'œuvre, dans ses versions successives, avant la version imprimée, qui perd, par la technique de l'impression, son caractère humain. On comprend l'importance de ces ébauches, étapes de la réalisation d'une œuvre et témoignages sur une méthode, mais aussi leur caractère perfectible et insatisfaisant.

■ **Ex :** Quand Balzac réécrit les épreuves d'imprimerie de ses romans au lieu de les corriger (▸ p. 40), il s'efforce d'apporter des améliorations à ce qui a été écrit et déjà beaucoup remanié.

L'utilisation du **traitement de texte** risque de faire disparaître les états successifs d'une œuvre alors que des travaux universitaires sur les brouillons laissent espérer des révélations sur la création littéraire. Une question demeure : est-ce là qu'il faut chercher les secrets de conception d'une œuvre ?

REPÈRES Historique du livre ▸ p. 77
Codes et contraintes d'édition ▸ p. 91

Séquence 3

Plaisir et difficulté d'écrire

1 Clément Marot, « Petite épître au roi » (1518)

En m'ébattant je fais rondeaux en rime,
Et en rimant bien souvent je m'enrime[1] ;
Bref, c'est pitié d'entre nous rimailleurs,
Car vous trouvez assez de rimes ailleurs,
Et quand vous plaît, mieux que moi rimassez.
Des biens avez et de la rime assez.
Mais moi, à tout[2] ma rime et ma rimaille,
Je ne soutiens (dont je suis marri[3]) maille[4].
Or ce, me dit (un jour) quelque rimart :
« Viens ça, Marot, trouves-tu en rime art
Qui serve aux gens, toi qui as rimassé ?
— Oui vraiment (réponds-je) Henri Macé[5] ;
Car vois-tu bien, la personne rimante,
Qui au jardin de son sens la rime ente[6],
Si elle n'a des biens en rimoyant,
Elle prendra plaisir en rime oyant ;
Et m'est avis que, si je ne rimois,
Mon pauvre corps ne serait nourri mois
Ni demi-jour. Car la moindre rimette,
C'est le plaisir où faut que mon ris[7] mette. »
Si[8] vous supplie qu'à ce jeune rimeur
Fassiez avoir un jour par sa rime heur,
Afin qu'on die[9], en prose ou en rimant :
« Ce rimailleur, qui s'allait enrimant,
Tant rimassa, rima et rimonna,
Qu'il a connu quel bien par rime on a. »

1. Jeu de mots avec *m'enrhume*.
2. Tout à.
3. Ce que je regrette.
4. *Je ne soutiens maille* : je ne gagne rien.
5. Personnage inconnu, sans doute imaginaire, dont le nom a été inventé pour la rime.
6. Greffe.
7. Que je mette mon rire.
8. Aussi.
9. Dise.

Contexte XVIe s. ► p. 474
Notice biographique ► p. 499

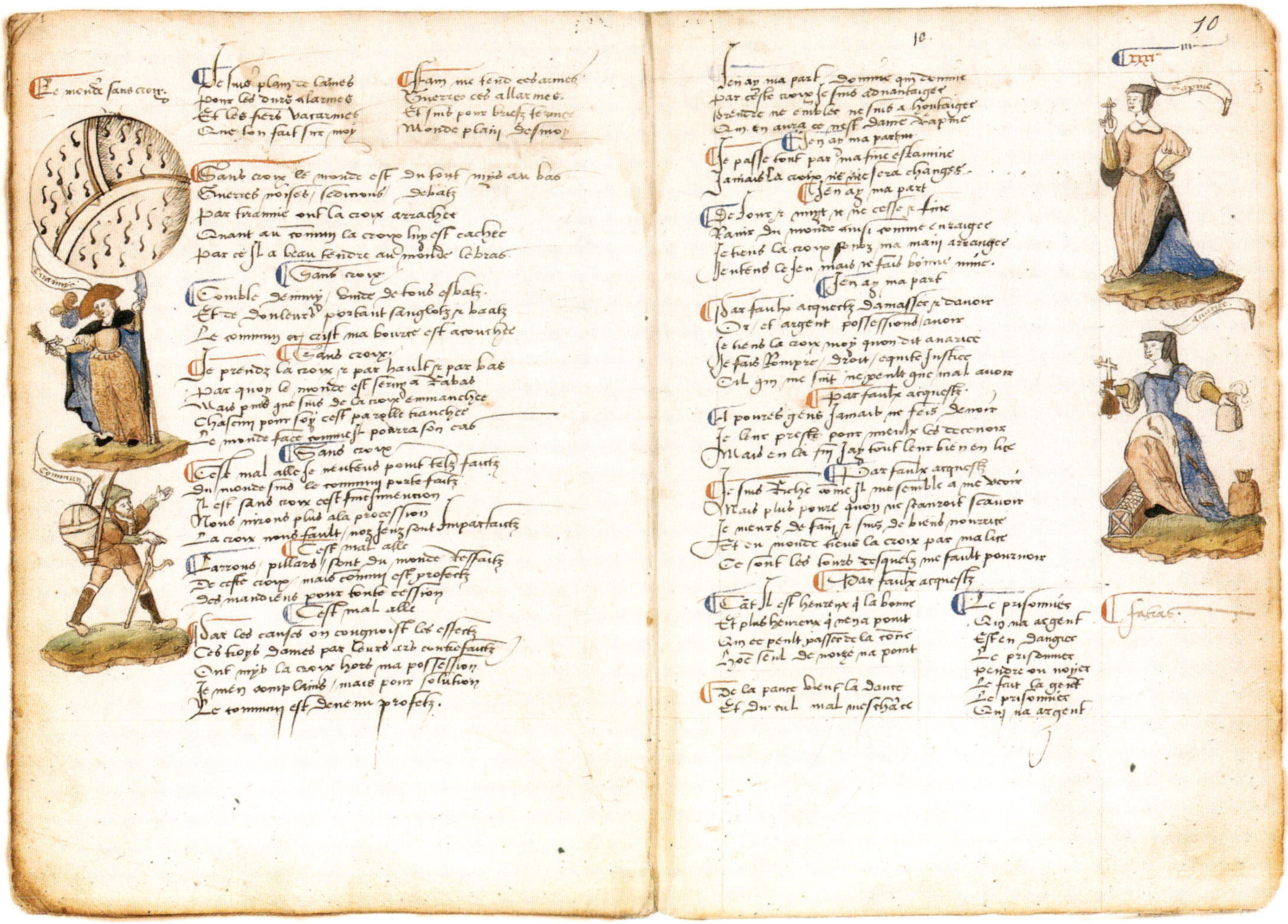

Clément Marot (1497-1544), *Chronique parisienne d'une partie du règne de François Ier*, pages de manuscrit (XVIe siècle), (BNF ; Paris).

RECHERCHE

Histoire littéraire

1. Cherchez qui était Clément Marot et quelles sont ses œuvres principales.

2. Son père faisait partie du groupe des « grands rhétoriqueurs ». À quelle époque se situe ce groupe et quelles étaient ses particularités en matière d'écriture poétique ?

Lecture analytique

3. Observez les rimes du poème. Qu'ont-elles de particulier ? Trouvez un système de classification qui permette d'identifier les mots sur lesquelles elles reposent.

4. En quoi ces rimes sont-elles étroitement associées au thème du poème ? Précisez de quoi il est question en prenant appui sur les champs lexicaux.

5. À quel genre littéraire appartient une « épître » ? Quels sont les indices de l'appartenance du texte à ce genre ?

6. À partir des réponses aux questions précédentes, déterminez quelle est la fonction des rimes et des jeux de mots par rapport à la finalité du texte et à son destinataire.

Vers le commentaire

7. Construisez et rédigez un ou plusieurs axes de commentaire du poème de Marot. Vous pouvez vous aider des pistes suivantes : *une présentation originale du monde des poètes ; une démonstration pleine de virtuosité ; une requête efficace.*

Oral

8. Préparez la lecture du poème de Marot à plusieurs voix en tenant bien compte des différents interlocuteurs (au moins trois).

REPÈRES Les mots : sens et usage ▸ p. 59
Communication et fonctions du langage ▸ p. 109

2 Jean-Jacques Rousseau, *Les Confessions* (1782)

Dessin attribué à **Carmontelle** :
Jean-Jacques Rousseau à Ermenonville (≈ 1760).

Faisant son portrait dans le troisième livre des Confessions, *Jean-Jacques Rousseau évoque la contradiction qui existe en lui entre une lenteur de penser et une vivacité de sentir, source de grandes difficultés lorsqu'il s'agit d'écrire.*

Cette lenteur de penser, jointe à cette vivacité de sentir, je ne l'ai pas seulement dans la conversation, je l'ai même seul et quand je travaille. Mes idées s'arrangent dans ma tête avec la plus incroyable difficulté : elles y circulent sourdement, elles y fermentent jusqu'à m'émouvoir, m'échauffer, me donner des palpitations ; et, au milieu de toute cette émotion, je ne vois rien nettement, je ne saurais écrire un seul mot, il faut que j'attende. Insensiblement ce grand mouvement s'apaise, ce chaos se débrouille, chaque chose vient se mettre à sa place, mais lentement, et après une longue et confuse agitation. N'avez-vous point vu quelquefois l'opéra en Italie ? Dans les changements de scènes il règne sur ces grands théâtres un désordre désagréable et qui dure assez longtemps ; toutes les décorations[1] sont entremêlées ; on voit de toutes parts un tiraillement qui fait peine, on croit que tout va renverser : cependant, peu à peu tout s'arrange, rien ne manque, et l'on est tout surpris de voir succéder à ce long tumulte un spectacle ravissant. Cette manœuvre est à peu près celle qui se fait dans mon cerveau quand je veux écrire. Si j'avais su premièrement attendre, et puis rendre dans leur beauté les choses qui s'y sont ainsi peintes, peu d'auteurs m'auraient surpassé.

1. Éléments du décor.

De là vient l'extrême difficulté que je trouve à écrire. Mes manuscrits, raturés, barbouillés, mêlés, indéchiffrables, attestent la peine qu'ils m'ont coûtée. Il n'y en a pas un qu'il ne m'ait fallu transcrire quatre ou cinq fois avant de le donner à la presse. Je n'ai jamais pu rien faire la plume à la main, vis-à-vis d'une table et de mon papier : c'est à la promenade, au milieu des rochers et des bois, c'est la nuit dans mon lit et durant mes insomnies, que j'écris dans mon cerveau ; l'on peut juger avec quelle lenteur, surtout pour un homme absolument dépourvu de mémoire verbale, et qui de la vie n'a pu retenir six vers par cœur. Il y a telle de mes périodes que j'ai tournée et retournée cinq ou six nuits dans ma tête avant qu'elle fût en état d'être mise sur le papier. De là vient encore que je réussis mieux aux ouvrages qui demandent du travail qu'à ceux qui veulent être faits avec une certaine légèreté, comme les lettres, genre dont je n'ai jamais pu prendre le ton, et dont l'occupation me met au supplice. Je n'écris point de lettres sur les moindres sujets qui ne me coûtent des heures de fatigue, ou, si je veux écrire de suite ce qui me vient, je ne sais ni commencer ni finir ; ma lettre est un long et confus verbiage ; à peine m'entend-on quand on la lit.

Livre III.

Contexte XVIIIe s. ► p. 482
Notice biographique ► p. 501
Du même auteur ► p. 400 p. 458

RECHERCHE

Les mots et leur usage

1. Quel est le sens, dans le texte, des mots *presse* (l. 21) et *périodes* (l. 26) ? Recherchez dans un dictionnaire d'autres sens et donnez-en au moins trois pour chaque terme.

2. Que signifie le verbe *entendre* dans la dernière phrase (l. 33) ?

Histoire littéraire

3. On considère *Les Confessions* comme la première autobiographie. D'autres auteurs cependant, avant Rousseau, ont évoqué leur propre vie : cherchez au moins deux noms d'écrivain et deux titres d'œuvres autobiographiques, l'une de l'Antiquité latine, l'autre de la Renaissance.

Lecture analytique

4. Observez la disposition du texte en paragraphes : qu'est-ce qui sépare les deux grandes étapes du texte ? Qu'est-ce qui les rapproche ? Quelle relation logique peut-on observer entre ces deux étapes ?

5. Analysez la comparaison avec *l'opéra en Italie* (l. 8-15) : comparant, comparé, domaine de comparaison, formulation du rapprochement. Quelle est son utilité ?

6. Retrouvez, identifiez et classez tous les termes qui développent, dans le paragraphe 2, l'idée de *difficulté à écrire*. Sur quel aspect de cette difficulté celui qui parle insiste-t-il particulièrement, et comment ? D'où viennent ces difficultés ?

7. Ce passage est extrait d'une œuvre autobiographique : à quels indices pouvez-vous le percevoir ?

Maîtrise de la langue

8. *N'avez-vous point vu quelquefois l'opéra en Italie ?...* (l. 8-15)
Pour exprimer, comme Rousseau, le passage des idées à leur organisation, rédigez quelques lignes construites sur une comparaison, en changeant le lieu choisi. Commencez par une formulation interro-négative, puis élaborez une phrase complexe de même structure que celle de Rousseau. Faites ensuite toutes les adaptations nécessaires.

Vers la dissertation

9. À propos des lettres, Rousseau parle d'*une certaine légèreté* (l. 29). Partagez-vous cette manière d'envisager la correspondance ?
À partir d'exemples précis, vous vous demanderez si les lettres n'imposent pas, parfois, une certaine gravité et un travail important.

REPÈRES Travaux préparatoires... ► p. 43
Les mots : sens et usage ► p. 59

3 Jules Vallès, *L'Enfant* (1879)

Les exercices scolaires confrontent enfants et adolescents à la difficulté d'écrire : que faire lorsque les idées manquent ?

Gravure sur acier : *Thémistocle* (1842), (coll. Archiv. f. Kunst & Geschichte ; Berlin).

On nous a donné l'autre jour comme sujet, – « Thémistocle haranguant les Grecs ». – Je n'ai rien trouvé, rien, rien !

« J'espère que voilà un beau sujet, hé ! » a dit le professeur en se passant la langue sur les lèvres, – une langue jaune, des lèvres crottées.

C'est un beau sujet certainement, et, bien sûr, dans les petits collèges, on n'en donne pas de comme ça ; il n'y a que dans les collèges royaux, et quand on a des élèves comme moi.

Qu'est-ce que je vais donc bien dire ?

« Mettez-vous à la place de Thémistocle. »

Ils me disent toujours qu'il faut se mettre à la place de celui-ci, de celui-là, – avec le nez coupé comme Zopyre ? avec le poignet rôti comme Scévola ?

C'est toujours des généraux, des rois, des reines !

Mais j'ai quatorze ans, je ne sais pas ce qu'il faut faire dire à Annibal, à Caracalla, ni à Torquatus, non plus !

Non, je ne le sais pas !

Je cherche aux adverbes, et aux adjectifs du *Gradus,* et je ne fais que copier ce que je trouve dans l'*Alexandre.*

Mon père l'ignore, je n'ai pas osé l'avouer.

Mais lui, lui-même ! (oh ! je vends un secret de famille !) j'ai vu que ses exercices à lui, pour l'agrégation, étaient faits aussi de pièces et de morceaux. – Sommes-nous une famille de crétins ?...

Quelquefois il compose un discours où il faut faire parler une femme. – Les plaintes d'Agrippine, Aspasie à Socrate, Julie à Ovide.

Je le vois qui se gratte le front, et il touche sa barbe avec horreur ; – il est Agrippinus, Aspasios, il n'est pas Aspasie, il n'est pas Agrippine, – il se tord les poils et les mord, désespéré !

Je sens toute l'infériorité de ma nature et j'en souffre beaucoup.

Je souffre de me voir accablé d'éloges que je ne mérite pas, on me prend pour un fort, je ne suis qu'un simple filou. Je vole à droite, à gauche, je ramasse des *rejets* au coin des livres. Je suis même malhonnête quelquefois. J'ai besoin d'une épithète ; peu m'importe de sacrifier la vérité ! Je prends dans le dictionnaire le mot qui fait l'affaire, quand même il dirait le contraire de ce que je voulais dire. Je perds la notion du juste ! Il me faut mon spondée ou mon dactyle[1], tant pis ! – la *qualité* n'est rien, c'est la *quantité* qui est tout.

Il faut toujours être près du Janicule avec eux.

1. *Dactyle* et *spondée* : termes désignant des mesures de la poésie latine et grecque. Un dactyle correspond à la succession d'une syllabe longue et de deux syllabes brèves ; un spondée est la succession de deux syllabes longues.

Je ne puis cependant pas me figurer que je suis un Latin.

Je ne puis pas !

Ce n'est pas dans les latrines de Vitellius que je vais, quand je sors de la classe. Je n'ai pas été en Grèce non plus ! ce ne sont pas les lauriers de Miltiade qui me gênent, c'est l'oignon qui me fait du mal. Je me vante, dans mes narrations, de blessures que j'ai reçues par-devant, *adverso pectore*[2] ; j'en ai bien reçu quelques-unes par-derrière.

« Vous peindrez la vie romaine comme ci, comme ça… »

Je ne sais pas comment on vivait moi ! je fais la vaisselle, je reçois des coups, j'ai des bretelles, je m'ennuie pas mal ; mais je ne connais pas d'autre consul que mon père, qui a une grosse cravate, des bottes ressemelées, et en fait de vieille femme (*anus*), la mère Gratteloux qui fait le ménage des gens du second.

Et l'on continue à dire que j'ai de la facilité.

Chapitre XX : « Mes humanités ».

2. Expression latine signifiant « de face ».

Contexte XIXe s. ▶ p. 486
Notice biographique ▶ p. 502
Du même auteur ▶ p. 92

RECHERCHE

Histoire culturelle

1. En vous aidant d'un dictionnaire, rédigez une note explicative simple pour chacun des noms suivants : *Thémistocle, Zopyre, Scévola, Annibal* (ou *Hannibal*), *Caracalla, Torquatus, Agrippine, Aspasie, Socrate, Julie, Ovide, Janicule, Vitellius, Miltiade.* Qu'ont-ils tous en commun ?

2. Cherchez le sens des mots *Gradus* et *Alexandre.* Quelle information vous est donnée par leur graphie en italique et par la majuscule ?

Lecture analytique

3. a. Quelles relations de sens pouvez-vous établir entre la première phrase du texte et la suite ? Répondez en relevant et en classant les termes composant les champs lexicaux dominants.

b. Exposez en une phrase le thème du passage, comme si vous répondiez à la question : « De quoi s'agit-il ? »

4. Quels sont les indices de la présence de celui qui parle dans le texte ? Pouvez-vous identifier ce narrateur sans aide extérieure au texte ?

5. Observez les alinéas, les blancs, les signes de ponctuation (guillemets, tirets, points d'exclamation…), certains emplois de l'italique. Qu'en déduisez-vous concernant les formes de discours, les différents émetteurs, le rythme du passage, l'état d'esprit du narrateur ?

6. D'où vient la difficulté essentielle du travail scolaire demandé ? Répondez en prenant appui sur des termes récurrents.

Maîtrise de la langue

7. Remplacez, dans la phrase suivante, tous les mots soulignés par des synonymes, en respectant le sens du texte : *Je souffre de me voir accablé d'éloges que je ne mérite pas, on me prend pour un fort, je ne suis qu'un simple filou. Je vole à droite, à gauche, je ramasse des rejets au coin des livres. Je suis même malhonnête quelquefois. J'ai besoin d'une épithète ; peu m'importe de sacrifier la vérité ! Je prends dans le dictionnaire le mot qui fait l'affaire,* quand même *il dirait le contraire de ce que je voulais dire.* (l. 32-37)

Travail sur un corpus de textes

8. À partir des textes de J. Vallès (▶ p. 48), de J.-P. Sartre (▶ p. 51) et de N. Sarraute (▶ p. 53), récapitulez les difficultés d'écriture énoncées par les trois narrateurs, puis regroupez celles qui sont de même nature.

9. En quoi la situation vécue par le narrateur de *L'Enfant* est-elle différente de celle des deux autres narrateurs ?

Écriture d'invention

10. Dans une lettre adressée à un de ses camarades, le narrateur récapitule et présente sous une forme argumentée les éléments négatifs du système éducatif évoqué dans le texte ; puis il propose des solutions pour l'améliorer.

REPÈRES Les mots : sens et usage ▶ p. 59
Le discours narratif ▶ p. 146

4 Francis Ponge, *La Rage de l'expression* (1952)

Auteur de poèmes en prose et de réflexions sur l'écriture, Francis Ponge aborde ici la question des « sujets difficiles ».

Le Mimosa

Le génie et la gaieté produisent assez souvent
ces petits enthousiasmes soudains.

Fontenelle.

Sur fond d'azur le voici, comme un personnage de la comédie italienne, avec un rien d'histrionisme[1] saugrenu, poudré comme Pierrot, dans son costume à pois jaunes, le mimosa.

Mais ce n'est pas un arbuste lunaire : plutôt solaire, multisolaire…

Un caractère d'une naïve gloriole[2], vite découragé.

Chaque grain n'est aucunement lisse, mais, formé de poils soyeux, un astre si l'on veut, étoilé au maximum.

Les feuilles ont l'air de grandes plumes, très légères et cependant très accablées d'elles-mêmes ; plus attendrissantes dès lors que d'autres palmes, par là aussi très distinguées. Et pourtant, il y a quelque chose actuellement de vulgaire dans l'idée du mimosa ; c'est une fleur qui vient d'être vulgarisée.

… Comme dans tamaris[3] il y a tamis, dans mimosa il y a mima.

*

Je ne choisis pas les sujets les plus faciles : voilà pourquoi je choisis le mimosa. Comme c'est un sujet très difficile il faut donc que j'ouvre un cahier.

Tout d'abord, il faut noter que le mimosa ne m'inspire pas du tout. Seulement, j'ai une idée de lui au fond de moi qu'il faut que j'en sorte parce que je veux en tirer profit. Comment se fait-il que le mimosa ne m'inspire pas du tout – alors qu'il a été l'une de mes adorations, de mes prédilections enfantines ? Beaucoup plus que n'importe quelle autre fleur, il me donnait de l'émotion. Seul de toutes il me passionnait. Je doute si ce ne serait pas par le mimosa qu'a été éveillée ma sensualité, si elle ne s'est pas éveillée aux soleils du mimosa. Sur les ondes puissantes de son parfum je flottais, extasié. Si bien qu'à présent le mimosa, chaque fois qu'il apparaît dans mon intérieur, à mon entour, me rappelle tout cela et fane aussitôt.

Il faut donc que je remercie le mimosa. Et puisque j'écris, il serait inadmissible qu'il n'y ait pas de moi un écrit sur le mimosa.

Mais vraiment, plus je tourne autour de cet arbuste, plus il me paraît que j'ai choisi un sujet difficile. C'est que j'ai un très grand respect pour lui, que je ne voudrais pas le traiter à la légère (étant donné surtout son extrême sensibilité). Je ne veux l'approcher qu'avec délicatesse…

… Tout ce préambule, qui pourrait être encore longuement poursuivi, devrait être intitulé : « Le mimosa et moi. » Mais c'est au mimosa lui-même – douce illusion ! – qu'il faut maintenant en venir ; si l'on veut, au mimosa sans moi…

In *La Rage de l'expression*, éd. Gallimard.

1. En psychologie, tendance à vouloir attirer l'attention sur soi par un comportement théâtral.
2. Vaine gloire.
3. Arbuste.

Contexte XXe s. ▶ p. 490
Notice biographique ▶ p. 501

RECHERCHE

Les mots et leur usage

1. Expliquez les mots *multisolaire* et *prédilection*.

Histoire littéraire

2. Qu'est ce que la *comédie italienne* ? Quelles sont les caractéristiques du personnage de Pierrot ?
3. Qui était Fontenelle, l'auteur cité en exergue ?

Lecture analytique

4. Caractérisez les deux parties du texte en précisant pour chacune son thème et la forme de discours utilisée. Qu'ont-elles de commun cependant ?
5. Récapitulez toutes les difficultés énoncées par F. Ponge dans la seconde partie du texte.
6. Quelles raisons, données par le poète, justifient qu'il écrive sur le mimosa ?
7. Quel paradoxe pouvez-vous faire apparaître en comparant le contenu de chaque partie ? Quel lien pouvez-vous établir entre les deux ?

Maîtrise de la langue

8. En suivant la structure grammaticale de la première phrase (l. 1-3), présentez une plante ou un animal, à la manière de F. Ponge. Vous terminerez votre phrase par le nom de la plante ou de l'animal décrit.

Vers le commentaire

9. Construisez et rédigez un ou plusieurs axes de commentaire pour la deuxième partie du poème de F. Ponge (l. 13-34) : *des raisons de représenter le mimosa ; l'expression de réticences et de difficultés ; une réflexion sur l'approche paradoxale des choses et sur la création poétique.*

REPÈRES Travaux préparatoires... ▶ p. 43
Les mots : sens et usage ▶ p. 59

5 Jean-Paul Sartre, *Les Mots* (1964)

Dans Les Mots, *œuvre autobiographique écrite à l'âge de cinquante-neuf ans, Jean-Paul Sartre raconte comment, enfant, il a découvert l'écriture et ses plaisirs.*

Rien ne me troublait plus que de voir mes pattes de mouche échanger peu à peu leur luisance de feux follets contre la terne consistance de la matière : c'était la réalisation de l'imaginaire. Pris au piège de la nomination, un lion, un capitaine du Second Empire, un Bédouin s'introduisaient dans la salle à manger ; ils y demeureraient à jamais captifs, incorporés par les signes ; je crus avoir ancré mes rêves dans le monde par les grattements d'un bec d'acier. Je me fis donner un cahier, une bouteille d'encre violette, j'inscrivis sur la couverture : « Cahier de romans ». Le premier que je menai à bout, je l'intitulai : « Pour un papillon ». Un savant, sa fille, un jeune explorateur athlétique remontaient le cours de l'Amazone en quête d'un papillon précieux. L'argument, les personnages, le détail des aventures, le titre même, j'avais tout emprunté à un récit en images paru le trimestre précédent. Ce plagiat délibéré me délivrait de mes dernières inquiétudes : tout était forcément vrai puisque je n'inventais rien. Je n'ambitionnais pas d'être publié mais je m'étais arrangé pour qu'on m'eût imprimé d'avance et je ne traçais pas une ligne que mon modèle ne cautionnât. Me tenais-je pour un copiste ? Non. Mais pour un auteur original : je retouchais, je rajeunissais ; par exemple, j'avais pris soin de changer les noms des personnages. Ces légères altérations m'autorisaient à confondre la mémoire

Gravure sur bois : *Vingt mille lieues sous les mers,* de **Jules Verne** (volume 2 de la 1re édition française ; 1870).

et l'imagination. Neuves et tout écrites, des phrases se reformaient dans ma tête avec l'implacable sûreté qu'on prête à l'inspiration. Je les transcrivais, elles prenaient sous mes yeux la densité des choses. Si l'auteur inspiré, comme on croit communément, est autre que soi au plus profond de soi-même, j'ai connu l'inspiration entre sept et huit ans.

Je ne fus jamais tout à fait dupe de cette « écriture automatique ». Mais le jeu me plaisait aussi pour lui-même : fils unique, je pouvais y jouer seul. Par moments, j'arrêtais ma main, je feignais d'hésiter pour me sentir, front sourcilleux, regard halluciné, *un écrivain.* J'adorais le plagiat, d'ailleurs, par snobisme et je le poussais délibérément à l'extrême comme on va voir.

Boussenard et Jules Verne ne perdent pas une occasion d'instruire : aux instants les plus critiques, ils coupent le fil du récit pour se lancer dans la description d'une plante vénéneuse, d'un habitat indigène. Lecteur, je sautais ces passages didactiques ; auteur, j'en bourrai mes romans ; je prétendis enseigner à mes contemporains tout ce que j'ignorais : les mœurs des Fuégiens, la flore africaine, le climat du désert. Séparés par un coup du sort puis embarqués sans le savoir sur le même navire et victimes du même naufrage, le collectionneur de papillons et sa fille s'accrochaient à la même bouée, levaient la tête, chacun jetait un cri : « Daisy ! », « Papa ! ». Hélas un squale rôdait en quête de chair fraîche, il s'approchait, son ventre brillait entre les vagues. Les malheureux échapperaient-ils à la mort ? J'allais chercher le tome « Pr-Z » du *Grand Larousse,* je le portais péniblement jusqu'à mon pupitre, l'ouvrais à la bonne page et copiais mot pour mot en passant à la ligne : « Les requins sont communs dans l'Atlantique tropical. Ces grands poissons de mer très voraces atteignent jusqu'à treize mètres de long et pèsent jusqu'à huit tonnes… » Je prenais tout mon temps pour transcrire l'article : je me sentais délicieusement ennuyeux, aussi distingué que Boussenard et, n'ayant pas encore trouvé le moyen de sauver mes héros, je mijotais dans des transes exquises.

IIe partie « Écrire », éd. Gallimard.

Contexte **XXe s.** ► p. 490
Notice biographique ► p. 502
Du même auteur ► p. 95

RECHERCHE

Les mots et leur usage

1. Cherchez l'origine du mot *copiste.* À quelle réalité historique, littéraire et religieuse fait-il référence ? Que signifie le mot *plagiat* ? Quelle est son origine ?
2. Rédigez une note explicative pour chacun des mots suivants : *Bédouin, Boussenard, Jules Verne, Fuégiens.*

Histoire culturelle

3. Cherchez les dates de la période appelée *Second Empire* et les événements qui marquent son début et sa fin.

Bilan de lecture

4. Quel est le thème du texte ?
5. Quels procédés le jeune Sartre utilise-t-il pour avoir de l'inspiration ? Que pensez-vous de ses façons de procéder ?
6. En quoi le texte se rattache-t-il à la double thématique de la séquence : *plaisir / difficulté d'écrire* ?

Écriture d'invention

7. À la manière de Sartre enfant imitant Jules Verne, racontez un épisode d'aventure, que vous interrompez par une digression informative empruntée à un dictionnaire. Vous citerez vos sources.

REPÈRES Travaux préparatoires… ► p. 43

6 Nathalie Sarraute, *Enfance* (1983)

La narratrice et auteur de l'œuvre intitulée Enfance, *Nathalie Sarraute, raconte ses débuts d'« écrivain », à l'époque où elle était enfant.*

Ivan Bilibine (1876-1942), *Vassilissa dans la forêt,* illustration de « La très belle Vassilissa », récit populaire russe (1899), lithographie colorée (bibliothèque des Arts décoratifs ; Paris).

Je suis dans ma chambre, à ma petite table devant la fenêtre. Je trace des mots avec ma plume trempée dans l'encre rouge… je vois bien qu'ils ne sont pas pareils aux vrais mots des livres… ils sont comme déformés, comme un peu infirmes… En voici un tout vacillant, mal assuré, je dois le placer… ici peut-être… non, là… mais je me demande… j'ai dû me tromper… il n'a pas l'air de bien s'accorder avec les autres, ces mots qui vivent ailleurs… j'ai été les chercher loin de chez moi et je les ai ramenés ici, mais je ne sais pas ce qui est bon pour eux, je ne connais pas leurs habitudes…

Les mots de chez moi, des mots solides que je connais bien, que j'ai disposés, ici et là, parmi ces étrangers, ont un air gauche, emprunté, un peu ridicule… on dirait des gens transportés dans un pays inconnu, dans une société dont ils n'ont pas appris les usages, ils ne savent pas comment se comporter, ils ne savent plus très bien qui ils sont…

Et moi je suis comme eux, je me suis égarée, j'erre dans des lieux que je n'ai jamais habités… je ne connais pas du tout ce pâle jeune homme aux boucles blondes, allongé près d'une fenêtre d'où il voit les montagnes du Caucase… Il tousse et du sang apparaît sur le mouchoir qu'il porte à ses lèvres… Il ne pourra pas survivre aux premiers souffles du printemps… Je n'ai jamais été proche un seul instant de cette princesse géorgienne coiffée d'une toque de velours rouge d'où flotte un long voile blanc… Elle est enlevée par un djiguite[1] sanglé dans sa tunique noire… une cartouchière bombe chaque côté de sa poitrine… je m'efforce de les rattraper quand ils s'enfuient sur un coursier… « fougueux »… je lance sur lui ce mot… un mot qui me paraît avoir un drôle d'aspect, un peu inquiétant, mais tant pis… ils fuient à travers les gorges, les défilés, portés par un coursier fougueux… ils murmurent des serments d'amour… c'est cela qu'il leur faut… elle se serre contre lui… Sous son voile blanc ses cheveux noirs flottent jusqu'à sa taille de guêpe…

Je ne me sens pas très bien auprès d'eux, ils m'intimident… mais ça ne fait rien, je dois les accueillir le mieux que je peux, c'est ici qu'ils doivent vivre… dans un roman… dans mon roman, j'en écris un, moi aussi, et il faut que je reste ici avec eux… avec ce jeune homme qui mourra au printemps, avec la princesse enlevée par le djiguite… et encore avec cette vieille sorcière aux mèches grises pendantes, aux doigts crochus, assise auprès du feu, qui leur prédit… et d'autres encore qui se présentent…

Je me tends vers eux… je m'efforce avec mes faibles mots hésitants de m'approcher d'eux plus près, tout près, de les tâter, de les manier… Mais ils sont

1. Cavalier cosaque.

rigides et lisses, glacés… on dirait qu'ils ont été découpés dans des feuilles de métal clinquant… j'ai beau essayer, il n'y a rien à faire, ils restent toujours pareils, leurs surfaces glissantes miroitent, scintillent… ils sont comme ensorcelés.

À moi aussi un sort a été jeté, je suis envoûtée, je suis enfermée ici avec eux, dans ce roman, il m'est impossible d'en sortir…

Et voilà que ces paroles magiques… « Avant de se mettre à écrire un roman, il faut apprendre l'orthographe[2] »… rompent le charme et me délivrent.

Éd. Gallimard.

2. Reprise d'une remarque faite à Nathalie par un *Monsieur* à qui elle a donné à lire, à la demande de sa mère, un cahier où se trouve ce qu'elle a écrit, son *roman*.

Contexte xxe s. ► p. 490
Notice biographique ► p. 502
Du même auteur ► p. 173, p. 313

Ivan Bilibine (1876-1942), *La sorcière Baba Yaga*, illustration de « Vassilissa la belle », récit populaire russe (1902), lithographie colorée (collection privée).

RECHERCHE

Les mots et leur usage

1. Cherchez l'origine et les différents sens du mot *cliché,* ainsi que des synonymes. À quoi ce terme pourrait-il s'appliquer dans le texte ?

Lecture analytique

2. Relevez et classez les termes qui font référence à l'écriture et à la littérature : qui écrit, avec quels « instruments » ? En prenant appui sur les verbes à la première personne, identifiez les démarches de la narratrice / écrivain.

3. À partir du participe *déformés* et de l'adjectif *infirmes* (l. 3-4), étudiez comment se met en place la relation *mots / personnes / personnages.* Quels termes permettent de déterminer l'origine géographique des personnages évoqués dans les paragraphes 3 et 4 ? À quel domaine littéraire appartiennent-ils ?

4. Que désignent les deux expressions *les mots de chez moi* (l. 9) et *les mots qui vivent ailleurs* (l. 6) ? Déduisez-en les difficultés rencontrées par l'apprentie romancière.

5. Observez la ponctuation du texte : qu'a-t-elle de particulier ? Quelles explications peut-on proposer ?

Écriture d'invention

6. Imaginez le schéma d'une intrigue romanesque mettant en scène au moins les quatre personnages dont il est question dans l'extrait : *le jeune homme malade, la princesse géorgienne, le djiguite et la sorcière.* Précisez le rôle de chacun par rapport aux autres. Vous pouvez aussi faire intervenir d'autres personnages.

REPÈRES Travaux préparatoires… ► p. 43
Les mots : sens et usage ► p. 59
Le personnage de roman ► p. 178

7 Écrire « l'inimaginable »

Texte 1

Robert Antelme, pour avoir accompli des actes de résistance, a été déporté en 1944 dans les camps de la mort.
Dans l'avant-propos de l'œuvre qui retrace cette expérience, L'Espèce humaine, *il évoque le besoin impérieux de parler et la difficulté de le faire.*

Il y a deux ans, durant les premiers jours qui ont suivi notre retour[1], nous avons été, tous je pense, en proie à un véritable délire. Nous voulions parler, être entendus enfin. On nous dit que notre apparence physique était assez éloquente à elle seule. Mais nous revenions juste, nous ramenions avec nous notre mémoire, notre expérience toute vivante et nous éprouvions un désir frénétique de la dire telle quelle. Et dès les premiers jours cependant, il nous paraissait impossible de combler la distance que nous découvrions entre le langage dont nous disposions et cette expérience que, pour la plupart, nous étions encore en train de poursuivre dans notre corps. Comment nous résigner à ne pas tenter d'expliquer comment nous en étions venus là ? Nous y étions encore. Et cependant c'était impossible. À peine commencions-nous à raconter, que nous suffoquions. À nous-mêmes, ce que nous avions à dire commençait alors à nous paraître *inimaginable.*

Cette disproportion entre l'expérience que nous avions vécue et le récit qu'il était possible d'en faire ne fit que se confirmer par la suite. Nous avions donc bien affaire à l'une de ces réalités qui font dire qu'elles dépassent l'imagination. Il était clair désormais que c'était seulement par le choix, c'est-à-dire encore par l'imagination que nous pouvions essayer d'en dire quelque chose.

J'ai essayé de retracer ici la vie d'un kommando (Gandersheim) d'un camp de concentration allemand (Buchenwald).

Robert Antelme, avant-propos de *L'Espèce humaine,*
1re publication aux Éditions de la Cité universelle, 1947 ;
éd. Gallimard, 1957.

1. L'auteur a été libéré en 1945.

Contexte xxe s. ▶ p. 490
Notice biographique ▶ p. 494

Lecture analytique

1. Exposez, en les reformulant, les raisons impératives que les survivants des camps avaient de dire ce qu'ils avaient vécu.
2. Qu'est-ce qui a rendu difficiles la parole et l'écriture ? Distinguez, dans les propos de celui qui parle, les raisons dues :
– à l'expérience elle-même,
– au langage,
– à la situation présente des survivants.
Exposez ces différences en les reformulant.
3. À quelle situation paradoxale conduisent les difficultés d'expression évoquées par Robert Antelme ?

REPÈRES Les mots : sens et usage ▶ p. 59
Le discours narratif ▶ p. 146

H. Ziegleroda, *Monstre,* dessin d'enfant réalisé dans le ghetto de Terezin, 1940-1944 (Mémorial de Terezin, coll. FNDIRP).

Texte 2

Déporté au camp de Buchenwald, Jorge Semprun évoque les interrogations des rescapés concernant la manière de transmettre une expérience qui se situe au-delà de toute imagination.

– Tu tombes bien, de toute façon, me dit Yves[1], maintenant que j'ai rejoint le groupe des futurs rapatriés. Nous étions en train de nous demander comment il faudra raconter, pour qu'on nous comprenne.

Je hoche la tête, c'est une bonne question : une des bonnes questions.

– Ce n'est pas le problème, s'écrie un autre, aussitôt. Le vrai problème n'est pas de raconter, quelles qu'en soient les difficultés. C'est d'écouter… Voudra-t-on écouter nos histoires, même si elles sont bien racontées ?

Je ne suis donc pas le seul à me poser cette question. Il faut dire qu'elle s'impose d'elle-même.

Mais ça devient confus. Tout le monde a son mot à dire. Je ne pourrai pas transcrire la conversation comme il faut, en identifiant les participants.

– Ça veut dire quoi, « bien racontées » ? s'indigne quelqu'un. Il faut dire les choses comme elles sont, sans artifices !

C'est une affirmation péremptoire qui semble approuvée par la majorité des futurs rapatriés présents. Des futurs narrateurs possibles. Alors, je me pointe, pour dire ce qui me paraît une évidence.

– Raconter bien, ça veut dire : de façon à être entendus. On n'y parviendra pas sans un peu d'artifice. Suffisamment d'artifice pour que ça devienne de l'art !

Mais cette évidence ne semble pas convaincante, à entendre les protestations qu'elle suscite. Sans doute ai-je poussé trop loin le jeu de mots. Il n'y a guère que Darriet qui m'approuve d'un sourire. Il me connaît mieux que les autres.

J'essaie de préciser ma pensée.

– Écoutez, les gars ! La vérité que nous avons à dire – si tant est que nous en ayons envie, nombreux sont ceux qui ne l'auront jamais ! – n'est pas aisément crédible… Elle est même inimaginable…

1. Les différents interlocuteurs sont tous des déportés.

Une voix m'interrompt, pour réfléchir.

– Ça, c'est juste ! dit un type qui boit d'un air sombre, résolument. Tellement peu crédible que moi-même je vais cesser d'y croire, dès que possible !

Il y a des rires nerveux, j'essaie de poursuivre.

– Comment raconter une vérité peu crédible, comment susciter l'imagination de l'inimaginable, si ce n'est en élaborant, en travaillant la réalité, en la mettant en perspective ? Avec un peu d'artifice, donc !

Ils parlent tous à la fois. Mais une voix finit par se distinguer, s'imposant dans le brouhaha. Il y a toujours des voix qui s'imposent dans les brouhahas semblables : je le dis par expérience.

– Vous parlez de comprendre… Mais de quel genre de compréhension s'agit-il ?

Je regarde celui qui vient de prendre la parole. J'ignore son nom, mais je le connais de vue. Je l'ai déjà remarqué, certains après-midi de dimanche, se promenant devant le block des Français, le 34, avec Julien Cain, directeur de la Bibliothèque nationale, ou avec Jean Baillou, secrétaire de Normale Sup. Ça doit être un universitaire.

– J'imagine qu'il y aura quantité de témoignages… Ils vaudront ce que vaudra le regard du témoin, son acuité, sa perspicacité… Et puis il y aura des documents… Plus tard, les historiens recueilleront, rassembleront, analyseront les uns et les autres : ils en feront des ouvrages savants… Tout y sera dit, consigné… Tout y sera vrai… sauf qu'il manquera l'essentielle vérité, à laquelle aucune reconstruction historique ne pourra jamais atteindre, pour parfaite et omnicompréhensive qu'elle soit…

Les autres le regardent, hochant la tête, apparemment rassurés de voir que l'un d'entre nous arrive à formuler aussi clairement les problèmes.

– L'autre genre de compréhension, la vérité essentielle de l'expérience, n'est pas transmissible… Ou plutôt, elle ne l'est que par l'écriture littéraire…

Il se tourne vers moi, sourit.

– Par l'artifice de l'œuvre d'art, bien sûr !

Jorge Semprun, *L'Écriture ou la Vie*, éd. Gallimard, 1994.

Contexte **XXe s.** ▶ p. 490
Notice biographique ▶ p. 502

Lecture analytique

1. Reformulez le thème général de la discussion en le replaçant dans son contexte (utilisez le paratexte pour cela), les termes précis du débat engagé, et indiquez les différents intervenants. Précisez leurs caractéristiques si elles sont données.

2. À propos du débat, quelles sont les différentes prises de position et leurs justifications ?

3. Comment comprenez-vous l'affirmation : *sauf qu'il manquera l'essentielle vérité* (l. 50) ?

4. À propos de cette vérité absente, à quel paradoxe aboutit la discussion ? Quelle signification donnez-vous à l'expression *écriture littéraire* (l. 56) ?

Travail sur un corpus de textes

5. Rapprochez les textes de Robert Antelme (▶ p. 55), de Jorge Semprun (▶ p. 56) et le dessin d'enfant (▶ p. 56).

a. Quelle est la problématique commune aux deux textes ?

b. Quel rôle joue l'image par rapport à cette question soulevée par les deux textes ?

c. Quelle solution paradoxale est adoptée dans les deux textes ? Quelles fonctions de la littérature révèlent-ils ?

REPÈRES Les mots : sens et usage ▶ p. 59
Le discours narratif ▶ p. 146

8 Lire l'image : Ingres

Jean Auguste Dominique Ingres (1780-1867), *Le compositeur Cherubini et la Muse de la poésie lyrique* (1842), huile sur toile, 105 × 94 cm (musée du Louvre ; Paris).

RECHERCHE

Histoire culturelle

1. Qui étaient les Muses dans l'Antiquité ? Combien étaient-elles et quelle était leur fonction ? Cherchez le nom de la Muse de la poésie lyrique.

2. Qui étaient le peintre Ingres et le compositeur Cherubini ? Donnez leurs dates. Citez le titre et la date d'un opéra de Cherubini inspiré de l'Antiquité.

3. Bien que contemporain du romantisme, à quel courant pictural appartenait Ingres ?

Lecture de l'image

4. Que représente le tableau ? Comment peut-on expliquer le rapprochement des deux personnages ? Par quel terme désigne-t-on la représentation figurée d'une idée ou d'une notion ?

5. Étudiez le tableau à partir de ses grandes lignes (verticales, horizontales, diagonales), de ses couleurs et des effets de contraste : par quels procédés les deux personnages représentés sont-ils mis en valeur ? D'où vient l'unité de l'ensemble ?

6. Quel sens peut-on donner à la position des deux personnages, à leur geste ? Que reflète leur visage ? Dans quelle direction se dirige leur regard ?

7. Qu'est-ce qui, selon vous, justifie le choix de cette représentation dans une séquence consacrée au *plaisir et à la difficulté d'écrire* ?

Les mots : nature, sens et usage

Dans *Les Mots* (▸ p. 51), Jean-Paul Sartre évoque le pouvoir magique de ces assemblages de lettres, capables de prendre la réalité « au piège de la nomination ». Écrire, c'est en effet mettre en mots des choses, des situations, des faits, des idées, le monde, la vie : tâche difficile, comme le montrent les essais et travaux préparatoires des écrivains.
Quelle est donc la nature de ces signes ? Comment se laissent-ils utiliser ? Pourquoi résistent-ils parfois à l'écriture et à la lecture ?

La double nature des signes

Tout mot est un signe linguistique composé d'un **signifiant** graphique et visuel – on le voit et on l'entend – et d'un **signifié**, qui est sa signification et qui fait qu'on le comprend.

■ **Ex :** Les utilisateurs du langage peuvent ainsi jouer sur les sons, en poésie notamment, comme le fait Marot qui construit toutes ses rimes sur le mot *rime* (▸ p. 44), sur la forme (dans la calligraphie) et sur le sens, séparément ou simultanément.

■ **Ex :** Le **calligramme** (▸ p. 66, 366) fait du mot un élément graphique dans un dessin qui demande un double déchiffrage, celui du sens des mots, celui du sens du dessin, en général étroitement associés.

Polysémie, dénotation, connotation

La lecture d'un article de dictionnaire montre que la plupart des mots ont plusieurs sens : au sens premier, appelé **sens dénoté**, s'ajoutent des sens seconds, puis des **sens figurés**.
Cette **polysémie** fait la richesse du lexique et sa difficulté, car elle peut conduire à des confusions et à la compréhension erronée d'un texte. Dans l'écriture, trouver le mot juste se fait parfois au prix de nombreuses ratures.
Un autre phénomène enrichit et fait varier le sens des mots : la **connotation**. Un terme prend des valeurs particulières en fonction de son environnement textuel, de la sensibilité de celui qui parle ou de celle du lecteur, de l'époque, du registre.

■ **Ex :** Dans le texte de Lesage (▸ p. 164), le mot *naissance* signifie d'abord « la venue au monde » (sens dénoté). Mais en contexte, le mot désigne en même temps « l'origine sociale », ici le tiers état, et renvoie implicitement à « un statut défavorisé » (sens connoté).

Si la polysémie et les connotations sont de nature à jouer sur la compréhension du sens d'un écrit, elles sont aussi à l'origine de confusions volontaires, quiproquos et jeux de mots multiples sur lesquels reposent certaines **formes de comique** au théâtre. L'existence des connotations fait la **richesse créatrice** des textes poétiques : elles déterminent des réseaux de sens et d'analogies qui offrent de nombreuses interprétations. On en trouve des exemples dans la poésie surréaliste.

Le sens historique des mots

Les connotations historiques attirent l'attention sur l'**évolution du sens** des mots : un auteur emploie les mots dans le sens qu'ils ont à son époque. Pour le lecteur, il y a là de nouvelles difficultés, car il peut avoir tendance à prendre les termes dans le sens de son temps.

■ **Ex :** *Superbe* et *formidable*, couramment employés dans la langue parlée actuelle, avaient, dans la tragédie du XVIIe siècle, respectivement les sens de « fier » et de « générateur d'effroi ».

Connaître ces différents sens évite un contresens lorsqu'on lit une tragédie, mais conduit aussi à s'interroger sur leur emploi contemporain : s'agit-il de **parodie** ? L'auteur a-t-il choisi ces mots pour « vieillir » son texte ? Si les mots utilisés ont par eux-mêmes un ou plusieurs sens dans leur **contexte**, le choix de leur utilisation est également significatif et peut servir à définir un registre, une intention, des éléments de subjectivité.

La notion de cliché

L'utilisation répétée de certains mots ou expressions conduit à la naissance de ce qu'on appelle des **clichés** ou des **lieux communs**, formules qui ont perdu de leur originalité à force de servir.

■ **Ex :** Dire d'un paysage enneigé qu'il ressemble à *un grand linceul blanc*, d'un sport qu'il est *très physique*, d'un coucher de soleil qu'il est *romantique* relève de ces images usées de la langue parlée et de la langue journalistique, qui finissent par s'infiltrer dans les textes littéraires.

■ **Ex :** N. Sarraute évoque, à travers les personnages stéréotypés des contes une princesse, une sorcière, un cosaque (▸ p. 53), des situations clichés dont la mise en forme ne demande ni recherche de mots ni réelle inspiration.

L'utilisation des clichés, qui nie la richesse de la langue et les innombrables possibilités de combiner les sens, les sons, les ressemblances, fait s'interroger sur la nature de l'**écriture littéraire** et sur ses spécificités.

REPÈRES Travaux préparatoires… ▸ p. 43
Esprit nouveau et surréalisme ▸ p. 373

Nicolas de Staël (1914-1955), *Livres* (1954), huile sur toile, 46 × 61 cm (collection privée).

PRODUCTION
ET SINGULARITÉ
DES TEXTES

2

Écrire, publier, lire

Séquence 4
Du *volumen* au livre de poche 62
Repères : Historique du livre 77

Séquence 5
De l'écriture à la publication 78
Repères : Codes et contraintes d'édition 91

Séquence 6
Être lecteur 92
Repères : Communication
et fonctions du langage 109

Séquence 4

Du *volumen* au livre de poche

1 La naissance du livre

Du volumen *de papyrus au parchemin difficile à manier, puis au « codex », le support de l'écriture a subi plusieurs transformations avant de devenir un « livre ».*

Texte 1

Les anciens scribes, ceux par exemple qui copièrent les textes de la Bible, écrivaient sur des rouleaux de papyrus, appelés *volumen* en latin. Ces *volumen* offraient bien des inconvénients : le papyrus était fort cher, plutôt fragile, et on ne pouvait en utiliser qu'une face ; il n'était en outre guère manipulable et se reporter à des textes écrits sur rouleaux n'était pas chose aisée.

Sans l'invention du parchemin, l'art sublime de l'enluminure n'aurait jamais connu un tel rayonnement

La généralisation d'un nouveau support, le parchemin, va modifier complètement l'art d'écrire et l'art de lire. Cette invention semble trouver son origine à Pergame, en Asie Mineure. Le mot « parchemin » vient du grec *pergamênê* qui signifie « peau de Pergame ». Pendant le IIe siècle avant notre ère, l'Égypte refusant de fournir à Pergame, sa rivale, les indispensables papyrus, les scribes d'Asie Mineure durent recourir à un autre matériau : le cuir. Ils revendiquèrent alors l'invention du parchemin ; en fait, il semble bien que la peau d'animal ait été utilisée dans des temps plus reculés, et précisément par les Égyptiens.

Le parchemin est généralement une peau de mouton, de veau ou de chèvre, mais la gazelle, l'antilope et même l'autruche ont parfois fourni la matière première. La peau de mouton et de veau ayant cependant l'avantage non négligeable de pouvoir supporter l'écriture sur les deux faces. Le vélin est un parchemin de qualité supérieure, obtenu en traitant la peau de très jeunes veaux ou mort-nés. Son nom vient de l'ancien français *veel,* « veau ». Sa principale qualité est de ne pas « boire » l'encre ou la peinture et d'en mieux conserver les coloris originaux ; c'est sans doute pour ces raisons que les plus belles enluminures furent réalisées sur vélin.

Manuscrit (*rotulus* à déroulement vertical), parchemin du XIIIe siècle (Musée de la poste ; Paris).

L'encombrant papyrus cède la place aux feuilles de parchemin reliées à la manière des « codex » romains : le livre est né

Pour fabriquer le parchemin, on trempait les dépouilles dans un bain de chaux, puis on les décapait et les nettoyait de toute trace de poil et de chair. Avant de les mettre à sécher sur des claies, on les saupoudrait de plâtre qui absorbait les traces de graisse. Après quoi, elles étaient de nouveau raclées à la spatule.

Il importait que le tannage fût parfaitement exécuté, faute de quoi le parchemin gardait une odeur insupportable. Le premier travail d'un copiste consistait à lisser les feuilles de parchemin avec la lame d'un couteau ou une pierre ponce, pour en supprimer les taches et les aspérités, et obtenir un poli légèrement granuleux, qui absorbait l'encre sans trop la laisser se diffuser.

L'apparition du parchemin amena deux progrès décisifs : d'une part, il permit l'utilisation de la plume d'oie, qui offrait des possibilités infiniment plus variées que le fruste pinceau de roseau ; et, d'autre part, les feuillets pouvant se plier et se coudre, il aboutit à la généralisation des « codex », ancêtres de nos livres, constitués de feuillets empilés les uns sur les autres et reliés.

Georges Jean, *L'Écriture, mémoire des hommes*,
éd. Gallimard, coll. « Découvertes », 1987.

Texte 2

Le mot latin *codex* vient de *caudex* (souche, tronc d'arbre) et signifie, par métonymie[1], « tablette pour écrire » : l'étymologie garde ainsi la trace de ce que le passage du *volumen* au codex, qui se produisit lentement entre le Ier siècle et la fin du IVe, se fit d'abord lorsque les Romains, qui utilisaient des tablettes de bois recouvertes de cire pour les écrits de la vie quotidienne, relièrent ensemble plusieurs tablettes (une dizaine) par une feuille ou par des lanières de parchemin collées sur le grand côté.

Le rouleau de papyrus, puis de parchemin persista longtemps à Rome comme support noble des œuvres littéraires, mais on employait les tablettes, pour économiser le parchemin, dans diverses situations où cela s'avérait plus commode : brouillons, notes rapides…

1. Figure qui consiste à désigner un objet par la matière dont il est fait.

Les Juifs, de leur côté, sont toujours restés fidèles au *volumen* pour copier et lire le Pentateuque[2], ou Torah[2] ; en revanche, à Rome surtout, les premiers chrétiens adoptèrent le codex dès le IIe siècle pour copier les textes bibliques, beaucoup plus faciles à transporter et à ranger sous cette forme : c'est ainsi qu'ils purent réunir en un seul codex les quatre Évangiles canoniques et les *Épîtres* de saint Paul, qui jusque-là se présentaient sur des rouleaux séparés.

Le codex se révélait d'emblée plus économique puisqu'on pouvait écrire sur les deux faces de la feuille de parchemin : au VIe siècle encore, Grégoire le Grand, pape de 590 à 604, observait qu'il avait fait tenir en six codex une œuvre qui occupait trente-cinq rouleaux !

La lenteur de cette évolution s'explique en partie par les changements que durent opérer les copistes dans leurs habitudes quant à leur position et à leurs techniques d'écriture puisqu'ils n'avaient plus à dérouler leurs rouleaux. Toute lente qu'elle fût, l'évolution était irréversible : au Ve siècle, dans toute l'Europe, les textes religieux et juridiques comme les œuvres littéraires étaient copiés recto verso sur des feuillets de parchemin pliés et réunis en cahiers.

Le codex, en effet, non seulement contenait plus de textes mais occupait aussi beaucoup moins de place dans les bibliothèques. Pour le lecteur, il facilitait les retours en arrière et procurait ce plaisir très particulier de tourner les pages. Le codex permit de plus une organisation plus rationnelle du texte : pagination, division en chapitres, table des matières, etc. Il devint facile de gloser, exercice scolastique par excellence, et de prendre des notes, tandis qu'avec le rouleau, qui demande à être tenu des deux mains, il était impossible à la même personne de lire, d'écrire et de dérouler le parchemin en même temps.

Georges Jean, « Du *volumen* au codex », cliché BNF.

2. Nom donné aux cinq premiers livres de la Bible.

Vue de la salle de lecture, construite en 1452 par **Matteo Nuti**, avec un codex enchaîné et posé sur les stalles (bibliothèque Malatestienne ; Cesena, Italie).

RECHERCHE

Les mots et leur usage

1. Donnez le sens des mots suivants : *tablette de cire, stylet, calame, scribe, calligraphie, copistes, mémoire, support électronique, processeur, moniteur.*

Bilan de lecture

2. Quels sont les deux supports de l'écriture envisagés dans les deux textes ? Citez-les dans leur ordre chronologique, puis présentez leurs spécificités.

3. Récapitulez les avantages de la substitution du parchemin au papyrus, et du codex au *volumen.*

4. Comment s'explique la lenteur du passage d'un support à l'autre ?

5. Quelles modifications l'utilisation du codex a-t-elle entraînées dans les habitudes des lecteurs et dans l'organisation des textes ?

Maîtrise de la langue

6. Suivez exactement la structure grammaticale du dernier paragraphe du texte 1 (l. 37-41) en remplaçant *parchemin* par *imprimerie.* Vous présenterez deux progrès, comme dans la phrase d'origine.

REPÈRES Historique du livre ▸ p. 77

2 La composition de la page

La mise en page du texte a évolué avec le temps, pour devenir conventionnelle, puis les conventions elles-mêmes ont été contestées, notamment par les poètes.

Texte 1

1 La surface rectangulaire des feuillets est la donnée première de la mise en page. Le copiste médiéval y transcrivait le texte en masses rectangulaires, denses et sans failles. Si les premiers typographes se conformèrent à cette présentation, les imprimeurs de la Renaissance élargirent les interlignes, séparèrent nettement les chapitres, multiplièrent les coupures de paragraphes. Cette organisation spatiale du texte, mise en évidence par aucun autre artifice que des « blancs », correspond à une structuration de la pensée et du discours que le livre imprimé a contribué à diffuser. Pourtant la page de livre ne peut être réduite à une seule suite de lignes que le regard parcourt sans détours. Les gloses[1] qui entourent les textes de certains manuscrits, les manchettes ou notes marginales auxquelles ont succédé nos notes en bas de page, les figures et leurs légendes, obligent l'utilisateur de livres à emprunter plusieurs filières et à conjuguer plusieurs déchiffrements parallèles. Les poètes du XXe siècle tenteront de faire éclater la continuité typographique. Pour les futuristes, il s'agit de restituer le mouvement ; pour les dadaïstes de nier une forme jugée oppressive. Ces expériences auront, à une époque récente, de nombreux échos qui aboutissent à rapprocher le livre de la polyvalence des médias audiovisuels.

1. Commentaires et explications.

Jean Toulet, *Le Livre français, hier, aujourd'hui, demain.*
Un bilan établi sous la direction de J. Cain, R. Escarpit, H.-J. Martin, Imprimerie nationale, 1972.

RECHERCHE

Histoire littéraire

1. Cherchez des auteurs qui, à des époques diverses, ont joué sur des mises en page originales : dispositions particulières (lignes, paragraphes, blancs...), variations typographiques...

Bilan de lecture

2. Quelle modification voit-on apparaître à la Renaissance, en ce qui concerne la disposition du texte sur la page ? Que révèle-t-elle ?

3. À quoi correspondent les *déchiffrements parallèles* dont parle l'auteur (l. 13) ?

4. Expliquez en quoi certaines manières originales d'utiliser une page de livre peuvent être rapprochées de la pratique des médias audiovisuels actuels.

Oral

5. Débat : Pensez-vous que les nouveaux supports (logiciels, CD-Rom, DVD-Rom, livre électronique, Internet) auront, et ont déjà, des conséquences importantes sur la manière de lire, d'une part, sur la présentation des textes écrits, d'autre part ?

REPÈRES Historique du livre ► p. 77

Texte 2

Il pleut

Il pleut des voix de femmes comme si elles étaient mortes même dans le souvenir
cest vous aussi quil pleut merveilleuses rencontres de ma vie ô gouttelettes
et ces nuages cabrés se prennent à hennir tout un univers de villes auriculaires
écoute sil pleut tandis que le regret et le dédain pleurent une ancienne musique
écoute tomber les liens qui te retiennent en haut et en bas

Guillaume Apollinaire, *Calligrammes*, « Il pleut », éd. Gallimard, 1918.

Contexte xxe s. ▸ p. 490
Notice biographique ▸ p. 494
Du même auteur ▸ p. 364, p. 365

Lecture analytique

1. Quelle relation le lecteur peut-il établir entre le titre du poème et sa forme graphique ?

2. « Décryptez » le texte et mettez en évidence tout ce qui, dans les mots et dans leur sens, renvoie au titre.

3. Expliquez en quoi consiste l'originalité de ce calligramme. Que devient la page sur laquelle il est imprimé ?

Écriture d'invention

4. Composez un calligramme en prenant pour thème un des mots suivants, ou deux mots associés : *plume, miroir, nuage, vague, feuille d'arbre, lys, drapeau, cœur, tulipe, aile.*

REPÈRES
Les mots : sens et usage ▸ p. 59
Esprit nouveau et surréalisme ▸ p. 373

3 L'invention de l'imprimerie

Vers 1440, Gutenberg invente l'imprimerie, qui permet une fabrication « industrielle » du livre, donc une diffusion plus large et plus sûre du savoir et de la culture. Il s'agit là d'une véritable révolution.

Deux pages de la « Bible de Gutenberg », réalisée dans l'atelier de **Johannes Gutenberg** (1455) (Universitätsbibliothek ; Göttingen, Allemagne).

Les effets de l'invention de Gutenberg furent immédiats et quasi universels, parce que de nombreux lecteurs en comprirent presque en même temps les grands avantages : rapidité, uniformité des textes et coût relativement réduit. Quelques années à peine après l'impression de la première bible, des presses apparurent dans toute l'Europe : en 1465 en Italie, 1470 en France, 1472 en Espagne, 1475 en Hollande et en Angleterre, 1489 au Danemark. (Il fallut plus longtemps à l'imprimerie pour atteindre le Nouveau Monde : les premières presses y apparurent en 1533 à Mexico et en 1638 à Cambridge, dans le Massachusetts.) On a calculé que plus de trente mille *incunabula* (un mot latin du XVIIe siècle signifiant « du berceau », utilisé pour désigner les livres imprimés avant 1500) ont été fabriqués sur ces presses. Si l'on considère qu'au XVe siècle les tirages comptaient en général moins de deux cent cinquante exemplaires, et n'atteignaient que rarement le millier, l'exploit de Gutenberg devait paraître prodigieux. Soudain, pour la première fois depuis l'invention de l'écriture, il était possible de produire des livres rapidement et en grandes quantités.

Il n'est sans doute pas inutile de se rappeler qu'en dépit des prédictions alarmistes, l'imprimerie ne porta pas ombrage au goût de l'écriture manuelle.

Au contraire, Gutenberg et ses émules tentaient d'égaler l'art des copistes, et beaucoup d'incunables ont l'apparence de manuscrits. À la fin du XVe siècle, bien que l'imprimerie fût alors chose établie, le souci d'écrire d'une main élégante n'avait pas disparu, et quelques-uns des plus beaux spécimens de calligraphie étaient encore à venir. À mesure que les livres devenaient plus facilement disponibles et que plus de gens apprenaient à lire, ils étaient aussi plus nombreux à apprendre à écrire, souvent avec élégance et une grande distinction, et le XVIe siècle allait être non seulement l'âge du texte imprimé mais aussi le siècle des grands manuels de calligraphie. Il est intéressant d'observer que bien souvent une découverte technologique – comme celle de Gutenberg – fait progresser et non disparaître ce qu'elle est censée remplacer, en nous donnant conscience des vertus anciennes que nous aurions pu, sinon, négliger ou écarter comme de peu d'importance. À notre époque, l'informatique et la prolifération des livres sur CD-Rom n'ont pas affecté – les statistiques en témoignent – la production et la vente de livres sous leur forme traditionnelle. Ceux qui considèrent le développement de l'informatique comme le diable incarné (à l'instar de Sven Birkerts dans son livre dramatiquement intitulé *Gutenberg Élégies*) laissent la nostalgie prendre le pas sur l'expérience. À titre d'exemple, trois cent cinquante-neuf mille quatre cent trente-sept livres nouveaux (sans compter les brochures, magazines et périodiques) ont été ajoutés en 1995 aux collections déjà considérables de la bibliothèque du Congrès, à Washington.

Contexte XVIe s. ▸ p. 474

Alberto Manguel, *Une histoire de la lecture,*
traduit de l'anglais par C. Le Bœuf, éd. Actes Sud, 1998.

RECHERCHE

Histoire culturelle

1. Cherchez vous-même, indépendamment du texte, les conséquences importantes qu'a pu avoir l'imprimerie au XVe siècle. Vous pouvez utiliser différents documents de cette séquence pour répondre à cette question.

Bilan de lecture

2. Parmi les informations données dans le paragraphe 1, quelles sont celles qui permettent de parler d'*exploit prodigieux* à propos de l'invention de l'imprimerie ?

3. Le paragraphe 2 met en place un raisonnement dont voici les étapes, dans le désordre : *constat général à propos des découvertes ; craintes concernant la calligraphie et le développement des nouveaux médias ; conséquences positives de l'imprimerie ; conséquences positives des nouveaux supports.*
Retrouvez l'ordre initial, faites apparaître le raisonnement par analogie et explicitez le thème abordé.

Vers la dissertation

4. Un livre se limite-t-il à apporter des éléments de savoir ? Vous répondrez à cette question sous une forme argumentée. Vous pourrez prendre pour support les textes informatifs de cette séquence, et d'autres exemples.

Lecture de l'image

5. Observez les deux pages de la « Bible de Gutenberg » (▸ p. 67) : décrivez la disposition du texte. Que peut-elle symboliser ?

6. Comment appelle-t-on la décoration qui encadre le texte ? Quelle est sa fonction ?

7. Mettez en parallèle le livre manuscrit de Marot (▸ p. 45) et le livre imprimé de la « Bible de Gutenberg » : quelles différences percevez-vous ? Qu'a apporté l'invention de Gutenberg ?

REPÈRES Historique du livre ▸ p. 77
Le discours argumentatif ▸ p. 416

École française du XVIIe siècle, *Le Colporteur* (huile sur toile ; musée des Arts et traditions populaires ; Paris).

4 La diffusion des livres

Multipliés grâce à l'imprimerie, les livres se répandent, essentiellement par le colportage, qui lui-même contribue à la naissance et au développement de la Bibliothèque bleue.

Texte 1

COLPORTAGE (littérature de). C'est à la fin du XVIe siècle ou au début du XVIIe que prit naissance – chez l'éditeur troyen Nicolas Oudot – la formule du livre populaire destiné au colportage [voir BIBLIOTHÈQUE BLEUE[1]]. Le succès ratifia vite cette innovation. Vers 1750, toute la France au nord de la Loire est gagnée, et chaque ville importante y a son libraire de colportage. En 1611, 45 colporteurs étaient autorisés à vendre des livrets dans toute la France ; ils étaient 120 en 1712. En 1723, on exigea qu'ils sachent lire et écrire. La censure ayant été abolie en 1788, la Convention, en 1793, remit le colportage sous un contrôle qui ne se relâcha que sous le Premier Empire. Sous Louis-Philippe, cette forme de diffusion connaît son apogée et réveille l'intérêt policier. Une loi de 1834 exigea pour les colporteurs une autorisation municipale, puis la loi de 1849 soumit les livrets à l'autorisation préfectorale. En 1852 fut créée une « commission de surveillance » : chaque livret doit être estampillé d'un timbre. Cette mesure fut abolie par la loi de 1880, qui rend au colportage sa liberté au moment même où il tend à disparaître.

Les éditeurs troyens Oudot et Garnier avaient choisi parmi les œuvres médiévales celles qui plaisaient au grand nombre (comme *Robert le Diable*). Le

1. Voir ▶ p. 71.

colportage charrie à la fois la Bibliothèque bleue et les romans médiévaux modernisés, les petits romans à la mode du Directoire et de la Restauration (Ducray-Duminil). Vers 1830, on lit encore dans les villes : *Le Testament de Michel Morin, L'Histoire du bonhomme Misère,* parmi d'autres livrets « bleus ». Mais rares furent les romans-feuilletons adoptés par le colportage (*Les Trois Mousquetaires* de Dumas, 1846).

Les colporteurs étaient répartis dans le temps, leurs déplacements étant saisonniers, et dans l'espace, car, selon leurs spécialités d'hiver ou d'été, ils parcouraient une aire de prospection déterminée. En 1847, il y a entre 3 000 et 3 600 colporteurs, selon le rapport d'Arthur de La Guéronnière, publié dans *Le Moniteur universel*[2] du 8 avril 1853. Sous Napoléon III, ces colporteurs vendent de tout : livres, papier à écrire, images, lunettes... La clientèle du colportage devint dès lors exclusivement rurale. En 1861 sont répandus environ 10 millions d'exemplaires de livres et de brochures de toutes sortes ; en 1870, 24 ou 25 millions de livres et gravures : œuvres de dévotion, biographies, livres d'histoire générale, beaucoup de livres « immoraux ». Le déclin du colportage commença sous Napoléon III, d'abord en raison de la surveillance policière, mais surtout à cause des transformations sociales. Les catalogues Le Bailly (1863) et Renault-Noblet (1868) mentionnent alors des brochures à 4 ou 10 centimes. Noblet lance la « Librairie populaire des villes et des campagnes » (livres d'histoire, *Le Juif errant, La Clef des songes*). Mais les éditeurs du colportage sont déjà en déclin : en 1868, Pierre Ardillier, de Limoges, n'exerce plus ; en 1869 disparaît la maison Desbleds. En 1870, il n'y a plus à Paris que quatre éditeurs spécialisés : Bernardin-Béchet, Le Bailly, Moronval et Noblet. Subsistent, à Limoges, Barbou et Ardant ; à Nancy, Hinzelin. La création par Hachette, en 1855, de sa « Bibliothèque des gares » étendit, d'abord par le colportage, la diffusion de cet éditeur, mais l'abolition des brevets de librairie et l'essor des voies ferrées firent rapidement disparaître ce mode de diffusion.

Dictionnaire des littératures de langue française,
article « Colportage », © Bordas, Paris, 1985.

2. Organe de presse.

Contexte XVIIIe s. ▶ p. 482
Contexte XIXe s. ▶ p. 486

Bilan de lecture

1. À partir d'une sélection d'informations données par le texte, définissez le colportage et précisez son origine, ses finalités, son mode de fonctionnement, les dates et les raisons de sa disparition.
2. Quelle littérature se trouvait « véhiculée » par le colportage ? En partant du texte, faites un bref exposé pour répondre à cette question.
3. *Colportage et censure* : donnez les faits rapportés par l'article, puis demandez-vous pourquoi la police du XIXe siècle pouvait s'intéresser aux activités des colporteurs.
4. Déduisez de cet article les raisons pour lesquelles le colportage a été important en France.
5. En quoi les voies ferrées ont-elles contribué à la disparition du colportage ?

Écriture d'invention

6. Faites, à partir du tableau (▶ p. 69), le portrait du colporteur de livres, comme s'il était un personnage de roman. Vous pourrez faire, au choix, un portrait élogieux ou dépréciatif.

REPÈRES Historique du livre ▶ p. 77
Historique du roman ▶ p. 127
Éloge et blâme ▶ p. 457

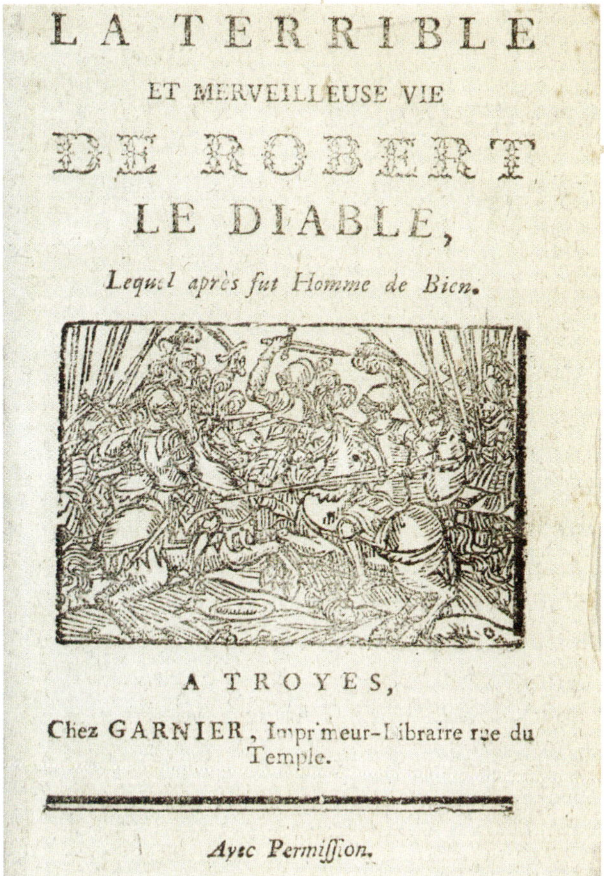
LA TERRIBLE
ET MERVEILLEUSE VIE
DE ROBERT
LE DIABLE,
Lequel après fut Homme de Bien.

A TROYES,
Chez GARNIER, Imprimeur-Libraire rue du Temple.

Avec Permiſſion.

Page de titre : *La Terrible et Merveilleuse Vie de Robert le Diable.*

Contexte **XVIIe s.** ▸ p. 478

Texte 2

Bibliothèque bleue. Cette collection de livres de colportage tire son nom du papier bleu qui les couvrait. Ce type de livres à bon marché, imprimé dans de petits formats sur du papier de mauvaise qualité et diffusé parmi d'autres marchandises dans les ballots des colporteurs, a été lancé au XVIIe siècle par Nicolas Oudot à Troyes. Publié ensuite dans d'autres villes (notamment à Rouen et à Caen), il a connu jusqu'au milieu du XIXe s. un très grand succès dans toutes les couches de la population exclues de la culture, mais a aussi pénétré certains milieux cultivés. Malgré les efforts de réglementation royale, ces livres échappaient en grande partie aux contraintes qui pesaient sur l'édition d'Ancien Régime. La collection comprenait des almanachs, consultables par des illettrés, des manuels de vie pratique (*L'Histoire des plantes, Le Cuisinier français*) aussi bien que de piété (vies de saint Antoine, de saint Hubert, etc.), des recueils de farces et des œuvres de fiction (*Histoire de Robert le Diable, Histoire de Fortunatus*), le plus souvent anonymes. Parmi ces dernières, on remarque la reprise d'anciens romans de chevalerie (*Les Quatre Fils Aymon*) et des contes (Perrault, Mme d'Aulnoy, Mme Le Prince de Beaumont). Dans le vaste brassage de croyances populaires et de thèmes savants, de mythes archaïques et d'échos contemporains, le moralisme et le conformisme tempéraient le goût du merveilleux et de l'étrange. On ne peut parler à propos de cette bibliothèque de « littérature populaire » qu'en sachant que le peuple n'en était ni l'auteur ni l'unique consommateur.

Dictionnaire des littératures, article « Bibliothèque bleue », sous la direction de J. Demougin, Librairie Larousse, 1985.

Bilan de lecture

1. Quelles relations l'article fait-il apparaître entre la Bibliothèque bleue et le colportage ?

2. Quels sont les différents domaines couverts par les ouvrages de la Bibliothèque bleue ? La fiction est-elle prédominante ?

3. En matière de fiction, quelles sont les attentes du public, selon l'article ?

4. Quels peuvent être les sens de l'expression *littérature populaire* ? Quel est son sens dans le texte ?

5. Connaissez-vous des maisons d'édition dont les publications actuelles ont des caractéristiques semblables à celles de la Bibliothèque bleue (œuvres connues du grand public, qualité de papier médiocre, couvertures pas toujours très esthétiques, prix très réduit) ?

Maîtrise de la langue

6. Remplacez, dans les phrases suivantes, tous les mots soulignés par des synonymes en respectant le sens d'origine : *Dans le vaste brassage de croyances populaires et de thèmes savants, de mythes archaïques et d'échos contemporains, le moralisme et le conformisme tempéraient le goût du merveilleux et de l'étrange. On ne peut parler à propos de cette bibliothèque de « littérature populaire » qu'en sachant que le peuple n'en était ni l'auteur ni l'unique consommateur.* (▸ texte 2, l. 23-27)

REPÈRES Historique du livre ▸ p. 77

5 La révolution du livre de poche

Né en 1953, peu cher, de format réduit, le livre de poche met à la portée de tous les œuvres importantes de la littérature.

Couverture : *Vingt mille lieues sous les mers*, de **Jules Verne** (éd. Le Livre de Poche, 2002).

Texte 1

Quelles sont donc ces barrières qui, depuis cinq siècles que le livre est fabriqué en série, grâce à Gutenberg, ont entravé sa diffusion ? Le prix, bien sûr ; le temps qu'exige la lecture, considérée trop souvent, ainsi que le révèlent les études de motivation, comme « un travail non rentable et un loisir fatigant ». « Mais, affirme Frédéric Ditis[1], la barrière la plus redoutable dressée par le livre lui-même pour se défendre des contacts profanes, est ce que l'on appelle sa dignité. Cette appréciation tient à distance nombre de gens qui, de toute leur vie, n'ont jamais eu le courage de franchir le seuil d'une librairie ou d'une bibliothèque. »

Joyeux pourfendeur de traditions établies, le poche, lui, s'achète à bas prix ; il requiert du temps, oui, mais souvent aussi se glisse à la diable dans les interstices d'une journée surchargée, cinq-six pages par-ci dans le métro, cinq-six pages par-là dans l'attente d'un rendez-vous, un chapitre encore à savourer avant de se coucher ; quant à la « dignité » de ce petit animal familier, blotti tout contre vous, annoté, ballotté, pages cornées ! C'est votre chose, un poche, pas un objet de vitrine à épousseter de temps en temps, pas le tabernacle du Savoir, pas une pièce de musée à léguer à ses héritiers. Échappant au mortel honneur de la bibliothèque du salon, le voilà qui traîne sur la table de la cuisine, au risque de recevoir quelques taches de graisse.

Triste destin pour ces œuvres de l'esprit ? Bien au contraire : associé aux fluctuations du goût et aux manières passagères de vivre, le livre au format de poche leur donne, par un étrange paradoxe, l'assurance de renaître. Il est une des armes essentielles employées par le livre dans le combat qu'il mène depuis plusieurs décennies pour ne pas disparaître, le seul produit d'édition à pouvoir entrer en concurrence avec l'audiovisuel.

Guillemette de Sairigné, *L'Aventure du livre de poche*, Librairie Générale Française, 1983.

1. Directeur du Livre de Poche.

Couverture : *Vingt mille lieues sous les mers*, de **Jules Verne** (éd. Pocket classique, 1999).

Texte 2

Brave petit poche : si l'on estime que chaque ouvrage est lu – c'est la norme – par quatre personnes et que chaque lecture prend environ cinq heures, voilà grâce à lui plus de deux milliards d'heures consacrées à la lecture, ce « travail non rentable, ce loisir fatigant ». Deux milliards d'heures, c'est un million de personnes occupées toute l'année, quarante heures par semaine.

Et que les esprits fâcheux n'aillent pas dire que ces heures-là sont volées à d'autres lectures, sur papier plus glacé ; que l'édition de poche ne fait que rallier un public qui de toute façon serait acquis, qu'en bref elle porte surtout ombrage aux éditions traditionnelles. Bien sûr, nombre de gens attendent la sortie en poche pour acheter tel roman (mais l'auraient-ils acheté autrement ?).

Couverture : *Vingt mille lieues sous les mers,* de **Jules Verne** (éd. Hetzel, XIXe siècle).

Bien sûr, les éditions chères se vendent moins bien lorsqu'elles sont concurrencées par une édition bon marché (mais c'est ce relais qui va assurer que le titre ne disparaîtra pas de la librairie au bout de quelques mois). Et puis, on a vu l'inverse, l'édition de poche prenant l'édition chère en remorque ; ou bien tel lecteur, familiarisé avec un auteur, grâce au poche, recherchant ensuite son œuvre en édition traditionnelle.

Il semble en fait qu'il y ait là deux marchés distincts, qui ne s'excluent en rien : les jeunes dévorent en poche les Jules Verne qui trônent dans la bibliothèque de leurs parents sous les superbes reliures Hetzel[1] ; ce roman qu'on aime, on le rachète en poche pour pouvoir l'emporter dans les transports ou l'annoter. Ou, si on l'a lu en poche, on le rachète en édition luxueuse pour le simple plaisir de posséder ou d'offrir.

Non, il n'y a pas de contestation possible : « Le livre au format de poche a sauvé l'édition, dit Jean-Claude Lattès[2]. En s'implantant ailleurs que dans les librairies et les bibliothèques où le livre était traditionnellement confiné, en étant accessible en libre service sans que l'acheteur ait recours aux conseils d'un spécialiste, il a intéressé un public à d'autres livres. »

Guillemette de Sairigné, *L'Aventure du livre de poche,* Librairie Générale Française, 1983.

1. Éditeur célèbre du XIXe siècle, qui publia en particulier les œuvres de Victor Hugo et de Jules Verne.
2. Directeur des éditions Lattès.

Bilan de lecture

1. Citez les trois barrières évoquées dans le texte 1 à propos du livre et dites pourquoi la troisième peut être présentée comme la plus redoutable.
2. Partez des deux textes pour dresser une liste des caractéristiques du livre de poche.
3. Expliquez le rôle du livre de poche dans le développement de la lecture.

Maîtrise de la langue

4. *C'est votre chose, un poche...* (► texte 1, l. 15-17). En suivant exactement la structure grammaticale de la phrase, mais en changeant les mots, présentez un objet pratique dont vous ferez l'éloge (*stylo à bille, calculette, agenda, téléphone portable...*).
5. Dans la phrase suivante, remplacez les mots soulignés par des synonymes, en respectant scrupuleusement le sens : *« Mais, affirme Frédéric Ditis, la barrière la plus redoutable dressée par le livre pour se défendre des contacts profanes, est ce qu'on appelle sa dignité. Cette appréciation tient à distance nombre de gens, qui, de toute leur vie, n'ont jamais eu le courage de franchir le seuil d'une librairie ou d'une bibliothèque »* (► texte 1, l. 5-9).

Écriture d'invention

6. Faites le portrait élogieux du livre de poche en présentant toutes les qualités qui lui sont attribuées dans les deux textes qui précèdent et en y ajoutant d'autres avantages que vous pourriez trouver par vous-même.

Oral

7. Exposé : À partir des deux textes relatifs au livre de poche, préparez un exposé oral construit sur les trois orientations suivantes : *les spécificités du livre de poche ; les craintes qu'il a suscitées ; les manières dont celles-ci ont été dépassées.*

REPÈRES Historique du livre ► p. 77
Éloge et blâme ► p. 457

6 Le destin des « livres à 10 francs »

Lancé en 1993 par les éditions Mille et une nuits, le livre à dix francs a tout de suite connu un vif succès. L'article qui suit analyse les conditions qui favoriseraient une véritable politique de démocratisation du livre.

Couverture : *Le Scarabée d'or*, d'**Edgar Allan Poe** (éd. Mille et une nuits, 1993).

Septembre 1993, une petite bombe « éclate » dans l'édition. Son nom : Mille et une nuits. À l'origine de la déflagration, Maurizio Medico et Nata Rampazzo et les petits livres à fort tirage (35 000 exemplaires) et faible pagination qu'ils proposent au prix de 10 francs. Objectif : accroître la démocratisation de la lecture et « *réinventer l'édition populaire par l'excellence littéraire et la pensée* », précise Sandrine Palussière, actuelle directrice de Mille et une nuits. À l'instar de l'Italie, où avaient fleuri deux ans plus tôt les « *Mille lire* », les pionniers du livre à 10 francs remportent un vif succès, et font aussitôt des émules dont un de taille : Librio, lancé en 1994 par J'ai lu (Flammarion).

Loin de suivre, la plupart des éditeurs, comme les libraires qui se plaignent de la trop faible marge, accueillent avec hostilité ces livres à bas prix. Yvon Girard, directeur de Folio et porte-parole à l'époque des opposants, se souvient : « *Il y avait un problème global sur le prix. Dans l'esprit des gens, cela signifiait que pendant quarante ans ils avaient été volés avec des livres qui coûtaient 40 francs. Par son approche uniquement financière et par rapport au savoir-faire qui s'était élaboré, c'était une manière de casser le marché qui a eu des répercussions. Enfin, d'un simple point de vue de décompte économique, si vous preniez un Mille et une nuits qui fait 62 pages pour 10 francs, le prix page était beaucoup plus cher que celui d'un Folio.* »

Sur ce point, Sandrine Palussière répond : « *Si l'on regarde les choses ainsi, La Pléiade est imbattable.* » Et d'ajouter : « *C'est très flatteur pour Mille et une nuits et Librio de laisser entendre que nous aurions mordu les chevilles des géants du poche. En revanche, ce que je trouve important, c'est la bataille de la prescription scolaire que nous n'avons pu mener jusqu'au bout.* »

Et pour cause, rapidement les professeurs se sont tournés vers Librio. Là encore, Yvon Girard ne mâche pas ses mots : « *Librio s'est installé sur un terrain d'extrême facilité, celui du domaine public, d'ouvrages sans droit d'auteur que l'on fournit sans préface, sans appareil de notes, ni travail préparatoire de copie. Évidemment pour 10 francs, on peut le faire, c'est même trop cher à ce prix-là.* »

Ce à quoi Emmanuelle Vial, directrice de Librio, rétorque : « *Cela a toujours été notre parti pris, offrir le texte, rien que le texte. Ce qui est important c'est d'être confronté au texte brut, surtout en matière de littérature classique où on est trop souvent encombré d'images, d'impressions et de commentaires. Si les professeurs préfèrent Librio, c'est justement pour l'absence d'appareil critique qui parasite la réflexion de l'élève. Par ailleurs, les livres du domaine public représentent aujourd'hui 20 % du nombre de titres* [sur 500], *avec 45 % d'inédits en 2003. Si Besson*[1] *ou Dantec*[1] *me demandent spontanément de venir chez Librio, c'est qu'ils savent qu'ils vont toucher un nouveau public et aussi s'y retrouver financièrement.* »

Avec le temps, néanmoins, tout s'est pacifié. La guerre du poche n'a pas eu lieu, ni sa mort comme certains le prédisaient. Chacun a trouvé sa place sur ce créneau de l'« achat impulsif » qui a dynamisé le secteur. Ainsi, Mille et une nuits (rachetée par Fayard en 1999) s'est diversifiée et « La petite collection » a

1. Patrick Besson et Maurice G Dantec, écrivains contemporains.

Couverture : *Le Scarabée d'or*, d'**Edgar Allan Poe** (éd. Librio, 2004).

trouvé son équilibre en misant sur le long terme. « *Toute son économie repose sur le fonds et le catalogue est bâti comme une bibliothèque* », explique Sandrine Palussière.

Après Le Livre de poche[2] qui lança en 1995 « Libretti » pour éviter une érosion de ses classiques, en 2001, Gallimard a créé « Folio 2 € ». Un revirement qu'Yvon Girard explique par le passage à l'euro (anticipé par Mille et une nuits dès 2000) et accompagné d'une large réflexion sur le catalogue. « *Folio est une masse de 4 700 références qui ne s'offre pas d'emblée. Il fallait donc trouver un moyen d'accès rapide, léger, agréable, en tenant compte des expériences du livre à 10 francs et des nouveaux comportements de lecture* », précise-t-il.

Avec de courts textes représentatifs de l'œuvre de l'auteur, « *c'est un nouveau regard sur un trésor un peu imposant que nous offrons* », ajoute le patron de Folio. « *Une remise en vie* » qui a immédiatement rencontré son public. Ainsi *Lettre au père*, de Kafka, a déjà atteint les 61 000 exemplaires vendus et le *Tao-Tö king*, de Lao-tseu, 47 000 exemplaires.

Seul jusqu'à présent à avoir conservé la parité des 10 F (1,52 €), Librio passera le 2 juin à 2 €. « *Ce prix est le fruit d'une réflexion liée au contenu et à la présentation qui était devenue un peu démodée,* explique la directrice. *Outre l'inflation, il fallait aussi retrouver un prix rond et facile à retenir.* »

Cette augmentation, qui s'accompagne d'un relookage complet, signe définitivement la fin de l'aventure du livre à 10 francs. Et montre les limites d'une démocratisation par le prix qui, s'accordent les trois éditeurs, ne peut faire l'économie de la créativité et d'un travail éditorial de qualité.

Christine Rousseau, *Le Monde des livres*, vendredi 30 mai 2003.

2. Filiale du groupe Hachette Livre.

Contexte **XXe s.** ▸ p. 490

RECHERCHE

Histoire littéraire

1. Que désigne le mot *Pléiade* ? Cherchez le sens du mot dans l'Antiquité, en astronomie, dans la littérature du XVIe siècle et dans le domaine de l'édition.

2. À quoi sert l'écriture en italique ? Trouvez plusieurs usages et dites comment peuvent s'expliquer les différents passages en italique de l'article.

Bilan de lecture

3. Quelles sont les deux maisons d'édition à l'origine des « livres à dix francs » ? Quelle était la finalité d'une telle création ?

4. Identifiez et reformulez les arguments développés, à propos du « livre à dix francs », par Y. Girard d'un côté, S. Palussière et E. Vial de l'autre.

5. Quelle a été l'évolution de la collection « Folio » ? Comment cette évolution se trouve-t-elle justifiée par Y. Girard ?

6. Que révèle un tel article sur la concurrence qui existe entre les maisons d'édition ?

Travail sur un corpus de textes

7. Quatre textes (▸ p. 71, 72, 73, 74) abordent la question de la démocratisation de la lecture grâce à des ouvrages peu chers.
Retrouvez dans les différents textes les éléments qui favorisent la diffusion des œuvres.
Signalez les obstacles rencontrés par cette volonté de diffusion et de vulgarisation.
Expliquez enfin en quoi cette politique de diffusion se trouve conditionnée par des éléments économiques et des éléments culturels.

REPÈRES Historique du livre ▸ p. 77

7 Lire l'image : « Les trois révolutions du livre »

Affiche réalisée à l'occasion de l'exposition « Les trois révolutions du livre », illustration de Nicolas Fructus (musée des Arts et Métiers ; Paris ; 2002-2003).

Lecture de l'image

1. À quelles « révolutions » cette affiche fait-elle référence ? Répondez en identifiant chacun des trois livres à partir d'indices que vous préciserez : nature de la composition des pages pour le plus lointain ; éditeur, collection et auteurs célèbres pour le suivant ; nature et forme du plus proche.

2. Sur l'image, comment ces trois livres sont-ils « inscrits » dans le temps ?

3. À quoi ces trois livres sont-ils associés ? Répondez en prenant appui sur les couleurs, sur les formes et sur les effets de mouvement du contexte qui les environne. Quel est le registre de l'image ?

4. En quoi peut-on parler, dans les trois cas, de « révolution » ?

5. Retrouvez, dans les séquences 4 à 6, des éléments – images et textes – renvoyant à au moins deux de ces révolutions.

REPÈRES Historique du livre ▸ p. 77

Historique du livre

Qu'est-ce qu'un livre ?
Un livre est un ensemble de feuilles de papier attachées sur lesquelles figurent des signes d'écriture. L'étymologie du mot (du latin *liber* : « écorce ») met l'accent sur le support de l'écriture.
Suivre le livre à travers le temps, c'est étudier comment se sont transformées ses deux composantes, support et écriture, du papyrus manuscrit au papier imprimé et relié.
Cette évolution de l'objet livre a influencé les conditions de production, de diffusion et de réception des œuvres littéraires.

Du *volumen* au codex

Si les tablettes d'argile de Mésopotamie gravées de signes cunéiformes (IVe millénaire av. J.-C.), constituent les premiers « canaux » de messages écrits, on peut dire que l'ancêtre du livre est constitué par les feuilles de **papyrus** roulées sur lesquelles, avec un calame (roseau) et de l'encre, écrivaient les scribes égyptiens.

Utilisés autour de la Méditerranée, ces ***volumens*** (▸ p. 62-63) présentaient quelques inconvénients : leur prix, l'obligation de n'utiliser qu'une seule face et leur maniabilité insuffisante. Vers le IVe siècle avant J.-C., ils furent remplacés par des peaux, dont l'origine géographique, la ville de Pergame, a déterminé le nom, **parchemin**.

Le livre naquit lorsque l'on eut l'idée de coudre ensemble, en les reliant, les différentes peaux placées les unes sur les autres, pour former des **codex** (▸ p. 63-64). C'est la forme qu'il possède toujours, mais l'utilisation du papier ne vint que plus tard. Bien que connu dès le IIIe siècle avant J.-C. par les Chinois, avec des centres de fabrication importants à Samarkand et à Bagdad, et par les Arabes installés en Espagne, à partir du VIIIe siècle, le **papier** ne fut fabriqué dans l'occident chrétien qu'au XIIIe siècle en Italie et au XIVe en France.

Du livre manuscrit au livre imprimé

Jusqu'au XVe siècle, *volumens* et codex servent de support à des textes manuscrits, écrits par des copistes dans les « **scriptoria** » des monastères (▸ p. 64). Ces copistes utilisent la plume d'oie taillée, écrivent le plus souvent debout et ont une capacité d'écriture d'environ quatre in-folio (35 à 50 cm de haut sur 25 à 30 de large) par jour. Chaque manuscrit est unique, et pour en obtenir plusieurs exemplaires, il faut faire travailler plusieurs copistes sous la dictée. Les fautes sont très fréquentes et souvent mal ou pas corrigées. Les textes sont ensuite décorés par des spécialistes, enlumineurs et miniaturistes, souvent à la demande de personnages riches et importants.
L'invention de l'**imprimerie** (▸ p. 67), vers 1440 par Gutenberg, n'apparaît pas immédiatement comme une révolution, même si elle favorise la diffusion du savoir en multipliant le nombre de livres. Les premiers ouvrages imprimés s'efforcent en effet d'imiter la beauté des manuscrits précédents. Néanmoins, s'ouvre, avec cette découverte, l'ère de la production industrielle du livre.

De l'artisanat à l'industrie du livre

Preuve de l'importance de l'imprimerie, la Renaissance est le siècle d'or de la **typographie**, sous l'égide de grandes familles d'imprimeurs, qui sont aussi des humanistes, les Estienne, les Elzevir. Ils contribuent à la diffusion des textes anciens.

L'engouement pour le livre, le développement de la production inquiètent les pouvoirs politiques et religieux qui cherchent à exercer un contrôle, soit par la **censure**, soit par le **mécénat** (▸ p. 71) : au XVIIe et au XVIIIe siècle, le directeur de la Librairie royale joue un rôle de censeur en accordant, ou non, le privilège royal d'impression.

■ **Ex :** L'histoire de l'*Encyclopédie* illustre à la fois le pouvoir du livre, et les différentes tentatives d'obstruction menées pour l'empêcher d'avoir une influence didactique et critique ; Voltaire fait d'abord publier *L'Ingénu* de façon anonyme et à l'étranger (▸ p. 84-85).

La Révolution industrielle, qui permet la modernisation des techniques d'impression, contribue largement au développement du livre. Il est accessible par le **colportage** (▸ p. 69), présent dans les **cabinets de lecture**, et figure en feuilletons dans la **presse**, grande bénéficiaire elle aussi d'une fabrication industrielle. La production annuelle passe de 450 titres, vers 1780, à 14 000, en 1900.

Au XXe siècle, la création du **livre de poche** (▸ p. 72), en 1953, et le développement de collections peu chères (▸ p. 74) contribuent à une grande **vulgarisation** des œuvres. Un éventail très ouvert de productions est offert au public : « beaux livres » grand public ou livres d'art en édition de luxe, œuvres fondamentales et anthologies offertes à un prix minime, documentaires illustrés ou non, livres pour la jeunesse… Le développement de l'**image** et **Internet** ne semblent pas avoir mis en danger le livre… malgré le paradoxe selon lequel la lecture diminue sans cesse !

Séquence 5

De l'écriture à la publication

1 Auteurs et éditeurs : de Balzac à Jérôme Lindon

Texte 1

Dans les Illusions perdues, *de Balzac, Lucien de Rubempré est un jeune provincial qui espère réussir dans la littérature à Paris. Auteur d'un roman,* L'Archer de Charles IX, *il l'a confié à un libraire éditeur, Doguereau, qui se montre intéressé…*

– […] Je vous achète votre roman…

Le cœur de Lucien s'épanouit, il palpitait d'aise, il allait entrer dans le monde littéraire, il serait enfin imprimé.

– Je vous l'achète quatre cents francs, dit Doguereau d'un ton mielleux et en regardant Lucien d'un air qui semblait annoncer un effort de générosité.

– Le volume ? dit Lucien.

– Le roman, dit Doguereau sans s'étonner de la surprise de Lucien. Mais, ajouta-t-il, ce sera comptant. Vous vous engagerez à m'en faire deux par an pendant six ans. Si le premier s'épuise en six mois, je vous payerai les suivants six cents francs. Ainsi, à deux par an, vous aurez cent francs par mois, vous aurez votre vie assurée, vous serez heureux. J'ai des auteurs que je ne paye que trois cents francs par roman. Je donne deux cents francs pour une traduction de l'anglais. Autrefois, ce prix eût été exorbitant.

– Monsieur, nous ne pourrons pas nous entendre, je vous prie de me rendre mon manuscrit, dit Lucien glacé.

– Le voilà, dit le vieux libraire. Vous ne connaissez pas les affaires, monsieur. En publiant le premier roman d'un auteur, un éditeur doit risquer seize cents francs d'impression et de papier. Il est plus facile de faire un roman que de trouver une pareille somme. J'ai cent manuscrits de romans chez moi, et n'ai pas cent soixante mille francs dans ma caisse. Hélas ! je n'ai pas gagné cette somme depuis vingt ans que je suis libraire. On ne fait donc pas fortune au métier d'imprimer des romans. Vidal et Porchon[1] ne nous les prennent qu'à des

1. Libraires et imprimeurs concurrents.

conditions qui deviennent de jour en jour plus onéreuses pour nous. Là où vous risquez votre temps, je dois, moi, débourser deux mille francs. Si nous sommes trompés, car *habent sua fata libelli*[2], je perds deux mille francs ; quant à vous, vous n'avez qu'à lancer une ode contre la stupidité publique. Après avoir médité sur ce que j'ai l'honneur de vous dire, vous viendrez me revoir. – Vous reviendrez à moi, répéta le libraire avec autorité pour répondre à un geste plein de superbe que Lucien laissa échapper. Loin de trouver un libraire qui veuille risquer deux mille francs pour un jeune inconnu, vous ne trouverez pas un commis qui se donne la peine de lire votre griffonnage. Moi, qui l'ai lu, je puis vous y signaler plusieurs fautes de français. Vous avez mis *observer* pour *faire observer*, et *malgré que*. Malgré veut un régime direct. Lucien parut humilié. – Quand je vous reverrai, vous aurez perdu cent francs, ajouta-t-il, je ne vous donnerai plus alors que cent écus. Il se leva, salua, mais sur le pas de la porte il dit : – Si vous n'aviez pas du talent, de l'avenir, si je ne m'intéressais pas aux jeunes gens studieux, je ne vous aurais pas proposé de si belles conditions. Cent francs par mois ! Songez-y. Après tout, un roman dans un tiroir, ce n'est pas comme un cheval à l'écurie, ça ne mange pas de pain. À la vérité, ça n'en donne pas non plus !

Lucien prit son manuscrit, le jeta par terre en s'écriant :

– J'aime mieux le brûler, monsieur !

Honoré de Balzac, *Illusions perdues*,
partie II « Un grand homme de province à Paris » (1843).

2. Phrase latine signifiant : « Les écrits ont leur propre destin. »

Contexte XIXe s. ▸ p. 486
Notice biographique ▸ p. 494
Du même auteur ▸ p. 133, p. 148, p. 165, p. 180, p. 340

RECHERCHE

Les mots et leur usage

1. Préparez une note explicative pour les mots suivants : *ode* (l. 26), *superbe* (l. 29), *commis* (l. 31), *régime* (l. 33).

Histoire littéraire

2. Dans une biographie détaillée de Balzac, cherchez des similitudes entre ce romancier et le jeune écrivain qui apparaît dans cet extrait.

Lecture analytique

3. Comparez les deux grandes répliques du *libraire*. Que contiennent-elles l'une et l'autre ? Quel est leur double thème commun ? Justifiez votre réponse par des références précises au texte.

4. De quoi Doguereau cherche-t-il à persuader son interlocuteur dans les lignes 16 à 40 ? Retrouvez et reformulez tous ses arguments en faisant apparaître leur diversité.

5. Qu'est-ce qui peut expliquer que le libraire insiste autant pour acheter le manuscrit ?

Vers le commentaire

6. Construisez et rédigez un ou plusieurs axes de commentaire des lignes 16 à 40 : *l'évocation du monde de l'édition* ; *une argumentation habile ; littérature et « affaires » : une histoire d'argent.*

Écriture d'invention

7. Une fois seul, Lucien s'interroge sur le bien-fondé de sa décision : a-t-il eu raison de ne pas vendre son œuvre ? Rédigez, à la troisième personne, en tant que narrateur omniscient, le dilemme auquel se trouve confronté le personnage.

8. Lucien écrit à un autre libraire pour lui présenter son œuvre, un roman à la manière de Walter Scott, intitulé *L'Archer de Charles IX*.
Rédigez cette lettre après avoir cherché des informations sur les romans de Walter Scott et sur les thèmes à la mode à l'époque de Balzac. Vous insisterez sur la valeur de l'œuvre et sur l'intérêt, pour le public de 1835, d'un roman historique.

REPÈRES Le discours narratif ▸ p. 146

Texte 2

Jérôme Lindon, qui fut le directeur des Éditions de Minuit jusqu'en 2001, explique sa manière de lire les manuscrits qui lui sont adressés.

Marguerite Duras parlant avec **Jérôme Lindon**, à l'occasion de l'émission télévisée « Apostrophes » (Paris, septembre 1984).

– Vous avez publié aux Éditions de Minuit Beckett, Robbe-Grillet, Butor, Simon et Marguerite Duras[1] *dans les années 50. Vous publiez actuellement de jeunes écrivains comme Jean Échenoz, François Bon, Jean-Philippe Toussaint, Marie Redonnet. Comment définiriez-vous la façon de lire d'un éditeur ?*

– On ne lit pas, bien entendu, un manuscrit du même œil qu'un livre. Et non plus le manuscrit d'un écrivain qu'on connaît de la même façon que celui d'un anonyme. À l'un des pôles, donc, le volume imprimé sur la couverture duquel figurent au moins deux labels de qualité, le nom d'un éditeur prestigieux et d'un auteur célèbre. À l'autre, une liasse de pages dactylographiées plus ou moins lisibles, plus ou moins raturées, dont la première porte un nom dépourvu de toute signification.

Il y a une dizaine d'années, une journaliste, Anne Gaillard, s'était amusée à soumettre à plusieurs comités de lecture le texte dactylographié, affublé d'un titre et d'un patronyme factices, d'une œuvre mineure de Victor Hugo, *Han d'Islande*. Le manuscrit fut refusé partout. Anne Gaillard avait-elle le droit pour autant d'en conclure que les éditeurs français étaient incapables de détecter le génie ? Ce n'est pas sûr ; car enfin l'écrivain qui aurait écrit *Han d'Islande* dans les années 70 n'était pas forcément promis à un brillant avenir – pas plus que le dramaturge qui apporterait de nos jours à un directeur de théâtre une pièce en alexandrins dont on découvrirait ensuite qu'elle était de Corneille. Mais le subterfuge rappelait malgré tout que la façon de lire dépend dans une large mesure de ce qu'on sait qu'on lit.

– Selon vous, dès qu'on sait à qui on a affaire, le jugement précéderait la lecture ?

– C'est le cas pour la plupart d'entre nous. À condition de se rappeler qu'il y a toujours des gens pour porter systématiquement aux nues l'écrivain qu'une certaine critique jette aux chiens ou pour faire la moue au contraire devant une réussite commerciale. Une fidèle admiratrice de Marguerite Duras m'avait téléphoné le lendemain de la sortie de *L'Amant* pour me dire sa passion pour le livre. Je l'ai rencontrée quelques semaines plus tard, après l'attribution du prix Goncourt. Elle venait de relire l'ouvrage et, réflexion faite, elle ne le trouvait pas si bon que ça. Tout se passe comme si l'accumulation de bonnes notes finissait par déclencher, tel un système de chauffage par thermostat, la mise en

1. Énumération d'auteurs du XXe siècle.

route du processus opposé. Quitte à engendrer un nouveau demi-tour lorsque la désaffection aurait atteint son point limite.

Mais l'affaire se complique quand le livre nous parvient accompagné de réputations contradictoires d'origine et d'importance comparables. J'ai publié, deux ans après *L'Amant,* une autre œuvre de Marguerite Duras, *Emily L.* Ce nom même, Emily L., est inventé, dans le livre, par un personnage qu'invente la narratrice inventée par l'auteur ; et c'est ce nom imaginaire au troisième degré qui, paradoxalement, devient, dès lors qu'il est imprimé en caractères typographiques sur une couverture blanche, le premier degré de la lecture. Mais un volume de Marguerite Duras n'arrive pas vierge sur le bureau du critique ou les tables des librairies. Il est précédé d'une rumeur faite de mille voix. L'auteur d'*Emily L.,* c'est aussi celui de dix romans déjà célèbres, c'est *Hiroshima mon amour,* tourné par Alain Resnais, c'est *Moderato cantabile* au programme des lycées et collèges, c'est *Le Ravissement de Lol V. Stein* objet d'un séminaire[2] de Lacan[3], ce sont des comptes rendus de Maurice Blanchot[4], des traductions dans le monde entier, le succès sans pareil de *L'Amant.* Mais, à l'inverse, quand paraît *Emily L.,* cette accumulation de réussites suscite quantité de réactions d'agacement ou de jalousie ; et puis, Marguerite Duras ne s'est pas privée, ces derniers temps, de provoquer son monde en prenant ostensiblement parti dans telle ou telle affaire politique ou criminelle[5] qui ont défrayé la chronique ; enfin, *Emily L.* est le second roman qu'elle publie en onze mois, sans parler d'un recueil de chroniques : une telle cadence est-elle compatible avec la création continue d'œuvres de premier plan ?

Entretien avec **Jérôme Lindon**, paru dans *Le Français dans le monde,* éd. Hachette, février-mars 1988.

2. Groupe de travail et de recherche universitaire.

3. Psychanalyste célèbre.

4. Critique littéraire.

5. M. Duras avait donné son point de vue dans l'affaire du meurtre d'un enfant.

Contexte XXe s. ▶ p. 490
Notice biographique ▶ p. 499

RECHERCHE

Histoire littéraire

1. De quoi est-il question dans le roman de Hugo, *Han d'Islande* ? Quelle est sa date de publication ?

2. a. Qu'est-ce que le prix Goncourt ? Dites par qui il fut créé, par qui il est décerné et ce qu'il récompense. Citez trois écrivains ayant obtenu ce prix.

b. Citez d'autres prix littéraires français, ainsi qu'un prix international décerné par une académie étrangère pour récompenser une œuvre littéraire. Quelle autre particularité a ce dernier prix ? Trouvez, parmi les écrivains de ce manuel, deux auteurs l'ayant obtenu.

3. Cherchez dans quel contexte furent créées les Éditions de Minuit. Quel courant romanesque contribuèrent-elles à promouvoir ?

Bilan de lecture

4. Quel phénomène est mis en relief dans la première réponse de Jérôme Lindon ? Quelles remarques vous inspire le refus des éditeurs du XXe siècle d'accepter le roman de Victor Hugo ?

5. Pouvez-vous tirer de cette anecdote des conclusions applicables à votre propre manière de lire ?

6. Quelles sont les attitudes extrêmes évoquées au début de la seconde réponse ? Par quoi peuvent-elles s'expliquer de la part des critiques ?

7. Dans le cas de Marguerite Duras, comment celui qui parle explique-t-il les réactions peu nuancées et l'agacement suscités par la romancière ?

Vers la dissertation

8. Quels rapports peut-on établir entre une œuvre d'art et la sensibilité d'une époque ?
Répondez à cette question en prenant appui sur des exemples précis représentatifs de courants littéraires du XIXe ou du XXe siècle.

REPÈRES Historique du roman ▶ p. 127

2 L'établissement du texte : l'édition de Flaubert et de Pierre Loti

Les deux notes éditoriales qui suivent informent les lecteurs des sources à partir desquelles le texte de chacun des deux romans a été établi.

Couverture :
Madame Bovary,
de **Gustave Flaubert**
(éd. Folio classique, 2001).

Texte 1

Notre texte est conforme à celui de la dernière édition revue par Flaubert et parue chez Charpentier et Cie en 1873.

Nous avons corrigé les quelques coquilles manifestes qui avaient échappé à la révision attentive de l'auteur.

Nos interventions n'ont porté que sur certains points mineurs de graphie et de normalisation : nous avons aussi unifié l'orthographe de *Rollet* écrit avec deux *l* au début du roman et un seul à la fin.

Pour une étude attentive des brouillons de *Madame Bovary,* le lecteur se reportera utilement à l'édition procurée par Jean Pommier et Gabrielle Leleu : « *Madame Bovary,* nouvelle version précédée des scénarios inédits, textes établis sur les manuscrits de Rouen » (Corti, 1949).

Signalons enfin la remarquable édition critique de Mme Gothot-Mersch (Éd. Garnier, 1971) qui prend le même texte de base que le nôtre mais qui a relevé toutes les variantes des neuf états du roman, du manuscrit autographe à la dernière édition significative, celle parue chez Lemerre en 1874.

Maurice Nadeau, note pour l'édition Folio (Gallimard) de 1972
du roman *Madame Bovary,* de Flaubert, 1857.

Couverture :
Le Roman d'un enfant,
de **Pierre Loti**
(éd. G.-F. Flammarion, 1988).

Texte 2

Le texte paraît d'abord dans *La Nouvelle Revue,* en six livraisons : du 15 janvier au 1er avril 1890 avec une erreur dans la numérotation des chapitres.

Le livre est publié en volume en mai 1890 chez Calmann-Lévy, dans la « Bibliothèque contemporaine » (in-18, 314 pages). L'erreur de numérotation est reproduite : le livre a donc 83 chapitres, erreur qui ne sera jamais corrigée chez cet éditeur. C'est le texte de cette première édition que nous reproduisons, avec quelques corrections minimes (coquilles, fautes d'orthographe) et le retour aux 82 chapitres. Nous avons tenu à conserver l'orthographe de l'époque (*grand'mère, grand'côte, au delà, Oleron*). Les différences entre le texte publié dans *La Nouvelle Revue* et l'édition en volume sont minimes, et relèvent aussi de la coquille typographique.

En 1985, édition illustrée de dessins de Loti, chez Michel de l'Ormeraie.

Il ne nous a pas été possible de localiser de manuscrit du *Roman d'un enfant,* ni à la Bibliothèque nationale, ni chez les héritiers de Loti, ni dans des catalogues de ventes.

Bruno Vercier, note pour l'édition GF-Flammarion de 1988
du *Roman d'un enfant,* de Pierre Loti, 1890.

RECHERCHE

Les mots et leur usage

1. Donnez le sens des mots suivants : *coquilles*, *variantes* (▸ texte 1) ; *livraisons* (▸ texte 2).

2. Les deux notes comportent des remarques concernant l'orthographe : que révèlent ces remarques ?

Étude comparée

3. Récapitulez les différentes informations données par chacune des deux notes et faites apparaître ce qu'elles ont en commun. En quoi diffèrent-elles ?

4. Que désignent les noms propres : *Charpentier, Corti, Lemerre, Garnier, Calmann-Lévy, Michel de l'Ormeraie* ? Pourquoi chacun de ces noms est-il accompagné d'une date ?

5. Quelle est l'utilité de ces notes pour le lecteur ?

REPÈRES Codes et contraintes d'édition ▸ p. 91

3 Les différents « auteurs »

L'édition d'une œuvre est le résultat d'une collaboration, comme en témoignent les noms qui figurent sur les pages de titre.

Émile Zola, *La Curée* : pages de titre (*à gauche* : coll. Folio, éd. Gallimard, 1981 ; *à droite* : coll. Pocket classiques, éd. Pocket, 1990).

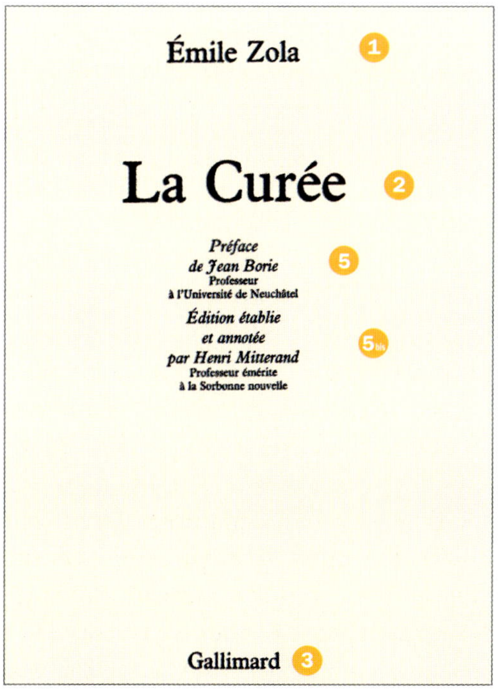

Émile Zola 1

La Curée 2

Préface
de Jean Borie 5
Professeur
à l'Université de Neuchâtel
Édition établie
et annotée 5 bis
par Henri Mitterand
Professeur émérite
à la Sorbonne nouvelle

Gallimard 3

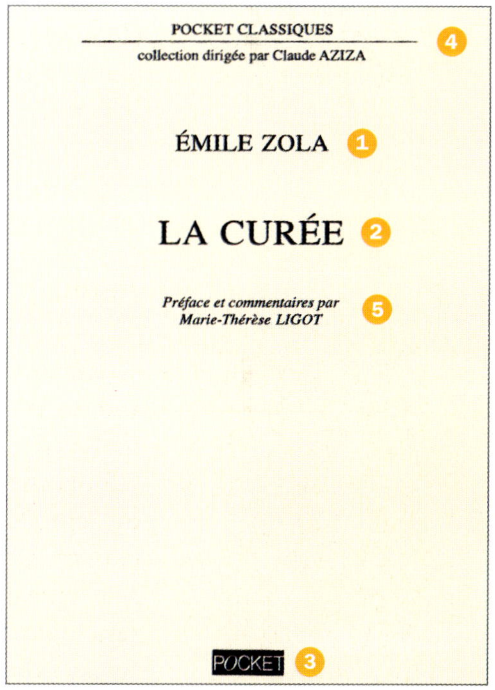

POCKET CLASSIQUES
collection dirigée par Claude AZIZA 4

ÉMILE ZOLA 1

LA CURÉE 2

Préface et commentaires par
Marie-Thérèse LIGOT 5

POCKET 3

Étude comparée

1. Observez les deux pages de titre, qui correspondent à deux éditions du roman de Zola, *La Curée*. Identifiez tous les éléments numérotés. Quels sont les éléments communs aux deux éditions ?

2. Quel est le sens des mots *préface, commentaires, collection* ?

3. Quelle a été la participation des personnes citées en numéros *5* et *5 bis* dans l'élaboration de ces deux éditions ?

4. À quoi renvoie l'indication « *Pocket classiques* » ? Quelle est la fonction de Claude Aziza ?

REPÈRES Codes et contraintes... ▸ p. 91

4 Les obstacles à la publication : le cas de Voltaire et de Flaubert

Texte 1

René Pomeau, spécialiste de Voltaire, explique comment a été publié le conte philosophique L'Ingénu, *en 1767, malgré le système de la censure.*

La première mention de *L'Ingénu* se lit dans une lettre à d'Alembert, du 21 juillet 1767 : Voltaire mande à son ami qu'il a grande envie de lire ce roman dont on lui a parlé. Ce qui veut dire qu'il est sur le point de le publier. Cramer[1] fait paraître l'édition originale à Genève, au début d'août. Simultanément une édition parisienne se prépare. L'entreprise ne rencontre plus autant de difficulté qu'à l'époque de *Candide*. En dix ans la surveillance des livres s'est sensiblement relâchée. L'opposition intellectuelle contrôle certains rouages de l'État monarchique. Voltaire dispose de la complicité de Marin, fonctionnaire de la police tout acquis aux philosophes : il lui adresse un manuscrit, à charge à lui de trouver un censeur[2] complaisant. Ce qui fut fait : le 3 septembre est accordée l'autorisation dite « tacite » de publier *L'Ingénu*. Le jour même le livre paraît : Voltaire avait envoyé un autre manuscrit à un libraire audacieux, qui avait imprimé sans attendre la permission, décidé au besoin à s'en passer.

Le succès est immédiat. Quatre mille exemplaires se vendent en quelques jours, chiffre considérable pour l'époque. Mais le parti dévot, pris au dépourvu, réagit : le 17 septembre l'autorisation tacite est rapportée[3].

Pendant ces péripéties, Voltaire joue l'habituelle comédie du désaveu[4]. Il donne à choisir : ou bien *L'Ingénu* n'existe pas (à Damilaville, 8 août : « Il est très triste qu'on m'impute tous les jours non seulement des ouvrages que je n'ai point faits, mais aussi des écrits qui n'existent point ») ; ou bien, s'il existe, il n'est point de lui. De qui donc, en ce cas ? Mais de Dulaurens[5], auteur scandaleux réfugié aux Pays-Bas. Voltaire est bien placé pour le savoir, car, annonce-t-il au libraire Lacombe (7 août), « ce M. Dulaurens m'est venu voir : il m'a dit avant de partir pour la Hollande que si vous pouviez imprimer ce petit ouvrage, il vous l'enverrait de Lyon à Paris par la poste »...

L'Ingénu n'avait pas besoin de cette publicité pour réussir. On connaît neuf éditions de 1767 ; l'ouvrage eut l'honneur des imitations, suites, parodies, adaptations théâtrales, qui accompagnent les grands succès de librairie. Depuis lors, sa réputation s'est maintenue presque égale à celle de *Candide*.

René Pomeau, note sur *L'Ingénu*, édition G.-F. Flammarion (1966).

1. Éditeur.
2. Fonctionnaire chargé de contrôler les écrits.
3. Annulée.
4. Voltaire affirme ne pas être l'auteur de l'œuvre.
5. Auteur imaginaire inventé par Voltaire.

Contexte XVIIIe s. ▶ p. 482

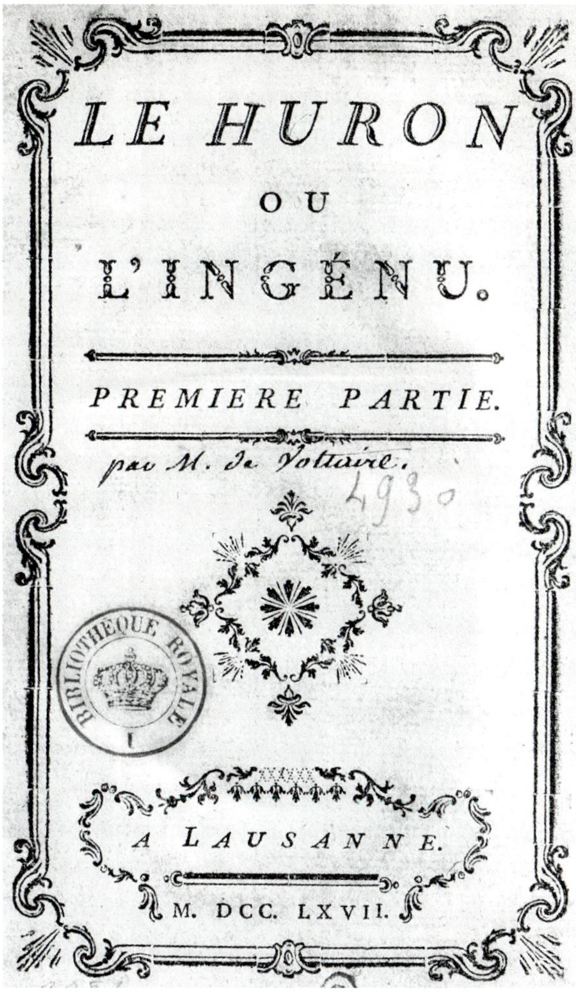

Page de titre : *Le Huron ou L'Ingénu*, de **Voltaire**, paru à Lausanne (1767), (BNF ; Paris).

RECHERCHE

Histoire littéraire

1. Qui étaient d'Alembert et Damilaville ? À quelle œuvre fondamentale du XVIIIe siècle ont-ils contribué ? Établissez une notice biographique d'une dizaine de lignes pour chacun d'eux.

2. Que désigne l'expression *le parti dévot* (l. 15) ? Quel auteur du XVIIe siècle s'est trouvé, lui aussi, aux prises avec des représentants de ce groupe ?

3. Définissez le mot *censure,* puis donnez des exemples d'auteurs du XVIIIe siècle, autres que Voltaire, qui ont été confrontés à cette institution.

Bilan de lecture

4. Récapitulez, à travers les différentes informations données par le texte, les étapes que doit franchir, en 1767, un manuscrit avant d'être publié.

5. Quels sont les obstacles qui peuvent gêner, voire empêcher, la publication d'un ouvrage ?

6. Dans le texte, quels sont les subterfuges utilisés par Voltaire :
– pour contourner les obstacles ?
– pour échapper aux sanctions ?

7. Comment se manifeste le succès d'un ouvrage, d'après le texte ?

Écriture d'invention

8. Faites une recherche concernant les trois versions successives de *Tartuffe,* les deux interdictions de la pièce et les difficultés rencontrées par Molière au XVIIe siècle pour faire jouer sa pièce. À partir de ces recherches, composez, en vous inspirant du texte de René Pomeau, une note rapportant ces différents épisodes, de la première représentation au succès.

Lecture du document

9. Décrivez la page de titre de *L'Ingénu* en indiquant toutes ses composantes.

10. Dans la hiérarchie des informations de cette page de titre, qu'est-ce qui vient en premier ? en dernier ?

11. Rapprochez cette page de celles des deux éditions modernes de *La Curée* (▶ p. 83) : que remarquez-vous ?

12. Comment peut s'expliquer une publication à Lausanne, en Suisse ?

REPÈRES Codes et contraintes... ▶ p. 91

Isabelle Huppert et Christophe Malavoy, dans le film *Madame Bovary*, de Claude Chabrol (1991).

Texte 2

D'abord publié en feuilleton dans La Revue de Paris, *en 1856, le roman* Madame Bovary *suscite le scandale. Flaubert est cité à comparaître en correctionnelle parce que son roman est jugé immoral*[1]. *Voici un extrait du réquisitoire du procès : c'est l'avocat impérial, Ernest Pinard, qui parle.*

Je soutiens que le roman de *Madame Bovary*, envisagé au point de vue philosophique, n'est point moral. Sans doute, Mme Bovary meurt empoisonnée ; elle a beaucoup souffert, c'est vrai ; mais elle meurt à son heure et à son jour, mais elle meurt, non parce qu'elle est adultère, mais parce qu'elle l'a voulu ; elle meurt dans tout le prestige de sa jeunesse et de sa beauté ; elle meurt après avoir eu deux amants, laissant un mari qui l'aime, qui l'adore, qui trouvera le portrait de Rodolphe[2], qui trouvera ses lettres et celles de Léon[2], qui lira les lettres d'une femme deux fois adultère, et qui, après cela, l'aimera encore davantage au-delà du tombeau. Qui peut condamner cette femme dans le livre ? Personne. Telle est la conclusion. Il n'y a pas dans le livre un personnage qui puisse la condamner. Si vous y trouvez un personnage sage, si vous y trouvez un seul principe en vertu duquel l'adultère soit stigmatisé, j'ai tort. Donc, si, dans tout le livre, il n'y a pas un personnage qui puisse lui faire courber la tête, s'il n'y a pas une idée, une ligne en vertu de laquelle l'adultère soit flétri, c'est moi qui ai raison, le livre est immoral !

Serait-ce au nom de l'honneur conjugal que le livre serait condamné ? Mais l'honneur conjugal est représenté par un mari béat, qui, après la mort de sa femme, rencontrant Rodolphe, cherche sur le visage de l'amant les traits de la femme qu'il aime (livr.[3] du 15 décembre, p. 289). Je vous le demande, est-ce au nom de l'honneur conjugal que vous pouvez stigmatiser cette femme, quand il n'y a pas dans le livre un seul mot où le mari ne s'incline devant l'adultère.

1. Flaubert fut finalement acquitté et le roman fut publié, en 1857, dans une collection grand public.

2. Personnages du roman, amants d'Emma Bovary.

3. Abréviation de *livraison*, en référence à la publication en feuilleton.

Serait-ce au nom de l'opinion publique ? Mais l'opinion publique est personnifiée dans un être grotesque, dans le pharmacien Homais, entouré de personnages ridicules que cette femme domine.

Le condamnerez-vous au nom du sentiment religieux ? Mais ce sentiment, vous l'avez personnifié dans le curé Bournisien, prêtre à peu près aussi grotesque que le pharmacien, ne croyant qu'aux souffrances physiques, jamais aux souffrances morales, à peu près matérialiste.

Le condamnerez-vous au nom de la conscience de l'auteur ? Je ne sais pas ce que pense la conscience de l'auteur ; mais, dans son chapitre X, le seul philosophique de l'œuvre (livr. du 15 déc.), je lis la phrase suivante :

« Il y a toujours après la mort de quelqu'un comme une stupéfaction qui se dégage, tant il est difficile de comprendre cette survenue du néant et de se résigner à y croire. »

Contexte XIXe s. ▸ p. 486

Ce n'est pas un cri d'incrédulité, mais c'est du moins un cri de scepticisme.

Ernest Pinard, extrait du *Réquisitoire du procès de* Madame Bovary (1857).

Lecture analytique

1. À partir de l'énoncé de la thèse (l. 1-2), repérez dans le paragraphe 1 : *les marques d'un raisonnement concessif ; l'énoncé d'hypothèses ; des éléments de démonstration ; différents moyens d'interpeller le tribunal.*
Que s'agit-il de prouver, pour l'avocat impérial ?

2. Comment les paragraphes 2, 3, 4, 5 se rattachent-ils à la démonstration du paragraphe 1, pour la prolonger et la développer ? En quoi la succession des questions et des réponses vise-t-elle à persuader de l'immoralité de l'œuvre ? Quelle question / réponse du paragraphe 1 se trouve reprise et développée par chacun des paragraphes qui suivent ?

Maîtrise de la langue

3. À partir des éléments suivants et de recherches sur la pièce de Molière, *Tartuffe*, construisez quelques lignes mettant en place un raisonnement concessif en prenant pour modèle celui des lignes 1 à 5 du texte :
Tartuffe est une pièce morale et utile – Orgon est naïf – Sa mère, Madame Pernelle, est obstinée et peu facile à convaincre – Tartuffe est habile et sait jouer efficacement des sentiments religieux d'Orgon – Il semble triompher en faisant le mal – C'est le bien qui l'emporte – Le roi met fin à la carrière d'un criminel – Tartuffe est démasqué et puni – La famille retrouve son unité.
Les articulations logiques à utiliser peuvent être les suivantes : *certes – sans doute – mais – c'est vrai.*
Vous commencerez par : *Je soutiens…*, et terminerez par : *Qui peut condamner une telle pièce ? Personne.*

Écriture d'invention

4. L'avocat de Flaubert répond aux accusations qui visent à faire condamner le roman *Madame Bovary.* Sa stratégie consiste à mêler la réfutation de certaines de ces accusations à des arguments visant à défendre le roman. Vous êtes cet avocat et vous rédigez sa plaidoirie.

Oral

5. Débat : Est-il dangereux de lire des romans ?

REPÈRES Le discours argumentatif ▸ p. 416
Éloge et blâme ▸ p. 457

5 Le livre et ce qui le fait connaître : Claude Sales, *La Trahison* (1999)

Claude Sales, *La Trahison*, couverture, Paris, 1999, © éd. du Seuil.

Le roman de Claude Sales, La Trahison, *a été publié en mai 1999. Dans le dossier de presse l'accompagnant figuraient des critiques publiées dans* Le Monde *et* Télérama. *Sont aussi reproduites ci-dessous la « première » et la « quatrième de couverture » de l'ouvrage.*

Document 1 : Quatrième de couverture

« Il y a des visages qui vous poursuivent toute la vie », écrit l'auteur.
Au printemps 1959, Claude Sales est sous-lieutenant d'une section sur les hauts plateaux algériens. Un jour, on l'avertit que quatre de ses hommes s'apprêtent à l'égorger. Mensonge, intoxication ? Or, parmi les supposés conjurés, il y a Taieb, jeune caporal au visage grave et beau, compagnon apprécié de tant de rondes nocturnes. Taieb se préparant à tuer ? Qui croire ?
Dans son extrême simplicité, ce récit véridique dépasse le cadre de la guerre pour aborder un thème universel, celui de la confiance que nous donnons aux autres.

Document 2

MAGAZINE LITTÉRAIRE, JUILLET-AOÛT 1999.

La Trahison
Claude Sales
Éd. du Seuil, 49 F.

Au printemps 1959, le sous-lieutenant Sales dirige sur les hauts plateaux algériens une section de trente soldats dont quatre sont des Arabes. L'un d'eux, le caporal Taieb, est un des meilleurs compagnons du lieutenant. Tout bascule le jour où, convoqué par son supérieur, il apprend que Taieb et ses camarades musulmans sont soupçonnés de vouloir attenter à ses jours. Quarante ans après, Claude Sales s'interroge dans un récit autobiographique bref et poignant sur les motivations personnelles et historiques de celui qui fut son meurtrier potentiel. Réflexion sur la trahison, ce livre décrit « la guerre grise » dans toutes les nuances de ses ambiguïtés. On a rarement lu, dans un style parfaitement sobre, témoignage aussi fort sur cette guerre enfin nommée.

Valérie Marin La Meslée.

Étude comparée

1. Mettez en parallèle les deux textes de presse (▸ documents 2 et 3) et faites apparaître ce qui les rapproche et ce qui les sépare sur les plans suivants : *informations données sous forme de paratexte, longueur, histoire racontée, précision des détails fournis, remarques sur l'écriture.*
2. Quelle est l'utilité de ces analyses critiques ?
3. Vous êtes un lecteur potentiel :
– Souhaitez-vous lire une de ces analyses ?
– Préférez-vous la quatrième de couverture, dont on peut lire le texte en retournant le livre ?
– Préférez-vous ne rien savoir du tout au sujet de l'œuvre ?
4. Par quoi le lecteur qui voit ce livre sur un présentoir peut-il être attiré ?
5. La quatrième de couverture (▸ document 1) vous paraît-elle différente des critiques ? En quoi ?
Sa lecture vous donne-t-elle envie de lire le roman ?

Document 3

LE MONDE / VENDREDI 18 JUIN 1999

Piège de guerre

Algérie 1959. Claude Sales revient sur la trahison dont il fut victime et... responsable

La Trahison
de Claude Sales.
Seuil, 94 p., 49 F (7,47 €).

Celui, ou celle, que l'on croyait si proche peut-il, soudainement, devenir un ennemi ? Voilà la question, universelle, que se pose Claude Sales dans un récit sec et sobre, confession d'un homme de bonne volonté soucieux de ne faire aucune littérature sur le compte des affres de sa conscience. Humblement, il nous entraîne dans une réflexion humaniste qui frappe autant par ce qu'elle révèle d'intelligence du cœur que par sa modestie.

L'affaire, qui le hante depuis quarante ans, remonte à 1959, pendant la guerre d'Algérie. Claude Sales, sous-lieutenant, s'était vu confier le commandement d'un poste chargé de patrouilles, d'embuscades, et de contrôles. Il s'acquittait de cette mission en tentant d'éviter violences, brutalités, tortures. Avec le vague espoir qu'une solution politique finirait par intervenir, et animé d'idéaux plutôt pacifistes, il s'appliquait à nouer des relations avec les habitants de la casbah toute proche, d'expliquer à ses habitants les enjeux du conflit et les éventualités d'une paix honorable. Sous ses ordres, une trentaine d'appelés, parmi lesquels quatre jeunes Français de souche nord-africaine. Convoqué un jour à l'état-major, il apprend de la bouche d'un officier du 2e Bureau que ces quatre hommes s'apprêtent à le trahir. L'un, le caporal Taieb, avec lequel il cultivait une réelle complicité, doit l'égorger durant la nuit, ce brutal assassinat préparant l'attaque du poste par un commando FLN.

Ce n'est pas tant l'histoire de cette menace, et de la manière dont elle fut gérée, qu'il faut retenir ici (bien qu'elles soient racontées avec brio, en un suspense naturel qui ne doit rien aux constructions hitchcockiennes), que les affres psychologiques de la victime désignée. Cet épisode, et l'image du visage « *impossible à chasser* » de ce Taieb, sert de détonateur à une remise en cause personnelle exemplaire, fruit d'un raisonnement traquant d'abord l'objectivité.

Dans un premier temps, Claude Sales est assailli par la perplexité. Il se « *raccroche au fil d'un fragile espoir que tout cela n'est qu'un cauchemar* ». Égorgé par Taieb ? Cela lui paraît impossible. Puis le doute s'installe. Il bascule de la conviction à la suspicion. Des détails lui reviennent en mémoire. Voilà qu'il passe au crible le moindre des actes de son compagnon musulman. Pour en arriver à une condamnation de cette absurde « *guerre grise* » perpétrant mensonges, faux-semblants et humiliations, où « *tout est voué à l'échec* ». Et à une autocritique.

Il ne s'agit pas de chercher ailleurs le coupable, peut-être même pas de pardonner, mais de partager les torts, de reconnaître que les êtres sont complexes (« *Taieb demeure pour moi une énigme* »), de comprendre que « *tout le monde a ses raisons* » (comme disait le cinéaste Jean Renoir) : « *On ne passe pas d'un camp à l'autre pour faire mal. On rompt le pacte sous l'empire d'une passion, d'une violence, d'une logique qui échappe à la personne trahie.* »

Sondant ces quelques mois qu'ils avaient passés ensemble, replaçant l'épisode dans son contexte historique, Sales en vient à s'accuser d'avoir placé Taieb « *dans une impasse tragique* », de l'avoir piégé en l'entraînant dans une politique qui ne pouvait le conduire (vu ses origines) qu'au déchirement, et à reconnaître qu'il fut lui-même piégé par cette mission « d'action psychologique » hypocrite. Piégé par une guerre dont une des règles était l'insécurité physique et psychique. Et qui laisse des traces.

J.-L. Douin.

Écriture d'invention

6. En prenant pour exemple la quatrième de couverture du roman *La Trahison*, composez un court texte de présentation d'une œuvre que vous avez lue. Commencez par une phrase de citation, puis donnez rapidement les grandes lignes du thème, de manière à susciter la curiosité d'un lecteur éventuel, sans lui en dire trop.

REPÈRES Historique du roman ▶ p. 127
Le personnage de roman ▶ p. 178

6 Lire l'image : couvertures

De nombreux livres n'ont pas d'illustration de couverture. Les collections de poche, elles, ont pris le parti d'illustrer les couvertures et d'apporter ainsi une information sur le contenu, dans des relations diverses avec le titre.

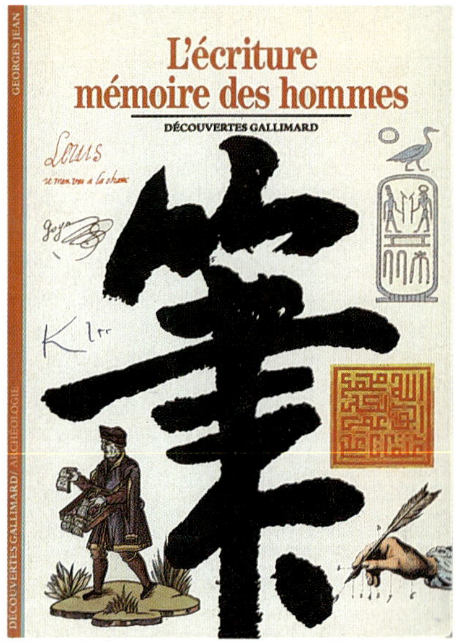

Couvertures :
– *à gauche :* Livre de poche
– *au milieu :* Livre de poche
– *à droite :* Découvertes Gallimard

Lecture de l'image

1. Récapitulez les différents éléments d'information qui figurent sur ces trois couvertures, puis décrivez précisément les trois illustrations.

2. Retrouvez les liens qui apparaissent entre le titre de chaque livre et l'illustration. Laquelle des trois illustrations vous paraît la plus explicite ? Donnez des justifications personnelles.

3. Que pouvez-vous déduire du rapprochement titre / illustration, en ce qui concerne le genre auquel peut appartenir l'œuvre ? Ces trois ouvrages vous semblent-ils avoir la même vocation ? Que vous attendez-vous à trouver à l'intérieur ?

Écriture d'invention

4. Imaginez que l'on vous demande de penser à une illustration de couverture pour les romans suivants : *L'Étranger* d'Albert Camus, *Les Trois Mousquetaires* d'Alexandre Dumas, *L'Amour au temps du choléra* de Gabriel Garcia Marquez, *Le Tambour* de Günter Grass, *La Vie devant soi* d'Émile Ajar.

a. De quoi avez-vous besoin pour orienter vos recherches ? Quelles idées vous viennent à l'esprit ? Sur quoi souhaiteriez-vous attirer l'attention du lecteur ?

b. Cherchez, dans des ouvrages d'art (livres ou CD-Rom, au CDI de votre établissement), des œuvres picturales susceptibles d'illustrer deux de ces ouvrages et expliquez votre choix.

Codes et contraintes d'édition

Tout ouvrage publié est soumis à un ensemble de contraintes et de réglementations éditoriales qu'il est impératif de respecter : elles définissent le rôle des différents collaborateurs d'une édition, et concernent ce que l'on appelle la propriété littéraire.

Le paratexte d'un manuel scolaire

Les textes qui composent un manuel scolaire sont accompagnés d'éléments ajoutés par les auteurs du manuel. Certains de ces éléments sont obligatoires, d'autres sont là pour faciliter la lecture.

Auteur, titre d'œuvre et dates : il est obligatoire d'indiquer le nom de l'auteur du texte, ainsi que le titre de l'ouvrage d'où il est extrait. Si le texte est traduit, le nom du traducteur, la langue d'origine et la date de traduction doivent être précisés. On peut trouver la date de publication, les dates de l'auteur, et la situation de l'extrait dans l'œuvre : chapitre, acte, scène, grande partie, incipit, épilogue…

Ex : Honoré de Balzac, *Illusions perdues*, partie II, « Un grand homme de province à Paris », 1843 (▶ p. 79).
Ex : Euripide, *Iphigénie à Aulis* (405 av. J.-C.), vers 1211-1252, in *Théâtre complet*, trad. M. Delcourt-Curvers, éd. Gallimard, 1962 (▶ p. 25).

Si le texte est extrait d'une nouvelle, on indique aussi le titre du recueil dont elle est issue.

Ex : Théophile Gautier, *Récits fantastiques*, « La Cafetière », II, 1834.
L'indication « II » précise que le texte se trouve dans la seconde étape du récit. La date est celle de la publication de la nouvelle.

Notes, titre de l'extrait, chapeau de présentation : dans un manuel scolaire, un texte est souvent accompagné de notes, signalées par des appels de notes. Ces notes ont pour rôle d'expliciter certains termes et ont été rédigées par les auteurs du manuel. Il arrive que figurent des notes venues de l'auteur du texte lui-même.
Certains extraits sont donnés avec des titres : il faut distinguer les titres qui viennent de l'auteur du texte et ceux qui viennent des auteurs du manuel.

Ex : « Le Renard et le Bouc » (▶ p. 19) est un titre qui appartient à La Fontaine.
Ex : « La diffusion des livres » (▶ p. 69) ou « L'invention de l'imprimerie » (▶ p. 67) sont des titres choisis par les auteurs du manuel.

Enfin, les extraits sont précédés de « chapeaux » servant à les situer dans les œuvres. Ces chapeaux viennent toujours des auteurs du manuel et sont souvent écrits dans une graphie différente, par exemple en italique.

L'indication de l'éditeur : le paratexte comporte parfois le nom de l'éditeur (Le Seuil, Gallimard…) avec l'indication d'une collection (« Folio », « Lire et voir les classiques »…). On peut observer qu'il s'agit de textes publiés au XXe siècle. La mention de l'éditeur et la date sont obligatoires pour les œuvres qui ne sont pas dans le domaine public, et dont la publication nécessite le paiement de droits d'auteurs. Les œuvres littéraires sont libres de droits soixante-dix ans après la mort de l'auteur.

Le paratexte d'une édition de poche

La page de titre : elle comporte de nombreux éléments de paratexte (▶ p. 83), nom de l'auteur et titre de l'œuvre, nom de la collection et parfois nom de la personne qui assure la direction de collection.
Sont signalés également le nom des personnes qui ont établi le texte, à partir des éditions antérieures ou des manuscrits d'origine, qui ont rédigé une préface, des commentaires, des notes ou qui ont élaboré un dossier documentaire.

Ex : Victor Hugo, *Les Contemplations*, préface de Léon-Paul Fargue, édition établie, présentée et annotée par Pierre Albouy, éd. Gallimard, coll. « Poésie / Gallimard ».

La question des dates : au dos de la page de titre, en copyright, figurent une ou plusieurs dates ; il s'agit de la date d'édition de l'œuvre dans la collection. Ainsi, dans l'exemple précédent, on a les informations suivantes : « 1943 pour la préface de Léon-Paul Fargue », « 1967 pour l'établissement du texte et des notes », « 1973 pour l'introduction et la notation remaniée de la présente édition ». On observe que ces trois dates sont différentes de celle de la première publication des *Contemplations*, en 1856.

Savoir citer les textes

Les contraintes éditoriales obligent à signaler tout emprunt par des guillemets, le titre de l'œuvre, le nom de l'auteur.
Dans un texte dactylographié, les titres d'œuvres sont **en italique** et les titres d'extraits **entre guillemets**. Un passage supprimé doit être signalé ainsi : **[…]**.
Dans un texte manuscrit, on remplace l'italique par un **souligné** pour signaler les titres d'œuvres ; les titres d'extraits restent entre guillemets.

REPÈRES Historique du livre ▶ p. 77

Séquence 6

Être lecteur

1 Jules Vallès, *L'Enfant* (1879)

Parmi les pouvoirs reconnus à la lecture figurent ceux du rêve et de l'évasion, que met en scène ici le romancier Jules Vallès. Dans l'extrait du roman L'Enfant, *le jeune Jacques Vingtras a été puni par un surveillant et enfermé dans une salle de classe.*

Il[1] m'a mis aux arrêts ; – il m'a enfermé lui-même dans une étude vide, a tourné la clef, et me voilà seul entre les murailles sales, devant une carte de géographie qui a la jaunisse, et un grand tableau noir où il y a des ronds blancs et la binette[2] du censeur[3].

Je vais d'un pupitre à l'autre : ils sont vides – on doit nettoyer la place, et les élèves ont déménagé.

Rien, une règle, des plumes rouillées, un bout de ficelle, un petit jeu de dames, le cadavre d'un lézard, une agate[4] perdue.

Dans une fente, un livre : j'en vois le dos, je m'écorche les ongles à essayer de le retirer. Enfin, avec l'aide de la règle, en cassant un pupitre, j'y arrive ; je tiens le volume et je regarde le titre :

ROBINSON CRUSOÉ

Il est nuit.

Je m'en aperçois tout d'un coup. Combien y a-t-il de temps que je suis dans ce livre ? – quelle heure est-il ?

Je ne sais pas, mais voyons si je puis lire encore ! Je frotte mes yeux, je *tends* mon regard, les lettres s'effacent, les lignes se mêlent, je saisis encore le coin d'un mot, puis plus rien.

J'ai le cou brisé, la nuque qui me fait mal, la poitrine creuse ; je suis resté penché sur les chapitres sans lever la tête, sans entendre rien, dévoré par la curiosité, collé aux flancs de Robinson, pris d'une émotion immense, remué jusqu'au fond de la cervelle et jusqu'au fond du cœur ; et en ce moment où la lune montre là-bas un bout de corne, je fais passer dans le ciel tous les oiseaux de l'île, et je vois se profiler la tête longue d'un peuplier comme le mât du

1. Désigne le surveillant, le *petit pion*.
2. Terme d'argot désignant le visage, la physionomie.
3. Équivalent du proviseur-adjoint dans les lycées actuels.
4. Désigne ici une bille faite en agate.

Illustration pour *Robinson Crusoé,* de **Daniel Defoe**, lithographie anonyme (1835), 32,5 × 39,6 cm (Neuruppiner Bilderbogen).

navire de Crusoé ! Je peuple l'espace vide de mes pensées, tout comme il peuplait l'horizon de ses craintes ; debout contre cette fenêtre, je rêve à l'éternelle solitude et je me demande où je ferai pousser du pain…

La faim me vient : j'ai très faim.

Vais-je être réduit à manger ces rats que j'entends dans la cale de l'étude ? Comment faire du feu ? J'ai soif aussi. Pas de bananes ! Ah ! lui, il avait des limons[5] frais ! Justement j'adore la limonade !

Clic, clac ! on farfouille dans la serrure.

Est-ce Vendredi ? Sont-ce des sauvages ?

C'est le petit pion qui s'est souvenu, en se levant, qu'il m'avait *oublié,* et qui vient voir si j'ai été dévoré par les rats, ou si c'est moi qui les ai mangés.

Chapitre XI : « Le lycée ».

5. Citrons verts.

Contexte **XIXe s.** ► p. 496
Notice biographique ► p. 502
Du même auteur ► p. 48

RECHERCHE

Histoire littéraire

1. Quel romancier du XXe siècle a repris l'histoire de Robinson Crusoé pour en inverser la signification, en commençant par modifier le titre ? Cherchez son nom et expliquez quelle nouvelle orientation il a donnée à cette aventure.

Lecture analytique

2. Qu'est-ce qui caractérise l'univers dans lequel l'enfant est enfermé ? Répondez en prenant appui sur le lexique. Qu'est-ce qui permet de dire qu'il s'agit de sa propre perception des lieux ?
3. Comment pouvez-vous expliquer les choix typographiques qui concernent le titre du roman *Robinson Crusoé* ?
4. Ce titre est précédé et suivi de verbes au présent : à quel(s) moment(s) ce présent renvoie-t-il ?
5. Repérez et classez les termes qui expriment l'idée d'une métamorphose : qu'est-ce qui est transformé ? Qu'est-ce qui est à l'origine de la transformation ? Quelle est la figure de rhétorique qui traduit la métamorphose ?

Étude comparée

6. Dans son traité *Émile ou De l'éducation* (► p. 458), Rousseau a également parlé du roman de Daniel Defoe, *Robinson Crusoé* : le roman est-il envisagé de la même manière que dans cet extrait ?

Maîtrise de la langue

7. En prenant pour point de départ une histoire autre que celle de Robinson Crusoé (l. 22-27), évoquez, en quelques lignes très proches de celles du texte, une attitude de lecteur pris par sa lecture, et emporté par elle dans un univers différent.
Vous conserverez les éléments suivants : *Et en ce moment où…., je …, et je vois… Je peuple…, je rêve…*
Vous pourrez terminer au choix sur la soif, le froid, le chaud, le chagrin ou la souffrance.
Faites comprendre de quel roman il s'agit et quel personnage est en cause.

REPÈRES Le discours narratif ► p. 146
Le personnage de roman ► p. 178

2 Guy de Maupassant, préface de *Pierre et Jean* (1887)

Pourquoi lire ? À cette question, Maupassant apporte une série de réponses en dressant la liste des attentes du lecteur.

Le lecteur, qui cherche uniquement dans un livre à satisfaire la tendance naturelle de son esprit, demande à l'écrivain de répondre à son goût prédominant, et il qualifie invariablement de remarquable ou de *bien écrit* l'ouvrage ou le passage qui plaît à son imagination idéaliste, gaie, grivoise, triste, rêveuse ou positive.

En somme, le public est composé de groupes nombreux qui nous crient :

– Consolez-moi.
– Amusez-moi.
– Attristez-moi.
– Faites-moi rêver.
– Faites-moi rire.
– Faites-moi frémir.
– Faites-moi pleurer.
– Faites-moi penser.

Seuls, quelques esprits d'élite demandent à l'artiste :

« Faites-moi quelque chose de beau, dans la forme qui conviendra le mieux, suivant votre tempérament. »

L'artiste essaie, réussit ou échoue.

Le critique ne doit apprécier le résultat que suivant la nature de l'effort ; et il n'a pas le droit de se préoccuper des tendances.

Cela a été écrit déjà mille fois. Il faudra toujours le répéter.

Donc, après les écoles littéraires qui ont voulu nous donner une vision déformée, surhumaine, poétique, attendrissante, charmante ou superbe de la vie, est venue une école réaliste ou naturaliste qui a prétendu nous montrer la vérité, rien que la vérité.

Préface « Le roman » (extrait).

Contexte XIXe s. ► p. 486
Notice biographique ► p. 499
Du même auteur ► p. 134, p. 158, p. 351, p. 354

Bilan de lecture

1. Qu'ont en commun les différentes demandes du lecteur répertoriées par Maupassant ?

2. En quoi ces demandes se différencient-elles de celle qui est exprimée aux lignes 16 et 17 ?

3. Sur quoi reposent les critères à partir desquels le public des lecteurs, selon Maupassant, juge un livre ?

4. Quelle est, pour Maupassant, la vocation des écoles réaliste et naturaliste ? Les œuvres réalistes ou naturalistes peuvent-elles alors répondre aux attentes des lecteurs telles qu'elles sont énoncées par Maupassant ?

Écriture d'invention

5. Choisissez l'une des neuf demandes du public et présentez en vingt à trente lignes un ouvrage qui, pour vous, répond à la demande choisie. Justifiez votre choix de manière argumentée.

REPÈRES Le discours narratif ► p. 146
Communication et fonctions du langage ► p. 109
Du réalisme au naturalisme ► p. 357

Maria Helena Vieira da Silva (1908-1992), *Bibliothèque*, 1949 (peinture ; 1,14 × 1,46 m ; Musée national d'art moderne, Paris).

3 Jean-Paul Sartre, *Les Mots* (1964)

L'écrivain Jean-Paul Sartre évoque ici son entrée dans le monde mystérieux et fascinant des livres.

Les souvenirs touffus et la douce déraison des enfances paysannes, en vain les chercherais-je en moi. Je n'ai jamais gratté la terre ni quêté des nids, je n'ai pas herborisé ni lancé des pierres aux oiseaux. Mais les livres ont été mes oiseaux et mes nids, mes bêtes domestiques, mon étable et ma campagne ; la bibliothèque, c'était le monde pris dans un miroir ; elle en avait l'épaisseur infinie, la variété, l'imprévisibilité. Je me lançai dans d'incroyables aventures : il fallait grimper sur les chaises, sur les tables, au risque de provoquer des avalanches qui m'eussent enseveli. Les ouvrages du rayon supérieur restèrent longtemps hors de ma portée ; d'autres, à peine je les avais découverts, me furent ôtés des mains ; d'autres, encore, se cachaient : je les avais pris, j'en avais commencé la lecture, je croyais les avoir remis en place, il fallait une semaine pour les retrouver. Je fis d'horribles rencontres : j'ouvrais un album, je tombais sur une planche en couleurs, des insectes hideux grouillaient sous ma vue. Couché sur le tapis, j'entrepris d'arides voyages à travers Fontenelle, Aristophane, Rabelais : les phrases me résistaient à la manière des choses ; il fallait les observer, en faire le tour, feindre de m'éloigner et revenir brusquement sur elles pour les surprendre hors de leur garde : la plupart du temps, elles gardaient leur secret. J'étais La Pérouse, Magellan, Vasco de Gama ; je découvrais des indigènes étranges : « Héautontimorouménos[1] » dans une traduction de Térence en alexandrins, « idiosyncrasie[2] » dans un ouvrage de littérature comparée. Apocope, Chiasme, Parangon, cent autres Cafres impénétrables et distants surgissaient au détour d'une page et leur seule apparition disloquait tout le paragraphe. Ces mots durs et noirs, je n'en ai connu le sens que dix ou quinze ans plus tard et, même aujourd'hui, ils gardent leur opacité : c'est l'humus de ma mémoire.

La bibliothèque ne comprenait guère que les grands classiques de France et d'Allemagne. Il y avait des grammaires, aussi, quelques romans célèbres, les *Contes choisis* de Maupassant, des ouvrages d'art – un *Rubens,* un *Van Dyck,* un *Dürer,* un *Rembrandt* – que les élèves de mon grand-père lui avaient offerts à l'occasion d'un Nouvel An. Maigre univers. Mais le Grand Larousse me tenait lieu de tout : j'en prenais un tome au hasard, derrière le bureau, sur l'avant-dernier rayon, A-Bello, Belloc-Ch ou Ci-D, Mele-Po ou Pr-Z (ces associations de syllabes étaient devenues des noms propres qui désignaient les secteurs du savoir universel : il y avait la région Ci-D, la région Pr-Z, avec leur faune et leur flore, leurs villes, leurs grands hommes et leurs batailles) ; je le déposais péniblement sur le sous-main de mon grand-père, je l'ouvrais, j'y dénichais les vrais oiseaux, j'y faisais la chasse aux vrais papillons posés sur de vraies fleurs. Hommes et bêtes étaient là, *en personne* : les gravures, c'étaient leurs corps, le texte, c'était leur âme, leur essence singulière ; hors les murs, on rencontrait de vagues ébauches qui s'approchaient plus ou moins des archétypes[3] sans atteindre à leur perfection : au Jardin d'Acclimatation, les singes étaient moins singes, au Jardin du Luxembourg, les hommes étaient moins hommes. Platonicien[4] par état, j'allais du savoir à son objet ; je trouvais à l'idée plus de réalité qu'à la chose, parce qu'elle se donnait à moi d'abord et parce qu'elle se donnait comme une chose. C'est dans les livres que j'ai rencontré l'univers : assimilé, classé, étiqueté, pensé, redoutable encore ; et j'ai confondu le désordre de mes expériences livresques avec le cours hasardeux des événements réels. De là vint cet idéalisme dont j'ai mis trente ans à me défaire.

Première partie : « Lire », éd. Gallimard.

1. *Bourreau de lui-même,* titre d'une pièce de Térence, auteur latin du IIe siècle av. J.-C.

2. Leur nature propre.

3. Modèles premiers servant d'exemples.

4. Adepte de la philosophie de Platon, selon lequel l'idée d'un objet, élément abstrait, et l'objet lui-même, élément concret, se trouvent séparés.

Contexte XXe s. ▸ p. 490
Notice biographique ▸ p. 502
Du même auteur ▸ p. 51

RECHERCHE

Les mots et leur usage

1. Les mots *idiosyncrasie, apocope, chiasme, parangon, Cafres* empêchent-ils, pour vous comme pour le jeune Sartre, la compréhension d'une phrase ou d'un paragraphe ? Cherchez leur sens.

Histoire littéraire

2. Qui sont Fontenelle, Aristophane, Rabelais, Térence ? Cherchez à quelle époque ces écrivains ont vécu et citez quelques-unes de leurs œuvres.
3. Qu'ont en commun Rubens, Van Dyck, Dürer, Rembrandt ?
4. Pour quelles raisons Magellan, Vasco de Gama et La Pérouse sont-ils connus ?

Lecture analytique

5. Quelles relations Sartre évoque-t-il entre la bibliothèque et le monde, la bibliothèque et lui-même, les mots et lui-même ? Répondez en prenant appui sur le lexique. Quelles figures de rhétorique emploie-t-il pour préciser ces relations ?
6. Explicitez la métaphore des lignes 30 à 45 : à quoi se trouve associé le Grand Larousse ? À travers quels termes la métaphore se développe-t-elle ? Que met-elle en relief, en ce qui concerne la relation dictionnaire / réalité, pour le jeune lecteur ?
7. Comment comprenez-vous les expressions : *les singes étaient moins singes ; les hommes étaient moins hommes ; j'allais du savoir à son objet* (l. 41-43) ?
8. L'ensemble du passage met en évidence une relation particulière entre les mots et la réalité du monde : identifiez cette relation et exprimez-la en une phrase précise. Quels dangers celui qui parle signale-t-il, à la fin de l'extrait, à propos de cette relation ?

Maîtrise de la langue

9. Imitez le narrateur au tout début du texte (l. 1-15) en évoquant, non *la campagne*, mais *la ville*.
Vous conserverez exactement la structure syntaxique et grammaticale des deux phrases et terminerez par : *La bibliothèque, c'était le monde pris dans un miroir.*

Vers le commentaire

10. Construisez et rédigez un ou plusieurs axes de commentaire des lignes 26 à 48 : *l'évocation de l'univers des livres ; la confusion des mots et de la réalité ; une réflexion sur l'expérience et le pouvoir de la lecture.*

Écriture d'invention

11. Composez un court texte narratif (une petite nouvelle) racontant une situation inattendue de dislocation d'un paragraphe, liée à la présence d'un mot difficile ou l'apparition effrayante de personnages inconnus *au détour d'une page.*
Choisissez vous-même les modalités :
– récit à la première personne dont vous êtes le héros et le narrateur, ou seulement le narrateur ;
– récit à la troisième personne mettant en scène un héros autre que vous.

Lecture de l'image

12. Décrivez précisément le tableau de M. H. Vieira da Silva (► p. 95) : lignes, plans, formes, couleurs... Quelle impression s'en dégage ?
13. Quelles relations pouvez-vous établir :
– entre le tableau et son titre ?
– entre ce tableau et le texte de Sartre ?

Écriture d'invention

14. Composez une courte nouvelle fantastique en prenant la bibliothèque représentée par Vieira da Silva soit pour cadre, soit pour thème de l'histoire. Votre récit sera fait à la première personne, le narrateur étant le héros. Vous ferez en sorte que votre histoire fasse comprendre le caractère labyrinthique des livres et de la culture.

REPÈRES Les mots : sens et usage ► p. 59
Le discours narratif ► p. 146

Hamilton John Mac Lux (1853-1936), *William Ewart Gladstone, homme d'État britannique,* huile sur toile, 45 × 58 cm (musée d'Orsay ; Paris).

4 Jean Guéhenno, *Carnets du vieil écrivain* (1971)

Dans un ouvrage de caractère autobiographique, en faisant appel à sa propre expérience, le romancier Jean Guéhenno analyse différentes attitudes de lecteurs face au pouvoir métamorphosant de l'œuvre écrite.

Bien des gens ne lisent que pour éloigner l'ennui, comme ils écoutent la radio, regardent la « télé », les images, ou feuillettent les journaux. L'imprimé pullule et on pourrait dire, après tout, que les gens n'ont jamais tant lu. Mais il y a lire et lire. La vraie lecture commence quand on ne lit plus seulement pour se distraire et se fuir, mais pour se trouver. Il y a un jour où tout inconsciemment on passe de l'un à l'autre. Ce peut n'être pas volontaire, mais l'effet du plaisir même, d'une sorte d'envoûtement dont un livre, qu'on tient dans ses mains et qu'on ne peut plus quitter, est la cause. Ce n'est pas non plus encore lire que de lire pour apprendre, pour savoir, pour s'informer, et pour des raisons professionnelles. Joubert[1] disait que « notre sort est d'admirer et non pas de savoir ». La vraie lecture est la chose la plus intime et la plus désintéressée, encore qu'il ne s'y agisse que de nous-mêmes.

C'est un temps qu'on se donne pour ne plus vivre par influence, par contagion, mais pour reconnaître, choisir son propre chemin et devenir soi-même. Un livre est un outil de liberté. Nous y découvrons la vie d'un autre, soit l'au-

1. Moraliste français (1754-1824).

teur, soit l'un des personnages qu'il a créés, et nous l'examinons avec une bien autre insistance et une bien autre loyauté que la nôtre propre, et ainsi devenons-nous un peu autres nous-mêmes sans y prendre garde. Un livre est un objet devant soi, quelque chose sur quoi on peut réfléchir, à quoi on peut revenir, qu'on peut corriger, contredire, discuter, quelque chose qu'on juge. Les images, les sons passent aussi vite que les moments successifs de la vie. Un écrit, un livre reste. Il faut devant lui dire oui ou non. Il fallait autrefois, pour former un homme, le tirer de son silence et lui faire entendre le chant du monde autour du lui. Il faut peut-être autant aujourd'hui le ramener à son silence, le sauver du bruit et le reconduire à la solitude. Un livre est une conversation et tout ensemble cependant un exercice de solitude. Je veux ici écarter l'anecdote tout personnelle, mais je repense souvent à ces nuits de mon adolescence, durant lesquelles je me battais avec le destin[2] et découvrais dans les livres ce que pouvait être une vie libre par opposition à celle que je subissais. Lit-on un grand roman ? On s'identifie à son héros. On y vit par procuration. Et cela devient plus conscient, et vient le moment où on ne lit plus pour aucun intérêt, pour aucun profit, rien que pour « admirer », en toute gratuité et dans une joie indéfinissable, au-delà de soi-même. Dès lors, on devient de plus en plus difficile. On ne supporte plus les fantômes d'auteurs, les fantômes d'ouvrages. Mais un vrai livre est devenu la chose la plus précieuse. Un homme vous parle et il vous semble qu'il dise précisément ce que vous attendiez, ce que vous vouliez dire mais n'auriez jamais su dire. C'est tout simple et merveilleusement étrange. Ces mots, qui sont aussi vos mots, comme par l'effet d'un charme, sont doués soudain d'un nouveau pouvoir, et vous êtes curieusement débarrassé de vous-même et devenu un autre, plus fin, plus délicat, plus profond que vous-même. Vous êtes dans le monde où vous aimeriez vivre, mais vous n'aviez jamais imaginé qu'il pût être si beau.

Éd. Grasset.

2 Jean Guéhenno évoque, à travers cette expression, les années difficiles d'une enfance et d'une adolescence marquées par la pauvreté.

Contexte XXe s. ▸ p. 490
Notice biographique ▸ p. 498
Du même auteur ▸ p. 466

Bilan de lecture

1. Comment pouvez-vous expliquer, à partir du paragraphe 1, l'affirmation : *il y a lire et lire* (l. 4) ?
2. Récapitulez les différentes fonctions que Jean Guéhenno reconnaît au livre dans le paragraphe 2.
3. Quels paradoxes celui qui parle met-il en relief à propos du livre ? Construisez votre réponse sur le repérage de certaines oppositions du paragraphe 2. Observez aussi le jeu des pronoms personnels et démonstratifs dans les lignes 30 à 42.

Travail sur un corpus de textes

4. Rapprochez ce texte de celui de Maupassant (▸ p. 94) et celui de J. Vallès (▸ p. 92) : à quels genres littéraires appartiennent-ils ?
5. Quels sont leurs éléments communs ? Quels rôles jouent-ils l'un par rapport à l'autre ?

Vers la dissertation

6. Existe-t-il, pour vous, un livre qui possède les qualités citées dans le texte de J. Guéhenno ? Si oui, dites lequel ; donnez rapidement son thème et expliquez comment il vous a fait devenir *autre*.
7. À partir du texte de J. Guéhenno, expliquez en quoi un livre peut opérer sur son lecteur une véritable métamorphose.

REPÈRES Le discours argumentatif ▸ p. 416

5 Italo Calvino, *Si par une nuit d'hiver un voyageur* (1981)

Voici les premières lignes d'un roman de l'écrivain italien Italo Calvino : le narrateur s'adresse directement au lecteur...

Tu vas commencer le nouveau roman d'Italo Calvino, *Si par une nuit d'hiver un voyageur.* Détends-toi. Concentre-toi. Écarte-toi de toute autre pensée. Laisse le monde qui t'entoure s'estomper dans le vague. La porte, il vaut mieux la fermer ; de l'autre côté, la télévision est toujours allumée. Dis-le tout de suite aux autres : « Non, je ne veux pas regarder la télévision ! » Parle plus fort s'ils ne t'entendent pas : « Je lis ! Je ne veux pas être dérangé. » Avec tout ce chahut, ils ne t'ont peut-être pas entendu : dis-le plus fort, crie : « Je commence le nouveau roman d'Italo Calvino ! » Ou, si tu préfères, ne dis rien ; espérons qu'ils te laisseront en paix.

Prends la position la plus confortable : assis, étendu, pelotonné, couché. Couché sur le dos, sur un côté, sur le ventre. Dans un fauteuil, un sofa, un fauteuil à bascule, une chaise longue, un pouf. Ou dans un hamac, si tu en as un. Sur ton lit naturellement, ou dedans. Tu peux aussi te mettre la tête en bas, en position de yoga. En tenant le livre à l'envers, évidemment.

Il n'est pas facile de trouver la position idéale pour lire, c'est vrai. Autrefois, on lisait debout devant un lutrin[1]. Se tenir debout, c'était l'habitude. C'est ainsi qu'on se reposait quand on était fatigué d'aller à cheval. Personne n'a jamais eu l'idée de lire à cheval ; et pourtant, lire bien droit sur ses étriers, le livre posé sur la crinière du cheval ou même fixé à ses oreilles par un harnachement spécial, l'idée te paraît plaisante. On devrait être très bien pour lire, les pieds dans des étriers ; avoir les pieds levés est la première condition pour jouir d'une lecture.

Bien, qu'est-ce que tu attends ? Allonge les jambes, pose les pieds sur un coussin, sur deux coussins, sur les bras du canapé, sur les oreilles du fauteuil, sur la table à thé, sur le bureau, sur le piano, la mappemonde. Mais, d'abord, ôte tes chaussures si tu veux rester les pieds levés ; sinon, remets-les. Mais ne reste pas là, tes chaussures dans une main et le livre dans l'autre.

Règle la lumière de façon à ne pas te fatiguer la vue. Fais-le tout de suite, car dès que tu seras plongé dans la lecture, il n'y aura plus moyen de te faire bouger. Arrange-toi pour que la page ne reste pas dans l'ombre : un amas de lettres noires sur fond gris, uniforme comme une armée de souris ; mais veille bien à ce qu'il ne tombe pas dessus une lumière trop forte qui, en se reflétant sur la blancheur crue du papier, y ronge l'ombre des caractères, comme sur une façade le soleil du sud, à midi. Essaie de prévoir dès maintenant tout ce qui peut t'éviter d'interrompre ta lecture. Si tu fumes : les cigarettes, le cendrier, à portée de main. Qu'est-ce qu'il y a encore ? Tu as envie de faire pipi ? À toi de voir.

1. Meuble à pupitre, destiné à supporter les livres ouverts pour en faciliter la lecture.

Contexte XXe s. ► p. 490
Notice biographique ► p. 495

Henry Lamb (1885-1960), *Garçon lisant* (1956), huile sur toile, 39 × 59 cm
(Russell-Cotes Art Gallery and Museum ; Bournemouth).

RECHERCHE

Histoire littéraire

1. Donnez le titre de plusieurs œuvres d'Italo Calvino et ses dates. À quel mouvement littéraire a-t-il appartenu, comme Perec et Queneau (▸ p. 102) ?

Lecture analytique

2. Quel mode verbal domine dans le texte ? Quelle est la forme de discours utilisée ?

3. Quelles informations ce mode verbal donne-t-il sur la relation entre celui qui parle et son interlocuteur ? Qui sont-ils l'un et l'autre ? De quelle activité est-il question entre eux ?

4. Concernant cette activité, sur quoi portent les conseils du narrateur ?

5. Comment le narrateur traite-t-il son lecteur ? Répondez en prenant appui sur certaines formulations et sur le niveau de langue utilisé.

6. Qu'a de particulièrement original ce début de roman, en ce qui concerne la relation narrateur / lecteur ?

Lecture de l'image

7. Étudiez l'image à partir de ses grandes lignes. D'où vient l'impression de vie qui se dégage du tableau ?

8. À partir des couleurs, de leur répartition et de leurs mélanges, dites quelle est la technique du peintre.

9. De nombreux peintres ont représenté des lecteurs ou des lectrices : en quoi ce thème est-il inspirateur ? Cherchez quelques exemples représentatifs.

Oral

10. Préparez un discours faisant l'éloge de la lecture. Vous y préciserez s'il est ou non important pour vous d'être confortablement installé(e) pour lire.

REPÈRES Le discours narratif ▸ p. 146
Communication et fonctions du langage ▸ p. 109

6 Raymond Queneau, « Un conte à votre façon » (1967)

Dans la ligne des recherches du mouvement de l'OuLiPo (OUvroir de LIttérature POtentielle), Raymond Queneau a imaginé des textes dans lesquels les lecteurs peuvent définir leur propre parcours de lecture, en choisissant parmi un échantillonnage de possibilités.

Raymond Queneau, *Cent mille milliards de poèmes*, éd. Gallimard, 1982.

RECHERCHE

Histoire littéraire

1. Que désigne le terme *OuLiPo* ? À quel moment du xxe siècle ce mouvement est-il apparu et s'est-il développé ? Qui en étaient les fondateurs et animateurs ? De quoi s'agissait-il en matière de création littéraire ?

Lecture analytique

2. Expliquez comment fonctionne le conte (► p. 103) : choix, éléments nouveaux, retours en arrière, jeux de questions / réponses…

3. Comment le narrateur suscite-t-il la curiosité du lecteur ? Sur quoi joue-t-il pour le pousser à continuer sa lecture ?

4. Repérez tout ce qui laisse penser que le narrateur se moque de son lecteur. Qu'est-ce qui manque de sérieux dans toute cette histoire ?

5. Queneau met en question la position du narrateur : quelles sont les limites de son pouvoir ?

Étude comparée

6. Malgré d'évidentes différences, que vous identifierez et exposerez, le texte d'Italo Calvino (► p. 100) et celui de Raymond Queneau se ressemblent. Vous direz sur quel(s) plan(s) on peut les rapprocher.

Écriture d'invention

7. Sur le modèle du conte de Queneau, composez une histoire dans laquelle vous donnerez à vos lecteurs la possibilité de construire eux-mêmes leur propre parcours et donc leur propre enchaînement de situations et d'épisodes. Vous pourrez adopter, au choix, un ton sérieux ou fantaisiste.

REPÈRES Énoncé, énonciation ► p. 417
Le discours narratif ► p. 146

1
– Désirez-vous connaître l'histoire des trois alertes petits pois ?
Si oui, passez à 4.
Si non, passez à 2.

2
– Préférez-vous celle des trois minces grands échalas ?
Si oui, passez à 16.
Si non, passez à 3.

3
– Préférez-vous celle des trois moyens médiocres arbustes ?
Si oui, passez à 17.
Si non passez à 21.

4
– Il y avait une fois trois petits pois vêtus de vert qui dormaient gentiment dans leur cosse. Leur visage bien rond respirait par les trous de leurs narines et l'on entendait leur ronflement doux et harmonieux.
Si vous préférez une autre description, passez à 9.
Si celle-ci vous convient, passez à 5.

13
– Tu nous la bailles belle, dit le premier. Depuis quand sais-tu analyser les songes ? Oui, depuis quand ? ajouta le second.
Si vous désirez aussi savoir depuis quand, passez à 14.
Si non, passez à 14 tout de même, car vous ne le saurez pas plus.

14
– Depuis quand ? s'écria le troisième. Est-ce que je sais moi ! Le fait est que je pratique la chose. Vous allez voir !
Si vous voulez aussi voir, passez à 15.
Si non, passez également à 15, car vous ne verrez rien.

15
– Eh bien ! voyons, dirent ses frères. Votre ironie ne me plaît pas, répliqua l'autre, et vous ne saurez rien. D'ailleurs, au cours de cette conversation d'un ton assez vif, votre sentiment d'horreur ne s'est-il pas estompé ? effacé même ? Alors à quoi bon remuer le bourbier de votre inconscient de papilionacées ? Allons plutôt nous laver à la fontaine et saluer ce gai matin dans l'hygiène et la sainte euphorie ! Aussitôt dit, aussitôt fait : les voilà qui se glissent hors de leur cosse, se laissent doucement rouler sur le sol et puis au petit trot gagnent joyeusement le théâtre de leurs ablutions.
Si vous désirez savoir ce qui se passe sur le théâtre de leurs ablutions, passez à 16.
Si vous ne le désirez pas, vous passez à 21.

5
– Ils ne rêvaient pas. Ces petits êtres en effet ne rêvent jamais.
Si vous préférez qu'ils rêvent, passez à 6.
Sinon, passez à 7.

12
– Opopoï ! s'écrient-ils en ouvrant les yeux. Opopoï ! quel songe avons-nous enfanté là ! Mauvais présage, dit le premier. Oui-da, dit le second, c'est bien vrai, me voilà triste. Ne vous troublez pas ainsi, dit le troisième qui était le plus futé. Il ne s'agit pas de s'émouvoir, mais de comprendre, bref, je m'en vais vous analyser ça.
Si vous désirez connaître tout de suite l'interprétation de ce songe, passez à 15.
Si vous souhaitez au contraire connaître les réactions des deux autres, passez à 13.

21
– Dans ce cas, le conte est également terminé.

20
– Il n'y a pas de suite, le conte est terminé.

6
– Ils rêvaient. Ces petits êtres en effet rêvent toujours et leurs nuits sécrètent des songes charmants.
Si vous désirez connaître ces songes, passez à 11.
Si vous n'y tenez pas, vous passez à 7.

11
– Ils rêvaient qu'ils allaient chercher leur soupe à la cantine populaire et qu'en ouvrant leur gamelle ils découvraient que c'était de la soupe d'ers. D'horreur, ils s'éveillent.
Si vous voulez savoir pourquoi ils s'éveillent d'horreur, consulter le Larousse au mot « ers » et n'en parlons plus.
Si vous jugez inutile d'approfondir la question, passez à 12.

19
– Ils coururent bien fort pour regagner leur cosse et, refermant celle-ci derrière eux, s'y endormirent de nouveau.
Si vous désirez connaître la suite, passez à 20.
Si vous ne le désirez pas, vous passez à 21.

16
– Trois grands échalas les regardaient faire.
Si les trois grands échalas vous déplaisent, passez à 21.
S'ils vous conviennent, passez à 18.

7
– Leurs pieds mignons trempaient dans de chaudes chaussettes et ils portaient au lit des gants de velours noir.
Si vous préférez des gants d'une autre couleur, passez à 8.
Si cette couleur vous convient, passez à 10.

18
– Se voyant ainsi zyeutés, les trois alertes petits pois qui étaient fort pudiques s'ensauvèrent.
Si vous désirez savoir ce qu'ils firent ensuite, passez à 19.
Si vous ne le désirez pas, vous passez à 21.

17
– Trois moyens médiocres arbustes les regardaient faire.
Si les trois moyens médiocres arbustes vous déplaisent, passez à 21.
S'ils vous conviennent, passez à 18.

8
– Ils portaient au lit des gants de velours bleu.
Si vous préférez des gants d'une autre couleur, passez à 7.
Si cette couleur vous convient, passez à 10.

10
– Tous les trois faisaient le même rêve, ils s'aimaient en effet tendrement et, en bons fiers trumeaux, songeaient toujours semblablement.
Si vous désirez connaître leur rêve, passez à 11.
Si non, passez à 12.

9
– Il y avait une fois trois petits pois qui roulaient leur bosse sur les grands chemins. Le soir venu, fatigués et las, ils s'endormirent très rapidement.
Si vous désirez connaître la suite, passez à 5.
Si non, passez à 21.

Raymond Queneau,
« Un conte à votre façon »,
in *Contes et propos*,
éd. Gallimard, 1967.

Contexte xxe s. ► p. 490
Notice biographique ► p. 501

7 Annie Saumont, *Après* (1996)

Le charme de la lecture, c'est aussi de se laisser égarer dans une fiction qui brouille les repères de la réalité : le lecteur lisant une histoire dans laquelle un autre lecteur lit une autre histoire finit par ne plus s'y retrouver.
Soyez attentif à ce qui vous arrive lorsque vous lisez l'histoire suivante…

Fille lisant à l'arrêt du bus

Elle était en haut de la page 136 quand l'autobus est arrivé.

En haut de la page 136 l'homme à la Volga 8 cylindres s'arrête devant la fille qui attend l'autobus. Ça se passe sur une esplanade dans une ville d'Europe centrale au nom difficile à prononcer. Plein été.

L'homme à la Volga s'est penché au-dehors et a dit (le bus venait du boulevard Saint-Germain. Fille courbée vers le livre. N'a pas fait signe au conducteur. Frissonne. C'est l'hiver) donc a dit (l'homme à la Volga) Montez, nous irons déjeuner chez mon ami, le Magyar manchot qui gère un restaurant de bonne réputation (dans une rue d'Europe centrale, portant un nom compliqué). Mon ami se charge de la cuisine. Il travaille très bien d'une seule main. Son pörkölt est fameux et aussi le tokány (ce sont des mets d'Europe centrale. Tout ce qui se passe dans le livre se passe en Europe centrale).

Du côté de la gare d'Austerlitz on entend le bruit d'un klaxon. Quelqu'un aura oublié que l'usage de l'avertisseur est depuis longtemps interdit à Paris.

Aucun autobus n'est venu de la page 136 à la page 139. Page 139 entre en scène un détective mince et blond, aux yeux couleur de pervenche. Page 140 et suivantes le beau détective enquête. A-t-elle vu (la fille) un homme dans une Volga ? Elle a vu. L'homme l'a invitée à déjeuner. Ce malfrat rancarde les dealers de drogue dure chez son ami, restaurateur magyar qui a perdu un bras dans une rixe. Elle n'ira plus.

La fille serre contre elle son manteau confortable. Elle tient fermement le livre ouvert et un bout de crayon rongé. Sans doute a-t-elle l'intention de souligner certains passages pour les relire à loisir, ou encore de noter des mots que jusqu'alors elle ne connaissait pas (pörkölt, tokány, székelygulyas).

L'homme à la Volga réapparaît, il bondit hors de sa voiture brandissant une arme à feu. Aux heures de trafic intense le jeune et beau détective s'abriterait derrière un autobus. Pas d'autobus en vue. L'homme à la Volga tire sur le privé qui s'effondre. Du sang s'étale sur sa poitrine.

La fille hurle.

La fille tourne en hâte la page 157. Elle espère apprendre la survie du détective aux yeux clairs avant l'arrivée du prochain 63.

Le voici. Un 63, direction gare de Lyon. Cette fois encore la fille n'a pas fait signe au machiniste, elle ne voyait que le sang répandu. L'autobus ne s'est pas arrêté. Pour appeler au secours elle a relevé la tête. Derrière le conducteur du bus était assis un jeune homme blond, mince et beau, le regard bleu. Elle a eu tout

Robert Yarber (né en 1948), *Suspect* (1987), huile sur toile, 183 × 335 cm (Ludwig Forum für Internationale Kunst ; Aix-la-Chapelle ; collection Ludwig).

Contexte XXe s. ▶ p. 490
Notice biographique ▶ p. 502

juste le temps de le reconnaître, elle n'a pas osé crier en courant derrière le bus. Elle n'osait pas non plus se hasarder page 158 de peur d'y trouver un cadavre.

L'homme au revolver avait fui. Du côté du pont de la Tournelle a soudain retenti la sirène d'une voiture de police.

La fille relit une dernière fois page 146 les paroles qu'a prononcées le beau blond, en Europe centrale sur la place au soleil, par une journée radieuse. Dans une violente lumière d'Europe centrale en juillet la fille attend l'arrivée d'un troisième bus 63. Il est midi à la pendule de l'arrêt facultatif, près des grilles du jardin public. Les arbres ont perdu leurs feuilles, le vent glacé les emporte. Il faudrait rentrer chez soi après avoir acheté en descendant du bus, dans un bistrot du quartier, des sandwichs pour le déjeuner. Elle attend, elle n'a pas faim. Elle tient toujours le livre ouvert. Elle ne lira plus de romans noirs. On s'attache aux personnages. S'ils meurent on souffre, c'est bête. Elle commence à écrire dans les marges l'histoire d'un amour heureux.

Éd. Julliard (texte intégral).

Lecture analytique

1. Lisez la nouvelle d'Annie Saumont. Quelles sont vos réactions, votre impression générale ?

2. Est-il possible, au cours de la lecture, de déterminer exactement à quels moments s'opèrent les différentes confusions et en quoi elles consistent ? Quelles démarches suggérez-vous pour y « voir plus clair » ? Est-ce nécessaire, selon vous ?

3. Si le lecteur ne cherche pas à « y voir plus clair », sur quelles impressions peut-il rester ?

4. Sur quels phénomènes liés à la lecture cette nouvelle fait-elle réfléchir ? À quoi fait-elle appel chez le lecteur ?

5. Quel semble être le destin de la lectrice mise en scène dans la nouvelle, au moment où celle-ci s'achève ? Quelle conclusion pouvez-vous tirer de son histoire, en ce qui concerne les raisons d'écrire de la fiction ?

Vers la dissertation

6. À partir des lectures de cette séquence et d'autres, nombreuses, expliquez, dans un développement argumenté et illustré d'exemples, ce qu'apporte la lecture et pourquoi le livre doit continuer à exister parallèlement à l'image.

Travail sur un corpus de textes

7. À partir des textes de Maupassant (▶ p. 94), de J. Vallès (▶ p. 92) et d'Annie Saumont (▶ p. 104), établissez une liste de ce que la lecture peut apporter au lecteur. Classez ces différents apports et donnez pour chacun un ou des exemples d'œuvres représentatives.

REPÈRES
La nouvelle ▶ p. 212
Énoncé, énonciation ▶ p. 417
Lieux et temps dans le récit ▶ p. 193

8 Albert Thibaudet, « Réflexions sur le roman » (1912)

La littérature existerait-elle sans la présence des lecteurs ?
Comment se met en place la relation entre le créateur de romanesque et son public ?
Le critique Albert Thibaudet envisage ces deux points dans un article publié, en 1912, dans la Nouvelle Revue française.

Ceux que nous avons appelés les lecteurs de romans ne demandent au roman qu'une distraction, un rafraîchissement, un repos de la vie courante. Ils oublient facilement, leur lecture leur est sans cesse nouvelle, elle influe peu sur la matière et la substance de leur vie. La majorité du public qui lit des romans appartient à cette classe. Et d'ailleurs, à toutes les époques, presque tous les hommes ont considéré l'art comme un divertissement momentané. Mais si au lieu d'être la majorité cette classe était la totalité, l'art ne progresserait pas. Le roman en particulier se traînerait indéfiniment dans la répétition d'aventures monotones et dans la platitude. Tel fut d'ailleurs le cas du roman de chevalerie, qui sous la forme des remaniements et de la Bibliothèque bleue[1] trouva à peu près jusqu'au XVIIIe siècle la même masse relativement épaisse de lecteurs à distraire. Les romans de Dumas[2] et Eugène Sue[2], que le cinéma adopte et adapte volontiers, sont appelés à durer dans des conditions analogues. Mais si, au-dessus de ces couches tranquilles, de cette pluie régulière absorbée docilement par la terre qui l'attend, il existe un monde aérien où les nuages passent, où les pluies se forment, où les climats se créent, je veux dire celui d'une littérature vivante, c'est que les lecteurs de romans ne tiennent pas toute la place, et qu'il y a les liseurs. Les liseurs de romans, ils se recrutent dans un ordre où la littérature existe, non comme un divertissement accidentel, mais comme une fin essentielle, et qui peut saisir l'homme entier aussi profondément que les autres fins humaines.

Au premier rang de ces liseurs proprement dits, il faudrait mettre l'homme que j'appellerai viveur de romans. Tout roman, toute fiction narrative ou dramatique, est destinée plus à moins à nous faire vivre une autre vie que la nôtre, à nous imposer et à nous suggérer la croyance dans le monde créé par l'artiste. Mais il y a des degrés et dans l'œuvre et dans le lecteur. […]

Pour que le roman soit vécu par le lecteur, pour que la crédibilité technique devienne suggestion vivante, deux moyens sont possibles, deux moyens inverses, dont chacun devient le principe d'une des deux formes antithétiques du roman, le côté de Don Quichotte et le côté de Sancho[3].

Ou bien l'auteur s'élève sur un plan héroïque, déploie un vol de vie idéale, s'efforce de les suggérer au lecteur, et le lecteur, s'il y a déjà en lui quelque chose qui sympathise avec ce plan, se met en effet à vivre plus ou moins ce roman.

Ou bien l'auteur suit la marche inverse, en apparence plus facile et plus sûre. Pour être bien certain que son roman sera vécu par les lecteurs, il s'inspire précisément de la vie que les lecteurs ont vécue ou sont en train de vivre, il la leur renvoie comme un miroir[4], et nous avons le roman dit réaliste. Le roman dès lors ne fait pas vivre une vie nouvelle à ses liseurs, mais il les aide à vivre leur vie ordinaire, il la souligne, il la détache, ou au contraire l'harmonise à un

1. Voir ▶ p. 71.

2. Romanciers français du XIXe siècle.

3. Personnages de roman de Cervantès (1547-1616).

4. Allusion à une citation de Stendhal : « Un roman, c'est un miroir qu'on promène le long d'un chemin » (*Le Rouge et le Noir*).

5. Romancière anglaise du XIXe siècle, auteur du roman *Adam Bede*.

6. Pour Flaubert et le réalisme, voir ▶ p. 357.

7. Pour le naturalisme, voir ▶ p. 357.

Contexte **XXe s.** ▶ p. 490

courant plus général. Mais alors, ici encore deux cas peuvent se présenter. D'un côté le réalisme à la George Eliot[5], de l'autre côté le réalisme à la Flaubert[6]. Ou bien le roman fait découvrir au lecteur dans la vie la plus terne, la plus humble, les mêmes puissances de noblesse et de tragique que dans les vies les plus illustres, les plus éclatantes et les plus dramatiques : c'est la doctrine qu'a exposée Eliot dans un chapitre célèbre d'*Adam Bede*[5]. Ou bien le roman amène le lecteur à se dégonfler de ses illusions, à prendre conscience de sa misère, de son ridicule, de la misère et du ridicule de toute humanité : c'est le cas des romans de Flaubert et d'une bonne partie du roman naturaliste[7].

Nouvelle Revue française, 1er août 1912.

RECHERCHE

Les mots et leur usage

1. Donnez le sens, dans le texte, des mots suivants : *fin essentielle* (l. 20), *antithétiques* (l. 29).

Histoire littéraire

2. Que désigne le mot *réalisme* lorsqu'il est question de peinture ou de littérature du XIXe siècle ?
3. Cherchez le sens du mot *naturalisme*. Qui est à l'origine de ce courant littéraire ? Donnez son nom, ses dates et le titre global de son œuvre.
4. Qui sont les personnages appelés Don Quichotte et Sancho Pança ? À quel roman appartiennent-ils ? En quoi s'opposent-ils ?

Bilan de lecture

5. Quelle est, selon Albert Thibaudet, l'attente de la majorité des lecteurs de romans ?
6. Pourquoi est-il important, selon l'auteur du texte, que cette majorité ne devienne pas totalité ?
7. Comment peut-on expliquer la métaphore du monde des *nuages* qui se trouvent au-dessus (l. 13-17) ?
8. Quelles différences A. Thibaudet établit-il entre les *lecteurs* et les *liseurs* ?
9. Quelles sont les deux voies qui permettent au lecteur de vivre réellement sa lecture ? Comment la seconde de ces voies se divise-t-elle encore ?

Étude comparée

10. Rapprochez les deux textes d'A. Thibaudet (▶ p. 106) et de J. Guéhenno (▶ p. 98) pour mettre en évidence les convergences des deux textes concernant les différentes sortes de lecteurs et de lectures.

Travail sur un corpus de textes

11. À partir des textes de Maupassant (▶ p. 94), de Jean Guéhenno (▶ p. 98) et d'Albert Thibaudet (▶ p. 106), dressez une liste des différents types de lecteur en les caractérisant par leurs attentes et leurs comportements face à la lecture. Dites ensuite dans quelle catégorie vous vous situez personnellement.

Oral

12. Préparez un discours faisant l'éloge de la lecture. Vous trouverez des arguments et des exemples parmi les textes de cette séquence.

REPÈRES Historique du roman ▶ p. 127
Du réalisme au naturalisme ▶ p. 357

9 Lire l'image : « Lire en fête »

Affiche « Lire en fête », octobre 2003, illustration de Lorenzo Mattotti.

RECHERCHE

Histoire culturelle

1. Qu'est-ce que « Lire en fête » ? Donnez une définition de cette manifestation, de ses réalisations, de son déroulement et de ses objectifs.

Lecture de l'image

2. Qu'est-ce qui frappe immédiatement lorsque l'on regarde cette affiche ?

3. Retrouvez, dans la représentation et dans ses connotations, tous les éléments qui suggèrent la notion de fête et ceux qui renvoient au livre : comment sont-ils « combinés » sur l'ensemble de l'affiche ?

4. À quoi le livre se trouve-t-il aussi associé, indépendamment de l'idée de fête ? Qu'y a-t-il de séduisant dans cette association ?

REPÈRES Communication et fonctions du langage ▸ p. 109

Communication et fonctions du langage

Toute lecture est un acte de communication dans lequel le lecteur décode un message venu d'un émetteur, selon des modalités diverses associées à des fonctions du langage.
Savoir comment fonctionne la communication permet de comprendre aussi d'où viennent les dysfonctionnements qui perturbent les échanges et gênent la compréhension des messages écrits.

Les éléments de la communication

Selon le linguiste Roman Jakobson, toute situation de communication est caractérisée par six éléments :

Référent
Canal
Émetteur (ou destinateur) → **Message** → **Récepteur** (ou destinataire)
Code

- **L'émetteur** (ou **destinateur**) **:** il produit le message et procède à son « encodage » (ex. : l'auteur d'une lettre, d'une œuvre, le signataire d'un article de presse, l'élève qui rédige un devoir...).
- **Le récepteur** (ou **destinataire**) **:** il reçoit le message et le « décode » (ex. : l'interlocuteur d'une conversation, le lecteur d'une œuvre, d'un journal, l'auditeur d'une émission...).
- **Le référent** : ce terme désigne le thème du message, ce dont il est question, son sujet.
- **Le canal :** le canal est le support de la communication (ex. : la voix, le papier, les ondes sonores dans un échange téléphonique...).
- **Le code :** ce mot désigne ce qui permet de déchiffrer le sens des signes utilisés (ex. : la langue française, la langue des signes, le morse, le code de la route...).
- **Le message :** il s'agit de l'information transmise à travers des mots, des images, des gestes.

Ex : Dans les extraits (▸ p. 36), Flaubert (*émetteur*) écrit, en français (*code*), une lettre (*message*), sur une feuille de papier (*canal*) à Louise Colet (*destinataire*) à propos du roman *Madame Bovary* (*référent*).

Les fonctions du langage

Selon les théories de R. Jakobson, à chaque élément de la communication correspond une fonction particulière du langage oral et du langage écrit.

- **La fonction référentielle :** l'accent, dans le message, est mis sur le **référent**, sur le thème, l'information donnée. Cette fonction apparaît particulièrement dans la presse, dont le rôle est d'informer.
- **La fonction expressive :** l'important du message est la présence de l'**émetteur** (*je*), ce qu'il ressent, ce qu'il pense. Cette fonction est omniprésente dans l'autobiographie et dans les textes privilégiant l'expression du « moi » (▸ p. 320). On la trouve beaucoup dans la poésie lyrique.
- **La fonction impressive** (ou **conative**) **:** l'accent est mis sur le **destinataire** (*tu, vous*) et sur l'effet que le message doit produire sur lui, notamment dans l'argumentation et dans le discours injonctif.
- **La fonction métalinguistique :** cette fonction est repérable au fait que l'accent est mis sur le **code**. Un article de dictionnaire, parce qu'il utilise des mots pour en définir d'autres, relève de cette fonction.
- **La fonction phatique** : elle concerne le **canal** et permet de maintenir la communication, par des mots : *alors, hein, bien, bon, heu, je veux dire, c'est-à-dire, si vous voulez...*
- **La fonction poétique :** elle intervient lorsque le message est valorisé dans sa **forme**, et présenté comme un « objet esthétique » (formule harmonieuse, slogan jouant sur les mots comme *« Il n'y a que Maille qui m'aille »*). Cette fonction n'est pas réservée à la poésie, même si elle s'y trouve souvent utilisée. Elle est très utilisée dans le domaine publicitaire.

Ces différentes fonctions sont souvent **mêlées** dans un texte, mais avec des **éléments dominants** en fonction des formes de discours, des registres et des visées de celui qui parle.

Les dysfonctionnements

- Dans les **échanges oraux**, plusieurs obstacles peuvent gêner la communication ; on le voit dans la littérature comme dans la vie courante : si l'émetteur bafouille, si le récepteur est sourd, si la ligne téléphonique grésille, le message est émis ou reçu dans de mauvaises conditions. Il se peut aussi que le code utilisé ne soit pas accessible au récepteur, si on lui parle dans une langue qu'il ne connaît pas.
- Dans les **échanges écrits**, il arrive qu'un lecteur rencontre des difficultés qui s'expliquent par une ou des anomalies dans la communication : maîtrise insuffisante du déchiffrage des mots, méconnaissance de la langue utilisée (code), référent trop abstrait (idées ou concepts difficiles), canal détérioré (feuilles froissées et raturées)...

REPÈRES Le discours narratif ▸ p. 146
Énoncé, énonciation ▸ p. 417

Édouard Manet (1832-1883), *Nana* (1877), huile sur toile, 154 × 115 cm (Kunsthalle ; Hamburg).

GENRES

ET REGISTRES

3

Le roman et la nouvelle

Séquence 7

Du fait réel au récit de fiction 112

Repères : Historique du roman 127

Séquence 8

Narrateur et lecteur 128

Repères : Le discours narratif, narrateur et lecteur 146

Repères : Le point de vue 147

Séquence 9

Structure du récit romanesque 148

Repères : Structure du récit romanesque 161

Séquence 10

Personnages et héros de fiction 162

Repères : Le personnage de roman 178

Repères : Le registre épique 179

Séquence 11

Lieux et temps dans le récit 180

Repères : Lieux et temps dans le récit 193

Séquence 12

Étude de nouvelles intégrales 194

Repères : La nouvelle 212

Repères : Le fantastique 213

Séquence 7

Du fait réel au récit de fiction

1 Brèves et faits divers

Certains faits d'actualité sont rapportés dans la presse écrite sous forme de « brèves », courts articles narratifs sans signature.

DES BUNKERS POUR CINQ FAMILLES ALBANAISES

Cinq familles albanaises persuadées que l'éclipse préfigurera l'apocalypse se sont barricadées avec leur bétail dans quelques-uns de ce million de bunkers dont l'ancien dictateur communiste, Enver Hodja, avait recouvert le pays, dans la crainte d'une invasion étrangère. Ces trente-quatre personnes de la région de Gramsh (est du pays) ont stocké de quoi survivre plusieurs jours.

DES LUNETTES POUR LES CHIENS ANGLAIS

Une petite coopérative britannique a été submergée de demandes de lunettes pour chiens par ses clients, inquiets des effets de l'éclipse sur leur animal de compagnie. Chaque paire coûte de 5 à 20 livres (7,5 à 30 euros), selon les modèles parfois extravagants commandés par les maîtres. Forte de son succès, cette entreprise sociale qui emploie des handicapés, a étendu sa gamme aux chevaux et aux chats.

DEUX BALLES POUR UN COUPLE COLOMBIEN

Dans un quartier pauvre de Cali, en Colombie, l'homme a laissé une lettre expliquant qu'il avait pris sa décision *« pour devancer la fin du monde qui aura lieu pendant l'éclipse »*. Puis il a tué sa femme d'une balle avant de se suicider. Le phénomène ne sera pas visible en Colombie, mais les médias ont largement traité le sujet…

Libération, 11 août 1999.

RECHERCHE

Les mots et leur usage

1. Donnez le sens des mots suivants dans le contexte journalistique : *dépêche, feuillet, signe, reportage, investigation, titraille, chapeau, signature.*

Étude comparée

2. Retrouvez et classez tous les éléments qui permettent un rapprochement des trois textes.
3. Peut-on dire qui parle ?
4. Identifiez les temps verbaux et donnez leur valeur. Faites une remarque sur la précision, ou l'absence de précision, des indications de temps et de lieu.
5. Ces trois textes se limitent-ils à donner des informations ?

Écriture d'invention

6. Développez la brève *Des lunettes pour les chiens anglais* : composez un article d'une vingtaine de lignes dans lequel vous donnerez des précisions sur les lieux. Faites un bref historique de la coopérative et insistez sur ses possibilités de développement.
7. Composez un article d'une trentaine de lignes qui reprendra le fait divers rapporté dans la brève intitulée *Deux balles pour un couple colombien*. Vous insisterez sur les effets inattendus d'une éclipse.

REPÈRES Le discours narratif ▸ p. 146
Énoncé, énonciation ▸ p. 417

2 De la dépêche à l'article court

Les deux articles qui suivent sont relatifs au même phénomène naturel, un tremblement de terre survenu au Mexique, à la fin du mois de septembre 1999.

DÉPÊCHE

■ **MEXIQUE** : un violent séisme a secoué, jeudi 30 septembre, le sud et le centre du Mexique faisant au moins 15 morts dont 13 dans l'État méridional de Oaxaca, la région la plus affectée. Le séisme, d'une intensité de 7,4 sur l'échelle de Richter selon l'Institut national de sismologie et dont l'épicentre a été situé dans le Pacifique au large des côtes de l'État de Oaxaca (à 600 kilomètres au sud de Mexico), a été suivi de nombreuses répliques qui n'ont pas affecté la population. – (AFP).

Le Monde, 2 octobre 1999.

CATASTROPHE

Nouveau séisme au Mexique

UN VIOLENT TREMBLEMENT DE TERRE, de magnitude de 7,6 sur l'échelle ouverte de Richter, a été ressenti pendant plus d'une minute hier à Mexico, faisant vaciller plusieurs immeubles. Les habitants de la capitale mexicaine, pris de panique, se sont précipités hors des bâtiments. Mais hier soir, aucune victime n'était à déplorer. Les immeubles ultramodernes du centre-ville, de construction antisismique pour la plupart, n'ont pas paru souffrir du séisme, dont l'épicentre se trouvait à 60 km de la ville d'Oaxaca. En revanche, de nombreuses pannes d'électricité et des coupures de téléphone ont été enregistrées.
En juin, deux tremblements de terre avaient secoué le Mexique, causant la mort de 25 personnes. En 1985, une terrible secousse de magnitude 8,1 avait fait plus de 8 000 victimes.

Le Parisien, 1er octobre 1999.

RECHERCHE

Les mots et leur usage

1. Vérifiez que vous connaissez le sens des mots : *séisme, épicentre, antisismique, magnitude.*
2. Donnez le champ sémantique du mot *réplique* et expliquez le lien qui existe entre ses différents sens. Que signifie-t-il dans la dépêche ?

Étude comparée

3. Quels sont les deux indices qui permettent d'identifier le premier texte comme une dépêche d'agence ? S'agit-il d'une série d'informations ou d'un récit ?
4. Mettez en parallèle les deux textes, qui rapportent le même fait : qu'ont-ils en commun ? En quoi diffèrent-ils ? Pourquoi le second est-il plus long ?
5. En tant que lecteur, lequel préférez-vous lire ? Donnez des arguments personnels précis.

Écriture d'invention

6. En prenant modèle sur les deux articles, et en suivant leurs différences et leurs similitudes, composez deux textes brefs relatant un même phénomène naturel que vous emprunterez à l'actualité.

REPÈRES Le discours narratif ▸ p. 146
Lieux et temps dans le récit ▸ p. 193

3 Du fait divers à la littérature

Texte 1

Les sources de *Robinson Crusoé*

Ce roman est devenu un mythe et chacun croit en connaître parfaitement l'argument[1]. Il s'agit d'un récit imaginaire inspiré par l'aventure réelle du marin Selkirk qui, après un naufrage, avait vécu effectivement quatre ans sur une île déserte au large du Chili. Robinson, lui, restera vingt-sept ans sur son « île du désespoir », comme il l'appelle. Le naufrage qui l'a conduit à cette solitude n'était pas son premier naufrage : à dix-neuf ans, voulant quitter ses parents, il avait pris le bateau entre Hull et Londres. Une tempête effroyable s'était levée et avait fait chavirer le bateau, signe que la Providence s'opposait au projet du jeune homme de devenir marin, projet auquel le père de Robinson était hostile également. C'est pourquoi le séjour sur l'île apparaît comme une période de rédemption progressive et de retour à une vie juste. Ensuite les voyages de Robinson reprendront après un séjour de six ans en Angleterre et dureront encore dix ans. Mais cette fois sa vocation à courir le monde ne se trouvant pas en contradiction avec le Ciel, ses voyages sont heureux et prospères, sans pour autant être dépourvus d'aventures.

Les nouveaux voyages constituent la deuxième partie des *Aventures de Robinson Crusoé,* écrite par Daniel Defoe en raison du succès considérable rencontré par la première partie[2]. Defoe, qui avait soixante ans et une carrière de journaliste politique jusqu'alors, se consacra au roman à partir de *Robinson Crusoé.*

Présentation du roman de Daniel Defoe dans le « Guide de lecture » des éditions Presses Pocket, 1990.

1. Résumé, trame narrative.
2. Publiée en 1719.

Contexte XVIIIe s. ▶ p. 482

RECHERCHE

Histoire littéraire

1. Retrouvez, dans ce manuel, un texte dans lequel un écrivain du XVIIIe siècle fait l'éloge du roman de D. Defoe et de son personnage.

2. Quel romancier du XXe siècle s'est lui aussi intéressé au roman de D. Defoe, mais en a changé le titre ?

Bilan de lecture

3. Mettez en parallèle le fait divers initial et l'histoire racontée dans le roman de D. Defoe : signalez les éléments semblables et repérez les modifications (lieux, durée, circonstances).

4. Quelle signification morale le romancier donne-t-il à sa version ? En quoi ce choix détermine-t-il certaines des modifications apportées au fait divers ?

5. Pourquoi les derniers voyages de Robinson sont-ils des voyages heureux ?

6. En partant de la comparaison entre le fait divers et ce qu'en a fait, sous forme littéraire, D. Defoe, cherchez ce qui peut intéresser un écrivain et déterminez à partir de là certaines fonctions de la littérature de fiction.

REPÈRES Le discours narratif ▶ p. 146
Le personnage de roman ▶ p. 178

Texte 2

Nouvelles en trois lignes, de Félix Fénéon

Les Nouvelles en trois lignes *de Félix Fénéon, parues en 1906 dans* Le Matin, *sont la transcription de faits divers réels. Comment passe-t-on de la réalité à la littérature ?*

Prenant au mot son état civil, Mlle Bourreau a voulu exécuter Henri Bomborger. Il survivra aux trois coups de couteau de son amie.

Une lame sourde enleva sous l'œil maternel l'enfant Mace, qui pêchait dans les roches de Poul-Briel, près de Penmarch.

Un sanglier, crut-il, et M. Trémollière, qui chassait, forêt de la Lare (B.-du-Rh.), tua dans un fourré le chasseur Cazalie.

« On te fera ton affaire ! » aurait-on dit à Guyot de Toul, aux élections. Est-ce donc la politique qui l'a noyé dans le canal ?

R. Pleynet, d'Annonay, 14 ans, a mordu son père et un de ses camarades. Il y a deux mois, un chien enragé lui léchait la main.

Éd. Mercure de France.

Les faits divers vus par le caricaturiste **Maurice Radiguet** (1866-1941), publié dans *L'Assiette au Beurre*, 1906, lithographie (collection privée).

Contexte XXe s. ▸ p. 490
Notice biographique ▸ p. 497

Travail sur un corpus de textes

1. En quoi les faits rapportés dans ces cinq courts textes appartiennent-ils à la catégorie des faits divers ? Répondez après avoir cherché le sens précis de cette expression.
2. Résumez chacun d'eux sous forme d'information objective.
3. Par rapport aux personnages dont il est question dans les trois brèves de *Libération* (▸ p. 112), qu'ont de particulier ceux de F. Fénéon ?
4. Repérez tous les éléments qui signalent que le narrateur ne se contente pas de rapporter des faits. Par quoi se manifeste l'écriture littéraire ? Mettez en relief tout ce qui relève de l'ellipse et du sous-entendu.

Écriture d'invention

5. Partez des trois faits divers suivants pour composer, à votre tour, une nouvelle en trois lignes à la manière de Félix Fénéon :
– *Reims : sous l'effet de la chaleur, un couvreur est tombé d'une hauteur de vingt mètres.*
– *Un homme est mort d'apoplexie en lançant le cochonnet.*
– *Territoire de Belfort : un homme a mis en fuite par ses cris les cinq douaniers qui l'appréhendaient.*

REPÈRES Le discours narratif ▸ p. 146
Lieux et temps dans le récit ▸ p. 193

4 Compte rendu d'un fait réel ou récit de fiction ?

Les textes qui suivent, regroupés par deux, évoquent des faits et des situations proches, mais les uns présentent une réalité historique tandis que les autres appartiennent à la fiction. Est-il toujours facile de les différencier ?

Texte 1

La terre a encore tremblé deux mille fois à Taïwan

Un bilan encore provisoire de la catastrophe de mardi fait état de plus de deux mille morts, alors que des centaines de personnes restent prisonnières des décombres. En dépit de toutes les méthodes modernes d'observation de la Terre, les spécialistes estiment qu'il est impossible de prévoir les séismes.

De nouvelles répliques ont secoué Taïwan, dans la nuit du mercredi 22 au jeudi 23 septembre, plus de deux jours après le violent séisme dont le bilan ne cesse de s'alourdir. Il s'établissait, jeudi matin, à 2 094 morts, 6 539 blessés et 207 disparus. On évalue en outre à 1 792 le nombre de personnes toujours ensevelies sous les décombres.

Les nouvelles répliques de la nuit constituent un danger pour les équipes de secours qui, aidées de chiens et de matériel de détection, s'affairent pour dégager au plus vite les victimes et d'éventuels survivants. Toute nouvelle forte secousse risque d'abattre certains pans de bâtiments fragilisés par le séisme initial. On a dénombré depuis la première secousse... plus de 2 000 de ces répliques, certaines très fortes puisque dépassant 6 sur l'échelle ouverte de Richter. « *Ces répliques sont très ennuyeuses pour nous et très dangereuses pour les équipes de secours* », a déclaré le maire-adjoint de Taïpeh, Ou Chindeh, qui coordonne les opérations de secours.

Les régions les plus touchées sont celles de Nantou et de Taichung dans le centre de l'île, où peu d'immeubles sont encore debout dans certains secteurs. Jeudi à deux heures du matin, quarante-huit heures exactement après le violent séisme d'une magnitude de 7,6, un homme a été dégagé vivant des décombres par une équipe de secours américaine, dans le comté de Yunlin, près de la zone de l'épicentre. La télévision a diffusé des images d'une fille de cinq ans qui a été sauvée de la même façon.

Se rendre dans de nombreuses régions de l'île, notamment à Puli, ville durement touchée de la région de Nantou, est difficile voire dangereux, les routes étant par endroits zébrées de fissures ayant jusqu'à cinquante centimètres de large. La circulation est par ailleurs fortement embouteillée.

« *Ma femme a été sauvée une heure après le séisme mais il nous a fallu huit heures pour atteindre l'hôpital, parce que les routes étaient totalement bloquées* », a déclaré un survivant en état de choc. Les cours d'école et les terrains de football ont été transformés en héliports de fortune, et les hélicoptères acheminaient des médecins, des infirmières et des produits de première nécessité à Puli et évacuaient les blessés vers les hôpitaux des environs.

Flot de boue

Les sauveteurs doivent donc souvent marcher pendant des heures à travers des terrains très accidentés pour atteindre les zones sinistrées. C'était le cas notamment dans le village de Kuoshin où un flot impressionnant de boue et de rocs provenant de trois collines environnantes a littéralement englouti une centaine de personnes. Une mère de famille, Madame Chang, a raconté comment elle a vu deux de ses filles emportées par la vague sur une distance de près d'un kilomètre, *« comme si elles glissaient sur un tapis magique »*. De nombreux habitants ayant perdu des proches de cette façon reprochent aux autorités de ne pas avoir mobilisé suffisamment de moyens d'intervention pour tenter de sauver des victimes. Le président taïwanais, Lee Tenghui, qui s'était rendu dans la ville de Touliu pour se faire une idée de l'étendue des dommages, a ainsi été interpellé par une femme en colère qui réclamait l'ouverture immédiate d'une enquête sur les raisons pour lesquelles l'établissement qui hébergeait ses deux parents âgés s'était effondré comme un château de cartes. Elle exigeait de savoir si les normes parasismiques de construction avaient été véritablement respectées. *« Ils sont morts,* criait-elle, *ils sont morts ! Et si vous ne prêtez pas davantage d'attention à tous ces problèmes, je suis sûre que ça va recommencer, j'en suis sûre, ça va se reproduire, et il y aura encore des centaines de morts ! »*

Le ministère taïwanais de la santé publique a mis en garde contre de possibles épidémies, dues notamment au manque d'eau potable et à l'impossibilité de dégager les corps des victimes rapidement. Les morgues ne pouvant pas accueillir tous les cadavres, ceux-ci gisent souvent dans les couloirs des hôpitaux et des établissement publics. Dans la ville de Taichung – la troisième du pays – plusieurs canalisations d'eau potable ont été endommagées par les secousses telluriques et les habitants sont inquiets. *« Nous essayons de les rassurer et de ramener le calme »*, explique Miao Yun, un moine bouddhiste qui, avec une dizaine de ses collègues, est venu prêter main-forte au personnel de l'hôpital local où une centaine de personnes, en état de choc, ont été admises.

Dans la journée de mercredi, plusieurs équipes de secours étrangères ont atteint certaines zones reculées et d'autres avaient annoncé leur arrivée. Parmi elles, un groupe d'une trentaine d'hommes de la sécurité civile française, spécialistes du secours-sauvetage, de la détection et de la localisation de personnes ensevelies, partie mercredi de la base d'Istres [...].

La Chine voisine a proposé, jeudi, d'envoyer des équipes médicales et de secours et a offert notamment 160 000 dollars (environ autant d'euros) en liquide. Hongkong, qui a été incorporé à la Chine en juillet 1997, a annoncé l'envoi à Taïwan d'une équipe de 16 pompiers et ambulanciers. –

(*Reuters*, AP.)

Article paru dans *Le Monde*, 24 septembre 1999.

Bilan de lecture

1. À quelle forme de discours le titre et le chapeau de l'article appartiennent-ils ? Répondez en prenant appui sur leur contenu et sur les temps verbaux. Déduisez-en leur fonction respective.

2. Identifiez des passages de l'article qui relèvent de l'information et d'autres qui appartiennent au récit. Que contiennent les uns et les autres ? Précisez leur(s) rôle(s) respectif(s) par rapport au lecteur. Indiquez, quand cela est possible, qui est le narrateur.

3. L'article met-il en jeu des personnes ? Qui sont-elles, et pourquoi sont-elles évoquées ?

4. Expliquez pourquoi il est difficile de différencier l'information et le récit dans un article de presse. Donnez des exemples précis pris dans le texte.

Travail sur un corpus de textes

5. Mettez en parallèle la dépêche d'agence, le court article du *Parisien* (▸ p. 113) et l'article du *Monde* ci-dessus. Étudiez comment on passe de la brève à l'article court, puis à l'article long. Qu'est-ce qui se trouve développé dans l'article long ?

Écriture d'invention

6. Choisissez, parmi certains passages de l'article (*le voyage de huit heures pour atteindre l'hôpital ; la mise en place des secours ; la transformation de terrains de sport et d'écoles en héliports*), un épisode particulier pour en faire un récit plus détaillé.
Ce récit peut rester dans le domaine de la presse d'information, mais vous pouvez, à la place, écrire un passage de fiction romanesque.

REPÈRES Le discours narratif ▸ p. 146
Énoncé, énonciation ▸ p. 417

Glama (né à Lisbonne en 1708), *Tremblement de terre à Lisbonne* (1755), peinture (Musée d'art ; Lisbonne).

Texte 2

Dans le conte philosophique Candide ou l'Optimisme, *paru en 1759, le jeune héros Candide et son précepteur, le philosophe Pangloss, accompagnés d'un matelot, affrontent un tremblement de terre historique : celui qui eut lieu le 1er novembre 1755, à Lisbonne.*

À peine ont-ils mis le pied dans la ville[1], en pleurant la mort de leur bienfaiteur[2], qu'ils sentent la terre trembler sous leurs pas ; la mer s'élève en bouillonnant dans le port, et brise les vaisseaux qui sont à l'ancre. Des tourbillons de flammes et de cendres couvrent les rues et les places publiques ; les maisons s'écroulent, les toits sont renversés sur les fondements, et les fondements se dispersent ; trente mille habitants de tout âge et de tout sexe sont écrasés sous des ruines. Le matelot disait en sifflant et en jurant : « Il y aura quelque chose à gagner ici. – Quelle peut être la raison suffisante[3] de ce phénomène ? disait Pangloss. – Voici le dernier jour du monde ! » s'écriait Candide. Le matelot court incontinent[4] au milieu des débris, affronte la mort pour trouver de l'argent, en trouve, s'en empare, s'enivre, et, ayant cuvé son vin, achète les faveurs de la première fille de bonne volonté qu'il rencontre sur les ruines des maisons détruites, et au milieu des mourants et des morts. Pangloss le tirait cependant[5] par la manche : « Mon ami, lui disait-il, cela n'est pas bien, vous manquez à la raison universelle, vous prenez mal votre temps. – Tête et sang, répondit l'autre, je suis matelot et né à Batavia[6] ; j'ai marché

1. Lisbonne.
2. Désigne Jacques, un ami de Candide, qui vient de périr noyé.
3. Terme emprunté à la philosophie de l'allemand Leibniz.
4. Immédiatement, sur-le-champ.
5. Pendant ce temps.
6. Ville dont le nom actuel est Djakarta, en Indonésie.

quatre fois sur le crucifix[7] dans quatre voyages au Japon ; tu as bien trouvé ton homme avec ta raison universelle ! »

Quelques éclats de pierre avaient blessé Candide ; il était étendu dans la rue et couvert de débris. Il disait à Pangloss : « Hélas ! procure-moi un peu de vin et d'huile[8] ; je me meurs. – Ce tremblement de terre n'est pas une chose nouvelle, répondit Pangloss ; la ville de Lima[9] éprouva les mêmes secousses en Amérique l'année passée ; mêmes causes, mêmes effets : il y a certainement une traînée de soufre[10] sous terre depuis Lima jusqu'à Lisbonne. – Rien n'est plus probable, dit Candide ; mais, pour Dieu, un peu d'huile et de vin. – Comment, probable ? répliqua le philosophe, je soutiens que la chose est démontrée. » Candide perdit connaissance, et Pangloss lui apporta un peu d'eau d'une fontaine voisine.

Le lendemain, ayant trouvé quelques provisions de bouche en se glissant à travers des décombres, ils réparèrent un peu leurs forces. Ensuite ils travaillèrent comme les autres à soulager les habitants échappés à la mort. Quelques citoyens, secourus par eux, leur donnèrent un aussi bon dîner qu'on le pouvait dans un tel désastre : il est vrai que le repas était triste ; les convives arrosaient leur pain de leurs larmes, mais Pangloss les consola, en les assurant que les choses ne pouvaient être autrement : « Car, dit-il, tout ceci est ce qu'il y a de mieux ; car s'il y a un volcan à Lisbonne, il ne pouvait être ailleurs ; car il est impossible que les choses ne soient pas où elles sont ; car tout est bien. »

Voltaire, *Candide ou l'Optimisme*, chapitre 5 (extrait), 1759.

7. Les marchands hollandais devaient fouler au pied un crucifix pour prouver leur détachement de la religion.

8. Allusion à la parabole du Bon Samaritain (*Saint Luc*, X, 34) : du vin pour nettoyer la plaie et de l'huile pour atténuer la douleur.

9. Il y avait eu un grand tremblement de terre à Lima, dix ans avant celui de Lisbonne.

10. Une des théories des tremblements de terre à cette époque.

Contexte XVIIIe s. ▸ p. 482
Notice biographique ▸ p. 503
Du même auteur ▸ p. 402, p. 424

RECHERCHE

Histoire littéraire

1. Cherchez les dates de Voltaire. Citez le titre de plusieurs de ses contes philosophiques. À quelle œuvre monumentale du siècle des Lumières a-t-il participé ?

2. Lisez les quatre premiers chapitres de *Candide* et faites-en un résumé rapide qui permette de comprendre pourquoi les personnages se trouvent au Portugal au chapitre 5.

Lecture analytique

3. Relevez tous les éléments qui désignent ou caractérisent le tremblement de terre. Lesquels relèvent de l'information et pourraient ainsi figurer dans un article de presse ?

4. Quelles sont les différentes étapes du récit ? Répondez en prenant appui sur les articulations de temps et sur les temps verbaux. Correspondent-elles aux étapes du cataclysme ? Qu'observez-vous concernant la structure du texte ?

5. Étudiez, à partir de l'expression des actions et des paroles, les réactions de tous les personnages. Quels comportements sont généralisables, lesquels sont spécifiques ?

6. Comment Voltaire utilise-t-il les circonstances particulières d'un cataclysme dans son conte ? Qu'est-ce qui différencie un texte narratif littéraire d'un texte d'information journalistique ?

Étude comparée

7. Rapprochez l'article du *Monde* (▸ p. 116) et l'extrait de *Candide* : faites apparaître les points communs concernant la manière de rapporter un cataclysme similaire. Mettez en évidence ce qui différencie un texte littéraire de fiction d'un article de presse, dans leur nature, leur structure et leurs objectifs.

Vers le commentaire

8. Construisez et rédigez un ou plusieurs axes de commentaire du paragraphe 1 du texte : *l'expression d'un cataclysme ; les réactions des hommes ; la « leçon » philosophique.*

REPÈRES
Le discours narratif ▸ p. 146
Le personnage de roman ▸ p. 178
Lieux et temps dans le récit ▸ p. 193

Texte 3

Dans La Chine en folie, *le reporter Albert Londres rapporte l'état de chaos dans lequel se trouve ce pays au cours de la guerre civile dans les années 1920.*

Il n'était que sept heures du matin. L'auto roulait dans un pays qui n'avait pas dormi. On voyait par les champs des fuyards ahuris. Loin du combat, la panique est bavarde. Elle est muette près du feu. Par-ci, par-là, au bord de la route, un cercueil attendait que les dieux voulussent bien désigner le lieu favorable à l'inhumation. Toute la campagne semblait étreinte par de l'angoisse.

Cette atmosphère, je la connaissais. Elle était celle des alentours de champs de bataille. Le ciel était bas, comme s'il s'était penché sur la terre afin de regarder jusqu'où les hommes vont dans l'abîme.

C'était la province du Tchély.

Je ne savais pas trop où je me rendais, les batailles n'ayant de nom que lorsqu'elles sont terminées. De temps en temps, le chauffeur se retournait, demandant ce qu'il fallait faire. Je lui répondais : « Allez ! »

On n'entendait rien.

Je suivais la ligne de chemin de fer Pékin-Tient-Sin. Le combat se livrait sur cette voie. Je finirais bien par tomber sur lui.

Je lisais ma carte. Ce village où j'arrivais devait s'appeler Hiang-Che-ting. Il était désert, les portes des maisons ouvertes. On avait fui sans se retourner. Il ne restait qu'un chien qui nous regarda.

De gros caractères chinois étalaient sur les murs leur pâte d'encre, fraîche encore. L'interprète me dit que cela signifiait : « Fuyez ! » Les caractères avaient été posés un peu haut et le chien n'avait pu lire !

Dans l'une de ces maisons abandonnées, une veilleuse brûlait devant les tablettes de la famille. Il ne restait de l'huile que pour une heure au plus.

On n'entendait rien toujours.

Je continuai. Cinq ou six lis[1] plus loin, une masse noire. C'étaient plus de cent Chinois et Chinoises. On arriva sur eux. Un bœuf traînait un antique char rempli des hardes communes. L'auto effraya la bête qui voulut gagner le champ. Le char bascula sur les bas-côtés. Cette dernière fortune qu'ils avaient sauvée traînait maintenant dans la boue.

– Où est-ce ? fis-je demander.

Ils montrèrent que c'était plus bas.

Albert Londres,
La Chine en folie, XXI : « Deux correspondants de guerre », 1925,
Le Serpent à Plumes, 1997.

1. Mesure chinoise (576 m).

Contexte **XX**e **s.** ► p. 490
Notice biographique ► p. 499

Scène de la guerre civile en Chine (1923) : une armée chinoise part en campagne.

Sukenobu Nishikawa (1671-1751), Album *Une montagne de peinture*, « Homme calligraphiant », estampe (Musée des arts asiatiques – Guimet ; Paris).

Contexte XXe s. ▶ p. 490
Notice biographique ▶ p. 503

Texte 4

« Comment Wang-Fô fut sauvé » est extrait des Nouvelles orientales, *de Marguerite Yourcenar. En voici l'incipit.*

Le vieux peintre Wang-Fô et son disciple Ling erraient le long des routes du royaume de Han.

Ils avançaient lentement, car Wang-Fô s'arrêtait la nuit pour contempler les astres, le jour pour regarder les libellules. Ils étaient peu chargés, car Wang-Fô aimait l'image des choses, et non les choses elles-mêmes, et nul objet au monde ne lui semblait digne d'être acquis, sauf des pinceaux, des pots de laque et d'encres de Chine, des rouleaux de soie et de papier de riz. Ils étaient pauvres, car Wang-Fô troquait ses peintures contre une ration de bouillie de millet et dédaignait les pièces d'argent. Son disciple Ling, pliant sous le poids d'un sac plein d'esquisses, courbait respectueusement le dos comme s'il portait la voûte céleste, car ce sac, aux yeux de Ling, était rempli de montagnes sous la neige, de fleuves au printemps, et du visage de la lune d'été.

Ling n'était pas né pour courir les routes au côté d'un vieil homme qui s'emparait de l'aurore et captait le crépuscule. Son père était changeur d'or ; sa mère était l'unique enfant d'un marchand de jade qui lui avait légué ses biens en la maudissant parce qu'elle n'était pas un fils.

Marguerite Yourcenar, *Nouvelles orientales*, « Comment Wang-Fô fut sauvé » (incipit), éd. Gallimard, 1933.

RECHERCHE

Histoire littéraire

1. Qu'est-ce que le prix Albert Londres ? Que récompense-t-il ?

2. Citez plusieurs œuvres de Marguerite Yourcenar.

Étude comparée

3. Qu'est-ce qui, dans les deux extraits qui précèdent, peut justifier leur rapprochement ? Quels éléments cependant laissent penser qu'il ne s'agit pas du même contexte ?

4. Analysez le paratexte qui accompagne les deux extraits. Quelles informations donne-t-il sur l'origine et la nature des textes ? Permet-il de dater les faits rapportés dans les deux textes ?

5. À quelle personne les deux textes sont-ils écrits ? Est-il possible de déterminer avec certitude qui est le narrateur dans les deux cas ?

6. *Écriture de fiction / écriture de presse* : quels indices les différencient ?

Maîtrise de la langue

7. Rédigez un texte reprenant exactement la composition des phrases (nature des mots, type de phrase) du texte de Marguerite Yourcenar, mais avec des termes, et donc un sens, différents : *Ils étaient..., car...* (l. 6-12).

REPÈRES Le discours narratif ▶ p. 146
Énoncé, énonciation ▶ p. 417
Lieux et temps dans le récit ▶ p. 193

Texte 5

Les Heures longues *sont une série de chroniques journalistiques écrites par Colette pendant la guerre de 1914-1918.*

Les combats de l'Argonne, une tranchée avec un homme blessé et un homme mort, le 30 juin 1915 dans *l'Illustration*, publié le 4 septembre 1915 (collection privée).

La Tête

– La Tête va bien ?

– La Tête ne va pas plus mal.

Il est assis sur son lit, dans un angle de la salle blanche, et son œil nous suit, brillant et intelligent entre les bandes entre-croisées, entre des décamètres et des décamètres de gaze à pansements… Il soupire caninement au passage des escalopes odorantes et des pommes de terre frites : son gros appétit campagnard méprise la nourriture liquide, la seule que lui permette son affreuse blessure…

Quand il revint à lui, après un long évanouissement, il avait la tête dans une flaque d'eau. Il se dit : « Allons, je ne suis pas trop blessé. » Puis il aperçut un bon morceau de sa langue, toutes ses dents, et divers autres éclats de lui-même, qui baignaient dans la flaque. Alors il se dit : « Si, je suis pas mal blessé. » Il se mit debout, lentement, et commença de souffrir. Pas à pas, parmi les corps silencieux et les corps gémissants, il fit deux kilomètres, jusqu'à un village en ruines, où quelques habitants épouvantés s'écrièrent à sa vue :

– Ah ! mon pauvre garçon ! dans quel état… On ne peut pas vous panser ici, et les nôtres sont là-bas, à X…, à douze kilomètres !…

Muet, le blessé fit les douze kilomètres. Il ne peut pas dire en combien d'heures. À X… on le conduisit au commandant, et il écrivit sur un bout de papier :

« Mon commandant, voulez-vous, s'il vous plaît, me prêter votre revolver. » Et il signa.

– Jamais de la vie ! se récria le commandant. On va t'arranger ça, mon garçon, on va te guérir, tu m'en diras des nouvelles ! Tu viens d'où ?

Réponse écrite.

– Mais c'est à douze kilomètres, ça ! Comment se fait-il que tu n'aies pas rencontré des voitures d'ambulance ? Tu n'en as pas rencontré ?

– Si, plusieurs, écrit La Tête.

– Et ils ne t'ont pas vu ?

– Si, mon commandant, écrit posément La Tête ; mais ceux qu'ils ramassaient étaient tellement plus malades que moi ; mais je pouvais encore marcher ; *alors, je n'ai pas cru devoir leur demander de me prendre.*

Colette, *Les Heures longues*, « La Tête » (texte intégral), éd. Arthème Fayard, 1917.

Contexte XXe s. ▶ p. 490
Notice biographique ▶ p. 496

RECHERCHE

Les mots et leur usage

1. D'où vient le mot *chronique* ? Cherchez son étymologie, puis donnez son champ sémantique, en précisant les domaines dans lesquels on trouve ce genre de texte. Citez plusieurs exemples de chroniques en donnant leur titre, leur date d'écriture ou de publication et leur auteur.

Lecture analytique

2. Résumez, en une phrase, l'épisode qui sert de trame à cette chronique.

3. Observez la structure et les caractéristiques du récit : entrée en matière, déroulement chronologique, différentes formes de paroles rapportées, typographie et rôle de la phrase finale. Quelle semble être la position du narrateur ? Quels sont les effets produits sur le lecteur par ces choix d'écriture ?

4. Supposez que vous ne connaissiez pas les conditions d'écriture de cette chronique : à sa lecture, penseriez-vous plutôt à une dépêche d'agence de presse, à un article reposant sur une témoignage pris sur le vif, à une courte nouvelle de fiction inspirée par la guerre ? Justifiez votre réponse par l'analyse de certains procédés d'écriture.

REPÈRES Le discours narratif ▶ p. 146
Structure du récit... ▶ p. 161

Texte 6

La scène se passe durant la guerre de 1914-1918. Le narrateur et un autre soldat, Farfadet, sont partis à la recherche de deux autres membres de leur escouade[1], qui ne sont pas rentrés au cantonnement.

… Nous remontons la côte. Nous recommençons à faire, en sens inverse, le long chemin fait depuis l'aube et la nuit. Bien qu'on soit sans bagages, avec, seulement, le fusil et l'équipement, on se sent las, ensommeillé, paralysé, dans la campagne triste, sous le ciel empoussiéré de brume. Bientôt Farfadet souffle. Il a parlé un peu, au début, puis la fatigue le fait taire, de force. Il est courageux mais frêle ; et, pendant toute sa vie antérieure, il n'a guère appris à se servir de ses jambes, dans le bureau de mairie où, depuis sa première communion, il griffonnait entre un poêle et de vieux cartonniers grisonnants.

Au moment où l'on sort du bois pour s'engager, en glissant et pataugeant, dans la région des boyaux[2], deux ombres fines se profilent en avant. Deux soldats qui arrivent : on voit la boule de leur paquetage et la ligne de leur fusil. La double forme balançante se précise.

– Ce sont eux !

L'une des ombres a une grosse tête blanche, emmaillotée.

– Il y en a un blessé ! C'est Volpatte !

Nous courons vers les revenants. Nos semelles font un bruit de décollage et d'enfoncement spongieux, et nos cartouches, secouées, sonnent dans nos cartouchières.

Ils s'arrêtent et nous attendent quand on est à portée.

– Il n'est qu'temps ! crie Volpatte.

– Tu es blessé, vieux ?

– Quoi ? dit-il.

Les épaisseurs de bandages qui lui encerclent la tête le rendent sourd. Il faut crier pour arriver jusqu'à son ouïe. On s'approche de lui, on crie. Alors, il répond :

– C'est rien d'ça… On r'vient du trou où le 5e Bataillon nous a mis jeudi.

1. Une escouade est un petit groupe de fantassins.

2. Fossé étroit reliant des positions de combat.

– Vous êtes restés là, depuis ? lui hurle Farfadet, dont la voix aiguë et quasi féminine pénètre bien le capitonnage qui défend les oreilles de Volpatte…

– Eh bien oui, on est restés là, dit Fouillade, bagasse, nom de Dieu, macarelle[3] ! Tu t'figures pas qu'on s'serait envolés avec des ailes, et encore moins qu'on s'rait partis sur ses pattes, sans ordre ?

Mais tous deux se laissent tomber assis par terre. La tête de Volpatte, enveloppée de toiles, avec un gros nœud au sommet, et qui présente la tache jaunâtre et noirâtre de la figure, semble un ballot de linge sale.

– On vous a oubliés, pauvres vieux !

– Un peu, s'écrie Fouillade, qu'on nous a oubliés !

Quatre jours et quatre nuits dans un trou d'obus sur qui les balles pleuvaient d'travers, et qui, en plus, sentait la merde !

– Tu parles, dit Volpatte. C'était pas un trou d'écoute ordinaire où qu'on va t'et vient en service régulier. C'était un trou d'obus qui r'ssemblait à un aut'trou d'obus, ni plus ni moins. On nous avait dit jeudi : « Postez-vous là, et tirez sans arrêt », qu'on nous avait dit. Y a bien eu l'lendemain un type de liaison du 5e Bataillon qu'est v'nu montrer son naz : « Qu'est-ce que vous foutez là ! » « Ben, nous tirons ; on nous a dit d'tirer ; on tire, qu'on a dit. Pisqu'on nous l'a dit, y doit y avoir une raison d'ssous ; nous attendons qu'on nous dise de faire aut'chose que d'tirer. »

Henri Barbusse, *Le Feu*, chapitre IV, « Volpatte et Fouillade » (extrait), 1916 (LGF, rééd. 1988).

3. Jurons.

Contexte xxe s. ▶ p. 490
Notice biographique ▶ p. 494

RECHERCHE

Les mots et leur usage

1. Le texte d'Henri Barbusse comporte plusieurs niveaux de langue. Identifiez-les et dites à quels personnages ils appartiennent. Classez ensuite les éléments qui caractérisent une langue presque argotique et cherchez ce qui peut justifier ce choix.

Étude comparée

2. Mettez en parallèle la chronique de Colette et l'extrait de chapitre du roman *Le Feu* : pour quelles raisons peut-on rapprocher ces deux textes ? Répondez en considérant la forme de discours, les paroles rapportées, le thème, les personnages et leur comportement, le contexte, les raisons de rapporter les deux épisodes.

3. Qu'est-ce qui différencie cependant les deux textes ?

4. Le premier texte rapporte un fait réel, le second appartient à un roman : cette différence est-elle perceptible ? Le second pourrait-il faire l'objet d'une chronique ?

5. Quelles remarques pouvez-vous faire à partir du rapprochement des deux textes concernant l'écriture littéraire : peut-on dire qu'elle caractérise uniquement la fiction ?

Vers la dissertation

6. De nombreux textes littéraires, nouvelles, romans, s'inspirent de faits historiques, donc réels. Ces mêmes faits peuvent être rapportés aussi par des journalistes et par des historiens.
Dans un développement argumenté et illustré d'exemples pris dans cette séquence et dans d'autres lectures, vous comparerez ces trois modes de relation des faits pour mettre en évidence ce qui, dans chacune d'elles, sert la vérité ou risque de la fausser.

REPÈRES Le discours narratif ▶ p. 146
Historique du roman ▶ p. 127
Le personnage de roman ▶ p. 178

5 Gérard Genette, *Fiction et diction* (1991)

Ce qui est fictif et ce qui est réel et historique se racontent-ils de la même façon ? Gérard Genette, écrivain, critique et chercheur, aborde ici la question des indices à partir desquels on identifie la fiction.

Les « indices » de la fiction ne sont pas tous d'ordre narratologique[1], d'abord parce qu'ils ne sont pas tous d'ordre textuel : le plus souvent, et peut-être de plus en plus souvent, un texte de fiction se signale comme tel par des marques paratextuelles[2] qui mettent le lecteur à l'abri de toute méprise et dont l'indication générique roman, sur la page de titre ou la couverture, est un exemple parmi bien d'autres. Ensuite, parce que certains de ses indices textuels sont, par exemple, d'ordre thématique (un énoncé invraisemblable comme « Le chêne un jour dit au roseau… » ne peut être que fictionnel), ou stylistique : le discours indirect libre, que je compte parmi les traits narratifs, est souvent considéré comme un fait de style. Les noms de personnage ont parfois, à l'instar du théâtre classique, valeur de signes romanesques. Certains incipit traditionnels (« Il était une fois », « *Once upon a time*[3] » ou, selon la formule des conteurs majorquins citée par Jakobson : « *Això era i no era*[4] ») fonctionnent comme des marques génériques[5] […].

[L]es échanges réciproques nous amènent […] à atténuer fortement l'hypothèse d'une différence *a priori* de régime narratif[6] entre fiction et non-fiction. Si l'on s'en tient à des formes pures, indemnes de toute contamination, qui n'existent sans doute que dans l'éprouvette du poéticien, les différences les plus nettes semblent affecter essentiellement les allures modales[7] les plus étroitement liées à l'opposition entre le savoir relatif, indirect et partiel de l'historien et l'omniscience élastique dont jouit par définition celui qui invente ce qu'il raconte. Si l'on considère les pratiques réelles, on doit admettre qu'il n'existe ni fiction pure ni Histoire si rigoureuse qu'elle s'abstienne de toute « mise en intrigue » et de tout procédé romanesque ; que les deux régimes ne sont donc pas aussi éloignés l'un de l'autre, ni, chacun de son côté, aussi homogènes qu'on peut le supposer à distance.

« Récit fictionnel, récit factuel », © éd. du Seuil, coll. « Poétique ».

1. La narratologie concerne l'analyse des procédés d'écriture du récit.
2. Qui appartiennent au paratexte.
3. Équivalent anglais de « Il était une fois ».
4. En catalan : « Cela était et n'était pas ».
5. Propres à définir un genre, et donc l'appartenance à la fiction ou à la non-fiction.
6. Manière de raconter.
7. L'utilisation de modes verbaux et de modalisateurs, qui expriment l'atténuation, l'hypothèse, la subjectivité.

Bilan de lecture

1. Le texte est composé de deux grands paragraphes : quel est le thème de chacun ? Qu'est-ce qui les rapproche ? Qu'est-ce qui les différencie ?

2. Dans le paragraphe 1, quelle est l'idée (la thèse) soutenue par celui qui parle concernant les indices de la fiction ? Reformulez ses arguments, explicitez les exemples. Trouvez-en d'autres qui soulignent d'emblée l'appartenance d'un texte à la fiction.

3. Dans le paragraphe 2, comment Genette explique-t-il qu'il n'y ait pas autant de différence qu'on peut le croire entre ce qui appartient et ce qui n'appartient pas à la fiction ? Sur quel plan se marquent certaines différences cependant ? Que souligne l'auteur en mettant en parallèle l'historien et le romancier ?

REPÈRES Le discours narratif ▶ p. 146
Le discours argumentatif ▶ p. 416
Codes et contraintes d'édition ▶ p. 91

6 Lire l'image : Jean Hélion

Jean Hélion (1904-1987), *Faits divers* (1982)
acrylique sur toile, 200 × 300 cm (galerie Trigano).

Lecture analytique

1. Décrivez précisément le tableau : plans, lignes, couleurs, personnages ou scènes représentés...
Pour le caractériser, diriez-vous qu'il est : simple, complexe, dense, naïf ?

2. À quel objet ou à quel élément particulier chaque personnage se trouve-t-il associé, et dans quel contexte ? De quoi chaque personnage est-il représentatif ?

3. Pour chaque personnage, trouvez une situation qui évoque un fait divers particulier et donnez-lui un titre. Cherchez aussi des idées de faits divers mêlant plusieurs des personnages présents sur le tableau.

4. À partir de la réponse à la question 2, expliquez les relations entre le tableau et son titre. Quel sens donnez-vous au pluriel : *Faits divers* ? Ces faits divers sont-ils directement représentés ?

5. Quelle(s) fonction(s) attribuez-vous à cette représentation picturale ?

Écriture d'invention

6. Choisissez trois situations de faits divers évoquées par le tableau et composez pour chacune d'entre elles une brève journalistique.

7. Mettez l'un (ou plusieurs) des personnages du tableau au centre d'un fait divers que vous raconterez de manière littéraire et non journalistique (30 lignes environ ; narrateur omniscient et témoin ; récit au passé).

REPÈRES Le discours narratif ▶ p. 146
Le personnage de roman ▶ p. 178
Lieux et temps dans le récit ▶ p. 193

Historique du roman

Le mot « roman », qui désigne de nos jours une œuvre narrative de fiction ayant ses codes et répondant à des principes établis de narratologie, caractérisait au Moyen Âge ce qui n'était pas écrit en latin, mais en langue romane.
Déjà présents dans l'Antiquité gréco-romaine, les récits de fiction ont longtemps été considérés comme un genre peu élevé dans la hiérarchie littéraire, jusqu'à ce que le XIXe siècle en fasse un mode de transposition privilégié de la réalité et d'analyse de la société. Aujourd'hui, la multiplicité des romans publiés chaque année montre que le genre est vivant, et apprécié du public.

Une voie ouverte par des œuvres antiques

Sans que le mot *roman* existe, on peut trouver dans l'Antiquité, des exemples de **récits de fiction** qui mettent en scène, par la voix d'un narrateur, les aventures de personnages dont certains appartiennent au commun des mortels.

■ **Ex :** Les trois premiers exemples sont *Daphnis et Chloé,* de Longus, *L'Ane d'or,* d'Apulée, et le *Satiricon*, de Pétrone, considérés comme les ancêtres du roman dit « **picaresque** », racontant les aventures de personnages désireux de réussir par n'importe quel moyen.

Un genre associé à l'évolution d'une langue

Associé à la langue romane, qui n'est pas celle des clercs et des intellectuels, mais celle du peuple, des paysans aux bourgeois cultivés, le roman porte des traces de cette appartenance populaire. Il apparaît en effet au Moyen Âge comme une phase de transition entre les récits épiques aux héros valeureux que sont les **chansons de geste**, héritées des **épopées** antiques, et un genre en formation, qui rejoint les thèmes et les personnages des **fabliaux** (▸ p. 392) dans son souci d'analyser les mœurs. Inspiration différente, personnages de la société commune, actions de la vie courante et non plus exploits chevaleresques du cycle arthurien, le roman qui naît témoigne de changements importants dans l'organisation sociale.

■ **Ex :** Parmi les œuvres qui ont fondé le genre romanesque, on peut citer *Le Roman de la Rose, Énéas, Le Roman de Troie, Érec et Énide.* Écrites dans une langue nouvelle, ces œuvres ont encore du mal à se dégager des modèles légendaires, héros épiques et chevaleresques ; néanmoins, les personnages ont des traits humains et les situations sont réellement transposables.

Un genre considéré comme mineur, mais florissant

Le roman n'est ni poésie épique ni tragédie, genres élevés dans la hiérarchie littéraire : il est donc considéré comme mineur. Il n'en connaît pas moins un grand succès, dans des orientations différentes, toutes représentatives de l'état d'esprit d'une époque et de ses préoccupations.

■ **Ex :** On peut citer au XVIe siècle les romans de Rabelais, dont les personnages incarnent la démesure du **savoir humaniste**, les romans précieux de Mlle de Scudéry, au XVIIe siècle, qui codifient les relations amoureuses, les romans pastoraux d'Honoré d'Urfé, *La Princesse de Clèves,* de Mme de Lafayette, œuvres qui témoignent de préoccupations affectives, sociales et morales. Ces différents romans définissent les règles de l'**amour précieux**, en opposition avec la rudesse et la grossièreté des mœurs de l'époque. Dans *Le Roman bourgeois* (1666, ▸ p. 162), Furetière se moque des conventions romanesques et prépare le roman moderne en choisissant ses personnages dans la petite bourgeoisie.

Le roman, témoin des mutations sociales

Le **roman moderne** naît et se développe à partir du siècle des Lumières : les aspirations nouvelles et les transformations sociales trouvent un écho chez Diderot, qui, avec *Jacques le Fataliste* (▸ p. 130), s'interroge sur la structure et les finalités de ce genre, ainsi que sur le pouvoir et la liberté du narrateur.
Mais la grande époque du roman est le XIXe siècle, qui voit se construire les **œuvres monumentales** de Balzac (▸ p. 133), de Hugo (▸ p. 183) et de Zola (▸ p. 156). Historique, social, objet de théories et de réflexions, le roman vise à traduire, en relation avec l'histoire des sociétés, une réalité sociale et humaine dont il cherche à expliquer les fonctionnements et les évolutions. Les relations établies entre le roman et la science, avec des références à Buffon (▸ p. 340) et à C. Bernard (▸ p. 349), révèlent des ambitions qui dépassent la littérature, et qui trouvent, dans le cas du **naturalisme** (▸ p. 357), leurs limites.
Les grandes œuvres du XXe siècle maintiennent la vocation de témoignage et d'analyse du roman, jusqu'au « **nouveau roman** », qui rejette à la fois la notion d'histoire et celle de personnage. Mais ce courant des années 1960 a fait place à des romans qui se rattachent de nouveau à l'idée qu'un roman raconte une histoire avec des personnages inspirés ou non de la réalité, dans des lieux et à une époque, pour le plaisir de raconter et de distraire le lecteur.

Séquence 8

Narrateur et lecteur

1 Alain-René Lesage, *Histoire de Gil Blas de Santillane* (1715-1735)

Le roman Histoire de Gil Blas de Santillane, *raconte, à la première personne, les aventures d'un jeune roturier ambitieux et débrouillard. Le début du récit est précédé d'un « avis » que Gil Blas adresse à son lecteur.*

Gil Blas au lecteur

Avant que d'entendre l'histoire de ma vie, écoute, ami lecteur, un conte que je vais te faire.

Deux écoliers[1] allaient ensemble de Penafiel à Salamanque[2]. Se sentant las et altérés[3], ils s'arrêtèrent au bord d'une fontaine qu'ils rencontrèrent sur leur chemin. Là, tandis qu'ils se délassaient après s'être désaltérés, ils aperçurent par hasard auprès d'eux, sur une pierre à fleur de terre[4], quelques mots déjà un peu effacés par le temps et par les pieds des troupeaux qu'on venait abreuver à cette fontaine. Ils jetèrent de l'eau sur la pierre pour la laver, et ils lurent ces paroles castillanes : « *Aqui está encerrada el alma del licenciado Pedro Garcias* : ICI EST ENFERMÉE L'ÂME DU LICENCIÉ[5] PIERRE GARCIAS. »

Le plus jeune des écoliers, qui était vif et étourdi, n'eut pas achevé de lire l'inscription, qu'il dit en riant de toute sa force : « Rien n'est plus plaisant ! Ici est enfermée l'âme… Une âme enfermée !… Je voudrais savoir quel original a pu faire une si ridicule épitaphe[6]. » En achevant ces mots, il se leva pour s'en aller. Son compagnon, plus judicieux, dit en lui-même : « Il y a là-dessous quelque mystère. Je veux demeurer ici pour l'éclaircir. » Celui-ci laissa donc partir l'autre, et, sans perdre de temps, se mit à creuser avec son couteau tout autour de la pierre. Il fit si bien qu'il l'enleva. Il trouva dessous une bourse de cuir qu'il ouvrit. Il y avait dedans cent ducats[7], avec une carte sur laquelle étaient écrites ces paroles en latin : « SOIS MON HÉRITIER, TOI QUI AS EU ASSEZ D'ESPRIT POUR DÉMÊLER LE SENS DE L'INSCRIPTION, ET FAIS UN MEILLEUR USAGE QUE MOI DE MON ARGENT. » L'écolier, ravi de cette découverte, remit la pierre

1. Étudiants.
2. Villes d'Espagne (Salamanque était connue pour son université).
3. Assoiffés.
4. Presque au niveau de la terre.
5. Qui a obtenu la licence, diplôme universitaire.
6. Inscription sur une tombe.
7. Monnaie espagnole.

Édouard Manet (1832-1883), *Les Étudiants de Salamanque* (1860), huile sur toile, 72 × 92 cm (collection privée).

comme elle était auparavant, et reprit le chemin de Salamanque avec l'âme du licencié.

Qui que tu sois, ami lecteur, tu vas ressembler à l'un ou à l'autre de ces deux écoliers. Si tu lis mes aventures sans prendre garde aux inscriptions morales qu'elles renferment, tu ne tireras aucun fruit de cet ouvrage ; mais si tu le lis avec attention, tu y trouveras, suivant le précepte d'Horace[8], l'utile mêlé à l'agréable.

(Texte intégral.)

8. Poète latin (Ier siècle av. J.-C.), auteur d'un *Art poétique*.

Contexte XVIIIe s. ▶ p. 482
Notice biographique ▶ p. 499
Du même auteur ▶ p. 164

Lecture analytique

1. a. À partir des pronoms personnels et du paratexte, déterminez la situation d'énonciation : qui parle ? à qui ? à quel moment et dans quelles circonstances ?
b. Qui est Gil Blas par rapport à l'auteur de l'œuvre ? À quel titre prend-il la parole ici ?

2. Étudiez la structure de cet avis : de quoi se compose-t-il ? À quelle forme de discours appartiennent les paragraphes 2 et 3 ? Justifiez votre réponse.

3. Quel terme définit dans la première phrase le genre des paragraphes 2 et 3 ? Quelle est leur fonction ? Trouvez les analogies mises en place entre les deux personnages, leur histoire, le livre et le lecteur.

4. a. Quelle est la finalité de cet avis par rapport au lecteur ?
b. Sur quelle fonction de la littérature met-il l'accent ?
c. Quelle relation se trouve instaurée entre le narrateur et le lecteur ?

Maîtrise de la langue

5. Construisez un bref récit en quatre phrases en reprenant la structure du paragraphe 2 : *deux personnages, leur déplacement, un arrêt et sa cause, une découverte avec une inscription, son déchiffrage.* Vous utiliserez le passé simple et l'imparfait. Vous mettrez en évidence la succession des faits et des actions.

Écriture d'invention

6. En tant que narrateur d'une histoire, vous adressez à votre lecteur des recommandations portant sur la manière de lire afin qu'il tire de l'histoire que vous lui proposez un divertissement et un enseignement. Vous commencerez par : *Qui que tu sois, ami lecteur…* et vous utiliserez la seconde personne du singulier.

REPÈRES
Le discours narratif ▶ p. 146
Énoncé, énonciation ▶ p. 417
Lieux et temps dans le récit ▶ p. 193

2 Denis Diderot, *Jacques le Fataliste et son maître* (1765-1773)

▲ Gravure : *Crispin et Valère,* maître et valet du théâtre de Molière, XVIIIe siècle (Bibliothèque des Arts décoratifs ; Paris).

Dans Jacques le Fataliste et son maître, *un narrateur raconte les mésaventures de deux personnages, un valet et son maître. Au début du roman, les deux héros s'aperçoivent qu'ils ont oublié dans une auberge, l'un sa bourse, l'autre sa montre. Le valet, Jacques, est donc reparti en arrière...*

Cependant son maître allait toujours en avant : mais voilà le maître et le valet séparés, et je ne sais auquel des deux m'attacher de préférence. Si vous voulez suivre Jacques, prenez-y garde ; la recherche de la bourse et de la montre pourra devenir si longue et si compliquée, que de longtemps il ne rejoindra son maître, le seul confident de ses amours, et adieu les amours de Jacques[1]. Si, l'abandonnant seul à la quête de la bourse et de la montre, vous prenez le parti de faire compagnie à son maître, vous serez poli, mais très ennuyé ; vous ne connaissez pas encore cette espèce-là. Il a peu d'idées dans la tête ; s'il lui arrive de dire quelque chose de sensé, c'est de réminiscence ou d'inspiration. Il a des yeux comme vous et moi ; mais on ne sait la plupart du temps s'il regarde. Il ne dort pas, il ne veille pas non plus ; il se laisse exister : c'est sa fonction habituelle. L'automate[2] allait devant lui, se retournant de temps en temps pour voir si Jacques ne revenait pas ; il descendait de cheval et marchait à pied ; il remontait sur sa bête, faisait un quart de lieue[3], redescendait et s'asseyait à terre, la bride de son cheval passée dans ses bras, et la tête appuyée sur ses deux mains. Quand il était las de cette posture, il se levait et regardait au loin s'il n'apercevait point Jacques. Point de Jacques. Alors il s'impatientait, et sans trop savoir s'il parlait ou non, il disait : « Le bourreau ! le chien ! le coquin ! où est-il ? que fait-il ? Faut-il tant de temps pour reprendre une bourse et une montre ? Je le rouerai de coups ; oh ! cela est certain ; je le rouerai de coups. » Puis il cherchait sa montre, à son gousset[4], où elle n'était pas, et il achevait de se désoler, car il ne savait que devenir sans sa montre, sans sa tabatière et sans Jacques : c'étaient les trois grandes ressources de sa vie, qui se passait à prendre du tabac, à regarder l'heure qu'il était, à questionner Jacques, et cela dans toutes les combinaisons.

Publication posthume en 1796.

1. Au cours du voyage, Jacques doit faire à son maître le récit de ses amours, mais il est constamment interrompu.
2. Désigne le maître, qui agit comme une machine.
3. Environ 1 kilomètre.
4. Petite poche de gilet pour une montre.

Contexte XVIIIe s. ▸ p. 482
Notice biographique ▸ p. 496

RECHERCHE

Histoire littéraire

1. Cherchez dans quels genres littéraires (autres que le roman) Diderot s'est aussi fait connaître.
Signalez le titre et la nature de l'œuvre monumentale dont il a dirigé la réalisation.

Lecture analytique

2. Définissez la situation d'énonciation du texte : qui parle, à qui ? Relevez les marques de la présence de celui qui parle et de son destinataire. S'agit-il d'un véritable dialogue ?

3. Quel problème se pose au narrateur dans la première phrase ? Précisez quelle est sa situation et quelles sont les possibilités offertes au lecteur. Ce dernier est-il mis devant un vrai choix ?

4. Quel changement peut-on observer à partir de la ligne 16 : *L'automate allait devant lui...* ? Répondez en prenant appui sur le contenu des lignes précédentes, sur la reprise de *si* et sur les temps verbaux.

5. Étudiez la manière dont s'exprime le comportement du maître (l. 16-27), et la nature de ce comportement. Correspond-il au portrait tracé juste avant et au terme *automate* qui le désigne ?

6. Que fait comprendre ce texte, concernant le pouvoir du narrateur, ses relations avec le lecteur et avec l'histoire racontée ?

REPÈRES
Le discours narratif ▸ p. 146
Le personnage de roman ▸ p. 178
Historique de roman ▸ p. 127
Énoncé, énonciation ▸ p. 417

3 Stendhal, *Le Rouge et le Noir* (1830)

Le Rouge et le Noir *retrace l'ascension sociale, puis la chute, d'un jeune homme du peuple, Julien Sorel. Précepteur des enfants du maire de la petite ville de Verrières, il est invité à un dîner de notables chez des bourgeois enrichis, les Valenod...*

Le percepteur des contributions, l'homme des impositions indirectes, l'officier de gendarmerie et deux ou trois autres fonctionnaires publics arrivèrent avec leurs femmes. Ils furent suivis de quelques libéraux riches. On annonça le dîner. Julien, déjà fort mal disposé, vint à penser que, de l'autre côté du mur de la salle à manger, se trouvaient de pauvres détenus, sur la portion de viande desquels on avait peut-être *grivelé*[1] pour acheter tout ce luxe de mauvais goût dont on voulait l'étourdir.

Ils ont faim peut-être en ce moment, se dit-il à lui-même ; sa gorge se serra, il lui fut impossible de manger et presque de parler. Ce fut bien pis un quart d'heure après ; on entendait de loin en loin quelques accents d'une chanson populaire, et, il faut l'avouer, un peu ignoble, que chantait l'un des reclus. M. Valenod regarda un de ses gens en grande livrée, qui disparut, et bientôt on n'entendit plus chanter. Dans ce moment, un valet offrait à Julien du vin du Rhin, dans un verre vert, et Mme Valenod avait soin de lui faire observer que ce vin coûtait neuf francs la bouteille pris sur place. Julien, tenant son verre vert, dit à M. Valenod :

– On ne chante plus cette vilaine chanson.

– Parbleu ! Je le crois bien, répondit le directeur triomphant, j'ai fait imposer silence aux gueux.

1. Volé.

Ce mot fut trop fort pour Julien ; il avait les manières, mais non pas encore le cœur de son état[2]. Malgré toute son hypocrisie si souvent exercée, il sentit une grosse larme couler le long de sa joue.

Il essaya de la cacher avec le verre vert, mais il lui fut absolument impossible de faire honneur au vin du Rhin. *L'empêcher de chanter !* se disait-il à lui-même, ô mon Dieu ! et tu le souffres[3] !

Par bonheur, personne ne remarqua son attendrissement de mauvais ton. Le percepteur des contributions avait entonné une chanson royaliste. Pendant le tapage du refrain, chanté en chœur : Voilà donc, se disait la conscience de Julien, la sale fortune à laquelle tu parviendras, et tu n'en jouiras qu'à cette condition et en pareille compagnie ! Tu auras peut-être une place de vingt mille francs, mais il faudra que, pendant que tu te gorges de viandes, tu empêches de chanter le pauvre prisonnier ; tu donneras à dîner avec l'argent que tu auras volé sur sa misérable pitance, et pendant ton dîner il sera encore plus malheureux ! – Ô Napoléon ! qu'il était doux de ton temps de monter à la fortune par les dangers d'une bataille ; mais augmenter lâchement la douleur du misérable !

J'avoue que la faiblesse dont Julien fait preuve dans ce monologue me donne une pauvre opinion de lui. Il serait digne d'être le collègue de ces conspirateurs en gants jaunes[4], qui prétendent changer toute la manière d'être d'un grand pays, et ne veulent pas avoir à se reprocher la plus petite égratignure.

Ire partie, chapitre XXII.

2. Fils d'un fabricant de planches, Julien est rempli d'ambitions. Précepteur des enfants de Mme de Rênal, il s'efforce d'adopter le comportement et les attitudes des bourgeois et des aristocrates, mais il reste très sensible à toutes les formes d'injustice.

3. Tu le supportes.

4. Conspirateurs en paroles, mais pas en actes.

Contexte XIXe s. ▶ p. 486
Notice biographique ▶ p. 502
Du même auteur ▶ p. 150, p. 326, p. 338

RECHERCHE

Les mots et leur usage

1. Quel est le sens, dans le texte, des mots suivants : *impositions* (l. 1), *libéraux* (l. 3), *livrée* (l. 12), *gueux* (l. 19), *pitance* (l. 33) ?

2. Par quel terme désigne-t-on la confusion possible entre deux mots comme *verre vert* (l. 14, 15, 23) ? Quel est ici l'effet produit ?

Lecture analytique

3. À partir de repérages lexicaux précis, identifiez les deux milieux sociaux mis en scène dans le texte. En quoi s'opposent-ils ? Qu'a de particulier le héros, Julien, par rapport à ces milieux ?

4. Le narrateur raconte, mais il laisse aussi la parole aux différents protagonistes.
Repérez ce qui appartient au récit et ce qui relève des paroles rapportées. Comment ces différentes formes de paroles rapportées permettent-elles d'exprimer les réactions et les sentiments de Julien ?

5. Le narrateur exprime, directement ou indirectement, son point de vue. Retrouvez les marques de certains jugements et précisez sur quoi ils portent. Quel en est le registre ?

6. Récapitulez les différentes fonctions du narrateur dans cet extrait, ses relations avec son personnage et le(s) rôle(s) qu'il fait jouer au lecteur.

7. Sur quoi cet extrait fait-il réfléchir le lecteur de 1830 ? celui d'aujourd'hui ?

Vers le commentaire

8. Construisez et rédigez un axe de commentaire des lignes 20 à 40 avec l'orientation suivante : *un héros connu grâce aux explications du narrateur et au choix du monologue intérieur.*

Vers la dissertation

9. Dans un développement construit et illustré d'exemples, présentez les moyens dont dispose un romancier pour faire connaître ses héros au lecteur. Classez ces moyens selon qu'ils sont spécifiques au roman ou qu'ils peuvent figurer dans un autre genre littéraire.

REPÈRES

Le discours narratif ▶ p. 146
Le point de vue ▶ p. 147
Le personnage de roman ▶ p. 178
Énoncé, énonciation ▶ p. 417
L'ironie ▶ p. 437

4 Honoré de Balzac, *La Peau de chagrin* (1831)

L'incipit de La Peau de chagrin *fait entrer le lecteur – et le personnage principal – à la fois dans l'histoire et dans un lieu très particulier...*

Vers la fin du mois d'octobre dernier, un jeune homme entra dans le Palais-Royal[1] au moment où les maisons de jeu s'ouvraient, conformément à la loi qui protège une passion essentiellement imposable. Sans trop hésiter, il monta l'escalier du tripot[2] désigné sous le nom de numéro 36.

– Monsieur, votre chapeau, s'il vous plaît ? lui cria d'une voix sèche et grondeuse un petit vieillard blême, accroupi dans l'ombre, protégé par une barricade, et qui se leva soudain en montrant une figure moulée sur un type[3] ignoble.

Quand vous entrez dans une maison de jeu, la loi commence par vous dépouiller de votre chapeau. Est-ce une parabole[4] évangélique et providentielle ? N'est-ce pas plutôt une manière de conclure un contrat infernal avec vous en exigeant je ne sais quel gage ? Serait-ce pour vous obliger à garder un maintien respectueux devant ceux qui vont gagner votre argent ? Est-ce la police, tapie dans tous les égouts sociaux, qui tient à savoir le nom de votre chapelier ou le vôtre, et si vous l'avez inscrit sur la coiffe ? Est-ce, enfin, pour prendre la mesure de votre crâne et dresser une statistique instructive sur la capacité cérébrale des joueurs ? Sur ce point, l'administration garde un silence complet. Mais, sachez-le bien, à peine avez-vous fait un pas vers le tapis vert, déjà votre chapeau ne vous appartient pas plus que vous ne vous appartenez à vous-même : vous êtes au jeu, vous, votre fortune, votre coiffe, votre canne et votre manteau. À votre sortie, le JEU vous démontrera, par une atroce épigramme[5] en action, qu'il vous laisse encore quelque chose en vous rendant votre bagage. Si toutefois vous avez une coiffure neuve, vous apprendrez à vos dépens qu'il faut se faire un costume de joueur.

Incipit.

1. Le Palais-Royal, à Paris, regroupait au XVIIIe et au XIXe siècle des maisons de jeu et des cafés.

2. Terme familier désignant une maison de jeu.

3. Modèle.

4. Court récit comportant une moralité.

5. Raillerie.

Contexte XIXe s. ▶ p. 486
Notice biographique ▶ p. 494
Du même auteur ▶ p. 78, p. 148, p. 165, p. 180, p. 340

Lecture analytique

1. Définissez la situation d'énonciation dans chaque paragraphe : qui parle (ou raconte) ? à qui ? Quels sont les temps verbaux ? Qu'a de particulier le paragraphe 3 par rapport aux deux autres ?

2. Quelles sont les informations données par le paragraphe 1 ? Par qui sont-elles données ?

3. Trouvez le point commun aux paragraphes 2 et 3. Sur quoi porte la série de questions du paragraphe 3 ?

4. À quoi fait penser l'univers dans lequel entre le jeune homme ? Répondez à partir du lexique, de certaines figures d'analogie des paragraphes 2 et 3 et des questions du paragraphe 3.

5. Qu'a d'original ce début de roman en ce qui concerne les relations entre le narrateur, les lieux, le personnage et le lecteur ? Sur quoi porte la curiosité de ce dernier ?

Écriture d'invention

6. Transposez cet incipit dans un autre lieu ou une autre époque. Vous composerez trois paragraphes inégaux rapportant : *l'entrée d'un personnage dans un lieu ; la demande d'un objet ; des questions sur le sens de cette demande, une conclusion.* Vous respecterez l'énonciation du texte de Balzac.

REPÈRES Le discours narratif ▶ p. 146
Le point de vue ▶ p. 147
Le personnage de roman ▶ p. 178

5 Guy de Maupassant, *Contes de la bécasse*, « Aux champs » (1883)

Maupassant, qui a travaillé dans le monde de la presse, est l'auteur de nombreuses nouvelles réalistes, inspirées par des faits divers et par l'observation de milieux variés, comme ici celui des paysans normands…

À Octave Mirbeau

Les deux chaumières étaient côte à côte, au pied d'une colline, proches d'une petite ville de bains. Les deux paysans besognaient dur sur la terre féconde pour élever tous leurs petits. Chaque ménage en avait quatre. Devant les deux portes voisines, toute la marmaille grouillait du matin au soir. Les deux aînés avaient six ans et les deux cadets quinze mois environ ; les mariages, et, ensuite, les naissances s'étaient produites à peu près simultanément dans l'une et l'autre maison.

Les deux mères distinguaient à peine leurs produits dans le tas ; et les deux pères confondaient tout à fait. Les huit noms dansaient dans leur tête, se mêlaient sans cesse ; et, quand il fallait en appeler un, les hommes souvent en criaient trois avant d'arriver au véritable.

La première des deux demeures, en venant de la station d'eaux de Rolleport, était occupée par les Tuvache, qui avaient trois filles et un garçon ; l'autre masure abritait les Vallin, qui avaient une fille et trois garçons.

Tout cela vivait péniblement de soupe, de pommes de terre et de grand air. À sept heures, le matin, puis à midi, puis à six heures, le soir, les ménagères réunissaient leurs mioches pour donner la pâtée, comme des gardeurs d'oies assemblent leurs bêtes. Les enfants étaient assis, par rang d'âge, devant la table en bois, vernie par cinquante ans d'usage. Le dernier moutard avait à peine la bouche au niveau de la planche. On posait devant eux l'assiette pleine de pain molli dans l'eau où avaient cuit les pommes de terre, un demi-chou et trois oignons ; et toute la lignée mangeait jusqu'à plus faim. La mère empâtait[1] elle-même le petit. Un peu de viande au pot-au-feu, le dimanche, était une fête pour tous ; et le père, ce jour-là, s'attardait au repas en répétant : « Je m'y ferais bien tous les jours. »

Par un après-midi du mois d'août, une légère voiture s'arrêta brusquement devant les deux chaumières, et une jeune femme, qui conduisait elle-même, dit au monsieur assis à côté d'elle :

« Oh ! regarde, Henri, ce tas d'enfants ! Sont-ils jolis, comme ça, à grouiller dans la poussière ! »

L'homme ne répondit rien, accoutumé à ces admirations qui étaient une douleur et presque un reproche pour lui.

La jeune femme reprit :

« Il faut que je les embrasse ! Oh ! comme je voudrais en avoir un, celui-là, le tout-petit. »

1. *(Terme rural)* Engraisser avec de la pâtée.

Jean-François Millet (1814-1875), *La Becquée* (≃ 1860), huile sur toile, 74 × 60 cm (Musée des beaux-arts ; Lille).

Contexte XIXe s. ▶ p. 486
Notice biographique ▶ p. 499
Du même auteur ▶ p. 94, p. 158, p. 351, p. 354

Et, sautant de la voiture, elle courut aux enfants, prit un des deux derniers, celui des Tuvache, et, l'enlevant dans ses bras, elle le baisa passionnément sur ses joues sales, sur ses cheveux blonds frisés et pommadés de terre, sur ses menottes qu'il agitait pour se débarrasser des caresses ennuyeuses.

Incipit, 1re publication dans *Le Gaulois*, 1882.

RECHERCHE

Histoire littéraire

1. Cherchez qui était Octave Mirbeau, à qui la nouvelle est dédiée.

2. À quoi fait référence l'expression « Soirées de Médan » ? En quoi Maupassant y est-il associé ?

Lecture analytique

3. Quelles sont les composantes de l'histoire (lieu, temps, personnages...) ? Étudiez comment elles se mettent en place progressivement. Où se situe la fin de la présentation ?

4. Que met en évidence le récit en ce qui concerne les deux familles et leur mode de vie ? Répondez en prenant appui sur des formulations récurrentes.

5. Relevez des termes et des connotations qui laissent percevoir des réactions personnelles du narrateur : quelles sont-elles ? Quelles hypothèses le lecteur peut-il en tirer ?

6. Que remarquez-vous au début du paragraphe 5 : *Par un après-midi...* (l. 26) ?

7. À quoi peut s'attendre le lecteur à la fin de cet incipit, compte tenu de ce qu'il sait ?

Travail sur un corpus de textes

8. Dans les incipit de Balzac (▶ p. 133), Maupassant (▶ p. 136) et C. Gailly (▶ p. 142), étudiez de quelles manières se manifeste la présence du narrateur, quelles relations il entretient avec son (ou ses) personnage(s) et quels liens il met en place avec son lecteur.

Vers le commentaire

9. Construisez et rédigez un axe de commentaire pour étudier la présentation des deux familles dans le texte de Maupassant (l. 1-25) : *organisation, précision, caractéristiques communes.*

Oral

10. Débat : Quand vous lisez un roman ou une nouvelle, préférez-vous que le narrateur, quand il ne participe pas à l'histoire, reste neutre, ou qu'il laisse passer son point de vue sur les personnages et sur les situations ?

REPÈRES
Le discours narratif ▶ p. 146
Le point de vue ▶ p. 147
Lieux et temps dans le récit ▶ p. 193
Le personnage de roman ▶ p. 178

6 Albert Camus, *La Chute* (1956)

La Chute *est un roman écrit à la première personne, dont l'action se passe à Amsterdam. En voici l'incipit.*

Puis-je, monsieur, vous proposer mes services, sans risquer d'être importun ? Je crains que vous ne sachiez vous faire entendre de l'estimable gorille qui préside aux destinées de cet établissement. Il ne parle, en effet, que le hollandais. À moins que vous ne m'autorisiez à plaider votre cause, il ne devinera pas que vous désirez du genièvre[1]. Voilà, j'ose espérer qu'il m'a compris ; ce hochement de tête doit signifier qu'il se rend à mes arguments. Il y va, en effet, il se hâte, avec une sage lenteur. Vous avez de la chance, il n'a pas grogné. Quand il refuse de servir, un grognement lui suffit : personne n'insiste. Être roi de ses humeurs, c'est le privilège des grands animaux. Mais je me retire, monsieur, heureux de vous avoir obligé[2]. Je vous remercie et j'accepterais si j'étais sûr de ne pas jouer les fâcheux. Vous êtes trop bon. J'installerai donc mon verre auprès du vôtre.

Vous avez raison, son mutisme est assourdissant. C'est le silence des forêts primitives, chargé jusqu'à la gueule. Je m'étonne parfois de l'obstination que met notre taciturne ami à bouder les langues civilisées. Son métier consiste à recevoir des marins de toutes les nationalités dans ce bar d'Amsterdam qu'il a appelé d'ailleurs, on ne sait pourquoi, *Mexico-City*. Avec de tels devoirs, on peut craindre, ne pensez-vous pas, que son ignorance soit inconfortable ? Imaginez l'homme de Cro-Magnon pensionnaire à la tour de Babel[3] ! Il y souffrirait de dépaysement, au moins. Mais non, celui-ci ne sent pas son exil, il va son chemin, rien ne l'entame. Une des rares phrases que j'aie entendues de sa bouche proclamait que c'était à prendre ou à laisser. Que fallait-il prendre ou laisser ? Sans doute, notre ami lui-même. Je vous l'avouerai, je suis attiré par ces créatures tout d'une pièce. Quand on a beaucoup médité sur l'homme, par métier ou par vocation, il arrive qu'on éprouve de la nostalgie pour les primates. Ils n'ont pas, eux, d'arrière-pensées.

Incipit, éd. Gallimard, 1956.

1. Eau-de-vie à base des baies du genévrier.
2. De vous avoir rendu service.
3. Dans la Bible, tour élevée par les fils de Noé pour atteindre le ciel et caractérisée par la multiplicité et la confusion des langues.

Contexte XXe s. ▶ p. 490
Notice biographique ▶ p. 495
Du même auteur ▶ p. 188, p. 306, p. 385

Lecture analytique

1. Combien y a-t-il de personnages en présence dans ce début de roman ? Le lecteur peut-il les identifier ?
2. Quelle est la situation de communication mise en place ? S'agit-il d'un véritable dialogue ? Retrouvez le contenu des répliques qui ne sont pas données.
3. À travers les thèmes abordés, quelles sont les différentes informations données au lecteur ? En particulier, qu'apprend-il sur celui qui parle ? Que lui manque-t-il cependant ?
4. Quelle suite le lecteur peut-il attendre à partir de ce début ? Expliquez ce que cet incipit a d'original et ce qui peut retenir l'intérêt et la curiosité du lecteur.

REPÈRES Le discours narratif ▶ p. 146
Le point de vue ▶ p. 147
Le personnage de roman ▶ p. 178

7 Jean Rouaud, *Des hommes illustres* (1993)

Des hommes illustres, *de Jean Rouaud, est l'un des volumes d'une suite dans laquelle le narrateur évoque de manière romanesque l'histoire de sa famille. Dans le passage qui suit, écrit à la seconde personne du pluriel, il rapporte un épisode très douloureux, celui de la mort de son père.*

Pablo Picasso (1881-1973), *Homme à la pipe* (1914), huile et textile imprimé collé sur toile (musée Picasso ; Paris).

Le soir, à l'heure du dîner, il ne descend pas et reste alité. Il avale sans doute le potage qu'on lui monte, ou peut-être a-t-il manifesté le désir de ne rien prendre. Auquel cas vous le laissez se reposer. Vous ne le revoyez qu'au moment où vous-même montez vous coucher. Il doit être autour de dix heures et, timidement, vous entrez dans sa chambre l'embrasser. Vous ne notez rien de particulier : il s'agit de votre père en pyjama, le dos maintenu par l'oreiller, lisant dans le cône de lumière de sa lampe de chevet. L'image est familière, au nom de quoi penseriez-vous à vous alarmer ? Comme le lendemain 27 décembre est la Saint-Jean l'Évangéliste, il n'oublie pas en vous embrassant de vous souhaiter votre fête. Il vous fait un peu peur, cet homme, bien qu'il n'ait jamais porté la main sur vous, mais son autorité en impose et vous cloue souvent le bec, alors quelle tête ferez-vous quand vous apprendrez, des années plus tard, qu'il vous a donné ce prénom-là, fêté à cette date-là, parce que c'est celui que portait le disciple bien-aimé ? D'ailleurs, vous y tenez vous aussi, qui à chaque fois ne manquez pas de vous récrier quand on le confond avec l'autre Jean, celui du 24 juin, le Baptiste, le décolleté. Beaucoup plus tard encore il vous viendra à l'esprit que c'est aussi celui-là, le préféré, qui a rendu compte : « C'est ce disciple qui témoigne au sujet de ces choses et qui les a écrites. »

Il vous arrivera quelquefois de raconter que les derniers mots qu'il vous adresse furent pour vous souhaiter votre fête. Non par goût d'arranger la vérité (« Nous savons que son témoignage est vrai »), mais parce que cela fait une fin à laquelle la coda[1] n'ajoute pas grand-chose, laquelle consiste, à la demande de votre mère sans doute, à lui apporter son briquet. À moins que ce ne soit de votre propre initiative. Car ce père épisodique que vous ne savez trop comment aborder, il vous arrive d'espérer par de tels gestes gagner sa faveur. Vous retournez donc dans sa chambre, timidement toujours, et ce n'est pas la maladie qui vous fait agir ainsi : cette prudence attisée par la crainte qu'il vous inspire ne facilite pas les élans.

Vous déposez le briquet sur la table de nuit en quête d'un satisfecit[2], de ce sourire dont vous voyez bien, maintenant que vous le traquez sur les photos, qu'il était empreint de gentillesse. Il ne vous vient pas à l'idée que le fait qu'il n'ait pas fumé depuis le milieu de l'après-midi pourrait être interprété comme un signe inquiétant. D'ailleurs, il a plusieurs fois manifesté son intention

1. Phase musicale vive et brillante qui termine un morceau.

2. (*Emprunt latin* : « Il a satisfait ») Témoignage d'approbation.

d'arrêter. Sur le conseil du médecin ? Ce serait dommage pour le briquet, cadeau de ses quarante ans, un briquet tout en inox poli, doté d'une petite molette latérale et, en sa partie supérieure, d'un bouton qui, pressé, libère le gaz – une double manipulation simultanée qui nécessite pour vous l'usage des deux mains. Votre père a eu beau vous en expliquer le fonctionnement en vous aidant à placer correctement le pouce et l'index, votre main moulée dans la sienne, le briquet fait partie de ces objets-Rubicon qui délimitent le territoire de l'enfance.

Il vous remercie. Cette fois, ce sont ses dernières paroles. De lui vous n'entendrez plus qu'un râle douloureux s'amenuisant au fil des minutes quand, allongé sur le sol de la salle de bains, il entrera en agonie.

Contexte XXe s. ▸ p. 490
Notice biographique ▸ p. 501

Éd. de Minuit, 1993.

RECHERCHE

Histoire culturelle

1. Qui étaient les deux personnages de saint Jean l'Évangéliste et de saint Jean Baptiste dont il est question dans le texte ? Pourquoi le second est-il désigné par le mot *décolleté* ?

2. À quel épisode de l'histoire romaine renvoie le mot Rubicon ? Expliquez ensuite l'expression : *ces objets-Rubicon qui délimitent le territoire de l'enfance* (l. 40).

Lecture analytique

3. Pour le lecteur qui lit ce passage, que peut désigner le *vous* constamment employé ? Envisagez différentes possibilités : en quoi influent-elles sur l'identification du narrateur ?

4. Résumez le contenu du passage en une phrase ou deux. Caractérisez la nature des relations entre les deux personnages et expliquez, à partir d'indices précis, l'importance extrême du moment rapporté. Quel est le registre principal ?

5. Quel effet l'emploi du présent produit-il, sachant que la scène est rapportée bien après son déroulement ? Comment le lecteur peut-il comprendre qu'il s'agit d'un épisode passé ? À quels moments renvoie le futur ?

6. Sachant que *vous* désigne celui qui est, dans tout le reste du roman, le narrateur, comment pouvez-vous comprendre et interpréter ce choix d'énonciation, compte tenu du caractère dramatique de l'épisode raconté ?

7. La lecture de ce texte a-t-elle provoqué chez vous une (ou des) émotion(s) ? Pouvez-vous en déterminer l'origine ?

Travail sur un corpus de textes

8. Dans les textes de Diderot (▸ p. 130), Balzac (▸ p. 133), J. Rouaud (▸ p. 137), P. Rambaud (▸ p. 139), étudiez la présence du pronom personnel *vous*. Déterminez qui il désigne et donnez, en relation avec cette identification, une ou plusieurs interprétations de son emploi.

9. Dans les textes de Diderot (▸ p. 130), Stendhal (▸ p. 131), C. Gailly (▸ p. 142), P. Rambaud (▸ p. 139), étudiez la présence du pronom personnel *je*. Déterminez qui il désigne, quand c'est possible, et quels sens on peut donner à cette présence dans les textes.

REPÈRES Le discours narratif ▸ p. 146
Le point de vue ▸ p. 147
Structure du récit... ▸ p. 161
Énoncé, énonciation ▸ p. 417

8 Patrick Rambaud, *Une journée d'été* (2000)

En 2000, les éditions Flammarion / Librio ont publié un recueil de nouvelles d'écrivains contemporains intitulé Une journée d'été. *La nouvelle qui suit a été écrite à cette occasion par Patrick Rambaud, prix Goncourt 1997 pour son roman* La Bataille.

La salle des fêtes

Une journée d'été, un texte complètement libre : j'ai dit OK et j'ai l'air fin. Ce thème n'est pas du tout dans ma manière et me laisse pantois. Par quel côté l'aborder ? La fiction ? Mais dans quel genre ? L'évolution d'un cancer de la peau sur la plage de Biarritz ? Trop alarmiste. Les émois d'un pilote de Canadair au-dessus d'une pinède embrasée qui menace les faubourgs de Nice ? Trop sensationnel. La réincarnation d'un lama tibétain en plateau de fruits de mer, au mois d'août, à la terrasse d'une brasserie normande ? Trop Alphonse Allais[1]. Les effets de la canicule chez un poulet de batterie exclusivement nourri au purin ? Trop polémique. Le jour (c'était justement en juillet) où j'ai rencontré à Taiwan le descendant en ligne directe de Confucius[2], qui portait des pantoufles à carreaux et tenait des propos assez cornichons ? Trop ironique. Alors ? Dans mes vrais souvenirs ? Est-ce que j'ai, en été, de ces journées à la fois exemplaires, émouvantes ou sottes, mais impossibles à effacer, que Jacques Laurent[3] appelle des « moments particuliers » ? Tel qu'il est posé, j'ai cependant l'impression que le sujet m'ouvre une autre voie. « Racontez en trois feuillets au minimum une journée d'été », on dirait une rédaction. Vous savez : « Une visite au zoo », un sujet qui mobilise les parents ; on y emmène la gamine ou le gamin, au zoo, on se poste devant la hyène puante et elle refuse de ricaner comme le voudrait sa réputation, on fait mine de se tordre aux facéties des babouins à cul rose, on compte les poissons engloutis par le phoque, et, en fin de compte, les parents sont vexés de n'obtenir que douze sur vingt pour un devoir qu'ils croyaient avoir maîtrisé...

L'été est intéressant quand on va à l'école, parce que, précisément, on n'y va plus. En été, les enfants s'ennuient autrement, mais ils y ont pensé toute l'année pour supporter le cours de mathématiques ou la journée dite de plein air, dans un stade en bordure de l'autoroute de l'Ouest. Laissez-moi vous expliquer : j'ai toujours détesté l'école, et chaque journée d'été m'a été belle dans la mesure où elle me vengeait de neuf mois tristounets. À la fin des années cinquante, j'allais au collège, sans doute l'un des derniers du XIXe siècle. On y entrait le matin à huit heures, on en sortait le soir à sept heures, après une interminable étude surveillée, consacrée à un devoir sur table, comme un examen quotidien. Voilà la raison pour laquelle, par la suite, j'ai fui les horaires établis et routiniers, et que le lycée puis l'université m'ont rebuté, rejoignant par là Anatole France[4] qui, lisant Virgile[5] avec plaisir, après ses études, notait : « Depuis que les professeurs ne me l'expliquaient plus, j'en avais une meilleure intelligence et rien ne m'en gâtait la beauté. » Qu'apprenait-on dans mon collège ? La ruse, le mensonge, le nom des sept collines de Rome, les verbes irréguliers anglais et cet esprit de compétition calamiteux d'où viennent nos malheurs. On rêvait à juillet, on voulait de l'air, du soleil, la disparition des contraintes, des notes, des leçons.

1. Écrivain français (1854-1905) connu pour son humour.
2. Philosophe chinois (551-479 av. J.-C.)
3. Écrivain français (1919-2000), qui écrivit aussi sous le nom de Cecil Saint-Laurent.
4. Écrivain français (1844-1924).
5. Poète latin (70-19 av. J.-C.), auteur de l'épopée *L'Énéide*.

▲ **Robert Doisneau** (1912-1994), *Vacances*.

Dès les premiers jours de juillet, les enfants partaient à Blonville-sur-Mer (Calvados) par un train dont la locomotive crachait encore de la fumée noire, et jetait des escarbilles de charbon dans l'œil de l'imprudent qui se penchait à la fenêtre malgré l'interdiction (*E pericoloso sporgersi*[5]). C'était *les Vacances de M. Hulot.* Nous allions dans une pension de famille ; un escalier menait directement à la plage ; on y retrouvait d'année en année les mêmes pensionnaires, ou presque, qui occupaient les mêmes chambres et les mêmes tables dans la salle du restaurant. L'époque flattait les habitudes, les vacances se préparaient de longue date, loin des actuelles improvisations familiales de dernière minute que conditionne la météo.

Les enfants avaient à peu près le même âge ; d'un juillet à l'autre ils grandissaient ensemble. Entre six et quatorze ans, simplement, leurs jeux se modifiaient. Le jeune Parisien, élevé sur du parquet et dans les livres, découvrait une bienheureuse paresse propre à l'été. Les vacances devenaient une variante de l'ancienne « leçon de choses » des classes primaires, en réalité une leçon d'autres choses. On ne disséquait plus la grenouille, on n'étouffait plus la souris, on regardait plonger l'une et gambader l'autre. On s'extasiait sur l'inutile trajectoire d'une armée de fourmis sur le rebord d'une fenêtre. Dans les flaques que la mer laissait derrière elle à marée basse, on allait pêcher les crevettes à la main – jusqu'à la vague de goudron de 1960. On s'amusait, par jour de grand vent, de voir les mouettes en rangs serrés, debout sur le sable, ailes repliées, qui ressemblaient aux zincs prêts à décoller du porte-avions *Forrestal,* dans les aventures de Buck Danny. J'avais en horreur les concours de châteaux de sable (encore la compétition), et les matchs de volley (à cause du ballon qui retourne les ongles), et plus tard les boums, Richard Antony sur le Teppaz[6], le jus d'orange tiède, le frotti-frotta en liberté surveillée, parce que les petites filles devenaient des jeunes filles, que les garçons prenaient une voix rauque, que ces jeux-là, aussi, me paraissaient ridicules ; les humains n'étaient-ils pas godiches à côté des autres espèces animales ? Le passereau chante juste. Le faisan ou le paon font la roue, grattent le sol, fouillent la terre du bec à la recherche d'un ver ou d'un grain, mais un caillou suffit à leur becquée symbolique. L'épinoche change de couleur au printemps : rouge vif, elle danse en zigzag autour de la femelle choisie, puis elle tremble comme un possédé en lui indiquant son nid. Les adolescents étaient plus compliqués au tout début des années soixante ; j'ai toujours fui les complications.

Vous croyez que je m'égare ? Pas du tout, car j'en arrive au sujet, après ces détours, pour y apporter une réponse claire. Une belle journée d'été, pour moi, c'était d'ouvrir les volets sur une mer houleuse et un ciel plombé. Je me disais : « Pourvu qu'il pleuve ! » En effet, à Blonville-sur-Mer, dès que le temps mena-

5. Il est dangereux de se pencher.

6. Nom d'une marque de tourne-disque.

çait, il y avait ciné à la salle des fêtes. Cela s'intitulait « Séances jeunesse et famille ». Il fallait attendre trois heures de l'après-midi, en priant pour l'orage et la bruine. À ce moment béni, si le soleil ne revenait pas, nous courions vers la place de la mairie, dans une villa aujourd'hui détruite, Le Puits fleuri, pour réserver nos places à un franc dix.

L'ouvreuse du ciné, Mme Albic, louchait. Elle sortait une grande feuille imprimée avec le plan de la salle, chaque siège de bois numéroté, et elle faisait une croix pour nous attribuer telle place, avec un gros crayon bleu et gras. Deux heures plus tard, elle nous guidait à nos sièges, après avoir déchiré un coin de nos tickets. Je n'ai jamais oublié ce mélange de nanars et de chefs-d'œuvre que j'ai pu avaler pendant les étés pluvieux. Comment oublier le *Tsarévitch* avec Luis Mariano en veste blanche qui jouait le jeune homme, un pur navet, ou *Croquemitoufle* avec Gilbert Bécaud ? Bien sûr, pour développer nos imaginations, nous avions étudié les photos en noir et blanc, peintes avec des couleurs pastel, affichées à l'entrée de la salle des fêtes. Le résultat dépassait toujours nos espoirs. Merci, orages normands, qui m'avez fait découvrir Steward Granger que je ne revois jamais sans émotion dans *le Prisonnier de Zenda, Scaramouche* ou *les Mines du roi Salomon.* Merci, ciel instable du littoral, de m'avoir donné l'envie de raconter à mon tour des histoires.

Contexte xxe s. ▶ p. 490
Notice biographique ▶ p. 501

In *Une journée d'été* (texte intégral), © éd. Flammarion, coll. Librio, 2000.

RECHERCHE

Les mots et leur usage

1. Repérez dans le texte des mots appartenant à la langue parlée familière. Comment leur emploi peut-il s'expliquer ?

2. Plusieurs mots ou expressions sont mis en italique dans le texte : justifiez cette forme de graphie.

Histoire culturelle

3. Certains noms propres du texte sont identifiés par des notes : qui sont les autres personnes citées ?

Lecture analytique

4. Quelles sont les circonstances d'écriture de cette nouvelle ? Que pouvez-vous en déduire concernant le narrateur *je* et l'auteur ?

5. De quelle manière originale est construite la nouvelle ? À partir de la *commande* acceptée et du constat de la ligne 2, quelles en sont les grandes étapes ? À partir de quel moment se marque *un retour au sujet* ?

6. Étudiez la structure du paragraphe 1 : à quoi correspond le jeu de questions / réponses ? Que choisit finalement celui qui parle ? Comment s'enchaînent les paragraphes 1 et 2 ?

7. Les paragraphes 2, 3 et 4 vous paraissent-ils *hors sujet* ? Que retracent-ils ? Qu'a de particulier l'ensemble des épisodes évoqués ?

8. Quelle est, paradoxalement, la réponse donnée par le narrateur ? Comment se rattache-t-elle au titre de la nouvelle ? Donnez votre propre point de vue sur la manière dont le narrateur a répondu à la commande.

Écriture d'invention

9. Comme le narrateur, vous avez accepté d'écrire une nouvelle sur le thème *une journée d'hiver,* mais vous ne savez pas comment faire.
Vous énumérerez sept possibilités thématiques sous forme de questions / réponses et vous les refuserez en faisant valoir que leur registre ne convient pas. Les registres envisagés sont les suivants : *ironique, tragique, épique, polémique, comique, lyrique, pathétique.*
Vous terminerez par l'annonce de votre choix, l'évocation de souvenirs personnels, qui constitue une huitième possibilité.

REPÈRES Le discours narratif ▶ p. 146
Le point de vue ▶ p. 147
Structure du récit... ▶ p. 161
Énoncé, énonciation ▶ p. 417

9 Christian Gailly,
Un soir au club (2001)

Le texte suivant est l'incipit d'un roman de Christian Gailly mettant en scène un héros à la fois technicien dans le domaine du chauffage et pianiste de jazz.

Le piano n'était pas le violon d'Ingres de Simon Nardis. C'était bien plus qu'un violon d'Ingres. Le piano était pour lui ce que la peinture était pour Ingres. Il cessa de jouer comme Ingres aurait pu cesser de peindre. C'eût été dommage, dans le cas d'Ingres. Ce fut dommage dans le cas de Simon Nardis.

Après sa désertion, il reprit son ancien métier. Le prétexte était de se nourrir. Se loger, se blanchir. Au sens de blanchiment. Il s'agissait surtout de bien se tenir. Le jazz n'incite guère à bien se tenir. Simon Nardis était pianiste de jazz. Oublié, perdu de vue, rayé du monde, on le retrouve ici, aujourd'hui, à la veille d'un week-end prolongé.

L'usine dont il devait s'occuper était au bord de la mer. Jamais son travail ne l'avait conduit sur les lieux de nos vacances. Pour la première fois il se trouvait parachuté dans une zone à la fois industrielle et balnéaire. La présence de la mer n'est pas indifférente. Elle joua son rôle dans cette affaire.

Le travail de Simon Nardis. Je vais l'appeler Simon tout court. C'est plus simple. C'était mon ami. Le travail de Simon consistait à chauffer non pas l'ambiance d'un club, le cœur de ses auditeurs mais des hangars, des entrepôts, des ateliers ou des laboratoires. Maintenir à bonne température, donc en état de marche, de conservation, de vie, des ouvriers, des matières précieuses, voire des animaux.

Simon avait appris ce métier alors qu'il n'était encore qu'un tout jeune pianiste amateur qui se produisait dans des kermesses minables. Il l'abandonna quand il passa professionnel. Le reprit quand il cessa de jouer pour raisons de santé. Appelons ça des raisons de santé. C'est évidemment plus compliqué.

Faire fonctionner une installation de chauffage industriel, et surtout la régler, ça aussi c'est assez compliqué. La technique n'intéresse personne. Il faut quand même en parler. C'est à cause d'elle que Simon a raté son train une première fois.

Des problèmes se sont présentés. Il fallait les résoudre, sur place, très vite. On était à la veille d'un long week-end. Ça ne pouvait pas attendre quatre jours. Des matériaux sensibles aux variations de température, d'une grande fragilité risquaient de se dégrader. Le tout valait une fortune.

L'ingénieur maison ne s'en sortait pas. Il ne trouvait pas la cause de la panne. Il appela Simon à l'aide. Simon bien sûr adorait ça, se rendre utile, voler au secours de ses clients, ça rendait ce boulot supportable. Sans doute mais quand même. On était jeudi soir. Simon devait partir quelques jours avec Suzanne, sa femme, chez la mère de Suzanne, sa belle-mère, les histoires habituelles.

J'arriverai demain par le train de 10 h 40, dit-il à l'ingénieur, venez me chercher, et puis ne vous inquiétez pas, ça va s'arranger. Vous croyez ? dit l'autre, il risquait sa place.

Incipit, éd. de Minuit, 2001.

Contexte xxe s. ▸ p. 490
Notice biographique ▸ p. 497

Francks François Deceus, *Journey (Voyage)*, (1998), technique mixte sur toile, 101,6 × 101,6 cm (collection privée).

RECHERCHE

Les mots et leur usage

1. Quel est le sens de l'expression *violon d'Ingres* ? Quelle est son origine ?

2. Cherchez le sens dénoté du mot *blanchiment* et sa signification dans le texte.

Lecture analytique

3. Faites des remarques sur l'organisation du texte en paragraphes, la ponctuation, la nature et la longueur des phrases, le niveau de langue. Quels sont les effets produits sur le lecteur par ces différents choix d'écriture ?

4. Analysez la manière dont sont données les informations concernant Simon Nardis. Quelles sont ces informations ? Comment s'enchaîne leur présentation ? Que remarquez-vous concernant les deux occupations du personnage ?

5. Déterminez la nature des relations entre le narrateur et le personnage, et dites quels termes permettent de déterminer cette relation.

6. Quelles relations le narrateur instaure-t-il avec son lecteur ? En quoi suscite-t-il sa curiosité ?

7. Quelle vous semble être l'originalité de ce début de roman ?

Vers le commentaire

8. Construisez et rédigez un ou plusieurs axes de commentaire : *les informations données par l'incipit ; une énonciation complexe ; l'originalité d'un début de roman peu romanesque.*

Vers la dissertation

9. Dans un développement construit et illustré d'exemples, vous expliquerez quelle peut être l'importance des premières lignes d'un roman et quels rôles elles jouent dans l'envie que le lecteur aura de poursuivre ou non sa lecture. Vous pouvez vous reporter à la séquence 6, « *Être lecteur* » (▸ p. 92).

REPÈRES
Le discours narratif ▸ p. 146
Le point de vue ▸ p. 147
Le personnage de roman ▸ p. 178
Énoncé, énonciation ▸ p. 417

10 Lire le texte et l'image

Les deux documents qui suivent mettent en parallèle l'incipit du roman de Léo Malet, Casse-pipe à la Nation *(1957), et la première page de bande dessinée qu'en a tirée le dessinateur Tardi (1996).*

Tardi, *Casse-pipe à la Nation,* d'après Léo Malet, éd. Casterman, 1996.

Texte

Nous sommes en mai. Au début. Depuis le matin, Paris subit le régime de la douche écossaise. Une averse, un rayon de soleil ; un rayon de soleil, une averse. Parfois, averse et soleil simultanément, pour satisfaire les amateurs de panaché. Montre en main, ça fait bien vingt minutes qu'il n'a pas plu. Ça ne peut pas durer. Ça ne dure pas.

Comme je contourne la colonne de Juillet, à la Bastoche, pour m'engager dans la rue de Lyon, la flotte remet ça. Le pare-brise se constelle et ruisselle, et j'entends les gouttes marteler le toit de la voiture. Je mets l'essuie-glace en service. Il ronronne et nous chantonnons ensemble : *C'est le mois de Marie, c'est le mois le plus beau, ouvre ton parapluie, il va tomber de l'eau.*

Dans la perspective, à travers le léger rideau de brouillasse, le beffroi de la gare de Lyon dresse sa silhouette, dominant le paysage de son horloge monumentale, laquelle semble faire en permanence les gros yeux aux retardataires. Mais je ne suis pas en retard. L'horloge indique dix-sept heures quarante et ma montre six heures moins vingt, ce qui est la même chose, et mon train est prévu pour dix-huit heures cinq. [...]

Je me procure un beau ticket de quai, flambant neuf, au distributeur automatique et – vlan ! – voilà que ça me fait tout drôle, de sentir ce carton de quinze centimètres carrés en ma possession. Quinze centimètres carrés de souvenirs, là, au creux de ma paume. Des souvenirs sur la qualité desquels je n'ose pas m'interroger. Oui, ça me fait tout drôle. Et ça me fait encore plus drôle, lorsque, ayant franchi le portillon, conservant, du diable si je sais pourquoi, mon bifton aux doigts, le premier zigue que j'aperçois, sous la verrière, à côté du kiosque à journaux, c'est un citoyen d'environ mon âge, vêtu d'un imper assez semblable au mien, un citoyen ayant bien l'air de ce qu'il est, sérieux et tranquille, bien nourri, le visage plat et inexpressif, aussi chaleureux qu'un iceberg.

Contexte XXe s. ▶ p. 490
Notice biographique ▶ p. 499

Léo Malet, *Casse-pipe à la Nation*, chapitre 1 : « Gare de Lyon » (incipit), éd. 10/18, 1987.

RECHERCHE

Les mots et leur usage

1. Repérez les mots d'argot du texte et donnez leur sens. Comment peut-on justifier leur emploi ?

Étude comparée

2. Dans l'incipit du roman, le récit est pris en charge par le personnage, *je*, qui est aussi le narrateur.
Dans la première planche de la bande dessinée, comment le lecteur est-il informé du cadre spatio-temporel et des faits et gestes du personnage, de ses paroles et pensées ? Grâce à quoi le lecteur prend-il conscience de la continuité et du déroulement de l'action ?

3. Établissez des correspondances entre le texte du roman, les dessins et les bulles de la bande dessinée : retrouve-t-on les mêmes éléments de l'un à l'autre ?
Notez toutes les similitudes et toutes les différences, éventuellement sous forme de tableau. Quelles explications peut-on trouver aux différences ?

Écriture d'invention

4. La rencontre des deux personnages n'est pas rendue exactement de la même façon dans la bande dessinée et dans le roman.
Rédigez une troisième version en respectant l'image, mais en explicitant à votre guise ce qui reste implicite. Vous pouvez raconter à la première personne (narrateur-personnage) ou à la troisième (narrateur omniscient).

REPÈRES Le discours narratif ▶ p. 146
Le point de vue ▶ p. 147
Lieux et temps dans le récit ▶ p. 193
Énoncé, énonciation ▶ p. 417

Le discours narratif : narrateur et lecteur

***Rappel* : On parle de discours narratif lorsque se trouvent rapportés, par la voix d'un narrateur, des actions et des faits accomplis par des personnages, et dont la succession constitue un récit inscrit dans le temps et dans l'espace.**
Faits et actions peuvent appartenir à la réalité ou à la fiction : le discours narratif figure dans tous les genres littéraires (roman, nouvelle, théâtre, poésie...), mais aussi dans les ouvrages historiques et dans la presse.

La question du narrateur

Identification : même si certains récits semblent se faire tout seuls, il n'y a pas de narration sans narrateur. Lorsqu'il s'agit d'article de presse rapportant des faits, d'autobiographie réelle, de correspondance authentique, celui qui raconte est l'**auteur**, celui qui signe. Lorsque le récit appartient à la fiction, il est pris en charge par un **narrateur** distinct de l'auteur.

Ex : Dans les deux récits relatifs à la Chine, le premier, d'A. Londres (▸ p. 120), est un reportage concernant des faits historiques : le narrateur est le signataire. En revanche, l'extrait des *Nouvelles orientales,* de M. Yourcenar (▸ p. 121), est un récit de fiction dont on ne connaît pas le narrateur.
De même, Colette (▸ p. 122), narratrice et signataire, relate un épisode réel de la guerre de 1914, dont le récit constitue une chronique journalistique. Dans le roman d'H. Barbusse (▸ p. 123), un autre épisode de guerre est raconté par un narrateur qui n'est pas l'auteur.

Présence ou absence : le narrateur peut rester totalement extérieur au récit ou présent à l'intérieur. Dans le premier cas, il se contente de raconter à la **troisième personne**, sans aucune présence d'un *je* le désignant. Il peut cependant faire comprendre son existence par le choix de connotations ou de modalisateurs.

Ex : Dans la nouvelle de Maupassant, « Aux champs » (▸ p. 134), le narrateur traduit, à l'aide de termes dévalorisants, un certain dégoût à l'égard de la *marmaille* évoquée.

Dans le second cas, le narrateur peut être présent de différentes manières. Ainsi, il intervient en tant que narrateur, pour donner son point de vue, à la **première personne**, mais ne participe en rien aux actions qu'il rapporte ni à l'histoire qu'il raconte.

Ex : Dans *Le Rouge et le Noir* (▸ p. 131), le narrateur intervient pour porter un jugement ironique sur son héros. Dans *Jacques le Fataliste* (▸ p. 130), le narrateur explique sa démarche et propose différentes actions, montrant ainsi quel est son pouvoir.

Il arrive aussi que le narrateur soit présent dans le texte en tant que **personnage** : il peut être le héros, un personnage secondaire témoin et acteur, ou simple témoin.

Ex : Dans le roman de Lesage, *Histoire de Gil Blas de Santillane* (▸ p. 164), le héros est le narrateur, Gil Blas : il raconte sa propre histoire.

Le narrateur dispose de plusieurs possibilités pour raconter une scène : ces **angles** ou **points de vue** constituent ce qu'on appelle la **focalisation**.

Narrateur et lecteur

Maître du récit destiné à un lecteur, le narrateur entretient avec ce dernier des relations identifiables à certains indices du texte.

La présence de la **deuxième personne** dans certains textes laisse penser, en l'absence de tout interlocuteur présent, que le narrateur s'adresse au lecteur, ce qui crée des liens de **complicité** entre émetteur et destinataire, le second étant mis, en quelque sorte, dans la confidence du premier, ou pris à témoin.

Ex : Gil Blas (▸ p. 128), dans un avis destiné au lecteur, lui signale de quelle manière il doit lire son œuvre pour en tirer profit. Dans les premières lignes de *La Peau de chagrin* (▸ p. 133), le narrateur utilise la deuxième personne, *vous*, qui semble désigner le lecteur, invité à s'interroger en même temps que le narrateur sur les pratiques des salles de jeu.

Un cas particulier se présente lorsqu'un récit est fait à la **deuxième personne** : celui qui raconte semble se dédoubler pour devenir un personnage différent et un peu éloigné, mais un personnage dont les actions paraissent dictées par celui qui parle.

Ex : Dans *Des hommes illustres* (▸ p. 137), le narrateur, qui est présent tout au long du roman sous la forme de *je*, passe du *je* au *vous* au moment où il rapporte un épisode douloureux, la mort de son père. L'emploi du *vous* suggère une mise à distance : celui qui parle rapporte les faits comme si c'était un autre qui était concerné. Il permet aussi une **identification** du lecteur au narrateur.

Les relations entre le narrateur et le lecteur sont souvent mises en relief dès l'**incipit** des œuvres narratives. C'est à partir de la nature de ces relations que se créent l'**horizon d'attente** du lecteur et son désir de poursuivre la lecture.

REPÈRES Le point de vue ▸ p. 147
Structure du récit romanesque ▸ p. 161
Le personnage de roman ▸ p. 178
Lieux et temps dans le récit ▸ p. 193

Le point de vue

Dans le roman et la nouvelle, le récit d'une scène, la présentation d'un lieu ou d'un personnage mettent en jeu la présence du narrateur et, de ce fait, la manière dont il donne à voir ce qu'il raconte.
La notion de point de vue (ou focalisation) permet d'apporter des réponses aux questions : d'où vient le regard porté sur les faits ? Comment sont-ils connus ? Comment sont-ils présentés ?
Le narrateur qui raconte à la troisième personne peut choisir et faire varier trois « angles » de vue différents.

Le point de vue omniscient (focalisation zéro)

Il arrive que lecteur soit mis face à une réalité romanesque dont il ne distingue pas selon quel angle de vue elle est donnée car les informations semblent venir de partout à la fois : le narrateur **omniscient** donne l'impression au lecteur de **tout savoir** sur les personnages, les lieux, l'époque, le passé, l'avenir, sur ce que pensent et ressentent les héros. Il semble maîtriser tous les détails de l'histoire.

■ **Ex :** Dans l'incipit de la nouvelle « Aux champs » (▸ p. 134), le narrateur présente les deux familles en faisant référence à leur passé et à des manières de vivre que le lecteur ne connaît pas ; de même, il fait allusion aux habitudes et aux réactions du personnage désigné par le prénom Henri.
■ **Ex :** Dans le texte de C. Gailly (▸ p. 142), le narrateur laisse comprendre immédiatement qu'il sait beaucoup de choses sur son personnage, et les donne de manière progressive.

Le point de vue externe (focalisation externe)

Lorsque le narrateur semble découvrir, de l'extérieur, un lieu, une situation, des personnages sans rien savoir d'autre à leur sujet que ce qu'il perçoit, voit ou entend, on parle de focalisation externe : l'angle de vue est **extérieur** et **limité** à ce que perçoit le **narrateur** (et qu'il fait percevoir à son lecteur). Le texte ne donne aucune explication, ne laisse passer aucune subjectivité. La narration consiste alors en un compte rendu **objectif**.
L'intérêt romanesque de ce choix narratif est de susciter la curiosité du lecteur et de lui laisser penser que le narrateur n'en sait pas plus que lui.

■ **Ex :** La première ligne de l'incipit de *La Peau de chagrin* (▸ p. 133) montre un personnage dont on ne sait rien, entrant dans une maison de jeu. Ce que voit le lecteur est exactement ce que voit le narrateur, de l'extérieur, sans aucune connaissance exprimée.

Le point de vue interne (focalisation interne)

Lorsque le champ de vision se trouve **limité** à ce que perçoit, voit ou entend un **personnage**, on parle de focalisation interne. Ce qui est présenté l'est en fonction d'une sensibilité, d'une manière de voir qui n'est pas celle du narrateur. Cette façon de voir, cette sensibilité sont perceptibles à travers la manière – **personnelle** et **subjective** – dont les éléments du récit (lieux, personnages, choses…) sont exprimés.
Le narrateur adapte son champ de vision à celui de son personnage et c'est à travers cette sorte de filtre sensible que les choses sont vues et présentées. On peut dire que le narrateur s'efface, limitant son propre rôle au récit de ce que voit le personnage.

■ **Ex :** La description des trois tas de charbon dans *Léviathan* (▸ p. 186) correspond à la perception qu'en a le héros, dont la sensibilité est perturbée par son crime. La confusion des trois tas avec trois juges révèle un fort sentiment de culpabilité.

L'importance du point de vue

Le choix du point de vue est important parce qu'il révèle les limites du **pouvoir du narrateur** et fait réfléchir sur les relations qu'il instaure avec son **lecteur**.
Si le narrateur s'efface derrière un personnage, il le laisse se révéler : le fait de mettre le lecteur en situation de découverte offre à son imagination tout un champ d'activités. Mais il peut être également intéressant de lui donner de nombreux éléments propres à satisfaire sa curiosité.
Dans les trois cas, les relations entre le narrateur et le lecteur relèvent d'un jeu derrière lequel se cachent ou se manifestent les **intentions** de celui qui écrit (l'**auteur**) et qui prête sa voix au narrateur.

Les variations de point de vue

Il est rare qu'un extrait un peu long soit écrit selon le même point de vue. Les variations de focalisation offrent au lecteur des angles de vue successifs qui se complètent.

■ **Ex :** Dans l'extrait du *Rouge et le Noir* (▸ p. 131), la scène est rendue plus vivante par l'utilisation d'une focalisation variée : point de vue du narrateur, point de vue de Julien.

REPÈRES
Le discours narratif ▸ p. 146
Structure du récit… ▸ p. 161
Énoncé, énonciation ▸ p. 417

Séquence 9

Structure du récit romanesque

1 Honoré de Balzac, *Le Colonel Chabert* (1832)

Supposé mort à la bataille d'Eylau, le colonel Chabert est rentré en France après des années d'errance. Avec l'aide de l'avoué Derville, il cherche à retrouver son identité et son statut social. Il raconte ici comme il a été laissé pour mort sur le champ de bataille…

« Monsieur[1], reprit l'avoué, pendant le jour je ne suis pas trop avare de mon temps ; mais au milieu de la nuit les minutes me sont précieuses. Ainsi, soyez bref et concis. Allez au fait sans digression. Je vous demanderai moi-même les éclaircissements qui me sembleront nécessaires. Parlez. »

Après avoir fait asseoir son singulier client, le jeune homme s'assit lui-même devant la table ; mais, tout en prêtant son attention au discours du feu colonel, il feuilleta ses dossiers.

« Monsieur, dit le défunt, peut-être savez-vous que je commandais un régiment de cavalerie à Eylau[2]. J'ai été pour beaucoup dans le succès de la célèbre charge que fit Murat[3], et qui décida le gain de la bataille. Malheureusement pour moi, ma mort est un fait historique consigné dans les *Victoires et Conquêtes*[4], où elle est rapportée en détail. Nous fendîmes en deux les trois lignes russes, qui, s'étant aussitôt reformées, nous obligèrent à les retraverser en sens contraire. Au moment où nous revenions vers l'empereur, après avoir dispersé les Russes, je rencontrai un gros de cavalerie ennemie. Je me précipitai sur ces entêtés-là. Deux officiers russes, deux vrais géants, m'attaquèrent à la fois. L'un d'eux m'appliqua sur la tête un coup de sabre qui fendit tout, jusqu'à un bonnet de soie noire que j'avais sur la tête, et m'ouvrit profondément le crâne. Je tombai de cheval. Murat vint à mon secours, il me passa sur le corps, lui et tout son monde, quinze cents hommes, excusez du peu ! Ma mort fut annoncée à l'empereur, qui, par prudence (il m'aimait un peu, le patron !), voulut savoir s'il n'y aurait pas quelque chance de sauver l'homme auquel il était redevable de cette vigoureuse attaque. Il envoya, pour me reconnaître et me

1. Désigne le colonel Chabert.

2. Bataille menée par Napoléon contre l'armée russe, en 1807.

3. Général d'Empire, beau-frère de Napoléon, qui a fait de lui, par la suite, le roi de Naples.

4. Ouvrage publié entre 1817 et 1823, relatant les « victoires, conquêtes, revers et guerres civiles des Français de 1792 à 1815 ».

Antoine-Jean Gros (1771-1835) : *Napoléon sur le champ de bataille d'Eylau le 9 février 1807* (1808), huile sur toile, 521 × 784 cm (musée du Louvre ; Paris).

rapporter aux ambulances, deux chirurgiens en leur disant, peut-être trop négligemment, car il avait de l'ouvrage : “Allez donc voir si, par hasard, mon pauvre Chabert vit encore.” Ces sacrés carabins, qui venaient de me voir foulé aux pieds par les chevaux de deux régiments, se dispensèrent sans doute de me tâter le pouls et dirent que j'étais bien mort. L'acte de mon décès fut donc probablement dressé d'après les règles établies par la jurisprudence militaire. »

En entendant son client s'exprimer avec une lucidité parfaite et raconter des faits si vraisemblables, quoique étranges, le jeune avoué laissa ses dossiers, posa son coude gauche sur la table, se mit la tête dans la main et regarda le colonel fixement.

Extrait.

Contexte XIXe s. ► p. 486
Notice biographique ► p. 494
Du même auteur ► p. 78, p. 133, p. 165, p. 180, p. 340

RECHERCHE

Les mots et leur usage

1. Cherchez le sens, dans le texte, des mots : *avoué* (l. 1), *gros* (l. 15), *carabins* (l. 26), *jurisprudence* (l. 29).

Histoire littéraire

2. Cherchez des œuvres littéraires du XIXe siècle qui font référence aux campagnes napoléoniennes. Quelle influence le Premier Empire a-t-il exercée sur la littérature de la première moitié de ce siècle (► p. 486) ?

Lecture analytique

3. Quels sont les différents locuteurs qui interviennent dans le texte ? Identifiez-les à l'aide des guillemets et des verbes de parole. Délimitez leurs paroles et résumez-en le contenu.

4. Qu'a d'insolite la situation vécue par les deux interlocuteurs dans le bureau de Derville ? Comment ce caractère insolite est-il exprimé ?

5. Étudiez le récit fait par Chabert : entrée en matière, étapes, articulations, position du narrateur, registre, temps verbaux. Que met-il en relief ?

6. Quelles sont les différentes fonctions d'un tel récit rétrospectif ? Répondez en considérant le narrateur, le personnage, le lecteur.

Vers le commentaire

7. En prenant appui sur la réponse à la question 5, rédigez un des deux axes de commentaire suivants : *un récit circonstancié à la première personne ; le récit historique de faits étranges.*

REPÈRES Le discours narratif ► p. 146
Structure du récit... ► p. 161

2 Stendhal,
La Chartreuse de Parme (1839)

Gravure de V. Foulquier pour *La Chartreuse de Parme*, de **Stendhal**, château-fort (BNF ; Paris).

À son retour de Waterloo, Fabrice del Dongo, le héros du roman La Chartreuse de Parme, *rend visite à son ami l'abbé Blanès, qui lui prédit ce que sera, peut-être, son destin...*

– [...] Il est en mon pouvoir de te dire[1] plusieurs choses avant que la nuit soit tout à fait remplacée par le jour ; maintenant je les vois beaucoup plus distinctement que peut-être je ne les verrai demain. Car, mon enfant, nous sommes toujours faibles, et il faut toujours faire entrer cette faiblesse en ligne de compte. Demain peut-être le vieil homme, l'homme terrestre sera occupé en moi des préparatifs de ma mort, et demain soir à neuf heures, il faut que tu me quittes.

Fabrice lui ayant obéi en silence comme c'était sa coutume :

– Donc, il est vrai, reprit le vieillard, que lorsque tu as essayé de voir Waterloo[2], tu n'as trouvé d'abord qu'une prison.

– Oui, mon père[3], répliqua Fabrice étonné.

– Eh bien, ce fut un rare bonheur, car, averti par ma voix, ton âme peut se préparer à une autre prison bien autrement dure, bien plus terrible ! Probablement tu n'en sortiras que par un crime, mais, grâce au ciel, ce crime ne sera pas commis par toi. Ne tombe jamais dans le crime avec quelque violence que tu sois tenté ; je crois voir qu'il sera question de tuer un innocent, qui, sans le savoir, usurpe tes droits ; si tu résistes à la violente tentation qui semblera justifiée par les lois de l'honneur, ta vie sera très heureuse aux yeux des hommes..., et raisonnablement heureuse aux yeux du sage, ajouta-t-il, après un instant de réflexion ; tu mourras comme moi, mon fils, assis sur un siège de bois, loin de tout luxe, et détrompé du luxe, et comme moi n'ayant à te faire aucun reproche grave.

Maintenant, les choses de l'état futur sont terminées entre nous, je ne pourrais ajouter rien de bien important. C'est en vain que j'ai cherché à voir de quelle durée sera cette prison ; s'agit-il de six mois, d'un an, de dix ans ? Je n'ai rien pu découvrir ; apparemment j'ai commis quelque faute, et le ciel a voulu me punir par le chagrin de cette incertitude. J'ai vu seulement qu'après la prison, mais je ne sais si c'est au moment même de la sortie, il y aura ce que j'appelle un crime, mais par bonheur je crois être sûr qu'il ne sera pas commis par toi. Si tu as la faiblesse de tremper dans ce crime, tout le reste de mes calculs n'est qu'une longue erreur. Alors tu ne mourras point avec la paix de l'âme, sur un siège de bois et vêtu de blanc.

En disant ces mots, l'abbé Blanès voulut se lever ; ce fut alors que Fabrice s'aperçut des ravages du temps ; il mit près d'une minute à se lever et à se retourner vers Fabrice. Celui-ci le laissait faire, immobile et silencieux.

Livre I, chapitre 8.

1. C'est l'abbé Blanès qui parle.
2. Allusion au voyage que Fabrice a fait peu de temps auparavant pour assister à la bataille de Waterloo.
3. Manière habituelle de s'adresser à un prêtre.

Contexte XIXe s. ▶ p. 486
Notice biographique ▶ p. 502
Du même auteur ▶ p. 131 p. 326 p. 338

RECHERCHE

Les mots et leur usage

1. Qu'est-ce qu'un *devin* ? Cherchez quelques exemples dans la mythologie et dans la littérature.

Lecture analytique

2. Relevez et classez les formulations qui permettent de définir une situation de « prédiction ».

3. Distinguez, dans le discours de l'abbé, ce qui relève de l'information et ce qui relève de l'injonction. Comment exprime-t-il les limites de ses prédictions ?

4. Qu'y a-t-il d'effrayant dans les prédictions du prêtre ? Qu'y a-t-il aussi de rassurant ? Quelles sont les fonctions de ce personnage ?

5. Par rapport à des paroles qui annoncent l'avenir du personnage, dans quelle situation respective se trouvent le narrateur de l'histoire, le personnage de Fabrice, le lecteur ? Quels intérêts peut avoir une telle scène dans la structure du roman ?

Maîtrise de la langue

6. Transposez les lignes 26 à 35 (*Maintenant... commis par toi*) au discours indirect libre en veillant à bien différencier l'identité des deux personnages grâce aux pronoms personnels.

Écriture d'invention

7. Imaginez en 30 lignes environ les réactions de Fabrice suite aux paroles de l'abbé Blanès, au choix :
– à la troisième personne, en adoptant le point de vue d'un narrateur omniscient ; vous pouvez utiliser le discours indirect libre ;
– à la première personne, en rapportant directement les paroles ou les pensées du personnage.

Oral

8. Les prédictions de l'abbé Blanès correspondent-elles à des épisodes de la suite du roman ? Présentez sous forme de résumé oral ce qui se passe à partir du chapitre 9 et dites si le lecteur trouve, dans les péripéties, un crime, un emprisonnement, et une mort apaisée.

REPÈRES Structure du récit... ▶ p. 161
Le personnage de roman ▶ p. 178
Lieux et temps dans le récit ▶ p. 193

3 Edgar Allan Poe, *Nouvelles Histoires extraordinaires* (1857)

Certaines nouvelles présentent une structure particulière, avec des récits emboîtés. C'est le cas du « Portrait ovale » écrite en 1842 par l'Américain E. A. Poe.

Le portrait ovale

Le château dans lequel mon domestique s'était avisé de pénétrer de force, plutôt que de me permettre déplorablement blessé comme je l'étais, de passer une nuit en plein air, était un de ces bâtiments, mélange de grandeur et de mélancolie, qui ont si longtemps dressé leurs fronts sourcilleux au milieu des Apennins[1], aussi bien dans la réalité que dans l'imagination de mistress Radcliffe. Selon toute apparence, il avait été temporairement et tout récemment abandonné. Nous nous installâmes dans une des chambres les plus petites et les moins somptueusement meublées. Elle était située dans une tour écartée du bâtiment. Sa décoration était riche, mais antique et délabrée.

Les murs étaient tendus de tapisseries et décorés de nombreux trophées héraldiques[2] de toute forme, ainsi que d'une quantité vraiment prodigieuse de

1. Chaîne de montagnes de l'Italie centrale.

2. En relation avec les armoiries et les blasons.

peintures modernes, pleines de style, dans de riches cadres d'or d'un goût arabesque. Je pris un profond intérêt, – ce fut peut-être mon délire qui commençait qui en fut cause, – je pris un profond intérêt à ces peintures qui étaient suspendues non seulement sur les faces principales des murs, mais aussi dans une foule de recoins que la bizarre architecture du château rendait inévitables ; si bien que j'ordonnai à Pedro de fermer les lourds volets de la chambre, – puisqu'il faisait déjà nuit, – d'allumer un grand candélabre à plusieurs branches placé près de mon chevet, et d'ouvrir tout grands les rideaux de velours noir garnis de crépines qui entouraient le lit. Je désirais que cela fût ainsi, pour que je pusse au moins, si je ne pouvais pas dormir, me consoler alternativement par la contemplation de ces peintures et par la lecture d'un petit volume que j'avais trouvé sur l'oreiller et qui en contenait l'appréciation et l'analyse.

Je lus longtemps, – longtemps ; – je contemplai religieusement, dévotement ; les heures s'envolèrent, rapides et glorieuses, et le profond minuit arriva. La position du candélabre me déplaisait, et, étendant la main avec difficulté pour ne pas déranger mon valet assoupi, je plaçai l'objet de manière à jeter les rayons en plein sur le livre.

Mais l'action produisit un effet absolument inattendu. Les rayons des nombreuses bougies (car il y en avait beaucoup) tombèrent alors sur une niche de la chambre que l'une des colonnes du lit avait jusque-là couverte d'une ombre profonde. J'aperçus dans une vive lumière une peinture qui m'avait d'abord échappé. C'était le portrait d'une jeune fille déjà mûrissante et presque femme. Je jetai sur la peinture un coup d'œil rapide, et je fermai les yeux. Pourquoi, – je ne le compris pas bien moi-même tout d'abord. Mais pendant que mes paupières restaient closes, j'analysai rapidement la raison qui me les faisait fermer ainsi. C'était un mouvement involontaire pour gagner du temps et pour penser, – pour m'assurer que ma vue ne m'avait pas trompé, – pour calmer et préparer mon esprit à une contemplation plus froide et plus sûre. Au bout de quelques instants, je regardai de nouveau la peinture fixement.

Je ne pouvais pas douter, quand même je l'aurais voulu, que je n'y visse alors très nettement ; car le premier éclair du flambeau sur cette toile avait dissipé la stupeur rêveuse dont mes sens étaient possédés, et m'avait rappelé tout d'un coup à la vie réelle.

Le portrait, je l'ai déjà dit, était celui d'une jeune fille. C'était une simple tête, avec des épaules, le tout dans ce style qu'on appelle, en langage technique, style de *vignette,* beaucoup de la manière de Sully[3] dans ses têtes de prédilection. Les bras, le sein, et même les bouts des cheveux rayonnants, se fondaient insaisissablement dans l'ombre vague mais profonde, qui servait de fond à l'ensemble. Le cadre était ovale, magnifiquement doré et guilloché dans le goût moresque. Comme œuvre d'art, on ne pouvait rien trouver de plus admirable que la peinture elle-même. Mais il se peut bien que ce ne fût ni l'exécution de l'œuvre, ni l'immortelle beauté de la physionomie, qui m'impressionna si soudainement et si fortement. Encore moins devais-je croire que mon imagination, sortant d'un demi-sommeil, eût pris la tête pour celle d'une personne vivante. – Je vis tout d'abord que les détails du dessin, le style de vignette, et l'aspect du cadre auraient immédiatement dissipé un pareil charme, et m'auraient préservé de toute illusion même momentanée. Tout en faisant ces réflexions, et très vivement, je restai, à demi étendu, à demi assis, une heure

3. Un portrait fait par le peintre Robert Sully, et exposé dans une galerie de New York en 1842, a pu inspirer cette nouvelle.

François Bouchot (1800-1842), *La Malibran en Desdémone*, huile sur toile, 69,5 × 58 cm (musée du Louvre ; Paris).

entière peut-être, les yeux rivés à ce portrait. À la longue, ayant découvert le vrai secret de son effet, je me laissai retomber sur le lit. J'avais deviné que le *charme* de la peinture était une expression vitale absolument adéquate à la vie elle-même, qui d'abord m'avait fait tressaillir, et finalement m'avait confondu, subjugué, épouvanté. Avec une terreur profonde et respectueuse, je replaçai le candélabre dans sa position première. Ayant ainsi dérobé à ma vue la cause de ma profonde agitation, je cherchai vivement le volume qui contenait l'analyse des tableaux et leur histoire. Allant droit au numéro qui désignait le portrait ovale, j'y lus le vague et singulier récit qui suit :

« C'était une jeune fille d'une très rare beauté, et qui n'était pas moins aimable que pleine de gaieté. Et maudite fut l'heure où elle vit, et aima, et épousa le peintre. Lui, passionné, studieux, austère, et ayant déjà trouvé une épouse dans son Art ; elle, une jeune fille d'une très rare beauté, et non moins aimable que pleine de gaieté : rien que lumière et sourires, et la folâtrerie d'un jeune faon ; aimant et chérissant toutes choses ; ne haïssant que l'Art qui était son rival ; ne redoutant que la palette et les brosses, et les autres instruments fâcheux qui la privaient de la figure de son adoré. Ce fut une terrible chose pour cette dame que d'entendre le peintre parler du désir de peindre même sa jeune épouse. Mais elle était humble et obéissante, et elle s'assit avec douceur pendant de longues semaines dans la sombre et haute chambre de la tour, où la lumière filtrait sur la pâle toile seulement par le plafond. Mais lui, le peintre, mettait sa gloire dans son œuvre, qui avançait d'heure en heure et de jour en jour. – Et c'était un homme passionné, et étrange, et pensif, qui se perdait en rêveries ; si bien qu'il ne *voulait* pas voir que la lumière qui tombait si lugubrement dans cette tour isolée desséchait la santé et les esprits de sa femme, qui languissait visiblement pour tout le monde, excepté pour lui. Cependant, elle souriait toujours, et toujours sans se plaindre, parce qu'elle voyait que le peintre (qui avait un grand renom) prenait un plaisir vif et brûlant dans sa tâche, et travaillait nuit et jour pour peindre celle qui l'aimait si fort, mais qui devenait de jour en jour plus languissante et plus faible. Et en vérité, ceux qui contemplaient le portrait parlaient à voix basse de sa ressemblance, comme d'une puissante merveille et comme d'une preuve non moins grande de la puissance du peintre que de son profond amour pour celle qu'il peignait si miraculeusement bien. – Mais, à la longue, comme la besogne approchait de sa fin, personne ne fut plus admis dans la tour ; car le peintre était devenu fou par l'ardeur de son travail, et il détournait rarement ses yeux de la toile, même pour regarder la figure de sa femme. Et il ne *voulait* pas voir que les couleurs qu'il étalait sur la toile étaient *tirées* des joues de celle qui était assise près de lui. Et quand bien des semaines furent passées et qu'il ne restait plus que peu de chose à faire, rien qu'une touche sur la bouche et un glacis sur l'œil, l'esprit de la dame palpita encore comme la flamme dans le bec d'une lampe. Et alors la touche fut donnée, et alors le glacis fut placé ; et pendant un moment le peintre se tint en extase devant le travail qu'il avait travaillé ; mais une minute après, comme il contemplait encore, il trembla et il devint très pâle, et il fut frappé d'effroi ; et criant d'une voix éclatante : « En vérité, c'est la *Vie* elle-même ! » – il se retourna brusquement pour regarder sa bien-aimée : – elle était morte ! »

Texte intégral ; traduction de Charles Baudelaire, 1857.

3. Un portrait fait par le peintre Robert Sully, et exposé dans une galerie de New York en 1842, a pu inspirer cette nouvelle.

Contexte XIXe s. ▶ p. 486
Notice biographique ▶ p. 500

RECHERCHE

Les mots et leur usage

1. Cherchez les différents sens du mot *vignette*. Que signifient les termes : *crépines* (l. 20), *guilloché* (l. 50), *goût moresque* (l. 50), *charme* (l. 57) ?
2. Pourquoi, selon vous, certains termes sont-ils en italique dans le texte ?

Histoire littéraire

3. Qui était Ann Radcliffe ? Citez quelques-unes de ses œuvres et expliquez en quoi le genre littéraire dans lequel elle s'est illustrée a influencé la littérature française du XIXe siècle.

Lecture analytique

4. Repérez dans le paragraphe 1 les termes qui désignent les éléments du contexte (temps et lieux), ainsi que la situation dans laquelle se trouve le narrateur. Quelles sont les caractéristiques de ce contexte ?
5. Qu'est-ce qui constitue l'élément perturbateur du premier récit ? Quelle articulation logique attire l'attention du lecteur ? Sur quel phénomène le narrateur met-il alors l'accent concernant le portrait ?
6. Où débute le second récit ? Donnez ses caractéristiques : narrateur, thème, personnage, progression.
7. Retrouvez toutes les relations perceptibles entre le premier et le second récit. Quels rôles jouent-ils l'un par rapport à l'autre ? Sur lequel des deux récits la nouvelle se termine-t-elle ? Quel effet cela produit-il sur le lecteur ?
8. Quel est le registre dominant de la nouvelle ? Quel(s) sens le lecteur peut-il lui attribuer ?

Maîtrise de la langue

9. Construisez une phrase qui comporte exactement la même structure que celle des lignes 52 à 54 : *Mais il se peut bien que ce ne fût ni... , ni..., qui... si... et si...*, mais sur un thème différent. Vous conserverez la première personne.

Vers le commentaire

10. À partir de repérages précis sur le paragraphe 1, construisez et rédigez l'axe de commentaire suivant : *un contexte insolite, propice à l'irrationnel.*

REPÈRES Structure du récit... ▸ p. 161
Lieux et temps dans le récit ▸ p. 193
La nouvelle ▸ p. 212
Le fantastique ▸ p. 213

4 Gustave Flaubert, *L'Éducation sentimentale* (1869)

Jeune provincial venu chercher la réussite à Paris, Frédéric Moreau est tombé amoureux, dès le début du roman, d'une femme mariée plus âgée que lui, Mme Arnoux. Des années plus tard, ils évoquent cette passion restée platonique, au cours d'une visite située à la fin du roman, quelques pages avant l'épilogue.

Elle[1] avoua qu'elle désirait faire un tour à son bras, dans les rues.

Ils sortirent.

La lueur des boutiques éclairait, par intervalles, son profil pâle ; puis l'ombre l'enveloppait de nouveau ; et, au milieu des voitures, de la foule et du bruit, ils allaient sans se distraire d'eux-mêmes, sans rien entendre, comme ceux qui marchent ensemble dans la campagne, sur un lit de feuilles mortes.

Ils se racontèrent leurs anciens jours, les dîners du temps de *l'Art industriel*, les manies d'Arnoux, sa façon de tirer les pointes de son faux col, d'écraser du cosmétique sur ses moustaches, d'autres choses plus intimes et plus profondes. Quel ravissement il avait eu la première fois, en l'entendant chanter ! Comme elle était belle, le jour de sa fête, à Saint-Cloud ! Il lui rappela le petit jardin d'Auteuil, des soirs au théâtre, une rencontre sur le boulevard, d'anciens domestiques, sa négresse.

1. Madame Arnoux.

▲ **Auguste Renoir** (1841-1919), *Jeune Femme à la voilette* (≃ 1875), huile sur toile, 61 × 51 cm (musée d'Orsay ; Paris).

Contexte XIXe s. ▶ p. 486
Notice biographique ▶ p. 497
Du même auteur ▶ p. 36 p. 342 p. 343

Elle s'étonnait de sa mémoire. Cependant, elle lui dit :

– Quelquefois, vos paroles me reviennent comme un écho lointain, comme le son d'une cloche apporté par le vent ; et il me semble que vous êtes là, quand je lis des passages d'amour dans les livres.

– Tout ce qu'on y blâme d'exagéré, vous me l'avez fait ressentir, dit Frédéric. Je comprends les Werther que ne dégoûtent pas les tartines de Charlotte.

– Pauvre cher ami !

Elle soupira ; et, après un long silence :

– N'importe, nous nous serons bien aimés.

– Sans nous appartenir, pourtant !

– Cela vaut peut-être mieux, reprit-elle.

– Non ! non ! Quel bonheur nous aurions eu !

– Oh ! je le crois, avec un amour comme le vôtre !

Et il devait être bien fort pour durer après une séparation si longue !

Frédéric lui demanda comment elle l'avait découvert.

– C'est un soir que vous m'avez baisé le poignet entre le gant et la manchette. Je me suis dit : « Mais il m'aime… il m'aime ! » J'avais peur de m'en assurer, cependant. Votre réserve était si charmante, que j'en jouissais comme d'un hommage involontaire et continu.

Il ne regretta rien. Ses souffrances d'autrefois étaient payées.

Quand ils rentrèrent, Mme Arnoux ôta son chapeau. La lampe, posée sur une console, éclaira ses cheveux blancs. Ce fut comme un heurt en pleine poitrine.

IIIe partie, chapitre 6.

RECHERCHE

Les mots et leur usage

1. Préparez une note pour les expressions suivantes, en cherchant leur sens dans le roman : *l'Art industriel, sa fête, le petit jardin d'Auteuil, sa négresse.*

Histoire littéraire

2. Qui sont les personnages littéraires de Werther et de Charlotte (l. 20-21) ? Qui est leur créateur ? À quel courant littéraire se rattachent-ils ?

Lecture analytique

3. Identifiez les modalités adoptées par le narrateur dans cette scène : récit, dialogue direct, discours indirect libre, discours narrativisé. Comment suggèrent-elles une harmonie entre les deux personnages ?

4. À partir de repérages lexicaux, étudiez les deux thèmes essentiels abordés par les personnages. Quel registre ces thèmes permettent-ils de définir ?

5. Les deux personnages évoquent des épisodes passés, déjà racontés dans le roman. Quels intérêts peut-il y avoir, pour le narrateur, pour les personnages et pour le lecteur, dans cette manière de reprendre des faits déjà connus ?

Travail sur un corpus de textes

6. Rapprochez les trois extraits de Balzac (▶ p. 148), E. Poe (▶ p. 151) et Flaubert (▶ p. 154).

a. Cherchez et explicitez les circonstances dans lesquelles l'évocation du passé s'intègre au récit.

b. Quelle est, dans chaque extrait, l'utilité d'un retour en arrière ? Comparez ces différentes utilités.

REPÈRES Structure du récit… ▶ p. 161
Lieux et temps dans le récit ▶ p. 193
Le personnage de roman ▶ p. 178

5 Émile Zola, *L'Assommoir* (1877)

Coupeau est un ouvrier zingueur qui travaille à l'installation ou à la réparation des toitures d'immeubles parisiens. L'épisode qui suit rapporte un accident du travail déterminant pour la vie du personnage, pour celle de sa femme Gervaise, pour leur fille Nana, et pour l'intrigue du roman.

Il lui restait à poser un chapiteau de cheminée, une bricole de rien du tout. La blanchisseuse[1] et la concierge demeurèrent sur le trottoir, causant du quartier, surveillant Nana[2], pour l'empêcher de barboter dans le ruisseau, où elle cherchait des petits poissons ; et les deux femmes revenaient toujours à la toiture, avec des sourires, des hochements de tête, comme pour dire qu'elles ne s'impatientaient pas. En face, la vieille[3] n'avait pas quitté sa fenêtre, regardant l'homme, attendant.

« Qu'est-ce qu'elle a donc à espionner, cette bique ! dit Mme Boche. Une fichue mine ! »

Là-haut, on entendait la voix forte du zingueur chantant : *Ah ! qu'il fait bon cueillir la fraise !* Maintenant, penché sur son établi, il coupait son zinc en artiste. D'un tour de compas, il avait tracé une ligne, et il détachait un large éventail, à l'aide d'une paire de cisailles cintrées ; puis, légèrement, au marteau, il ployait cet éventail en forme de champignon pointu. Zidore[4] s'était remis à souffler la braise du réchaud. Le soleil se couchait derrière la maison, dans une grande clarté rose, lentement pâlie, tournant au lilas tendre. Et en plein ciel, à cette heure recueillie du jour, les silhouettes des deux ouvriers, grandies démesurément, se découpaient sur le fond limpide de l'air, avec la barre sombre de l'établi et l'étrange profil du soufflet.

Quand le chapiteau fut taillé, Coupeau jeta son appel :

« Zidore ! les fers[5] ! »

Mais Zidore venait de disparaître. Le zingueur, en jurant, le chercha du regard, l'appela par la lucarne du grenier restée ouverte. Enfin, il le découvrit sur un toit voisin, à deux maisons de distance. Le galopin se promenait, explorait les environs, ses maigres cheveux blonds s'envolant au grand air, clignant les yeux en face de l'immensité de Paris.

« Dis donc, la flâne ! est-ce que tu te crois à la campagne ! dit Coupeau furieux. Tu es comme M. Béranger, tu composes des vers, peut-être !... Veux-tu bien me donner les fers ! A-t-on jamais vu se balader sur les toits ! Amène-z-y ta connaissance tout de suite, pour lui chanter des mamours... Veux-tu me donner les fers, sacrée andouille ! »

Il souda, il cria à Gervaise :

« Voilà, c'est fini... Je descends. »

Le tuyau auquel il devait adapter le chapiteau se trouvait au milieu du toit. Gervaise, tranquillisée, continuait à sourire en suivant ses mouvements. Nana, rassurée tout d'un coup par la vue de son père, tapait dans ses petites mains. Elle s'était assise sur le trottoir, pour mieux voir là-haut.

« Papa ! papa ! criait-elle de toute sa force ; papa ! regarde donc ! »

1. Il s'agit de Gervaise, femme de Coupeau.

2. Fille de Gervaise et de Coupeau, et future héroïne du roman qui porte son nom.

3. Vieille femme curieuse qui observe la scène derrière son rideau.

4. Apprenti qui aide Coupeau.

5. Fers à souder le zinc.

Le zingueur voulut se pencher, mais son pied glissa. Alors, brusquement, bêtement, comme un chat dont les pattes s'embrouillent, il roula, il descendit la pente légère de la toiture, sans pouvoir se rattraper.

« Nom de Dieu ! » dit-il d'une voix étouffée.

Et il tomba. Son corps décrivit une courbe molle, tourna deux fois sur lui-même, vint s'écraser au milieu de la rue avec le coup sourd d'un paquet de linge jeté de haut.

Gervaise, stupide[6], la gorge déchirée d'un grand cri, resta les bras en l'air. Des passants accoururent, un attroupement se forma. Mme Boche, bouleversée, fléchissant sur les jambes, prit Nana entre les bras, pour lui cacher la tête et l'empêcher de voir. Cependant, en face, la petite vieille, comme satisfaite, fermait tranquillement sa fenêtre.

Chapitre IV.

6. Frappée de stupeur.

Contexte XIXe s. ► p. 486
Notice biographique ► p. 503
Du même auteur ► p. 38, p. 172, p. 185, p. 345, p. 348, p. 460

Œuvres complètes illustrées d'**Émile Zola**, *Les Rougon-Maquart* (éd. Fasquelle Paris ; 1906) : *L'Assommoir,* illustration de A. Garnier.

Lecture analytique

1. Par quelles formulations et par quels procédés d'écriture le narrateur met-il en relief les qualités professionnelles de Coupeau ?

2. Le narrateur déplace l'attention du lecteur d'un lieu à un autre : comment s'opère ce déplacement et quels sont les effets produits ?

3. Que suggère l'attitude de la vieille dame dans le paragraphe 1 ? En quoi peut-on parler de prémonition du drame et d'effet de suspens ?

4. Déterminez le registre du passage en tenant compte de l'effet d'attente et des causes précises de la chute.

5. En quoi le lecteur peut-il penser qu'il s'agit là d'un épisode déterminant ?

Maîtrise de la langue

6. Réécrivez les trois derniers paragraphes (l. 39-55) en remplaçant les verbes par des synonymes, mais en conservant les temps verbaux.

Écriture d'invention

7. Transposez le récit de l'accident de Coupeau, successivement :
– en brève de fait divers (3 à 5 lignes) ;
– en « nouvelle en trois lignes », à la manière de Félix Fénéon (► p. 115) ;
– en article court (20 lignes) ; vous mettrez l'accent sur les circonstances, sur l'attitude de Zidore, sur l'appel de Nana. Vous insisterez sur l'aspect tragique de l'événement et vous lui donnerez un titre.

Vers la dissertation

8. Dans une réflexion argumentée, vous exposerez les raisons d'utiliser un (ou des) fait(s) divers dans une fiction romanesque. Vous pourrez vous appuyer sur la séquence 7 « *Du fait réel au récit de fiction* ».

REPÈRES
Le discours narratif ► p. 146
Structure du récit… ► p. 161
Le personnage de roman ► p. 178

6 Guy de Maupassant, *Bel-Ami* (1885)

Texte 1

Le roman Bel-Ami *raconte la réussite sociale et professionnelle d'un homme grâce à ses relations féminines et à la presse. En voici le tout début.*

Quand la caissière lui eut rendu la monnaie de sa pièce de cent sous, Georges Duroy sortit du restaurant.

Comme il portait beau, par nature et par pose d'ancien sous-officier, il cambra sa taille, frisa sa moustache d'un geste militaire et familier, et jeta sur les dîneurs attardés un regard rapide et circulaire, un de ces regards de joli garçon, qui s'étendent comme des coups d'épervier.

Les femmes avaient levé la tête vers lui, trois petites ouvrières, une maîtresse de musique entre deux âges, mal peignée, négligée, coiffée d'un chapeau toujours poussiéreux et vêtue d'une robe toujours de travers, et deux bourgeoises avec leurs maris, habituées de cette gargote à prix fixe.

Lorsqu'il fut sur le trottoir, il demeura un instant immobile, se demandant ce qu'il allait faire. On était au 28 juin, et il lui restait juste en poche trois francs quarante pour finir le mois. Cela représentait deux dîners sans déjeuners, ou deux déjeuners sans dîners, au choix. Il réfléchit que les repas du matin étant de vingt-deux sous, au lieu de trente que coûtaient ceux du soir, il lui resterait, en se contentant des déjeuners, un franc vingt centimes de boni, ce qui représentait encore deux collations au pain et au saucisson, plus deux bocks sur le boulevard. C'était là sa grande dépense et son grand plaisir des nuits ; et il se mit à descendre la rue Notre-Dame-de-Lorette.

Il marchait ainsi qu'au temps où il portait l'uniforme des hussards, la poitrine bombée, les jambes un peu entr'ouvertes comme s'il venait de descendre de cheval ; et il avançait brutalement dans la rue pleine de monde, heurtant les épaules, poussant les gens pour ne point se déranger de sa route. Il inclinait légèrement sur l'oreille son chapeau à haute forme assez défraîchi, et battait le pavé de son talon. Il avait l'air de toujours défier quelqu'un, les passants, les maisons, la ville entière, par chic de beau soldat tombé dans le civil.

Incipit.

Contexte XIXe s. ▶ p. 486
Notice biographique ▶ p. 499
Du même auteur ▶ p. 94, p. 134, p. 159, p. 351, p. 354

RECHERCHE

Les mots et leur usage

1. Cherchez le sens des mots et expressions : *porter beau* (l. 3), *gargote* (l. 10), *boni* (l. 16), *collations* (l. 17), *bocks* (l. 17).

Maîtrise de la langue

2. Présentez un personnage, homme ou femme, en respectant exactement la structure des lignes 3 à 6 que vous décomposerez : *Comme il (elle)...*

Étude comparée

3. Mettez en parallèle les caractéristiques du héros au début et à la fin du roman : *nom, attitude et façon de se tenir, position et reconnaissance sociale, succès mondains, lieux fréquentés, ambitions.* Qu'observez-vous grâce à ces comparaisons ?

4. En quoi la réussite finale de Georges Duroy est-elle annoncée dès le début du roman ?

5. L'épilogue est-il ouvert ou fermé ? Quelle peut être la réaction du lecteur lorsqu'il termine sa lecture ?

Texte 2

À la fin du roman, le héros, devenu Georges Du Roy, épouse Suzanne, la fille du directeur du journal dont il est devenu rédacteur en chef. Ce mariage est la consécration d'un parcours auquel il ne manque que la réussite politique.

Illustration pour *Bel-Ami* de **Guy de Maupassant**, par Ferdinand Sigismund Bac (1859-1952), publiée par Paul Ollendorff en 1895, gravure (collection privée).

D'autres personnes se poussaient. La foule coulait devant lui comme un fleuve. Enfin elle s'éclaircit. Les derniers assistants partirent.

Georges reprit le bras de Suzanne pour retraverser l'église.

Elle était pleine de monde, car chacun avait regagné sa place, afin de les voir passer ensemble. Il allait lentement, d'un pas calme, la tête haute, les yeux fixés sur la grande baie ensoleillée de la porte. Il sentait sur sa peau courir de légers frissons, ces frissons froids que donnent les immenses bonheurs. Il ne voyait personne. Il ne pensait qu'à lui.

Lorsqu'il parvint sur le seuil, il aperçut la foule amassée, une foule noire, bruissante, venue là pour lui, pour lui Georges Du Roy. Le peuple de Paris le contemplait et l'enviait.

Puis, relevant les yeux, il découvrit là-bas, derrière la place de la Concorde, la Chambre des députés. Et il lui sembla qu'il allait faire un bond du portique de la Madeleine[1] au portique du Palais-Bourbon[2].

Il descendit avec lenteur les marches du haut perron entre deux haies de spectateurs. Mais il ne les voyait point ; sa pensée maintenant revenait en arrière, et devant ses yeux éblouis par l'éclatant soleil flottait l'image de Mme de Marelle[3] rajustant en face de la glace les petits cheveux frisés de ses tempes, toujours défaits au sortir du lit.

Épilogue.

1. Église de Paris où est célébré le mariage.

2. Chambre des députés ou Assemblée nationale.

3. Une des maîtresses du héros, qui lui a appris à se comporter en société.

Travail sur un corpus de textes

6. Dans les extraits de Balzac (▸ p. 148), de Zola (▸ p. 156) et de Maupassant (▸ texte 2 p. 159), quel élément déterminant est mis en relief par le narrateur ? De quelle manière cela apparaît-il dans l'écriture ?

Vers le commentaire

7. Construisez et rédigez les deux axes de commentaire suivants : *la mise en relief du héros lors de son triomphe ; un épilogue jouant à la fois sur le passé et sur l'avenir.* Vous prendrez appui sur les pronoms personnels, sur le registre du passage et sur la manière dont est rapporté le comportement du personnage lors de son mariage.

REPÈRES Structure du récit... ▸ p. 161
Lieux et temps dans le récit ▸ p. 193
Le personnage de roman ▸ p. 178

7 Lire l'image : *Le Roman de Mélusine*

Illustration du *Roman de Mélusine* (1401), manuscrit français 383 – folio 30 (BNF ; Paris).

RECHERCHE

Histoire littéraire

1. Cherchez qui est l'auteur du *Roman de Mélusine* et de quelle époque date cette œuvre.

2. Qui était Mélusine ? Que pouvez-vous conclure de cette identité concernant le genre littéraire de cette œuvre ?

Lecture de l'image

3. Décrivez ce que vous voyez sur l'image en différenciant les personnages et en signalant où ils se trouvent les uns par rapport aux autres.

4. Quels sont les éléments ancrés dans la réalité ? Quels sont ceux qui appartiennent à un monde magique ?

5. Distinguez les différents plans de la représentation : quel est l'effet créé par la ligne qui se trouve au centre de l'image ? Que sépare-t-elle ? Quel élément récurrent retrouve-t-on cependant de part et d'autre ?

6. Rattachez les différentes composantes de l'image (personnages, lieux et actions) à différents épisodes d'un récit. Comment pourriez-vous structurer ces différents épisodes pour en faire une partie de récit cohérente ?

REPÈRES Structure du récit... ► p. 161

Structure du récit romanesque

Traditionnellement conçu comme un déroulement narratif qui se situe dans le temps et dans l'espace, le récit romanesque commence par l'incipit et s'achève par l'épilogue. La partie centrale comporte des étapes, chapitres ou parties. Cette organisation, en apparence simple, peut se révéler beaucoup plus complexe : la composition d'un récit dépend de conventions et de choix, qui sont ceux du romancier.

L'incipit

On désigne par **incipit** (en latin : « ça commence ») les premières lignes d'un récit, qui en constituent l'ouverture. L'incipit joue un rôle essentiel en faisant entrer le lecteur dans l'histoire, sans que pour autant celle-ci commence à ce moment-là : comme l'action au théâtre, elle peut en effet être saisie à un moment particulier d'un déroulement déjà commencé.

■ **Ex :** L'incipit de *La Peau de chagrin* (▸ p. 133) fait se rencontrer le personnage et le lecteur au seuil d'une maison de jeu, mais le jeune héros a derrière lui toute une histoire, qui ne sera connue que plus tard.

En général, le début de roman apporte des réponses aux questions implicites du lecteur : « Quoi ? Où ? Pourquoi ? Quand ? Qui ? » et donne des précisions sur les lieux, le moment, le (ou les) personnage(s), les raisons de leur présence. L'incipit marque aussi la rencontre entre le **lecteur** et le **narrateur**, rencontre importante qui fait comprendre les rôles de chacun.

■ **Ex :** Dans l'*Histoire de Gil Blas* (▸ p. 128), le narrateur, qui est aussi le héros, instaure avec son lecteur une relation de complicité, comme Balzac (▸ p. 133), lorsqu'il s'adresse à un *vous* qui est peut-être le lecteur.

Mais l'incipit laisse aussi de larges zones d'inconnu, qui peuvent inciter le lecteur à poursuivre la lecture. Chacun anticipe alors sur la suite en se créant un **horizon d'attente**.

Le déroulement : péripéties, rétrospectives et anticipations, ellipses

La métaphore stendhalienne du roman *miroir que l'on promène le long d'une route* induit l'idée d'un déroulement linéaire du récit de fiction. La lecture de romans montre qu'il n'en est rien et que le narrateur organise son récit en jouant avec les épisodes, le temps et les lieux.
Il y a d'abord le fait que des actions qui se passent en même temps ne peuvent pas être racontées en même temps : ce décalage oblige parfois à des **retours en arrière**, ou **rétrospectives**, identifiables aux temps verbaux. Le narrateur peut aussi décider de rapporter des faits passés depuis longtemps.

D'autre part, il n'est pas possible de tout raconter : des durées, et les événements qu'elles contiennent, sont passés sous silence grâce aux **ellipses** ; inversement, d'autres faits sont racontés avec précisions et détails, parfois en de longues digressions.

■ **Ex :** Dans *Le Colonel Chabert* (▸ p. 148), le colonel raconte la manière dont il a été laissé pour mort sur le champ de bataille d'Eylau. Ce récit historique vient s'emboîter dans la première histoire, dont il suspend le cours. On trouve la même structure emboîtée dans « Le portrait ovale », d'E. A. Poe (▸ p. 151). Il y a alors deux récits et deux narrateurs.

Il arrive aussi que certains événements soient annoncés avant leur réalisation : on parle alors d'**anticipation**.

■ **Ex :** Dans *La Chartreuse de Parme* (▸ p. 150), les prédictions de l'abbé Blanès donnent la suite des aventures du héros.

L'enchevêtrement temporel du récit est une manière de recréer et de faire comprendre l'épaisseur de la réalité à partir d'une succession de faits et de situations qui conduisent à l'épilogue.

L'épilogue

La mise en parallèle de l'incipit et de l'épilogue permet de comprendre le passage d'un état initial à un état final : le déroulement, avec ses **péripéties**, a conduit à une fin, qui termine la rencontre entre le lecteur et le récit, mais pas nécessairement l'histoire.

■ **Ex :** La fin du roman *Bel-Ami* (▸ p. 159) ouvre sur l'idée d'une carrière politique brillante et donne au lecteur une idée de ce que pourrait être la suite.

Fin d'un récit, l'épilogue n'est pas aléatoire, mais s'inscrit dans une **logique** parfois déjà mise en place au début, celle des événements, de la psychologie des personnages, des intentions du narrateur et des objectifs de l'auteur ; certains récits sont construits comme des tragédies, d'autres sont imprévisibles. La structure d'un roman dépend de sa **fidélité au réel** mais aussi des **intentions** narratives de son auteur, qui sont à la fois historiques, esthétiques et personnelles.

REPÈRES Le discours narratif ▸ p. 146
Lieux et temps dans le récit ▸ p. 193

Séquence 10

Personnages et héros de fiction

1 Antoine Furetière, *Le Roman bourgeois* (1666)

Dans une œuvre romanesque intitulée Le Roman bourgeois, *Furetière se moque des conventions de son époque, qui voulaient que les actions et les personnages de la fiction romanesque soient héroïques et extraordinaires. Le narrateur définit son projet dans l'incipit.*

Je chante[1] les amours et les aventures de plusieurs bourgeois de Paris, de l'un et de l'autre sexe ; et ce qui est de plus merveilleux, c'est que je les chante, et si[2] je ne sais pas la musique. Mais puisqu'un roman n'est rien qu'une poésie en prose, je croirais mal débuter si je ne suivais l'exemple de mes maîtres, et si je faisais un autre exorde : car, depuis que feu Virgile a chanté Énée et ses armes, et que Le Tasse, de poétique mémoire, a distingué son ouvrage par chants, leurs successeurs, qui n'étaient pas meilleurs musiciens que moi, ont tous répété la même chanson, et ont commencé d'entonner sur la même note. Cependant je ne pousserai pas bien loin mon imitation ; car je ne ferai point d'abord une invocation des Muses, comme font tous les poètes au commencement de leurs ouvrages, ce qu'ils tiennent si nécessaire, qu'ils n'osent entreprendre le moindre poème sans leur faire une prière, qui n'est guère souvent exaucée. Je ne veux point faire aussi de fictions poétiques, ni écorcher l'anguille par la queue[3], c'est-à-dire commencer mon histoire par la fin, comme font tous ces messieurs, qui croient avoir bien raffiné pour trouver le merveilleux et le surprenant quand ils font de cette sorte le récit de quelque aventure. C'est ce qui leur fait faire le plus souvent un long galimatias, qui dure jusqu'à ce que quelque charitable écuyer ou confidente viennent éclaircir le lecteur des choses précédentes qu'il faut qu'il sache, ou qu'il suppose, pour l'intelligence de l'histoire.

Au lieu de vous tromper par ces vaines subtilités, je vous raconterai sincèrement et avec fidélité plusieurs historiettes ou galanteries arrivées entre des personnes qui ne seront ni héros ni héroïnes, qui ne dresseront point d'armées, ni ne renverseront point de royaumes, mais qui seront de ces bonnes gens de

1. Le début du texte reprend le début de *l'Énéide*, de Virgile : « Je chante les armes et le héros… »

2. Et pourtant.

3. Métaphore empruntée à Rabelais.

Anonyme, *Criée de poissons de mer aux Halles, détail du marché,* peinture française, XVIIe siècle (musée Carnavalet ; Paris).

médiocre condition, qui vont tout doucement leur grand chemin, dont les uns seront beaux et les autres laids, les uns sages et les autres sots ; et ceux-ci ont bien la mine de composer le plus grand nombre. Cela n'empêchera pas que quelques gens de la plus haute volée[4] ne s'y puissent reconnaître, et ne profitent de l'exemple de plusieurs ridicules dont ils pensent être fort éloignés. Pour éviter encore davantage le chemin battu des autres, je veux que la scène de mon roman soit mobile, c'est-à-dire tantôt en un quartier et tantôt en un autre de la ville ; et je commencerai par celui qui est le plus bourgeois, qu'on appelle communément la place Maubert.

Incipit.

4. Des gens d'un rang social plus élevé.

Contexte XVIIe s. ▶ p. 478
Notice biographique ▶ p. 497

RECHERCHE

Les mots et leur usage

1. Donnez le sens, dans le texte, des mots : *chanter* (l. 1), *exorde* (l. 5), *galimatias* (l. 17). Par quel mot pourrait-on remplacer *intelligence* (l. 19) ?

Histoire littéraire

2. Dans quelle œuvre, dont vous préciserez le genre littéraire, le poète latin Virgile a-t-il célébré Énée ? Qui était Le Tasse ? Qu'a-t-il composé, dans quelle langue ?

3. Quel genre littéraire autre que le roman met en scène des bourgeois au XVIIe siècle ?

Lecture analytique

4. Qu'emprunte le narrateur à certains de ses prédécesseurs et que refuse-t-il ? Prenez appui sur les affirmations et sur les négations du paragraphe 1.

5. Quelles justifications donne-t-il de ses choix et de ses refus ?

6. Rapprochez le titre de l'œuvre, la toute première affirmation et le contenu du paragraphe 2 : qu'ont-ils en commun ?

7. Quelles sont, selon le paragraphe 2, les caractéristiques des personnages du *Roman bourgeois* ? Qu'ont-ils d'original par rapport aux héros traditionnels ?

8. Quelles relations le narrateur établit-il avec son lecteur ? Quels engagements prend-il ? Quelles critiques se trouvent dès lors implicitement formulées envers les autres auteurs ?

Maîtrise de la langue

9. Composez une phrase reprenant exactement la structure des lignes 26 à 28 et comportant, dans cet ordre, les éléments suivants : *Cela n'empêchera pas que… ne puissent…, et ne… dont ils pensent être…*

Écriture d'invention

10. Rédigez en prose ou en vers (ex. : un quatrain) une courte *invocation* adressée aux *Muses* (l. 10), à la première personne, dans laquelle un écrivain demande inspiration et aide.

REPÈRES
Historique du roman ▶ p. 127
Le discours narratif ▶ p. 146
Structure du récit… ▶ p. 161
Le personnage de roman ▶ p. 178

2 Alain-René Lesage, *Histoire de Gil Blas de Santillane* (1715-1735)

Gian Battista Tiepolo (1692-1770), *Le Repas des paysans,* (détail) fresque de la Villa Valmarana (Lugo Vicentino ; Italie).

L'Histoire de Gil Blas de Santillane, *roman écrit à la première personne, commence par la présentation généalogique du « héros » narrateur, qui appartient, comme les personnages de Furetière (▸ p. 162), à la petite bourgeoisie.*

Chapitre premier : *De la naissance de Gil Blas et de son éducation*

Blas de Santillane, mon père, après avoir longtemps porté les armes pour le service de la monarchie espagnole, se retira dans la ville où il avait pris naissance. Il y épousa une petite bourgeoise qui n'était plus dans sa première jeunesse, et je vins au monde dix mois après leur mariage. Ils allèrent ensuite demeurer à Oviédo[1], où ma mère se mit femme de chambre, et mon père écuyer. Comme ils n'avaient pour tout bien que leurs gages, j'aurais couru risque d'être assez mal élevé, si je n'eusse pas eu dans la ville un oncle chanoine. Il se nommait Gil Perez. Il était frère aîné de ma mère et mon parrain. Représentez-vous un petit homme haut de trois pieds et demi, extraordinairement gros, avec une tête enfoncée entre les deux épaules : voilà mon oncle. Au reste, c'était un ecclésiastique qui ne songeait qu'à bien vivre, c'est-à-dire qu'à faire bonne chère ; et sa prébende[2], qui n'était pas mauvaise, lui en fournissait les moyens.

Il me prit chez lui dès mon enfance, et se chargea de mon éducation. Je lui parus si éveillé, qu'il résolut de cultiver mon esprit. Il m'acheta un alphabet, et entreprit de m'apprendre lui-même à lire ; ce qui ne lui fut pas moins utile qu'à moi ; car, en me faisant connaître mes lettres, il se remit à la lecture, qu'il avait toujours négligée, et, à force de s'y appliquer, il parvint à lire couramment son bréviaire[3], ce qu'il n'avait jamais fait auparavant. Il aurait encore bien voulu m'enseigner la langue latine ; c'eût été autant d'argent épargné pour lui ; mais, hélas ! le pauvre Gil Perez ! il n'en avait de sa vie su les premiers principes : c'était peut-être (car je n'avance pas cela comme un fait certain) le chanoine du chapitre[4] le plus ignorant. Aussi j'ai ouï dire qu'il n'avait pas obtenu son bénéfice par son érudition ; il le devait uniquement à la reconnaissance de quelques bonnes religieuses dont il avait été le discret commissionnaire, et qui avaient eu le crédit de lui faire donner l'ordre de prêtrise sans examen.

Il fut donc obligé de me mettre sous la férule d'un maître : il m'envoya chez le docteur Godinez, qui passait pour le plus habile pédant d'Oviédo. Je profitai si bien des instructions qu'on me donna, qu'au bout de cinq à six années, j'entendis un peu les auteurs grecs et assez bien les poètes latins. Je m'appliquai aussi à la logique, qui m'apprit à raisonner beaucoup. J'aimais tant la dispute[5], que j'arrêtais les passants, connus ou inconnus, pour leur proposer des arguments.

Incipit.

1. Ville d'Espagne, dans la province des Asturies.
2. Bénéfice ecclésiastique.
3. Livre de prières.
4. Communauté de chanoines.
5. Échange d'arguments contradictoires.

Contexte XVIIIe s. ▸ p. 482
Notice biographique ▸ p. 499
Du même auteur ▸ p. 128

RECHERCHE

Les mots et leur usage

1. Donnez le champ sémantique du mot *naissance*. À quel sens ce mot renvoie-t-il dans le titre du chapitre ? De quelles connotations ce mot est-il porteur dans un roman qui met en scène un jeune roturier ambitieux, vivant au XVIIIe siècle ?

Histoire littéraire

2. Que désigne l'expression *roman picaresque* ? Cherchez l'origine du mot *picaresque* et donnez le titre du premier roman de ce type, qui appartient à la littérature espagnole.
Cherchez ensuite des exemples de romans picaresques dans la littérature française du XVIIIe siècle.

Lecture analytique

3. Identifiez le narrateur et trouvez des indices de sa présence dans le texte. Établissez ensuite une fiche d'identité précisant son nom, son prénom, son lieu de naissance, le nom et la profession de ses parents. Pourquoi s'appelle-t-il *Gil* ?

4. Retrouvez dans le texte tous les éléments en relation avec la notion d'*éducation* annoncée dans le titre. Explicitez les liens évoqués par le texte entre éducation et naissance.

5. Observez les temps verbaux et les indices d'énonciation : à quel moment le texte est-il écrit par rapport aux faits rapportés ? Quel registre le narrateur utilise-t-il, en particulier pour parler de son *parrain* ?

6. Quelles informations sociales et historiques ce texte apporte-t-il au lecteur ? Quelles informations littéraires donne-t-il concernant le choix de certains personnages romanesques au XVIIIe siècle ?

Travail sur un corpus de textes

7. Rapprochez les textes de Furetière (▶ p. 162), de Lesage (▶ p. 164) et de Balzac (▶ p. 165), pour faire apparaître certaines caractéristiques des personnages bourgeois et montrer qu'ils peuvent, eux aussi, être des « héros » remarquables.

REPÈRES
Les mots : sens et usage ▶ p. 59
Le discours narratif ▶ p. 146
Le personnage de roman ▶ p. 178

Gravure « Le Père Goriot » de **Balzac**, édition du XIXe siècle (BNF ; Paris).

3 Honoré de Balzac, *Le Père Goriot* (1835)

L'intrigue du roman Le Père Goriot *est résumée ainsi par Balzac : « Un brave homme – pension bourgeoise – 600 Fr. de rente – s'étant dépouillé pour ses filles, qui toutes deux ont 50 000 Fr. de rente, mourant comme un chien. Souffrances d'un père. »*
Dans la première partie du roman, la duchesse de Langeais expose à son amie, Madame de Beauséant, et à Eugène de Rastignac, un jeune étudiant ambitieux, la situation familiale et sociale de Goriot, sous et après la Révolution.

– Oui, ce Moriot[1] a été président de sa section pendant la Révolution ; il a été dans le secret de la fameuse disette, et a commencé sa fortune par vendre dans ce temps-là des farines dix fois plus qu'elles ne lui coûtaient. Il en a eu tant qu'il en a voulu. L'intendant de ma grand-mère lui en a vendu pour des sommes immenses. Ce Goriot partageait sans doute, comme tous ces gens-là, avec le Comité de Salut Public. Je me souviens que l'intendant disait à ma grand-mère qu'elle pouvait rester en toute sûreté à Granvilliers, parce que ses blés étaient une excellente carte civique. Eh bien ! ce Loriot, qui vendait du blé aux coupeurs de têtes, n'a eu qu'une passion. Il adore, dit-on, ses filles. Il a juché l'aînée dans la maison de Restaud, et greffé l'autre sur le baron de Nucingen, un riche banquier qui fait le royaliste. Vous comprenez bien que, sous l'Empire, les deux gendres ne se sont pas trop formalisés d'avoir

1. Celle qui parle écorche systématiquement le nom de Goriot.

ce vieux Quatre-vingt-treize chez eux ; ça pouvait encore aller avec Buonaparte[2]. Mais quand les Bourbons[3] sont revenus, le bonhomme a gêné monsieur de Restaud, et plus encore le banquier. Les filles, qui aimaient peut-être toujours leur père, ont voulu ménager la chèvre et le chou, le père et le mari ; elles ont reçu le Goriot quand elles n'avaient personne ; elles ont imaginé des prétextes de tendresse. « Papa, venez, nous serons mieux, parce que nous serons seuls ! » etc. Moi, ma chère, je crois que les sentiments vrais ont des yeux et une intelligence : le cœur de ce pauvre Quatre-vingt-treize a donc saigné. Il a vu que ses filles avaient honte de lui ; que, si elles aimaient leurs maris, il nuisait à ses gendres. Il fallait donc se sacrifier. Il s'est sacrifié, parce qu'il était père : il s'est banni de lui-même. En voyant ses filles contentes, il comprit qu'il avait bien fait. Le père et les enfants ont été complices de ce petit crime. Nous voyons cela partout. Ce père Doriot n'aurait-il pas été une tache de cambouis dans le salon de ses filles ? Il y aurait été gêné, il se serait ennuyé. Ce qui arrive à ce père peut arriver à la plus jolie femme avec l'homme qu'elle aimera le mieux : si elle l'ennuie de son amour, il s'en va, il fait des lâchetés pour la fuir. Tous les sentiments en sont là. Notre cœur est un trésor, videz-le d'un coup, vous êtes ruinés. Nous ne pardonnons pas plus à un sentiment de s'être montré tout entier qu'à un homme de ne pas avoir un sou à lui. Ce père avait tout donné. Il avait donné, pendant vingt ans, ses entrailles, son amour ; il avait donné sa fortune en un jour. Le citron bien pressé, ses filles ont laissé le zeste au coin des rues.

Ire partie, « Une pension bourgeoise ».

2. Déformation péjorative du nom de Napoléon Bonaparte.

3. Allusion à la reprise du pouvoir par la famille royale des Bourbons. La Restauration commence avec Louis XVIII, en 1815.

Contexte XIXe s. ▶ p. 486
Notice biographique ▶ p. 494
Du même auteur ▶ p. 78, p. 133, p. 148, p. 180, p. 340

RECHERCHE

Les mots et leur usage

1. Donnez le sens des expressions : *le Comité de Salut Public* (l. 6), *coupeurs de têtes* (l. 9), *ce vieux Quatre-vingt-treize* (l. 13). À quelle période historique font-elles référence ? Quelles connotations ont-elles dans le texte ?

Lecture analytique

2. Quelle est l'organisation du récit fait par celle qui parle ? Donnez ses étapes et rapprochez-les du résumé donné dans le paratexte de présentation.

3. Quels éléments font du père Goriot un personnage historique, intégré à un contexte politique, économique et social ? Explicitez ce contexte à partir des éléments donnés par le texte.

4. Comment celle qui parle laisse-t-elle passer son point de vue, ses jugements, ses conseils ?

5. Quelles sont les fonctions du récit fait par Madame de Langeais ? Répondez en considérant le personnage présenté, la narratrice, ses interlocuteurs, le lecteur, l'auteur.

Écriture d'invention

6. Résumez la présentation du père Goriot en ne donnant que les faits, de la manière la plus objective possible, sans jugements, sans opinions, sans connotations. Vous supprimerez la première personne du singulier, les images, les figures de rhétorique, les considérations personnelles de la narratrice.

Vers la dissertation

7. Le roman emprunte souvent son inspiration à l'Histoire. Dans un développement argumenté et illustré d'exemples, vous expliquerez ce que les événements historiques, un contexte économique et social réel et des personnages représentatifs d'une époque peuvent apporter à un récit de fiction.

REPÈRES
Le personnage de roman ▶ p. 178
Historique du roman ▶ p. 127

4 Théophile Gautier,
Récits fantastiques, « Jettatura » (1857)

Comment le lecteur connaît-il un personnage de fiction ?
Par son passé, ses actes, son comportement...
Son portrait donne de lui une image qui peut susciter certaines réactions : curiosité, attente, inquiétude pour la suite des événements. Voici le portrait de Paul d'Aspremont, héros de la nouvelle « Jettatura[1] ».

Théodore Géricault (1791-1824), *Portrait de jeune homme assis dans un atelier* (peinture non datée), 146,5 × 101,5 cm ; (musée du Louvre ; Paris).

C'était un jeune homme de vingt-six à vingt-huit ans, ou du moins auquel on était tenté d'attribuer cet âge au premier abord, car lorsqu'on le regardait avec attention on le trouvait ou plus jeune ou plus vieux, tant sa physionomie énigmatique mélangeait la fraîcheur et la fatigue. Ses cheveux d'un blond obscur tiraient sur cette nuance que les Anglais appellent *auburn,* et s'incendiaient au soleil de reflets cuivrés et métalliques, tandis que dans l'ombre, ils paraissaient presque noirs ; son profil offrait des lignes purement accusées, un front dont un phrénologue[2] eût admiré les protubérances, un nez d'une noble courbe aquiline[3], des lèvres bien coupées, et un menton dont la rondeur puissante faisait penser aux médailles antiques ; et cependant tous ces traits, beaux en eux-mêmes, ne composaient point un ensemble agréable. Il leur manquait cette mystérieuse harmonie qui adoucit les contours et les fond les uns dans les autres. La légende parle d'un peintre italien qui, voulant représenter l'archange

1. Ce mot signifie « sort », dans le sens de « jeter un sort ».

2. Spécialiste de l'étude de la forme du crâne.

3. Courbé comme un bec d'aigle.

rebelle[4], lui composa un masque de beautés disparates, et arriva ainsi à un effet de terreur bien plus grand qu'au moyen des cornes, des sourcils circonflexes et de la bouche en rictus. Le visage de l'étranger produisait une impression de ce genre. Ses yeux surtout étaient extraordinaires ; les cils noirs qui les bordaient contrastaient avec la couleur gris pâle des prunelles et le ton châtain brûlé des cheveux. Le peu d'épaisseur des os du nez les faisait paraître plus rapprochés que les mesures des principes de dessin ne le permettent, et, quant à leur expression, elle était vraiment indéfinissable. Lorsqu'ils ne s'arrêtaient sur rien, une vague mélancolie, une tendresse languissante s'y peignaient dans une lueur humide ; s'ils se fixaient sur quelque personne ou quelque objet, les sourcils se rapprochaient, se crispaient, et modelaient une ride perpendiculaire dans la peau du front : les prunelles, de grises devenaient vertes, se tigraient de points noirs, se striaient de fibrilles[5] jaunes ; le regard en jaillissait aigu, presque blessant ; puis tout reprenait sa placidité première, et le personnage à tournure méphistophélique redevenait un jeune homme du monde – membre du Jockey-Club, si vous voulez – allant passer la saison à Naples, et satisfait de mettre le pied sur un pavé de lave moins mobile que le pont du *Léopold*[6].

Extrait.

4. Lucifer.

5. Petites lignes ressemblant à des fibres.

6. Navire sur lequel le jeune homme a voyagé jusqu'à Naples.

Contexte XIXe s. ▶ p. 486
Notice biographique ▶ p. 497
Du même auteur ▶ p. 182

RECHERCHE

Histoire littéraire

1. Cherchez le nom de plusieurs (cinq à dix) auteurs du XIXe siècle (français, européens ou américains) ayant composé des textes fantastiques. Pour chacun d'eux, citez un titre d'œuvre et donnez sa date de publication.

2. En vous aidant de la réponse précédente, établissez une liste de motifs ou de thèmes caractéristiques de la littérature fantastique.

Lecture analytique

3. Comment le portrait est-il construit et sur quels éléments physiques le narrateur met-il l'accent ? Prenez appui sur le lexique et sur la structure du texte.

4. Au début du portrait, la physionomie du personnage est présentée comme *énigmatique* (l. 4). Relevez et identifiez tous les éléments (lexique, mots de liaison, figures de rhétorique) qui expriment cette idée d'énigme.

5. Quelle autre caractéristique essentielle du personnage se dégage du portrait ? Par quoi se rattache-t-il à la fois au titre du recueil et au titre du récit ? Quel est son registre ?

6. En quoi ce portrait, placé au début de l'histoire, peut-il influencer le lecteur et l'inciter à lire la suite ?

Vers le commentaire

7. Construisez et rédigez l'un des axes de commentaire suivants : *un portrait construit progressivement ; des oppositions inquiétantes.*

Écriture d'invention

8. Faites, en une vingtaine de lignes, le portrait d'un personnage de fiction dont la particularité sera, comme pour le jeune homme de « Jettatura », un ensemble de *beautés disparates*. Précisez ensuite le thème ou l'intrigue de l'histoire dont ce personnage pourrait être le héros.

Lecture de l'image

9. Décrivez ce que vous voyez sur le tableau de T. Géricault (▶ p. 167) en insistant sur les effets de contraste.

10. Sur quoi le peintre a-t-il mis l'accent à travers la pose du jeune homme et sa physionomie ?

11. Que connote l'environnement dans lequel se trouve le personnage ?

REPÈRES Le personnage de roman ▶ p. 178
Le fantastique ▶ p. 213

5 Villiers de L'Isle-Adam, *Contes cruels* (1883)

Sans être des héros historiques, certains personnages représentent symboliquement, au-delà des époques et des régimes, des traits récurrents de la nature humaine.

Vox populi[1]

À Monsieur Leconte de Lisle.
Le soldat prussien fait son café dans une lanterne sourde[2].
LE SERGENT HOFF.

Grande revue aux Champs-Élysées, ce jour-là !

Voici douze ans[3] de subis depuis cette vision. – Un soleil d'été brisait ses longues flèches d'or sur les toits et les dômes de la vieille capitale. Des myriades de vitres se renvoyaient des éblouissements : le peuple, baigné d'une poudreuse lumière, encombrait les rues pour voir l'armée.

Assis, devant la grille du parvis Notre-Dame, sur un haut pliant de bois, – et les genoux croisés en de noirs haillons –, le centenaire Mendiant, doyen de la Misère de Paris, – face de deuil au teint de cendre, peau sillonnée de rides couleur de terre –, mains jointes sous l'écriteau qui consacrait légalement sa cécité, offrait son aspect d'ombre au *Te Deum* de la fête environnante.

Tout ce monde, n'était-ce pas son prochain ? Les passants en joie, n'étaient-ce pas ses frères ? À coup sûr, Espèce humaine ! D'ailleurs, cet hôte du souverain portail n'était pas dénué de tout bien : l'État lui avait reconnu le droit d'être aveugle.

Propriétaire de ce titre et de la respectabilité inhérente à ce lieu des aumônes sûres qu'officiellement il occupait, possédant enfin qualité d'électeur, c'était notre égal, – à la Lumière près.

Et cet homme, sorte d'attardé chez les vivants, articulait, de temps à autre, une plainte monotone, – syllabisation évidente du profond soupir de toute sa vie :

– « Prenez pitié d'un pauvre aveugle, s'il vous plaît ! »

Autour de lui, sous les puissantes vibrations tombées du beffroi, – *dehors,* là-bas, au-delà du mur de ses yeux –, des piétinements de cavalerie, et, par éclats, des sonneries aux champs, des acclamations mêlées aux salves des Invalides, aux cris fiers des commandements, des bruissements d'acier, des tonnerres de tambours scandant des défilés interminables d'infanterie, toute une rumeur de gloire lui arrivait ! Son ouïe suraiguë percevait jusqu'à des flottements d'étendards aux lourdes franges frôlant des cuirasses. Dans l'entendement du vieux captif de l'obscurité, mille éclairs de sensations, pressenties et indistinctes, s'évoquaient ! Une divination l'avertissait de ce qui enfiévrait les cœurs et les pensées dans la Ville.

Et le peuple, fasciné, comme toujours, par le prestige qui sort, pour lui, des coups d'audace et de fortune, proférait, en clameur, ce vœu du moment :

– « Vive l'Empereur ! »

1. Première partie d'un proverbe latin, *Vox populi, vox Dei*, qui signifie « Voix du peuple, voix de Dieu ».

2. Épigraphe énigmatique, qui peut signifier que le destin du peuple s'accomplit dans l'ombre.

3. Cette indication temporelle situe les événements de l'histoire par rapport au moment de l'écriture du conte, en 1880, soit *douze ans* avant : en 1868.

Claude Monet (1840-1926), *La Rue Montorgueil à Paris, fête du 30 juin 1878* (1878), huile sur toile, 81 × 50,5 cm (musée d'Orsay ; Paris).

Mais, entre les accalmies de toute cette triomphale tempête, une voix perdue s'élevait du côté de la grille mystique. Le vieux homme, la nuque renversée contre le pilori de ses barreaux, roulant ses prunelles mortes vers le ciel, oublié de ce peuple dont il semblait, seul, exprimer le vœu véritable, le vœu caché sous les hurrahs, le vœu secret et personnel, psalmodiait, augural[4] intercesseur, sa phrase maintenant mystérieuse :

– « Prenez pitié d'un pauvre aveugle, s'il vous plaît ! »

Grande revue aux Champs-Élysées, ce jour-là !

Voici *dix* ans[5] d'envolés depuis le soleil de cette fête ! Mêmes bruits, mêmes voix, même fumée ! Une sourdine, toutefois, tempérait alors le tumulte de l'allégresse publique. Une ombre aggravait les regards. Les salves convenues de la plate-forme du Prytanée[6] se compliquaient, cette fois, du grondement éloigné des batteries de nos forts. Et, tendant l'oreille, le peuple cherchait à discerner déjà, dans l'écho, la réponse des pièces ennemies qui s'approchaient.

Le gouverneur passait, adressant à tous maints sourires et guidé par l'amble-trotteur[7] de son fin cheval. Le peuple, rassuré par cette confiance qui lui inspire toujours une tenue irréprochable, alternait de chants patriotiques les applaudissements tout militaires dont il honorait la présence de ce soldat.

Mais les syllabes de l'ancien vivat furieux s'étaient modifiées : le peuple, éperdu, proférait ce vœu du moment :

– « Vive la République ! »

Et, là-bas, du côté du seuil sublime, on distinguait toujours la voix solitaire de Lazare[8]. Le Diseur de l'arrière-pensée populaire ne modifiait pas, lui, la rigidité de sa fixe plainte.

Âme sincère de la fête, levant au ciel ses yeux éteints, il s'écriait, entre des silences, et avec l'accent d'une constatation :

– « Prenez pitié d'un pauvre aveugle, s'il vous plaît ! »

Grande revue aux Champs-Élysées, ce jour-là !

Voici *neuf* ans[9] de supportés depuis ce soleil trouble !

Oh ! mêmes rumeurs ! mêmes fracas d'armes ! mêmes hennissements ! Plus assourdis encore, toutefois, que l'année précédente ; criards, pourtant.

– « Vive la Commune ! » clamait le peuple au vent qui passe.

Et la voix du séculaire Élu de l'Infortune redisait, toujours, là-bas, au seuil sacré, son refrain rectificateur de l'unique pensée de ce peuple. Hochant la tête vers le ciel, il gémissait dans l'ombre :

– « Prenez pitié d'un pauvre aveugle, s'il vous plaît ! »

Et, deux lunes plus tard, alors qu'aux dernières vibrations du tocsin, le Généralissime des forces régulières de l'État passait en revue ses deux cent mille fusils, hélas ! encore fumants de la triste guerre civile, le peuple, terrifié, criait, en regardant brûler, au loin, les édifices :

4. Adjectif formé sur le mot *augure*, qui désigne un présage.

5. Soit : en 1870.

6. Établissement militaire d'enseignement.

7. Allure d'un cheval.

8. Ce nom désigne ici l'aveugle. Lazare est un personnage biblique.

9. Soit : en 1871.

– « Vive le Maréchal ! »

Là-bas, du côté de la salubre[10] enceinte, l'immuable Voix, la voix du vétéran de l'humaine Misère, répétait sa machinalement douloureuse et impitoyable obsécration[11] :

– « Prenez pitié d'un pauvre aveugle, s'il vous plaît ! »

Et, depuis, d'année en année, de revues en revues, de vociférations en vociférations, quel que fût le nom jeté aux hasards de l'espace par le peuple en ses *vivats,* ceux qui écoutent, attentivement, les bruits de la terre, ont toujours distingué, au plus fort des révolutionnaires clameurs et des fêtes belliqueuses qui s'ensuivent, la Voix lointaine, la Voix *vraie,* l'intime Voix du symbolique Mendiant terrible ! – du Veilleur de nuit criant l'heure exacte du Peuple, – de l'incorruptible factionnaire de la conscience des citoyens, de celui qui restitue intégralement la prière occulte de la Foule et en résume le soupir.

Pontife[12] inflexible de la Fraternité, ce Titulaire autorisé de la cécité physique n'a jamais cessé d'implorer, en médiateur inconscient, la charité divine, pour ses frères de l'intelligence.

Et, lorsque enivré de fanfares, de cloches et d'artillerie, le Peuple, troublé par ces vacarmes flatteurs, essaye en vain de se masquer à lui-même son vœu véritable, sous n'importe quelles syllabes mensongèrement enthousiastes, le Mendiant, lui, la face au Ciel, les bras levés, à tâtons, dans ses grandes ténèbres, se dresse au seuil éternel de l'Église, – et, d'une voix de plus en plus lamentable, mais qui semble porter au-delà des étoiles, continue de crier sa rectification de prophète :

– « Prenez pitié d'un pauvre aveugle, s'il vous plaît ! »

Texte intégral , 1re publication en 1880.

10. Salvatrice.
11. Supplication.
12. Prêtre.

Contexte XIXe s. ▶ p. 486
Notice biographique ▶ p. 503

RECHERCHE

Les mots et leur usage

1. Explicitez les mots faisant référence à la divination et à la religion qui ne sont pas donnés en notes.

Histoire littéraire

2. Le mendiant et l'aveugle constituent deux personnages littéraires récurrents. En vous aidant d'un dictionnaire de littérature, trouvez cinq exemples d'œuvres mettant en scène l'un ou l'autre. Donnez les titres des œuvres, leur auteur, leur date et la portée symbolique de ces deux personnages.

Lecture analytique

3. À partir des différentes phrases récurrentes, ainsi que de la disposition typographique, déterminez la structure du conte. Sur quoi repose-t-elle ? Combien le lecteur peut-il déterminer d'étapes ?

4. Pour chacune des étapes, dites quelle est la situation historique, quelles sont les données chronologiques, qui sont les « acteurs » (▶ contexte p. 486). Quelles sont et comment s'expriment les similitudes d'une étape à l'autre ? Qu'y a-t-il cependant de différent à chaque fois ?

5. Que représente l'aveugle dans chacune des situations ? Quelle est sa fonction symbolique ? Répondez en prenant appui sur l'ensemble du texte et sur l'explication finale.

6. Quels enseignements et quelles réflexions le lecteur peut-il trouver dans ce texte ? Répondez en vous appuyant sur le contenu du récit et sur son titre.

7. Quel point de vue personnel le narrateur exprime-t-il dans ce texte ? Donnez différents indices (choix lexicaux, connotations, ponctuation…) de jugements dont vous préciserez la nature.

REPÈRES Structure du récit… ▶ p. 161
Le personnage de roman ▶ p. 178
Le registre épique ▶ p. 179

6 Émile Zola, « ébauche » de *La Bête humaine* (1890)

Renaud, dans le rôle d'Étienne Lantier, dans le film de Claude Berri, *Germinal* (1993).

Certains romanciers choisissent leurs personnages en fonction d'une organisation qui les fait revenir d'un roman à l'autre. Cette « architecture » littéraire engendre parfois quelques difficultés, comme en témoigne le texte suivant.

Je n'ai absolument, comme héros à employer, qu'Étienne Lantier, mon Étienne de *Germinal.* Il est né en 1846. (Élection de la mère, ressemblance physique de la mère, puis du père. Hérédité de l'ivrognerie se tournant en folie homicide. État de crime.) Si [je] le prends en (69) 70, après les événements de *Germinal,* il n'a donc que vingt-quatre ans. Cela peut aller, en ne pas trop insistant sur l'âge. Il est jeune voilà tout. Il faudra tenir compte de *Germinal* et des idées qu'il y a réunies. Donc la partie socialiste, avec un écho. Je puis le faire entrer comme employé dans un chemin de fer, l'y affiner davantage, presque un monsieur, avec le reflet héroïque de ses aventures dans *Germinal,* et le rendre amoureux d'une femme d'employé supérieur, ou de magistrat, etc. Un coin de perversion chez cette femme qui le ramène en bas, vers cet ouvrier dégrossi. Un type de femme bourgeoise, mais singulière, à créer. Et elle le pousse alors à tuer. – Je ne sais si ce que je pense est bon : par exemple, Étienne est en chemin de fer, au premier chapitre, et il assiste à un meurtre dans de certaines conditions qui l'empêchent d'en parler, de témoigner. Alors, j'ai toute sa lutte, lui mêlé à la magistrature, à l'enquête, toujours près de parler, mais ne parlant pas, pour une raison (?). Une femme évidemment. Et à la fin, tuant lui-même dans les mêmes conditions soit pour empêcher quelqu'un de parler, soit pour posséder la femme. Enfin, un meurtre qui soit la conséquence de l'autre, un meurtre débattu pendant tout le livre. – Ne pas oublier que j'ai mis en lui la folie homicide : justifier. – Cela ne me paraît pas mauvais : un début très dramatique, et une fin qui fait pendant, avec une marche très logique d'un bout à l'autre. Mais ce qui ne me plaît pas, c'est que cela n'est pas général, ne pose pas un problème humain, un cas de conscience. Il n'y a que ceci ; parlera-t-il ? Ne parlera-t-il pas ?

In *La Bête humaine,* d'**Émile Zola**, commentaires de Ph. Hamon, coll. « Foliothèque », éd. Gallimard, 1994.

Contexte XIXe s. ► p. 486
Notice biographique ► p. 503
Du même auteur ► p. 38, p. 156, p. 185, p. 345, p. 460

Jean Gabin, dans le rôle de Jacques Lantier, dans le film de Jean Renoir, *La Bête humaine* (1938).

RECHERCHE

Histoire littéraire

1. Donnez le titre de l'ensemble de l'œuvre de Zola et le double nom de la famille dont cette œuvre raconte l'histoire.

2. Cherchez qui est Étienne Lantier par rapport à cette famille, quelle est sa généalogie et pourquoi il est marqué par une *hérédité de l'ivrognerie* (l. 3).

Bilan de lecture

3. À quoi peut-on percevoir qu'il s'agit ici d'une « ébauche », et non d'un plan définitivement établi ?

4. Qu'apprend cet extrait sur la manière dont Zola choisit ses personnages : où va-t-il les chercher ? Quelles conséquences découlent, selon le texte, de cette manière de procéder ?

5. Qu'est-ce qui se met en place autour du personnage principal ? Explicitez les liens évoqués entre le héros, le contexte envisagé, d'autres personnages, différentes actions. Récapitulez les différents éléments potentiels de l'intrigue.

6. À travers quelles formulations s'exprime le pouvoir du romancier ? Précisez ce pouvoir et trouvez, dans le texte, ce qui peut venir le limiter.

Travail sur un corpus de textes

7. Les textes de Furetière (▸ p. 162), Balzac (▸ p. 165), Gautier (▸ p. 167), Zola (▸ p. 172) abordent la question du choix des personnages et de leur présentation : qu'ont en commun les deux textes de Furetière et de Zola d'un côté, les deux textes de Balzac et de Gautier de l'autre ?

Vers la dissertation

8. Sur quels plans l'incarnation cinématographique d'un personnage de roman par un acteur est-elle intéressante et utile ? Quels risques comporte-t-elle cependant ?

REPÈRES Le personnage de roman ▸ p. 178
Du réalisme au naturalisme ▸ p. 357

7 Nathalie Sarraute, *Enfance* (1983)

Couverture : œuvres de Ponson du Terrail, *Les Drames de Paris, Rocambole*, A. Fayard Éditeur du Livre populaire.

Enfance *est un récit autobiographique à deux voix, désignant la narratrice et elle-même, dialoguant à propos des faits marquants d'une enfance. Dans le passage qui suit, qui traite des lectures de Nathalie Sarraute enfant, il est question des héros romanesques qui peuplent le roman* Rocambole…

Voici enfin le moment attendu où je peux étaler le volume sur mon lit, l'ouvrir à l'endroit où j'ai été forcée d'abandonner… je m'y jette, je tombe… impossible de me laisser arrêter, retenir par les mots, par leur sens, leur aspect, par le déroulement des phrases, un courant invisible m'entraîne avec ceux à qui de tout mon être imparfait mais avide de perfection je suis attachée, à eux qui sont la bonté, la beauté, la grâce, la noblesse, la pureté, le courage mêmes… je dois avec eux affronter des désastres, courir d'atroces dangers, lutter au bord de précipices, recevoir dans le dos des coups de poignard, être séquestrée, maltraitée par d'affreuses mégères, menacée d'être perdue à jamais… et chaque fois, quand nous sommes tout au bout de ce que je peux endurer, quand il n'y a plus le moindre espoir, plus la plus légère possibilité, la plus fragile vraisemblance… cela nous arrive… un courage insensé, la noblesse, l'intelligence parviennent juste à temps à nous sauver…

C'est un moment de bonheur intense… toujours très bref… bientôt les transes, les affres me reprennent… évidemment les plus valeureux, les plus beaux, les plus purs ont jusqu'ici eu la vie sauve… jusqu'à présent… mais comment ne pas craindre que cette fois… il est arrivé à des êtres à peine moins parfaits… si, tout de même, ils l'étaient moins, et ils étaient moins séduisants, j'y étais moins attachée, mais j'espérais que pour eux aussi, ils le méritaient, se produirait au dernier moment… eh bien non, ils étaient, et avec eux une part arrachée à moi-même, précipités du haut des falaises, broyés, noyés, mortellement blessés… car le Mal est là, partout, toujours prêt à frapper… Il est aussi fort que le Bien, il est à tout moment sur le point de vaincre… et cette fois tout est perdu, tout ce qu'il peut y avoir sur terre de plus noble, de plus beau… le Mal s'est installé solidement, il n'a négligé aucune précaution, il n'a plus rien à craindre, il savoure à l'avance son triomphe, il prend son temps… et c'est à ce moment-là qu'il faut répondre à des voix d'un autre monde… « Mais on t'appelle, c'est servi, tu n'entends pas ? »… il faut aller au milieu de ces gens petits, raisonnables, prudents, rien ne leur arrive, que peut-il arriver là où ils vivent… là tout est si étriqué, mesquin, parcimonieux… alors que chez nous là-bas, on voit à chaque instant des palais, des hôtels, des meubles, des objets, des jardins, des équipages de toute beauté, comme on n'en voit jamais ici, des flots de pièces d'or, des rivières de diamants…

Éd. Gallimard.

Contexte XXe s. ▶ p. 490
Notice biographique ▶ p. 502
Du même auteur ▶ p. 53, p. 313

RECHERCHE

Les mots et leur usage

1. Quel adjectif est dérivé du nom *Rocambole* ? Quel est son sens ? Trouvez d'autres mots comportant le même suffixe et donnez leur sens.

Histoire littéraire

2. Cherchez le nom et les dates de l'auteur de *Rocambole*. À quel genre de romans appartient cette œuvre ?

Lecture analytique

3. Quels liens rattachent la narratrice aux personnages et aux situations romanesques ? Comment sont-ils exprimés ? Par quels procédés d'écriture se trouve mise en relief la force de ces liens ?

4. Quels éléments d'intrigues romanesques le passage évoque-t-il ? Sur quel effet particulier la narratrice insiste-t-elle ? Répondez en prenant appui sur la ponctuation et certaines expressions comme *juste à temps*.

5. Récapitulez toutes les caractéristiques des héros dont il est question dans le texte. Comment leurs qualités sont-elles soulignées ? Quel est le registre utilisé ? En quoi, selon la narratrice, s'opposent-ils aux êtres de la réalité quotidienne ?

6. D'après le texte, qu'apporte la lecture de *Rocambole* ?

Vers le commentaire

7. En prenant appui sur des repérages précis, vous traiterez les deux axes de commentaire suivants (portant sur les lignes 15 à 34) : *l'expression d'émotions fortes ; des situations et des personnages exceptionnels.*

Écriture d'invention

8. Le père de la narratrice porte un jugement méprisant sur *Rocambole,* considérant qu'il ne s'agit pas de littérature de valeur.
À partir de ce qui est dit dans le texte, vous vous demanderez ce qui peut justifier ce jugement négatif, puis – toujours à partir du texte – vous exposerez ce qui peut expliquer l'enthousiasme de Nathalie Sarraute.

REPÈRES
Le personnage de roman ▶ p. 178
Le registre épique ▶ p. 179
Énoncé, énonciation ▶ p. 417

8 Didier Sénécal, article paru dans *Lire* (1999)

Où vont-ils pêcher ces noms ?

« J'ai trouvé, eurêka ! je l'appellerai Emma Bovary ! » Flaubert eut-il vraiment l'illumination devant la deuxième cataracte du Nil, comme le raconte Maxime du Camp[1] ? En tout cas, il est certain qu'un personnage a besoin d'un nom pour commencer à vivre. Ce patronyme, les écrivains vont souvent le chercher dans leurs souvenirs d'enfance, comme Balzac qui peupla la France entière de noms tourangeaux. Le *Dictionnaire des communes,* les encyclopédies, les camarades d'école constituent autant de sources inépuisables. La bibliothèque de Patrick Modiano regorge de vieux annuaires du téléphone, de Bottins mondains, de *Who's who* périmés. Les noms retenus, naturellement, n'ont rien d'innocent : leur sonorité, leur musique sont partie intégrante du style. Prononcez Marius, Escartefigue, Panisse, et vous êtes aussitôt en pleine pagnolade. Édouard Raban, Grégoire Samsa, Karl Rossmann, Joseph K. et K. ont hérité soit de l'initiale, soit des deux « a » de Kafka. Amadis Dudu, Saphir Lazuli ou Phaéton Bougre ne peuvent survivre que chez Boris Vian. À l'inverse, Lucas, Janvier, Lapointe, Mahé, Ferchaux, sonnent juste, vrai, comme dans le monde de Simenon. Romancier hautement cérébral, Georges Perec effectue une savante addition pour obtenir la figure centrale de *La vie mode d'emploi* : Bartleby (Herman Melville) + Barnabooth (Valery Larbaud) = Bartlebooth. Mais nul n'a mieux parlé de la musique des noms que Nabokov : « Pour ma nymphette, j'avais besoin d'un diminutif avec une cadence lyrique. Une des lettres les plus limpides et les plus lumineuses, c'est le « L ». Le suffixe *-ita* comprend beaucoup de tendresse latine, et il me fallait cela. D'où Lolita. »

Article paru dans *Lire,* n° 277, été 1999.

1. Ami de Flaubert, avec qui il fit de nombreux voyages.

RECHERCHE

Histoire littéraire

1. Situez chacun des écrivains suivants (dates, nationalité) et citez pour chacun d'eux deux titres d'œuvres de fiction : Flaubert, Balzac, Patrick Modiano, Marcel Pagnol, Kafka, Boris Vian, Simenon, Georges Perec, Nabokov.

2. Quelle est la particularité de l'œuvre de G. Perec : *La Disparition* ?

Bilan de lecture

3. Expliquez l'affirmation : *un personnage a besoin d'un nom pour commencer à vivre* (l. 3).

4. Établissez une liste des différentes sources et origines des noms de personnages choisis par les romanciers.

5. Quels liens l'auteur de l'article met-il en évidence entre les noms choisis et les écrivains ? Répondez en observant les noms cités, leurs connotations, leurs sonorités.

6. Quelles conclusions pouvez-vous en tirer concernant le choix des noms de personnages ? Comment feriez-vous pour choisir des noms si vous deviez créer un (ou des) personnage(s) de fiction ?

Travail sur un corpus de textes

7. Rapprochez les textes de Furetière (▸ p. 162), Zola (▸ p. 172), N. Sarraute (▸ p. 173), D. Sénécal (▸ p. 175), en précisant leur genre littéraire : sous quel angle chacun aborde-t-il la question du personnage de fiction ? Sur quel plan se complètent-ils ? Quelles oppositions font-ils apparaître ?

REPÈRES Le personnage de roman ▸ p. 178

9 Lire l'image : personnages de romans

Les personnages romanesques figurent souvent en couverture des collections de poche, selon des modalités diverses, qu'il est intéressant d'identifier et d'analyser. Certains choix sont liés à l'actualité cinématographique.

Bertall (1820-1882), *Le Colonel Chabert*,
Gravure, vers 1860 (Paris, Maison de Balzac).

Couverture d'*Adolphe*, éd. G.F.-Flammarion ;
Gérard (1770-1837), *Jean-Baptiste Isabey et sa fille :* détail (musée du Louvre ; Paris).

Couverture de *La Rabouilleuse*,
éd. G.F.-Flammarion ; photo du film *Les Arrivistes*.

Gérard Depardieu dans le rôle du colonel Chabert ; photo du film d'Y. Angelo (1994).

Couverture du *Colonel Chabert,* éd. Classiques de Poche ; image du film d'Y. Angelo (1994) représentant F. Luchini, G. Depardieu et F. Ardant.

Étude comparée

1. Lisez les légendes des images et identifiez qui est représenté et de quelle manière : s'agit-il du personnage essentiel, de son incarnation cinématographique, d'un portrait d'époque, d'un tableau suggérant un personnage proche, d'une image de film... ?

2. Qu'y a-t-il de particulier dans l'image qui constitue la couverture de la collection « Classiques de poche » du *Colonel Chabert* ?

Écriture d'invention

3. Cherchez des tableaux ou des photos susceptibles de représenter trois personnages romanesques de votre choix, empruntés à des extraits figurant dans cette séquence ou à des romans que vous avez lus. Ces trois illustrations sont destinées à des couvertures de collections de poche. Dans une lettre les accompagnant, vous justifierez votre choix auprès du directeur de collection.

Vers la dissertation

4. Sous une forme organisée et illustrée d'exemples, vous expliquerez de quoi dispose un lecteur pour se faire une image du héros ou de certains personnages de romans ou de nouvelles. Vous chercherez également les relations qui existent entre ces différentes présentations, ainsi que la nature et le déroulement de l'intrigue.

5. L'incarnation des personnages de fiction par des acteurs de cinéma ou de télévision permet au lecteur d'avoir une véritable représentation des personnages. Vous expliquerez ce qu'apporte cette représentation, mais aussi quels peuvent en être les désavantages ou les limites.

REPÈRES Le personnage de roman ▶ p. 178

Le personnage de roman

Être fictif auquel le romancier prête une vie, des caractéristiques et des actions imitées du réel, le personnage de roman a évolué selon les transformations historiques de ce genre.

Une évolution historique

Du **héros mythologique** à l'ouvrier de *Germinal*, le personnage romanesque s'est modifié à travers le temps : son identité, ses origines sociales, son apparence, le message dont il est porteur sont liés à la nature et aux finalités de l'œuvre.

Après les **chevaliers** des romans courtois, Rabelais crée, à la Renaissance, des **géants** qui incarnent l'appétit de savoir de l'époque.

Au XVIIe siècle, le roman précieux met en scène des **personnages idéalisés** qui illustrent les valeurs chevaleresques disparues ; le roman dit « bourgeois » de ce siècle et du suivant (▶ p. 162, 164), confère le statut de « héros » aux représentants du tiers état.

Avec le XIXe siècle triomphent les **personnages communs**, jusque-là négligés, acteurs de la révolution prolétarienne. Ces héros demeurent au XXe siècle jusqu'au courant du « nouveau roman », qui considère le personnage comme une notion périmée et le transforme en silhouette anonyme.

Ex : Les héros de Diderot, comme le valet Jacques (▶ p. 130), ou ceux de Lesage, comme Gil Blas (▶ p. 128, 164) viennent du peuple.
Étienne Lantier et Gervaise (▶ p. 155, 172), chez Zola, sont des ouvriers. Maupassant rapporte la vie de paysans (▶ p. 134).

Le personnage en action et en image

Doté d'un état civil, d'une appartenance sociale, de caractéristiques psychologiques, d'une hérédité, le personnage est représentatif d'une réalité sociale, historique et politique en relation étroite avec l'histoire racontée. En même temps, on peut dire qu'il est conditionné par cet environnement, qui influence ses comportements. Le lecteur le découvre à travers différentes modalités.

Les portraits : les personnages sont souvent l'objet de descriptions qui permettent de les imaginer physiquement. En même temps, les portraits ont d'autres objectifs qu'une simple présentation de l'apparence extérieure.

Ex : Le portrait de Paul d'Aspremont (▶ p. 167) révèle, dès le début du récit de T. Gautier, le caractère très inquiétant d'un jeune homme.
En faisant le portrait de la *belle écaillère* (▶ p. 340), Balzac révèle les relations entre un milieu professionnel et une apparence physique.

Mais les présentations incluent souvent des éléments narratifs et informatifs qui donnent au lecteur le passé d'un personnage, expliquant ce qu'il est devenu en l'inscrivant dans une réalité historique.

Ex : Balzac replace le père Goriot (▶ p. 165) dans le contexte de la Révolution et donne l'origine de sa fortune.

Les actions : connus grâce aux portraits, les personnages se révèlent aussi par leurs actions, et par leur capacité de réagir à ce qui leur arrive. Comportements, hésitations, décisions définissent les personnages et constituent les éléments et les étapes de l'action : le lecteur peut alors réfléchir sur le rôle du narrateur et sur la liberté dont dispose le héros, sur ce qui le conditionne.

Ex : Dans *Jacques le Fataliste* (▶ p. 130), Diderot aborde les notions de « hasard » et de « fatalité » : les personnages sont-ils pris dans un engrenage de causes et d'effets qui les prive de liberté ?
Zola (▶ p. 348), au contraire, prédétermine ses personnages par une double hérédité de violence et d'alcoolisme : leurs actes et leurs décisions sont conditionnés.

Les fonctions du personnage

Le personnage entre dans une typologie qui définit des fonctions précises. Celles-ci apparaissent de manière conventionnelle dans le **schéma actantiel**.

Destinateur				Destinataire
	Sujet		Objet	
		Action		
	Adjuvant		Opposant	

Le **sujet** réalise l'action, l'**objet** représente le but de l'action.
L'**adjuvant** apporte une aide qui facilite l'action, l'**opposant** y fait obstacle.
Le **destinateur** est celui qui commande l'action du sujet, le **destinataire**, celui qui en bénéficie.

Ce schéma, conçu pour éclairer la structure et le fonctionnement narratif des contes, permet d'identifier le statut des personnages, mais son utilisation est parfois rendue complexe dans un roman par les divers éléments qui contribuent à donner une épaisseur historique et sociale à l'action romanesque.

REPÈRES Le discours narratif ▶ p. 146

Le registre épique

Parmi les registres, celui qui est désigné par l'adjectif « épique » renvoie au genre littéraire de l'épopée, dont il tire ses particularités. On trouve le registre épique dans tous les genres littéraires, dans la presse et dans certains récits historiques.

Nature et caractéristiques de l'épopée

Dès son origine antique, l'épopée se présente sous la forme d'un récit en vers, évoquant des héros magnifiés et des exploits amplifiés dans un objectif de célébration ou d'exemplarité.

Les thèmes et les personnages : pour qu'il y ait exploits et héros, il faut que les circonstances soient humainement presque insurmontables. L'épopée retrace des batailles, des combats singuliers, des expéditions aux innombrables difficultés : passage de rivières, escalade de montagnes, affrontement des hommes avec les éléments déchaînés, lutte contre des personnages proches de la mythologie, dragons, géants, monstres…
Les héros, à l'image des demi-dieux antiques, cumulent les qualités physiques et les vertus morales (ou leur absence) : ce sont des êtres très généreux et désintéressés ou bien de dangereux traîtres.

Ex : L'*Iliade* d'Homère raconte la guerre de Troie.
L'*Énéide* de Virgile retrace le dangereux périple d'Énée vers l'Italie et pose les origines de Rome.
La Chanson de Roland, qui n'a pas d'auteur précis, célèbre les exploits de Charlemagne, de Roland, d'Olivier, dans la lutte contre les « Infidèles ».

Les enjeux de l'épopée : en tant que recueil d'exploits et de victoires, l'épopée a des enjeux politiques ou religieux. Par l'idéalisation des faits et l'amplification des situations et des héros, ce genre littéraire a une fonction fédératrice autour de **valeurs** communes. Il s'agit d'exalter des sentiments nationaux, de rassembler un groupe, et souvent de le pousser à l'action, grâce aux exploits de héros mythiques, donnés en modèle.

Ex : L'*Énéide* a été composée pour restaurer l'image de Rome au Ier siècle apr. J.-C., et pour faire ressortir les origines divines de la cité.
La Chanson de Roland exalte les vertus et la force de la foi chrétienne et fait de l'élan contre l'ennemi religieux un outil de consolidation du pouvoir politique médiéval.

L'écriture et le registre épiques

L'épopée est caractérisée par différents **procédés d'écriture** qui permettent, hors de ce genre, de parler de registre épique.
Le principe étant celui de l'**amplification**, l'écriture épique utilise les moyens suivants :
– l'emploi du pluriel ou du singulier collectif (*la foule, le peuple, l'armée…*) pour désigner des groupes et insister directement ou indirectement sur le **nombre** ;
– l'emploi de superlatifs, d'adverbes d'intensification, de connotations valorisantes (ou dévalorisantes), d'**hyperboles** : *très, extrêmement, énorme, gigantesque, démesuré…* ;
– l'emploi d'**anaphores** qui insistent et qui reprennent les mêmes formulations, de manière parfois obsessionnelle ;
– la référence aux éléments naturels (*vents, orages, tempêtes, tornades, avalanches, éruptions volcaniques…*) et aux animaux sauvages qui entrent dans des **comparaisons** ;
– l'utilisation de **figures d'analogie** (métaphores, personnifications, allégories, métonymies) soulignant le passage d'un domaine à un autre, d'un univers à un autre…

L'utilisation de ces procédés définit le registre épique, que l'on trouve indépendamment des épopées, en **poésie**, au **théâtre** et dans la **fiction romanesque**, lorsqu'il s'agit de traduire des actions ou des situations portées à leur paroxysme.

Ex : Dans *Phèdre* (▸ p. 244), le récit de Théramène est épique, par la violence et l'ampleur du combat meurtrier entre Hippolyte et le monstre marin.
Dans le texte de J. Green (▸ p. 186), les trois tas de charbon prennent, grâce à l'écriture, des dimensions démesurées et allégoriques ; la rencontre avec des objets inertes se transforme, pour un être coupable, en jugement effrayant.
Dans le texte de Zola (▸ p. 348), l'alambic est décrit comme une sorte de monstre destructeur ; la portée symbolique de la description tient à son registre épique.

On parle ainsi de **registre épique** lorsqu'un narrateur donne d'une scène ou d'une action une vision apocalyptique ou magnifique, et la présente comme surhumaine. Il valorise de cette manière ceux qui y participent, soit parce qu'il peut ainsi opérer une **mise en valeur** dont il donne ou non les raisons, soit parce qu'il veut provoquer chez le lecteur des **émotions** particulières : pitié, terreur ou, au contraire, admiration, élan, adhésion.

Séquence 11

Lieux et temps dans le récit

1 Honoré de Balzac, *Adieu !* (1830)

Il arrive que la fiction romanesque prenne pour source l'Histoire réelle : le court récit de Balzac, Adieu !, *reprend ainsi un épisode de la campagne de Russie, en 1812, la traversée dramatique de la Bérésina par l'armée de Napoléon en pleine déroute.*

En quittant, sur les neuf heures du soir, les hauteurs de Studzianka[1], qu'il avait défendues pendant tout la journée du 28 novembre 1812, le maréchal Victor y laissa un millier d'hommes chargés de protéger jusqu'au dernier moment celui des deux ponts construits sur la Bérésina qui subsistait encore. Cette arrière-garde s'était dévouée pour tâcher de sauver une effroyable multitude de traînards engourdis par le froid, qui refusaient obstinément de quitter les équipages[2] de l'armée. L'héroïsme de cette généreuse troupe devait être inutile. Les soldats qui affluaient par masses sur les bords de la Bérésina y trouvaient, par malheur, l'immense quantité de voitures, de caissons[3] et de meubles de tout espèce que l'armée avait été obligée d'abandonner en effectuant son passage pendant les journées des 27 et 28 novembre. Héritiers de richesses inespérées, ces malheureux, abrutis par le froid, se logeaient dans les bivouacs vides, brisaient le matériel de l'armée pour se construire des cabanes, faisaient du feu avec tout ce qui leur tombait sous la main, dépeçaient les chevaux pour se nourrir, arrachaient le drap ou les toiles des voitures pour se couvrir, et dormaient au lieu de continuer leur route et de franchir paisiblement pendant la nuit cette Bérésina qu'une incroyable fatalité avait déjà rendue si funeste à l'armée. L'apathie de ces pauvres soldats ne peut être comprise que par ceux qui se souviennent d'avoir traversé ces vastes déserts de neige, sans autre boisson que la neige, sans autre lit que la neige, sans autre perspective qu'un horizon de neige, sans autre aliment que la neige ou quelques betteraves gelées, quelques poignées de farine ou de la chair de cheval. Mourant de faim, de soif, de fatigue et de sommeil, ces infortunés arrivaient sur une plage où ils apercevaient du bois, des feux, des vivres, d'innombrables équipages abandonnés, des bivouacs,

1. Village situé sur une hauteur proche des rives de la Bérésina.

2. Matériel nécessaire à une armée en campagne.

3. Chariots de transport.

Fournier-Sarloveze, *Passage de la Bérésina* (1812), aquarelle (musée de l'Armée ; Paris).

enfin tout une ville improvisée. Le village de Studzianka avait été entièrement dépecé[4], partagé, transporté des hauteurs dans la plaine. Quelque *dolente*[5] et périlleuse que fût cette cité, ses misères et ses dangers souriaient à des gens qui ne voyaient devant eux que les épouvantables déserts de la Russie. Enfin c'était un vaste hôpital qui n'eut pas vingt heures d'existence. La lassitude de la vie ou le sentiment d'un bien-être inattendu rendait cette masse d'hommes inaccessible à toute pensée autre que celle du repos. Quoique l'artillerie de l'aile gauche des Russes tirât sans relâche sur cette masse qui se dessinait comme une grande tache, tantôt noire, tantôt flamboyante, au milieu de la neige, ces infatigables boulets ne semblaient à la foule engourdie qu'une incommodité de plus. C'était comme un orage dont la foudre était dédaignée par tout le monde, parce qu'elle devait n'atteindre, çà et là, que des mourants, des malades, ou des morts peut-être. À chaque instant, les traîneurs arrivaient par groupes. Ces espèces de cadavres ambulants se divisaient aussitôt, et allaient mendier une place de foyer en foyer : puis, repoussés le plus souvent, ils se réunissaient de nouveau pour obtenir de force l'hospitalité qui leur était refusée. Sourds à la voix de quelques officiers qui leur prédisaient la mort pour le lendemain, ils dépensaient la somme de courage nécessaire pour passer le fleuve, à se construire un asile d'une nuit, à faire un repas souvent funeste ; cette mort qui les attendait ne leur paraissait plus un mal, puisqu'elle leur laissait une heure de sommeil. Ils ne donnaient le nom de *mal* qu'à la faim, à la soif, au froid.

Extrait.

4. Démoli pour récupérer le bois.

5. Allusion à l'inscription qui se situe au-dessus de la porte de l'Enfer dans *La Divine Comédie*, de Dante : « Par moi l'on va dans la cité des douleurs (*città dolente*) ».

Contexte XIXe s. ▸ p. 486

Notice biographique ▸ p. 494

Du même auteur ▸ p. 78, p. 133, p. 148, p. 165, p. 340

Lecture analytique

1. Repérez tout ce qui, dans le texte, peut laisser penser qu'il s'agit d'un récit historique fait par un historien et non par un romancier.

2. Classez les notations de temps. En quoi diffèrent-elles et sur quoi mettent-elles l'accent, en particulier dans la fin de l'extrait ? Quel est l'effet produit ?

3. Quelle est, dans la situation évoquée, l'importance des lieux ? Relevez tout ce qui les évoque, les décrit, les caractérise.

4. Étudiez précisément, en les classant, les relations soulignées par le narrateur entre les données spatio-temporelles et météorologiques d'une part, les êtres humains et leurs réactions d'autre part.

5. Le narrateur rapporte des faits et des comportements, mais ce n'est pas son seul rôle : que fait-il d'autre ? Quels sont les registres employés ?

REPÈRES
Le discours narratif ▸ p. 146
Historique du roman ▸ p. 127
Lieux et temps dans le récit ▸ p. 193

2 Théophile Gautier, *Récits fantastiques*, « Omphale » (1834)

La description des lieux permet de mettre en place un contexte qui peut agir sur la sensibilité du lecteur en suscitant sa curiosité ou en mettant en jeu son imagination. C'est ce que fait le narrateur dans l'incipit de la nouvelle « Omphale ».

Mon oncle, le chevalier de***, habitait une petite maison donnant d'un côté sur la triste rue des Tournelles[1] et de l'autre sur le triste boulevard Saint-Antoine[1]. Entre le boulevard et le corps du logis, quelques vieilles charmilles[2], dévorées d'insectes et de mousse, étiraient piteusement leurs bras décharnés au fond d'une espèce de cloaque[3] encaissé par de noires et hautes murailles. Quelques pauvres fleurs étiolées penchaient languissamment la tête comme des jeunes filles poitrinaires[4], attendant qu'un rayon de soleil vînt sécher leurs feuilles à moitié pourries. Les herbes avaient fait irruption dans les allées, qu'on avait peine à reconnaître, tant il y avait longtemps que le râteau ne s'y était promené. Un ou deux poissons rouges flottaient plutôt qu'ils ne nageaient dans un bassin couvert de lentilles d'eau et de plantes de marais.

Mon oncle appelait cela son jardin.

Dans le jardin de mon oncle, outre toutes les belles choses que nous venons de décrire, il y avait un pavillon passablement maussade, auquel, sans doute par antiphrase[5], il avait donné le nom de *Délices.* Il était dans un état de dégradation complète. Les murs faisaient ventre ; de larges plaques de crépi s'étaient détachées et gisaient à terre entre les orties et la folle avoine ; une moisissure putride verdissait les assises inférieures ; les bois des volets et des portes avaient joué, et ne fermaient plus ou fort mal. Une espèce de gros pot à feu avec des effluves rayonnantes formait la décoration de l'entrée principale ; car, au temps de Louis XV, temps de la construction des *Délices,* il y avait toujours, par précaution, deux entrées. Des oves[6], des chicorées et des volutes surchargeaient la corniche toute démantelée par l'infiltration des eaux pluviales. Bref, c'était une fabrique[7] assez lamentable à voir que les *Délices* de mon oncle le chevalier de ***.

Cette pauvre ruine d'hier, aussi délabrée que si elle eût eu mille ans, ruine de plâtre et non de pierre, toute ridée, toute gercée, couverte de lèpre, rongée de mousse et de salpêtre, avait l'air d'un de ces vieillards précoces, usés par de sales débauches ; elle n'inspirait aucun respect car il n'y a rien d'aussi laid et d'aussi misérable au monde qu'une vieille robe de gaze et un vieux mur de plâtre, deux choses qui ne doivent pas durer et qui durent.

C'était dans ce pavillon que mon oncle m'avait logé.

L'intérieur n'en était pas moins *rococo* que l'extérieur, quoiqu'un peu mieux conservé. Le lit était de lampas jaune à grandes fleurs blanches. Une pendule de rocaille posait sur un piédouche incrusté de nacre et d'ivoire. Une guirlande de roses pompon circulait coquettement autour d'une glace de Venise ; au-dessus des portes les quatre saisons étaient peintes en camaïeu. Une belle dame, poudrée à frimas, avec un corset bleu de ciel et une échelle de rubans de la même couleur, un arc dans la main droite, une perdrix dans la main gauche, un croissant sur le front, un lévrier à ses pieds, se prélassait et souriait le plus gracieusement du monde dans un large cadre ovale.

Incipit.

1. Lieux réels existant à Paris.
2. Allées plantées de charmes.
3. Réceptacle des eaux sales.
4. Atteintes de tuberculose.
5. Figure de style qui consiste à dire le contraire de ce que l'on pense.
6. Ornement architectural en forme d'œuf répété de manière linéaire.
7. Construction de fantaisie ornant un jardin.

Contexte XIXe s. ▶ p. 486
Notice biographique ▶ p. 497
Du même auteur ▶ p. 167

RECHERCHE

Les mots et leur usage

1. Cherchez le champ sémantique du mot *fabrique* et expliquez en quoi les différents sens de ce mot renvoient à des réalités historiques et économiques.
2. Que signifient les mots *lampas* (l. 33), *piédouche* (l. 34), *camaïeu* (l. 36) ?

Lecture analytique

3. Quelle est l'utilité de l'adresse donnée dans les premières lignes ? Qu'a de particulier le lieu où se situe la maison ?
4. Étudiez la description du *jardin* : quelles en sont les composantes et les connotations ? Sur quel aspect des lieux et des plantes le narrateur met-il l'accent ?
5. Étudiez la présentation du *pavillon* : repérez et classez tous les termes qui mettent en relief les similitudes avec le jardin. Qu'ajoute aux deux premières présentations le contenu des lignes 25 à 31 ?
6. Cherchez le sens du mot *rococo* (l. 32). Dans la description qui est faite de l'intérieur, à quoi s'applique cet adjectif ?
7. Quel est le registre de la description du pavillon ? Répondez en vous appuyant sur la récurrence du mot mis en italique. Quel effet ce registre produit-il sur la relation narrateur / lecteur ?

Vers le commentaire

8. À partir de repérages précis, construisez et rédigez les trois axes de commentaire suivants (l. 1-24) : *la structure et les composantes de la description ; la présentation très dépréciative de lieux abandonnés ; le registre et les fonctions d'une telle présentation.*

REPÈRES Le discours narratif ▸ p. 146
Lieux et temps dans le récit ▸ p. 193

Claude Monet (1840-1926), *Le Jardin de l'artiste à Giverny* (1900), huile sur toile, 81 × 92 cm (musée d'Orsay ; Paris).

3 Victor Hugo, *Les Misérables* (1862)

Par ce qu'ils évoquent, par les événements qui s'y passent ou encore par leurs connotations, certains lieux prennent une signification particulière. Dans Les Misérables, *Jean Valjean et Cosette se réfugient dans un couvent, dont le jardin est ainsi décrit.*

Ce jardin ainsi livré à lui-même depuis plus d'un demi-siècle était devenu extraordinaire et charmant. Les passants d'il y a quarante ans s'arrêtaient dans cette rue pour le contempler, sans se douter des secrets qu'il dérobait derrière ses épaisseurs fraîches et vertes. Plus d'un songeur à cette époque a laissé bien des fois ses yeux et sa pensée pénétrer indiscrètement à travers les barreaux de l'antique grille cadenassée, tordue, branlante, scellée à deux piliers verdis et moussus, bizarrement couronné d'un fronton d'arabesques indéchiffrables.

Il y avait un banc de pierre dans un coin, une ou deux statues moisies, quelques treillages décloués par le temps pourrissant sur le mur ; du reste plus d'allées ni de gazon ; du chiendent partout. Le jardinage était parti, et la nature était revenue. Les mauvaises herbes abondaient, aventure admirable pour un pauvre coin de terre. La fête des giroflées y était splendide. Rien dans ce jardin ne contrariait l'effort sacré des choses vers la vie ; la croissance vénérable était là chez elle. Les arbres s'étaient baissés vers les ronces, les ronces étaient montées vers les arbres, la plante avait grimpé, la branche avait fléchi, ce qui rampe sur la terre avait été trouver ce qui s'épanouit dans l'air, ce qui flotte au vent s'était penché vers ce qui se traîne dans la mousse ; troncs, rameaux, feuilles, fibres, touffes, vrilles, sarments, épines, s'étaient mêlés, traversés, mariés, confondus ; la végétation, dans un embrassement étroit et profond, avait célébré et accompli là, sous l'œil satisfait du créateur, en cet enclos de trois cents pieds carrés, le saint mystère de sa fraternité, symbole de la fraternité humaine. Ce jardin n'était plus un jardin, c'était une broussaille colossale, c'est-à-dire quelque chose qui est impénétrable comme une forêt, peuplé comme une ville, frissonnant comme un nid, sombre comme une cathédrale, odorant comme un bouquet, solitaire comme une tombe, vivant comme une foule.

Partie IV, livre III, chapitre 3.

Contexte XIXe s. ▸ p. 486
Notice biographique ▸ p. 498
Du même auteur ▸ p. 280, p. 282, p. 324, p. 327, p. 334, p. 406, p. 449

RECHERCHE

Histoire littéraire

1. À quel jardin originel renvoient les représentations littéraires du jardin ? De quelles significations ce premier jardin est-il chargé ?

2. Cherchez des œuvres littéraires, du Moyen Âge à nos jours, dans lesquelles un ou des jardins jouent un rôle important. Cherchez aussi des titres de représentations picturales comportant le mot *jardin*.

Lecture analytique

3. Comment se trouve développée et explicitée, dans le texte, l'idée contenue dans la phrase : *Le jardinage était parti, et la nature était revenue* (l. 10-11) ?

4. Sur quelles caractéristiques de la nature le narrateur insiste-t-il ? Répondez en prenant appui sur les verbes, les temps verbaux et les indications de lieu.

5. Quelles significations symboliques le lecteur peut-il attribuer au jardin décrit ? Prenez appui sur l'ensemble du texte et sur la succession de comparaisons qui le termine.

Maîtrise de la langue

6. Rédigez une phrase qui reprendra exactement la structure de la dernière phrase : *Ce… n'était plus…, c'était…, c'est-à-dire quelque chose qui est… comme…* (l. 22-25).
Vous utiliserez, comme V. Hugo, plusieurs comparaisons (au moins cinq) pour présenter et caractériser les transformations d'un lieu (*maison, place, ville, port, quartier, immeuble, village…*).

Travail sur un corpus de textes

7. Dans les textes de T. Gautier (▸ p. 182), V. Hugo (▸ p. 183) et J. Green (▸ p. 186), dites sur quelles caractéristiques des lieux les trois descriptions mettent l'accent et quelles sont les différentes fonctions de ces présentations.

REPÈRES Lieux et temps… ▸ p. 193

4 Émile Zola, *La Curée* (1871)

Pierre Auguste Renoir (1841-1919), *Les Grands Boulevards* (1875), huile sur toile (collection privée).

Au début du roman La Curée, *l'héroïne, Renée, évoque son enfance en rêvant à sa fenêtre, un soir d'automne, juste avant une grande soirée qu'elle donne dans son magnifique hôtel particulier parisien…*

Lorsque la dernière épingle eut été posée, comme il faisait très chaud dans la pièce, elle[1] ouvrit une fenêtre, s'accouda, s'oublia. Derrière elle, Céleste[2] tournait discrètement, rangeant un à un les objets de toilette.

En bas dans le parc, une mer d'ombre roulait. Les masses couleur d'encre des hauts feuillages secoués par de brusques rafales avaient un large balancement de flux et de reflux, avec ce bruit de feuilles sèches qui rappelle l'égouttement des vagues sur une plage de cailloux. Seuls, rayant par instants ce remous de ténèbres, les deux yeux jaunes d'une voiture paraissaient et disparaissaient entre les massifs, le long de la grande allée qui va de l'avenue de la Reine-Hortense au boulevard Malesherbes. Renée, en face de ces mélancolies de l'automne, sentit toutes ses tristesses lui remonter au cœur. Elle se revit enfant dans la maison de son père, dans cet hôtel silencieux de l'île Saint-Louis, où depuis deux siècles les Béraud Du Châtel mettaient leur gravité noire de magistrats. Puis elle songea au coup de baguette de son mariage, à ce veuf qui s'était vendu pour l'épouser, et qui avait troqué son nom de Rougon contre ce nom de Saccard, dont les deux syllabes sèches avaient sonné à ses oreilles, les premières fois, avec la brutalité de deux râteaux ramassant de l'or ; il la prenait, il la jetait dans cette vie à outrance, où sa pauvre tête se détraquait un peu plus tous les jours. Alors, elle se mit à rêver, avec une joie puérile, aux belles parties de raquette qu'elle avait faites jadis avec sa jeune sœur Christine. Et, quelque matin, elle s'éveillerait du rêve de puissance qu'elle faisait depuis dix ans, folle, salie par une des spéculations de son mari, dans laquelle il se noierait lui-même. Ce fut comme un pressentiment rapide. Les arbres se lamentaient à voix plus haute. Renée, troublée par ces pensées de honte et de châtiment, céda aux instincts de vieille et honnête bourgeoisie qui dormaient au fond d'elle ; elle promit à la nuit noire de s'amender, de ne plus tant dépenser pour sa toilette, de chercher quelque jeu innocent qui pût la distraire, comme aux jours heureux du pensionnat, lorsque les élèves chantaient : *Nous n'irons plus au bois,* en tournant doucement sous les platanes.

Chapitre 1.

1. Il s'agit de Renée.
2. Céleste est la femme de chambre de Renée.

Contexte XIXe s. ▶ p. 486
Notice biographique ▶ p. 503
Du même auteur ▶ p. 38, p. 156, p. 172, p. 345, p. 460

RECHERCHE

Histoire littéraire

1. L'intrigue du roman *La Curée* repose sur les spéculations immobilières qui ont accompagné les transformations de Paris sous le Second Empire. Cherchez qui était Haussmann et en quoi ont consisté ses réalisations architecturales et urbaines.

2. Quelle relation pouvez-vous établir entre l'œuvre de Zola et la période du Second Empire ?

Lecture analytique

3. À travers quelle métaphore filée se fait l'évocation de l'extérieur dans les premières lignes du paragraphe 2 ? Comment le narrateur donne-t-il aussitôt après une impression de réel ?

4. Quels sont les effets des perceptions auditives et visuelles de Renée ? Que rapporte le texte à partir de la ligne 17 ? En quoi y a-t-il changement de temps et de lieu ? Reconstituez sur un axe la chronologie des événements évoqués.

5. *Passé rappelé, futur pressenti* : comment s'expriment l'un et l'autre dans le passage ? En quoi sont-ils liés à des notions morales ? Que peut deviner le lecteur ?

6. Quelles conclusions peut-on tirer de cet extrait concernant l'importance des lieux et du temps pour les personnages et pour la mise en place d'une intrigue romanesque ?

Écriture d'invention

7. Réécrivez le passage en adoptant le point de vue de Céleste, la femme de chambre de Renée. C'est elle qui regarde par la fenêtre, et la perception des arbres, des voitures et l'évocation de l'automne font venir à son esprit bien d'autres réactions que celles de Renée.

REPÈRES Le personnage de roman ▶ p. 178
Lieux et temps dans le récit ▶ p. 193
Structure du récit… ▶ p. 161

5 Julien Green, *Léviathan* (1928)

La perception que les êtres ont du temps et des lieux porte la marque de leur subjectivité : dans l'extrait qui suit, le personnage, Guéret, vient de commettre un crime et a trouvé refuge dans un chantier, où il se réveille après un cauchemar.

Au milieu du chantier se dressaient trois tas de charbon, de taille égale, séparés les uns des autres, malgré les éboulements qui brisaient la pointe de leurs sommets et tentaient de rapprocher leurs bases en les élargissant. Tous trois renvoyaient avec force la lumière qui les inondait ; une muraille de plâtre n'eût pas paru plus blanche que le versant qu'ils exposaient à la lune, mais alors que le plâtre est terne, les facettes diamantées du minerai brillaient comme une eau qui s'agite et chatoie. Cette espèce de ruissellement immobile donnait aux masses de houille et d'anthracite un caractère étrange ; elles semblaient palpiter ainsi que des êtres à qui l'astre magique accordait pour quelques heures une vie mystérieuse et terrifiante. L'une d'elles portait au flanc une longue déchirure horizontale qui formait un sillon où la lumière ne parvenait pas, et cette ligne noire faisait songer à un rire silencieux dans une face de métal. Derrière elles, leurs ombres se rejoignaient presque, creusant des abîmes triangulaires d'où elles paraissaient être montées jusqu'à la surface du sol comme d'un enfer. La manière fortuite dont elles étaient posées, telles trois personnes qui s'assemblent pour délibérer, les revêtait d'une grandeur sinistre. À les regarder longtemps, dans le silence de minuit, sous un ciel noir au fond duquel la lune semblait fixée pour toujours, elles devenaient aussi effroyables que des dieux spectateurs d'une tragédie où le sort même de la création se jouerait.

Éd. Fayard.

Contexte XXe s. ▶ p. 490
Notice biographique ▶ p. 498

Marcel Gromaire (1892-1971), *Le Borinage* (1952), peinture (Musée des beaux-arts ; Lille)

RECHERCHE

Les mots et leur usage

1. Quel est le sens du mot *Léviathan* ? À quel domaine culturel se rattache-t-il ? Quelles connotations ce mot peut-il avoir lorsqu'il est utilisé comme titre de roman ?

2. Quels sont les dieux des enfers dans la mythologie gréco-romaine et quel est leur rôle ?

Lecture analytique

3. À partir de la première phrase, sur quels éléments le narrateur met-il l'accent dans la présentation des *tas de charbon* ? Appuyez-vous sur les termes qui font référence à la couleur, à la lumière, et sur les figures d'opposition.

4. La description est celle d'objets inertes. Que met pourtant en relief leur présentation, tout au long du passage ?

5. Comment peut s'expliquer une telle perception métamorphosante des *tas de charbon* ? À travers quelle sensibilité sont-ils vus ? Quelle fonction le lecteur peut-il attribuer à cette description ? De quel registre relève-t-elle ?

Vers le commentaire

6. À partir de repérages précis, construisez et rédigez au choix un ou plusieurs axes de commentaire : *trois tas de charbon étranges ; trois personnes inquiétantes ; les diverses explications d'une perception déformée.*

Vers la dissertation

7. Dans un développement construit et illustré d'exemples, vous expliquerez les différentes utilités des descriptions de lieux dans les textes de fiction romanesque.

REPÈRES Le point de vue ▶ p. 147
Le personnage de roman ▶ p. 178
Lieux et temps dans le récit ▶ p. 193

6 Albert Camus, *L'Étranger* (1942)

L'Étranger *retrace l'histoire de Meursault, un homme qui reste étrangement fermé aux considérations morales. La première partie du roman s'achève sur un meurtre qu'il commet dans un état de tension extrême.*

Le bruit des vagues était encore plus paresseux, plus étale qu'à midi. C'était le même soleil, la même lumière sur le même sable qui se prolongeait ici. Il y avait déjà deux heures que la journée n'avançait plus, deux heures qu'elle avait jeté l'ancre dans un océan de métal bouillant. À l'horizon, un petit vapeur est passé et j'en ai deviné la tache noire au bord de mon regard, parce que je n'avais pas cessé de regarder l'Arabe[1].

J'ai pensé que je n'avais qu'un demi-tour à faire et ce serait fini. Mais toute une plage vibrante de soleil se pressait derrière moi. J'ai fait quelques pas vers la source. L'Arabe n'a pas bougé. Malgré tout, il était encore assez loin. Peut-être à cause des ombres sur son visage, il avait l'air de rire. J'ai attendu. La brûlure du soleil gagnait mes joues et j'ai senti des gouttes de sueur s'amasser dans mes sourcils. C'était le même soleil que le jour où j'avais enterré maman[2] et, comme alors, le front surtout me faisait mal et toutes ses veines battaient ensemble sous la peau. À cause de cette brûlure que je ne pouvais plus supporter, j'ai fait un mouvement en avant. Je savais que c'était stupide, que je ne me débarrasserais pas du soleil en me déplaçant d'un pas. Mais j'ai fait un pas, un seul pas en avant. Et, cette fois, sans se soulever, l'Arabe a tiré son couteau qu'il m'a présenté dans le soleil. La lumière a giclé sur l'acier et c'était comme une longue lame étincelante qui m'atteignait au front. Au même instant, la sueur amassée dans mes sourcils a coulé d'un coup sur les paupières et les a recouvertes d'un voile tiède et épais. Mes yeux étaient aveuglés derrière ce rideau de larmes et de sel. Je ne sentais plus que les cymbales du soleil sur mon front et, indistinctement, le glaive éclatant jailli du couteau toujours en face de moi. Cette épée brûlante rongeait mes cils et fouillait mes yeux douloureux. C'est alors que tout a vacillé. La mer a charrié un souffle épais et ardent. Il m'a semblé que le ciel s'ouvrait sur toute son étendue pour laisser pleuvoir du feu. Tout mon être s'est tendu et j'ai crispé ma main sur le revolver. La gâchette a cédé, j'ai touché le ventre poli de la crosse et c'est là, dans le bruit à la fois sec et assourdissant, que tout a commencé. J'ai secoué la sueur et le soleil. J'ai compris que j'avais détruit l'équilibre du jour, le silence exceptionnel d'une plage où j'avais été heureux. Alors, j'ai tiré encore quatre fois sur un corps inerte où les balles s'enfonçaient sans qu'il y parût. Et c'était comme quatre coups brefs que je frappais sur la porte du malheur.

Fin de la 1re partie, éd. Gallimard.

1. Personnage du roman avec lequel Meursault a eu une altercation.

2. Allusion à un épisode au tout début du roman.

Contexte xxe s. ► p. 490
Notice biographique ► p. 495
Du même auteur ► p. 136, p. 306, p. 385

Piet Mondrian (1872-1944), *Paysage de mer* (1909-1910), huile sur carton, 34,5 × 50,5 cm (Gemeentemuseum ; La Haye).

RECHERCHE

Histoire littéraire

1. L'intrigue de *L'Étranger* se situe en Algérie. Vous chercherez les relations de Camus avec ce pays.

2. Camus est associé au courant littéraire désigné par le mot *absurde*. Quel est le sens de ce mot dans le contexte littéraire ? Citez le nom d'autres écrivains connus pour leur appartenance à ce courant.

Lecture analytique

3. En prenant appui sur les champs lexicaux, identifiez toutes les références à la chaleur et à la lumière. Comment s'exprime leur caractère inhumain ? À quoi sont-elles associées ?

4. En quoi cette lumière et cette chaleur ont-elles une influence déterminante sur le personnage, sur ses actions et sur d'autres éléments de la scène ? Que provoquent-elles ? Repérez les formulations à travers lesquelles s'exprime cette influence.

5. À partir des indications de temps, donnez les étapes de la scène : comment s'enchaînent-elles ?

6. Le récit est fait à la première personne : que permet ce choix d'écriture en ce qui concerne l'expression des sensations du narrateur personnage ?

7. Quelles formulations attirent l'attention du lecteur sur la manière dont le narrateur subit la situation ?

Travail sur un corpus de textes

8. Étudiez l'expression du temps dans les textes de Balzac (▸ p. 180), T. Gautier (▸ p. 182) et Camus (▸ p. 188) et expliquez son importance par rapport aux scènes racontées, qu'il s'agisse du temps chronologique ou du temps météorologique.

Lecture de l'image

9. Expliquez le titre du tableau de Mondrian à partir de ce que vous voyez représenté.

10. Quels éléments sont communs à l'image et au texte de Camus ?

11. Diriez-vous de ce tableau qu'il est figuratif ou qu'il est abstrait ? Justifiez votre réponse.

REPÈRES

Historique du roman ▸ p. 127
Structure du récit... ▸ p. 161
Le personnage de roman ▸ p. 178
Lieux et temps dans le récit ▸ p. 193

Gustave Doré (1832-1883), *Paysage d'Écosse* (peinture non datée ; Musée des beaux-arts ; Caen).

7 Pierre Veilletet, *Mots et Merveilles* (1998)

Décor ou cadre des actions et des événements des récits de fiction, les lieux sont bien souvent une source d'inspiration pour les écrivains, dans leur vie personnelle et professionnelle.

La société des lacs

D'autres ont besoin de rivages battus par les flots. La mer leur souffle ses œuvres. Entre la pointe et le phare, marchant à grandes enjambées matinales avant que le tourisme n'encombre, ils laissent pénétrer en eux les embruns à long terme. Lorsqu'ils poussent la porte du café de la Marine, afin d'y boire le premier jus amer de la journée, c'est du pas de ceux qui ne sont pas sortis pour rien. Au moins deux ou trois chapitres, encore vivants, alourdissent leurs filets. C'est presque trop. Ils pourraient en rétrocéder une partie à la concurrence mais la haute idée qu'ils se font de leur tâche et l'invention du congélateur leur interdisent cette prodigalité.

D'autres ne jurent que par les îles. Il leur faut s'embarquer pour être à pied d'œuvre. Si l'île s'appelle Aix et que son locataire, l'officier d'artillerie Choderlos de Laclos, trouve la superficie de cent trente hectares un peu mesquine, cela donne *Les Liaisons dangereuses.* Tous les îlots n'ont pas cette vertu. On en connaît qui conduisent le continental mal acclimaté à la neurasthénie[1] ou à la boisson. Il faut alors le rapatrier mais le mal est fait.

1. État d'abattement.

Pour ma part, je recherche plus volontiers la société des lacs, pourvu qu'ils ne soient ni trop vastes, ni bordés de banques suisses. Des étangs perdus dans la forêt, aux noms doux et mystérieux, des sombres nappes de montagne, assez haut perchées pour décourager la foule et les loueurs de pédalos. Il n'y a pas de construction dans les parages… Peut-être une épicerie-bureau-de-tabac-auberge au toit d'ardoises où les randonneurs de passage et l'agent des Eaux et Forêts arrosent leur casse-croûte d'un vin aigrelet. On voit des endroits semblables, inhospitaliers et grandioses, dans les westerns d'Anthony Mann. La lumière y est violente et versatile à cause des rassemblements de nuages qui déboulent à grande vitesse au-dessus des pics. L'ombre du soir descend à son tour, large et glaciale. On se blottit sous trois couvertures et un édredon de plumes. Dehors, la lune bleuit les rochers. Les lacs dorment l'œil grand ouvert.

Ce n'est pas un spectacle stimulant ni même consolateur que cette lisse et froide étendue d'eau inerte. Si je la trouve fascinante, sans doute est-ce à cause de son immobilité même, de sa sourde opacité. Il me semble que dans cette absence de mouvement gisent plus de secrets que ne m'en apporteront jamais toutes les marées du monde. Savoir ce qui s'est abîmé là et pour quelles raisons. Retrouver ce qui est tombé dans le lac.

Cette faille peut-être sans fond, à quelles régions de l'esprit donne-t-elle le vertige ? N'est-ce pas la part toujours manquante de nous-mêmes que nous aimons venir y contempler ?

Étymologiquement, dit Littré, un lac est une déchirure.

(Texte intégral) Éd. Arléa.

Contexte XXe s. ► p. 490
Notice biographique ► p. 502

RECHERCHE

Les mots et leur usage

1. Cherchez le champ sémantique du mot *société*. Quel sens ce mot a-t-il dans le titre et dans le texte ?

2. Que signifie l'expression *tomber dans le lac* (l. 33) ? Trouvez d'autres expressions imagées ayant le même sens.

Histoire littéraire

3. Qui est Émile Littré ? Par quelle œuvre s'est-il fait connaître ?

4. Qui est Choderlos de Laclos ? Quelle est la particularité littéraire de l'œuvre intitulée *Les Liaisons dangereuses* ?

5. Cherchez des écrivains et des peintres inspirés par la mer, les îles, ou les lacs. Signalez à chaque fois le titre de l'œuvre, son genre littéraire et sa date.

Lecture analytique

6. Repérez dans le texte des termes faisant référence à des lieux. Quel autre thème vient se mêler à eux ? Prenez appui sur l'expression en italique pour répondre à cette question. Déduisez-en les deux orientations du texte et étudiez leurs interférences.

7. Observez les mots qui commencent les paragraphes 1 et 2 : qu'annoncent-ils implicitement pour la suite du texte ? Comment P. Veilletet se situe-t-il par rapport à ces *autres* ?

8. Récapitulez toutes les caractéristiques des lacs qui plaisent à l'auteur.

9. Le texte comporte des images inattendues, des métaphores, des jeux de mots : retrouvez-en quelques-uns et expliquez-les. Quels effets produisent-ils ?

Travail sur un corpus de textes

10. Rapprochez les textes de T. Gautier (► p. 182), V. Hugo (► p. 183) et P. Veilletet (► p. 190) : expliquez en quoi le texte de P. Veilletet diffère des deux autres, à la fois par son genre et par la manière d'aborder la notion de lieu.

REPÈRES Lieux et temps… ► p. 193

8 Lire l'image : Hopper

Edward Hopper (1882-1967), *Nighthawks (Les Noctambules)* (1942), huile sur toile, 76,2 × 144 cm (The Art Institute of Chicago).

RECHERCHE

Histoire culturelle

1. Cherchez des informations sur le peintre Edward Hopper : nationalité, thèmes essentiels de son œuvre.

Lecture de l'image

2. Que représente l'image ? Donnez son thème et les relations entre ce thème et le titre du tableau. Observez les couleurs dominantes.

3. À partir des lignes, des couleurs et des contrastes, mettez en évidence le découpage de l'espace : quelles sont les « frontières » perceptibles ? Où se situent les quatre personnages ? Par qui sont-ils vus ? Où se situe celui qui les voit ?

4. Que peut suggérer le découpage de l'espace observé à la question précédente, ainsi que l'absence de vie à l'extérieur du bar ? Quelles significations le spectateur peut-il trouver à ce tableau, un des plus célèbres de Hopper ?

Écriture d'invention

5. Prenez pour cadre le tableau d'E. Hopper et rédigez le début (20 à 30 lignes) d'une nouvelle intitulée, comme le tableau, *Les Noctambules.* Vous utiliserez le décor en le présentant, et les personnages en leur donnant une identité et une raison d'être là. Vous choisirez votre mode de focalisation.

REPÈRES Lieux et temps... ▸ p. 193

Lieux et temps dans le récit

Le discours narratif fait intervenir le temps et l'espace : les faits, actions et événements se passent à un moment, ou dans une durée, et en des lieux précis.
La façon dont se trouvent exprimés ce cadre spatio-temporel et ses différentes fonctions constitue des points importants de l'analyse du récit.

Temps et discours narratif

Le discours narratif met en jeu plusieurs notions de temps. Il y a d'abord le **moment de l'action**, date précise ou époque permettant de situer dans le temps ce qui est raconté, qu'il s'agisse d'un fait historique ou d'un événement de fiction.

■ **Ex :** L'article rapportant le séisme de Taïwan (▸ p. 116) donne la date précise du fait.
Dans *Adieu !* (▸ p. 180), Balzac reconstitue le passage de la Bérésina et donne une date au jour près, 28 novembre 1812.

Vient ensuite le **moment du récit de l'action**, qui doit être distingué à la fois du moment de l'action et du moment d'écriture de l'œuvre.

■ **Ex :** Dans *Le Colonel Chabert* (▸ p. 148), le colonel fait, à un moment du roman, un récit qui est celui d'un épisode de la bataille d'Eylau et qui vient s'emboîter dans le premier récit. Ce récit d'un fait historique de 1807 est fait de nombreuses années après. Quant à l'œuvre, elle a été écrite par Balzac vers 1832.

Le temps de l'action correspond à une durée identifiable à la présence d'indicateurs chronologiques, qui soulignent les différentes étapes. Mais le plus souvent, dans un récit, ce temps n'est pas linéaire : il comporte des **retours en arrière**, ou **rétrospectives**, qui s'expriment par les temps composés des verbes, et qui permettent au lecteur d'assister à des scènes passées.
Il arrive aussi qu'un narrateur anticipe sur la suite, ou encore qu'il passe par-dessus de longs moments sans rien raconter de ce qui se passe : on parle alors d'**ellipse**.

■ **Ex :** Lors de sa rencontre avec Mme Arnoux, Frédéric Moreau (▸ p. 154) évoque avec elle des moments qui remontent à plusieurs années. L'abbé Blanès (▸ p. 150) annonce à Fabrice son avenir.

Ces deux phénomènes sont intéressants sur le plan romanesque : dans le premier cas, un passé déjà raconté est perçu d'un autre **point de vue** au moment où il est évoqué ; dans le second, le lecteur peut penser que le narrateur lui raconte déjà la suite, dont il va pouvoir vérifier la réalisation.

Le déroulement du temps est également perceptible à l'**évolution** des situations et des personnages.

■ **Ex :** Au début du roman *Bel-Ami* (▸ p. 158) le personnage manque d'argent et ne peut manger à sa faim ; au dénouement (▸ p. 159), devenu du Roy à la place de Duroi, il triomphe en faisant un riche mariage et envisage des succès politiques. Le récit de Maupassant est celui d'une réussite qui exige du temps.

Les lieux dans le récit

Les faits et les actions dont la succession constitue le discours narratif se passent dans des lieux présentés sous des formes diverses. Parfois simplement indiqués par un complément, par un nom ou un adverbe, ils font souvent l'objet de longues **descriptions** dont les fonctions sont diverses.

■ **Ex :** Au début d'« Omphale » (▸ p. 182), le narrateur décrit avec précision la ruine (maison et jardin) dans laquelle il a été logé et où lui est arrivée une étrange histoire.

Il arrive que le récit se trouve ainsi interrompu par du discours descriptif qui donne une image des lieux, dans une perspective **informative**. Décor de l'action, permettant à l'**imagination** du lecteur de se représenter l'endroit où les choses se passent, le lieu est présenté aussi parce qu'il est à l'origine de relations complexes avec les personnages.

■ **Ex :** Balzac (▸ p. 340) explique qu'une personne peut être « façonnée » par le lieu où elle vit, et qu'il existe des relations de réciprocité entre lieux et comportements. Le texte de J. Green (▸ p. 186) fait comprendre qu'un lieu peut être perçu, de manière très subjective, par celui qui le voit, en fonction de son état psychologique.

Les descriptions peuvent répondre à plusieurs fonctions : elles informent de la nature des lieux et les donnent à voir, comme le ferait une **image** ; elles entrent dans un système **explicatif**, soulignant des relations entre la sensibilité des personnages et le contexte spatial ; enfin, une description a une portée **symbolique**, lorsqu'elle est porteuse d'une signification philosophique ou religieuse.

■ **Ex :** Le jardin du couvent décrit par V. Hugo (▸ p. 183) est présenté par son foisonnement, sa complexité et sa richesse, comme une sorte de réduction de l'univers et comme un paradis significatif de pureté pour ceux qui s'y sont réfugiés.

REPÈRES Le discours narratif ▸ p. 146
Structure du récit romanesque ▸ p. 161

Séquence 12

Étude de nouvelles intégrales

1 Saki (Hector Hugh Munro), *Nouvelles* (1910-1914)

Écrivain et humoriste anglais, né en Birmanie en 1870 et mort en 1916, H. H. Munro, dit Saki, est l'auteur de nombreuses nouvelles de registres très différents. De santé fragile, il fut élevé par ses tantes, dans le Devon, en Grande-Bretagne.

Sredni Vashtar

Conradin avait dix ans quand le médecin décréta qu'il ne lui en restait pas cinq à vivre. L'opinion de ce docteur mielleux et incompétent ne comptait guère, pourtant Mrs. De Ropp s'y était rangée. Or Mrs. De Ropp régentait pratiquement tout.

Mrs. De Ropp, cousine et tutrice de Conradin, représentait aux yeux du garçon les trois cinquièmes de ce que le monde comptait d'inévitable, de désagréable et de réel ; en perpétuel conflit, les deux autres cinquièmes se résumaient à lui-même et à son imagination. Un de ces jours, songeait Conradin, il finirait par succomber sous le poids écrasant de ces choses inévitables et pénibles – telles que les maladies, la surveillance étouffante dont il était l'objet, et l'ennui mortel qui l'accablait. D'ailleurs, sans cette imagination débridée que stimulait la solitude, il aurait succombé depuis longtemps.

Même lorsqu'elle s'efforçait d'être honnête avec elle-même, Mrs. De Ropp ne se serait jamais avoué qu'elle n'aimait pas Conradin, bien qu'elle eût peut-être vaguement conscience que le contrarier « pour son bien » était un devoir dont elle s'acquittait sans peine. Conradin, quant à lui, la haïssait du fond du cœur, ce qu'il parvenait fort bien à dissimuler. Les quelques menus plaisirs qu'il s'inventait prenaient une saveur toute particulière dès lors qu'il savait qu'ils déplairaient à sa tutrice, cet être impur qu'il avait exclu à tout jamais de son royaume imaginaire.

Le jardin, morne et sans vie, sur lequel donnaient tant de fenêtres prêtes à s'ouvrir pour des rappels à l'ordre – ne pas faire ceci ou cela, venir prendre ses

Giuseppe de Nittis (1846-1884), *Petit déjeuner au jardin* (1884), huile sur toile, 81 × 117 cm (Musée municipal de Barletta ; Italie).

médicaments –, ne l'attirait guère. Les quelques arbres fruitiers qui y poussaient étaient jalousement gardés hors de sa portée, comme s'il s'agissait de spécimens rares qui eussent fleuri au milieu d'un désert. Pourtant il eût été bien difficile de trouver un marchand de quatre-saisons prêt à offrir plus de dix shillings pour toute la récolte de l'année. Toutefois, dans un coin oublié, presque masquée par un triste bosquet, se dressait une remise à outils abandonnée mais de proportions respectables, où Conradin s'était créé un havre, un refuge qui, selon son humeur, se transformait en salle de jeux ou en cathédrale. Il l'avait peuplée d'une légion de fantômes familiers, évocations issues d'histoires anciennes ou de sa propre imagination. La remise pouvait aussi s'enorgueillir de deux pensionnaires en chair et en os. Dans un coin vivait une poule de Houdan à moitié déplumée. Le garçon lui prodiguait une affection qui par ailleurs avait rarement l'occasion de s'exprimer. Plus loin, dans l'obscurité, il y avait une grande caisse à deux compartiments dont l'un était fermé sur le devant par des barreaux en fer. Elle abritait un furet.

Cage et animal avaient été introduits clandestinement par un jeune et sympathique garçon boucher en échange d'un petit tas de pièces d'argent amassées en secret par Conradin depuis fort longtemps. Il avait terriblement peur de cette bête souple aux dents pointues, mais c'était son bien le plus précieux. Sa présence dans la remise le remplissait d'une joie secrète mêlée de crainte, et ne devait jamais être connue de « la Femme » – c'est ainsi qu'en son for intérieur il appelait sa cousine. Un jour, et Dieu seul sait d'où lui vint cette inspiration, il trouva pour la bête un nom merveilleux. Alors, elle fut élevée au rang de divinité à laquelle il voua un véritable culte. Une fois par semaine, la Femme se rendait à l'église voisine et y emmenait Conradin. Pour lui, cependant, le service religieux n'était qu'un rite étrange et incompréhensible. En revanche, tous les jeudis, dans la pénombre et l'odeur de moisi de la remise silencieuse, il s'agenouillait devant la cage de bois et adorait Sredni Vashtar, le Grand Furet. Il avait élaboré un cérémonial complexe empreint de mysticisme. En guise d'offrande, il disposait sur l'autel des fleurs rouges à la belle saison et des baies écarlates en hiver, car Sredni Vashtar était un dieu qui incarnait la férocité et l'impatience, alors que celui de la Femme, d'après ce que Conradin avait pu observer, professait exactement l'inverse. Lors de fêtes spéciales, il répandait également de la muscade râpée devant la cage et le rite voulait que les noix fussent volées. Ces cérémonies ne respectaient pas de calendrier précis et avaient généralement lieu à l'occasion d'un événement exceptionnel. Ainsi, quand Mrs. De Ropp souffrit pendant trois jours d'une épouvantable rage de dents, Conradin prolongea la fête durant toute la période et parvint presque à se persuader que Sredni Vashtar était personnellement responsable de l'infortune de sa cousine. Si la douleur avait persisté un jour de plus, la réserve de noix de muscade eût été épuisée.

La poule de Houdan ne fut jamais conviée à participer au culte de Sredni Vashtar. Conradin avait décrété depuis longtemps qu'elle était anabaptiste. Il ne prétendait pas avoir la moindre idée de ce que pouvait être l'anabaptisme, mais espérait secrètement que c'était extravagant et pas très respectable. Mrs. De Ropp représentant pour lui l'image même de la respectabilité, toute respectabilité était haïssable.

Au bout d'un certain temps, l'intérêt de Conradin pour la remise à outils finit par attirer l'attention de sa tutrice. « Ce n'est pas bon pour lui d'y rester enfermé par n'importe quel temps », décréta-t-elle aussitôt, et, un beau matin, elle annonça au petit déjeuner que la poule de Houdan avait été vendue et emportée pendant la nuit. De ses yeux myopes, elle fixait Conradin, s'attendant à une explosion de colère et de chagrin qu'elle s'apprêtait à réprimer sous un déluge d'excellents préceptes et de recommandations. Mais Conradin ne dit rien : il n'y avait rien à dire. Quelque chose, peut-être, dans son visage pâle et déterminé, fit naître en elle un remords fugitif car, l'après-midi, il y eut des toasts pour accompagner le thé, friandise qu'elle bannissait généralement sous prétexte que ce n'était pas bon pour lui. Mais aussi parce que leur confection causait un « dérangement », grave atteinte à la dignité d'une femme de la bourgeoisie. Comme il n'y touchait pas, elle s'exclama, l'air offensé : « Mais je croyais que tu aimais les toasts !

– Oui, quelquefois », répondit Conradin.

Ce soir-là, il introduisit une innovation dans le culte du dieu de la cage. Conradin avait coutume de chanter ses louanges, mais cette fois, il lui demanda une faveur.

« Fais une chose pour moi, Sredni Vashtar. »

Il ne précisa pas laquelle : Sredni Vashtar en tant que dieu, se devait de la connaître. Alors qu'il regardait dans l'autre coin, maintenant vide, Conradin ravala un sanglot et retourna dans le monde qu'il haïssait tant.

Et chaque nuit dans la chaude obscurité de sa chambre, et chaque soir dans le crépuscule de la remise, l'amère litanie de Conradin s'élevait : « Fais une chose pour moi, Sredni Vashtar. »

Mrs. De Ropp remarqua que les visites dans la cabane n'avaient pas cessé, aussi décida-t-elle un jour de se livrer à une nouvelle inspection.

– Que gardes-tu enfermé dans cette cage ? lui demanda-t-elle. Des cochons d'Inde, n'est-ce pas ? Je vais les faire enlever.

Conradin ne desserra pas les dents, mais la Femme fouilla sa chambre jusqu'à ce qu'elle eût trouvé la clé si soigneusement cachée. Sur-le-champ, elle descendit dans la remise pour parachever sa découverte. Il faisait froid, cet après-midi-là, et Conradin n'avait pas le droit de sortir de la maison. Il se posta à la dernière fenêtre de la salle à manger, d'où l'on apercevait la porte de la remise derrière le massif d'arbustes. Il vit la Femme y pénétrer, puis il l'imagina ouvrant la porte de la cage sacrée et scrutant de ses yeux de myope l'épais lit de paille où son dieu reposait caché. Peut-être même fouillerait-elle dans la paille à coups de bâton, impatiente et maladroite… Pour la dernière fois, Conradin murmura sa prière avec ferveur. Il priait, mais il n'y croyait pas. Il savait que la Femme allait bientôt ressortir, avec ce sourire pincé qu'il détestait tant, et que d'ici une heure ou deux, le jardinier emporterait son dieu merveilleux, qui ne serait plus un dieu mais un simple furet brun dans une caisse. Il savait aussi que toujours la Femme triompherait, comme à présent, et qu'il serait de plus en plus malade, à force d'être harcelé, tyrannisé par son implacable sagesse. Jusqu'au jour où plus rien n'aurait d'importance pour lui, et alors on s'apercevrait que le médecin avait raison. Dans la souffrance et la résignation de la défaite, il se mit à psalmodier l'hymne à l'idole menacée. Et sa voix était forte et lançait comme un défi.

Sredni Vashtar s'avança.
Ses pensées étaient de sang et ses crocs étaient blancs.
Ses ennemis imploraient sa miséricorde, il leur apporta la mort.
Sredni Vashtar le Magnifique.

Tête de furet, Italie, XIVe siècle, cuivre doré (musée du Moyen Âge – Cluny ; Paris).

Brusquement, il se tut et se rapprocha de la vitre. La porte de la remise était toujours entrebâillée et les minutes s'écoulaient lentement. Le temps semblait s'être arrêté et pourtant les minutes passaient. Conradin regardait les étourneaux courir ou voleter par petits groupes au-dessus de la pelouse ; il les compta, les recompta, tout en gardant un œil sur la porte de la remise. Une servante à l'air revêche entra et dressa la table pour le thé tandis que, toujours immobile, Conradin attendait, scrutant la porte.

L'espoir se creusait peu à peu un chemin dans son cœur et une lueur de triomphe s'alluma dans ses yeux qui jusqu'à présent n'avaient connu que la morne résignation de la défaite. Une fois encore, avec une exultation furtive, il chuchota l'hymne de victoire et de destruction. Et cette fois, il fut récompensé : dans l'embrasure de la porte apparut une longue bête sinueuse, à la fourrure rousse. Ses yeux clignaient dans la lumière déclinante du jour et des taches humides et sombres maculaient son pelage autour de la mâchoire et sur le cou. Conradin tomba à genoux. Le furet se faufila vers le ruisseau au fond du jardin, but un long moment puis traversa le petit pont de bois et disparut dans les broussailles. Ainsi passa Sredni Vashtar.

« Le thé est prêt, annonça la servante à l'air revêche. Où est donc Madame ?

– Elle est descendue dans la remise, il y a un bon moment », répondit Conradin.

Tandis que la servante appelait sa maîtresse, Conradin attrapa une fourchette à toasts dans le tiroir du buffet et fit griller une tranche de pain. Et pendant tout le temps qu'elle grillait puis qu'il la beurrait généreusement, avant de la savourer lentement, il écoutait, derrière la porte de la salle à manger, les bruits entrecoupés de brusques silences, les cris hystériques de la servante, l'écho d'exclamations incrédules en provenance de la cuisine, les pas précipités et les appels au secours. Et, enfin, après une accalmie, les sanglots d'effroi et les pas traînants de quelqu'un portant un lourd fardeau dans la maison.

« Qui va l'annoncer au pauvre enfant ? Moi je n'en aurai jamais le courage ! » s'exclama une voix aiguë.

Et tandis qu'ils en débattaient entre eux, Conradin se prépara un autre toast.

Contexte XXe s. ▸ p. 490
Notice biographique ▸ p. 501

Texte intégral ; traduit de l'anglais par Guillaume Marlière, in *La Dimension fantastique 2,* coll. « Librio », n° 234, 1998.

RECHERCHE

Les mots et leur usage

1. Donnez le sens du mot *anabaptiste* (l. 64).

Lecture analytique

2. En prenant appui sur les indications chronologiques, identifiez les étapes successives de l'histoire : présentation des composantes (temps, lieux personnages…), premier épisode, second épisode, conclusion. Quel est le statut du narrateur ?

3. Dans la présentation des composantes, dites comment sont caractérisés les personnages, quels sont leurs liens, ce qu'a de particulier le contexte dans lequel vit l'enfant, comment il y remédie.

4. Faites apparaître les liens logiques entre les épisodes successifs : quels « fils conducteurs » le lecteur retrouve-t-il de l'un à l'autre ? Quel est l'effet produit en ce qui concerne l'épilogue ?

5. De quel(s) registre(s) le récit relève-t-il ? Quelle(s) signification(s) le lecteur peut-il attribuer à cette histoire ? Sur quoi repose son ambiguïté ? Prenez appui sur les références à la religion pour répondre.

6. Expliquez en quoi le dénouement de l'histoire se différencie de la chute qui le termine.

Vers le commentaire

7. À partir de repérages précis faits sur les lignes 123 à 139, construisez et rédigez un ou plusieurs axes de commentaire : *l'expression et l'importance des lieux et du temps ; l'attitude et les réactions de l'enfant ; le caractère fantastique du passage.*

Écriture d'invention

8. Rédigez quelques lignes de paratexte pour présenter le passage donné en commentaire (question 7). Vous considérerez que votre lecteur ne connaît rien de ce qui précède l'extrait.

9. Rédigez une brève journalistique rapportant la mort de Mrs. De Ropp, puis développez cette brève pour en faire un article court (une vingtaine de lignes) mettant en évidence le caractère étrange de cette mort.

10. Composez un article littéraire d'une trentaine de lignes dans lequel vous expliquerez le caractère étrange du titre de la nouvelle.

REPÈRES Le discours narratif ▸ p. 146
La nouvelle ▸ p. 212
Le fantastique ▸ p. 213

2 Vercors, *Le Silence de la mer* (1951)

De nombreux écrivains ont choisi la fiction pour prendre position par rapport à la Seconde Guerre mondiale, à la résistance et à la déportation : leurs récits rapportent des faits très proches de la réalité d'une époque où la vie et la mort dépendaient parfois du moment et du lieu où l'on se trouvait. La nouvelle suivante fut écrite et publiée par Vercors en 1943.

Ce jour-là

Le petit garçon mit sa petite main dans celle de son père sans s'étonner. Pourtant il y avait longtemps, pensait-il. On sortit du jardin. Maman avait mis un pot de géranium à la fenêtre de la cuisine, comme chaque fois que papa sortait. C'était un peu drôle.

Il faisait beau, – il y avait des nuages, mais informes et tout effilochés, on n'avait pas envie de les regarder. Alors le petit garçon regardait le bout de ses petits souliers qui chassaient devant eux les graviers de la route. Papa ne disait rien. D'habitude il se fâchait quand il entendait ce bruit-là. Il disait « Lève tes pieds ! » et le petit garçon levait les pieds, un moment, et puis sournoisement il recommençait petit à petit à les traîner, un peu exprès, il ne savait pas pourquoi. Mais cette fois papa ne dit rien, et le petit garçon cessa de traîner ses semelles. Il continuait de regarder par terre : ça l'inquiétait que papa ne dît rien.

La route s'engageait sous les arbres. La plupart étaient encore sans feuilles. Quelques-uns verdoyaient un peu, des petites feuilles d'un vert très propre et très clair. On se demandait même si elles n'étaient pas un peu sucrées. Plus loin la route tournait, on verrait la Grande Vue, sur le Grésivaudan[1], le grand rocher qui tombe à pic, et là-dessous tout en bas les tout petits arbres, les toutes petites maisons, les routes comme des égratignures, l'Isère qui serpente sous une brume légère, légère. On s'arrêterait et on regarderait. Papa dirait : « Regarde le petit train », ou bien : « Tu vois la petite tache noire, là, qui bouge sur la route ? C'est une auto. Il y a des gens dedans. Quatre personnes, une dame avec un petit chien, et un monsieur avec une grande barbe. » Le petit garçon dirait : « Comment que tu les vois ? » – « Je me suis fait greffer une petite lunette dans l'œil gauche, tu sais bien, dirait papa. Regarde, dirait-il en écarquillant son œil, tu ne la vois pas ? » Et lui, comme il n'est pas très sûr que ce soit vrai ou pas vrai : « Ben… pas très bien… » Peut-être qu'à ce moment-là papa rirait et le prendrait sur ses épaules, une jambe de chaque côté.

Mais papa regarda distraitement la Grande Vue et ne s'arrêta même pas. Il tenait la petite main de son petit garçon bien serrée dans la sienne. De sorte que quand un peu plus loin on passa près de l'endroit où le bord du fossé monte et descend, le petit garçon ne put pas lâcher son père pour grimper la petite pente en disant : « Regarde, papa, je grandis… je grandis… je grandis… Regarde, je suis plus grand que toi… et maintenant je rapetisse… je rapetisse… je rapetisse… » Ça l'ennuya un peu, parce qu'il était très attaché aux rites. Ça faisait une promenade qui ne ressemblait pas tout à fait aux autres.

1. Vallée des Alpes formée par l'Isère, non loin de Grenoble.

Édouard Doigneau (1865-1954), *Bords d'un torrent*, aquarelle (château-musée de Nemours).

Un peu plus loin il y avait le rocher de pierre carrée. On s'y asseyait d'habitude. Il se demanda si cette fois-ci on s'assiérait. Le rocher de pierre carrée s'approchait et le petit garçon se demandait si on s'assiérait. Il avait un peu peur qu'on ne s'assît pas. Un petit peu peur, vraiment, de la vraie peur. Il tira doucement sur la main de son père quand ils furent tout près.

Heureusement papa se laissa tirer et ils s'assirent. Ils ne dirent rien, mais souvent, assis sur cette pierre, papa ne disait rien. Quelquefois seulement (quand il faisait très chaud) : « Ouf ! ça fait du bien. » Aujourd'hui il ne faisait pas très chaud. La seule chose pas naturelle c'était que papa ne quittait toujours pas la petite main. D'habitude, ici, papa la lâchait, sa main, et le petit garçon, qui n'aimait pas rester assis bien longtemps, grimpait sous les arbres et cherchait des pommes de pin. Quelquefois des fraises, mais il n'y avait pas souvent des fraises.

Ils restaient assis et le petit garçon ne bougeait pas du tout. Il faisait même attention à ne pas balancer les jambes. Pourquoi ? Savait pas, c'était parce que papa lui tenait la main comme ça. Il ne pouvait même pas – il ne voulait même pas penser aux pommes de pin, aux fraises. D'ailleurs, il n'y avait sûrement pas de fraises et puis, les pommes de pin, ce n'est pas tellement amusant.

Mais, de ne pas bouger, il eut de nouveau un peu peur. Oh ! pas beaucoup, un peu seulement, un tout petit peu, comme quand on est couché et qu'on entend craquer des choses dans le noir, mais qu'on entend aussi papa et maman qui parlent dans leur chambre. Il était content que papa lui tînt la main, parce qu'ainsi on a moins peur, mais comme il avait peur justement parce que papa lui tenait la main… alors le petit garçon, pour la première fois pendant une de ces promenades, aurait bien voulu revenir à la maison.

Comme si son père l'avait entendu il se leva, le petit garçon se leva, se demandant si l'on rentrerait ou si l'on irait comme les autres fois jusqu'au petit pont, sur la Grisonne. Il ne savait pas très bien ce qu'il préférait. On partit vers le petit pont, alors, tant mieux.

Sur le pont ils regardèrent le torrent (papa disait le ru) filer en gargouillant entre les pierres qui ressemblent à de grosses dragées. Un jour papa lui avait rapporté un petit sac rempli de toutes petites pierres comme ça et c'étaient des bonbons. Il y avait très longtemps, c'était même avant Noël, il ne se rappelait même plus bien. En tout cas depuis ce temps-là il n'avait jamais eu de bonbons, et il aimait énormément regarder les pierres du torrent, on aurait dit que ça lui faisait plaisir aux yeux comme les bonbons à la langue.

Papa dit :

– Depuis le temps que cette eau coule…

Le petit garçon trouva ça drôle. Bien sûr qu'elle coulait depuis longtemps. Elle coulait déjà la première fois qu'il étaient venus. D'ailleurs on n'aurait pas fait un pont s'il n'y avait pas eu d'eau.

– Et quand ton petit garçon à toi, dit papa, aura une grande barbe blanche, elle coulera encore. Elle ne s'arrêtera jamais de couler, dit papa en regardant l'eau. C'est une pensée reposante, dit encore papa, mais, ça se voyait, ce n'était pas pour son petit garçon, c'était pour lui-même.

Ils restèrent très, très longtemps à regarder l'eau, et puis enfin on s'en retourna. On prit le chemin du hérisson, le petit garçon l'appelait comme ça depuis qu'ils y avaient trouvé un hérisson. Ça grimpait un peu. On passait devant la fontaine de bois, celle où, dans une auge faite d'une bille de chêne creusée, tombe le filet d'une eau si limpide, au chant d'un cristal si pur, qu'elle donne soif rien qu'à la regarder. Mais il ne faisait pas très chaud.

Tout en haut le sentier tournait un peu, et redescendait de l'autre côté de la colline. De tout en haut on verrait la maison. On la voyait très bien. Ce qu'on voyait le mieux c'était la fenêtre de la cuisine, avec le pot de géranium tout vert et orange dans le soleil, et maman était derrière mais on ne la voyait pas.

Mais papa devait être fatigué, parce qu'avant d'arriver en haut, il s'assit. D'ordinaire on ne s'asseyait jamais sur ce tronc d'arbre. Il s'assit et attira son petit garçon entre ses genoux. Il dit : « Tu n'es pas fatigué ? » – « Non », dit le petit garçon. Papa souriait, mais c'était d'un seul côté de la bouche. Il lui caressait les cheveux, la joue. Il respira très fort et dit : « Il faut être très, très sage avec ta maman », et le petit garçon fit oui de la tête, mais il ne trouva rien à dire. « Un bon petit garçon », dit encore papa, et il se leva. Il prit son petit garçon sous les aisselles et il le souleva jusqu'à son visage et l'embrassa deux fois sur les joues, et il le remit par terre et dit d'une voix ferme : « Allons. » Ils se remirent en route. Ils arrivèrent en haut et on vit le mur du jardin, les deux mélèzes, la maison, la fenêtre de la cuisine.

Le pot de géranium… il n'y était plus.

Le petit garçon vit tout de suite que le pot de géranium n'était plus à la fenêtre de la cuisine. Papa aussi, sûrement. Parce qu'il s'arrêta en serrant la petite main dans la sienne, plus fort que jamais, et il dit : « Ça y est, je m'en doutais. »

Il restait immobile, à regarder, regarder, en répétant : « Bons dieux, comment ai-je pu… puisque je le savais, puisque je le savais… »

Le petit garçon aurait bien voulu demander quoi, mais il ne pouvait pas parce que papa lui serrait la main si fort. Et il commença d'avoir mal au cœur, comme le jour où il avait mangé trop de purée de marrons.

Alors papa dit : « Viens », et au lieu de descendre ils retournèrent sur leurs pas, en marchant très vite. « Où est-ce qu'on va, papa ? Où est-ce qu'on va ? » disait le petit garçon, et il avait mal au cœur comme le jour de la purée de marrons.

– « Chez madame Bufferand », dit papa. Il avait une drôle de voix, une voix comme celle du facteur le jour où une auto l'avait poussé et qu'il était tombé de bicyclette. « Elle est très gentille, dit papa, tu la connais, tu coucheras chez elle. »

Le petit garçon aurait bien voulu demander pourquoi, mais papa lui serrait la main trop fort, il n'arrivait pas à le demander. Était-ce à cause de ça, il avait de plus en plus mal au cœur. Tellement qu'il aurait voulu se coucher par terre, comme le jour de la purée de marrons, mais papa lui serrait la main tellement fort, et pourtant on allait trop vite, et maintenant il avait mal au cœur pas seulement au cœur, mais mal au cœur partout, au ventre, dans les jambes, si ce n'était pas bête de dire qu'on a mal au cœur dans les jambes.

Quand madame Bufferand, qui était très vieille et toute ridée, les vit tous les deux, elle croisa ses mains sur la poitrine et dit : « Mon Dieu !... »

Papa dit : « Oui, voilà », et ils entrèrent. Et alors quand ils furent dans le petit salon qui sentait la cannelle le petit garçon ne résista plus et il se coucha sur le tapis.

Il n'entendit plus très bien ce qu'on disait. Il faisait trop noir pour pouvoir écouter. Madame Bufferand parlait, parlait, d'une petite voix cassée, il l'entendait comme dans un rêve.

Papa souleva le petit garçon et le porta sur un lit. Il lui caressa les cheveux, longtemps, et il l'embrassa très fort et longtemps, plus fort et plus longtemps que le soir d'habitude. Et puis madame Bufferand lui donna une valise, et il embrassa madame Bufferand, et il sortit. Et madame Bufferand vint s'occuper du petit garçon, elle lui mit un mouchoir mouillé sur la tête, elle lui prépara de la camomille. Il vit bien qu'elle pleurait, elle essuyait ses larmes au fur et à mesure, mais ça se voyait quand même.

* *
*

Le lendemain, il était en train de jouer avec les cubes, il entendit madame Bufferand qui parlait dans la salle à manger. Les cubes devaient représenter le portrait d'un monsieur avec une collerette et un chapeau à plume. Il manquait encore l'œil et le chapeau. Le petit garçon se leva et mit son oreille contre le trou de la serrure, qui était juste à sa hauteur en se hissant sur la pointe des pieds. Il n'entendait pas très bien parce que les dames ne parlaient pas tout haut, elles chuchotaient. Madame Bufferand parlait de la gare. Oui, disait-elle, oui, lui aussi : il cherchait à apercevoir sa femme dans un compartiment, ils l'ont reconnu. Grands dieux, dit l'autre dame, il n'avait donc pas pu s'empêcher… Non, dit madame Bufferand, il n'a pas pu, qui donc aurait pu ? Il disait tout le temps : « C'est ma faute, c'est ma faute ! » Et puis on parla de lui, le petit garçon. Heureusement, disait la dame, heureusement que madame Bufferand était là. Madame Bufferand répondit des mots, mais quelque chose mouillait son chuchotement et on ne pouvait pas comprendre.

Le petit garçon retourna vers son jeu de cubes. Il s'assit par terre et chercha celui avec un œil. Il pleurait silencieusement, les larmes coulaient et il ne pouvait pas les retenir. Il trouva le cube avec l'œil et le mit à sa place. Le chapeau c'était plus facile. Il reniflait en essayant de ne pas faire de bruit, une des larmes coula au coin de la bouche, il la cueillit d'un coup de langue, elle était salée. La plume, c'était le plus ennuyeux, on ne savait jamais si elle était à l'endroit ou à l'envers. Une larme, tombée sur la plume, glissa, hésita, y resta suspendue comme une goutte de rosée.

Contexte xxe s. ▶ p. 490
Notice biographique ▶ p. 503
Du même auteur ▶ p. 374

Texte intégral ; 1re publication en 1943 ;

RECHERCHE

Les mots et leur usage

1. Que désigne le mot *Vercors* dans un contexte géographique ? Comment peut s'expliquer, dans le contexte historique et géographique, le choix de ce pseudonyme par l'auteur de la nouvelle ?

Histoire littéraire

2. Dans quelles conditions, et avec quel objectif, ont été écrites les nouvelles de Vercors faisant partie du recueil *Le Silence de la mer* ?

Lecture analytique

3. Après une lecture attentive de la nouvelle, dites ce qu'elle vous inspire, quelles sont vos réactions, vos émotions, ce que vous avez éprouvé. À quel moment du récit avez-vous compris la situation précise des personnages ?

4. Qu'est-ce qui, en l'absence de termes historiques définissant le contexte, pouvait et peut encore permettre au lecteur de comprendre les circonstances et les faits essentiels ?

5. Comment s'exprime l'importance des lieux dans le récit ? Quel est le point de vue adopté ? Expliquez en quoi ces lieux familiers et ce point de vue contribuent à la mise en place d'un registre dont vous préciserez la nature.

6. En tenant compte à la fois de vos propres réactions et du contenu du récit, dites quelles peuvent être les fonctions d'un texte comme celui-là.

Écriture d'invention

7. Vous devez rédiger la quatrième de couverture d'une édition de « Ce jour-là ». Choisissez un passage court et représentatif (cinq lignes environ) et faites-le suivre d'une rapide analyse faisant ressortir les qualités de la nouvelle, son intérêt, son importance… Faites en sorte que le lecteur comprenne le contexte historique.

REPÈRES Le discours narratif ▸ p. 146
Lieux et temps dans le récit ▸ p. 193
La nouvelle ▸ p. 212

3 Ray Bradbury, *Un remède à la mélancolie* (1961)

Connu par son roman Fahrenheit 451, *œuvre de science-fiction, Ray Bradbury a aussi écrit des nouvelles qui relèvent d'autres registres. La nouvelle suivante date de 1948.*

Le dragon

Le vent de la nuit faisait frémir l'herbe rase de la lande ; rien d'autre ne bougeait. Depuis des siècles, aucun oiseau n'avait rayé de son vol la voûte immense et sombre du ciel. Il y avait une éternité que quelques rares pierres n'avaient, en s'effritant et en tombant en poussière, créé un semblant de vie. La nuit régnait en maîtresse sur les pensées des deux hommes accroupis auprès de leur feu solitaire. L'obscurité, lourde de menaces, s'insinuait dans leurs veines et accélérait leur pouls.

Les flammes dansaient sur leurs visages farouches, faisant jaillir au fond de leurs prunelles sombres des éclairs orangés. Immobiles, effrayés, ils écoutaient leur respiration contenue, mutuellement fascinés par le battement nerveux de leurs paupières. À la fin, l'un d'eux attisa le feu avec son épée.

– Arrête ! Idiot, tu vas révéler notre présence !

– Qu'est-ce que ça peut faire ? Le dragon la sentira de toute façon à des kilomètres à la ronde. Grands Dieux ! Quel froid ! Si seulement j'étais resté au château !

– Ce n'est pas le sommeil : c'est le froid de la mort. N'oublie pas que nous sommes là pour...

– Mais pourquoi, nous ? Le dragon n'a jamais mis le pied dans notre ville !

– Tu sais bien qu'il dévore les voyageurs solitaires se rendant de la ville à la ville voisine...

– Qu'il les dévore en paix ! Et nous, retournons d'où nous venons !

– Tais-toi ! Écoute...

Les deux hommes frissonnèrent.

Ils prêtèrent l'oreille un long moment. En vain. Seul, le tintement des boucles des étriers d'argent agitées, telles des piécettes de tambourin, par le tremblement convulsif de leurs montures à la robe noire et soyeuse, trouait le silence.

Le second chevalier se mit à se lamenter.

– Oh ! Quel pays de cauchemar ! Tout peut arriver ici ! Les choses les plus horribles... Cette nuit ne finira-t-elle donc jamais ? Et ce dragon ! On dit que ses yeux sont deux braises ardentes, son souffle, une fumée blanche et que, tel un trait de feu, il fonce à travers la campagne, dans un fracas de tonnerre, un ouragan d'étincelles, enflammant l'herbe des champs. À sa vue, pris de panique, les moutons s'enfuient et périssent piétinés, les femmes accouchent de monstres. Les murs des donjons s'écroulent à son passage. Au lever du jour, on découvre ses victimes éparses sur les collines. Combien de chevaliers, je te le demande, sont partis combattre ce monstre et ne sont jamais revenus ? Comme nous, d'ailleurs...

– Assez ! Tais-toi !

– Je ne le redirai jamais assez ! Perdu dans cette nuit je suis même incapable de dire en quelle année nous sommes !

– Neuf cents ans se sont écoulés depuis la nativité...

– Ce n'est pas vrai, murmura le second chevalier en fermant les yeux. Sur cette terre ingrate, le Temps n'existe pas. Nous sommes déjà dans l'Éternité. Il me semble que si je revenais sur mes pas, si je refaisais le chemin parcouru pour venir jusqu'ici, notre ville aurait cessé d'exister, ses habitants seraient encore dans les limbes, et que même les choses auraient changé. Les pierres qui ont servi à construire nos châteaux dormiraient encore dans les carrières, les poutres équarries, au cœur des chênes de nos forêts. Ne me demande pas comment je le sais ! Je le sais, c'est tout. Cette terre le sait et me le dit. Nous sommes tout seuls dans le pays du dragon. Que Dieu nous protège !

– Si tu as si peur que ça, mets ton armure !

– À quoi me servirait-elle ? Le dragon surgit d'on ne sait où. Nous ignorons où se trouve son repaire. Il disparaît comme il est venu. Nous ne pouvons deviner où il se rend. Eh bien, soit ! Revêtons nos armures. Au moins nous mourrons dans nos vêtements de parade.

Le second chevalier n'avait pas fini d'endosser son pourpoint d'argent qu'il s'interrompit et détourna la tête.

Sur cette campagne noire, noyée dans la nuit, plongée dans un néant qui semblait sourdre de la terre elle-même, le vent s'était levé. Il soufflait sur la plaine une poussière qui semblait venir du fond des âges. Des soleils noirs, des feuilles mortes tombées de l'autre côté de la ligne d'horizon, tourbillonnaient en son sein. Il fondait dans son creuset les paysages, il étirait les os comme de

Franz Marc (1880-1916), *Formes combattantes* (1914), huile sur toile, 91 × 131,5 cm (Staatsgalerie Moderner Kunst ; Munich).

la cire molle, il figeait le sang dans les cervelles. Son hurlement, c'était la plainte de milliers de créatures à l'agonie, égarées et errantes à tout jamais. Le brouillard était si dense, cerné de ténèbres si profondes, le lieu si désolé, que le Temps était aboli, que l'Homme était absent. Et cependant deux créatures affrontaient ce vide insupportable, ce froid glacial, cette tempête effroyable, cette foudre en marche derrière le grand rideau d'éclairs blancs qui zébraient le ciel. Une rafale de pluie détrempa le sol. Le paysage s'évanouit. Il n'y eut plus désormais que deux hommes, dans une chape de glace, qui se taisaient, angoissés.

– Là ! chuchota le premier chevalier. Regarde ! Oh ! Mon Dieu !

À plusieurs lieues de là, se précipitant vers eux dans un rugissement grandiose et monotone : le dragon.

Sans dire un mot, les deux chevaliers ajustèrent leurs armures et enfourchèrent leurs montures.

Au fur et à mesure qu'il se rapprochait, sa monstrueuse exubérance déchirait en lambeau le manteau de la nuit. Son œil jaune et fixe, dont l'éclat s'accentuait quand il accélérait son allure pour grimper une pente, faisait surgir brusquement une colline de l'ombre puis disparaissait au fond de quelque vallée ; la masse sombre de son corps, tantôt distincte, tantôt cachée derrière quelque repli, épousait tous les accidents du terrain.

– Dépêchons-nous !

Ils éperonnèrent leurs chevaux et s'élancèrent en direction d'un vallon voisin.

– Il va passer par là !

De leur poing ganté de fer, ils saisirent leurs lances et rabattirent les visières sur les yeux de leurs chevaux.

– Seigneur !

– Invoquons Son nom et Son secours !

À cet instant, le dragon contourna la colline. Son œil, sans paupière, couleur d'ambre clair, les absorba, embrasa leurs armures de lueurs rouges et sinistres. Dans un horrible gémissement, à une vitesse effrayante, il fondit sur eux.

– Seigneur ! Ayez pitié de nous !

La lance frappa un peu au-dessous de l'œil jaune et fixe. Elle rebondit et l'homme vola dans les airs. Le dragon chargea, désarçonna le cavalier, le projeta à terre, lui passa sur le corps, l'écrabouilla.

Quant au second cheval et à son cavalier, le choc fut d'une violence telle, qu'ils rebondirent, à trente mètres de là et allèrent s'écraser contre un rocher.

Dans un hurlement aigu, des gerbes d'étincelles roses, jaunes et orange, un aveuglant panache de fumée blanche, le dragon était passé…

– Tu as vu ? cria une voix. Je te l'avais dit !

– Ça alors ! Un chevalier en armure ! Nom de tous les tonnerres ! Mais c'est que nous l'avons touché !

– Tu t'arrêtes ?

– Un jour, je me suis arrêté et je n'ai rien vu. Je n'aime pas stopper dans cette lande. J'ai les foies.

– Pourtant nous avons touché quelque chose…

– Mon vieux, j'ai appuyé à fond sur le sifflet. Pour un empire, le gars n'aurait pas reculé…

La vapeur, qui s'échappait par petits jets, coupait le brouillard en deux.

– Faut arriver à l'heure. Fred ! Du charbon !

Un second coup de sifflet ébranla le ciel vide. Le train de nuit, dans un grondement sourd, s'enfonça dans une gorge, gravit une montée et disparut bientôt en direction du nord. Il laissait derrière lui une fumée si épaisse qu'elle stagnait dans l'air froid des minutes après qu'il fut passé et eut disparu à tout jamais.

Contexte XXe s. ▶ p. 490
Notice biographique ▶ p. 495

Texte intégral ; traduit de l'anglais par Jacqueline Hardy, coll. « Présence du futur », éd. Denoël, 1961.

RECHERCHE

Les mots et leur usage

1. À quel niveau de langue appartiennent les deux expressions *J'ai les foies* (l. 107) et *Faut arriver à l'heure !* (l. 112). Modifiez-les pour les rendre plus littéraires.

Histoire littéraire

2. Dans quels genres littéraires et dans quels registres trouve-t-on des dragons ? Citez aussi des représentations picturales sur lesquelles on peut en voir.

3. Faites une recherche sur l'univers de la chevalerie : quelle est l'époque concernée ? Qui étaient les chevaliers et quelle était leur « mission » ? Quelle littérature a rendu compte de cet univers ?

Lecture analytique

4. Étudiez la manière dont se mettent en place les éléments du récit (l. 1-27) : lieux, temps, personnages, raisons de leur présence. À quelle(s) période(s) historique(s) est-il fait référence ?

5. Repérez les différents procédés lexicaux qui contribuent à exprimer – avant l'arrivée du dragon – une atmosphère dont vous préciserez la nature et les caractéristiques. Quels sont les registres dominants ?

6. Quelle est, dans le texte, la « mission » attribuée aux deux chevaliers ? Retrouvez les termes qui la définissent : cette mission est-elle conforme à l'image traditionnelle de ces personnages ?

7. À quel moment et grâce à quoi le lecteur comprend-il la véritable nature du dragon ? En quoi peut-on parler d'effet de rupture ?

8. Déterminez les sens possibles de cette nouvelle : sur quoi le narrateur met-il l'accent par le choix des époques, des registres, des personnages, du dénouement ?

Vers le commentaire

9. À partir de repérages précis, construisez et rédigez un ou plusieurs axes de commentaire suivants, portant sur les lignes 1 à 27 : *un lieu effrayant ; une inhumanité mise en relief par le registre épique ; la présentation des personnages.*

Écriture d'invention

10. Résumez l'action de cette nouvelle en trois lignes à la manière de Félix Fénéon (▶ p. 115).

REPÈRES
Structure du récit… ▶ p. 161
La nouvelle ▶ p. 212
Le fantastique ▶ p. 213

4 Quim Monzó, *Olivetti, Moulinex, Chaffoteaux et Maury* (1994)

Fernando Botero (né en 1932), *Le Patron* (1968), huile sur toile, 186,7 × 114,3 cm (collection privée).

Quim Monzó est un écrivain catalan, auteur de bandes dessinées, de romans et de nouvelles.

N'en soyez pas si sûr

Un jour de septembre à onze heures du matin, monsieur A, chef du personnel, fit appeler I. Celui-ci était en train de servir un client qui n'arrivait pas à se décider entre un imperméable gris et un imperméable beige.

La vente finie, I monta rapidement. Comme d'habitude, à côté de la machine à café, il vit O qui parlait avec une des modistes. O lui dit de ne pas courir comme ça, qu'il faut toujours faire attendre les patrons. I ne sut que lui répondre ; il marmonna des mots incompréhensibles et continua à monter les escaliers. Il ne savait pas pourquoi le chef du personnel le faisait appeler et, comme toujours quand il devait parler avec un de ses supérieurs, il avait des gargouillements d'estomac.

Il frappa à la porte. De l'intérieur, une voix lui dit d'entrer. I ouvrit lentement la porte et resta juste devant. Monsieur A leva les yeux d'un tas de papiers, lui sourit et, de la main, lui montra le fauteuil qui était de l'autre côté de son bureau.

– J'ai quelque chose à vous dire qui vous fera sûrement plaisir, dit-il.

Et avec une clarté absolue, bien que les lèvres de monsieur A aient cessé de bouger, I entendit aussi : « Il va être content. D'autres s'épuisent pendant toute leur vie à demander des augmentations de salaire, et lui l'obtient tout de suite. Les imbéciles se débrouillent toujours. » I entendait clairement la voix du chef du personnel, et il n'était pas inquiet de voir sa bouche immobile parce que, depuis quelque temps, ça lui arrivait souvent. Il n'y attachait pas d'importance : il croyait que c'était une lubie, comme si – devant chaque visage qui le regardait – il jouait malgré lui à deviner ce que pensait son vis-à-vis. I ne savait pas très bien quand ça avait commencé mais il lui semblait que quelques années auparavant, dans le métro, il essayait de trouver le fil des pensées du visage silencieux qui était en face de lui. Dernièrement, les pensées qu'il lisait dans le cerveau des gens concordaient toujours (sauf cas d'hypocrisie socialement admise) avec les mots qu'ils prononçaient ensuite. Pourtant, il ne s'était pas encore rendu compte que ce n'était pas lui qui provoquait le jeu, mais que sans qu'il en décidât ainsi, inévitablement, il entendait les pensées de gens qui étaient devant lui. Ce matin même, il avait entendu un client entrer dans le magasin en pensant qu'il allait demander « le pantalon noir qui est dans la vitrine de droite ». Et de fait, le client avait demandé « le pantalon noir qui est dans la vitrine de droite ». La bouche de monsieur A s'était rouverte.

– J'ai le plaisir de vous faire savoir que l'entreprise a décidé de vous accorder une augmentation de salaire.

I fut pétrifié. Ça s'était à nouveau produit. Sans que rien pût le laisser prévoir, il avait deviné qu'on allait l'augmenter. Monsieur A pensa que I était resté muet de surprise en apprenant qu'on allait l'augmenter, alors qu'en réalité, son mutisme était dû à ce qu'il l'avait su avant que le chef du personnel le lui eût annoncé. « Pourquoi ne dit-il rien ? Quelle andouille ! » pensait monsieur A.

– Merci beaucoup, dit I.

– Une fois surmontées les difficultés financières que l'entreprise a connues l'année dernière, et compte tenu de l'intérêt que vous avez manifesté à chaque instant, nous avons estimé que vous méritiez une augmentation de salaire, même limitée. Je dis limitée parce que, s'il est vrai que les difficultés sont surmontées, la crise est encore là et nous ne pourrons en venir à bout, si tout le monde y met du sien, que dans quelques années…

I prit un air heureux, parce qu'il considérait que c'était l'air qu'on attendait qu'il prît. Il n'était guère bavard et il ne savait que dire. Il remercia à nouveau.

– Eh bien, c'est tout. L'entreprise attend beaucoup de vous. Nous espérons que cette augmentation sera pour vous une nouvelle incitation à vous appliquer de plus en plus à votre travail de chaque jour. Vous êtes très jeune, et vous pouvez aller loin dans cette maison.

À côté de la machine à café, I retrouva O, seul cette fois. Avant qu'ils échangent le moindre mot, I avait lu, comme dans un brouillard, la pensée de O : « On va voir si ce lèche-bottes a une pièce à me filer… »

– Tu as une pièce pour la machine à café ? lui demanda O.

I se passa la main droite sur le front et ferma les yeux. Bien sûr, il est tout à fait normal que quelqu'un qui est à côté d'une machine à café demande une pièce pour la machine. Mais un peu plus tôt, dans le bureau de monsieur A, comment avait-il été capable de deviner, avant que l'autre le lui dise, qu'on lui donnait une augmentation ? Et ce matin, comment avait-il su que le client allait demander précisément le pantalon noir ? I voyait bien qu'il ne s'agissait pas d'un simple jeu de devinettes. Depuis cinq ou six jours que cela durait, comment expliquer qu'il ne se soit pas trompé une seule fois ? Les voix brumeuses qu'il entendait n'étaient pas autre chose que l'écho de la pensée des autres, qui résonnait tranquillement dans son crâne. Ce n'était pas le fruit de l'intuition, ni de conjectures… C'étaient réellement les *pensées* des autres. Comment était-il capable d'entendre ce que pensaient les autres ? Était-il une sorte de monstre ? Cette étrange faculté n'allait-elle pas lui attirer plus d'ennuis que d'avantages ? Ne jamais pouvoir ignorer ce que pensent ceux qui vous entourent… Comme une confirmation, il entendit O penser : « On lui parle et il n'écoute pas. Je lui ai posé une question et il ne me répond pas. Il n'en a que pour les patrons. A lui a sûrement proposé de faire encore des heures supplémentaires non payées. » I leva les yeux.

– Qu'est-ce que tu disais ?

– Est-ce que tu as une pièce pour la machine ?

I chercha dans ses poches sans en trouver.

– Non, dit-il.

Il entendit ce que pensait O : « Non ? je suis sûr qu'il en a, mais il est trop radin... »

Il avait peur. Ce qui lui était arrivé avec le client qui voulait le pantalon noir de la vitrine de droite était devenu habituel. Avant que les clients disent ce qu'ils voulaient, I le savait déjà. Il savait aussi tout ce que pensaient ses camarades, de lui, des autres, du travail, des amis, quels projets ils gardaient pour eux... Il découvrit peu à peu le tissu de haines, de rancunes, d'amours et de malentendus qu'il y avait entre les gens qui l'entouraient. Quand le chef de rayon l'appelait de l'autre côté du comptoir, rien qu'en le regardant dans les yeux, I était capable de deviner ce qu'il allait lui demander. Parfois, au grand étonnement du chef de rayon, I prenait les devants et apportait la chemise, le chéquier ou la boîte que l'autre s'apprêtait à lui demander.

Comme presque tous les week-ends, ce dimanche-là, I sortit avec E. Mais cette fois, après le cinéma et la promenade, I fut capable – pour la première fois – d'agir sans timidité et sans crainte d'être repoussé, parce qu'il lisait que les pensées de E étaient aussi enflammées de désir que les siennes.

Il commença à s'en servir. Après le dimanche avec E (et d'autres dimanches semblables), un jeudi du mois d'octobre, il sut lire ce qu'il y avait derrière le sourire poli d'une cliente, et il profita de l'occasion. Comme il profita de toutes les occasions qui se présentèrent tant qu'il resta derrière le comptoir.

Fin octobre, il demanda à parler au chef de rayon. Il dénonça la caissière qui avait trouvé un truc pour ne pas enregistrer certaines ventes importantes et en empocher le montant en toute impunité. Vers Noël, il fit savoir au chef du personnel que le chef de rayon vendait à un des principaux concurrents du magasin – une jeune maison, désireuse de se faire un nom en copiant leur style – des informations sur la prochaine collection automne-hiver, ainsi que sur les fournisseurs qui fabriquaient les tissus. En juin, il était devenu chef de rayon, et il contrôlait ses subordonnés avec une perfection absolue. Il savait qui le haïssait, qui le méprisait, qui l'appréciait... Il devinait quand un vendeur tirait au flanc, qui était allé aux toilettes uniquement pour se reposer cinq minutes, qui avait l'intention de faucher un manteau... Il relégua O au poste le plus bas qu'il ait pu trouver, dans la réserve. Une couturière qui avait été licenciée par I après une semaine de fausse maladie expliqua à O, en rassemblant ses affaires :

– On dirait qu'il lit dans nos pensées.

Grâce à cette faculté, il établit un système subtil de promotions et de sanctions qui lui permirent, en septembre, de devenir chef du personnel. Le matin du jour où il devait prendre ses nouvelles fonctions, I se sentait particulièrement heureux. Il allait enfin connaître monsieur U, le directeur de l'entreprise ; jusqu'à présent, il l'avait seulement aperçu une ou deux fois, de loin. Et ensuite, il connaîtrait le conseil d'administration. Rien ne pourrait l'arrêter, une fois qu'il connaîtrait, un par un, les membres du conseil, avec leurs grandeurs et leurs misères, leurs secrets les mieux cachés... D'autant plus que le directeur et le conseil d'administration devaient lui être reconnaissants d'avoir su empêcher à temps que monsieur A, l'ancien chef du personnel, se livre au détournement de fonds qu'il projetait.

– En vous nommant à ce poste, monsieur I, je ne fais que récompenser la fidélité dont vous avez fait preuve envers cette maison. Vous pouvez arriver très loin. Il n'y a qu'à voir la carrière que vous avez faite dans notre entreprise, surtout au cours de l'année dernière.

I était devant monsieur U. Son estomac ne gargouillait presque pas. Malgré tout, il se sentait encore impressionné de se trouver face à ses supérieurs. La preuve, c'est qu'il n'arrivait pas à entendre les pensées de U. Peut-être que cet homme ne pensait pas…

– Merci beaucoup, monsieur U, mais je crois, sans fausse modestie, que je n'ai fait que mon devoir, répondit I, content d'avoir appris, au cours des derniers mois, à tourner ce genre de formules. Il se frottait les mains mentalement et pensait qu'il n'aurait aucun mal à se débarrasser de l'imbécile qui était devant lui et qu'au bout de quelques mois, un an peut-être, il serait assis à sa place, de l'autre côté du bureau.

Contexte **XXe s.** ▸ p. 490
Notice biographique ▸ p. 500

– N'en soyez pas si sûr, lui dit U en le regardant droit dans les yeux, ce sera plus difficile que vous ne le croyez.

Texte intégral ; traduit du catalan par Edmond Raillard,

RECHERCHE

Les mots et leur usage

1. Précisez à quel niveau de langue appartiennent les mots et expressions du texte : *lèche-bottes* (l. 64), *filer* (l. 64), *radin* (l. 89). Comment peut-on expliquer leur présence ? Par quoi serait-il possible de les remplacer ?

Lecture analytique

2. Voici plusieurs étapes de l'histoire racontée. Remettez-les dans l'ordre du récit, puis identifiez celles qui ne sont pas données ici et définissez-les en précisant leur contenu : *Entretien avec U, le directeur ; Interrogations diverses ; Première rencontre avec O ; Annonce de l'augmentation ; Convocation chez le chef du personnel.*

3. Repérez et classez les formulations qui permettent de :
– définir le contexte professionnel de l'histoire ;
– caractériser les relations qui existent entre les employés de l'entreprise.

4. Étudiez comment s'exprime la progression professionnelle de I. Sur quoi repose-t-elle ?

5. Distinguez les passages de récit (en précisant le point de vue adopté), des passages de discours direct ou indirect libre. Quels sont les effets produits par cette alternance ?

6. Explicitez la chute de la nouvelle et cherchez quelle(s) signification(s) on peut lui attribuer. En quoi pourrait-on parler de « moralité » ?

Maîtrise de la langue

7. Transposez les passages suivants à la première personne du singulier en conservant les temps verbaux :
– *I se passa… une seule fois ?* (l. 66-73).
– *Il avait peur… lui demander* (l. 90-99) ;
Comparez ensuite les deux transpositions au texte original.

Travail sur un corpus de textes

8. Expliquez en quoi les chutes des nouvelles de Saki, Bradbury et Monzó (respectivement : l. 141-152 ; l. 110-116 ; l. 147-148) sont inattendues et surprenantes pour le lecteur. En quoi se situent-elles dans la ligne de ce qui précède, mais de manière implicite, sous-jacente ? En quoi diffèrent-elles de ce qui constitue le dénouement ?

REPÈRES Le personnage ▸ p. 178
La nouvelle ▸ p. 212
Le fantastique ▸ p. 213

5 Lire l'image : Magritte

René Magritte (1898-1967), *L'Espion* (1924), peinture (collection privée).

RECHERCHE

Histoire culturelle

1. Établissez une brève notice biographique sur le peintre Magritte en précisant à quel courant pictural il a appartenu.

Lecture de l'image

2. Décrivez ce que vous voyez sur le tableau en mettant en évidence tous les effets de contraste et les similitudes entre les deux parties. Quel sens peut-on donner à la ligne blanche verticale qui figure approximativement au milieu ?

3. Expliquez le titre et cherchez les correspondances entre le tableau et l'idée d'espionnage : que peut suggérer le fond noir de la partie gauche de l'image ?

4. À quel courant, à quel registre peut-on rattacher cette représentation ? Dites tout ce que la vue de ce tableau vous inspire.

Écriture d'invention

5. En considérant le tableau de Magritte comme un point de départ, un thème, un décor, ou un point d'aboutissement, composez une courte nouvelle (30 à 50 lignes) dont il pourrait être l'illustration.

REPÈRES Le fantastique ▸ p. 213

REPÈRES

La nouvelle

Bref récit ayant une unité, la nouvelle n'est pas, comme on le croit souvent, un court roman ayant le même fonctionnement narratif qu'une histoire longue.
Né vers le xve siècle, ce genre possède des caractéristiques qui empruntent à d'autres genres narratifs, et les mêlent de manière originale. Par sa brièveté et sa structure, la nouvelle fait penser au conte ; par leurs actions et leurs caractérisations, les personnages évoqueraient plutôt le roman : la nouvelle se situe entre les deux, avec ses spécificités.

Sources et historique de la nouvelle

Le mot ***nouvelle*** vient de l'ancien français *novele* qui désigne « un événement que l'on raconte ». De ce premier sens, on passe au « récit de l'événement », ce qui fait entrer la *novele* dans la littérature, où elle se trouve influencée par la *novella* italienne, **conte** satirique en prose dont l'exemple le plus célèbre est le *Décameron* de Boccace. Il n'y a donc pas de différence marquée, initialement, entre le conte et la nouvelle.

■ **Ex :** Les premiers exemples en France viennent du recueil des *Cent nouvelles nouvelles* (1450-1460). On peut citer, un siècle plus tard, l'*Heptameron,* de Marguerite de Navarre, ensemble de courts récits à tendance morale racontés à tour de rôle par des « devisants ».

La nouvelle se développe au xviie siècle sous l'influence des *Nouvelles exemplaires* de Cervantès (1613) et ce genre reste très vivace au siècle des Lumières, même s'il est estompé par la littérature philosophique.
Au xixe siècle, le genre se développe et connaît un très grand succès : c'est l'âge d'or des **nouvelles fantastiques**, d'un bout à l'autre du siècle, et des **nouvelles réalistes**, qui trouvent leur inspiration dans la multiplicité des faits divers.

■ **Ex :** Parmi les auteurs de nouvelles fantastiques, on peut citer Nerval, Nodier, Poe (▸ p. 151), Gautier (▸ p. 167, 182), Mérimée, Hoffmann, Gogol, Maupassant, qui a également écrit des centaines de nouvelles réalistes (▸ p. 134). Les nouvelles de Villiers de L'Isle-Adam (▸ p. 169) s'apparentent aux deux registres.

Le xxe siècle est aussi un siècle qui connaît une prolifération de nouvelles, dans la littérature européenne, en Espagne (▸ p. 207), en Italie, mais aussi dans d'autres pays, comme en témoignent les œuvres de Borgès, Cortazar, Matheson, R. Bradbury (▸ p. 203).

Caractéristiques de la nouvelle

Par rapport au roman, la nouvelle possède des caractères spécifiques, qui touchent sa longueur, ses thèmes, sa structure.

La longueur : il n'y a pas de codification concernant la longueur de la nouvelle, qui peut comporter de quelques pages à plusieurs dizaines de pages. Certaines sont très brèves (moins d'une page).

■ **Ex :** F. Fénéon (▸ p. 115) a écrit des nouvelles qui tiennent toutes en trois lignes.

La concentration et la structure : cette brièveté détermine une très grande densité de ce qui se passe dans le récit. La nouvelle est caractérisée par l'absence de longues descriptions minutieuses. S'il doit y avoir une présentation des **lieux**, importants à la fois dans les nouvelles réalistes et dans les nouvelles fantastiques, elle est faite de manière précise et rapide, qui donne l'essentiel et utilise à la fois l'**implicite** et l'**ellipse**.

■ **Ex :** Dans les *Nouvelles en trois lignes* de F. Fénéon (▸ p. 115), chaque mot choisi est porteur de références, de significations et de connotations qui mettent en action l'imagination du lecteur ; celui-ci possède en quelques mots tous les éléments pour imaginer une scène et un déroulement.

La structure du récit, jouant souvent sur des phénomènes d'**emboîtement**, conduit à des épisodes eux-mêmes courts et précis, bien délimités à la fois dans le temps et dans l'espace, menant à un dénouement la plupart du temps imprévisible, la « **chute** », qui laisse le lecteur souvent dans un état de stupeur. Là encore, l'ellipse joue un rôle important.

■ **Ex :** On peut citer les chutes remarquables de trois nouvelles, celle d'E. A. Poe (▸ p. 151), celle de Quim Monzò (▸ p. 207) et celle de R. Bradbury (▸ p. 203).

Le thème : une des particularités de la nouvelle est le caractère « exceptionnel » et unique de l'événement raconté, fait de coïncidences, d'inattendu, d'insolite, même lorsqu'il s'agit de faits divers. Des faits simples, appartenant à la réalité quotidienne, deviennent sujets de nouvelle à partir du moment où ils se révèlent porteurs d'une signification souvent **symbolique**. Tout l'art du novelliste consiste à faire surgir cette signification à travers sa manière d'écrire, et non à l'inventer.

REPÈRES Le discours narratif ▸ p. 146
Le fantastique ▸ p. 213

Le fantastique

Le dictionnaire définit ainsi l'adjectif « fantastique » : « Se dit d'une œuvre littéraire, artistique ou cinématographique décrivant l'irruption du surnaturel ou de l'irrationnel dans la réalité quotidienne ».
Selon le chercheur T. Todorov, le fantastique réside dans l'incertitude entre l'existence d'une explication plausible et l'absence de justification rationnelle d'un fait.

Origines et développement historique du fantastique

Les incertitudes du début du XVIIe siècle, le goût des métamorphoses, un penchant pour l'étrangeté, visibles dans les tableaux d'Arcimboldo, signalent la présence d'une forme de fantastique dans la littérature **baroque**.

■ **Ex :** Théophile de Viau évoque des phénomènes étranges. Cyrano de Bergerac décrit des paysages insolites peuplés de monstres.

Au XVIIIe siècle, parallèlement aux Lumières se développe un courant dit « **illuministe** » qui touche à la magie et au fantastique par la mise en scène de personnages cauchemardesques. *Le Diable amoureux*, de Cazotte, illustre ces tendances en France, parallèlement au roman gothique anglais.

■ **Ex :** Parmi ces romans, on peut citer *Le Château d'Otrante,* d'H. Walpole, *Le Moine,* de Lewis, *Frankenstein,* de Mary Shelley.

Mais c'est au XIXe siècle que se développe un véritable **genre fantastique** : les romantiques s'inspirent des romans gothiques, sont tentés par l'ésotérisme, recherchent dans l'au-delà et dans le spiritisme des réponses à leurs interrogations, et ce, malgré le développement des sciences et la foi dans le progrès.

■ **Ex :** T. Gautier écrit des nouvelles fantastiques (▸ p. 167, 182), comme Nodier, P. Borel, Hoffmann et Gogol. Baudelaire traduit celles d'E. A. Poe (▸ p. 151). Balzac (▸ p. 133) et Hugo font intervenir des puissances surnaturelles dans certains de leurs romans. Maupassant, enfin, compose, avec *Le Horla,* et de nombreuses nouvelles, une œuvre fantastique qui sert de modèle aux auteurs du XXe siècle (▸ p. 203, 207).

Motifs et caractéristiques

Des éléments récurrents, ou **motifs**, caractérisent le fantastique. Contrairement au merveilleux des contes, éloigné de la réalité, et de la science-fiction, qui la dépasse dans l'invention, le fantastique est **ancré dans le réel**.

C'est toujours dans une situation familière que se révèlent des phénomènes sans explication immédiate. Voici quelques-uns des motifs du fantastique :
– **Apparitions et animations :** un personnage voit se manifester des formes imprécises (spectres, fantômes, vampires, morts ressuscités...) ; des êtres en principe inanimés s'animent (personnages de tableaux, de tapisseries...), des objets sont soudain dotés de vie...
– **Pouvoir magique de certains objets :** les talismans sont nombreux dans les textes fantastiques, la peau de chagrin du roman de Balzac, une mèche de cheveux, un bijou, un portrait... Ils ont un pouvoir surnaturel et sont souvent liés à des pactes.
– **Pacte avec des puissances occultes :** un motif récurrent est celui du contrat passé avec des forces démoniaques, comme celui de Faust, en échange de son âme.
– **Pouvoirs magiques des êtres :** il arrive enfin que certains êtres soient dotés de pouvoirs surnaturels, comme celui de deviner ce que pensent les autres (▸ p. 207).

■ **Ex :** On peut citer la cafetière, les pincettes et les tasses à café ou le pied de momie qui s'animent chez Th. Gautier, le portrait ovale de la nouvelle d'E. A. Poe (▸ p. 151), la présence obsédante du double chez Maupassant.

L'écriture fantastique

Le fantastique passe par une écriture qui traduit, ou qui crée, l'irrationnel.

L'écriture à la **première personne** est fréquente : celui qui raconte témoigne lui-même de ce qui lui est arrivé. Ce sont ses propres perceptions qu'il est conduit à mettre en doute. On note d'autre part l'importance de l'état psychologique et physique du héros. L'écriture met l'accent sur un état second, qui affaiblit les perceptions ; fièvre, fatigue, maladie, ivresse, somnolence, état de conscience déficient...

Le fantastique est aussi exprimé par des **procédés particuliers** : personnification, métaphores et comparaisons expriment les transformations et le passage du réel au surnaturel ; les verbes d'action ont pour sujets des choses, inanimées ; la voix pronominale souligne l'autonomie des mouvements...

Les textes fantastiques évoquent tous des **angoisses**, des **incertitudes** concernant les questions que se posent les hommes sur la vie, la mort, l'au-delà, le destin, le hasard. Ils expriment les ambiguïtés de la condition humaine et cherchent, en les exprimant, à en atténuer la complexité.

REPÈRES La nouvelle ▸ p. 212

Maurice Brianchon (1899-1979), *Scène de théâtre*, détail (XXe siècle), huile sur toile, 38,1 × 60,9 cm (collection privée).

GENRES

ET REGISTRES

4

Le théâtre

Séquence 13
Le théâtre antique 216
Repères : Le théâtre antique 229

Séquence 14
La tragédie classique 230
Repères : La tragédie 252
Repères : Le registre tragique 253

Séquence 15
La comédie aux XVIIe et XVIIIe siècles 254
Repères : La comédie 278
Repères : Le registre comique 279

Séquence 16
Le théâtre au XIXe siècle 280
Repères : Le drame romantique 297

Séquence 17
Le théâtre au XXe siècle 298
Repères : Le théâtre au XXe siècle 316
Repères : Le registre pathétique 317

Séquence 13

Le théâtre antique

La tragédie

1 Jacqueline de Romilly, *La Tragédie grecque* (1970)

Tout d'abord – on l'a dit et redit – la tragédie grecque a sans nul doute une origine religieuse.

Cette origine était encore fortement sensible dans les représentations de l'Athènes classique. Et celles-ci relèvent ouvertement du culte de Dionysos[1].

On ne jouait de tragédies qu'aux fêtes de ce dieu. La grande occasion, à l'époque classique, était la fête des Dionysies urbaines, qui se célébrait au printemps ; mais il y avait aussi des concours de tragédie à la fête des Lénéennes, qui se déroulait vers la fin de décembre. La représentation elle-même s'insérait donc dans un ensemble éminemment religieux ; elle s'accompagnait de processions et de sacrifices. D'autre part, le théâtre où elle avait lieu, et dont on visite encore aujourd'hui les restes, fut, à diverses reprises, reconstruit ; mais c'était toujours le « théâtre de Dionysos », avec un beau siège de pierre pour le prêtre de Dionysos et un autel du dieu au centre, là où évoluait le chœur. Ce chœur lui-même, par sa seule présence, évoquait le lyrisme religieux. Et les masques que portaient choreutes et acteurs font assez facilement penser à des fêtes rituelles de type archaïque.

Tout cela trahit une origine liée au culte, et peut assez bien se concilier avec ce que dit Aristote[2] (*Poétique,* 1449 a) : selon lui, la tragédie serait née d'improvisations ; elle serait issue de formes lyriques comme le dithyrambe (qui était un chant choral en l'honneur de Dionysos) ; elle serait donc, de même que la comédie, l'élargissement d'un rite. […]

Toutefois, lorsque l'on parle d'une fête religieuse, à Athènes, il faut bien se garder d'imaginer une séparation comme celle que peuvent comporter nos États modernes. Car cette fête de Dionysos était également une fête nationale.

1. Fils de Zeus et de Sémélé, Dionysos est le dieu du vin et de l'inspiration.

2. Philosophe grec (384-322 av. J.-C.), auteur notamment de la *Poétique,* ouvrage dans lequel il esquisse l'histoire de la tragédie.

Théâtre antique d'Épidaure, construit par Polyclète le Jeune (IVe siècle av. J.-C.), Grèce.

On n'allait pas au théâtre, chez les Grecs, comme on peut y aller de nos jours – en choisissant son jour et son spectacle, et en assistant à une représentation répétée chaque jour tout au long de l'année. Il y avait deux fêtes annuelles où se donnaient des tragédies. Chaque fête comportait un concours, qui durait trois jours ; et, chaque jour, un auteur, sélectionné longtemps à l'avance, faisait représenter, à la suite, trois tragédies. La représentation était prévue et organisée par les soins de l'État, puisque c'était un des hauts magistrats de la cité qui devait choisir les poètes et choisir, également, les citoyens riches chargés de pourvoir à tous les frais. Enfin, le jour de la représentation, tout le peuple était invité à venir au spectacle : dès l'époque de Périclès[3], les citoyens pauvres pouvaient même toucher, à cet effet, une petite allocation.

Par suite, ce spectacle revêtait le caractère d'une manifestation nationale. Et le fait explique à coup sûr certains traits dans l'inspiration même des auteurs de tragédies. Ceux-ci s'adressaient toujours à un très large public, réuni pour une occasion solennelle : il est normal qu'ils aient cherché à l'atteindre et à l'intéresser. Ils écrivaient donc en citoyens s'adressant à des citoyens.

3. Au Ve siècle av. J.-C.

Éd. PUF.

RECHERCHE

Histoire littéraire

1. À partir des éléments suivants, quelles relations pouvez-vous faire apparaître entre les événements politiques du Ve siècle avant J.-C. et les thèmes des tragédies ?

– 490 : victoire de Marathon contre les Perses.
– 480 : victoire de Salamine contre les Perses.
– 472 : *Les Perses,* d'Eschyle ; la pièce évoque l'inquiétude, puis le désespoir des Perses vaincus.
– 431-404 : guerre du Péloponnèse entre Athènes et Sparte.
– ≃ 424 : *Hécube,* d'Euripide ; la reine Hécube et le chœur des Troyennes captives évoquent les maux de la guerre de Troie.

Bilan de lecture

2. Retrouvez, dans la première partie du texte, toutes les caractéristiques de la tragédie antique qui permettent de lui attribuer une origine religieuse. Classez ces différents éléments.

3. En quoi peut-on dire qu'à Athènes, la tragédie antique est une affaire politique et nationale ? Répondez à partir d'éléments trouvés dans la seconde partie du texte.

4. Que reste-t-il, dans le théâtre de notre époque, qui puisse rappeler l'origine religieuse de cet art ?

REPÈRES Le théâtre antique ▸ p. 229

2 La reprise des mythes antiques dans la tragédie

Marquée par la religion, la tragédie trouve ses thèmes d'inspiration dans quelques grands mythes que les dramaturges « réinventent » d'une époque à l'autre, jusqu'à nos jours.

	Eschyle (≃525-456 av. J.-C.)	Sophocle (496-406 av. J.-C.)	Euripide (480-406 av. J.-C.)	Sénèque (≃ 4 av. J.-C. – 65 apr. J.-C.)	Corneille (1606-1684)	Racine (1639-1699)	Voltaire (1694-1778)	Giraudoux (1882-1944)	Cocteau (1889-1963)	Sartre (1905-1980)	Anouilh (1910-1987)
Cycle des Labdacides[1]											
Œdipe		• *Œdipe roi* (▸ p. 221) • *Œdipe à Colone*		• *Œdipe*	• *Œdipe*		• *Œdipe*		• *Œdipus rex* • *La Machine infernale* (▸ p. 303)		• *Œdipe ou le Roi boiteux*
Antigone		• *Antigone*							• *Antigone*		• *Antigone* (▸ p. 381)
Cycle des Atrides[2]											
Iphigénie			• *Iphigénie à Aulis* (▸ p. 244) • *Iphigénie en Tauride*			• *Iphigénie* (▸ p. 25, p. 240)				• *Les Mouches*	
Électre	L'Orestie : • *Agamemnon* • *Les Choéphores* • *Les Euménides*	• *Électre*	• *Électre* • *Oreste*	• *Agamemnon*			• *Oreste*	• *Électre*			
Autres cycles											
Phèdre			• *Hippolyte*	• *Phèdre*		• *Phèdre* (▸ p. 244)			• *Phèdre* (ballet)		
Andromaque			• *Andromaque*			• *Andromaque* (▸ p. 246)					
Médée			• *Médée* (▸ p. 219)	• *Médée*		• *Médée*					• *Médée*

1. Les Labdacides sont les membres de la famille de Labdacos. Descendant de Cadmos, le fondateur de Thèbes, Labdacos est le père de Laïos et le grand-père d'Œdipe.

2. Les Atrides sont les descendants d'Atrée. Parce qu'Atrée fit manger à son frère et rival Thyeste (qui était l'amant de sa femme) ses propres enfants, la malédiction divine poursuivit sa descendance, particulièrement ses fils Agamemnon et Ménélas.

Bilan de lecture

1. Faites une présentation descriptive du tableau pour expliciter sa composition et dites quelles informations il apporte concernant :
– les titres des tragédies ;
– la coexistence de pièces de même thème ;
– la reprise des mêmes thèmes à trois périodes de l'histoire littéraire.

2. Comment peut s'expliquer la reprise moderne de thèmes antiques ? Vous pourrez consulter les séquences 1 et 17 (▸ p. 16 et 298).

REPÈRES L'inspiration antique... ▸ p. 29
Le théâtre antique ▸ p. 229
Le théâtre au XXe siècle ▸ p. 316

3 Euripide, *Médée* (≃ 431 av. J.-C.)

Peinture murale romaine provenant de Pompéi : « Médée projette le meurtre de ses enfants » (Ier siècle) (Musée national archéologique ; Naples).

Folle de passion pour Jason, dont elle a deux enfants, la magicienne Médée devient malade de jalousie lorsqu'il décide d'épouser la fille du roi de Corinthe. Elle fait mourir sa rivale dans d'épouvantables souffrances, puis s'apprête à assassiner ses propres enfants pour punir Jason…

MÉDÉE

[…] Malheur ! Que faire ? Le cœur me
[manque, femmes[1],
quand je vois le regard brillant de mes enfants.
Non, je ne pourrai pas. Adieu mes anciennes
[résolutions.
J'emmènerai mes enfants avec moi.
Pourquoi la souffrance que j'infligerais à leur
[père par leur mort,
devrait-elle redoubler mes malheurs ?
Non ! non ! Je renonce à ces projets.
Mais quoi ? je veux m'exposer au rire
de mes ennemis en les laissant impunis ?
Il faut que j'ose ! Honte à ma lâcheté,
qui laisse insinuer dans mon cœur de telles faiblesses !
Entrez, mes enfants, entrez dans la maison.
(Ils rentrent.)
Libre à celui qui ne peut pas assister à mes sacrifices
de s'écarter ! Ma main ne faiblira pas.
Hélas ! Non, mon cœur, non, ne fais pas cela !
Laisse-les, malheureuse ! Épargne tes enfants !
Même s'ils ne vivent pas à tes côtés, ils feront ta joie.
Non ! par les génies vengeurs de l'Hadès[2],
jamais je ne laisserai mes ennemis
outrager mes enfants !
De toute façon, il leur faut mourir : aussi est-ce moi,
qui les ai mis au monde, qui les tuerai.

1. Dans *Médée*, le chœur est composé de femmes.

2. Hadès est le dieu des Enfers ; son nom peut désigner les Enfers.

Les jeux sont faits. Il n'y a pas d'autre issue possible.
Déjà la jeune princesse expire dans ses voiles,
la couronne sur la tête. J'en suis sûre.
Puisque je suis en route pour le plus sinistre des voyages
et que je guide mes enfants vers un voyage plus sinistre encore,
je veux leur parler une dernière fois.
(Elle les fait appeler à l'intérieur du palais.)
Donnez, chers enfants, donnez votre main droite, que je l'embrasse.
Main chérie ! Bouche adorée ! Noble maintien ! Noble visage ! Mes chers enfants,
puissiez-vous être heureux tous les deux, mais là-bas ! Votre bonheur ici-bas,
votre père vous l'a ravi. Ô mes enfants, douce est votre étreinte,
tendre est votre peau, suave est votre haleine !
(Elle les repousse brusquement.)
Allez-vous en ! Allez-vous en ! Je ne suis plus capable de regarder en face
mes enfants, je suis vaincue par le chagrin.
Oui, je comprends l'atrocité de ce que je vais oser,
mais je cède aux résolutions que me dicte la passion,
source, pour les mortels, des pires calamités.
(Les enfants entrent dans la maison.)

Notice biographique ▸ p. 497
Du même auteur ▸ p. 24

Extrait du cinquième épisode,
traduction de Marie-Rose Rougier,
Classiques Hachette, 1992.

RECHERCHE

Histoire littéraire

1. Quel rôle jouait le chœur dans la tragédie antique ? Qu'est-ce que le coryphée ?

2. Cherchez qui était Jason et à quelle expédition mythique il est associé.

Lecture analytique

3. À partir d'indices précis, étudiez les variations d'interlocuteurs qui apparaissent dans le discours de Médée. Que traduit cette alternance ?

4. Observez les interjections du texte et la ponctuation : que marquent-elles dans l'ensemble des réactions de Médée ? Quelles caractéristiques du personnage de Médée mettent-elles en relief ?

5. L'analyse du lexique laisse apparaître trois orientations motivant les hésitations et les décisions de Médée. Identifiez ces orientations et étudiez la manière dont elles se mêlent sous forme d'arguments.

6. Caractérisez le texte en donnant ses registres, ses formes de discours, certaines fonctions du langage : comment permet-il de définir la tragédie ? Appuyez-vous aussi sur les trois derniers vers : en quoi éclairent-ils la structure et la nature du texte, ainsi que le thème général de cette tragédie ?

Maîtrise de la langue

7. Rédigez une ou deux phrases pour présenter la tirade de Médée en y intégrant le maximum de mots et d'expressions parmi ceux qui suivent : *déchirement, passion, raison, vengeance, souffrance, hésitation, douleur, présence de ses enfants, justifier, fatalité, honte.*

Vers le commentaire

8. Construisez et rédigez un des axes de commentaire suivants : *une apparence de dialogue faisant intervenir plusieurs destinataires ; les étapes d'une délibération tragique avec ses décisions et ses revirements ; la soumission à la passion.*

REPÈRES Le théâtre antique ▸ p. 229

4 Sophocle, *Œdipe roi* (≃ 420 av. J.-C.)

Lécythe à figures noires : « Sphinge et visiteurs », attribué au groupe de Pholos (≃ 470 av. J.-C.), céramique, ht : 32,1 cm (musée du Louvre ; Paris).

*Les tentatives infructueuses d'Œdipe pour échapper à son destin et le déroulement de son enquête tragique pour retrouver le meurtrier du roi Laios sont le thème d'*Œdipe roi. *Voici les premières répliques, qui constituent le début du prologue. La scène a lieu à Thèbes, devant le palais des Labdacides.*

ŒDIPE *(paraissant sur le seuil de son palais).* – Enfants, rejetons nouveaux de l'ancêtre Cadmos[1], quelle assemblée tenez-vous donc là, couronnés de rameaux suppliants ? La ville est pleine du parfum de l'encens, tandis qu'éclatent les péans[2] et les lamentations. Ne voulant point, mes enfants, apprendre d'autrui ce qui vous touche, voyez : moi, Œdipe, – vous savez tous qui je suis, n'est-ce pas ? – j'ai tenu à venir en personne. *(Au prêtre.)* Eh bien, vieillard, puisque tu as qualité pour parler en leur nom, dis-moi ce qui vous amène : quelle crainte ou quel désir ? Je suis prêt à vous aider en toutes choses. J'aurais le cœur bien dur, si je n'avais pitié de votre assemblée suppliante.

LE PRÊTRE. – Œdipe, souverain de mon pays, tu nous vois, petits et grands, pressés autour de tes autels domestiques, les uns trop faibles encore pour voler loin, d'autres appesantis par le grand âge – tel je suis, moi, le ministre de Zeus[3] – et ceux-ci, délégués de la jeunesse. Et le peuple tient ses assises suppliantes sur toutes les places publiques, devant les deux temples de Pallas[4] et près du sanctuaire où vaticine la cendre d'Isménos[5]. Car la cité – tu le vois toi-même – toute secouée par la tourmente, peut à peine soulever sa tête hors des gouffres et des remous sanglants. Elle périt dans les semences de la terre, elle périt dans les troupeaux, elle périt dans le ventre des mères. Une plaie tombée du ciel

1. Ancêtre des Labdacides (▶ note 1 p. 218).
2. Chant destiné à détourner un fléau.
3. Prêtre.
4. Désigne la déesse Athéna.
5. Torrent proche de Thèbes, qui doit son nom à un devin dont le sanctuaire conservait des cendres. *Vaticiner* signifie « prononcer des paroles sans suite apparente », comme le sont certaines phrases des devins.

embrase la cité, c'est la Peste maudite : elle fait le vide dans la maison de Cadmos et le noir Hadès[6] thésaurise les gémissements et les pleurs. Ces enfants et moi, prosternés devant ton foyer, nous ne te prenons pas pour un dieu, certes ; mais nous t'élisons entre tous les hommes, à l'heure du péril, pour intercéder auprès des dieux : à peine arrivé devant nos murs, ne nous as-tu pas affranchis du tribut que levait sur nous le monstre aux énigmes[7] ? Oui, sans que nous t'ayons favorisé d'aucun renseignement, sans être au fait de rien, fort seulement de l'appui d'un dieu, tu nous as rendu la vie, chacun le proclame et le pense. Nous voici donc tous de nouveau, ô tout-puissant Œdipe, tournés vers toi : nous te supplions de nous trouver un remède, soit que tu entendes une voix divine, soit que tu écoutes l'avis de quelque sage ; car j'observe que l'expérience est toujours bonne conseillère. Va, ô le meilleur des mortels, redresse la cité qui penche ; va, ta gloire est en jeu. Ce pays t'appelle à l'aide parce que tu t'es déjà dévoué pour lui. Qu'il ne soit pas dit que, sous ton règne, nous ne nous étions relevés que pour retomber ; rends à la cité un aplomb solide. Jadis, avec l'assentiment des dieux, tu as rétabli notre fortune : ne démens pas ton passé. Si tu dois gouverner encore ce pays, il vaut mieux régner sur des hommes que sur un désert : qu'est-ce qu'un rempart sans défenseurs, un navire sans équipage ?

6. Nom du dieu des Enfers.

7. Le sphinx.

Notice biographique ▸ p. 502

Prologue (vers 1-50),
traduction de R. Pignarre,
éd. Garnier-Flammarion, 1964.

RECHERCHE

Histoire littéraire

1. Que désigne le mot *sphinx* ? Quelle est sa relation avec l'histoire d'Œdipe ?

2. Cherchez le sens du mot *prologue* dans le contexte de la tragédie antique.

Lecture analytique

3. Quel est le thème de l'échange de paroles entre Œdipe et le prêtre ? Appuyez-vous sur le champ lexical principal. Quelles informations sont ainsi données au spectateur ?

4. Qu'est-ce qui, dans les formulations, suggère la solennité de la démarche et l'importance des deux personnages qui sont face à face ? Qu'incarnent-ils l'un et l'autre ?

5. Comment Œdipe apparaît-il à travers les paroles du prêtre ? Quels épisodes de sa vie se trouvent évoqués ? Quelle est l'utilité de cette évocation ? Dans quel registre est-elle faite ?

6. Retrouvez des éléments d'argumentation dans les paroles du prêtre : sur quels raisonnements et sur quels sentiments s'appuie sa demande d'aide ?

Travail sur un corpus de textes

7. À partir des textes d'Euripide (▸ p. 24 et 219) et de Sophocle (▸ p. 221), expliquez sur quoi ces extraits, et plus largement les thèmes traités, pouvaient conduire les spectateurs athéniens à réfléchir, dans une double perspective civique et morale.

REPÈRES L'inspiration antique... ▸ p. 29
Le théâtre antique ▸ p. 229

La comédie

5 Pierre Grimal, *La Civilisation romaine* (1974)

Contrairement à la tragédie, dont l'origine se trouve essentiellement dans les mythes grecs, la comédie puise à plusieurs sources.

Dès la fin du IIIe siècle avant Jésus-Christ il n'y eut plus guère de jeux sans représentations théâtrales. Elles alternaient avec les courses de chars, et cela explique l'allongement des jeux qui tendirent à occuper un nombre de jours de plus en plus considérable. Cela eut pour résultat de provoquer la naissance d'un théâtre latin qui, en quelques générations de poètes, produisit toute une floraison d'œuvres remarquables. C'est pendant les jours les plus sombres de la seconde guerre punique[1] que Plaute[2] composa presque tout son théâtre. Et il n'était pas alors le seul à écrire des comédies. Le Campanien Naevius[3], son aîné, en fit jouer lui aussi un très grand nombre. Naevius et Plaute puisèrent dans le répertoire de la comédie grecque « nouvelle », dont les œuvres dataient de moins d'un siècle et continuaient à être jouées dans les villes grecques. Ces adaptations plaisaient, car elles mettaient en scène des types humains qui, valables pour la Grèce hellénistique[4], ne l'étaient pas moins dans la Rome nouvelle, hellénisée, ouverte à tous les courants de la vie méditerranéenne. On y trouvait comme en Grèce des marchands enrichis, des courtisanes avides, des jeunes gens désireux de profiter de la fortune paternelle, des esclaves fripons prêts à les y aider. Leurs aventures charmaient le public populaire. Cette comédie, exempte d'allusions politiques, au contraire de ce qu'avait été l'ancienne comédie athénienne (celle d'Aristophane[5]), convenait merveilleusement à Rome où les magistrats n'auraient pas toléré la liberté satirique permise au temps de Périclès[6]. On n'aurait pas accepté non plus une peinture de la vraie vie sociale contemporaine, celle des familles romaines, qui était censée échapper aux regards indiscrets. Mais l'atmosphère purement grecque de cette comédie, où les noms des personnages, le lieu supposé de la scène, les allusions aux institutions et aux coutumes transportaient les spectateurs bien loin de Rome, servait d'excuse aux plus grandes audaces. Le monde de la comédie est alors en marge du monde réel, celui de la cité : cela suffit pour que ne se pose pas le problème de sa moralité. On rit, le public s'amuse (et, avec lui, les dieux) : le rire des jeux a atteint son but.

Éd. Arthaud.

1. Guerre entre Rome et Carthage (218-201 av. J.-C.).
2. Auteur comique latin (≃ 254-184 av. J.-C.).
3. Auteur comique latin (≃ 270-201 av. J.-C.).
4. Période de la civilisation grecque qui va de la conquête d'Alexandre à la conquête romaine (≃ 330-Ier siècle av. J.-C.).
5. Auteur comique grec (≃ 450-386 av. J.-C. ▶ p. 224).
6. Homme d'État athénien qui développa considérablement la puissance et l'influence d'Athènes, politiquement et intellectuellement (Ve siècle av. J.-C.).

Bilan de lecture

1. À quelle occasion se déroulaient, à Rome, les représentations théâtrales ? Quel est le point commun avec les représentations en Grèce ?
2. Quels types de comédie connaissait-on en Grèce ? Caractérisez-les en quelques phrases.
3. Auquel de ces deux types de comédie a puisé le théâtre romain ? Quelles en sont les explications historiques et sociales ?
4. Quels types de personnages et quels thèmes « nourrissaient » le théâtre comique latin et le théâtre comique grec ?

REPÈRES Le théâtre antique ▶ p. 229

6 Aristophane, *Les Cavaliers* (424 av. J.-C.)

La comédie Les Cavaliers *met en scène des personnages désignés par leur fonction sociale, mais qui représentent des êtres réels et historiques, bien connus du public. La tirade suivante est prononcée au début de la pièce par le premier serviteur, qui incarne Démosthène, un général athénien. Il expose au public le sujet de la pièce.*

Amphore : « Cavaliers chevauchant trois compagnons déguisés en chevaux ; face au joueur de flûte, le chœur des cavaliers se prépare à danser », céramique (≃ 530 av. J.-C.), (Staatliche Museen ; Berlin, Preußischer Kulturbesitz ; Antikensammlung).

PREMIER SERVITEUR

Allons-y, parlons. Nous avons un maître ; c'est un caractère mal embouché, un grignoteur de fèves, facilement irritable. Il s'appelle Démos[1], il est originaire de Pnyx[2]. C'est un vieux bonhomme atrabilaire[3], à moitié sourd. Au dernier marché de la nouvelle lune, il a fait l'acquisition d'un esclave tanneur, un Paphlagonien[4], une espèce de génie dans le domaine de la fourberie et de la calomnie. Ce Paphlagonien de la Tannerie n'a pas plus tôt reconnu le caractère du vieux, qu'il se met à ramper devant lui, à le flatter, à le caresser, à le flagorner[5], à le séduire, avec des rognures de cuir, en lui tenant des propos de cette espèce :

« O Démos, contente-toi de juger une seule cause, et puis va prendre ton bain. Après quoi occupe-toi d'avaler, de mâcher, d'absorber, et de digérer cette pièce de trois oboles. Veux-tu que je t'apporte un casse-croûte ? » Et puis, à peine avons-nous fini, l'un ou l'autre, de préparer quelque chose pour notre maître, que ce Paphlagonien nous l'enlève pour lui en faire hommage. Dernièrement encore, à Pylos[6], j'avais préparé un pain de Laconie, et voilà que ce maître fourbe me l'escamote en passant au pas de course, pour aller lui-même offrir à

1. Le peuple, en grec.
2. La Pnyx est la colline où se tenait l'assemblée des citoyens à Athènes.
3. Misanthrope, désagréable avec ses semblables.
4. Originaire d'une région côtière du nord de l'Asie Mineure. Ce personnage est l'incarnation de Cléon, un démagogue.
5. Flatter de façon excessive.
6. Épisode de la guerre contre Sparte, au cours duquel le démagogue et ambitieux Cléon a, contre toute attente, remporté une victoire à Pylos, grâce à l'aide du général Démosthène.

Démos ce que j'avais pétri de mes propres mains. Il nous tient à l'écart, et ne permet à nul autre que lui de servir le maître. Un martinet à la main, il reste debout près de lui pendant les repas pour chasser les orateurs. Il lui chante des oracles, et le vieux se met à délirer comme la Sibylle[7]. Quand il le voit à point, aussi stupide que Maccô[8], c'est alors qu'il opère : il se met à déblatérer ouvertement contre les gens de la maison, et cela se termine pour nous par des coups de fouet. Le Paphlagonien se met alors à courir de serviteur en serviteur pour exercer tour à tour sur chacun d'eux la prière, l'intimidation et le chantage : « Vous voyez Hylas que j'ai fait fouetter, dit-il. Si vous ne m'écoutez pas, aujourd'hui même c'est votre mort. » Alors, nous nous laissons faire sinon le vieillard nous écrase, et nous en… rotons dix fois plus. Aussi, mon cher, faut-il aviser sur la route à prendre, et nous demander sur qui reporter notre espérance.

Traduction de Marc-Jean Alfonsi,
éd. G.-F. Flammarion, 1966.

7. Prophétesse romaine.

8. Personnification de la stupidité.

Notice biographique ► p. 497

RECHERCHE

Les mots et leur usage

1. Vérifiez que vous connaissez le sens des mots et expressions : *démocratie athénienne, démagogue, orateur, ostracisme, bannissement.*

Lecture analytique

2. À quels indices le lecteur peut-il déterminer le genre théâtral auquel appartient cet extrait ? Répondez en prenant appui sur le texte et classez les indices.

3. À un premier niveau de lecture du texte, présentez les personnages et la situation rapportée par le « premier serviteur ». Que peut attendre le public pour la suite des événements ?

4. Les mots *Demos* et *Pnyx* qui identifient le personnage principal, le maître, conduisent à une seconde lecture, nettement plus politique : exposez l'intrigue en tenant compte de ces éléments d'interprétation.

5. Le véritable sens du texte repose sur les incarnations de personnes réelles et historiques : Démosthène et Cléon. À quoi font alors référence la tirade et la pièce ? Quelle est alors la fonction principale de la pièce, pour le public de 424 av. J.-C. ? Quelles sont les difficultés pour le public de notre époque ?

6. En quoi les mots *satire* et *parodie* peuvent-ils être utilisés à propos de ce texte ? Sur quoi repose le comique ?

Vers la dissertation

7. En vous appuyant sur des œuvres intégrales ou sur des extraits d'Aristophane (► p. 224) et de Plaute (► p. 22, 226), vous construirez un développement illustré d'exemples pour récapituler les différentes fonctions des serviteurs (ou esclaves) dans le théâtre comique, qu'il soit grec, latin ou français.

REPÈRES Le théâtre antique ► p. 229

7 Plaute, *Le Marchand* (≃ 212 av. J.-C.)

Statuettes : « Acteurs » (Ier siècle av. J.-C.), terre cuite, ht : 16,5 cm (musée du Louvre ; Paris).

Inspiré d'une comédie grecque de Philémon, Le Marchand *a pour thème les relations difficiles entre un père, marchand, et son fils, plus enclin à s'intéresser aux filles qu'à la succession commerciale de son père.*

La scène suivante montre Acanthion, l'esclave du fils, à la recherche de son jeune maître Charinus…

ACANTHION *(accourant sans voir Charinus)*
Vas-y de toutes tes forces, fais des pieds et des mains pour sauver ton jeune maître, Acanthion ! Allons, vite à l'œuvre ! Chasse-moi la fatigue, ne te laisse pas gagner par la paresse. Je halète à mourir ; je n'en peux plus, tant je suis essoufflé. Quiconque te barre le chemin sur ces trottoirs encombrés, repousse-le, bouscule-le, balance-le-moi sur la chaussée. Quelle sale habitude ont les gens d'ici ! On a beau courir, être pressé, personne ne daigne se déranger pour vous. Il faut faire trois choses à la fois, quand on ne s'en est proposé qu'une : courir, faire le coup de poing, et se disputer chemin faisant.

CHARINUS *(à part)*
Qu'a-t-il donc pour se mettre tant en peine de courir librement ? Je suis inquiet de savoir quelle affaire l'occupe, et quelle nouvelle il apporte.

ACANTHION
Je muse[1] ici. Plus je tarde, plus le péril menace.

CHARINUS *(à part)*
C'est quelque fâcheuse nouvelle.

ACANTHION
Mes genoux se dérobent à moi et abandonnent la course. Je suis mort ! Ma rate se révolte et me remonte dans l'estomac. Je suis mort ! Impossible de reprendre haleine : quel mauvais flûtiste je ferais !

CHARINUS *(à part)*
Par Pollux, prends le pan de ta tunique et essuie donc ta sueur.

ACANTHION
Non, par Pollux[2] ! jamais tous les bains du monde ne seront capables de me délasser. Mais où est mon maître Charinus ? Chez lui ou en ville ?

CHARINUS *(à part)*
Tout cela m'inquiète. Il faut que je l'interroge, pour savoir à quoi m'en tenir.

ACANTHION
Eh bien ! je reste planté là ? Je n'ai pas encore fait voler cette porte en éclats ? Ouvrez, là, quelqu'un. Où est mon maître Charinus ? Chez lui, ou en ville ? Quelqu'un daigne-t-il se déranger pour ouvrir ?

1. Flâne.
2. Interjection fréquente dans la langue familière : Pollux, frère de Castor, est un demi-dieu.

Notice biographique ► p. 500
Du même auteur ► p. 21 p. 22

CHARINUS
Me voici ; je suis celui que tu cherches, Acanthion.

ACANTHION *(sans faire attention à Charinus)*
Nulle part le service n'est plus mal fait.

CHARINUS
Qu'est-ce qui t'agite ainsi ? Mauvaises nouvelles ?

ACANTHION
Terribles, maître, pour toi et pour moi.

CHARINUS
Qu'est-ce que c'est ?

ACANTHION
Nous sommes perdus.

Acte I, scène 2 (extrait),
traduction d'A. Ernout,
éd. Les Belles Lettres, 1936.

RECHERCHE

Histoire littéraire

1. Le thème de la mauvaise nouvelle, élément générateur de crise, est fréquent au théâtre : trouvez-en des exemples dans le théâtre de Molière.
2. Dans la comédie antique, certains signes distinctifs extérieurs permettaient d'identifier les personnages : quels sont ces signes ?
3. Dans quelle autre forme de théâtre peut-on deviner la personnalité et le rôle d'un personnage dès qu'il apparaît en scène ?

Lecture analytique

4. À quoi le spectateur peut-il identifier le genre théâtral auquel appartient l'extrait ? Donnez des indices précis.
5. Sur quel jeu de scène reposent ces différentes répliques : que permet-il ? Quels sont les effets comiques ?
6. Observez le contenu des répliques d'Acanthion : sur quoi insiste-t-il ? dans quel registre ?
Quels sont les objectifs de son discours, par rapport à Charinus, par rapport au public ?
7. Relevez et analysez différents procédés comiques dans cet extrait.

Travail sur un corpus de textes

8. Rapprochez les textes d'Aristophane (► p. 224) et de Plaute (► p. 21, 22 et 226) pour faire apparaître des caractéristiques de la comédie antique (latine et grecque) : personnages, niveau de langue, intrigue. Quelles différences peut-on noter par rapport à la tragédie ? Quelles sont les fonctions du théâtre comique ?

Écriture d'invention

9. Pour cette pièce, *Le Marchand,* on sait seulement que l'action est à Athènes et le texte étudié comporte peu de didascalies. Sous forme rédigée, vous présenterez un décor approprié, puis vous composerez des didascalies indiquant, pour chaque réplique, ce que doit faire chaque personnage en scène. Metteur en scène, vous rédigerez ces indications à destination des comédiens, mais sans vous adresser à eux directement.

REPÈRES Le théâtre antique ► p. 229
La comédie ► p. 278

8 Lire l'image : Médée

▲ Peintre d'Ixion, Amphore campanienne à figures rouges : « Médée tue un de ses fils » (IVe siècle av. J.-C.), céramique, ht : 48,5 cm (musée du Louvre ; Paris).

Médée, d'**Euripide**, mise en scène de Jacques Lassalle, avec Isabelle Huppert dans le rôle de Médée (Théâtre de l'Odéon ; Paris ; 2001). ▶

Lecture de l'image

1. Rapprochez les deux images de Médée et exposez leur différence de nature en vous servant des informations du paratexte.

2. Que peut signifier le fait que l'on trouve le personnage de Médée représenté sur un vase antique ?

3. Décrivez précisément ce que vous voyez sur la première image.

4. Cherchez ensuite les rapprochements possibles entre les deux représentations : personnages présents, costumes ; puis les différences dans les attitudes et les registres qui s'en dégagent.

5. Comment les deux scènes se situent-elles chronologiquement l'une par rapport à l'autre ? Appuyez-vous sur l'extrait de la tragédie d'Euripide (▶ p. 219).

6. Quelles remarques vous inspirent le costume et l'attitude des trois personnages de la représentation moderne ?

REPÈRES Le théâtre antique ▶ p. 229
L'inspiration antique... ▶ p. 29
Le théâtre au XXe siècle ▶ p. 316

Le théâtre antique

Associé au culte du dieu Dionysos, le théâtre antique, tragédie et comédie, s'est progressivement dégagé de cette influence religieuse. Il lui doit cependant son existence et ses codes.

Un théâtre religieux et politique

Le caractère religieux du théâtre antique est perceptible à plusieurs éléments : les représentations sont liées au culte de **Dionysos** et se déroulent lors de ses fêtes, par exemple les Lénéennes et les Dionysies à Athènes. Un autel du dieu figure au centre de l'orchestre (▶ p. 216) et le prêtre bénéficie d'un siège réservé dans les gradins. Le déroulement de l'action se fait selon un rituel précis, qui correspond à une structure très rigoureuse de la pièce.

Le caractère politique de ce théâtre tient au fait que les spectacles sont organisés par des magistrats en Grèce, par des hommes politiques à Rome, et financés par des citoyens riches.

Les thèmes traités sont souvent en relation avec l'**actualité** et le théâtre est considéré comme un mode d'**éducation** populaire (▶ p. 216). À Athènes, on paie les citoyens pauvres pour qu'ils assistent aux représentations, qui ont souvent pour objectif d'exalter le sentiment national.

La tragédie

La tragédie grecque (imitée par les Romains) fait dialoguer des personnages et un **chœur**, dirigé par un **coryphée**, et dont le rôle est de commenter l'action avec sagesse tout en se déplaçant en rythme. Les acteurs, masqués et vêtus de costumes solennels, sont chaussés de cothurnes qui leur donnent une taille impressionnante en les surélevant.

Construite selon des règles strictes, la tragédie antique s'inspire soit de **mythes** soit de l'**Histoire** ; elle représente des situations dont les spectateurs connaissent l'issue, mettant des héros aux prises avec le destin.

■ **Ex :** Les trois grands tragiques grecs, Eschyle, Sophocle et Euripide, puisent leurs thèmes dans l'histoire de familles maudites, comme celle des Atrides, ou celle d'Œdipe et de sa fille Antigone, les Labdacides (▶ p. 218).

■ **Ex :** Les événements politiques, les guerres sont également des thèmes abordés, notamment dans *Les Perses*, d'Eschyle (▶ p. 218).

À travers ces thèmes, la tragédie est une mise en situation des grandes **interrogations philosophiques** : la liberté, la responsabilité, les conflits entre les lois de la conscience et les lois humaines, le sens de la vie, la condition humaine, la démesure des ambitions des hommes et les châtiments des dieux...

La représentation tragique, qui inspire la terreur et la pitié, incite à la réflexion. Selon Aristote qui en a défini les règles dans sa *Poétique*, elle aide le spectateur à se « purger » de ses passions par une sorte de purification appelée « ***catharsis*** ».

La comédie

Née en Grèce comme la tragédie et associée au culte de Dionysos, la comédie, orientée vers le **rire** et la **satire**, répond elle aussi à un impératif moral : **corriger les vices** en faisant rire.

La comédie ne suit pas le cérémonial de la tragédie ; elle ne comporte pas de chœur. Ses acteurs sont masqués et leur statut social est identifiable à leur costume et à la couleur de leur perruque : ce sont des pères de famille, des fils et leurs amis, des courtisanes, des esclaves...

Les thèmes traités varient selon l'évolution du genre.

■ **Ex :** Avec Aristophane, au Vᵉ siècle av. J.-C., la comédie met en scène, de manière parodique et satirique, des hommes politiques caricaturés, mais très reconnaissables, dans *Les Cavaliers* (▶ p. 224), *Les Nuées, Les Guêpes*...

■ **Ex :** Avec Ménandre, au IVᵉ siècle, les comédies dites nouvelles adoptent des thèmes sociaux et familiaux : conflits parents / enfants, maîtres / valets, problèmes sentimentaux, questions d'argent, avec des personnages qui resteront par la suite des **types** : le soldat fanfaron que l'on retrouve chez Corneille (▶ p. 23), l'avare que l'on retrouve chez Molière (▶ p. 21, 262), l'entremetteuse...

Adopté par les Romains, le théâtre comique reste très marqué par les thèmes grecs, les pièces de Ménandre étant reprises par Plaute, qui compose aussi *La Marmite* (▶ p. 21), *Le Marchand* (▶ p. 226), et par Térence. Animé par des chants et des danses, ce théâtre préfigure la *commedia dell'arte*, avec le même souci de mettre en scène l'homme éternel, ses comportements et ses défauts, ses soucis et ses espoirs.

Le théâtre antique, aussi bien la comédie que la tragédie, constitue une **source** toujours vivante d'inspiration. La reprise fréquente des mythes (▶ p. 218), de Sophocle à Anouilh, Giraudoux ou G. Steiner, ou l'irrévérence à l'égard des institutions et des puissants, d'Aristophane aux « Guignols de l'info », prouvent la pérennité des interrogations, des thèmes et des angoisses. On voit ainsi à quel point le théâtre, tout au long de son histoire, est redevable aux auteurs et aux pièces de l'Antiquité.

REPÈRES L'inspiration antique... ▶ p. 29
La tragédie ▶ p. 252
La comédie ▶ p. 278

Séquence 14

La tragédie classique

1 Personnages et lieux de la tragédie

Document 1

ANDROMAQUE, veuve d'Hector, captive de Pyrrhus.
PYRRHUS, fils d'Achille, roi d'Épire.
ORESTE, fils d'Agamemnon.
HERMIONE, fille d'Hélène, accordée[1] avec Pyrrhus.
PYLADE, ami d'Oreste.
CLÉONE, confidente d'Hermione.
CÉPHISE, confidente d'Andromaque.
PHŒNIX, gouverneur d'Achille et ensuite de Pyrrhus.
SUITE D'ORESTE.
La scène est à Buthrote, ville d'Épire, dans une salle du palais de Pyrrhus.

Jean Racine, didascalie initiale d'*Andromaque*, 1667.

Document 2

THÉSÉE, fils d'Égée, roi d'Athènes.
PHÈDRE, femme de Thésée, fille de Minos et de Pasiphaé.
HIPPOLYTE, fils de Thésée et d'Antiope, reine des Amazones.
ARICIE, princesse du sang royal d'Athènes.
THÉRAMÈNE, gouverneur d'Hippolyte.
ŒNONE, nourrice et confidente de Phèdre.
ISMÈNE, confidente d'Aricie.
PANOPE, femme de la suite de Phèdre.
GARDES.
La scène est à Trézène, ville du Péloponnèse.

Jean Racine, didascalie initiale de *Phèdre*, 1677.

▲ *Rachel dans le rôle d'Hermione d'« Andromaque »*, lithographie du XIXe siècle (bibliothèque de l'Arsenal, fonds Rondel).

1. Fiancée.

Contexte XVIIe s. ▶ p. 478
Notice biographique ▶ p. 501
Du même auteur ▶ p. 238, p. 244, p. 246, p. 248

Document 3

FÉLIX, sénateur romain, gouverneur d'Arménie.
POLYEUCTE, seigneur arménien, gendre de Félix.
SÉVÈRE, chevalier romain, favori de l'empereur Décie.
NÉARQUE, seigneur arménien, ami de Polyeucte.
PAULINE, fille de Félix et femme de Polyeucte.
STRATONICE, confidente de Pauline.
ALBIN, confident de Félix.
FABIAN, domestique de Sévère.
CLÉON, domestique de Félix.
TROIS GARDES.
La scène est à Mélitène, capitale d'Arménie, dans le palais de Félix.

Pierre Corneille, didascalie initiale de *Polyeucte*, 1643.

Document 4

OCTAVE-CÉSAR AUGUSTE, empereur de Rome.
LIVIE, impératrice.
CINNA, fils d'une fille de Pompée, chef de la conjuration contre Auguste.
MAXIME, autre chef de la conjuration.
ÉMILIE, fille de C. Torianus, tuteur d'Auguste,
et proscrit par lui durant le triumvirat.
FULVIE, confidente d'Émilie.
POLYCLÈTE, affranchi d'Auguste.
ÉVANDRE, affranchi de Cinna.
EUPHORBE, affranchi de Maxime.
La scène est à Rome.

Pierre Corneille, didascalie initiale de *Cinna*, 1642.

Contexte XVIIe s. ▶ p. 478
Notice biographique ▶ p. 496
Du même auteur ▶ p. 232, p. 234, p. 236, p. 242

RECHERCHE

Les mots et leur usage

1. Vérifiez que vous connaissez – dans le contexte de l'Antiquité – le sens historique des mots : *empereur, triumvirat, affranchi, chevalier, gouverneur.*

2. Dans le théâtre classique, que désigne le mot *confident(e)* ?

Histoire littéraire

3. Les personnages d'*Andromaque* sont tous associés à une guerre célèbre : laquelle ? Situez-la historiquement et cherchez le nom de l'épopée qui rapporte son déroulement. Qui en est l'auteur ?

4. Établissez une brève notice biographique pour les personnages suivants : *Thésée, Minos, Pyrrhus, Égée.*

Travail sur un corpus de documents

5. Quelle est la condition sociale des quatre premiers personnages chez Racine et des cinq premiers chez Corneille ? Quel est le statut des autres ? Que peut-on en déduire concernant les personnages de la tragédie classique ?

6. Repérez les termes qui donnent des indications spatiales : qu'apprennent-ils concernant le lieu des tragédies ?

7. Quelle est la source historique de chacune de ces tragédies ? À quels indices peut-on la déterminer ?

REPÈRES L'inspiration antique... ▶ p. 29
La tragédie ▶ p. 252

2 L'exposition dans la tragédie

D'inspiration romaine, la tragédie de Corneille, Cinna, *met en scène des personnages historiques, dont l'empereur Auguste (**▸ p. 231**). Le thème en est exposé dès la première scène, donnée ici intégralement.*

ÉMILIE[1] – Impatients désirs d'une illustre vengeance
Dont la mort de mon père a formé la naissance,
Enfants impétueux de mon ressentiment,
Que ma douleur séduite[2] embrasse aveuglément,
Vous prenez sur mon âme un trop puissant empire ;
Durant quelques moments souffrez[3] que je respire,
Et que je considère, en l'état où je suis,
Et ce que je hasarde, et ce que je poursuis.
Quand je regarde Auguste au milieu de sa gloire,
Et que vous reprochez à ma triste mémoire
Que par sa propre main mon père massacré[4]
Du trône où je le vois fait le premier degré ;
Quand vous me présentez cette sanglante image,
La cause de ma haine, et l'effet de sa rage,
Je m'abandonne toute à vos ardents transports,
Et crois, pour une mort, lui devoir mille morts.
Au milieu toutefois d'une fureur si juste,
J'aime encor plus Cinna que je ne hais Auguste,
Et je sens refroidir ce bouillant mouvement
Quand il faut, pour le suivre, exposer mon amant.
Oui, Cinna, contre moi moi-même je m'irrite
Quand je songe aux dangers où je te précipite.
Quoique pour me servir tu n'appréhendes rien,
Te demander du sang, c'est exposer le tien :
D'une si haute place on n'abat point de têtes
Sans attirer sur soi mille et mille tempêtes ;
L'issue en est douteuse, et le péril certain :
Un ami déloyal peut trahir ton dessein ;
L'ordre mal concerté, l'occasion mal prise,
Peuvent sur son auteur renverser l'entreprise,
Tourner sur toi les coups dont tu veux le frapper ;
Dans sa ruine même il peut t'envelopper ;
Et quoi qu'en ma faveur ton amour exécute,
Il te peut, en tombant, écraser sous sa chute.
Ah ! cesse de courir à ce mortel danger ;
Te perdre en me vengeant, ce n'est pas me venger.
Un cœur est trop cruel quand il trouve des charmes
Aux douceurs que corrompt l'amertume des larmes ;
Et l'on doit mettre au rang des plus cuisants[5] malheurs
La mort d'un ennemi qui coûte tant de pleurs.
Mais peut-on en verser alors qu'on venge un père ?
Est-il perte à ce prix qui ne semble légère ?

1. Selon les indications de Corneille, Émilie entre en scène, seule, après le lever de rideau.
2. Égarée, conduite hors du droit chemin.
3. Permettez.
4. Le massacre, la mort de mon père.
5. Qui causent une vive peine.

Cinna ou la Clémence d'Auguste, de **Corneille**, mise en scène de Simon Eine, avec Véronique Vella, costumes de Renato Bianchi, décor de Géraldine Allier (Comédie-Française ; Paris ; 2000).

Et quand son assassin tombe sous notre effort,
Doit-on considérer ce que coûte sa mort ?
Cessez, vaines frayeurs, cessez, lâches tendresses,
De jeter dans mon cœur vos indignes faiblesses ;
Et toi qui les produis par tes soins superflus,
Amour, sers mon devoir, et ne le combats plus :
Lui céder, c'est ta gloire, et le vaincre, ta honte ;
Montre-toi généreux, souffrant qu'il te surmonte ;
Plus tu lui donneras, plus il va te donner,
Et ne triomphera que pour te couronner[6].

Pierre Corneille, *Cinna*, acte I, scène 1 (intégrale), 1642.

6. Récompenser.

Contexte XVIIe s. ▸ p. 478
Notice biographique ▸ p. 496
Du même auteur ▸ p. 234 p. 236 p. 242

RECHERCHE

Les mots et leur usage

1. Remplacez les mots suivants par un équivalent respectant le sens du texte : *empire* (v. 5), *degré* (v. 12), *transports* (v. 15), *ordre* (v. 29), *ruine* (v. 32).

Lecture analytique

2. Observez les pronoms personnels : qui parle ? à qui ? Identifiez les cinq « interlocuteurs » différents d'Émilie, pourtant seule en scène. Précisez le thème et la longueur de chaque interpellation. Que remarquez-vous ?

3. Récapitulez et reformulez les informations relatives à l'action données successivement par Émilie.

4. Que révèle, concernant l'état d'Émilie, le choix des « interlocuteurs » ? Qu'apprend ainsi le lecteur sur ce que ressent le personnage ? Prenez appui sur le lexique des sentiments pour répondre.

5. Le texte comporte de nombreuses oppositions. Repérez-en quelques-unes et dites en quoi elles permettent au lecteur / spectateur de comprendre l'état initial d'Émilie, ses réactions et ses sentiments. À quelle situation difficile est-elle confrontée ?

6. À partir du texte, dressez une liste des différentes modalités dont dispose un personnage pour donner au public des informations importantes sur l'action, lui-même, les autres personnages, l'époque, les lieux au moment où commence l'action.

Maîtrise de la langue

7. Transcrivez en prose les vers 9 à 16 et/ou 23 à 34, de manière à leur donner une forme plus courante et plus accessible. Vous éviterez les phrases trop longues : modifiez pour cela leur structure et remplacez certains mots.

Écriture d'invention

8. Comme dans *Antigone* d'Anouilh ou dans *La Machine infernale* de Cocteau (▸ p. 303), un personnage jouant le rôle de « Prologue » résume le contenu de la tirade d'Émilie : il insiste à la fois sur l'état psychologique d'Émilie et sur les faits qui en sont la cause.

REPÈRES L'inspiration antique... ▸ p. 29
La tragédie ▸ p. 252

3 La fatalité tragique

Texte 1

Le Cid, de **Corneille**, mise en scène de Francis Huster, avec Francis Huster (théâtre Marigny ; Paris ; 1993).

Pierre Corneille, *Le Cid* (1637)

L'honneur oblige Rodrigue, fils de Don Diègue, à venger son père, souffleté lors d'une dispute par le Comte, père de Chimène. Or Rodrigue et Chimène s'aiment. Le jeune homme se trouve donc pris dans un dilemme fatal.

DON RODRIGUE

Percé jusques au fond du cœur
D'une atteinte imprévue aussi bien que mortelle,
Misérable[1] vengeur d'une juste querelle,
Et malheureux objet d'une injuste rigueur,
Je demeure immobile, et mon âme abattue
Cède au coup qui me tue.
Si près de voir mon feu[2] récompensé,
Ô Dieu, l'étrange peine !
En cet affront mon père est l'offensé,
Et l'offenseur le père de Chimène !

Que je sens de rudes combats !
Contre mon propre honneur mon amour s'intéresse[3] :
Il faut venger un père, et perdre une maîtresse[4] :
L'un m'anime le cœur, l'autre retient mon bras.
Réduit au triste choix ou de trahir ma flamme,
Ou de vivre en infâme,
Des deux côtés mon mal est infini.
Ô Dieu, l'étrange peine !
Faut-il laisser un affront impuni ?
Faut-il punir le père de Chimène ?

Père, maîtresse, honneur, amour,
Noble et dure contrainte, aimable tyrannie,
Tous mes plaisirs sont morts, ou ma gloire ternie.
L'un me rend malheureux, l'autre indigne du jour.
Cher et cruel espoir[5] d'une âme généreuse[6],
Mais ensemble[7] amoureuse,
Digne ennemi de mon plus grand bonheur,
Fer qui causes ma peine,
M'es-tu donné pour venger mon honneur ?
M'es-tu donné pour perdre ma Chimène ?

Il vaut mieux courir au trépas,
Je dois[8] à ma maîtresse aussi bien qu'à mon père :
J'attire en me vengeant sa haine et sa colère ;

1. Malheureux.
2. (*Métaphore précieuse*) Mon amour.
3. Prend parti.
4. (*Au XVIIe s.*) La femme qu'on aime et dont on est aimé.
5. Rodrigue s'adresse à son épée.
6. Noble.
7. En même temps.
8. J'ai des obligations envers.

J'attire ses mépris en ne me vengeant pas.
À mon plus doux espoir l'un me rend infidèle,
Et l'autre indigne d'elle.
Mon mal augmente à le vouloir guérir ;
Tout redouble ma peine.
Allons, mon âme ; et puisqu'il faut mourir,
Mourons du moins sans offenser Chimène.

Mourir sans tirer ma raison[9] !
Rechercher un trépas si mortel à ma gloire !
Endurer que l'Espagne impute à ma mémoire
D'avoir mal soutenu l'honneur de ma maison !
Respecter un amour dont mon âme égarée
Voit la perte assurée !
N'écoutons plus ce penser suborneur[10],
Qui ne sert qu'à ma peine.
Allons, mon bras, sauvons du moins l'honneur,
Puisqu'après tout il faut perdre Chimène.

Oui, mon esprit s'était déçu[11].
Je dois tout à mon père avant qu'à ma maîtresse :
Que je meure au combat, ou meure de tristesse,
Je rendrai mon sang pur comme je l'ai reçu.
Je m'accuse déjà de trop de négligence :
Courons à la vengeance ;
Et tout honteux d'avoir tant balancé[12],
Ne soyons plus en peine,
Puisqu'aujourd'hui mon père est l'offensé,
Si l'offenseur est père de Chimène.

Acte I, scène 6 (intégrale), 1637.

9. Demander réparation.

10. Cette pensée qui détourne du devoir.

11. Trompé.

12. Hésité.

Contexte XVIIe s. ▶ p. 478
Notice biographique ▶ p. 496
Du même auteur ▶ p. 23 p. 232 p. 236 p. 242

RECHERCHE

Histoire littéraire

1. Que désigne le mot *stances* ? Donnez son étymologie. Cherchez des exemples de cette forme poétique dans d'autres tragédies de Corneille, puis chez d'autres auteurs plus modernes, qui ne sont pas des dramaturges. À quelle forme de discours et à quel(s) registre(s) les stances sont-elles souvent associées ?

Lecture analytique

2. Observez la présentation typographique de chaque strophe et dites comment elles sont construites : nombre et nature des vers, disposition des rimes. Quel phénomène récurrent peut-on remarquer dans les deux derniers vers de chaque strophe ?

3. À partir des deux derniers vers de chaque strophe et des deux champs lexicaux dominants, déterminez le dilemme auquel est confronté Rodrigue. Étudiez comment de nombreux termes s'opposent deux à deux.

4. Comment la réflexion de Rodrigue progresse-t-elle jusqu'à la décision finale ? Reformulez les arguments qu'il exprime pour justifier ses choix et dites à quels domaines ils appartiennent.

5. Quels sont les différents registres de ce monologue ? Quelle est sa fonction par rapport au héros, à l'action et au public ?

Travail sur un corpus de textes

6. Dans les textes de Corneille, *Le Cid* (▶ p. 234), *Suréna* (▶ p. 242), et de Racine, *Iphigénie* (▶ p. 25, 240), étudiez quelles formes différentes prend la fatalité tragique qui met les héros aux prises avec un dilemme douloureux. Précisez à chaque fois quel est le dilemme.

REPÈRES La tragédie ▶ p. 252

Texte 2

Pierre Corneille, *Horace* (1640)

Dans la guerre qui oppose Rome à Albe, trois frères romains, les Horaces, doivent combattre contre trois frères albains, les Curiaces. Or ils sont liés par des liens familiaux et affectifs. À l'issue du combat, Horace victorieux, mais seul rescapé, rentre dans sa famille et doit affronter la douleur de sa sœur, Camille, fiancée à l'un des Curiaces.

HORACE. – Ô d'une indigne sœur insupportable audace !
D'un ennemi public dont je reviens vainqueur
Le nom est dans ta bouche, et l'amour dans ton cœur !
Ton ardeur criminelle à la vengeance aspire !
Ta bouche la demande, et ton cœur la respire !
Suis moins ta passion, règle[1] mieux tes désirs ;
Ne me fais plus rougir d'entendre tes soupirs ;
Tes flammes désormais doivent être étouffées ;
Bannis-les de ton âme, et songe à mes trophées :
Qu'ils soient dorénavant ton unique entretien.

CAMILLE. – Donne-moi donc, barbare, un cœur comme le tien,
Et si tu veux enfin que je t'ouvre mon âme,
Rends-moi mon Curiace, ou laisse agir ma flamme.
Ma joie et mes douleurs dépendaient de son sort,
Je l'adorais vivant, et je le pleure mort.
Ne cherche plus ta sœur où tu l'avais laissée,
Tu ne revois en moi qu'une amante offensée,
Qui comme une Furie attachée à tes pas
Te veut incessamment reprocher son trépas.
Tigre altéré de sang, qui me défends les larmes,
Qui veux que dans sa mort je trouve encor des charmes,
Et que jusques au Ciel élevant tes exploits
Moi-même je le tue une seconde fois !
Puissent tant de malheurs accompagner ta vie
Que tu tombes au point de me porter envie,
Et toi, bientôt souiller par quelque lâcheté
Cette gloire si chère à ta brutalité !

HORACE. – Ô Ciel, qui vit jamais une pareille rage !
Crois-tu donc que je sois insensible à l'outrage,
Que je souffre en mon sang ce mortel déshonneur ?
Aime, aime cette mort qui fait notre bonheur,
Et préfère du moins au souvenir d'un homme
Ce que doit ta naissance aux intérêts de Rome.

1. Maîtrise.

Horace, de **Corneille**, mise en scène de Marion Bierry, avec Élisabeth Vitali dans le rôle de Camille et Stéphane Bierry dans le rôle d'Horace (Théâtre de l'Œuvre ; Paris ; 1998).

CAMILLE. – Rome, l'unique objet de mon ressentiment !
Rome, à qui vient ton bras d'immoler mon amant !
Rome, qui t'a vu naître, et que ton cœur adore !
Rome, enfin que je hais parce qu'elle t'honore !
Puissent tous ses voisins ensemble conjurés
Saper ses fondements encor mal assurés !
Et si ce n'est assez de toute l'Italie,
Que l'Orient contre elle à l'Occident s'allie,
Que cent peuples unis des bouts de l'univers
Passent pour la détruire et les monts, et les mers !
Qu'elle-même sur soi renverse ses murailles,
Et de ses propres mains déchire ses entrailles !
Que le courroux du Ciel allumé par mes vœux
Fasse pleuvoir sur elle un déluge de feux !
Puissé-je de mes yeux y voir tomber ce foudre[2],
Voir ses maisons en cendre, et tes lauriers en poudre[3],
Voir le dernier Romain à son dernier soupir,
Moi seule en être cause, et mourir de plaisir !

Acte IV, scène 5 (extrait).

2. (*Mot masculin ou féminin au XVIIe s.*) Cette foudre.

3. Poussière.

Contexte XVIIe s. ▶ p. 478
Notice biographique ▶ p. 496
Du même auteur ▶ p. 23 p. 232 p. 234 p. 242

RECHERCHE

Les mots et leur usage

1. Donnez le sens des termes : *imprécations, vitupérations, paroxysme, protagonistes.*

2. Quelle est la signification, dans le texte, des mots *flammes* (v. 8), *Furie* (v. 18), *saper* (v. 39), *courroux* (v. 46), *poudre* (v. 49) ?

Lecture analytique

3. Observez la ponctuation de l'ensemble de l'extrait, le rythme des phrases et des vers, la récurrence de certains termes : que mettent en relief ces différents éléments ?

4. Comment s'enchaînent les différentes répliques du dialogue ? Donnez le thème de chacune d'elles. Qu'est-ce qui se modifie de l'une à l'autre ? Qu'a de particulier la dernière ?

5. À partir d'une observation précise du lexique et des figures d'opposition, étudiez ce qui sépare les deux personnages dans les trois premières répliques : au nom de quoi s'exprime Horace ? Sur quel plan se situe Camille ?

6. Déterminez les différents registres du passage. Que peut provoquer chez le spectateur la représentation d'une telle altercation ?

Écriture d'invention

7. Un spectateur qui a assisté à la représentation de la tragédie *Horace* écrit à un ami qui n'était pas présent pour lui raconter l'altercation d'Horace et de sa sœur. Il insiste sur la violence des propos, résume l'essentiel de leur contenu sans les rapporter, mais souligne les valeurs que défend chacun des protagonistes. Il met aussi en relief les gestes, les attitudes, les réactions visibles des personnages. Il termine par ses propres impressions et l'intérêt qu'il voit à la représentation théâtrale de telles passions.

REPÈRES L'inspiration antique... ▶ p. 29
La tragédie ▶ p. 252

▲ *Britannicus*, de **Racine**, mise en scène de Françon, avec Clovis Cornillac (Britannicus) et Hélène Alexandridis (Junie), (Théâtre des Amandiers – Nanterre, 1992).

Texte 3

Jean Racine, *Britannicus* (1669)

Britannicus et l'empereur Néron sont tous deux amoureux de Junie. Abusant de son pouvoir, Néron a fait enlever la jeune fille et menace de faire périr Britannicus, si elle ne persuade pas ce dernier qu'elle ne l'aime plus. Les deux amoureux se retrouvent, mais seule Junie sait que Néron les surveille.

BRITANNICUS. – Madame, quel bonheur me rapproche de vous ?
Quoi ! je puis donc jouir d'un entretien si doux ?
Mais parmi[1] ce plaisir quel chagrin me dévore !
Hélas ! puis-je espérer de vous revoir encore ?
Faut-il que je dérobe, avec mille détours,
Un bonheur que vos yeux m'accordaient tous les jours ?
Quelle nuit ! Quel réveil ! Vos pleurs, votre présence
N'ont point de ces cruels désarmé l'insolence[2] ?
Que faisait votre amant[3] ? Quel démon envieux
M'a refusé l'honneur de mourir à vos yeux ?
Hélas ! dans la frayeur dont vous étiez atteinte,
M'avez-vous en secret adressé quelque plainte ?
Ma Princesse, avez-vous daigné me souhaiter ?
Songiez-vous aux douleurs que vous m'alliez coûter ?
Vous ne me dites rien ? Quel accueil ! Quelle glace !
Est-ce ainsi que vos yeux consolent ma disgrâce ?
Parlez. Nous sommes seuls. Notre ennemi, trompé,
Tandis que je vous parle, est ailleurs occupé.
Ménageons[4] les moments de cette heureuse absence.

JUNIE. – Vous êtes en des lieux tout pleins de sa puissance.
Ces murs mêmes, Seigneur, peuvent avoir des yeux ;
Et jamais l'Empereur n'est absent de ces lieux.

BRITANNICUS. – Et depuis quand, Madame, êtes-vous si craintive ?
Quoi ! déjà votre amour souffre qu'on le captive[5] ?
Qu'est devenu ce cœur qui me jurait toujours
De faire à Néron même envier nos amours ?
Mais bannissez, Madame, une inutile crainte.
La foi dans tous les cœurs n'est pas encore éteinte ;

1. Au milieu de.

2. Britannicus évoque ici l'enlèvement de Junie par les soldats de Néron, la nuit précédente.

3. *(Au XVIIe s.)* Celui qui aime et est aimé.

4. Profitons de.

5. Retienne prisonnier.

Chacun semble des yeux approuver mon courroux ;
La mère de Néron se déclare pour nous.
Rome, de sa conduite elle-même offensée…

JUNIE. – Ah ! Seigneur ! vous parlez contre votre pensée.
Vous-même, vous m'avez avoué mille fois
Que Rome le louait d'une commune voix ;
Toujours à sa vertu vous rendiez quelque hommage.
Sans doute la douleur vous dicte ce langage.

BRITANNICUS. – Ce discours me surprend, il le faut avouer.
Je ne vous cherchais pas pour l'entendre louer.
Quoi ! pour vous confier la douleur qui m'accable,
À peine[6] je dérobe un moment favorable,
Et ce moment si cher, Madame, est consumé
À louer l'ennemi dont je suis opprimé !
Qui vous rend à vous-même, en un jour, si contraire ?
Quoi ! même vos regards ont appris à se taire ?
Que vois-je ? Vous craignez de rencontrer mes yeux ?
Néron vous plairait-il ? vous serais-je odieux ?
Ah ! si je le croyais… Au nom des dieux, Madame,
Éclaircissez le trouble où vous jetez mon âme.
Parlez. Ne suis-je plus dans votre souvenir ?

JUNIE. – Retirez-vous, Seigneur, l'Empereur va venir.

BRITANNICUS. – Après ce coup, Narcisse[7], à qui dois-je m'attendre[8] ?

Acte II, scène 6 (intégrale).

6. Avec peine.

7. Narcisse, gouverneur de Britannicus, est en fait auprès de lui l'espion de Néron.

8. Me fier.

Contexte XVIIe s. ▶ p. 478
Notice biographique ▶ p. 501
Du même auteur ▶ p. 25, p. 240, p. 244, p. 246

RECHERCHE

Histoire littéraire

1. Cherchez les sources historiques de la tragédie de *Britannicus* : de quels auteurs de l'Antiquité Racine s'est-il inspiré ? Quelles sont les raisons, au XVIIe siècle, d'une telle inspiration ?

Lecture analytique

2. Quel est le thème des trois tirades de Britannicus ? Quel en est le registre principal ? Prenez appui sur le lexique et sur la ponctuation.
À quel moment le lecteur perçoit-il un changement ? À quel moment le spectateur a-t-il pu le percevoir ?

3. De quelle manière se met en place le malentendu qui sépare progressivement les jeunes gens : sur quoi porte-t-il ? En quoi Junie en est-elle indirectement responsable ? Comment s'aggrave-t-il ?

4. Comment s'expriment le trouble et l'incompréhension de Britannicus ? Répondez en prenant appui sur la ponctuation et sur le jeu des pronoms personnels.

5. Qu'y a-t-il de tragique dans ce malentendu ? Cherchez et exposez ce qui rend impossible, durant la scène, toute élucidation de la situation.

Écriture d'invention

6. Un metteur en scène prépare le travail qu'il va faire avec deux acteurs : en face du texte des quatre premières répliques, il note les mouvements des comédiens, leurs gestes et ce que leur visage doit exprimer. Il justifie ses remarques en explicitant le texte et en reprenant le contexte de la scène. Vous composerez ces notes sous forme de phrases rédigées ou de simples remarques.

REPÈRES L'inspiration antique… ▶ p. 29
La tragédie ▶ p. 252

Texte 4

Jean Racine, *Iphigénie* (1674)

Au début d'Iphigénie, le chef de l'expédition contre la ville de Troie, Agamemnon, raconte à Arcas, un de ses familiers, un événement qui s'est déroulé au moment du départ et dont les conséquences se révèlent tragiques.

AGAMEMNON. – Tu te souviens du jour qu'en Aulide assemblés,
Nos vaisseaux par les vents semblaient être appelés.
Nous partions. Et déjà par mille cris de joie,
Nous menacions de loin les rivages de Troie.
Un prodige étonnant fit taire ce transport.
Le vent qui nous flattait nous laissa dans le port.
Il fallut s'arrêter, et la rame inutile
Fatigua vainement une mer immobile.
Ce miracle[1] inouï me fit tourner les yeux
Vers la divinité[2] qu'on adore en ces lieux.
Suivi de Ménélas, de Nestor, et d'Ulysse[3],
J'offris sur ses autels un secret sacrifice.
Quelle fut sa réponse ! et quel[4] devins-je, Arcas,
Quand j'entendis ces mots prononcés par Calchas[5] :
Vous armez contre Troie une puissance vaine,
Si dans un sacrifice auguste et solennel
Une fille du sang d'Hélène
De Diane en ces lieux n'ensanglante l'autel.
Pour obtenir les vents que le ciel vous dénie[6],
Sacrifiez Iphigénie.

ARCAS. – Votre fille !

AGAMEMNON. – Surpris, comme tu peux penser,
Je sentis dans mon corps tout mon sang se glacer.
Je demeurai sans voix, et n'en repris l'usage
Que par mille sanglots qui se firent passage.
Je condamnai les Dieux et, sans plus rien ouïr,
Fis vœu sur leurs autels de leur désobéir.
Que n'en croyais-je alors ma tendresse alarmée ?
Je voulais sur-le-champ congédier l'armée.
Ulysse, en apparence approuvant mes discours,
De ce premier torrent laissa passer le cours,
Mais bientôt, rappelant sa cruelle industrie[7],
Il me représenta l'honneur et la patrie,
Tout ce peuple, ces rois à mes ordres soumis,
Et l'empire d'Asie à la Grèce promis :
De quel front immolant tout l'État à ma fille,
Roi sans gloire, j'irais vieillir dans ma famille.
Moi-même (je l'avoue avec quelque pudeur),

1. L'absence de vents.
2. Artémis.
3. D'autres chefs grecs.
4. Que.
5. Calchas est le devin qui accompagne l'expédition.
6. Refuse.
7. Habileté.

Iphigénie, de **Racine**, mise en scène de Yannis Kokkos, avec Michel Favory dans le rôle d'Agamemnon (Comédie-Française, Paris, 1992).

Charmé de mon pouvoir et plein de ma grandeur,
Ces noms de roi des rois et de chef de la Grèce
Chatouillaient de mon cœur l'orgueilleuse faiblesse.
Pour comble de malheur, les Dieux toutes les nuits,
Dès qu'un léger sommeil suspendait mes ennuis[8],
Vengeant de leurs autels le sanglant privilège[9],
Me venaient reprocher ma pitié sacrilège,
Et présentant la foudre à mon esprit confus,
Le bras déjà levé, menaçaient mes refus[10].
Je me rendis, Arcas ; et vaincu par Ulysse,
De ma fille, en pleurant, j'ordonnai le supplice.

Acte I, scène 1 (vers 43-90).

8. Tourments.

9. Droit qui prime tous les autres.

10. Me menaçaient parce que j'avais refusé.

Contexte XVIIe s. ▶ p. 478
Notice biographique ▶ p. 501
Du même auteur ▶ p. 25, p. 238, p. 244, p. 246

RECHERCHE

Les mots et leur usage

1. Donnez le sens, dans le texte, des mots : *transport* (v. 5), *flattait* (v. 6), *industrie* (v. 31), *front* (v. 35).
2. Reformulez, de manière plus simple, l'idée contenue dans le vers 8 : *Fatigua vainement une mer immobile.*

Histoire littéraire

3. Cherchez et exposez les causes de la guerre de Troie et la raison pour laquelle les princes grecs ont organisé une expédition avec Agamemnon pour chef.
4. Dans la préface d'*Iphigénie* (▶ p. 27), Racine indique qu'il s'est inspiré d'une « fable d'Euripide » : laquelle ? Cherchez-en une édition intégrale et comparez la première scène.

Lecture analytique

5. En prenant appui sur le lexique, déterminez le thème de chacune des deux tirades d'Agamemnon. Donnez le mot clé qui établit à la fois une rupture et un lien entre les deux.
6. Pourquoi les vers 15 à 20 sont-ils en italique ? Quelle est leur importance pour Agamemnon, pour l'action, pour le spectateur ? Tenez compte, dans votre réponse, de la situation du passage dans la pièce.
7. Dans la seconde partie de la tirade d'Agamemnon, déterminez les étapes qui vont du refus à l'acceptation du sacrifice.
8. Retrouvez et reformulez les arguments qui ont permis à Ulysse de « vaincre » Agamemnon. Définissez l'attitude du roi par rapport à ces arguments lorsqu'il les rapporte.
9. Récapitulez toutes les informations données dans cet extrait de scène d'exposition.

Vers le commentaire

10. À partir de repérages précis faits sur la seconde tirade d'Agamemnon, construisez et rédigez un des axes suivants de commentaire : *du refus à l'acceptation, les étapes d'un récit ; les informations d'une scène d'exposition ; le poids de la fatalité divine, caractéristique de la tragédie.*

REPÈRES L'inspiration antique... ▶ p. 29
La tragédie ▶ p. 252

Texte 5

Pierre Corneille, *Suréna* (1674)

Suréna, général des Parthes, est amoureux d'Eurydice, fille du roi d'Arménie. Mais un traité de paix impose qu'elle épouse Pacorus, fils du roi des Parthes, et que Suréna se marie avec Mandane, fille de ce même roi. Au début de la pièce, les deux personnages, réunis sur scène, peuvent échanger à propos du malheur qui les frappe.

SURÉNA. – Quel bonheur peut dépendre ici d'un misérable
Qu'après tant de faveurs son amour même accable ?
Puis-je encor quelque chose en l'état où je suis ?

EURYDICE. – Vous pouvez m'épargner d'assez rudes[1] ennuis.
N'épousez point Mandane : exprès on l'a mandée[2],
Mon chagrin, mes soupçons m'en ont persuadée ;
N'ajoutez point, Seigneur, à des malheurs si grands
Celui de vous unir au sang de mes tyrans[3],
De remettre en leurs mains le seul bien qui me reste,
Votre cœur : un tel don me serait trop funeste.
Je veux qu'il me demeure, et malgré votre Roi[4],
Disposer d'une main qui ne peut être à moi.

SURÉNA. – Plein d'un amour si pur et si fort que le nôtre,
Aveugle pour Mandane, aveugle pour toute autre,
Comme je n'ai plus d'yeux vers elles à tourner,
Je n'ai plus ni de cœur ni de main à donner.
Je vous aime et vous perds. Après cela, Madame,
Serait-il quelque hymen que pût souffrir mon âme ?
Serait-il quelques nœuds où se pût attacher
Le bonheur d'un amant qui vous était si cher[5],
Et qu'à force d'amour vous rendez incapable
De trouver sous le ciel quelque chose d'aimable ?

EURYDICE. – Ce n'est pas là de vous, Seigneur, ce que je veux.
À la postérité vous devez des neveux[6],
Et ces illustres morts dont vous tenez la place
Ont assez mérité de revivre en leur race.
Je ne veux pas l'éteindre[7], et tiendrais à forfait[8],
Qu'il m'en fût échappé le plus léger souhait.

SURÉNA. – Que tout meure avec moi, Madame, que m'importe
Qui foule après ma mort la terre qui me porte ?
Sentiront-ils percer par un éclat nouveau,
Ces illustres aïeux, la nuit de leur tombeau ?
Respireront-ils l'air où les feront revivre
Ces neveux qui peut-être auront peine à les suivre,

1. Difficiles à supporter.

2. On l'a fait venir.

3. Ceux qui ont imposé à Eurydice d'épouser Pacorus.

4. Le roi des Parthes.

5. Rime dite « pour l'œil » car le son n'est pas exactement le même.

6. Des descendants.

7. Je ne veux pas que cette race s'éteigne.

8. Je considérerais comme une trahison.

Suréna, de **Corneille**, mise en scène d'Anne Delbée, avec Éric Ruf dans le rôle de Suréna, Dominique Constancza dans le rôle d'Eurydice (théâtre du Vieux Colombier, Paris, 1998).

Contexte XVIIe s. ▶ p. 478
Notice biographique ▶ p. 496
Du même auteur ▶ p. 23, p. 232, p. 234, p. 236

Peut-être ne feront que les déshonorer,
Et n'en auront le sang que pour dégénérer ?
Quand nous avons perdu le jour qui nous éclaire,
Cette sorte de vie est bien imaginaire,
Et le moindre moment d'un bonheur souhaité
Vaut mieux qu'une si froide et vaine éternité.

Acte I, scène 3 (vers 273-310).

RECHERCHE

Les mots et leur usage

1. Cherchez le sens, au XVIIe siècle, et dans le contexte, des mots : *misérable* (v. 1), *ennuis* (v. 4), *nœuds* (v. 19), *amant* (v. 20).

2. Donnez précisément, à travers une formulation différente, le sens des vers 29 et 30 (utilisez la note 7).

Lecture analytique

3. À partir de l'observation du lexique des sentiments, déterminez les thèmes du dialogue entre Suréna et Eurydice, et la manière dont s'enchaînent les répliques. Tenez compte de la ponctuation pour répondre.

4. En comparant les répliques des deux personnages, et notamment les modes verbaux et certains termes récurrents, définissez l'attitude de chacun : qu'est-ce qui caractérise l'un et l'autre des deux discours ? Lequel des deux personnages semble mieux que l'autre accepter son destin ?

5. Définissez les registres du dialogue en donnant des justifications précises. Par quelles formulations du texte, par l'expression de quels sentiments le spectateur peut-il particulièrement être ému ?

Vers la dissertation

6. Les tragédies classiques associent la fatalité à la passion amoureuse.
Vous montrerez, à partir d'exemples précis, en quoi les différentes formes et manifestations de cette passion (expression, aveu, opposition, impossibilité...) constituent des éléments déterminants dans l'évolution et le déroulement d'une tragédie.

REPÈRES L'inspiration antique... ▶ p. 29
La tragédie ▶ p. 252

4 Le récit tragique

Illustration pour *Phèdre*, de **Racine**, « La mort d'Hippolyte », gravure de Sève d'après un dessin de J.-J. Flipart.

Fils de Thésée, roi d'Athènes, Hippolyte est aimé de Phèdre, seconde femme du roi. En l'absence de ce dernier, elle avoue cette passion fatale au jeune homme, mais au retour de Thésée, elle l'accuse d'avoir voulu la séduire. Thésée maudit son fils et appelle sur lui la vengeance de Neptune, le dieu de la mer. La tirade qui suit est le récit, fait par son gouverneur Théramène, de la mort d'Hippolyte.

THÉRAMÈNE. – À peine nous sortions des portes de Trézène[1],
Il était sur son char ; ses gardes affligés
Imitaient son silence, autour de lui rangés.
Il suivait tout pensif le chemin de Mycènes[1] ;
Sa main sur ses chevaux laissait flotter les rênes.
Ses superbes coursiers, qu'on voyait autrefois
Pleins d'une ardeur si noble obéir à sa voix,
L'œil morne maintenant et la tête baissée
Semblaient se conformer à sa triste pensée.
Un effroyable cri, sorti du fond des flots,
Des airs en ce moment a troublé le repos ;
Et du sein de la terre une voix formidable
Répond en gémissant à ce cri redoutable.
Jusqu'au fond de nos cœurs notre sang s'est glacé ;
Des coursiers attentifs le crin s'est hérissé.
Cependant sur le dos de la plaine liquide
S'élève à gros bouillons une montagne humide.
L'onde approche, se brise, et vomit à nos yeux,
Parmi des flots d'écume, un monstre furieux.
Son front large est armé de cornes menaçantes ;
Tout son corps est couvert d'écailles jaunissantes ;
Indomptable taureau, dragon impétueux,
Sa croupe se recourbe en replis tortueux.
Ses longs mugissements font trembler le rivage.
Le ciel avec horreur voit ce monstre sauvage ;
La terre s'en émeut, l'air en est infecté ;
Le flot, qui l'apporta, recule épouvanté.
Tout fuit ; et sans s'armer d'un courage inutile,
Dans le temple voisin chacun cherche un asile.
Hippolyte lui seul, digne fils d'un héros,
Arrête ses coursiers, saisit ses javelots,
Pousse au monstre, et d'un dard lancé d'une main sûre,
Il lui fait dans le flanc une large blessure.
De rage et de douleur le monstre bondissant
Vient aux pieds des chevaux tomber en mugissant,
Se roule, et leur présente une gueule enflammée,
Qui les couvre de feu, de sang et de fumée.
La frayeur les emporte ; et sourds à cette fois,

1. Villes de Grèce.

Ils ne connaissent plus ni le frein ni la voix.
En efforts impuissants leur maître se consume.
Ils rougissent le mors d'une sanglante écume.
On dit qu'on a vu même, en ce désordre affreux,
Un Dieu qui d'aiguillons pressait leur flanc poudreux.
À travers les rochers la peur les précipite ;
L'essieu crie et se rompt. L'intrépide Hippolyte
Voit voler en éclats tout son char fracassé ;
Dans les rênes lui-même il tombe embarrassé.
Excusez ma douleur. Cette image cruelle
Sera pour moi de pleurs une source éternelle.
J'ai vu, Seigneur, j'ai vu votre malheureux fils
Traîné par les chevaux que sa main a nourris.
Il veut les rappeler, et sa voix les effraie.
Ils courent. Tout son corps n'est bientôt qu'une plaie.
De nos cris douloureux la plaine retentit.
Leur fougue impétueuse enfin se ralentit :
Ils s'arrêtent, non loin de ces tombeaux antiques
Où des rois ses aïeux sont les froides reliques.
J'y cours en soupirant, et sa garde me suit.
De son généreux sang la trace nous conduit ;
Les rochers en sont teints ; les ronces dégouttantes[2]
Portent de ses cheveux les dépouilles sanglantes.
J'arrive, je l'appelle ; et me tendant la main,
Il ouvre un œil mourant, qu'il referme soudain.
« Le ciel, dit-il, m'arrache une innocente vie.
Prends soin après ma mort de la triste Aricie.
Cher ami, si mon père un jour désabusé
Plaint le malheur d'un fils faussement accusé,
Pour apaiser mon sang et mon ombre captive,
Dis-lui qu'avec douceur il traite sa captive ;
Qu'il lui rende… » À ce mot ce héros expiré
N'a laissé dans mes bras qu'un corps défiguré,
Triste objet, où des Dieux triomphe la colère,
Et que méconnaîtrait l'œil même de son père.

Jean Racine, *Phèdre,* acte V, scène 6
(vers 1498-1570), 1677.

2. Du verbe *dégoutter* : « tomber goutte à goutte ».

Contexte **XVIIe s.** ▶ p. 478
Notice biographique ▶ p. 501
Du même auteur ▶ p. 25, p. 238, p. 240, p. 246

RECHERCHE

Les mots et leur usage

1. Quel est le sens dans le texte des mots *superbes* (v. 6), *formidable* (v. 12), *désabusé* (v. 66) ? Cherchez, dans la tirade, des expressions représentatives du niveau de langue de la tragédie.

Histoire littéraire

2. Quelles sont les règles qui régissent la tragédie classique (▶ p. 252) et quelle en est l'issue ?

3. Cherchez d'autres récits de mort dans d'autres tragédies classiques et précisez leur situation par rapport au dénouement.

Lecture analytique

4. Repérez, dans le texte, les indices de la présence de celui qui parle et dites quel est son rôle : est-il seulement narrateur ? Qu'est-ce qui montre la présence d'un interlocuteur ? À qui Théramène s'adresse-t-il également ?

5. L'épisode tragique de la mort d'Hippolyte comporte différentes phases : retrouvez-les dans le récit et faites apparaître l'élément ou le personnage essentiel de chacune, ainsi que son rôle. Comment s'enchaînent-elles pour conduire à la mort du héros ?

6. Quel changement observez-vous dans l'emploi des temps verbaux ? Quel effet produit-il ?

7. Quels sont les différents registres du récit ? Répondez en prenant appui sur le lexique, sur certaines figures de rhétorique, sur le rythme de certains vers et sur les paroles d'Hippolyte.
À quelles facultés fait-il appel chez le lecteur ou chez le spectateur ? Que suscite-t-il chez lui ?

8. Pourquoi, dans une tragédie, la mort d'un héros fait-elle l'objet d'un récit aussi détaillé ? À partir de vos réponses précédentes, expliquez les différentes fonctions de ce récit.

Vers la dissertation

9. L'un des ressorts de la tragédie est l'émotion tragique qu'elle doit inspirer au spectateur, mais elle bannit toute forme de violence visuelle sur scène.
En prenant appui sur plusieurs récits tragiques, dont celui de la mort d'Hippolyte, vous chercherez en quoi un récit oral peut susciter plus d'émotion que la représentation de la scène qu'il rapporte.

REPÈRES L'inspiration antique... ▸ p. 29
La tragédie ▸ p. 252

5 Le dénouement tragique

Aimée d'Oreste, Hermione est amoureuse de Pyrrhus, qui lui a préféré Andromaque. Folle de jalousie, Hermione demande à Oreste d'assassiner Pyrrhus. Mais elle ne supporte pas de lui survivre. Dans la dernière scène, Oreste vient d'apprendre de son ami Pylade qu'Hermione s'est donné la mort sur le corps de Pyrrhus.

ORESTE. – Grâce aux dieux ! Mon malheur passe mon espérance.
Oui, je te loue, ô Ciel ! de ta persévérance.
Appliqué sans relâche au soin de me punir,
Au comble des douleurs tu m'as fait parvenir.
Ta haine a pris plaisir à former ma misère,
J'étais né, pour servir d'exemple à ta colère,
Pour être du malheur un modèle accompli ;
Hé bien, je meurs content, et mon sort est rempli.
Où sont ces deux amants ? Pour couronner ma joie,
Dans leur sang, dans le mien, il faut que je me noie :
L'un et l'autre en mourant, je les veux regarder.
Réunissons trois cœurs, qui n'ont pu s'accorder,
Mais quelle épaisse nuit tout à coup m'environne ?
De quel côté sortir ? D'où vient que je frissonne ?
Quelle horreur me saisit ? Grâce au Ciel, j'entrevois.
Dieux ! Quels ruisseaux de sang coulent autour de moi !

PYLADE. – Ah Seigneur !

ORESTE. – Quoi, Pyrrhus, je te rencontre encore ?
Trouverai-je partout un rival que j'abhorre ?
Percé de tant de coups, comment t'es-tu sauvé ?
Tiens, tiens, voilà le coup que je t'ai réservé.
Mais que vois-je ? À mes yeux Hermione l'embrasse[1] ?
Elle vient l'arracher au coup qui le menace ?
Dieux, quels affreux regards elle jette sur moi !
Quels démons, quels serpents traîne-t-elle après soi[2] ?
Hé bien ! Filles d'enfer, vos mains sont-elles prêtes ?
Pour qui sont ces serpents qui sifflent sur vos têtes ?
À qui destinez-vous l'appareil[3] qui vous suit ?
Venez-vous m'enlever dans l'éternelle nuit ?
Venez, à vos fureurs Oreste s'abandonne.
Mais non, retirez-vous, laissez faire Hermione ;
L'ingrate mieux que vous saura me déchirer,
Et je lui porte enfin mon cœur à dévorer.

PYLADE. – Il perd le sentiment. Amis, le temps nous presse,
Ménageons les moments que ce transport nous laisse.
Sauvons-le. Nos efforts deviendraient impuissants,
S'il reprenait ici sa rage avec ses sens.

FIN

Jean Racine, *Andromaque*, acte V, scène 5
(vers 1657-1692), 1667.

1. Le prend dans ses bras.
2. Après elle.
3. La suite des Furies, constituée de serpents et de monstres.

Contexte XVIIe s. ▸ p. 478
Notice biographique ▸ p. 501
Du même auteur ▸ p. 27 p. 248

RECHERCHE

Les mots et leur usage

1. Que désignent les expressions *Filles d'enfer* (v. 25), *l'éternelle nuit* (v. 28) ?
Comment appelle-t-on cette figure de rhétorique ?

Histoire littéraire

2. Cherchez dans quelles pièces de théâtre antiques, classiques et modernes apparaît le personnage d'Oreste. À quels thèmes son nom se trouve-t-il associé ?

Lecture analytique

3. De quoi est-il essentiellement question dans les deux répliques d'Oreste ? Observez la ponctuation, le rythme des phrases et des vers, le lexique, les temps verbaux.

4. *Monologue* ou *dialogue* : qui sont les destinataires des paroles d'Oreste ? Quel est le rôle de Pylade ? Que révèle cette situation de communication ?

5. Parlant de son ami, Pylade dit : *Il perd le sentiment* (v. 33). Trouvez, identifiez et classez tous les éléments qui soulignent dans les paroles d'Oreste une progression vers la folie.

6. Définissez les différents registres de l'extrait. En quoi consiste ici le tragique ? Comment la notion de fatalité apparaît-elle dans les paroles d'Oreste ?

7. Quel effet cette fin produit-elle sur le lecteur ou le spectateur de la pièce ?

Travail sur un corpus de textes

8. Dans les textes de Corneille, *Cinna* (▸ p. 232) et *Horace* (▸ p. 236), et de Racine, *Andromaque* (▸ p. 246) et *Phèdre* (▸ p. 244), étudiez l'expression de la violence et sa nature. Comment pourrait-on définir ses fonctions dans la tragédie ?

REPÈRES L'inspiration antique… ▸ p. 29
La tragédie ▸ p. 252

6 Règles et codes de la tragédie

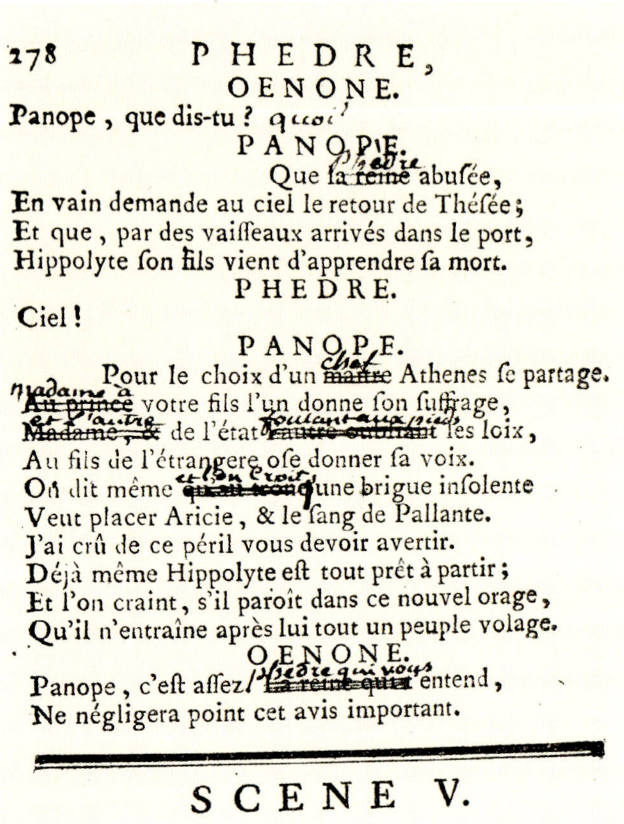
278 PHEDRE,

OENONE.

Panope, que dis-tu?

PANOPE.

Que la reine abusée,
En vain demande au ciel le retour de Thésée;
Et que, par des vaisseaux arrivés dans le port,
Hippolyte son fils vient d'apprendre sa mort.

PHEDRE.

Ciel!

PANOPE.

Pour le choix d'un maître Athenes se partage.
Au prince votre fils l'un donne son suffrage,
Madame, & de l'état l'autre oubliant les loix,
Au fils de l'étrangere ose donner sa voix.
On dit même qu'au trône une brigue insolente
Veut placer Aricie, & le sang de Pallante.
J'ai crû de ce péril vous devoir avertir.
Déjà même Hippolyte est tout prêt à partir;
Et l'on craint, s'il paroît dans ce nouvel orage,
Qu'il n'entraîne après lui tout un peuple volage.

OENONE.

Panope, c'est assez; la reine qui t'entend,
Ne négligera point cet avis important.

SCENE V.

Livret de *Phèdre*, de **Racine** avec corrections de l'auteur (Comédie-Française ; Paris).

Texte 1

Dans la plupart de ses préfaces, Racine expose et justifie ses choix thématiques et explicite les modifications apportées à ses sources antiques. Ces différents écrits permettent de cerner les théories raciniennes de la tragédie.

Il n'y a guère de nom plus connu que celui de Mithridate. Sa vie et sa mort font une partie considérable de l'Histoire romaine. Et sans compter les victoires qu'il a remportées, on peut dire que ses seules défaites ont fait presque toute la gloire de trois des plus grands Capitaines de la République[1]. Ainsi je ne pense pas qu'il soit besoin de citer ici mes Auteurs. Car excepté quelque événement que j'ai un peu approché par le droit que donne la Poésie, tout le monde reconnaîtra aisément que j'ai suivi l'Histoire avec beaucoup de fidélité. La seule chose qui pourrait n'être pas aussi connue que le reste, c'est le dessein que je fais prendre à Mithridate de passer dans l'Italie. Comme ce dessein m'a fourni une des Scènes, qui ont le plus réussi dans ma Tragédie, je crois que le plaisir du Lecteur pourra redoubler, quand il verra que presque tous les Historiens ont dit ce que je fais dire ici à Mithridate.

Florus, Plutarque et Dion Cassius nomment les Pays par où il devait passer. Appien d'Alexandrie entre plus dans le détail. Et après avoir marqué les facilités et les secours que Mithridate espérait trouver dans sa marche ; il ajoute que ce Projet fut le prétexte dont Pharnace[2] se servit pour révolter toute l'Armée, et que les Soldats, effrayés de l'entreprise de son Père, la regardèrent comme le désespoir d'un Prince qui ne cherchait qu'à périr avec éclat.

Ainsi elle fut en partie cause de sa Mort, qui est l'action de ma Tragédie. J'ai encore lié ce dessein de plus près à mon sujet, et je m'en suis servi pour faire connaître à Mithridate les secrets sentiments de ses deux Fils. On ne peut prendre trop de précaution pour ne rien mettre sur le Théâtre qui ne soit très nécessaire. Et les plus belles Scènes sont en danger d'ennuyer, du moment qu'on les peut séparer de l'Action, et qu'elles l'interrompent au lieu de la conduire vers sa fin.

Jean Racine, préface de *Mithridate* (extrait), 1673.

1. Sylla, Lucullus et Pompée, tous les trois vainqueurs de Mithridate.
2. Fils de Mithridate.

Contexte XVIIe s. ▶ p. 478
Notice biographique ▶ p. 501
Du même auteur ▶ p. 27 p. 240 p. 246

RECHERCHE

Les mots et leur usage

1. Le texte de Racine comporte des expressions qui n'auraient plus la même forme à notre époque. Remplacez les mots suivants par d'autres plus modernes : *font* (l. 2), *qu'il soit besoin* (l. 8), *qui ont le plus réussi* (l. 17), *pour révolter toute l'Armée* (l. 23), *on les peut séparer* (l. 31).

Histoire littéraire

2. Cherchez qui était Mithridate.
3. Situez les auteurs cités par Racine : *Florus, Plutarque, Dion Cassius et Appien d'Alexandrie.* En quoi sont-ils tous associés à l'histoire de Mithridate ?

Bilan de lecture

4. Quelles raisons Racine donne-t-il du choix de Mithridate comme personnage de tragédie ?
5. Par rapport à ses sources historiques, quel impératif Racine défend-il ? Comment justifie-t-il cependant certaines modifications apportées ?
6. Quels éléments de l'intrigue de *Mithridate* le lecteur peut-il découvrir dans cette préface ?
7. Concernant la construction de l'action théâtrale, quelle est la règle signalée par Racine à la fin du texte ?
8. Récapitulez et présentez sous forme de liste les règles qui se dégagent de cette préface concernant : *le choix du héros principal, les relations avec l'Histoire, les objectifs de la tragédie, les relations entre la structure et l'action.*

Étude comparée

9. Rapprochez les extraits de préfaces de *Mithridate* et d'*Iphigénie* (▸ p. 27) : faites apparaître les points communs concernant les références aux auteurs anciens. Comment et pourquoi Racine fait-il des emprunts à ces sources ?

REPÈRES L'inspiration antique... ▸ p. 29
La tragédie ▸ p. 252

Texte 2

*Dans l'*Art poétique *(▸ p. 32), Boileau définit, entre autres, les principes et les règles de la tragédie.*

Le secret est d'abord de plaire et de toucher :
Inventez des ressorts qui puissent m'attacher.
Que dès les premiers vers l'action préparée
Sans peine du sujet aplanisse l'entrée.
Je me ris d'un acteur qui, lent à s'exprimer,
De ce qu'il veut d'abord ne sait pas m'informer,
Et qui, débrouillant mal une pénible intrigue,
D'un divertissement me fait une fatigue.
J'aimerais mieux encor qu'il déclinât son nom
Et dît : « Je suis Oreste, ou bien Agamemnon »,
Que d'aller, par un tas de confuses merveilles,
Sans rien dire à l'esprit, étourdir les oreilles :
Le sujet n'est jamais assez tôt expliqué.
Que le lieu de la scène y soit fixe et marqué.
Un rimeur, sans péril, delà les Pyrénées[1],
Sur la scène en un jour renferme des années :
Là souvent le héros d'un spectacle grossier,
Enfant au premier acte, est barbon[2] au dernier.

1. Allusion à Lope de Vega, auteur espagnol particulièrement prolixe.
2. Vieillard.

Mais nous, que la raison à ses règles engage,
Nous voulons qu'avec art l'action se ménage[3] ;
Qu'en un lieu, qu'en un jour, un seul fait accompli
Tienne jusqu'à la fin le théâtre rempli.
Jamais au spectateur n'offrez rien d'incroyable :
Le vrai peut quelquefois n'être pas vraisemblable.
Une merveille absurde est pour moi sans appas :
L'esprit n'est point ému de ce qu'il ne croit pas.
Ce qu'on ne doit point voir, qu'un récit nous l'expose :
Les yeux en le voyant saisiraient mieux la chose ;
Mais il est des objets que l'art judicieux
Doit offrir à l'oreille et reculer[4] des yeux.
Que le trouble, toujours croissant de scène en scène,
À son comble arrivé se débrouille sans peine.
L'esprit ne se sent point plus vivement frappé
Que lorsqu'en un sujet d'intrigue enveloppé
D'un secret tout à coup la vérité connue
Change tout, donne à tout une face imprévue.

Nicolas Boileau, *Art poétique*, chant III
(vers 25-60), 1674.

3. Se développe.
4. Éloigner.

Contexte **XVIIe s.** ▶ p. 478
Notice biographique ▶ p. 495
Du même auteur ▶ p. 32

RECHERCHE

Histoire littéraire

1. Qu'appelle-t-on *Art poétique* ? Définissez ce genre littéraire et cherchez des exemples dans la littérature de l'Antiquité. Quelles sont les différentes fonctions de tels écrits ?

Lecture analytique

2. Identifiez les formes de discours utilisées dans le texte et récapitulez les différents procédés qui les caractérisent. Qui se trouve désigné par *je*, par *vous* et par *nous* ?
3. À partir de repérages lexicaux, définissez les différents domaines abordés successivement par Boileau. Pour chacun d'entre eux, reformulez le précepte énoncé et donnez les critères de réussite. À quoi servent les parties de texte qui ne comportent pas de préceptes ?
4. Énumérez les défauts que le dramaturge doit éviter. Signalez, en quelques mots pris dans le texte, les qualités qui caractérisent le théâtre classique.
5. Quelles relations peut-on établir entre les différents préceptes du texte et les deux premiers vers ? Les recommandations de Boileau sont-elles personnelles ?

Étude comparée

6. Mettez en parallèle l'exposition de *Cinna* (▶ p. 232) et le texte de Boileau : cette longue tirade correspond-elle aux recommandations de Boileau en ce qui concerne l'annonce de l'action ?
Comparez les dates de publication des deux œuvres avant de répondre et faites des remarques sur les relations entre les œuvres et les textes qui les codifient.

REPÈRES La tragédie ▶ p. 252

7 Lire l'image : mises en scène

Britannicus, de **Racine**, mise en scène de Gildas Bourdet (théâtre de l'Atelier, 1980), avec C.-A. Decroix, M. Guittier et C. Blanc.

Phèdre, de **Racine**, mise en scène de Jean-Marie Villégier, décor de Carlo Tommasi (TEP, 1992).

Étude comparée

1. Dites ce que vous voyez sur chacune des images en décrivant et en caractérisant avec précision le décor de chacune des représentations. Présentez ensuite les personnages en insistant sur leurs costumes. De quelle époque les vêtements choisis sont-ils représentatifs ?

2. Qu'est-ce qui rapproche, et qu'est-ce qui sépare les deux représentations ? Comment imaginez-vous les costumes des personnages de *Phèdre* ?

3. Donnez votre avis personnel, en le justifiant, sur les deux choix de décor : lequel préférez-vous ?

4. Combien d'époques se trouvent mêlées sur la première image ? sur la seconde ?

En quoi ces différentes époques peuvent-elles être source de difficultés pour un metteur en scène, et de confusions pour le spectateur moderne ?

REPÈRES L'inspiration antique... ▸ p. 29
La tragédie ▸ p. 252

La tragédie

À l'intérieur du théâtre, la tragédie constitue un genre dont la nature et l'évolution sont indissociables du contexte historique, qui en impose les codes et en définit les fonctions.

Historique de la tragédie

La **tragédie antique**, surtout vivante au ve siècle av. J.-C, à Athènes, a une double vocation, religieuse et politique. Elle met en scène des héros issus de mythes, accablés par un destin malheureux et dont la condition suscite la pitié et la réflexion.

Ex : Euripide (▸ p. 219) fait revivre le malheur de Médée, qui assassine ses enfants par amour pour Jason. Sophocle (▸ p. 221) raconte dans quelle « machine infernale » est pris Œdipe, à la recherche d'un assassin qui n'est autre que lui-même.

En France, la tragédie se développe au XVIe siècle, avec Garnier. Mais c'est au XVIIe siècle, avec Corneille et Racine, que ce genre atteint son apogée. Le cérémonial de la tragédie, son caractère solennel sont en accord avec les images de grandeur d'une monarchie absolue qui se construit peu à peu.

Ex : Corneille, puis Racine choisissent des thèmes en relation avec la notion de pouvoir dans *Cinna* (▸ p. 232) et *Britannicus* (▸ p. 238).

Encore présente au siècle des Lumières avec Voltaire, la tragédie est rejetée, au XIXe siècle, par les romantiques qui lui reprochent la rigueur de ses règles ; ils leur substituent la liberté et l'enthousiasme du **drame**. Les vainqueurs de la bataille d'*Hernani* (▸ p. 283) imposent un théâtre tragique dont les principes sont donnés par V. Hugo dans la préface du drame *Cromwell* (▸ p. 282).

Au XXe siècle, on joue les tragédies antiques et classiques, certaines sont réécrites, mais on n'en compose plus sur le même modèle.

Les caractéristiques de la tragédie

Les tragédies classiques gardent de leurs modèles antiques un ensemble de codifications auxquelles s'ajoutent des règles précises de fonctionnement. Au XVIIe siècle, ce sont les doctes et, en particulier, Boileau avec son *Art poétique* (▸ p. 249), qui veillent à la « régularité » (au sens de « conformité aux règles ») des œuvres.

La structure : une tragédie comporte cinq actes, qui vont de l'exposition au dénouement (du « prologue » à l'« exode »), avec une apogée de la crise à l'acte III et l'espoir (illusoire) d'une solution, à l'acte IV.

L'ensemble fonctionne comme un mécanisme conduisant inéluctablement à la mort, quelles que soient les péripéties (ou épisodes) intermédiaires, mais sans violence physique sur scène, selon la **bienséance**.
Selon la **règle des trois unités**, l'action, unique, doit se dérouler dans un seul lieu – un vestibule de palais en général – et en une journée maximum.

Les personnages et leur langage : les héros tragiques appartiennent à la mythologie ou à l'histoire antique ou lointaine (▸ p. 230). Ce sont des rois ou des princes, ils appartiennent à des familles illustres. La tragédie les met aux prises avec la fatalité d'un destin sur lequel ils n'ont guère de prise.

Ex : Phèdre est victime de la vengeance de Vénus. La mort de Britannicus est le résultat de la passion de Néron pour le pouvoir. Titus se heurte à la raison d'État et ne peut épouser Bérénice.

Ces personnages s'expriment en alexandrins, dans un langage soutenu qui n'exclut ni la cruauté ni la violence.

Les thèmes : comme le montrent les exemples ci-dessus, la tragédie aborde, à travers des situations diverses, les grandes interrogations de l'homme sur le monde et sur lui-même : limites de sa liberté par rapport à des forces extérieures (raison d'Etat, lois, Histoire...) et à des forces intérieures qui relèvent de la passion (amour, ambition, jalousie...) ; responsabilité, capacité de lutter contre une fatalité qui prend des formes diverses...
La manière dont ces thèmes sont abordés par les dramaturges définit leurs orientations philosophiques : admiration pour la grandeur de l'homme chez Corneille ; idée d'une fatalité des passions chez Racine.

Les fonctions de la tragédie

Selon les préceptes d'Aristote, la tragédie a pour finalité de susciter chez le spectateur un double sentiment de terreur et de pitié qui le « purgera » de ses passions : ce phénomène a pour nom la ***catharsis*** (ou « purification »).
La tragédie a de ce fait une double fonction morale : exaltation des vertus (courage, esprit de sacrifice, acceptation du devoir) et dégoût pour les passions négatives et destructrices.
La tragédie classique est à l'image d'une société régie par des conventions et dont l'idéal est l'« honnête homme ».

REPÈRES Le théâtre antique ▸ p. 229

Le registre tragique

On utilise le mot « tragique » dans deux acceptions : la première, pour définir un genre littéraire particulier, qui connaît son apogée en France au XVIIe siècle, la tragédie ; la seconde, pour qualifier tout événement douloureux qui atteint l'être humain en lui donnant le sentiment d'être accablé injustement par un destin qui le domine.

Les deux sens ont en commun de connoter la mort et la fatalité. Si le premier concerne exclusivement la tragédie, le second renvoie non seulement à la vie de tous les jours, mais à son imitation dans la prose romanesque et à son évocation dans la poésie ou la presse.

Les thèmes tragiques

On parle de tragique lorsque l'être humain se trouve confronté à une situation de violence, de destruction ou de mort à laquelle il ne peut rien.

Les catastrophes naturelles : la violence des éléments naturels qui se déchaînent peut être caractérisée par le mot *tragique*. Ces catastrophes sont imprévisibles et surprennent les hommes avec une ampleur monstrueuse et dévastatrice qui leur laisse penser qu'ils ne sont rien.

Ex : Un tremblement de terre, rapporté dans un article de presse (▸ p. 116) ou dans un texte de fiction comme *Candide* (▸ p. 118), relève d'une situation tragique.

L'horreur des accidents : le tragique vient, dans les accidents, de leur caractère inattendu, de leur contexte et de leurs conséquences. Le joyeux départ en vacances qui se termine en accident mortel sur l'autoroute est tragique d'abord par la mort, qui brise la vie et sépare les êtres, ensuite par le décalage entre le bonheur initial, ou ses promesses, et la réalité de la destruction.

Ex : Dans *L'Assommoir* (▸ p. 156), la chute de Coupeau est perçue comme tragique parce qu'elle se situe au moment où l'ouvrier a presque fini son travail et parce qu'elle est provoquée par l'appel innocent de Nana, heureuse de retrouver son père.

La mort : tout ce qui touche à la mort relève du registre tragique puisqu'elle est inéluctable et qu'elle détermine le caractère fragile et limité de la vie. Ce que l'on appelle le tragique de la condition humaine vient d'un ensemble d'éléments : perception du temps qui passe et qui rapproche de la mort, idée que celle-ci peut survenir n'importe quand et qu'il faut s'y préparer.

Ex : On retrouve ce sentiment du tragique chez les poètes de la Pléiade aussi bien que chez les romantiques (▸ p. 324) et dans le théâtre de l'absurde.
De même, chez R. Bradbury (▸ p. 203), il y a quelque chose de tragique dans le combat des deux chevaliers contre le « dragon » : ce n'est pas un dragon qu'ils affrontent, mais le progrès ; leur combat est donc perdu d'avance.

L'expression du tragique

Certains auteurs mettent en relief la violence des faits subis, d'autres soulignent moins directement la présence du destin et le poids de la fatalité.

Le récit de faits tragiques : dans certains récits, l'accent est mis à la fois sur les faits, les événements, les actions, à travers l'accumulation de l'horreur, et sur les phénomènes de disproportion (énormité de l'événement / faiblesse humaine).
Les procédés, lexicaux et rhétoriques, sont ceux de l'hyperbole, des connotations violentes, des images et métaphores, des amplifications de toutes sortes. Ce sont des images de situations tragiques qui sont données : elles sont porteuses de mort et de désolation et l'homme y est désarmé.

Ex : Pour souligner le caractère tragique du passage de la Bérésina (▸ p. 180), Balzac fait de la scène un tableau épique, entièrement dominé par le malheur et la conjonction d'éléments négatifs.

Destin et fatalité : de manière moins directe, le registre tragique se révèle aussi dans des textes où figurent les champs lexicaux du destin, de la fatalité, de la soumission, de l'accablement, de la pesanteur, sans que l'horreur des images soit présente.
Le tragique est suggéré par des tournures grammaticales qui soulignent aussi l'incapacité d'agir, comme l'emploi de la voix passive, de sujets indéfinis et des figures d'opposition qui expriment les dilemmes, les antagonismes, les coexistences impossibles : antithèses, allégories (*innocence / souffrance, espoir / découragement, effort / échec, mort / enfance, volonté / impuissance, bonheur apparent / contexte menaçant*...).

Ex : Dans « Ce jour-là » (▸ p. 199), le tragique vient du décalage entre ce que le lecteur a compris de la situation, et les réactions innocentes de l'enfant, qui ne connaît pas le sort qui l'attend. Mais ce tragique n'est à aucun moment exprimé directement : il n'en est que plus poignant.

Séquence 15

La comédie aux XVIIe et XVIIIe siècles

1 Personnages et lieux de la comédie

École française, *Farceurs français et italiens* (détail : ***Molière***), vers 1670 (peinture ; collection de la Comédie-Française ; Paris).

Document 1

ALCANDRE, magicien.
PRIDAMANT, père de Clindor.
DORANTE, ami de Pridamant.
MATAMORE[1], capitan gascon. amoureux d'Isabelle.
CLINDOR, suivant du Capitan, et amant d'Isabelle.
ADRASTE, gentilhomme, amoureux d'Isabelle.
GÉRONTE, père d'Isabelle.
ISABELLE, fille de Géronte.
LYSE, servante d'Isabelle.
GEOLIER de Bordeaux.
PAGE du Capitan.
CLINDOR, représentant Théagène, seigneur anglais.
ISABELLE, représentant Hippolyte, femme de Théagène.
LYSE, représentant Clarine, suivante d'Hippolyte.
ÉRASTE, écuyer de Florilame.
TROUPE DE DOMESTIQUES d'Adraste.
TROUPE DE DOMESTIQUES de Florilame.

La scène est en Touraine, en une campagne proche de la grotte du magicien.

Pierre Corneille, *L'Illusion comique*, 1636.

1. Nom du soldat fanfaron dans les comédies espagnoles (► p. 23).

Document 2

HARPAGON, père de Cléante et d'Élise, et amoureux de Mariane. *(Rôle tenu par Molière.)*
CLÉANTE, fils d'Harpagon, amant[1] de Mariane.
ÉLISE, fille d'Harpagon, amante de Valère.
VALÈRE, fils d'Anselme, et amant d'Élise.
MARIANE, amante de Cléante, et aimée d'Harpagon.
ANSELME, père de Valère et de Mariane.
FROSINE, femme d'intrigue.
MAÎTRE SIMON, courtier.
MAÎTRE JACQUES, cuisinier et cocher d'Harpagon.
LA FLÈCHE, valet de Cléante.
DAME CLAUDE, servante d'Harpagon.
BRINDAVOINE, LA MERLUCHE, laquais d'Harpagon.
LE COMMISSAIRE et son CLERC.

La scène est à Paris.

Molière, *L'Avare*, 1668.

1. Au XVIIe siècle, le mot *amant* désigne celui qui aime et est aimé ; le mot *amoureux* désigne celui qui aime sans être aimé.

École française, *Farceurs français et italiens* (détail : ***Arlequin***), vers 1670 (peinture ; collection de la Comédie-Française ; Paris).

Document 3

LA COMTESSE.
LÉLIO.
LE CHEVALIER.
TRIVELIN, valet du Chevalier.
ARLEQUIN, valet de Lélio.
FRONTIN, autre valet du Chevalier.
PAYSANS et PAYSANNES.
DANSEURS et DANSEUSES.
La scène est devant le château de la Comtesse.

Marivaux, *La Fausse Suivante*, 1726.

Document 4

LE COMTE ALMAVIVA, grand corrégidor[1] d'Andalousie.
LA COMTESSE, sa femme.
FIGARO, valet de chambre du Comte et concierge du château.
SUZANNE, première camariste[2] de la Comtesse et fiancée de Figaro.
MARCELINE, femme de charge[3].
ANTONIO, jardinier du château, oncle de Suzanne et père de Fanchette.
FANCHETTE, fille d'Antonio.
CHÉRUBIN, premier page du Comte.
BARTHOLO, médecin de Séville.
BAZILE, maître de clavecin de la Comtesse.
DON GUSMAN BRID'OISON, lieutenant du siège[4].
DOUBLE-MAIN, greffier, secrétaire de don Gusman.
UN HUISSIER AUDIENCIER.
GRIPE-SOLEIL, jeune pastoureau.
UNE JEUNE BERGÈRE.
PÉDRILLE, piqueur du Comte.
Personnages muets :
TROUPE DE VALETS.
TROUPE DE PAYSANNES.
TROUPE DE PAYSANS.
La scène est au château d'Aguas-Frescas[5], à trois lieues de Séville.

Beaumarchais, *Le Mariage de Figaro*, 1784.

1. Officier de justice.
2. Servante.
3. Gouvernante.
4. Président du tribunal local.
5. « Les Eaux-Fraîches », en espagnol.

RECHERCHE

Histoire littéraire

1. Qu'appelle-t-on *commedia dell'arte* ? Cherchez le sens de cette expression, puis citez le nom de plusieurs personnages de ce genre théâtral et donnez leur caractéristique principale.

Travail sur un corpus de documents

2. Quelles sont les caractéristiques des lieux où se déroule l'action des quatre comédies ?
3. Observez la manière dont sont présentés les personnages : qu'apprend-on à propos de chacun d'eux ?
4. À quelles catégories sociales appartiennent les personnages ? Classez ces différents milieux. Quelles incidences le milieu social et l'époque peuvent-ils avoir sur les thèmes et les intrigues des comédies ?
5. À partir de ces didascalies initiales et de celles figurant dans la séquence 14 (▸ p. 230), précisez ce qui différencie tragédie et comédie sur les plans suivants : *statut social des personnages ; lieux de l'action ; temps historique de l'action.*

REPÈRES La comédie ▸ p. 278

2 L'exposition dans la comédie

Texte 1

Molière, *Tartuffe* (1664-1667-1669)

La comédie de Tartuffe *met en scène une famille dont l'harmonie est troublée par la présence d'un hypocrite. Voici une partie de la scène d'exposition.*

MADAME PERNELLE. – Allons, Flipote, allons, que d'eux je me délivre.

ELMIRE. – Vous marchez d'un tel pas qu'on a peine à vous suivre.

MADAME PERNELLE. – Laissez, ma bru, laissez, ne venez pas plus loin :
Ce sont toutes façons dont je n'ai pas besoin.

ELMIRE. – De ce que l'on vous doit envers vous on s'acquitte.
Mais, ma mère, d'où vient que vous sortez si vite ?

MADAME PERNELLE. – C'est que je ne puis voir tout ce ménage-ci,
Et que de me complaire on ne prend nul souci.
Oui, je sors de chez vous fort mal édifiée :
Dans toutes mes leçons j'y suis contrariée,
On n'y respecte rien chacun y parle haut,
Et c'est tout justement la cour du roi Pétaut[1].

DORINE. – Si...

MADAME PERNELLE. – Vous êtes, mamie, une fille suivante
Un peu trop forte en gueule, et fort impertinente :
Vous vous mêlez sur tout de dire votre avis.

DAMIS. – Mais...

MADAME PERNELLE. – Vous êtes un sot en trois lettres, mon fils ;
C'est moi qui vous le dis, qui suis votre grand-mère ;
Et j'ai prédit cent fois à mon fils, votre père,
Que vous preniez tout l'air d'un méchant garnement,
Et ne lui donneriez jamais que du tourment.

MARIANE. – Je crois...

MADAME PERNELLE. – Mon Dieu, sa sœur, vous faites la discrette[2],
Et vous n'y touchez pas, tant vous semblez doucette ;
Mais il n'est, comme on dit, pire eau que l'eau qui dort,
Et vous menez sous chape[3] un train que je hais fort.

ELMIRE. – Mais, ma mère...

MADAME PERNELLE. – Ma bru, qu'il ne vous en déplaise,
Votre conduite en tout est tout à fait mauvaise ;
Vous devriez leur mettre un bon exemple aux yeux,
Et leur défunte mère en usait beaucoup mieux.
Vous êtes dépensière ; et cet état me blesse,
Que vous alliez vêtue ainsi qu'une princesse.
Quiconque à son mari veut plaire seulement,
Ma bru, n'a pas besoin de tant d'ajustement.

1. Lieu où personne n'obéit aux ordres du roi.

2. Orthographe voulue par la rime.

3. Sous cape.

Tartuffe, de **Molière**, mise en scène de Benno Besson (Théâtre de l'Odéon ; Paris ; 1995).

CLÉANTE. – Mais, Madame, après tout…

MADAME PERNELLE. – Pour vous, monsieur son frère,
Je vous estime fort, vous aime, et vous révère ;
Mais enfin, si j'étais de mon fils, son époux,
Je vous prierais bien fort de n'entrer point chez nous.
Sans cesse vous prêchez des maximes de vivre
Qui par d'honnêtes gens ne se doivent point suivre.
Je vous parle un peu franc, mais c'est là mon humeur,
Et je ne mâche point ce que j'ai sur le cœur.

DAMIS. – Votre monsieur Tartuffe est bien heureux sans doute…

MADAME PERNELLE. – C'est un homme de bien, qu'il faut que l'on écoute ;
Et je ne puis souffrir sans me mettre en courroux
De le voir querellé par un fou comme vous.

DAMIS. – Quoi ! je souffrirai, moi, qu'un cagot[4] de critique
Vienne usurper céans[5] un pouvoir tyrannique,
Et que nous ne puissions à rien nous divertir,
Si ce beau monsieur-là n'y daigne consentir ?

4. Faux dévot.

5. Ici.

DORINE. – S'il le faut écouter et croire à ses maximes,
On ne peut faire rien, qu'on ne fasse des crimes ;
Car il contrôle tout, ce critique zélé.

MADAME PERNELLE. – Et tout ce qu'il contrôle est fort bien contrôlé.
C'est au chemin du Ciel qu'il prétend vous conduire,
Et mon fils à l'aimer vous devrait tous induire.

DAMIS. – Non, voyez-vous, ma mère, il n'est père ni rien
Qui me puisse obliger à lui vouloir du bien :
Je trahirais mon cœur, de parler d'autre sorte ;
Sur ses façons de faire à tous coups je m'emporte ;
J'en prévois une suite, et qu'avec ce pied-plat[6]
Il faudra que j'en vienne à quelque grand éclat.

DORINE. – Certes c'est une chose aussi qui scandalise,
De voir qu'un inconnu céans s'impatronise[7],
Qu'un gueux qui, quand il vint, n'avait pas de souliers
Et dont l'habit entier valait bien six deniers,
En vienne jusque-là que de se méconnaître,
De contrarier tout, et de faire le maître.

Acte I, scène 1 (vers 1-66).

6. Paysan.

7. Se pose en maître.

Contexte XVIIe s. ▶ p. 478
Notice biographique ▶ p. 500
Du même auteur ▶ p. 270 p. 274 p. 440

RECHERCHE

Histoire littéraire

1. À quoi correspondent les trois dates qui accompagnent le titre de la comédie ? Donnez un bref historique de la pièce, de ses changements de titre, et de ses interdictions successives. Précisez le rôle de Louis XIV dans l'histoire de cette comédie.

Lecture analytique

2. Comment Molière a-t-il construit le dialogue jusqu'au vers 41 ? Prenez appui sur la longueur de certaines répliques, sur la ponctuation et sur la structure de certains vers.
3. Que permet ce choix en ce qui concerne la présentation des personnages : qu'apprend le lecteur ou le spectateur sur chacun d'eux et sur le contexte familial ?
4. Observez les répliques à partir du vers 41 : quels sont les différents changements perceptibles ? Qui est en cause à partir de ce vers ? Qu'apprend-on à son sujet ?
5. Quel est le registre de ce dialogue ? Est-ce possible de déterminer quelle va être l'intrigue de la comédie et qui elle va opposer ?
6. L'extrait donné ici comporte-t-il des éléments comiques ? Si oui, en quoi consistent-ils ?

Écriture d'invention

7. Transformez cet extrait de scène d'exposition en incipit de roman.
Vous présenterez et préciserez ce que le lecteur ne voit pas (les lieux, les gestes et les mimiques des personnages, leurs déplacements…).
Vous ne transcrirez pas le dialogue en discours indirect : vous ferez comprendre, par un récit, comment se déroule la scène et ce que l'on y apprend, sans reprendre le contenu des répliques.

Lecture de l'image

8. Décrivez le décor de la mise en scène de *Tartuffe* (▶ p. 257) : que représente-t-il ? Que connote-t-il ?
9. Observez les personnages en scène : identifiez-les et expliquez en quoi l'occupation de l'espace et les jeux de contraste sont représentatifs de la situation qui se révèle dans cette toute première scène.

REPÈRES La comédie ▶ p. 278

Texte 2

Molière, *George Dandin* (1668)

George Dandin ou le Mari confondu *est une comédie qui aborde une question à la fois familiale et sociale. En voici la toute première scène.*

George Dandin, de **Molière**, mise en scène de Jacques Lassalle, avec Alain Pralon (Comédie-Française ; 1992).

GEORGE DANDIN, *seul.* – Ah ! qu'une femme Demoiselle[1] est une étrange[2] affaire, et que mon mariage est une leçon bien parlante à tous les paysans qui veulent s'élever au-dessus de leur condition, et s'allier, comme j'ai fait, à la maison d'un gentilhomme ! La noblesse, de soi, est bonne, c'est une chose considérable[3] assurément ; mais elle est accompagnée de tant de mauvaises circonstances, qu'il est très bon de ne s'y point frotter. Je suis devenu là-dessus savant à mes dépens, et connais le style des nobles lorsqu'ils nous font, nous autres, entrer dans leur famille. L'alliance qu'ils font est petite avec nos personnes : c'est notre bien seul qu'ils épousent ; et j'aurais bien mieux fait, tout riche que je suis, de m'allier en bonne et franche paysannerie, que de prendre une femme qui se tient au-dessus de moi, s'offense de porter mon nom, et pense qu'avec tout mon bien je n'ai pas assez acheté la qualité de son mari. George Dandin, George Dandin, vous avez fait une sottise, la plus grande du monde. Ma maison m'est effroyable[4] maintenant, et je n'y rentre point sans y trouver quelque chagrin[5].

Acte I, scène 1 (intégrale).

1. Désigne la femme ou la fille d'un gentilhomme.
2. (*Au XVIIe s.*) Extraordinaire.
3. Qui doit être prise en considération.
4. Qui inspire effroi et horreur.
5. Violent désagrément.

Contexte XVIIe s. ▶ p. 478
Notice biographique ▶ p. 500
Du même auteur ▶ p. 21, p. 264, p. 398

Lecture analytique

1. Déterminez, à partir du paratexte et du texte, la situation de communication mise en place : qui parle, à qui ?

2. Quel est le thème du passage et quels en sont les registres ? Répondez en prenant appui sur le lexique et sur la ponctuation.

3. Récapitulez et classez tout ce qu'apprend le lecteur / spectateur dans cette scène d'exposition.

4. Étudiez les temps verbaux : quelles sont les valeurs du présent ? Que signifie l'emploi du passé ?

5. Est-il possible de déterminer l'intrigue à partir de ce seul extrait ? Que peut imaginer le spectateur / lecteur pour la suite de l'action ?

Travail sur un corpus de textes

6. À partir des trois scènes (ou extraits de scène) d'exposition, chez Molière (▶ p. 256, 259) et Marivaux (▶ p. 260), cherchez quelles relations se révèlent entre le titre de la pièce et la toute première scène.

Vers le commentaire

7. À partir de repérages précis, construisez et rédigez un ou plusieurs axes de commentaire sur cette scène d'exposition : *des informations essentielles et la manière de les donner ; un mélange de registres ; l'annonce d'une comédie traitant de problèmes sociaux.*

REPÈRES La comédie ▶ p. 278

Jean Antoine Watteau (1684-1721), *L'Amoureuse inquiète*, huile sur toile, 24 × 17,5 cm (musée Condé ; Chantilly).

Texte 3

Marivaux, *Le Jeu de l'amour et du hasard* (1730)

Au XVIIIe siècle, les caractéristiques de la comédie ne changent pas : le genre s'adapte aux problèmes sociaux contemporains. La relation maître / valets est un de ces problèmes, mais il n'est pas traité pour lui-même, comme le montre la scène d'exposition d'une des plus célèbres comédies de Marivaux.

SILVIA. – Mais encore une fois, de quoi vous mêlez-vous ? Pourquoi répondre de mes sentiments ?

LISETTE. – C'est que j'ai cru que, dans cette occasion-ci, vos sentiments ressembleraient à ceux de tout le monde. Monsieur votre père me demande si vous êtes bien aise qu'il vous marie, si vous en avez quelque joie : moi je lui réponds qu'oui ; cela va tout de suite[1] et il n'y a peut-être que vous de fille au monde, pour qui ce *oui*-là ne soit pas vrai ; le *non* n'est pas naturel.

SILVIA. – Le *non* n'est pas naturel ! quelle sotte naïveté ! Le mariage aurait donc de grands charmes pour vous ?

LISETTE. – Eh bien, c'est encore *oui*, par exemple !

SILVIA. – Taisez-vous ; allez répondre vos impertinences[2] ailleurs, et sachez que ce n'est pas à vous à juger de mon cœur par le vôtre.

LISETTE. – Mon cœur est fait comme celui de tout le monde. De quoi le vôtre s'avise-t-il de n'être fait comme celui de personne ?

SILVIA. – Je vous dis que, si elle osait, elle m'appellerait une originale.

LISETTE. – Si j'étais votre égale, nous verrions.

SILVIA. – Vous travaillez à me fâcher, Lisette.

LISETTE. – Ce n'est pas mon dessein. Mais dans le fond voyons, quel mal ai-je fait de dire à monsieur Orgon que vous étiez bien aise d'être mariée ?

SILVIA. – Premièrement, c'est que tu n'as pas dit vrai, je ne m'ennuie pas d'être fille.

LISETTE. – Cela est encore tout neuf.

SILVIA. – C'est qu'il n'est pas nécessaire que mon père croie me faire tant de plaisir en me mariant, parce que cela le fait agir avec une confiance qui ne servira peut-être de rien.

LISETTE. – Quoi ! vous n'épouserez pas celui qu'il vous destine ?

SILVIA. – Que sais-je ? peut-être ne me conviendra-t-il point, et cela m'inquiète.

LISETTE. – On dit que votre futur est un des plus honnêtes du monde, qu'il est bien fait, aimable, de bonne mine[3], qu'on ne peut pas avoir plus d'esprit, qu'on ne saurait être d'un meilleur caractère ; que voulez-vous de plus ? Peut-on se figurer de mariage plus doux, d'union plus délicieuse[4] ?

1. Cela va de soi.
2. Sottises.
3. Aspect témoignant de la condition sociale.
4. Qui procure un bonheur parfait.

SILVIA. – Délicieuse ! que tu es folle avec tes expressions !

LISETTE. – Ma foi, madame, c'est qu'il est heureux qu'un amant de cette espèce-là veuille se marier dans les formes ; il n'y a presque point de fille, s'il lui faisait la cour, qui ne fût en danger de l'épouser sans cérémonie. Aimable, bien fait, voilà de quoi vivre pour l'amour ; sociable et spirituel, voilà pour l'entretien de la société. Pardi ! tout en sera bon dans cet homme-là ; l'utile et l'agréable, tout s'y trouve.

SILVIA. – Oui, dans le portrait que tu en fais, et on dit qu'il y ressemble, mais c'est un *on dit,* et je pourrais bien n'être pas de ce sentiment-là, moi. Il est bel homme, dit-on, et c'est presque tant pis.

LISETTE. – Tant pis ! tant pis ! mais voilà une pensée bien hétéroclite !

SILVIA. – C'est une pensée de très bon sens. Volontiers un bel homme est fat, je l'ai remarqué.

LISETTE. – Oh ! il a tort d'être fat, mais il a raison d'être beau.

SILVIA. – On ajoute qu'il est bien fait ; passe.

LISETTE. – Oui-dà, cela est pardonnable.

SILVIA. – De beauté et de bonne mine, je l'en dispense ; ce sont là des agréments superflus.

LISETTE. – Vertuchoux ! si je me marie jamais, ce superflu-là sera mon nécessaire.

SILVIA. – Tu ne sais ce que tu dis. Dans le mariage, on a plus souvent affaire à l'homme raisonnable qu'à l'aimable homme ; en un mot, je ne lui demande qu'un bon caractère, et cela est plus difficile à trouver qu'on ne pense. On loue beaucoup le sien, mais qui est-ce qui a vécu avec lui ? Les hommes ne se contrefont-ils pas, surtout quand ils ont de l'esprit…

Acte I, scène 1 (extrait).

Contexte XVIIIe s. ▶ p. 482
Notice biographique ▶ p. 499
Du même auteur ▶ p. 255 p. 421

RECHERCHE

Les mots et leur usage

1. Cherchez les différents sens du mot *jeu* dans le contexte théâtral. Sans connaître la pièce, à quels sens le lecteur ou le spectateur peut-il penser en lisant le titre de la comédie de Marivaux ? Ce titre induit-il l'appartenance de la pièce à un genre précis ?
2. Donnez, dans le contexte, le sens des mots : *société* (l. 37), *hétéroclite* (l. 42), *fat* (l. 43).

Lecture analytique

3. Quel est le thème du dialogue ? Comment le spectateur peut-il identifier les deux personnages en scène ? Répondez en prenant appui sur des repérages lexicaux précis.
4. À l'intérieur du thème abordé, quel point précis est en cause ? Quelle est la position de chacune des deux interlocutrices et quels sont leurs arguments ?
5. Plusieurs personnages non présents sont évoqués : qu'apprend-on à leur sujet (identité, fonction, caractéristiques exprimées ou implicites) ?
6. À travers leurs paroles, Lisette et Silvia révèlent ce qu'elles sont et ce qu'elles pensent : à partir des données du texte, quel portrait rapide le lecteur peut-il établir ? Quelles informations le spectateur possède-t-il en plus ?

Écriture d'invention

7. En une dizaine de lignes au plus, expliquez à un spectateur arrivé en retard ce qui s'est passé dans ce début de pièce : dites qui sont les personnages en scène, caractérisez-les rapidement et présentez le thème.

REPÈRES La comédie ▶ p. 278
Les mots : sens et usage ▶ p. 59

3 Thèmes et ressorts du comique

Texte 1

Molière, *L'Avare* (1668)

Persuadé que son intendant, Valère, lui a dérobé son argent, Harpagon le somme d'avouer. Mais Valère ne sait pas quel est son « crime » et pense qu'il s'agit de son amour pour Élise, la fille d'Harpagon. Il s'ensuit un malentendu entre les deux hommes : l'un parle de sa cassette, l'autre de la jeune fille qu'il aime…

Harpagon. – Mais dis-moi, qui t'a porté à cette action[1] ?

Valère. – Hélas ! me le demandez-vous ?

Harpagon. – Oui, vraiment, je te le demande.

Valère. – Un dieu qui porte les excuses de tout ce qu'il fait faire : l'Amour.

Harpagon. – L'Amour ?

Valère. – Oui.

Harpagon. – Bel amour, bel amour, ma foi ! l'amour de mes louis d'or.

Valère. – Non, Monsieur, ce ne sont point vos richesses qui m'ont tenté ; ce n'est pas cela qui m'a ébloui, et je proteste de[2] ne prétendre rien à tous vos biens, pourvu que vous me laissiez celui que j'ai.

Harpagon. – Non ferai[3], de par tous les diables ! je ne te le laisserai pas. Mais voyez quelle insolence de vouloir retenir le vol[4] qu'il m'a fait !

Valère. – Appelez-vous cela un vol ?

Harpagon. – Si je l'appelle un vol ? Un trésor comme celui-là !

Valère. – C'est un trésor, il est vrai, et le plus précieux que vous ayez sans doute ; mais ce ne sera pas le perdre que de me le laisser. Je vous le demande à genoux, ce trésor plein de charmes ; et pour bien faire, il faut que vous me l'accordiez.

Harpagon. – Je n'en ferai rien. Qu'est-ce à dire cela ?

Valère. – Nous nous sommes promis une foi[5] mutuelle, et avons fait serment de ne nous point abandonner.

Harpagon. – Le serment est admirable, et la promesse plaisante !

Valère. – Oui, nous nous sommes engagés d'être l'un à l'autre à jamais.

Harpagon. – Je vous en empêcherai bien, je vous assure.

Valère. – Rien que la mort ne nous peut séparer.

Harpagon. – C'est être bien endiablé après mon argent.

Valère. – Je vous ai déjà dit, monsieur, que ce n'étoit point l'intérêt qui m'avoit poussé à faire ce que j'ai fait. Mon cœur n'a point agi par les ressorts[6] que vous pensez, et un motif plus noble m'a inspiré cette résolution.

Harpagon. – Vous verrez que c'est par charité chrétienne qu'il veut avoir mon bien, mais j'y donnerai bon ordre ; et la justice, pendard effronté, me va faire raison de tout.

1. L'action de voler.
2. Je déclare que.
3. Formule de la langue parlée, plus rapide que : *Je n'en ferai rien*.
4. Ce qu'il ma volé.
5. Fidélité.
6. Motifs.

L'Avare, de **Molière**, mise en scène de Gérard Gelas, avec Philippe Noesen (Harpagon) et Damien Rémy (Valère), (Théâtre de l'Est parisien ; 2000).

VALÈRE. – Vous en userez comme vous voudrez, et me voilà prêt à souffrir toutes les violences qu'il vous plaira ; mais je vous prie de croire, au moins, que s'il y a du mal, ce n'est que moi qu'il en faut accuser, et que votre fille en tout ceci n'est aucunement coupable.

HARPAGON. – Je le crois bien, vraiment ; il seroit fort étrange que ma fille eût trempé dans ce crime. Mais je veux ravoir mon affaire[7], et que tu me confesses en quel endroit tu me l'as enlevée.

VALÈRE. – Moi ? je ne l'ai point enlevée, et elle est encore chez vous.

HARPAGON, *à part*. – Ô ma chère cassette ! *(Haut.)* Elle n'est point sortie de ma maison ?

VALÈRE. – Non, Monsieur.

HARPAGON. – Hé, dis-moi donc un peu : tu n'y as point touché ?

VALÈRE. – Moi, y toucher ? Ah ! vous lui faites tort, aussi bien qu'à moi ; et c'est d'une ardeur toute pure et respectueuse que j'ai brûlé pour elle.

HARPAGON. – Brûlé pour ma cassette !

VALÈRE. – J'aimerois mieux mourir que de lui avoir fait paroître aucune pensée offensante : elle est trop sage et trop honnête pour cela.

HARPAGON. – Ma cassette trop honnête !

VALÈRE. – Tous mes désirs se sont bornés à jouir de sa vue ; et rien de criminel n'a profané la passion que ses beaux yeux m'ont inspirée.

HARPAGON. – Les beaux yeux de ma cassette ! Il parle d'elle comme un amant d'une maîtresse.

Acte V, scène 3 (extrait).

7. Mon bien.

Contexte XVIIe s. ▸ p. 478
Notice biographique ▸ p. 500
Du même auteur ▸ p. 21, p. 254, p. 266

RECHERCHE

Les mots et leur usage

1. Cherchez les différents sens du mot *cassette*. Quel est le sens dans le texte ? À notre époque, quels sens viennent immédiatement à l'esprit ?
2. Dans quel(s) sens utilise-t-on le mot *ressort* au théâtre ?

Lecture analytique

3. Étudiez ce qui, dans les termes employés par les deux interlocuteurs, maintient la confusion et l'incompréhension. Qu'ont de particulier ces mots ? Qu'est-ce qui souligne l'aggravation de la situation ?
4. Qu'est-ce qui, chez chacun des personnages, empêche l'élucidation du malentendu ? Certaines formulations ne devraient-elles pas, cependant, permettre de débloquer la situation ?
5. Quelle est la position du lecteur / spectateur face à la situation ? En quoi cette situation participe-t-elle au comique ?
6. Qu'est-ce qui fait rire dans la situation mise en scène et dans les paroles prononcées ? À partir des réponses précédentes, récapitulez les composantes du comique et cherchez quelle est sa fonction.

Vers la dissertation

7. La comédie a-t-elle pour fonction essentielle de faire rire ?
Sous forme argumentée, vous montrerez en quoi les comédies font rire, puis vous chercherez quelle est leur autre fonction. Vous vous demanderez enfin s'il est possible de dissocier le rire de la vocation traditionnelle de la comédie.
Vous prendrez appui sur les extraits donnés dans cette séquence et sur votre connaissance d'œuvres intégrales.

REPÈRES La comédie ▸ p. 278
Les mots : sens et usage ▸ p. 59

Amphitryon, de **Molière**, mise en scène d'Anatoly Vassiliev, avec Thierry Hancisse (Comédie-Française ; Paris ; 2002).

Texte 2

Molière, *Amphitryon* (1668)

Sosie, valet du général thébain Amphitryon, a été chargé par son maître de prévenir Alcmène, sa femme, qu'il revient victorieux, et de lui raconter la victoire. Mais Sosie n'a pas assisté au combat. Embarrassé par sa mission, il répète son rôle en attendant l'arrivée d'Alcmène.

SOSIE
(Il pose sa lanterne à terre, et lui adresse son compliment.)
« Madame, Amphitryon, mon maître, et votre époux…
(Bon ! beau début !) l'esprit toujours plein de vos charmes,
M'a voulu choisir entre tous,
Pour vous donner avis du succès de ses armes,
Et du désir qu'il a de se voir près de vous. »
« Ha ! vraiment, mon pauvre Sosie,
À te revoir, j'ai de la joie au cœur. »
« Madame, ce m'est trop d'honneur,
Et mon destin doit faire envie. »
(Bien répondu !) *« Comment se porte Amphitryon ? »*
« Madame, en homme de courage,
Dans les occasions où la gloire l'engage. »
(Fort bien ! belle conception !)
« Quand viendra-t-il, par son retour charmant,
Rendre mon âme satisfaite ? »
« Le plus tôt qu'il pourra, Madame, assurément,
Mais bien plus tard que son cœur ne souhaite. »
(Ah !) *« Mais quel est l'état, où la guerre l'a mis ?*
Que dit-il ? que fait-il ? Contente un peu mon âme. »
« Il dit moins qu'il ne fait, Madame,
Et fait trembler les ennemis. »
(Peste ! où prend mon esprit toutes ces gentillesses ?)
« Que font les révoltés ? dis-moi, quel est leur sort ? »
« Ils n'ont pu résister, Madame, à notre effort :
Nous les avons taillés en pièces,
Mis Ptérélas leur chef à mort,
Pris Télèbe d'assaut, et déjà dans le port
Tout retentit de nos prouesses. »
« Ah ! quel succès ! ô Dieux ! qui l'eût pu jamais croire ?
Raconte-moi, Sosie, un tel événement. »
« Je le veux bien, Madame ; et sans m'enfler de gloire,
Du détail de cette victoire
Je puis parler très savamment.

Figurez-vous donc que Télèbe,
Madame, est de ce côté :
(Il marque les lieux sur sa main, ou à terre.)
C'est une ville, en vérité,
Aussi grande quasi que Thèbe.
La rivière est comme là.
Ici nos gens se campèrent[1] ;
Et l'espace que voilà,
Nos ennemis l'occupèrent.
Sur un haut, vers cet endroit,
Étoit leur infanterie ;
Et plus bas, du côté droit,
Étoit la cavalerie.
Après avoir aux Dieux adressé les prières,
Tous les ordres donnés, on donne le signal.
Les ennemis pensant nous tailler des croupières[2],
Firent trois pelotons de leurs gens à cheval ;
Mais leur chaleur[3] par nous fut bientôt réprimée,
Et vous allez voir comme quoi.
Voilà notre avant-garde à bien faire animée ;
Là, les archers de Créon, notre roi ;
Et voici le corps d'armée,
(On fait un peu de bruit.)
Qui d'abord… Attendez, le corps d'armée a peur.
J'entends quelque bruit, ce me semble.

Acte I, scène 1 (vers 205-260).

1. Prirent position.
2. Nous poursuivre.
3. Ardeur.

Contexte XVIIe s. ▸ p. 478
Notice biographique ▸ p. 500
Du même auteur ▸ p. 21, p. 259, p. 398, p. 440

RECHERCHE

Histoire littéraire

1. Le thème d'*Amphitryon* a été traité par de nombreux auteurs depuis l'Antiquité : trouvez-en au moins cinq. Citez le titre des œuvres, donnez leur date, leur genre, leur auteur.
Comment peut-on expliquer la reprise par certains auteurs de thèmes, d'intrigues, de personnages ayant déjà été traités (▸ p. 218) ?

Lecture analytique

2. Observez les différences de caractères typographiques dans le texte, ainsi que la disposition des vers et l'utilisation des parenthèses : qu'indiquent tous ces éléments concernant les échanges de paroles et les différents « locuteurs » ? Identifiez les différentes situations de communication mises en place.
3. À partir du contenu de ses paroles, définissez les différents rôles que se donne Sosie. Comment s'exprime sa participation à ce qu'il raconte ?
4. Quel est le registre dominant ? En quoi est-il en accord avec le thème traité et avec la situation de communication mise en scène ?
5. D'où vient le comique de la scène ? Utilisez les réponses précédentes pour mettre en relief quelques phénomènes de distorsion.

Écriture d'invention

6. En une quinzaine de lignes, exposez, à l'intention d'un comédien qui doit interpréter le rôle de Sosie, ce qui se passe dans la tirade.
Vous expliquerez la mise en scène initiale, comment doit faire le personnage pour jouer tous les rôles.
Vous indiquerez quel registre il utilise et vous insisterez sur la chute.
Vous utiliserez au choix la deuxième ou la troisième personne.

REPÈRES La comédie ▸ p. 278
L'inspiration antique… ▸ p. 29

Texte 3

Molière, *Les Fourberies de Scapin* (1671)

Dans une scène antérieure, Scapin a roué de coups son maître Géronte. À la fin de la pièce, alors que tout est arrangé, on annonce un « accident étrange »...

SCAPIN, *apporté par deux hommes, et la tête entourée de linges, comme s'il avait été bien blessé.* – Ahi ! ahi ! Messieurs, vous me voyez... Ahi ! vous me voyez dans un étrange état. Ahi ! Je n'ai pas voulu mourir sans venir demander pardon à toutes les personnes que je puis avoir offensées. Ahi ! oui, Messieurs, avant que de rendre le dernier soupir, je vous conjure de tout mon cœur de vouloir me pardonner tout ce que je puis vous avoir fait, et principalement le seigneur Argante et le seigneur Géronte. Ahi !

▲ *Les Fourberies de Scapin*, de **Molière**, mise en scène de Jean-Louis Benoit (Comédie-Française ; Paris ; 1999).

ARGANTE. – Pour moi, je te pardonne ; va, meurs en repos...

SCAPIN, *à Géronte.* – C'est vous, Monsieur, que j'ai le plus offensé par les coups de bâton que...

GÉRONTE. – Ne parle pas davantage, je te pardonne aussi.

SCAPIN. – Ç'a été une témérité bien grande à moi que les coups de bâton que je...

GÉRONTE. – Laissons cela.

SCAPIN. – J'ai, en mourant, une douleur inconcevable des coups de bâton que...

GÉRONTE. – Mon Dieu, tais-toi.

SCAPIN. – Les malheureux coups de bâton que je vous...

GÉRONTE. – Tais-toi, te dis-je, j'oublie tout.

SCAPIN. – Hélas ! quelle bonté ! Mais est-ce de bon cœur, Monsieur, que vous me pardonnez ces coups de bâton que...

GÉRONTE. – Eh ! oui. Ne parlons plus de rien ; je te pardonne tout : voilà qui est fait.

SCAPIN. – Ah ! Monsieur, je me sens tout soulagé depuis cette parole.

GÉRONTE. – Oui ; mais je te pardonne à la charge que tu mourras.

SCAPIN. – Comment, Monsieur ?

GÉRONTE. – Je me dédis de ma parole si tu réchappes.

SCAPIN. – Ahi ! ahi ! Voilà mes faiblesses qui me reprennent.

ARGANTE. – Seigneur Géronte, en faveur de notre joie, il faut lui pardonner sans condition.

GÉRONTE. – Soit.

ARGANTE. – Allons souper ensemble pour mieux goûter notre plaisir.

SCAPIN. – Et moi, qu'on me porte au bout de la table, en attendant que je meure.

Acte III, scène 13 (intégrale).

Contexte XVIIe s. ► p. 478
Notice biographique ► p. 500
Du même auteur ► p. 21, p. 398, p. 440

RECHERCHE

Histoire littéraire

1. Le faux accident de Scapin est sans doute inspiré de celui dont mourut Cyrano de Bergerac.
Cherchez qui est cet auteur, à quelle époque il a vécu, quelle est son œuvre et comment il est mort. Précisez aussi à quel courant littéraire il est associé. Qui l'a mis en scène dans une pièce célèbre ?

Lecture analytique

2. En prenant appui sur l'annonce initiale et sur les trois répliques qui suivent, expliquez en quoi la scène pourrait s'achever à la ligne 11.

3. À partir de termes et de formulations récurrents, analysez ce qui se passe ensuite dans le dialogue.

4. Comment peuvent s'expliquer l'insistance de Scapin et celle de Géronte ? Quels sont les effets produits sur les deux personnages concernés, sur les autres et sur le public, par la reprise des mêmes phrases ?

5. En quoi consiste le comique de la scène ? Quelles sont ses fonctions ?

Travail sur un corpus de textes

6. À partir des trois textes de Molière (► p. 262, 264, 266), définissez, à l'aide d'exemples précis, différents procédés comiques ; expliquez leur fonctionnement et leur utilité.

7. À partir des trois textes de Molière (► p. 262, 264, 266) et de l'extrait de Beaumarchais (► p. 267), expliquez en quoi le dialogue se prête particulièrement bien à la mise en place de procédés comiques.

REPÈRES La comédie ► p. 278

Texte 4

Beaumarchais, *Le Mariage de Figaro* (1784)

Dans l'acte III de la pièce, Figaro, valet du comte Almaviva (► p. 255), affronte un procès qui l'oppose à Marceline de Verte-Allure, et dont l'enjeu est double : une somme d'argent qu'elle lui a prêtée et un mariage qu'il lui aurait promis. C'est l'occasion, pour Beaumarchais, de mettre en scène la justice de son temps.

L'HUISSIER, *glapissant.* – Silence ! messieurs.

DOUBLE-MAIN *lit.* – « … Pour cause d'opposition faite au mariage dudit *Figaro*[1] par ladite de *Verte-Allure.* Le docteur *Bartholo*[1] plaidant pour la demanderesse, et ledit *Figaro* pour lui-même, si la cour le permet, contre le vœu de l'usage et la jurisprudence du siège. »

FIGARO. – L'usage, maître Double-Main, est souvent un abus. Le client un peu instruit sait toujours mieux sa cause que certains avocats, qui, suant à froid, criant à tue-tête, et connaissant tout, hors le fait, s'embarrassent aussi peu de ruiner le plaideur que d'ennuyer l'auditoire et d'endormir messieurs : plus boursouflés après que s'ils eussent composé *l'Oratio pro Murena*[2]. Moi, je dirai, le fait en peu de mots. Messieurs…

DOUBLE-MAIN. – En voilà beaucoup d'inutiles, car vous n'êtes pas demandeur, et n'avez que la défense. Avancez, docteur, et lisez la promesse.

FIGARO. – Oui, promesse !

BARTHOLO, *mettant ses lunettes.* – Elle est précise.

BRID'OISON. – I-il faut la voir.

1. (*Pour les personnages* : ► p. 255) C'est le comte Almaviva qui préside le tribunal.

2. Plaidoyer très célèbre de l'orateur latin Cicéron (106-43 av. J.-C.).

DOUBLE-MAIN. – Silence donc, messieurs !

L'HUISSIER, *glapissant.* – Silence !

BARTHOLO *lit.* – « *Je soussigné reconnais avoir reçu de damoiselle, etc. Marceline de Verte-Allure, dans le château d'Aguas-Frescas, la somme de deux mille piastres fortes cordonnées*[3], *laquelle somme je lui rendrai à sa réquisition, dans ce château ; et je l'épouserai, par forme de reconnaissance, etc.* Signé *Figaro,* tout court. » Mes conclusions sont au payement du billet et à l'exécution de la promesse, avec dépens. *(Il plaide.)* Messieurs... jamais cause plus intéressante ne fut soumise au jugement de la cour ; et, depuis Alexandre le Grand, qui promit mariage à la belle Thalestris...

LE COMTE, *interrompant.* – Avant d'aller plus loin, avocat, convient-on de la validité du titre ?

BRID'OISON, *à Figaro.* – Qu'oppo... qu'opposez-vous à cette lecture ?

FIGARO. – Qu'il y a, messieurs, malice, erreur ou distraction dans la manière dont on a lu la pièce, car il n'est pas dit dans l'écrit : « *laquelle somme je lui rendrai, ET je l'épouserai* », mais « *laquelle somme je lui rendrai, OU je l'épouserai* » ; ce qui est bien différent.

LE COMTE. – Y a-t-il ET dans l'acte, ou bien OU ?

BARTHOLO. – Il y a ET.

FIGARO. – Il y a OU.

BRID'OISON. – Dou-ouble-Main, lisez vous-même.

DOUBLE-MAIN, *prenant le papier.* – Et c'est le plus sûr ; car souvent les parties déguisent en lisant. *(Il lit.)* « E, e, e, *Damoiselle* e, e, e, *de Verte-Allure,* e, e, e, Ha ! *laquelle somme je lui rendrai à sa réquisition, dans ce château...* ET... OU... ET... OU... » Le mot est si mal écrit... il y a un pâté.

BRID'OISON. – Un pâ-âté ? je sais ce que c'est.

BARTHOLO, *plaidant.* – Je soutiens, moi, que c'est la conjonction copulative ET qui lie les membres corrélatifs de la phrase ; je payerai la demoiselle, ET je l'épouserai.

FIGARO, *plaidant.* – Je soutiens, moi, que c'est la conjonction alternative OU qui sépare lesdits membres ; je payerai la donzelle[4], OU je l'épouserai. À pédant, pédant et demi. Qu'il s'avise de parler latin, j'y suis grec ; je l'extermine.

LE COMTE. – Comment juger pareille question ?

BARTHOLO. – Pour la trancher, messieurs, et ne plus chicaner sur un mot, nous passons[5] qu'il y ait OU.

FIGARO. – J'en demande acte.

BARTHOLO. – Et nous y adhérons. Un si mauvais refuge ne sauvera pas le coupable. Examinons le titre en ce sens. *(Il lit.)* « *Laquelle somme je lui rendrai dans ce château où je l'épouserai.* » C'est ainsi qu'on dirait, messieurs : « *Vous vous ferez saigner dans ce lit où vous resterez chaudement* » ; c'est dans lequel. « *Il prendra deux gros*[6] *de rhubarbe où vous mêlerez un peu de tamarin* » ; dans lesquels on mêlera. Ainsi « *château où je l'épouserai* », messieurs, c'est « *château dans lequel...* »

3. Pièces de monnaie dont l'effigie est entourée d'un cordon décoratif.

4. Demoiselle.

5. Nous concédons.

6. Mesure de poids.

Le Mariage de Figaro, de **Beaumarchais**, mise en scène de J.-P. Vincent (Théâtre de Chaillot ; Paris ; 1987).

Contexte XVIIIe s. ▶ p. 482
Notice biographique ▶ p. 494
Du même auteur ▶ p. 255 p. 275

FIGARO. – Point du tout : la phrase est dans le sens de celle-ci : « ou *la maladie vous tuera, ou ce sera le médecin* », ou bien *le médecin* ; c'est incontestable. Autre exemple : « ou *vous n'écrirez rien qui plaise,* ou *les sots vous dénigreront* » ; ou bien *les sots* ; le sens est clair ; car, audit cas, *sots* ou *méchants* sont le substantif qui gouverne. Maître Bartholo croit-il donc que j'aie oublié ma syntaxe ? Ainsi, je la payerai dans ce château, *virgule,* ou je l'épouserai…

BARTHOLO, *vite.* – Sans virgule.

FIGARO, *vite.* – Elle y est. C'est, *virgule,* messieurs, ou bien je l'épouserai.

BARTHOLO, *regardant le papier, vite.* – Sans virgule, messieurs.

FIGARO, *vite.* – Elle y était, messieurs.

Acte III, scène 15 (extrait).

RECHERCHE

Les mots et leur usage

1. Cherchez le sens des termes suivants : *demanderesse* (l. 3), *jurisprudence* (l. 5), *cause* (l. 7), *avec dépens* (l. 24).

Histoire littéraire

2. Pour des raisons d'expérience personnelle, Beaumarchais connaissait bien l'univers de la justice : cherchez dans sa vie des éléments qui peuvent expliquer cette connaissance.

3. Cherchez le nom d'autres auteurs du XVIIIe siècle qui ont critiqué le système judiciaire français.

4. Cherchez le titre et l'auteur d'une comédie du XVIIe siècle entièrement consacrée aux questions de justice.

Lecture analytique

5. Observez les variations typographiques dans le texte écrit : à quoi correspondent-elles ? Comment pourraient-elles être traduites dans le texte joué ?

6. Repérez et classez tout ce qui, dans le texte, renvoie au monde de la justice. Quelles sont ses caractéristiques à travers la scène représentée ? Qu'est-ce qui est dénoncé ?

7. Par quels procédés cette scène de jugement est-elle rendue ridicule ? Qu'est-ce qui fait rire le public de la représentation théâtrale ? Prenez appui sur le lexique, les registres, les références explicites ou implicites, les exemples.

8. Quelles sont les fonctions du comique dans cette scène ?

REPÈRES La comédie ▶ p. 278

4 Le dénouement de la comédie

Texte 1

Molière, *Tartuffe* (1664-1667-1669)

*Par aveuglement et naïveté, le bourgeois Orgon a confié à Tartuffe (**▸ p. 256**), qu'il a accueilli chez lui, des documents compromettants et a fait de lui son héritier. Mais Tartuffe est un hypocrite qui se sert de la religion pour dominer et s'enrichir. Orgon est menacé de perdre ses biens. Quel va être le dénouement ?*

TARTUFFE, *à l'Exempt*[1]. – Délivrez-moi, monsieur, de la criaillerie ;
Et daignez accomplir votre ordre, je vous prie.

L'EXEMPT. – Oui, c'est trop demeurer sans doute à l'accomplir ;
Votre bouche à propos m'invite à le remplir ;
Et, pour l'exécuter, suivez-moi tout à l'heure
Dans la prison qu'on doit vous donner pour demeure.

TARTUFFE. – Qui ? moi, monsieur ?

L'EXEMPT. – Oui, vous.

TARTUFFE. – Pourquoi donc la prison ?

L'EXEMPT. – Ce n'est pas vous à qui j'en veux rendre raison.

À Orgon.

Remettez-vous, monsieur, d'une alarme si chaude.
Nous vivons sous un prince ennemi de la fraude,
Un prince dont les yeux se font jour dans les cœurs,
Et que ne peut tromper tout l'art des imposteurs.
D'un fin discernement sa grande âme pourvue
Sur les choses toujours jette une droite vue ;
Chez elle jamais rien ne surprend trop d'accès,
Et sa ferme raison ne tombe en nul excès.
Il donne aux gens de bien une gloire immortelle ;
Mais sans aveuglement il fait briller ce zèle,
Et l'amour pour les vrais ne ferme point son cœur
À tout ce que les faux doivent donner d'horreur.
Celui-ci n'était pas pour le pouvoir surprendre,
Et de pièges plus fins on le voit se défendre.
D'abord il a percé, par ses vives clartés,
Des replis de son cœur toutes les lâchetés.
Venant vous accuser, il s'est trahi lui-même,
Et, par un juste trait de l'équité[2] suprême,
S'est découvert au prince un fourbe renommé,
Dont sous un autre nom il était informé ;
Et c'est un long détail d'actions toutes noires
Dont on pourrait former des volumes d'histoires.
Ce monarque, en un mot, a vers vous détesté
Sa lâche ingratitude et sa déloyauté ;

1. Officier de police.
2. Justice.

À ses autres horreurs il a joint cette suite,
Et ne m'a jusqu'ici soumis à sa conduite
Que pour voir l'impudence aller jusques au bout,
Et vous faire, par lui, faire raison de tout.
Oui, de tous vos papiers, dont il se dit le maître,
Il veut qu'entre vos mains je dépouille le traître.
D'un souverain pouvoir, il brise les liens
Du contrat qui lui fait un don de tous vos biens,
Et vous pardonne enfin cette offense secrète
Où vous a d'un ami fait tomber la retraite ;
Et c'est le prix qu'il donne au zèle qu'autrefois
On vous vit témoigner en appuyant ses droits,
Pour montrer que son cœur sait, quand moins on y pense,
D'une bonne action verser la récompense ;
Que jamais le mérite avec lui ne perd rien ;
Et que, mieux que du mal, il se souvient du bien.

DORINE[3]. – Que le ciel soit loué !

MADAME PERNELLE[4]. – Maintenant je respire.

ELMIRE[5]. – Favorable succès !

MARIANE. – Qui l'aurait osé dire ?

ORGON, *à Tartuffe*. – Hé bien ! te voilà, traître…

CLÉANTE[6]. – Ah ! mon frère, arrêtez,
Et ne descendez point à des indignités.
À son mauvais destin laissez un misérable,
Et ne vous joignez point au remords qui l'accable.
Souhaitez bien plutôt que son cœur, en ce jour,
Au sein de la vertu fasse un heureux retour ;
Qu'il corrige sa vie en détestant son vice,
Et puisse du grand prince adoucir la justice ;
Tandis qu'à sa bonté vous irez à genoux,
Rendre ce que demande un traitement si doux.

ORGON. – Oui c'est bien dit. Allons à ses pieds avec joie
Nous louer des bontés que son cœur nous déploie ;
Puis, acquittés un peu de ce premier devoir,
Aux justes soins d'un autre il nous faudra pourvoir,
Et par un doux hymen couronner en Valère[7]
La flamme d'un amant[8] généreux et sincère.

Acte V, scène 7 (vers 1897-1962), 1669.

3. Servante d'Orgon.

4. Mère d'Orgon.

5. Femme d'Orgon.

6. Beau-frère d'Orgon.

7. Amoureux de Mariane, la fille d'Orgon.

8. (*Au XVIIe s.*) Celui qui aime et qui est aimé.

Contexte XVIIe s. ► p. 478
Notice biographique ► p. 500
Du même auteur ► p. 254 p. 256 p. 274 p. 398 p. 440

RECHERCHE

Histoire littéraire

1. Qu'appelle-t-on *deus ex machina* ? Cherchez le sens de cette expression latine, son origine, puis trouvez, dans les comédies du XVIIe siècle, des exemples de dénouement relevant de cette pratique.
2. Molière s'est attaqué à l'hypocrisie religieuse, la fausse dévotion, dans *Tartuffe*. Dans quelle autre comédie met-il en scène un hypocrite qui renie ses engagements familiaux, affectifs, sociaux et religieux ?
3. Qu'apprend ce dénouement sur les relations entre les écrivains du siècle classique et le roi ?

Lecture analytique

4. Le passage donné ici, qui termine la comédie, comporte trois étapes perceptibles à la longueur des répliques. Délimitez ces trois phases et exposez leur contenu. À quel moment y a-t-il un coup de théâtre et en quoi consiste-t-il ? Qui est le *deus ex machina* ?
5. Quelles sont les différentes fonctions de la tirade de l'exempt ? Répondez en tenant compte de la double énonciation. Quel en est le registre ? Récapitulez les qualités reconnues au roi Louis XIV et les informations concernant Tartuffe.
6. Quels enseignements le lecteur / spectateur peut-il tirer de ce dénouement sur le plan politique, familial, moral ?

Maîtrise de la langue

7. Reformulez en prose, et en langue moderne, les vers 18 à 28 de la tirade de l'exempt. Vous ferez des phrases courtes pour « traduire » le plus exactement possible les paroles prononcées.

Écriture d'invention

8. Un spectateur contemporain de Molière raconte la scène de dénouement de Tartuffe à partir du renversement de situation : il fait part de sa surprise devant le coup de théâtre, rapporte l'éloge du roi et mêle à son récit ses propres remarques sur les justifications historiques de la tirade de l'exempt.

REPÈRES La comédie ► p. 278

Texte 2

Molière, *Dom Juan* (1665)

Aristocrate libertin, Don Juan est menacé d'un châtiment divin pour toutes ses mauvaises actions. Au dénouement, cette menace prend la forme d'une double apparition, celle d'un spectre, puis celle de la statue animée d'un commandeur, jadis tué par Don Juan lui-même…

Scène V. – DON JUAN, UN SPECTRE, *en femme voilée,* SGANARELLE.

LE SPECTRE. – Don Juan n'a plus qu'un moment à pouvoir profiter de la miséricorde du Ciel ; et s'il ne se repent ici, sa perte est résolue.

SGANARELLE. – Entendez-vous, Monsieur ?

DON JUAN. – Qui ose tenir ces paroles ? Je crois connaître cette voix.

SGANARELLE. – Ah ! Monsieur, c'est un spectre : je le reconnais au marcher[1].

DON JUAN. – Spectre, fantôme, ou diable, je veux voir ce que c'est.

(Le Spectre change de figure, et représente le Temps avec sa faux à la main.)

SGANARELLE. – O Ciel ! voyez-vous, Monsieur, ce changement de figure ?

DON JUAN. – Non, non, rien n'est capable de m'imprimer de la terreur, et je veux éprouver avec mon épée si c'est un corps ou un esprit.

(Le Spectre s'envole dans le temps que Don Juan le veut frapper.)

1. À la façon de marcher.

SGANARELLE. – Ah ! Monsieur, rendez-vous à tant de preuves, et jetez-vous vite dans le repentir.

DON JUAN. – Non, non, il ne sera pas dit, quoi qu'il arrive, que je sois capable de me repentir. Allons, suis-moi.

Scène VI. – LA STATUE, DON JUAN, SGANARELLE.

LA STATUE. – Arrêtez, Don Juan : vous m'avez hier donné parole de venir manger avec moi[2].

DON JUAN. – Oui. Où faut-il aller ?

LA STATUE. – Donnez-moi la main.

DON JUAN. – La voilà.

LA STATUE. – Don Juan, l'endurcissement au péché traîne[3] une mort funeste, et les grâces du Ciel que l'on renvoie ouvrent un chemin à sa foudre.

DON JUAN. – O Ciel ! que sens-je ? Un feu invisible me brûle, je n'en puis plus, et tout mon corps devient un brasier ardent. Ah !

(Le tonnerre tombe avec un grand bruit et de grands éclairs sur Don Juan ; la terre s'ouvre et l'abîme ; et il sort de grands feux de l'endroit où il est tombé.)

SGANARELLE. – Ah ! mes gages ! mes gages !… Voilà par sa mort un chacun satisfait : Ciel offensé, lois violées, filles séduites, familles déshonorées, parents outragés, femmes mises à mal, maris poussés à bout, tout le monde est content. Il n'y a que moi seul de malheureux… Mes gages, mes gages, mes gages !…

Acte V, scènes 5 et 6 (intégrales).

Dom Juan, de **Molière**, mise en scène de Benno Besson (Comédie de Genève ; 1987).

2. Invitée par Don Juan, la statue l'a invité à son tour.

3. Entraîne.

Contexte XVIIe s. ▸ p. 478
Notice biographique ▸ p. 500
Du même auteur ▸ p. 256, p. 270, p. 274

RECHERCHE

Les mots et leur usage

1. Cherchez le sens des mots suivants : *libertin, dévot, athée, matérialiste, rationaliste.*

Histoire littéraire

2. Dans quelles circonstances Molière a-t-il composé *Dom Juan* ? Référez-vous à l'historique de *Tartuffe* pour répondre à cette question.

3. Molière a repris, pour *Dom Juan,* un thème et un personnage qui existaient déjà chez d'autres auteurs. Quelles sont ses sources espagnoles ? Quels auteurs français du XVIIe siècle ont également mis en scène ce personnage ?

Lecture analytique

4. Repérez et classez tous les éléments qui rattachent ce dénouement à la tragédie. Prenez appui sur le lexique et sur la nature de la situation finale.

5. Qu'est-ce qui, cependant, rappelle qu'il s'agit d'une comédie ? Tenez compte de la nature des personnages, de leurs relations, de leur manière de parler.

6. Le dénouement met en jeu un registre particulier : définissez-le à partir de la présence de certains personnages et cherchez comment on peut le justifier.

7. Quels peuvent être les effets d'un tel dénouement sur le public ?

Écriture d'invention

8. Après avoir lu la pièce, rédigez une quatrième de couverture (▸ p. 88) en utilisant un extrait de la dernière réplique de Sganarelle. Vous ferez comprendre le parcours de Don Juan vers le châtiment, sans dévoiler la nature de celui-ci.

REPÈRES La comédie ▸ p. 278

5 Règles et codes de la comédie

Texte 1

Molière, préface de *Tartuffe* (1669)

Molière défend ici sa comédie en rappelant la fonction traditionnelle du théâtre : « corriger les vices des hommes » grâce au rire.

Si l'on prend la peine d'examiner de bonne foi ma comédie, on verra sans doute que mes intentions y sont partout innocentes, et qu'elle ne tend nullement à jouer les choses que l'on doit révérer[1] ; que je l'ai traitée avec toutes les précautions que me demandait la délicatesse de la matière, et que j'ai mis tout l'art et tous les soins qu'il m'a été possible pour bien distinguer le personnage de l'Hypocrite d'avec celui du vrai Dévot. J'ai employé pour cela deux actes entiers à préparer la venue de mon scélérat. Il ne tient pas un seul moment l'auditeur en balance[2], on le connaît d'abord aux marques que je lui donne ; et, d'un bout à l'autre, il ne dit pas un mot, il ne fait pas une action, qui ne peigne aux spectateurs le caractère d'un méchant homme et ne fasse éclater celui du véritable homme de bien que je lui oppose.

Je sais bien que pour réponse ces Messieurs[3] tâchent d'insinuer que ce n'est point au théâtre à parler de ces matières ; mais je leur demande, avec leur permission, sur quoi ils fondent cette belle maxime. C'est une proposition qu'ils ne font que supposer, et qu'ils ne prouvent en aucune façon ; et, sans doute, il ne serait pas difficile de leur faire voir que la Comédie, chez les anciens, a pris son origine de la religion et faisait partie de leurs mystères[4] ; que les Espagnols, nos voisins, ne célèbrent guère de fête où la comédie ne soit mêlée ; et que, même parmi nous, elle doit sa naissance aux soins d'une confrérie[5] à qui encore appartient aujourd'hui l'Hôtel de Bourgogne ; que c'est un lieu qui fut donné pour y représenter les plus importants mystères de notre foi ; qu'on en voit encore des Comédies imprimées en lettres gothiques, sous le nom d'un docteur de Sorbonne ; et, sans aller chercher si loin, que l'on a joué de notre temps des pièces saintes de Monsieur de Corneille, qui ont été l'admiration de toute la France.

Si l'emploi de la comédie est de corriger les vices des hommes, je ne vois pas pour quelle raison il y en aura de privilégiés. Celui-ci[6] est, dans l'État, d'une conséquence bien plus dangereuse que tous les autres ; et nous avons vu que le théâtre a une grande vertu pour la correction. Les plus beaux traits d'une sérieuse morale sont moins puissants, le plus souvent, que ceux de la satire ; et rien ne reprend mieux la plupart des hommes, que la peinture de leurs défauts. C'est une grande atteinte aux vices que de les exposer à la risée de tout le monde. On souffre aisément des répréhensions ; mais on ne souffre point la raillerie. On veut bien être méchant ; mais on ne veut point être ridicule.

Extrait.

1. Respecter.
2. Incertitude, hésitation.
3. Les membres du parti religieux qui ont fait interdire la pièce.
4. Représentations théâtrales des scènes de l'Évangile.
5. Association de laïques fondée sur des principes religieux. Le théâtre dit « de l'Hôtel de Bourgogne » avait été fondé par les Confrères de la Passion, au XVe siècle ; leurs descendants dirigeaient toujours la salle au XVIIe siècle.
6. L'hypocrisie.

Contexte XVIIe s. ► p. 478
Notice biographique ► p. 500
Du même auteur ► p. 256, p. 270, p. 398, p. 440

RECHERCHE

Histoire littéraire

1. Plusieurs fois interdite, la comédie de *Tartuffe* a connu de nombreuses difficultés. Rappelez les obstacles rencontrés par Molière, qui étaient ses ennemis et grâce à qui il a pu, finalement, faire jouer sa pièce.

Lecture analytique

2. Déterminez, pour chaque paragraphe, le thème abordé et la situation d'énonciation. Repérez les indices de la présence de celui qui parle : qui est-il ?

3. Définissez, à partir du paragraphe 1, le reproche adressé à Molière et les arguments qu'il donne pour sa défense. À quel domaine ces arguments appartiennent-ils ?

4. Quel est l'argument exprimé par les ennemis de Molière, au début du paragraphe 2 ? Analysez les différents points de la réponse de Molière : sur quoi s'appuie-t-il ?

5. Quelle fonction du théâtre Molière développe-t-il dans le dernier paragraphe ? En quoi la comédie se prête-t-elle particulièrement à ce rôle ?

6. Définissez la forme de discours du texte. Quel est ici le rôle de la préface ?

Maîtrise de la langue

7. Dans le dernier paragraphe (l. 26-34), remplacez par une expression équivalente les formulations suivantes : *Les plus beaux traits d'une sérieuse morale... sont moins puissants... rien ne reprend mieux... la peinture... atteinte aux vices... On souffre.. répréhensions... la raillerie.*

8. Réécrivez de plusieurs manières la phrase suivante : *C'est une grande atteinte aux vices que de les exposer à la risée de tout le monde* (l. 32-33).

Vers la dissertation

9. Comment la comédie peut-elle aider les hommes à prendre conscience de leurs défauts et à les corriger ?
Dans un développement structuré, vous montrerez de quelle manière ce genre littéraire révèle les comportements humains et en quoi le comique peut avoir une fonction morale.

REPÈRES La comédie ▸ p. 278
Le discours argumentatif ▸ p. 416

Texte 2

Beaumarchais, préface du *Mariage de Figaro* (1784)

Dans la préface du Mariage de Figaro, *Beaumarchais expose ses théories sur la comédie. Comme Molière, il insiste sur la fonction morale du théâtre et sur ce qu'exige cette fonction en matière d'intrigue et de personnages.*

J'ai pensé, je pense encore, qu'on n'obtient ni grand pathétique, ni profonde moralité, ni bon et vrai comique, au théâtre, sans des situations fortes et qui naissent toujours d'une disconvenance[1] sociale dans le sujet qu'on veut traiter. L'auteur tragique, hardi dans ses moyens, ose admettre le crime atroce ; les conspirations, l'usurpation du trône, le meurtre, l'empoisonnement, l'inceste dans *Œdipe* et *Phèdre* ; le fratricide dans *Vendôme*[2] ; le parricide dans *Mahomet*[3] ; le régicide dans *Macbeth*, etc. La comédie, moins audacieuse, n'excède pas les disconvenances, parce que ses tableaux sont tirés de nos mœurs, ses sujets de la société. Mais comment frapper sur l'avarice, à moins de mettre en scène un méprisable avare ? démasquer l'hypocrisie, sans montrer, comme Orgon, dans *Le Tartuffe*, un abominable hypocrite, *épousant sa fille et convoitant sa femme* ? un homme à bonnes fortunes, sans le faire parcourir un cercle entier de femmes galantes ? un joueur[4] effréné, sans l'envelopper de fripons, s'il ne l'est pas déjà lui-même ?

1. Décalage entre les personnages réels et les personnages de fiction.

2. Nom d'un personnage d'une tragédie de Voltaire.

3. Tragédie de Voltaire (1742).

4. Allusion à la pièce de Regnard, *Le Joueur* (1696).

Tous ces gens-là sont loin d'être vertueux ; l'auteur ne les donne pas pour tels : il n'est le patron d'aucun d'eux, il est le peintre de leurs vices. Et parce que le lion est féroce, le loup vorace et glouton, le renard rusé, cauteleux, la fable est-elle sans moralité ? Quand l'auteur la dirige contre un sot que sa louange enivre, il fait choir du bec du corbeau le fromage dans la gueule du renard, sa moralité est remplie ; s'il la tournait contre le bas flatteur, il finirait son apologue ainsi : *Le renard s'en saisit, le dévore, mais le fromage était empoisonné.* La fable est une comédie légère, et toute comédie n'est qu'un long apologue : leur différence est que dans la fable les animaux ont de l'esprit, et que dans notre comédie les hommes sont souvent des bêtes, et, qui pis est, des bêtes méchantes.

Ainsi, lorsque Molière, qui fut si tourmenté par les sots, donne à l'avare un fils prodigue et vicieux qui lui vole sa cassette, et l'injurie en face, est-ce des vertus ou des vices qu'il tire sa moralité ? Que lui importent ses fantômes ? c'est vous qu'il entend corriger. Il est vrai que les afficheurs et balayeurs littéraires[5] de son temps ne manquèrent pas d'apprendre au bon public combien tout cela était horrible ! Il est aussi prouvé que des envieux très importants, ou des importants très envieux, se déchaînèrent contre lui.

Extrait.

5. Les critiques littéraires.

Contexte XVIIIe s. ▶ p. 482
Notice biographique ▶ p. 494
Du même auteur ▶ p. 255 p. 267

RECHERCHE

Histoire littéraire

1. Beaumarchais fait référence à plusieurs pièces en donnant leur titre : *Œdipe, Phèdre, Macbeth.* Qui sont les auteurs de ces pièces ? À quel genre littéraire appartiennent-elles ? À quelles époques ont-elles été jouées ? Retrouvez, dans l'une d'entre elles ou dans les trois, les crimes évoqués par Beaumarchais.

Bilan de lecture

2. Remettez, dans l'ordre du paragraphe 1, les différentes étapes du raisonnement de Beaumarchais, données ici dans le désordre : *exemples de situations fortes dans la tragédie ; objection sous forme interrogative ; affirmation de la nécessité de « situations fortes » au théâtre ; comparaison avec la comédie et explication de la différence.*

3. Quelle conclusion le lecteur tire-t-il du paragraphe 1 en ce qui concerne les personnages de la comédie ? Quelles caractéristiques doivent-ils avoir, selon Beaumarchais ? Qu'est-ce qui soutient ses prises de position ?

4. Quel rôle Beaumarchais attribue-t-il à l'auteur de comédies ? Quel exemple vient renforcer ses idées ?

5. Quel problème moral se trouve abordé dans le paragraphe 2 ? En quoi les difficultés rencontrées par Molière avec *Tartuffe* illustrent-elles avec précision ce problème ?

6. Beaumarchais revient à Molière dans le paragraphe 3 : quelle est l'utilité de cet exemple ?

Travail sur un corpus de textes

7. Retrouvez, dans ce manuel, d'autres extraits de préface concernant le théâtre. Comparez-les pour étudier les formes de discours dominantes et l'utilisation des exemples. Quelles sont les fonctions de ces extraits de préface ?

Oral

8. Pour remplir son rôle moral, le théâtre doit-il donner des exemples de vertu ou mettre en scène les vices des hommes ?

REPÈRES La comédie ▶ p. 278
Le discours argumentatif ▶ p. 416

6 Lire l'image : le théâtre à l'italienne

Pietro Domenico Olivero (1679-1755), *Intérieur du Théâtre royal de Turin en 1740* (peinture non datée ; Musée civique ; Turin).

Lecture de l'image

1. Cette image représente un théâtre à l'italienne. Quels sont les différents plans successifs que vous pouvez distinguer ? Servez-vous de points de repère précis pour définir l'organisation de l'espace.

2. Qu'observez-vous de particulier concernant la situation de certains spectateurs ?

3. Parmi les mots suivants, quels sont ceux que vous pouvez associer à ce type de théâtre : *simplicité, luxe, austérité, complexité, surcharge décorative, convivialité* ? Cherchez d'autres termes pour caractériser les lieux.

4. Quelle image du théâtre, en tant que genre (non pas en tant que salle de spectacle), ces lieux donnent-ils ?

REPÈRES La tragédie ▸ p. 252
La comédie ▸ p. 278

La comédie

Née, comme la tragédie, du culte de Dionysos, la comédie constitue, à l'intérieur du théâtre, un genre codifié qui tient ses caractéristiques et ses fonctions des modèles antiques.

Historique de la comédie

À Athènes ou à Rome, du Ve au Ier siècle av. J.-C., la **comédie antique** est un genre florissant dont le succès vient de ce qu'elle met en scène, de manière satirique, les mœurs politiques, avec Aristophane, les comportements humains et les relations familiales, avec Ménandre, Plaute et Térence.

■ **Ex :** Dans *Les Cavaliers* (▸ p. 224), Aristophane critique les démagogues qui tirent parti de toutes les situations. Plaute met en scène, dans *Le Marchand* (▸ p. 226), un fils de famille aux prises avec son père.

L'héritière de la comédie romaine est, au XVIe siècle, la ***commedia dell'arte***, théâtre italien de mime et de pantomime aux personnages stéréotypés. Proche de la **farce** par la gestuelle, ce théâtre est fondé sur l'improvisation à partir de situations types et les personnages, aux rôles définis, sont identifiables à leur costume.

■ **Ex :** Arlequin, Colombine, Pierrot, avec son habit blanc et son air dans la lune, le Docteur de Bologne et quelques autres sont les personnages les plus connus de ce théâtre.

Au XVIIe siècle, la comédie triomphe en France avec **Molière**, qui s'inspire à la fois des farces médiévales, du théâtre de foire, des auteurs latins et de la *commedia dell'arte*. La musique joue un rôle dans les comédies-ballets, comme *Le Bourgeois gentilhomme*.

À partir du XVIIIe siècle, la comédie prend des formes un peu différentes, orientée vers l'analyse psychologique, la contestation sociale et, dans la seconde moitié du XIXe siècle, vers la **satire** qui marque un retour au théâtre de Molière, avec Labiche (▸ p. 294) et Feydeau (▸ p. 298) au début du XXe siècle. Le **vaudeville** met en scène des catégories de personnages (employés, retraités…) dont les défauts sont nettement accentués.

■ **Ex :** Marivaux (▸ p. 260), puis Musset (▸ p. 290, 292), composent des comédies dans lesquelles les personnages s'interrogent beaucoup sur leurs sentiments. Lesage et Beaumarchais (▸ p. 267) utilisent le théâtre comique à des fins de satire sociale.

Caractéristiques et fonctions de la comédie

Structure et thèmes : la comédie est construite sur une structure qui rappelle celle de la tragédie, exposition, péripéties de l'intrigue, dénouement. Mais, à quelques exceptions près, ce dernier est heureux et favorisé par un ***deus ex machina*** (▸ p. 270) qui vient mettre fin à la crise pour la joie de tous.

L'action se déroule dans un contexte populaire ou bourgeois, et met en scène une humanité commune aux prises avec des problèmes de famille ou de société. En ce sens, la comédie s'inscrit dans l'histoire d'une époque, dont elle adopte les thèmes, les préoccupations et le langage.

Les conflits de génération constituent un thème récurrent, de même que les projets de mariage contrariés, aussi bien chez Plaute que chez Molière ou chez Marivaux. La comédie aborde aussi les problèmes d'éducation, se moque des prétentions des médecins (Molière, J. Romains ▸ p. 301), et s'attaque même à des questions politiques et religieuses (Molière avec *Tartuffe* ▸ p. 256, 270, 440).

Les fonctions du rire : une spécificité de la comédie est la manière dont elle fait rire. Parmi les procédés qui relèvent du registre comique, on peut citer le **quiproquo**, les formules répétitives, les jeux de **mots**, certains **gestes** et certaines **situations**, sans oublier les costumes et les jeux de physionomie…

■ **Ex :** La confusion entre une cassette et une jeune fille, dans *L'Avare* (▸ p. 262), la répétition de l'expression *Le pauvre homme* à contresens dans *Tartuffe*, les coups de bâton dont Scapin gratifie Géronte (▸ p. 266) sont autant d'éléments comiques.

Ces procédés ont pour finalité de **faire rire** et de **divertir**, mais derrière cet objectif s'en cache un autre, défini par Aristote depuis l'Antiquité et repris par tous les auteurs comiques : la comédie a une **fonction morale** (▸ p. 274). Elle doit « corriger les vices » en les ridiculisant. Le spectacle comique constitue une sorte de miroir qui renvoie au spectateur une image des défauts tournés en ridicule : le rire qui s'exerce contre les personnages (fictifs) est libérateur et suscite la réflexion.

■ **Ex :** Les comédies de Feydeau (▸ p. 298), celles de Labiche (▸ p. 294) ou celles de Musset (▸ p. 290, 292) comportent un enseignement implicite. À l'époque de Molière, les autorités religieuses et politiques ne se sont pas trompées sur la vocation didactique et satirique de son théâtre (▸ p. 274) : l'interdiction de *Tartuffe* et les difficultés de *Dom Juan* en sont une illustration.

REPÈRES Le théâtre antique ▸ p. 229

Le registre comique

On parle de « registre comique » lorsque quelque chose provoque le rire, qu'il s'agisse d'une situation, d'un mot, d'un geste, d'une grimace, dans la vie réelle ou dans la fiction romanesque.
Il ne faut pas confondre comique et comédie : la comédie est un genre théâtral qui utilise le comique, mais qui n'est pas toujours drôle ; le comique ne se limite pas au théâtre, on le trouve dans tous les genres.

Les sources du comique

Le comique naît de phénomènes de décalage, de situations inattendues, de répétitions.

Le caractère inattendu ou décalé d'une situation : quelqu'un qui rate une marche provoque le rire par effet de décalage entre le mouvement attendu, qui a quelque chose de mécanique, et le mouvement observé.
On peut trouver le même genre de phénomène dans le langage : un **lapsus** (un mot pour un autre) provoque le rire parce que la phrase ou l'expression prononcée perd son sens. Le **quiproquo** est assez proche de ces situations : prendre une personne pour une autre provoque des confusions qui suscitent le rire.

Ex : Les spectacles de clowns, destinés à faire rire, et le cinéma muet utilisent de nombreuses situations de décalage et d'inattendu, comme un seau d'eau qui tombe lorsqu'on ouvre une porte, une gifle que reçoit celui à qui elle n'était pas destinée…

La répétition et l'accumulation : si un seul geste, une seule phrase ne font pas rire, leur reprise systématique, et l'attente qui se trouve ainsi créée, entraînent immanquablement le rire.

Ex : Quand Orgon répète *Le pauvre homme…* alors que Dorine évoque les agréables conditions de vie de Tartuffe, la répétition associée au décalage est pour le spectateur une cause de rire.

Satire, parodie et caricature : la satire vise à ridiculiser en grossissant les traits, physiques ou moraux, parfois jusqu'à la caricature. À l'écrit, cela donne des **portraits-charges**, comme chez La Bruyère (▸ p. 445). La parodie, qui imite en ridiculisant est également une source de comique, à condition que l'on reconnaisse clairement la personne ou la situation représentées.

Ex : En faisant les questions, les réponses et les commentaires d'un dialogue imaginaire qui met en scène Alcmène et lui-même, Amphitryon (▸ p. 264) provoque le rire du spectateur, qui le voit inventer et développer jusqu'à l'excès plusieurs rôles.

Rire et culture

Si tout le monde rit – c'est une réaction non maîtrisée – de l'allure, des tartes à la crème et des chutes des clowns, certaines formes de comique nécessitent pour être comprises une **connivence** culturelle du lecteur, de l'auditeur ou du spectateur. On ne rit pas de ce que l'on ne comprend pas. On ne rit pas si l'on ne connaît pas la situation qui se trouve parodiée ou détournée, parce que le rire vient précisément de l'habileté ou de l'originalité de la transformation.

Ex : Certaines histoires dites « drôles » renvoient à des manières d'agir, à des habitudes de groupes, d'ethnies. L'ignorance de ces manières fait disparaître tout effet comique : nous ne rions pas des allusions d'Aristophane (▸ p. 224) à la vie politique de son temps.

De même, la parodie d'un texte ne prend sa valeur que si l'on connaît ce texte et que l'on est à même d'apprécier la déformation. C'est le cas du **burlesque**, qui raconte sur un mode familier des faits épiques en les minimisant.
On peut enfin ajouter que le rire vient aussi de la manière de dire ou de raconter, et parfois de l'aspect même de celui qui parle : un acteur comique peut provoquer le rire par sa simple présence.

Les fonctions du rire

Le registre comique, qui traduit et provoque le rire, a pour première fonction d'attirer l'attention sur une situation drôle et de **divertir** grâce à elle. Ce divertissement permet d'oublier chagrins, souffrances et angoisses.

Ex : Des clowns font rire les enfants hospitalisés et les aident à oublier un moment leur statut d'enfants malades.

La seconde fonction du comique est de « dégonfler » des situations qui font peur : guerre, mort… Le rire parvient à **dédramatiser** et à **soulager** ; il a quelque chose de libérateur.
Enfin le comique a une vocation **critique** efficace : les moqueries et la mise en évidence des défauts à travers des caricatures et des images satiriques permet une prise de conscience qui peut aider à se corriger. Cette vocation du comique est à la fois sociale et morale.

Ex : L'**ironie** de Voltaire dans *Candide* (▸ p. 424) permet d'aborder sur un mode plaisant un certain nombre d'horreurs et de les dénoncer.

REPÈRES L'ironie ▸ p. 437

Séquence 16

Le théâtre au XIXe siècle

LE DRAME ROMANTIQUE

1 Personnages et lieux du drame romantique

Document 1 — Les personnages dans *Hernani*

HERNANI.
DON CARLOS.
DON RUY GOMEZ DE SILVA.
DOÑA SOL DE SILVA.
LE DUC DE BAVIÈRE.
LE DUC DE GOTHA.
LE DUC DE LUTZELBOURG.
DON SANCHO.
DON MATIAS.
DON RICARDO.
DON GARCI SUAREZ.
DON FRANCISCO.
DON JUAN DE HARO.
DON GIL TELLEZ GIRON.
Premier conjuré.
Un montagnard.
IAQUEZ.
DOÑA JOSEFA DUARTE.

Une dame.
Conjurés de la ligue sacro-sainte, allemands et espagnols.
Montagnards, seigneurs, soldats, pages, peuple, etc.
Espagne. – 1519.

Victor Hugo, *Hernani*, 1830.

Document 2 — Les lieux dans *Hernani*

Acte I : Saragosse, une chambre à coucher.
Acte II : Un patio[1] du palais de Silva.
Acte III : Le château de Silva dans les Montagnes d'Aragon.
Acte IV : Les caveaux qui renferment le tombeau de Charlemagne à Aix-la-Chapelle.
Acte V : Une terrasse du palais d'Aragon.

1. Cour dallée à l'intérieur d'une maison.

Contexte XIXe s. ▶ p. 486
Notice biographique ▶ p. 498
Du même auteur ▶ p. 282, p. 283, p. 324, p. 449

Document 3 — Les personnages dans *Lorenzaccio*

ALEXANDRE DE MÉDICIS, duc de Florence.
LORENZO DE MÉDICIS (LORENZACCIO), son cousin.
CÔME DE MÉDICIS, son cousin.
LE CARDINAL CIBO, son cousin.
LE MARQUIS DE CIBO, son frère.
SIRE MAURICE, chancelier des Huit.
LE CARDINAL BACCIO VALORI, commissaire apostolique[1].
JULIEN SALVATI.
PHILIPPE STROZZI.
PIERRE STROZZI, fils de Philippe Strozzi.
THOMAS STROZZI, fils de Philippe Strozzi.
LÉON STROZZI, prieur de Capoue, autre fils de Philippe Strozzi.
ROBERTO CORSINI, provéditeur de la forteresse[2].
PALLA RUCCELLAI, seigneur républicain.
ALAMANNO SALVIATI, seigneur républicain.
FRANÇOIS PAZZI, seigneur républicain.
BINDO ALTOVITI, oncle de Lorenzo.
VENTURI, bourgeois.
TEBALDEO, peintre.
SCORONCONCOLO, spadassin[3].
LES HUIT.
GIOMO LE HONGROIS, écuyer du duc.
MAFFIO, bourgeois.
MARIE SODERINI, mère de Lorenzo.
CATHERINE GINORI, tante de Lorenzo.
LA MARQUISE DE CIBO.
LOUISE STROZZI.

Deux dames de la cour et un officier allemand.
Un orfèvre, un marchand, deux précepteurs et deux enfants, pages, soldats, moines, courtisans, bannis, écoliers, domestiques, bourgeois, etc.

Alfred de Musset, *Lorenzaccio*, 1834.

1. Représentant du pape.
2. Gouverneur de la citadelle.
3. Tueur à gages.

Contexte XIXe s. ► p. 486
Notice biographique ► p. 500
Du même auteur ► p. 287, p. 290, p. 292, p. 330

Document 4 — Les lieux dans *Lorenzaccio*

Scène 1 : Au palais du duc (à Florence).
Scène 2 : À Venise.
Scène 3 : Florence : une rue.
Scène 4 : Une auberge.
Scène 5 : Une place. Florence.
Scène 6 : Venise. Le cabinet de Strozzi.
Scène 7 : Florence. La grande place ; des tribunes publiques sont remplies de monde.

Travail sur un corpus de documents

1. À partir des documents 1 et 3, identifiez les milieux sociaux auxquels appartiennent les personnages des drames romantiques : que remarquez-vous ? Est-il possible de préciser le nombre exact de personnages dans les deux pièces ?
2. Parmi l'ensemble des personnages, lesquels ont eu une existence historique ?
3. Comparez les personnages du drame romantique à ceux de la tragédie classique (► p. 230) sur le plan de l'appartenance sociale et de l'existence historique : quelles remarques pouvez-vous faire ?
4. Quels éléments des quatre documents permettent de dater l'action de chacun des deux drames ?
5. Que montrent les documents 2 et 4 en ce qui concerne les lieux dans le drame romantique ? Qu'y a-t-il de différent par rapport à la tragédie classique (► p. 230) ?

REPÈRES
La tragédie ► p. 252
Le drame romantique ► p. 297
Le romantisme ► p. 336

2 Victor Hugo, préface de *Cromwell* (1827)

Le drame Cromwell, *de Victor Hugo, est surtout connu pour sa préface, qui constitue un véritable manifeste du théâtre nouveau.*

Quoi de plus invraisemblable et de plus absurde en effet que ce vestibule, ce péristyle[1], cette antichambre, lieu banal où nos tragédies ont la complaisance de venir se dérouler, où arrivent, on ne sait comment, les conspirateurs pour déclamer contre le tyran, le tyran pour déclamer contre les conspirateurs, chacun à leur tour, comme s'ils s'étaient dit bucoliquement :

Alternis cantemus : amant alterna Camenae[2].

Où a-t-on vu vestibule ou péristyle de cette sorte ? Quoi de plus contraire, nous ne dirons pas à la vérité, les scolastiques en font bon marché, mais à la vraisemblance ? Il résulte de là que tout ce qui est trop caractéristique, trop intime, trop local, pour se passer dans l'antichambre ou dans le carrefour, c'est-à-dire tout le drame, se passe dans la coulisse. Nous ne voyons en quelque sorte sur le théâtre que les coudes de l'action ; ses mains sont ailleurs. Au lieu de scènes, nous avons des récits ; au lieu de tableaux, des descriptions. De graves personnages placés, comme le chœur antique, entre le drame et nous, viennent nous raconter ce qui se fait dans le temple, dans le palais, dans la place publique, de façon que souventes fois nous sommes tentés de leur crier : « Vraiment ! mais conduisez-nous donc là-bas ! On s'y doit bien amuser, cela doit être beau à voir ! » [...]

L'unité de temps n'est pas plus solide que l'unité de lieu. L'action, encadrée de force dans les vingt-quatre heures, est aussi ridicule qu'encadrée dans le vestibule. Toute action a sa durée propre comme son lieu particulier. Verser la même dose de temps à tous les événements ! appliquer la même mesure sur tout ! On rirait d'un cordonnier qui voudrait mettre le même soulier à tous les pieds. Croiser l'unité de temps à l'unité de lieu comme les barreaux d'une cage, et y faire pédantesquement entrer, de par Aristote[3], tous ces faits, tous ces peuples, toutes ces figures que la providence déroule à si grandes masses dans la réalité ! c'est mutiler hommes et choses, c'est faire grimacer l'histoire. Disons mieux : tout cela mourra dans l'opération ; et c'est ainsi que les mutilateurs dogmatiques[4] arrivent à leur résultat ordinaire : ce qui était vivant dans la chronique est mort dans la tragédie. Voilà pourquoi, bien souvent, la cage des unités ne renferme qu'un squelette.

Et puis si vingt-quatre heures peuvent être comprises dans deux, il sera logique que quatre heures puissent en contenir quarante-huit. L'unité de Shakespeare ne sera donc pas l'unité de Corneille. Pitié !

Extrait.

1. Colonnade placée autour ou devant un édifice, souvent un palais antique.

2. Citation du poète latin Virgile (*Bucoliques*, III, 59) : « Chantons en couplets alternés ; les Camènes (*Muses*) aiment l'alternance. »

3. Philosophe grec (384-322 av. J.-C.), auteur de la *Poétique*, qui donne des règles de création littéraire.

4. Qui imposent leur opinion.

Contexte XIXe s. ► p. 486
Notice biographique ► p. 498
Du même auteur ► p. 280 p. 283 p. 327 p. 334

RECHERCHE

Les mots et leur usage

1. Cherchez le sens, dans le texte, des mots *scolastiques* (l. 8), *chœur* (l. 14), *chronique* (l. 29) ; puis explicitez leurs relations avec le théâtre.

Histoire littéraire

2. Victor Hugo fait référence à l'écrivain anglais Shakespeare. Vous chercherez les dates de cet auteur, ainsi que le titre, le thème et la date de trois de ses pièces les plus connues.

3. Dans quelles circonstances, sous quelle forme et pour quelle raison le théâtre classique fait-il appel au récit ?

Lecture analytique

4. Concernant le lieu et le temps, quels sont les reproches adressés par Victor Hugo aux règles de la tragédie classique ? Au nom de quoi déclare-t-il absurdes les unités de temps et de lieu ?

5. Par quels procédés rhétoriques rend-il son argumentation à la fois amusante et efficace ?

6. Expliquez, dans le contexte, les expressions : *c'est faire grimacer l'histoire* (l. 27) et *la cage des unités ne renferme qu'un squelette* (l. 30-31). Expliquez ensuite en quoi ces expressions sont associées aux questions précédentes.

7. À partir des réponses aux questions précédentes, identifiez, avec des justifications précises, le registre de cet extrait.

Vers la dissertation

8. La tragédie classique correspondait à une époque, le drame romantique apparaît à une autre : dans un développement construit et illustré d'exemples, expliquez les relations entre chacun de ces genres et le moment historique qui l'a vu naître.

REPÈRES La tragédie ▶ p. 252
Le drame romantique ▶ p. 297

3 Victor Hugo,
Hernani (1830)

*La première représentation d'*Hernani, *drame qui mettait en œuvre les principes « révolutionnaires » de la préface de* Cromwell *(▶ p. 282), provoqua dès la première scène une véritable bataille dans la salle, entre partisans des classiques et des adeptes du théâtre romantique. Voici cette scène.*

SARAGOSSE[1]
Une chambre à coucher. La nuit. Une lampe sur une table.

SCÈNE PREMIÈRE. – DOÑA JOSEFA DUARTE, *vieille, en noir, avec le corps*[2] *de sa jupe cousu de jais, à la mode d'Isabelle la Catholique*[3] ; DON CARLOS.

DOÑA JOSEFA, *seule.*

(Elle ferme les rideaux cramoisis de la fenêtre et met en ordre quelques fauteuils. On frappe à une petite porte dérobée à droite. Elle écoute. On frappe un second coup.)

Serait-ce déjà lui ?
(Un nouveau coup.)
C'est bien à l'escalier
Dérobé.
(Un quatrième coup.)
Vite, ouvrons.

(Elle ouvre la petite porte masquée. Entre don Carlos, le manteau sur le nez et le chapeau sur les yeux.)

1. La pièce se déroule en Espagne, vers 1519.

2. La partie du vêtement qui entoure le buste.

3. Reine de Castille (1451-1504).

Bonjour, beau cavalier.
(Elle l'introduit. Il écarte son manteau et laisse voir un riche costume de velours et de soie, à la mode castillane de 1519. Elle le regarde sous le nez et recule étonnée.)
Quoi, seigneur Hernani, ce n'est pas vous ! – Main-forte !
Au feu !

DON CARLOS, *lui saisissant le bras.*
Deux mots de plus, duègne[4], vous êtes morte !
(Il la regarde fixement. Elle se tait, effrayée.)
Suis-je chez doña Sol, fiancée au vieux duc
De Pastraña, son oncle, un bon seigneur, caduc,
Vénérable et jaloux ? dites ? La belle adore
Un cavalier sans barbe et sans moustache encore,
Et reçoit tous les soirs, malgré les envieux,
Le jeune amant sans barbe à la barbe du vieux.
Suis-je bien informé ?
(Elle se tait. Il la secoue par le bras.)
Vous répondrez peut-être ?

DOÑA JOSEFA
Vous m'avez défendu de dire deux mots, maître.

DON CARLOS
Aussi n'en veux-je qu'un. – Oui, – non. – Ta dame est bien
Doña Sol de Silva ? Parle.

DOÑA JOSEFA
Oui. – Pourquoi ?

DON CARLOS
Pour rien.
Le duc, son vieux futur, est absent à cette heure ?

DOÑA JOSEFA
Oui.

DON CARLOS
Sans doute elle attend son jeune ?

DOÑA JOSEFA
Oui.

DON CARLOS
Que je meure !

DOÑA JOSEFA
Oui.

DON CARLOS
Duègne, c'est ici qu'aura lieu l'entretien ?

DOÑA JOSEFA
Oui.

DON CARLOS
Cache-moi céans[5].

DOÑA JOSEFA
Vous !

4. Gouvernante chargée de veiller sur une jeune fille.

5. Ici.

Georges Clairin (1843-1919), *Sarah Bernhardt dans le rôle de la Reine de Ruy Blas* (peinture ; BNF ; Paris).

Jean-Baptiste Lavastre, *Acte I d'Hernani,* dessin aquarellé, mise en scène d'Émile Perrin à la Comédie-Française, 1879 (collection de la Bibliothèque de la Comédie-Française).

Don Carlos

Moi.

Doña Josefa

Pourquoi ?

Don Carlos

Pour rien.

Doña Josefa

Moi, vous cacher !

Don Carlos

Ici.

Doña Josefa

Jamais !

Don Carlos, *tirant de sa ceinture un poignard et une bourse.*

Daignez, madame,
Choisir de cette bourse ou bien de cette lame.

Doña Josefa, *prenant la bourse.*

Vous êtes donc le diable ?

Don Carlos

Oui, duègne.

Doña Josefa, *ouvrant une armoire étroite dans le mur.*

Entrez ici.

Don Carlos, *examinant l'armoire.*

Cette boîte ?

Doña Josefa, *la refermant.*

Va-t'en, si tu n'en veux pas.

DON CARLOS, *rouvrant l'armoire.*
Si !
(L'examinant encore.)
Serait-ce l'écurie où tu mets d'aventure
Le manche du balai qui te sert de monture ?
(Il s'y blottit avec peine.)
Ouf !

DOÑA JOSEFA, *joignant les mains et scandalisée.*
Un homme ici !

DON CARLOS, *dans l'armoire restée ouverte.*
C'est une femme, est-ce pas[6],
Qu'attendait ta maîtresse ?

DOÑA JOSEFA
Ô ciel ! j'entends le pas
De doña Sol. – Seigneur, fermez vite la porte.
(Elle pousse la porte de l'armoire, qui se referme.)

DON CARLOS, *de l'intérieur de l'armoire.*
Si vous dites un mot, duègne, vous êtes morte.

DOÑA JOSEFA, *seule.*
Qu'est cet homme ? Jésus mon Dieu ! Si j'appelais ?
Qui ? Hors madame et moi, tout dort dans le palais.
Bah ! l'autre va venir. La chose le regarde.
Il a sa bonne épée, et que le ciel nous garde
De l'enfer !
(Pesant la bourse.)
Après tout, ce n'est pas un voleur.
(Entre doña Sol, en blanc. Doña Josefa cache la bourse.)

Acte 1, scène 1 (intégrale).

6. La négation est supprimée (« n'est-ce pas »), parce que la langue est familière.

Contexte XIXe s. ▶ p. 486
Notice biographique ▶ p. 498
Du même auteur ▶ p. 280, p. 324, p. 406, p. 449

Lecture analytique

1. Observez les didascalies, la longueur des vers, leur ponctuation, leur contenu, le niveau de langue : que remarquez-vous ? Qu'y a-t-il de différent par rapport à une scène de tragédie classique ?

2. *On casse les vers et on les jette par les fenêtres...* : expliquez cette formule d'un spectateur lors de la bataille d'*Hernani* en analysant la manière dont sont morcelés les alexandrins. Quels sont les effets produits sur le plan du dialogue ?

3. Établissez la liste de toutes les informations qui sont données au lecteur ou au spectateur, et expliquez de quelle manière elles sont données.

4. Dans la préface de *Cromwell* (▶ p. 282), Hugo prône le respect du naturel, de la vie et le mélange des genres et des tons : en quoi applique-t-il ces principes dans cette scène ?

Maîtrise de la langue

5. En quelques lignes rédigées (cinq au plus), présentez le contenu de la scène 1 : intégrez à cette présentation l'indication du lieu et du moment, et donnez les faits essentiels.

Vers la dissertation

6. D'après Victor Hugo, le théâtre est un domaine où tout est à la fois vrai et faux.
Vous composerez un ensemble de paragraphes argumentés sur le thème de l'illusion théâtrale pour montrer que, sur la scène, il n'y a que de la fiction, puis vous compléterez cette thèse en montrant que le théâtre met en scène une humanité dont les situations, les sentiments et les passions sont authentiques et renvoient à la réalité.

REPÈRES Le drame romantique ▶ p. 297
Le romantisme ▶ p. 336

4 Alfred de Musset, *Lorenzaccio* (1834)

Lorenzo de Médicis, au XVIe siècle, veut délivrer Florence de la tyrannie du duc Alexandre, son cousin, et s'introduit pour cela dans son entourage débauché. Mais, conscient de l'inutilité de son projet, il finit par trouver d'autres justifications.

LORENZO. – Tu[1] me demandes pourquoi je tue Alexandre ? Veux-tu donc que je m'empoisonne, ou que je saute dans l'Arno[2] ? veux-tu donc que je sois un spectre, et qu'en frappant sur ce squelette *(il frappe sa poitrine)* il n'en sorte aucun son ? Si je suis l'ombre de moi-même, veux-tu donc que je rompe le seul fil qui rattache aujourd'hui mon cœur à quelques fibres de mon cœur d'autrefois ? Songes-tu que ce meurtre, c'est tout ce qui me reste de ma vertu ? Songes-tu que je glisse depuis deux ans sur un rocher taillé à pic, et que ce meurtre est le seul brin d'herbe où j'aie pu cramponner mes ongles ? Crois-tu donc que je n'aie plus d'orgueil, parce que je n'ai plus de honte ? et veux-tu que je laisse mourir en silence l'énigme de ma vie ? Oui, cela est certain, si je pouvais revenir à la vertu, si mon apprentissage du vice pouvait s'évanouir, j'épargnerais peut-être ce conducteur de bœufs[3]. Mais j'aime le vin, le jeu et les filles ; comprends-tu cela ? Si tu honores en moi quelque chose, toi qui me parles, c'est mon meurtre que tu honores peut-être justement parce que tu ne le ferais pas. Voilà assez longtemps, vois-tu, que les républicains me couvrent de boue et d'infamie ; voilà assez longtemps que les oreilles me tintent et que l'exécration des hommes empoisonne le pain que je mâche ; j'en ai assez d'entendre brailler en plein vent le bavardage humain ; il faut que le monde sache un peu qui je suis et qui il est. Dieu merci ! c'est peut-être demain que je tue Alexandre ; dans deux jours j'aurai fini.

Ceux qui tournent autour de moi avec des yeux louches, comme autour d'une curiosité monstrueuse apportée d'Amérique[4], pourront satisfaire leur gosier et vider leur sac à paroles. Que les hommes me comprennent ou non, qu'ils agissent ou n'agissent pas, j'aurai dit aussi ce que j'ai à dire ; je leur ferai tailler leurs plumes si je ne leur fais pas nettoyer leurs piques, et l'humanité gardera sur sa joue le soufflet de mon épée marqué en traits de sang.

Acte III, scène 3 (extrait).

1. L'interlocuteur est Philippe Strozzi, un républicain.

2. Fleuve qui traverse Florence.

3. Alexandre avait un physique brutal.

4. La découverte de l'Amérique (en 1492) était récente.

Contexte XIXe s. ▶ p. 486
Notice biographique ▶ p. 500
Du même auteur ▶ p. 281, p. 290, p. 292, p. 330

RECHERCHE

Histoire littéraire

1. Quand *Lorenzaccio* a-t-il été joué pour la première fois ? Dans quelles circonstances a-t-il été écrit ?

Lecture analytique

2. À partir de la première question de la tirade, déterminez son thème et la forme de discours que le spectateur peut attendre. À quels indices peut-on percevoir l'état de celui qui parle ?

3. Reformulez les raisons données par Lorenzo pour justifier le meurtre d'Alexandre. Classez-les en fonction de critères que vous définirez vous-même.

4. Lorenzo donne ici des informations : que révèle-t-il de son passé, de son caractère, de son parcours ? En quoi est-ce un personnage complexe ?

5. Expliquez le caractère paradoxal de la principale justification, par Lorenzo, du meurtre d'Alexandre.

Vers le commentaire

6. Construisez et rédigez un des axes de commentaire : *l'expression d'une grande agitation ; des justifications paradoxales ; un nouveau type de héros.*

REPÈRES Le drame romantique ▶ p. 297
Le romantisme ▶ p. 336

Costumes du Quaker et de Chatterton, pour la création de *Chatterton*, d'**Alfred de Vigny** (1835), aquarelle sur papier (bibliothèque de la Comédie-Française ; Paris).

5 Alfred de Vigny, *Chatterton* (1835)

Le drame Chatterton, *de Vigny, met en scène un jeune poète désespéré de ne pas trouver sa place dans la société industrielle de l'Angleterre du* XVIII*e siècle. Accusé de plagiat et se sentant déshonoré, il se suicide. La scène de dénouement se déroule juste après sa mort, découverte par deux personnages, sa logeuse, Kitty Bell, dont il était amoureux, et un vieux quaker qui incarne la sagesse et la raison.*

LE QUAKER, *accourant.* – Vous êtes perdue… Que faites-vous ici ?

KITTY BELL, *renversée sur les marches de l'escalier.* – Montez vite ! montez, monsieur, il va mourir ; sauvez-le… s'il est temps. *(Tandis que le quaker s'achemine vers l'escalier, Kitty Bell cherche à voir, à travers les portes vitrées, s'il n'y a personne qui puisse donner du secours : puis, ne voyant rien, elle suit le quaker avec terreur, en écoutant le bruit de la chambre de Chatterton.)*

LE QUAKER, *en montant à grands pas, à Kitty Bell.* – Reste, reste, mon enfant, ne me suis pas. *(Il entre chez Chatterton et s'enferme avec lui. On devine des soupirs de Chatterton et des paroles d'encouragement du quaker. Kitty Bell monte, à demi évanouie, en s'accrochant à la rampe à chaque marche : elle fait un effort pour tirer à elle la porte, qui résiste et s'ouvre enfin. On voit Chatterton mourant et tombé sur le bras du quaker. Elle crie, glisse à demi morte sur la rampe de l'escalier, et tombe sur la dernière marche. – On entend John Bell appeler de la salle voisine.)*

JOHN BELL. – Mistress Bell ! *(Kitty se lève tout à coup comme par ressort.)*

JOHN BELL, *une seconde fois.* – Mistress Bell ! *(Elle se met en marche et vient s'asseoir, lisant sa Bible et balbutiant tout bas des paroles qu'on n'entend pas. Ses enfants accourent et s'attachent à sa robe.)*

LE QUAKER, *du haut de l'escalier.* – L'a-t-elle vu mourir ? l'a-t-elle vu ? *(Il va près d'elle.)* Ma fille ! ma fille !

JOHN BELL, *entrant violemment, et montant deux marches de l'escalier.* – Que fait-elle ici ? Où est ce jeune homme ? Ma volonté est qu'on l'emmène !

LE QUAKER. – Dites qu'on l'emporte, il est mort.

JOHN BELL. – Mort ?

LE QUAKER. – Oui, mort à dix-huit ans ! Vous l'avez tous si bien reçu, étonnez-vous qu'il soit parti !

JOHN BELL. – Mais…

LE QUAKER. – Arrêtez, monsieur, c'est assez d'effroi pour une femme. *(Il regarde Kitty et la voit mourante.)* Monsieur, emmenez ses enfants ! Vite, qu'ils ne la voient pas. *(Il arrache les enfants des pieds de Kitty, les passe à John Bell, et prend leur mère dans ses bras. John Bell les prend à part, et reste stupéfait. Kitty Bell meurt dans les bras du quaker.)*

JOHN BELL, *avec épouvante.* – Eh bien ! eh bien ! Kitty, Kitty ! qu'avez-vous ? *(Il s'arrête en voyant le quaker s'agenouiller.)*

Contexte XIXe s. ▶ p. 486
Notice biographique ▶ p. 503
Du même auteur ▶ p. 329

LE QUAKER, *à genoux.* – Oh ! dans ton sein ! dans ton sein, Seigneur, reçois ces deux martyrs. *(Le quaker reste à genoux, les yeux tournés vers le ciel, jusqu'à ce que le rideau soit baissé.)*

FIN

Acte III, scène 9 (intégrale).

RECHERCHE

Les mots et leur usage

1. Qu'est-ce qu'un *quaker* ? Cherchez l'origine du mot, son sens en anglais et les caractéristiques de ceux que l'on désigne par ce terme.

Histoire littéraire

2. Cherchez la liste des personnages du drame *Chatterton* : qu'a-t-elle en commun avec celle des personnages d'*Hernani* et de *Lorenzaccio* (▶ p. 280) ? Qu'ont de particulier les lieux de cette action ?

3. Situez l'écriture de ce drame dans la vie de Vigny et dites de quelle œuvre antérieure il s'est inspiré pour le composer.

4. Le thème de l'artiste incompris est récurrent au XIXe siècle : trouvez-en des illustrations littéraires.

Lecture analytique

5. Différenciez dans la scène ce qui relève de l'échange de paroles et ce qui appartient aux didascalies. Observez la proportion. Que remarquez-vous ?

6. Sur quoi portent les différentes répliques de la scène ? À quel moment peut-on parler de véritable dialogue ? Répondez en tenant compte de la ponctuation. À quoi servent les autres répliques ?

7. Quelle est la fonction des didascalies ? S'agit-il uniquement d'indiquer des jeux de scène ?

8. Repérez tout ce qui, dans les paroles, et dans les didascalies, évoque la mort. Comment celle-ci est-elle aussi présente visuellement ? Quels sont les différents registres de la scène ? Que ressent le spectateur devant ce dénouement ?

Travail sur un corpus de textes

9. Rapprochez les textes de Racine (▶ p. 244, 246), de Vigny (▶ p. 288) et de Musset (▶ p. 292) pour comparer la manière dont est évoquée ou représentée la mort (registres, formes de discours, procédés d'écriture) dans le théâtre classique et dans le théâtre romantique.

Vers le commentaire

10. Construisez et rédigez un ou plusieurs axes de commentaire : *la mort sur scène ; l'expression de l'agitation et l'extériorisation des émotions ; un théâtre nouveau, conforme aux préceptes de la préface de Cromwell.*

REPÈRES La tragédie ▶ p. 252
Le drame romantique ▶ p. 297
Le romantisme ▶ p. 336

La comédie

6 Alfred de Musset, *Les Caprices de Marianne* (1833)

L'action se passe à Naples, pendant le carnaval. Cœlio est amoureux d'une jeune femme, Marianne, mariée et vertueuse. Celle-ci le repousse et Cœlio se désespère, quand arrive son ami Octave, déguisé en Arlequin.

1 OCTAVE. – Comment se porte, mon bon monsieur, cette gracieuse mélancolie ?

CŒLIO. – Octave ! Ô fou que tu es ! Tu as un pied de rouge sur les joues[1] ! – D'où te vient cet accoutrement ? N'as-tu pas honte en plein jour ?

OCTAVE. – Ô Cœlio ! Fou que tu es ! Tu as un pied de blanc sur les joues ! – D'où te vient ce large habit noir ? N'as-tu pas de honte en plein carnaval ?

CŒLIO. – Quelle vie que la tienne ! Ou tu es gris[2], ou je le suis moi-même.

OCTAVE. – Ou tu es amoureux, ou je le suis moi-même.

CŒLIO. – Plus que jamais de la belle Marianne.

OCTAVE. – Plus que jamais de vin de Chypre.

CŒLIO. – J'allais chez toi quand je t'ai rencontré.

OCTAVE. – Et moi aussi j'allais chez moi. Comment se porte ma maison ? Il y a huit jours que je ne l'ai vue.

CŒLIO. – J'ai un service à te demander.

OCTAVE. – Parle, Cœlio, mon cher enfant. Veux-tu de l'argent ? Je n'en ai plus. Veux-tu des conseils ? Je suis ivre. Veux-tu mon épée ? Voilà une batte[3] d'Arlequin. Parle, parle, dispose de moi.

CŒLIO. – Combien de temps cela durera-t-il ? Huit jours hors de chez toi ! Tu te tueras, Octave.

OCTAVE. – Jamais de ma propre main, mon ami, jamais ; j'aimerais mieux mourir que d'attenter à mes jours.

CŒLIO. – Et n'est-ce pas un suicide comme un autre, que la vie que tu mènes ?

OCTAVE. – Figure-toi un danseur de corde, en brodequins d'argent, le balancier au poing, suspendu entre le ciel et la terre ; à droite et à gauche, de vieilles petites figures racornies, de maigres et pâles fantômes, des créanciers agiles, des parents et des courtisans, toute une légion de monstres, se suspendent à son manteau et le tiraillent de tous côtés pour lui faire perdre l'équilibre : des phrases redondantes, de grands mots enchâssés, cavalcadent autour de lui ; une nuée de prédictions sinistres l'aveugle de ses ailes noires. Il continue sa course légère de l'orient à l'occident. S'il regarde en bas, la tête lui tourne ; s'il regarde en haut, le pied lui manque. Il va plus vite que le vent, et toutes les mains tendues autour de lui ne lui feront pas renverser une goutte de la coupe joyeuse qu'il porte à la sienne. Voilà ma vie, mon cher ami ; c'est ma fidèle image que tu vois.

1. Octave et Cœlio sont maquillés pour le carnaval.

2. Ivre.

3. Sabre de bois.

Les Caprices de Marianne, d'**Alfred de Musset**, mise en scène de Lambert Wilson, avec Lambert Wilson (Octave) et Fabrice Michel (Cœlio), (théâtre des Bouffes du Nord, 1994).

CŒLIO. – Que tu es heureux d'être fou !

OCTAVE. – Que tu es fou de ne pas être heureux ! Dis-moi un peu, toi, qu'est-ce qui te manque ?

CŒLIO. – Il me manque le repos, la douce insouciance qui fait de la vie un miroir où tous les objets se peignent un instant et sur lequel tout glisse. Une dette pour moi est un remords. L'amour, dont vous autres vous faites un passe-temps, trouble ma vie entière. Ô mon ami, tu ignoreras toujours ce que c'est qu'aimer comme moi ! Mon cabinet d'étude est désert ; depuis un mois, j'erre autour de cette maison la nuit et le jour. Quel charme j'éprouve, au lever de la lune, à conduire sous ces petits arbres, au fond de cette place, mon chœur modeste de musiciens, à marquer moi-même la mesure, à les entendre chanter la beauté de Marianne ! Jamais elle n'a paru à sa fenêtre ; jamais elle n'est venue appuyer son front charmant sur sa jalousie[4].

Acte I, scène 1 (extrait).

4. Treillis qui protège une fenêtre.

Contexte XIXe s. ▶ p. 486

Notice biographique ▶ p. 500

Du même auteur ▶ p. 281, p. 287, p. 292, p. 330

Lecture analytique

1. Observez les effets d'écho dans certaines répliques d'Octave et de Cœlio. Quelles différences et quels rapprochements entre les deux personnages mettent-ils en évidence ?

2. Caractérisez le ton d'Octave en prenant appui sur ses jeux de mots et sur certaines formulations. Quelle première image donne-t-il de son personnage ? Quelle autre facette apparaît à travers son discours ? Sur lequel des deux aspects sa tirade met-elle l'accent et comment ?

3. Quel est, dès lors, l'intérêt particulier du lieu et du moment de l'action, ainsi que du déguisement d'Octave ?

4. Qu'est-ce que Cœlio révèle de lui-même dans sa dernière réplique ?

5. À partir des réponses précédentes, caractérisez les deux personnages en les comparant. Que fait apparaître leur mise en parallèle ?

Écriture d'invention

6. À partir de traits de caractère et de comportement empruntés à Cœlio, Octave (▶ p. 290) et Perdican (▶ p. 292), faites le portrait d'un jeune héros romantique en insistant sur ses aspirations, ses regrets, l'image qu'il se fait du bonheur, le désir d'aimer et d'être aimé.

REPÈRES La comédie ▶ p. 278

Le romantisme ▶ p. 336

On ne badine pas avec l'amour, d'**Alfred de Musset**, mise en scène de René Clair, avec Suzanne Flon (Camille) et Gérard Philipe (Perdican), (Théâtre national de Chaillot ; Paris ; 1959).

7 Alfred de Musset, *On ne badine pas avec l'amour* (1834)

Camille et Perdican sont destinés l'un à l'autre par leurs parents, mais, par orgueil, Camille repousse Perdican. De dépit, celui-ci séduit une jeune paysanne, Rosette, sœur de lait de Camille, et lui promet le mariage. Camille cherche alors à reconquérir Perdican. À la fin de la pièce, les amoureux se retrouvent dans un oratoire…

CAMILLE. – Qui m'a suivie ? Qui parle sous cette voûte ? Est-ce toi, Perdican ?

PERDICAN. – Insensés que nous sommes ! nous nous aimons. Quel songe avons-nous fait, Camille ? Quelles vaines paroles, quelles misérables folies ont passé comme un vent funeste entre nous deux ? Lequel de nous a voulu tromper l'autre ? Hélas ! cette vie est elle-même un si pénible rêve ! pourquoi encore y mêler les nôtres ? Ô mon Dieu ! le bonheur est une perle si rare dans cet océan d'ici-bas ! Tu nous l'avais donné, pêcheur céleste, tu l'avais tiré pour nous des profondeurs de l'abîme, cet inestimable joyau ; et nous, comme des enfants gâtés que nous sommes, nous en avons fait un jouet. Le vert sentier qui nous amenait l'un vers l'autre avait une pente si douce, il était entouré de buissons si fleuris, il se perdait dans un si tranquille horizon ! Il a bien fallu que la vanité, le bavardage et la colère vinssent jeter leurs rochers informes sur cette route céleste, qui nous aurait conduits à toi dans un baiser ! Il a bien fallu que nous nous fissions du mal, car nous sommes des hommes ! Ô insensés ! nous nous aimons.

Il la prend dans ses bras.

CAMILLE. – Oui, nous nous aimons, Perdican ; laisse-moi le sentir sur ton cœur. Ce Dieu qui nous regarde ne s'en offensera pas ; il veut bien que je t'aime ; il y a quinze ans qu'il le sait.

PERDICAN. – Chère créature, tu es à moi !

Il l'embrasse ; on entend un grand cri derrière l'autel.

CAMILLE. – C'est la voix de ma sœur de lait.

PERDICAN. – Comment est-elle ici ? Je l'avais laissée dans l'escalier, lorsque tu m'as fait rappeler. Il faut donc qu'elle m'ait suivi sans que je m'en sois aperçu.

CAMILLE. – Entrons dans cette galerie, c'est là qu'on a crié.

PERDICAN. – Je ne sais ce que j'éprouve ; il me semble que mes mains sont couvertes de sang.

CAMILLE. – La pauvre enfant nous a sans doute épiés ; elle s'est encore évanouie ; viens, portons-lui secours ; hélas ! tout cela est cruel.

PERDICAN. – Non, en vérité, je n'entrerai pas ; je sens un froid mortel qui me paralyse. Vas-y, Camille, et tâche de la ramener.

Camille sort.

Je vous en supplie, mon Dieu ! ne faites pas de moi un meurtrier ! Vous voyez ce qui se passe ; nous sommes deux enfants insensés, et nous avons joué avec la vie et la mort ; mais notre cœur et pur ; ne tuez pas Rosette, Dieu juste ! Je lui trouverai un mari, je réparerai ma faute ; elle est jeune, elle sera riche, elle sera heureuse ; ne faites pas cela, ô Dieu ! vous pouvez bénir encore quatre de vos enfants. Eh bien ! Camille, qu'y a-t-il ?

Camille rentre.

CAMILLE. – Elle est morte. Adieu, Perdican.

FIN

Acte III, scène 8 (extrait).

Contexte XIXe s. ▸ p. 486
Notice biographique ▸ p. 500
Du même auteur ▸ p. 281, p. 287, p. 290, p. 330

RECHERCHE

Histoire littéraire

1. Certaines comédies de Musset sont regroupées sous le titre *Comédies et proverbes*. Cherchez le sens du mot *proverbe* dans cette expression.

2. À notre époque, on utilise les mots *comédie dramatique* pour certains films. Vous en chercherez des exemples et vous expliciterez l'expression.

Lecture analytique

3. Étudiez en quoi les quatre didascalies structurent l'évolution du dialogue : quel est le contenu des cinq étapes qu'elles délimitent ?

4. Que traduit l'évolution du dialogue en ce qui concerne : les sentiments des deux personnages l'un envers l'autre ? leurs réactions face à la situation ?

5. Quels sont les différents registres de cette scène ? Répondez en tenant compte de la force de la réplique sur laquelle se termine la pièce.

6. En quoi cette scène justifie-t-elle le titre de la pièce ? Comment faut-il comprendre l'emploi de *on* et celui du présent de l'indicatif dans ce titre ?

Écriture d'invention

7. Dans *On ne badine pas avec l'amour* figure un chœur imité du théâtre antique, et formé de paysans amis de Perdican. Réécrivez la dernière scène de la pièce sous forme de tirade narrative : le chœur raconte le dénouement et en tire quelques enseignements moraux en relation avec le titre.

Lecture de l'image

8. Décrivez ce que vous voyez sur l'image en insistant sur la nature du fond et sur la mise en scène.

9. Quelle signification peut-on voir dans les couleurs de l'arrière-plan et dans les éléments graphiques qui le composent ?

10. Étudiez tout ce qui, dans la position des deux personnages, suggère le rapprochement et la séparation. Quelles correspondances pouvez-vous établir avec le texte du dialogue ?

REPÈRES La comédie ▸ p. 278
Le romantisme ▸ p. 336

8 Eugène Labiche, *Le Voyage de Monsieur Perrichon* (1860)

Deux jeunes gens courtisent Henriette, fille de M. Perrichon, un bourgeois parisien. Au cours d'un voyage au mont Blanc, Armand a sauvé Perrichon, qui se sent une dette à son égard. Inversement, Perrichon a la fierté d'avoir sauvé Daniel, l'autre prétendant. Dans la scène suivante, les deux rivaux bavardent en attendant que M. Perrichon annonce qui il a choisi pour gendre.

Maquettes des costumes d'**Armand**, de **Daniel** et de **M. Perrichon**, par André Levasseur, pour la mise en scène de Jacques Charon (Comédie-Française, Paris, 1966), collections de la bibliothèque de la Comédie-Française.

DANIEL. – Dans la campagne que nous venons de faire, vous avez commis fautes sur fautes…

ARMAND, *étonné.* – Moi !

DANIEL. – Tenez, je vous aime, Armand… et je veux vous donner un bon avis qui vous servira… pour une autre fois ! Vous avez un défaut mortel !

ARMAND. – Lequel ?

DANIEL. – Vous aimez trop à rendre service… c'est une passion malheureuse !

ARMAND, *riant.* – Ah ! par exemple !

DANIEL. – Croyez-moi… j'ai vécu plus que vous, et dans un monde… plus avancé ! Avant d'obliger[1] un homme, assurez-vous bien d'abord que cet homme n'est pas un imbécile.

ARMAND. – Pourquoi ?

DANIEL. – Parce qu'un imbécile est incapable de supporter longtemps cette charge écrasante qu'on appelle la reconnaissance ; il y a même des gens d'esprit qui sont d'une constitution si délicate…

ARMAND, *riant.* – Allons ! développez votre paradoxe !

DANIEL. – Voulez-vous un exemple : monsieur Perrichon…

PERRICHON, *passant sa tête à la porte du pavillon.* – Mon nom !

DANIEL. – Vous me permettrez de ne pas le ranger dans la catégorie de hommes supérieurs. *(Perrichon disparaît.)* Eh bien ! monsieur Perrichon vous a pris tout doucement en grippe.

ARMAND. – J'en ai bien peur.

DANIEL. – Et pourtant vous lui avez sauvé la vie. Vous croyez peut-être que ce souvenir lui rappelle un grand acte de dévouement ? Non ! il lui rappelle trois choses : primo, qu'il ne sait pas monter à cheval ; secundo, qu'il a eu tort de mettre des éperons, malgré l'avis de sa femme ; tertio, qu'il a fait en public une culbute ridicule…

ARMAND. – Soit, mais…

DANIEL. – Et comme il fallait un bouquet à ce beau feu d'artifice, vous lui avez démontré, comme deux et deux font quatre, que vous ne faisiez aucun cas de son courage, en empêchant un duel… qui n'aurait pas eu lieu.

ARMAND. – Comment ?

DANIEL. – J'avais pris mes mesures… Je rends aussi quelquefois des services…

1. Rendre service à quelqu'un.

ARMAND. – Ah ! vous voyez bien !

DANIEL. – Oui, mais moi, je me cache... je me masque ! Quand je pénètre dans la misère de mon semblable, c'est avec des chaussons et sans lumière... comme dans une poudrière ! D'où je conclus...

ARMAND. – Qu'il ne faut obliger personne ?

DANIEL. – Oh ! non ! mais il faut opérer nuitamment et choisir sa victime ! D'où je conclus que ledit Perrichon vous déteste ; votre présence l'humilie, il est votre obligé, votre inférieur ! vous l'écrasez, cet homme !

ARMAND. – Mais c'est de l'ingratitude !

DANIEL. – L'ingratitude est une variété de l'orgueil... C'est l'indépendance du cœur, a dit un aimable philosophe. Or, monsieur Perrichon est le carrossier le plus indépendant de la carrosserie française ! J'ai flairé cela tout de suite... Aussi ai-je suivi une marche tout à fait opposée à la vôtre.

ARMAND. – Laquelle ?

DANIEL. – Je me suis laissé glisser... exprès ! dans une petite crevasse... pas méchante.

ARMAND. – Exprès ?

DANIEL. – Vous ne comprenez pas ? Donner à un carrossier l'occasion de sauver son semblable, sans danger pour lui, c'est un coup de maître ! Aussi, depuis ce jour, je suis sa joie, son triomphe, son fait d'armes ! Dès que je parais, sa figure s'épanouit, son estomac se gonfle, il lui pousse des plumes de paon ! dans sa redingote... Je le tiens ! comme la vanité tient l'homme... Quand il se refroidit, je le ranime, je le souffle... je l'imprime dans le journal... à trois francs la ligne.

ARMAND. – Ah bah ! c'est vous ?

DANIEL. – Parbleu ! Demain je le fais peindre à l'huile... en tête à tête avec le mont Blanc ! J'ai demandé un tout petit mont Blanc et un immense Perrichon ! Enfin, mon ami, retenez bien ceci... et surtout gardez-moi le secret : les hommes ne s'attachent point à nous en raison des services que nous leur rendons, mais en raison de ceux qu'ils nous rendent !

Acte IV, scène 8 (extrait).

Contexte XIXe s. ▶ p. 486
Notice biographique ▶ p. 498

Lecture analytique

1. Quel personnage domine le dialogue ? Répondez en prenant appui sur la longueur des répliques, les modes verbaux et la ponctuation.

2. Quel est le thème de ce dialogue ? En quoi l'échange de répliques permet-il de revenir à des épisodes antérieurs ? Quels sont l'efficacité et l'intérêt de cette façon de procéder au théâtre ?

3. Expliquez ce que peut apporter cette scène à la connaissance des personnages, que le public a déjà vu agir.

4. Exposez, en la reformulant, la stratégie de Daniel. À partir de quelles observations est-elle construite et justifiée par son auteur ?

5. Que laisse deviner pour la suite l'apparition rapide de M. Perrichon ?

Écriture d'invention

6. M. Perrichon écrit à un de ses amis pour lui faire part du mariage de sa fille. Il fait l'éloge d'Armand et explique pourquoi il l'a choisi pour gendre, après avoir compris les « manigances » de Daniel et la manière dont ce dernier a cherché à le manipuler.

REPÈRES La comédie ▶ p. 278

9 Lire l'image : L. L. Boilly

Louis Léopold Boilly (1761-1845), *L'Effet du mélodrame* (peinture ; musée Lambinet ; Versailles).

RECHERCHE

Histoire littéraire

1. Cherchez plusieurs scènes de théâtre capables de provoquer de tels effets et donnez leurs références : auteur, titre, genre littéraire.

Lecture analytique

2. Décrivez ce que vous voyez sur cette image et expliquez comment on peut comprendre le titre : *L'Effet du mélodrame*. Quel est l'effet représenté ?

3. D'où la scène représentée est-elle vue ? En quoi peut-on parler d'inversion ?

4. Quelle(s) relation(s) entre le théâtre et la réalité l'auteur du tableau a-t-il mise(s) en relief ?

Écriture d'invention

5. En vous inspirant de certaines scènes théâtrales figurant dans ce manuel, racontez une scène susceptible d'avoir pour effet ce qui est représenté ici.

REPÈRES Le drame romantique ▸ p. 297

Le drame romantique

Dans la première moitié du XIXe siècle, un genre théâtral nouveau traduit les aspirations d'auteurs « nés avec le siècle », épris de liberté et désireux d'échapper aux règles du classicisme. Il s'agit du drame romantique, qui se définit par opposition à la tragédie classique.

Les conditions historiques d'une rénovation

Les bouleversements de la Révolution, de l'Empire, les espoirs qu'ils ont fait naître, suivis des frustrations de la Restauration (*Contexte* ▸ p. 486), sont à l'origine de nouvelles manières de penser et de sentir. Un besoin de liberté se manifeste dans l'art par l'orientation vers des **thèmes** nouveaux, nettement moins liés à l'Antiquité, et par la recherche de **formes** et de **structures** nouvelles, libérées des codifications classiques.

■ **Ex :** Dès 1823, dans *Racine et Shakespeare,* Stendhal fait dialoguer un romantique et un académicien sur la question de « savoir si, en observant les deux unités de temps et de lieu, on peut faire des pièces qui intéressent vivement les spectateurs du XIXe siècle ».

Les principes du drame romantique

Le manifeste qui définit l'esprit nouveau et pose les principes du drame est la préface de *Cromwell* (▸ p. 282), écrite par Victor Hugo en 1827 : le drame doit traduire fidèlement la **vie**, et la montrer dans ce qu'elle a de complexe, de contradictoire, d'incohérent, de violent.

C'est une forme de théâtre **sans codification**, dans lequel toute liberté est donnée à l'auteur de construire sa pièce dans le temps et dans les lieux qu'il choisit. Il peut mélanger les genres et les registres, et se donne une grande liberté d'utilisation de la langue et de la versification.

Les caractéristiques du drame romantique

Lieux et temps : le drame reste construit en cinq actes, mais son action n'est plus limitée à un lieu unique ni à une durée déterminée.

■ **Ex :** *Hernani* (▸ p. 280) a pour décors une chambre à coucher à Saragosse, un château dans les montagnes d'Aragon, des caveaux à Aix-la-Chapelle ; l'action de *Lorenzaccio* (▸ p. 281) se partage entre Florence et Venise et dure plusieurs semaines.

Thème, intrigue, action : l'Antiquité et ses mythes sont remplacés par des périodes de l'Histoire et des problématiques plus proches du goût du public.

■ **Ex :** *Lorenzaccio* évoque la Renaissance ; *Hernani* et *Ruy Blas* ont des actions situées dans l'Espagne du XVIe et du XVIIe siècle. On y traite des problèmes d'engagement politique (*Lorenzaccio*), de la condition de ceux que rejette la société (*Hernani, Ruy Blas*), du statut de l'artiste (*Chatterton* ▸ p. 288 ; *Kean*)...

Hugo prône une action unique, ce qui n'empêche pas un éclatement du thème essentiel en péripéties, rebondissements et coups de théâtre : le drame se déroule dans l'exubérance et le foisonnement, et n'hésite pas à montrer la violence sur scène.

De nouveaux héros : comme la tragédie, le drame confronte un héros et des personnages à des forces diverses. Ce ne sont plus celles d'une fatalité venue des dieux, mais celles d'un environnement politique d'intrigues, de passions et de rivalités. Cela détermine la nature et le nombre des personnages. Les plus importants peuvent être une dizaine, les autres ne se comptent pas : conjurés, montagnards, soldats, moines, courtisans... (▸ p. 281), ils incarnent la vie sociale et sa diversité. À travers ceux qui donnent leur nom aux pièces (Chatterton, Hernani, Ruy Blas, Lorenzaccio) se crée une nouvelle image de héros malheureux, poussés par leur destin personnel à accomplir des actes risqués qui donnent un sens à leur vie, mais qui la leur font perdre.

Le mélange des genres : l'imitation de la vie implique que l'on en montre tous les aspects. Le drame utilise les extrêmes, tant dans les actions (héroïsme / lâcheté, générosité / cruauté, confiance / trahison...) que dans le langage, qui va de la trivialité au sublime et utilise la langue de tous les jours dans des alexandrins « cassés » et désarticulés (▸ p. 283).

■ **Ex :** L'expression *escalier / dérobé* (▸ p. 283) fit scandale lors de la première d'*Hernani.* Hugo se vantait d'avoir « disloqué ce grand niais d'alexandrin ».

Les réactions du public

Le drame romantique fut, dès sa création, un objet de scandale, comme en témoigne la **bataille d'*Hernani*** : le 25 février 1830, romantiques et classiques s'affrontèrent même physiquement. Somptueux et exubérant, il a connu par la suite – et connaît encore – le succès, mais il n'a plus eu de créations après 1850, ce qui laisse penser qu'il était bien le reflet des aspirations d'une époque, mais pas de la suivante.

REPÈRES Le romantisme ▸ p. 336
La tragédie ▸ p. 252

Séquence 17

Le théâtre au XXe siècle

1 Georges Feydeau, *On purge Bébé* (1910)

La comédie On purge Bébé *s'ouvre sur une scène entre Follavoine, un fabricant de porcelaine, et sa bonne, Rose.*

Au lever du rideau. Follavoine, penché sur sa table de travail, la jambe gauche repliée sur son fauteuil de bureau, la croupe sur le bras du fauteuil, compulse son dictionnaire.

FOLLAVOINE, *son dictionnaire ouvert devant lui sur la table.* – Voyons : « Îles Hébrides ?... Îles Hébrides ?... Îles Hébrides ?... » *(On frappe à la porte. — Sans relever la tête et avec humeur.)* Zut ! entrez ! *(À Rose qui paraît.)* Quoi ? Qu'est-ce que vous voulez ?

ROSE, *arrivant du pan coupé de gauche.* – C'est madame qui demande monsieur.

FOLLAVOINE, *se replongeant dans son dictionnaire et avec brusquerie.* – Eh ! bien, qu'elle vienne !... Si elle a à me parler, elle sait où je suis.

ROSE, *qui est descendue jusqu'au milieu de la scène.* – Madame est occupée dans son cabinet de toilette ; elle ne peut pas se déranger.

FOLLAVOINE. – Vraiment ? Eh bien, moi non plus ! Je regrette ! je travaille.

ROSE, *avec indifférence.* – Bien, monsieur.

Elle fait mine de remonter.

FOLLAVOINE, *relevant la tête, sans lâcher son dictionnaire. – Sur le même ton brusque.* – D'abord, quoi ? Qu'est-ce qu'elle me veut ?

ROSE, *qui s'est arrêtée à l'interpellation de Follavoine.* – Je ne sais pas, monsieur.

FOLLAVOINE. – Eh ! bien, allez lui demander !

ROSE. – Oui, monsieur.

On purge Bébé, de **Georges Feydeau**, mise en scène de Jean-Christophe Averty, avec Céline Samie et Bernard Ménez (théâtre des Bouffes du Nord ; Paris ; 1991).

Elle remonte.

FOLLAVOINE. – C'est vrai ça !… *(Rappelant Rose au moment où elle va sortir.)* Au fait, dites donc, vous… !

ROSE, *redescendant.* – Monsieur ?

FOLLAVOINE. – Par hasard, les… les Hébrides… ?

ROSE, *qui ne comprend pas.* – Comment ?

FOLLAVOINE. – Les Hébrides ?… Vous ne savez pas où c'est ?

ROSE, *ahurie.* – Les Hébrides ?

FOLLAVOINE. – Oui.

ROSE. – Ah ! non !… non !… *(Comme pour se justifier.)* C'est pas moi qui range ici !… c'est madame.

FOLLAVOINE, *se redressant en refermant son dictionnaire sur son index de façon à ne pas perdre la page.* – Quoi ! quoi, « qui range » ! les Hébrides !… des îles ! bougre d'ignare !… de la terre entourée d'eau vous ne savez pas ce que c'est ?

ROSE, *ouvrant de grands yeux.* – De la terre entourée d'eau ?

FOLLAVOINE. – Oui ! de la terre entourée d'eau, comment ça s'appelle ?

ROSE. – De la boue ?

FOLLAVOINE, *haussant les épaules.* – Mais non, pas de la boue ! C'est de la boue quand il n'y a pas beaucoup de terre et pas beaucoup d'eau mais, quand il y a beaucoup de terre et beaucoup d'eau, ça s'appelle des îles !

ROSE, *abrutie.* – Ah ?

FOLLAVOINE. – Eh ! bien, les Hébrides, c'est ça ! c'est des îles ! par conséquent, c'est pas dans l'appartement.

ROSE, *voulant avoir compris.* – Ah ! oui !... c'est dehors !

FOLLAVOINE, *haussant les épaules.* – Naturellement ! c'est dehors.

ROSE. – Ah ! ben, non ! non je les ai pas vues.

FOLLAVOINE, *quittant son bureau et poussant familièrement Rose vers la porte pan coupé*[1]. – Oui, bon, merci, ça va bien !

ROSE, *comme pour se justifier.* – Y a pas longtemps que je suis à Paris, n'est-ce pas... ?

FOLLAVOINE. – Oui !... oui, oui !

ROSE. – Et je sors si peu !

FOLLAVOINE. – Oui ! ça va bien, allez !... Allez retrouver madame.

ROSE. – Oui, monsieur !

Elle sort.

FOLLAVOINE. – Elle ne sait rien cette fille ! rien ! qu'est-ce qu'on lui a appris à l'école ? *(Redescendant jusque devant la table contre laquelle il s'adosse.)* « C'est pas elle qui a rangé les Hébrides » ! Je te crois, parbleu ! (*Se replongeant dans son dictionnaire.)* « Z'Hébrides... Z'Hébrides... » *(Au public.)* C'est extraordinaire ! je trouve zèbre, zébré, zébrure, zébu !... Mais de Zhébrides, pas plus que dans mon œil ! Si ça y était, ce serait entre zébré et zébrure. On ne trouve rien dans ce dictionnaire !

Par acquit de conscience, il reparcourt des yeux la colonne qu'il vient de lire.

Acte I, scène 1 (intégrale).

1. Porte placée dans un pan de mur oblique.

Contexte xxe s. ▶ p. 490
Notice biographique ▶ p. 497

RECHERCHE

Histoire littéraire

1. Cherchez les différents sens du mot *vaudeville* à différentes époques.

Lecture analytique

2. Quelles sont les phases successives de la scène ? Prenez appui sur les didascalies et sur le thème du dialogue. En quoi cette scène a-t-elle un mouvement cyclique ?
3. Par quels procédés le spectateur peut-il découvrir le statut des trois personnages en cause et leurs relations sociales ou familiales ?
4. Comment le dialogue entre Follavoine et Rose permet-il au spectateur d'avoir un premier aperçu des deux personnages ? Que peut-il déduire de leur échange concernant chacun d'eux ?
5. Sur quoi repose le comique de la scène ? Trouvez et analysez les deux procédés en jeu.
6. Le spectateur peut-il imaginer l'intrigue de la pièce à partir des éléments de cette première scène ?

Travail sur un corpus de textes

7. Rapprochez les textes de Molière (▶ p. 256), Hugo (▶ p. 283) et Feydeau (▶ p. 298) pour analyser les caractéristiques et les fonctions de la scène d'exposition au théâtre.

Écriture d'invention

8. Transposez cette scène en un court récit (une vingtaine de lignes) reprenant le même thème, à la troisième personne, et se terminant par la moralité suivante : *Tel est pris qui croyait prendre.*

REPÈRES Le registre comique ▶ p. 279
Le théâtre au xxe siècle ▶ p. 316

2 Jules Romains, *Knock ou le Triomphe de la médecine* (1923)

Affiche de Becan pour *Knock ou le Triomphe de la médecine,* de **Jules Romains**, mise en scène de Louis Jouvet.

Succédant au docteur Parpalaid dans une petite ville de province, Knock semble avoir des théories tout à fait inhabituelles en ce qui concerne la médecine et les relations entre patients et médecin. Dans la scène qui suit, il est en présence de Bernard, le maître d'école, qu'il a convoqué.

KNOCK. – Monsieur Bernard, quelqu'un qui est bien renseigné sur vous, m'a révélé que vous aviez un grave défaut : la modestie. Vous êtes le seul à ignorer que vous possédez ici une autorité morale et une influence personnelle peu communes. Je vous demande pardon d'avoir à vous le dire. Rien de sérieux ici ne se fera sans vous.

BERNARD. – Vous exagérez, docteur.

KNOCK. – C'est entendu ! Je puis soigner sans vous mes malades. Mais la maladie, qui est-ce qui m'aidera à la combattre, à la débusquer ? Qui est-ce qui instruira ces pauvres gens sur les périls de chaque seconde qui assiègent leur organisme ? Qui leur apprendra qu'on ne doit pas attendre d'être mort pour appeler le médecin ?

BERNARD. – Ils sont très négligents. Je n'en disconviens pas.

KNOCK, *s'animant de plus en plus.* – Commençons par le commencement. J'ai ici la matière de plusieurs causeries de vulgarisation, des notes très complètes, de bons clichés, et une lanterne[1]. Vous arrangerez tout cela comme vous savez le faire. Tenez, pour débuter, une petite conférence, toute écrite, ma foi, et très agréable, sur la fièvre typhoïde, les formes insoupçonnées qu'elle prend, ses véhicules innombrables : eau, pain, lait, coquillages, légumes, salades, poussières, haleine, etc., les semaines et les mois durant lesquels elle couve sans se trahir, les accidents mortels qu'elle déchaîne soudain, les complications redoutables qu'elle charrie à sa suite ; le tout agrémenté de jolies vues : bacilles formidablement grossis, détails d'excréments typhiques, ganglions infectés, perforations d'intestin, et pas en noir, en couleurs, des roses, des marrons, des jaunes et des blancs verdâtres que vous imaginez. *(Il se rassied.)*

BERNARD, *le cœur chaviré.* – C'est que… je suis très impressionnable… Si je me plonge là-dedans, je n'en dormirai plus.

KNOCK. – Voilà justement ce qu'il faut. Je veux dire : voilà l'effet de saisissement que nous devons porter jusqu'aux entrailles de l'auditoire. Vous, monsieur Bernard, vous vous y habituerez. Qu'ils n'en dorment plus ! *(Penché sur lui.)* Car leur tort, c'est de dormir, dans une sécurité trompeuse dont les réveille trop tard le coup de foudre de la maladie.

1. Projecteur.

BERNARD, *tout frissonnant, la main sur le bureau, regard détourné.* – Je n'ai pas déjà une santé si solide. Mes parents ont eu beaucoup de peine à m'élever. Je sais bien que, sur vos clichés, tous ces microbes ne sont qu'en reproduction. Mais, enfin…

KNOCK, *comme s'il n'avait rien entendu.* – Pour ceux que notre première conférence aurait laissés froids, j'en tiens une autre, dont le titre n'a l'air de rien : « Les porteurs de germes. » Il y est démontré, clair comme le jour, à l'aide de cas observés, qu'on peut se promener avec une figure ronde, une langue rose, un excellent appétit, et receler dans tous les replis de son corps des trillions de bacilles de la dernière virulence capables d'infecter un département. *(Il se lève.)* Fort de la théorie et de l'expérience, j'ai le droit de soupçonner le premier venu d'être un porteur de germes. Vous, par exemple, absolument rien ne me prouve que vous n'en êtes pas un.

BERNARD, *se lève.* – Moi ! docteur…

KNOCK. – Je serais curieux de connaître quelqu'un qui, au sortir de cette deuxième petite causerie, se sentirait d'humeur à batifoler[2].

BERNARD. – Vous pensez que moi, docteur, je suis un porteur de germes ?

KNOCK. – Pas vous spécialement. J'ai pris un exemple. Mais j'entends la voix de M. Mousquet. À bientôt, cher monsieur Bernard, et merci de votre adhésion, dont je ne doutais pas.

Acte II, scène 2 (extrait), éd. Gallimard.

2. Plaisanter.

Contexte XXe s. ► p. 490
Notice biographique ► p. 501

RECHERCHE

Histoire littéraire

1. La médecine et les médecins constituent un thème fréquent dans la comédie : cherchez des exemples de pièces d'époques diverses où ce thème est abordé et dites ce qui est dénoncé.

Lecture analytique

2. Dans le cadre général de la médecine, déterminez le thème précis du dialogue, à partir du lexique utilisé.

3. Observez les répliques des deux personnages, ainsi que les didascalies : comment le dialogue fonctionne-t-il ? Qui le domine ? Quels effets les paroles de Knock ont-elles sur l'instituteur ?

4. *Information, déstabilisation, persuasion* : comment ces trois démarches se révèlent-elles à travers les différentes formes du discours de Knock ? Quel intérêt particulier présente pour lui son interlocuteur ?

5. Quelle est la théorie essentielle de Knock en ce qui concerne le rôle du médecin ? Qu'en pensez-vous ?

6. Quelle fonction cette scène a-t-elle par rapport à la théorie de Knock ? En quoi consiste ici le comique ?

Vers le commentaire

7. Construisez et rédigez un ou plusieurs axes de commentaire des lignes 1 à 28 : *la mise en place d'une démarche didactique ; les armes de la persuasion ; l'application d'une curieuse et inquiétante conception de la médecine.*

Écriture d'invention

8. Encore sous le choc de sa rencontre avec Knock, l'instituteur Bernard raconte dans son journal la scène telle qu'il l'a vécue : il commence par ses craintes concernant les germes, puis, repensant à la démarche de Knock, il finit par comprendre ses intentions, sa théorie, et refuse d'y adhérer. En une trentaine de lignes utilisant le discours narratif à la première personne, vous rapporterez ces réactions.

REPÈRES Le théâtre au XXe siècle ► p. 316

3 Jean Cocteau, *La Machine infernale* (1934)

La Machine infernale *reprend l'histoire tragique d'Œdipe (*▸ *p. 221**). Chaque acte est précédé par un texte de commentaire dit par « la voix ». Voici le discours qui ouvre la pièce et l'acte I.*

LA VOIX. — « *Il tuera son père. Il épousera sa mère.* »
Pour déjouer cet oracle d'Apollon, Jocaste, reine de Thèbes, abandonne son fils, les pieds troués et liés, sur la montagne. Un berger de Corinthe trouve le nourrisson et le porte à Polybe. Polybe et Mérope, roi et reine de Corinthe, se lamentaient d'une couche stérile. L'enfant, respecté des ours et des louves, Œdipe, ou *Pieds percés,* leur tombe du ciel. Ils l'adoptent.
Jeune homme, Œdipe interroge l'oracle de Delphes.
Le dieu parle : *Tu assassineras ton père et tu épouseras ta mère.* Donc il faut fuir Polybe et Mérope. La crainte du parricide et de l'inceste le jette vers son destin.
Un soir de voyage, au carrefour où les chemins de Delphes et de Daulie se croisent, il rencontre une escorte. Un cheval le bouscule ; une dispute éclate ; un domestique le menace ; il riposte par un coup de bâton. Le coup se trompe d'adresse et assomme le maître. Ce vieillard mort est Laïus, roi de Thèbes. Et voici le parricide.
L'escorte craignant une embuscade a pris le large. Œdipe ne se doute de rien ; il passe. Au reste, il est jeune, enthousiaste ; il a vite oublié cet accident.
Pendant une de ses haltes, on lui raconte le fléau du Sphinx. Le Sphinx, « la Jeune fille ailée », « la Chienne qui chante », décime la jeunesse de Thèbes. Ce monstre pose une devinette et tue ceux qui ne la devinent pas. La reine Jocaste, veuve de Laïus, offre sa main et sa couronne au vainqueur du Sphinx.
Comme s'élancera le jeune Siegfried, Œdipe se hâte. La curiosité, l'ambition le dévorent. La rencontre a lieu. De quelle nature, cette rencontre ? Mystère. Toujours est-il que le jeune Œdipe entre à Thèbes en vainqueur et qu'il épouse la reine. Et voilà l'inceste.
Pour que les dieux s'amusent beaucoup, il importe que leur victime tombe de haut. Des années s'écoulent, prospères. Deux filles, deux fils compliquent les noces monstrueuses. Le peuple aime son roi. Mais la peste éclate. Les dieux accusent un criminel anonyme d'infecter le pays et ils exigent qu'on le chasse. De recherche en recherche et comme enivré de malheur, Œdipe arrive au pied du mur. Le piège se ferme. Lumière est faite. Avec son écharpe rouge Jocaste se pend. Avec la broche d'or de la femme pendue, Œdipe se crève les yeux.
Regarde, spectateur, remontée à bloc, de telle sorte que le ressort se déroule avec lenteur tout le long d'une vie humaine, une des plus parfaites machines construites par les dieux infernaux pour l'anéantissement mathématique d'un mortel.

(Discours intégral) Éd. Grasset.

Contexte XXe s. ▸ p. 490
Notice biographique ▸ p. 494

RECHERCHE

Histoire littéraire

1. Cherchez le nom et les dates des auteurs de l'Antiquité qui ont traité l'histoire d'Œdipe sous forme théâtrale.

2. Qui est le personnage de Siegfried cité dans le texte (l. 21) ?

Lecture analytique

3. À partir de repérages précis, déterminez la forme de discours, le contenu et la structure du texte. Qu'a de particulier le dernier paragraphe ?

4. En prenant appui sur certaines formulations, définissez la fonction de « la voix » : se contente-t-elle de raconter ? Qui détenait cette fonction dans les tragédies antiques ?

5. Retrouvez et formulez toutes les relations que l'on peut établir entre le contenu du récit, la manière de raconter et l'expression qui termine le texte : *une des plus parfaites machines construites par les dieux infernaux pour l'anéantissement mathématique d'un mortel.*

6. Comment peut-on expliquer que « la voix » raconte l'histoire qui va être mise en scène ? À quoi fait référence Cocteau à travers ce choix ?

Maîtrise de la langue

7. En une ou deux phrases commençant par *L'histoire d'Œdipe est tragique parce que...* ou *On peut parler de tragique dans le cas d'Œdipe parce que...*, formulez une justification qui permette de comprendre ce qu'on entend par « registre tragique ».

Vers la dissertation

8. De nombreux auteurs du XXe siècle se sont inspirés, dans leur œuvre théâtrale, de thèmes antiques. Dans un développement argumenté et illustré par des exemples, vous exposerez certaines raisons pouvant justifier ces choix.

REPÈRES
L'inspiration antique... ▸ p. 29
Le registre tragique ▸ p. 253
Le théâtre au XXe siècle ▸ p. 316

4 Jean Giraudoux, *La guerre de Troie n'aura pas lieu* (1935)

La prophétesse Cassandre a prédit que la guerre de Troie aurait lieu. Andromaque, la femme d'Hector, et la reine Hécube, sa belle-mère, tentent d'éviter cette guerre ; elles s'opposent au roi Priam, époux d'Hécube, et au poète Démokos.

PRIAM. – Chères filles, votre révolte même prouve que nous avons raison. Est-il une plus grande générosité que celle qui vous pousse à vous battre en ce moment pour la paix, la paix qui vous donnera des maris veules, inoccupés, fuyants, quand la guerre vous fera d'eux des hommes !...

DÉMOKOS. – Des héros.

HÉCUBE. – Nous connaissons le vocabulaire. L'homme en temps de guerre s'appelle le héros. Il peut ne pas en être plus brave, et fuir à toutes jambes. Mais c'est du moins un héros qui détale.

ANDROMAQUE. – Mon père, je vous en supplie. Si vous avez cette amitié pour les femmes, écoutez ce que toutes les femmes du monde vous disent par ma voix. Laissez-nous nos maris comme ils sont. Pour qu'ils gardent leur agilité et leur courage, les dieux ont créé autour d'eux tant d'entraîneurs vivants ou non vivants ! Quand ce ne serait que l'orage ! Quand ce ne serait que les bêtes !

Aussi longtemps qu'il y aura des loups, des éléphants, des onces[1], l'homme aura mieux que l'homme comme émule et comme adversaire. Tous ces grands oiseaux qui volent autour de nous, ces lièvres dont nous les femmes confondons le poil avec les bruyères, sont de plus sûrs garants de la vue perçante de nos maris que l'autre cible, que le cœur de l'ennemi emprisonné dans sa cuirasse. Chaque fois que j'ai vu tuer un cerf ou un aigle, je l'ai remercié. Je savais qu'il mourait pour Hector. Pourquoi voulez-vous que je doive Hector à la mort d'autres hommes ?

PRIAM. – Je ne le veux pas, ma petite chérie. Mais savez-vous pourquoi vous êtes là, toutes si belles et si vaillantes ? C'est parce que vos maris et vos pères et vos aïeux furent des guerriers. S'ils avaient été paresseux aux armes, s'ils n'avaient pas su que cette occupation terne et stupide qu'est la vie se justifie soudain et s'illumine par le mépris que les hommes ont d'elle, c'est vous qui seriez lâches et réclameriez la guerre. Il n'y a pas deux façons de se rendre immortel ici-bas, c'est d'oublier qu'on est mortel !

ANDROMAQUE. – Oh ! justement, père, vous le savez bien ! Ce sont les braves qui meurent à la guerre. Pour ne pas y être tué, il faut un grand hasard ou une grande habileté. Il faut avoir courbé la tête ou s'être agenouillé au moins une fois devant le danger. Les soldats qui défilent sous les arcs de triomphe sont ceux qui ont déserté la mort. Comment un pays pourrait-il gagner dans son honneur et dans sa force en les perdant tous les deux ?

PRIAM. – Ma fille, la première lâcheté est la première ride d'un peuple.

ANDROMAQUE. – Où est la pire lâcheté ? Paraître lâche vis-à-vis des autres, et assurer la paix ? Ou être lâche vis-à-vis de soi-même et provoquer la guerre ?

DÉMOKOS. – La lâcheté est de ne pas préférer à toute mort la mort pour son pays.

Acte I, scène 6 (extrait), éd. Grasset.

1. Grands félins qui vivent dans la montagne.

Contexte XXe s. ▶ p. 490
Notice biographique ▶ p. 497

RECHERCHE

Histoire littéraire

1. a. Cherchez où et quand s'est déroulée la guerre de Troie, quelle en fut la cause et quels étaient les peuples en présence.
b. Citez cinq héros de chaque camp, un épisode décisif et dites quelle fut l'issue du conflit.
c. Trouvez le nom de plusieurs tragédies antiques et classiques faisant référence à la guerre de Troie.
2. Dans quel contexte historique a été créée la pièce de Giraudoux ?

Lecture analytique

3. Quel est le débat qui oppose les différents personnages ? Précisez quelle thèse soutiennent les uns et les autres. Comment se regroupent-ils ?
4. Quels sont les arguments de Priam ? Sont-ils relatifs à la guerre de Troie ou s'appliquent-ils à toute guerre ?
5. Formulez, de manière claire, la thèse d'Andromaque à propos de la guerre et récapitulez ses différents arguments. À quels domaines les emprunte-t-elle ? D'où vient leur force ?
6. Que permet le dialogue théâtral sur le plan de l'argumentation ?
7. Quel peut être l'intérêt du thème antique et historique pour une réflexion sur la guerre ?

Oral

8. Quel sens peut prendre le titre de cette pièce compte tenu de sa date de création, et par rapport à l'existence historique de la véritable guerre de Troie ?

REPÈRES L'inspiration antique… ▶ p. 29
Le théâtre au XXe siècle ▶ p. 316

5 Albert Camus, *Les Justes* (1950)

Au début du XX*e siècle en Russie, l'Organisation socialiste révolutionnaire a décidé de tuer le grand-duc, mais l'homme qui devait s'en charger, Kaliayev, a refusé de lancer la bombe parce que le grand-duc était accompagné d'enfants.*

STEPAN. – L'Organisation t'avait commandé de tuer le grand-duc.

KALIAYEV. – C'est vrai. Mais elle ne m'avait pas demandé d'assassiner des enfants.

ANNENKOV. – Yanek[1] a raison. Ceci n'était pas prévu.

STEPAN. – Il devait obéir.

ANNENKOV. – Je suis le responsable. Il fallait que tout fût prévu et que personne ne pût hésiter sur ce qu'il y avait à faire. Il faut seulement décider si nous laissons échapper définitivement cette occasion ou si nous ordonnons à Yanek d'attendre la sortie du théâtre. Alexis ?

VOINOV. – Je ne sais pas. Je crois que j'aurais fait comme Yanek. Mais je ne suis pas sûr de moi. *(Plus bas.)* Mes mains tremblent.

ANNENKOV. – Dora ?

DORA, *avec violence.* – J'aurais reculé, comme Yanek. Puis-je conseiller aux autres ce que moi-même je ne pourrais pas faire ?

STEPAN. – Est-ce que vous vous rendez compte de ce que signifie cette décision ? Deux mois de filatures, de terribles dangers courus et évités, deux mois perdus à jamais. Egor arrêté pour rien. Rikov pendu pour rien. Et il faudrait recommencer ? Encore de longues semaines de veilles et de ruses, de tension incessante, avant de retrouver l'occasion propice ? Êtes-vous fous ?

ANNENKOV. – Dans deux jours, le grand-duc retournera au théâtre, tu le sais bien.

STEPAN. – Deux jours où nous risquons d'être pris, tu l'as dit toi-même.

KALIAYEV. – Je pars.

DORA. – Attends ! *(À Stepan.)* Pourrais-tu, toi, Stepan, les yeux ouverts, tirer à bout portant sur un enfant ?

STEPAN. – Je le pourrais si l'Organisation le commandait.

DORA. – Pourquoi fermes-tu les yeux ?

STEPAN. – Moi ? J'ai fermé les yeux ?

DORA. – Oui.

STEPAN. – Alors, c'était pour mieux imaginer la scène et répondre en connaissance de cause.

DORA. – Ouvre les yeux et comprends que l'Organisation perdrait ses pouvoirs et son influence si elle tolérait, un seul moment, que des enfants fussent broyés par nos bombes.

1. Diminutif d'Ivan, prénom de Kaliayev.

STEPAN. – Je n'ai pas assez de cœur pour ces niaiseries. Quand nous nous déciderons à oublier les enfants, ce jour-là, nous serons les maîtres du monde et la révolution triomphera.

DORA. – Ce jour-là, la révolution sera haïe de l'humanité entière.

STEPAN. – Qu'importe si nous l'aimons assez fort pour l'imposer à l'humanité entière et la sauver d'elle-même et de son esclavage.

DORA. – Et si l'humanité entière rejette la révolution ? Et si le peuple entier, pour qui tu luttes, refuse que ses enfants soient tués ? Faudra-t-il le frapper aussi ?

STEPAN. – Oui, s'il le faut, et jusqu'à ce qu'il comprenne. Moi aussi, j'aime le peuple.

Acte II (extrait), éd. Gallimard.

Contexte xxe s. ▸ p. 490
Notice biographique ▸ p. 495
Du même auteur ▸ p. 136 p. 188 p. 385

Lecture analytique

1. Quelles sont les thèses en présence ? Prenez appui sur les répliques des différents personnages et sur des éléments lexicaux.
2. Donnez le nom des personnages qui soutiennent chacune des thèses. Que remarquez-vous ?
3. Quels sont les arguments utilisés pour soutenir chaque thèse ? À quel domaine chacun d'eux appartient-il ? Lesquels vous semblent avoir le plus de force ?
4. Qu'y a-t-il de paradoxal dans la dernière réplique de Stepan ?
5. Quelle question morale et politique Camus aborde-t-il ici ? En quoi le théâtre, à travers le dialogue, favorise-t-il cette réflexion ?

Écriture d'invention

6. Après ce dialogue avec les membres du groupe, Kaliayev reste seul en scène et s'interroge sur le bien-fondé de sa décision. Rédigez ce monologue délibératif en lui donnant une forme argumentée.

REPÈRES Le théâtre au xxe siècle ▸ p. 316
La littérature engagée ▸ p. 389

6 Jean Tardieu, *La Comédie du langage* (1951)

Voici le tout début de la pièce de Jean Tardieu, « Finissez vos phrases ou Une heureuse rencontre ».

Monsieur A et Madame B, personnages quelconques, mais pleins d'élan (comme s'ils étaient toujours sur le point de dire quelque chose d'explicite), se rencontrent dans une rue quelconque, devant la terrasse d'un café.

MONSIEUR A, *avec chaleur.* – Oh ! Chère amie. Quelle chance de vous…

MADAME B, *ravie.* – Très heureuse, moi aussi. Très heureuse de… vraiment oui !

MONSIEUR A. – Comment allez-vous, depuis que ?…

MADAME B, *très naturelle.* – Depuis que ? Eh bien ! J'ai continué, vous savez, j'ai continué à…

MONSIEUR A. – Comme c'est !… Enfin, oui, vraiment, je trouve que c'est…

MADAME B, *modeste.* – Oh, n'exagérons rien ! C'est seulement, c'est uniquement… je veux dire : ce n'est pas tellement, tellement…

MONSIEUR A, *intrigué, mais sceptique.* – Pas tellement, pas tellement, vous croyez ?

MADAME B, *restrictive.* – Du moins je le… je, je, je… Enfin !...

MONSIEUR A, *avec admiration.* – Oui, je comprends : vous êtes trop, vous avez trop de…

MADAME B, *toujours modeste, mais flattée.* – Mais non, mais non ; plutôt pas assez…

MONSIEUR A, *réconfortant.* – Taisez-vous donc ! Vous n'allez pas nous… ?

MADAME B, *riant franchement.* – Non ! Non ! Je n'irai pas jusque-là !

Un temps très long. Ils se regardent l'un l'autre en souriant.

MONSIEUR A. – Mais au fait ? Puis-je vous demander où vous… ?

MADAME B, *très précise et décidée.* – Mais pas de ! Non, non, rien, rien. Je vais jusqu'au. Pour aller chercher mon. Puis je reviens à la.

MONSIEUR A, *engageant et galant, offrant son bras.* – Me permettez vous de…

MADAME B. – Mais bien entendu ! Nous ferons ensemble un bout de.

MONSIEUR A. – Parfait, parfait ! Alors je vous en prie. Veuillez passer par ! Je vous suis. Mais, à cette heure-ci, attention à, attention aux !

In *La Comédie du langage*, éd. Gallimard, 1951.

Contexte XXe s. ▶ p. 490
Notice biographique ▶ p. 502

Lecture analytique

1. Comment, dès la première didascalie (l. 1-3), le lecteur peut-il comprendre le choix de l'auteur de ne pas donner de noms à ses personnages ?

2. Observez les différentes répliques et l'évolution du dialogue : quel phénomène remarquez-vous ? Comment peut-il s'expliquer ? Quel effet produit-il sur le lecteur ou le spectateur ?

3. Quels éléments théâtraux prennent alors une importance particulière pour la compréhension de ce qui se passe ?

4. À quelles conclusions le texte conduit-il concernant les conversations de tous les jours et les relations sociales ? Mettez-le en relation avec le titre de la pièce.

Écriture d'invention

5. Complétez les répliques inachevées en donnant, dans certains cas, plusieurs versions : une version banale et stéréotypée, et une version originale, faisant référence avec précision à la vie de Madame B. Donnez un nom aux deux personnages.

6. Choisissez deux personnages de la *commedia dell'arte* et reconstituez le dialogue en faisant référence à une (ou des) situation(s) de ce théâtre.

REPÈRES
Les mots : sens et usage ▶ p. 59
Le théâtre au XXe siècle ▶ p. 316

L'Échange, de **Paul Claudel**, mise en scène d'Antoine Vitez, avec Claude Degliame et Jean-Yves Dubois, (Théâtre national de Chaillot ; Paris ; 1986).

7 Paul Claudel, *L'Échange* (version de 1952)

Cette scène de l'acte I de L'Échange*, qui regroupe quatre personnages dont une comédienne, aborde la question de la nature du théâtre.*

LÉCHY ELBERNON
Je suis actrice, vous savez. Je joue sur le théâtre.
Le théâtre. Vous ne savez pas ce que c'est ?
MARTHE[1]
Je ne sais pas.
LÉCHY ELBERNON *(elle prend position et en avant la musique !)*
Il y a la scène et la salle.
Tout étant clos, les gens viennent là le soir et ils sont assis par rangées les uns derrière les autres, regardant. Regardant.
MARTHE
Quoi ? Qu'est-ce qu'ils regardent puisque tout est fermé ?
LÉCHY ELBERNON
Ils regardent le rideau de la scène.
Et ce qu'il y a derrière quand il est levé.
Attention ! attention ! il va arriver quelque chose !
Quelque chose de pas vrai comme si c'était vrai !
MARTHE
Mais puisque ce n'est pas vrai !
LÉCHY ELBERNON
Le vrai ! Le vrai, tout le monde sent bien que c'est un rideau !
Tout le monde sent bien qu'il y a quelque chose derrière.
THOMAS POLLOCK NAGEOIRE[2]
Un autre rideau ?
LÉCHY ELBERNON
Une *patience* ! Ce que nous appelons une *patience* !
Quelque chose qui fait prendre patience ! Un rideau qui bouge !
Dans votre vie à vous, rien n'arrive. Rien qui aille d'un bout à l'autre.
Rien ne commence, rien ne finit.
Ça vaut la peine d'aller au théâtre pour voir quelque chose qui arrive.
Vous entendez ! Qui arrive pour de bon ! Qui commence et qui finisse !
(À Louis Laine) : Qu'est-ce que tu dis du théâtre, bébé ?

1. Marthe, épouse de Louis Laine, est, comme lui, d'origine paysanne.
2. Thomas Pollock Nageoire est un homme d'affaires.

LOUIS LAINE

C'est l'endroit qui est nulle part. On a mis des bâtons pour empêcher d'entrer. Maintenant on est quelqu'un tous ensemble. On est quelqu'un qui attend. Quelqu'un qui regarde.

MARTHE

Qui regarde quoi ?

LOUIS LAINE

Ce qui va arriver.

LÉCHY ELBERNON

C'est moi, c'est moi qui arrive !

Ça vaut la peine d'arriver !

Ça vaut la peine d'arriver ! Ça vaut la peine de lui arriver, cette espèce de sacrée mâchoire ouverte pour vous engloutir.

Pour se faire du bien avec, chaque mouvement que vous lui faites avec art avec furie pour lui entrer ! *(Toute cette ligne dite d'un seul trait.)*

Et je n'ai qu'à parler, le moindre mot qui me sort, avec art, avec furie ! pour ressentir tout cela sur moi qui écoute, toutes ces âmes qui se forgent, qui se reforgent à grands coups de marteau sur la mienne.

Et je suis là qui leur arrive à tous, terrible, toute nue !

Le caissier qui sait que demain

On lui vérifiera ses livres, et la mère adultère dont l'enfant vient de tomber malade,

Et celui qui vient de voler pour la première fois et celui qui n'a rien fait de tout le jour.

Et moi, je suis celle-là qui leur arrive à grands coups, coup sur coup pour leur arracher le cœur, avec art, avec furie, terrible, toute nue !

LOUIS LAINE

Regardez-la ! J'ai peur ! Le personnage lui sort par tous les pores !

THOMAS POLLOCK NAGEOIRE

N'ayez pas peur ! Elle joue.

Acte I (extrait), éd. Mercure de France.

Contexte XXe s. ▶ p. 490
Notice biographique ▶ p. 496

RECHERCHE

Histoire littéraire

1. Cherchez qui était Paul Claudel, quels domaines littéraires il a abordés, et quelles étaient ses relations avec Camille Claudel et le sculpteur Rodin.

Lecture analytique

2. Qu'est-ce que le théâtre ? En prenant appui sur le lexique du théâtre présent dans les répliques de Léchy Elbernon et de Louis Laine, trouvez et classez les éléments de réponse à cette question.

3. Quelle est l'utilité, dans le dialogue et dans les enjeux de la scène, des objections émises par Marthe ? Qu'incarne ce personnage par rapport au théâtre et à la vie ?

4. Que précise la dernière réplique de Léchy Elbernon en ce qui concerne la fonction du comédien et le pouvoir qu'il exerce sur le public ?

5. Que signifie la formule *N'ayez pas peur ! Elle joue* (l. 47) ? Quel rôle a-t-elle dans cette scène, par rapport aux différentes explications sur le théâtre ?

Lecture analytique

6. Le texte comporte plusieurs jeux de mots portant sur leur sens. Trouvez-en des exemples et explicitez-les. Quelle peut être leur fonction ?

Vers la dissertation

7. En songeant aux décors, aux personnages, à la représentation de l'espace et du temps, à l'expression des sentiments, aux relations entre un comédien et les personnages qu'il incarne, expliquez ce qu'on appelle l'illusion théâtrale.

REPÈRES Le théâtre au XXe siècle ▶ p. 316

8 Eugène Ionesco, *Rhinocéros* (1959)

L'arrivée d'un rhinocéros trouble une petite ville et suscite chez les habitants des réactions diverses. Parmi les personnages concernés figurent Jean et Bérenger, deux amis très différents, un vieux monsieur et un « logicien ». Leur discussion porte sur la logique.

Rhinocéros, d'**Eugène Ionesco**, mise en scène de Jean-Louis Barrault (Théâtre de l'Odéon, Paris ; 1960).

LE LOGICIEN, *au Vieux Monsieur.* – Voici donc un syllogisme exemplaire. Le chat a quatre pattes. Isidore et Fricot ont chacun quatre pattes. Donc Isidore et Fricot sont chats.

LE VIEUX MONSIEUR, *au Logicien.* – Mon chien aussi a quatre pattes.

LE LOGICIEN, *au Vieux Monsieur.* – Alors, c'est un chat.

BÉRENGER, *à Jean.* – Moi, j'ai à peine la force de vivre. Je n'en ai plus envie peut-être.

LE VIEUX MONSIEUR, *au Logicien après avoir longuement réfléchi.* – Donc, logiquement, mon chien serait un chat.

LE LOGICIEN, *au Vieux Monsieur.* – Logiquement, oui. Mais le contraire est aussi vrai.

BÉRENGER, *à Jean.* – La solitude me pèse. La société aussi.

JEAN, *à Bérenger.* – Vous vous contredisez. Est-ce la solitude qui pèse, ou est-ce la multitude ? Vous vous prenez pour un penseur et vous n'avez aucune logique.

LE VIEUX MONSIEUR, *au Logicien.* – C'est très beau, la logique.

LE LOGICIEN, *au Vieux Monsieur.* – À condition de ne pas en abuser.

BÉRENGER, *à Jean.* – C'est une chose anormale de vivre.

JEAN. – Au contraire. Rien de plus naturel. La preuve : tout le monde vit.

BÉRENGER. – Les morts sont plus nombreux que les vivants. Leur nombre augmente. Les vivants sont rares.

JEAN. – Les morts, ça n'existe pas, c'est le cas de le dire !… Ah ! Ah !… *(Gros rire.)* Ceux-là aussi vous pèsent ? Comment peuvent peser des choses qui n'existent pas ?

BÉRENGER. – Je me demande moi-même si j'existe !

JEAN, *à Bérenger.* – Vous n'existez pas, mon cher, parce que vous ne pensez pas ! Pensez, et vous serez.

LE LOGICIEN, *au Vieux Monsieur.* – Autre syllogisme : tous les chats sont mortels. Socrate est mortel. Donc Socrate est un chat.

LE VIEUX MONSIEUR. – Et il a quatre pattes. C'est vrai, j'ai un chat qui s'appelle Socrate.

LE LOGICIEN. – Vous voyez…

JEAN, à *Bérenger.* – Vous êtes un farceur, dans le fond. Un menteur. Vous dites que la vie ne vous intéresse pas. Quelqu'un, cependant, vous intéresse !

BÉRENGER. – Qui ?

JEAN. – Votre petite camarade de bureau, qui vient de passer. Vous en êtes amoureux !

LE VIEUX MONSIEUR, *au Logicien.* – Socrate était donc un chat !

LE LOGICIEN, *au Vieux Monsieur.* – La logique vient de nous le révéler.

JEAN, *à Bérenger.* – Vous ne vouliez pas qu'elle vous voie dans le triste état où vous vous trouviez. *(Geste de Bérenger.)* Cela prouve que tout ne vous est pas indifférent. Mais comment voulez-vous que Daisy[1] soit séduite par un ivrogne ?

LE LOGICIEN, *au Vieux Monsieur.* – Revenons à nos chats.

Acte I (extrait), éd. Gallimard.

1. Personnage de la pièce, dont Bérenger est amoureux.

Contexte XXe s. ▶ p. 490
Notice biographique ▶ p. 498

RECHERCHE

Les mots et leur usage

1. Cherchez le sens du mot *syllogisme* et donnez en exemple le syllogisme le plus connu qui met en cause Socrate. Quelles sont les conditions pour que la conclusion d'un syllogisme soit exacte et logiquement acceptable ?

Lecture analytique

2. Observez l'organisation des répliques des quatre personnages : que remarquez-vous en ce qui concerne le nombre et le déroulement des conversations en cours ? À quels moments et sur quels points se recoupent-elles ?

3. Retrouvez dans le dialogue, et classez, en les identifiant, des formulations vides de sens, ou incohérentes, des façons de *parler pour ne rien dire*, formules toutes faites, stéréotypes… Relevez également de nombreux indices lexicaux d'utilisation de la logique.

4. À partir des trois réponses précédentes, cherchez quelles sont les visées de cet extrait : qu'est-ce qui est dénoncé, sur le plan du langage ?

5. Que remarquez-vous concernant le nom des personnages ? Quels rapports les conversations de ces personnages peuvent-elles avoir avec l'arrivée du rhinocéros ?

Travail sur un corpus de textes

6. Rapprochez les textes de G. Feydeau (▶ p. 298), de J. Romains (▶ p. 301), et d'Ionesco (▶ p. 311) pour étudier les procédés comiques et leurs effets.

Écriture d'invention

7. À la manière d'Ionesco dans cette scène, construisez deux conversations parallèles qui se rencontrent parfois, l'une portant sur un syllogisme absurde, l'autre sur le goût ou le dégoût du travail. Indiquez le nom et la profession de vos personnages et expliquez, dans un bref chapeau, les circonstances de la conversation. Faites comprendre, par votre composition, comment un échange de propos peut être vide tout en révélant les personnages.

REPÈRES Le théâtre au XXe siècle ▶ p. 316

Pour un oui ou pour un non, de **Nathalie Sarraute**, mise en scène de Simone Benmussa, avec Sami Frey et Jean-François Balmer (Théâtre Marigny ; Paris ; 1998).

9 Nathalie Sarraute, *Pour un oui ou pour un non* (1982)

Pour un oui ou pour un non *est une courte pièce qui met en scène quatre personnages, H.1, H.2, H.3 et F. H.1 rend visite à H.2. et lui demande d'expliquer pourquoi il ne lui fait jamais signe. Au bout d'une vingtaine de répliques, le dialogue n'a guère avancé.*

H.1. – Eh bien, je te demande au nom de tout ce que tu prétends que j'ai été pour toi… au nom de ta mère… de nos parents… je t'adjure solennellement, tu ne peux plus reculer… Qu'est-ce qu'il y a eu ? Dis-le… tu me dois ça…

H.2, *piteusement.* – Je te dis : ce n'est rien qu'on puisse dire… rien dont il soit permis de parler…

H.1. – Allons, vas-y…

H.2. – Eh bien, c'est juste des mots…

H.1. – Des mots ? Entre nous ? Ne me dis pas qu'on a eu des mots… ce n'est pas possible… et je m'en serais souvenu…

H.2. – Non, pas des mots comme ça… d'autres mots… pas ceux dont on dit qu'on les a « eus »… Des mots qu'on n'a pas « eus », justement… On ne sait pas comment ils vous viennent…

H.1. – Lesquels ? Quels mots ? Tu me fais languir… tu me taquines…

H.2. – Mais non, je ne te taquine pas… Mais si je te les dis…

H.1. – Alors ? Qu'est-ce qui se passera ? Tu me dis que ce n'est rien…

H.2. – Mais justement, ce n'est rien… Et c'est à cause de ce rien…

H.1. – Ah on y arrive… C'est à cause de ce rien que tu t'es éloigné ? Que tu as voulu rompre avec moi ?

H.2, *soupire.* – Oui… c'est à cause de ça… Tu ne comprendras jamais… Personne, du reste, ne pourra comprendre…

H.1. – Essaie toujours… Je ne suis pas si obtus…

H.2. – Oh si... pour ça, tu l'es. Vous l'êtes tous, du reste.

H.1. – Alors, chiche... on verra...

H.2. – Eh bien... tu m'as dit il y a quelque temps... tu m'as dit... quand je me suis vanté de je ne sais plus quoi... de je ne sais plus quel succès... oui... dérisoire... quand je t'en ai parlé... tu m'as dit : « C'est bien... ça... »

H.1. – Répète-le, je t'en prie... j'ai dû mal entendre.

H.2, *prenant courage.* – Tu m'as dit : « C'est bien... ça... » Juste avec ce suspens... cet accent...

H.1. – Ce n'est pas vrai. Ça ne peut pas être ça... ce n'est pas possible...

H.2. – Tu vois, je te l'avais bien dit... à quoi bon ?...

H.1. – Non mais vraiment, ce n'est pas une plaisanterie ? Tu parles sérieusement ?

H.2. – Oui. Très. Très sérieusement.

H.1. – Écoute, dis-moi si je rêve... si je me trompe... Tu m'aurais fait part d'une réussite... quelle réussite d'ailleurs...

H.2. – Oh peu importe... une réussite quelconque...

H.1. – Et alors je t'aurais dit : « C'est bien, ça ? »

H.2, *soupire.* – Pas tout à fait ainsi... il y avait entre « C'est bien » et « ça » un intervalle plus grand : « C'est biiien... ça... » Un accent mis sur « bien »... un étirement : « biiien... » et un suspens avant que « ça » arrive... ce n'est pas sans importance.

H.1. – Et ça... oui, c'est le cas de le dire... ce « ça » précédé d'un suspens t'a poussé à rompre...

H.2. – Oh... à rompre... non, je n'ai pas rompu... enfin pas pour de bon... juste un peu d'éloignement.

Éd. Gallimard.

Contexte XXe s. ▶ p. 490
Notice biographique ▶ p. 502
Du même auteur ▶ p. 53 p. 173

RECHERCHE

Les mots et leur usage

1. Repérez, dans le texte et dans le titre, quelques expressions polysémiques et dites de quelles façons elles peuvent être comprises.

Lecture analytique

2. Comment peut-on interpréter les signes H.1 et H.2 ? Qu'est-ce qui peut expliquer que les personnages soient appelés ainsi, au lieu d'avoir des noms plus précis ? Quelles relations établissez-vous entre ce choix et le titre ?

3. Observez la ponctuation et la structure des phrases : que remarquez-vous ? Qu'est-ce qui caractérise les différentes répliques ?

4. Pour le lecteur ou le spectateur, est-il facile de définir le contenu et le sens du dialogue ? Qu'est-ce qui gêne la compréhension ? Est-il possible de percevoir une évolution ?

5. Concernant le langage et la communication entre les êtres humains, quelles questions cet extrait aborde-t-il ? Quels liens le spectateur peut-il établir entre le contenu du passage et le titre de la pièce ?

Travail sur un corpus de textes

6. Rapprochez les textes de Ionesco (▶ p. 311), de J. Tardieu (▶ p. 307) et de N. Sarraute (▶ p. 313) pour étudier comment le dialogue de théâtre permet de mettre en évidence certaines caractéristiques du langage et d'analyser des difficultés de communication.

Vers le commentaire

7. Construisez et rédigez un ou plusieurs axes de commentaire : *des mots pour expliquer ; des mots qui compliquent ; une fonction originale du théâtre.*

REPÈRES Les mots : sens et usage ▶ p. 59
Le théâtre au XXe siècle ▶ p. 316

10 Lire l'image

Représentation de *La Tempête,* de **William Shakespeare**, mise en scène de Peter Brook, aux Taillades (festival d'Avignon ; 1991).

RECHERCHE

Histoire culturelle

1. Qu'est-ce que le festival d'Avignon ?
Dites en quoi il consiste, à quelle époque il a lieu et en quoi sa nature et son déroulement sont importants pour le théâtre.
Citez d'autres festivals consacrés à d'autres arts, à la musique, par exemple.

Lecture de l'image

2. Décrivez ce que vous voyez en précisant quel est l'angle de vue et quelles impressions fait naître le choix de cet angle.

3. De quoi se compose ici l'espace théâtral ? Qu'a-t-il d'original ? Que manque-t-il par rapport à un vrai théâtre ? Qu'est-ce qui peut évoquer un théâtre antique ?

4. Étudiez le mélange de trois éléments : la technique, les humains, la nature.
Quelle impression dominante se dégage de ce lieu de représentation ? Choisissez parmi les adjectifs suivants celui ou ceux qui vous paraissent le mieux caractériser le lieu : *moderne, effrayant, magique, sauvage, naturel, baroque, simple, complexe, convivial.*

5. Aimeriez-vous assister à une représentation théâtrale dans ce lieu ? Pourquoi ?

REPÈRES Le théâtre antique ▸ p. 229
Le théâtre au XXe siècle ▸ p. 316

REPÈRES

Le théâtre au XXe siècle

Héritier d'une longue tradition, le théâtre du XXe siècle hésite entre conventions et nouveauté. Caractérisé par l'éclatement des genres et par la diversité des modes de représentation, il tire davantage son originalité des recherches de mise en scène que du renouvellement des thèmes.

La persistance des recettes du rire

Comédies, vaudeville, théâtre de boulevard, les pièces à vocation divertissante ou satirique connaissent toujours le succès, avec des **procédés comiques** reconnus : trio amoureux, quiproquos, reconnaissances, arrivées inopinées, jeux de mots... Certaines ont des accents dramatiques, ou évoquent des personnages et des thèmes inquiétants, comme *Knock ou le Triomphe de la médecine* (▸ p. 301), d'autres sont cyniques, mais le rire est dominant.

■ **Ex :** On peut citer les comédies de G. Feydeau (▸ p. 298), de G. Courteline, de S. Guitry, de J. Romains (▸ p. 301), de M. Pagnol...

La reprise des mythes antiques

De nombreux dramaturges reprennent des thèmes de l'Antiquité qu'ils adaptent aux circonstances historiques : ces reprises font valoir la **pérennité des mythes** et leur capacité de prendre des significations nouvelles. La connaissance que le public a du dénouement, comme dans les représentations antiques, est matière à diverses interrogations sur les intentions des auteurs. Les titres eux-mêmes sont significatifs d'une approche différente : *La guerre de Troie n'aura pas lieu* (▸ p. 304), *Les Mouches, La Machine infernale* (▸ p. 303).

■ **Ex :** Sartre fait d'Oreste un héros existentialiste. Anouilh utilise comme modèle de refus politique la force de résistance du personnage d'Antigone (▸ p. 381). Cocteau traite, avec Orphée, la question de l'inspiration. Plus près de l'Histoire que des mythes, Camus fait incarner par Caligula la démesure d'un homme qui ne trouve pas de sens à sa vie ; de l'engagement politique, on passe à l'engagement philosophique.

Les orientations nouvelles

Le théâtre connaît cependant des orientations réellement créatrices : en de longues et complexes pièces dramatiques – dont certaines durent de six à dix heures – Claudel (▸ p. 309) aborde une multitude de thèmes, de réflexions et de situations où se mêlent, de manière foisonnante, tous les aspects de la condition humaine.

Dans les années 1950, le **théâtre dit « de l'absurde »** pose comme thèmes privilégiés l'incohérence du destin humain, le sens (ou le non-sens) de l'existence, les difficultés de compréhension entre les êtres, l'impuissance du langage.
Les personnages sont des sortes de marionnettes qui révèlent par des comportements stéréotypés le vide de leur existence et le caractère vain de leurs attentes.

■ **Ex :** On trouve ces thèmes chez Ionesco, dans *La Cantatrice chauve, Rhinocéros* (▸ p. 311), *La Leçon.* Les personnages de *En attendant Godot,* ou de *Fin de partie,* de Beckett, sont des vagabonds dont les dialogues très limités témoignent d'une communication difficile et inutile.

L'importance des recherches de scénographie

Le XXe siècle connaît de grands metteurs en scène, Stanislavski, Copeau, Lugné-Poe, Jouvet, dont les théories et les recherches ont eu un rôle important, ouvrant la voie à des expériences diverses : **représentations** se jouant sur plusieurs scènes simultanément, comédiens intervenant dans la salle, travail sur les décors et sur les **mises en scène**, tantôt très dépouillées, tantôt au contraire surchargées, réflexion sur le **jeu des acteurs**, très retenu ou, au contraire, d'une émotion excessive, inventivité en matière d'utilisation des lieux, des lumières et des éléments symboliques...
Certains **festivals**, comme celui d'Avignon (▸ p. 315), concentrent chaque année des expérimentations diverses, qui provoquent parfois des réactions scandalisées du public.

■ **Ex :** Le travail théâtral d'Ariane Mnouchkine porte sur le caractère universel de certains thèmes, ce qui est rendu par les costumes et le maquillage des acteurs, par les musiques de scène et la diction choisies, ainsi que par des mélanges culturels.

Certains ont pu évoquer une crise de la création théâtrale dans la seconde moitié du siècle. L'adaptation de plus en plus fréquente de textes non théâtraux (Montaigne, Rabelais, Diderot, Maupassant...), les reprises du répertoire classique (Molière, Marivaux, Racine, drames romantiques...) soulignent *a contrario* la rareté des pièces nouvelles ou la difficulté de les monter. La confusion des genres et certains partis pris de mises en scène parfois très avant-gardistes peuvent peut-être desservir un mode d'expression par ailleurs concurrencé par le cinéma et par la télévision.

REPÈRES La littérature engagée ▸ p. 389

Le registre pathétique

Lorsqu'une situation, lue ou vue, inspire au lecteur ou au spectateur une émotion qui va jusqu'aux larmes, à force de compassion, de pitié douloureuse, on parle de registre pathétique.
Terme de rhétorique, le mot grec *pathos* se définit comme « l'ensemble des mouvements et des figures propres à toucher l'âme des auditeurs » (dictionnaire *Littré*).

Les sources de l'émotion

Le pathétique caractérise la capacité d'un texte ou d'une image de susciter une émotion en exprimant ou en montrant quelque chose qui atteint profondément la **sensibilité** par son caractère poignant, humainement difficile à supporter. La vie, et donc la littérature, donnent au pathétique de nombreuses occasions de se manifester.

■ **Ex :** Des images montrant la condition pitoyable d'enfants obligés de travailler comme des adultes dans certains pays ont quelque chose de pathétique : elles « serrent le cœur » et inspirent de la **pitié**.
L'évocation littéraire, par V. Hugo, de scènes similaires, dans le poème « Melancholia », ou dans *Les Misérables,* produit le même effet.

D'autres images et scènes constituent autant d'éléments propres à susciter les **larmes** : des enfants blessés dans les guerres, fuyant les bombardements, annonce de mort ou de disparition, tentatives de sauvetages qui ne réussissent pas, séparations dramatiques... Certaines scènes du film *Titanic* en sont de bons exemples.
Le pathétique est ainsi toujours associé à une forte émotion, à des réactions immédiates de la sensibilité, en relation avec des raisons plus ou moins formulées, qui relèvent de la **réflexion** et de l'**anticipation par l'imagination**. On a pitié d'êtres humains victimes d'injustices, lorsqu'ils ne peuvent se défendre, mais surtout parce qu'ils ne peuvent se défendre. Celui qui regarde ou qui lit anticipe sur la suite et perçoit différentes conséquences du malheur : les enfants exploités n'ont aucun autre avenir que celui de victime, et leur vie est gâchée, privée à la fois d'une instruction qui pourrait les sauver et de quelques-uns des plaisirs de l'enfance.
On peut regrouper les termes caractéristiques de situations capables de faire naître le pathétique et de le nourrir : *malheur, injustice, chagrin, déchirement, innocence, destruction, malchance, souffrance, destin inévitable, décalage douloureux, sentiment de l'irrémédiable, poids de la fatalité...*

Par certains aspects, le pathétique est proche du tragique. La finalité du **tragique** mis en œuvre au théâtre était d'ailleurs d'inspirer au spectateur une forme de pitié très prenante.

Le pathétique dans l'écriture

Comment l'écriture peut-elle contribuer à créer et exprimer l'émotion douloureuse du « pathos », qui passe à travers une image fixe ou la succession d'images au cinéma ?
Dans les textes écrits, on observe plusieurs procédés générateurs d'émotion, autres que ceux auxquels on peut penser immédiatement : cris, pleurs, extériorisation du chagrin...
La force de l'émotion est plus grande si elle passe par des **implicites**, par des observations et par des déductions que le lecteur fait sans que le narrateur l'y conduise directement.

■ **Ex :** Dans la nouvelle de Vercors « Ce jour-là » (► p. 199), deux éléments sont en eux-mêmes générateurs de pathétique. Le premier est le titre, qui attire l'attention, avant toute entrée dans l'histoire, sur une journée particulière, peut-être heureuse, peut-être tragique. Le contexte historique oriente plutôt vers la seconde solution.
Le second élément est que le récit est mené à travers la sensibilité de l'enfant, qui ne sait pas ce qui l'attend, alors que le lecteur se rend bien compte que quelque chose ne va pas. Sans que rien ne soit dit, le décalage entre l'enfant et le lecteur permet à ce dernier d'anticiper sur le drame, de le voir venir, et d'en être profondément touché.

On voit ainsi que des **choix d'écriture** comme l'absence d'explications, une certaine neutralité dans la manière de raconter, la simplicité de certaines scènes (les larmes de l'enfant lorsqu'il se rend compte qu'il n'a plus ses parents, sa manière de percevoir les larmes de Mme Bufferand) se révèlent générateurs d'émotion forte.
Ce n'est pas l'expression d'une accumulation des malheurs qui crée le pathétique, mais la présence d'éléments dont la coexistence constitue une situation humainement insupportable. Tout l'art du narrateur est de mettre ensemble ces composantes qui rendent poignantes la situation évoquée, la lecture que l'on en fait et les images que cette lecture fait naître.

REPÈRES Le registre tragique ► p. 253

Josef Danhauser (1805-1845), *Franz Liszt au piano entouré d'Alexandre Dumas, Victor Hugo, George Sand, Niccolo Paganini, Gioacchino Rossini et Marie d'Agoult* (1840), huile sur toile (Nationalgalerie ; Berlin).

5

HISTOIRE LITTÉRAIRE

Mouvements littéraires au XIXe siècle

Histoire littéraire

Séquence 18
Le romantisme 320
Repères : Le romantisme 336
Repères : Le registre lyrique 337

Séquence 19
Réalisme et naturalisme 338
Repères : Du réalisme au naturalisme 357

Séquence 18

Le romantisme

1 François-René de Chateaubriand, *René* (1802)

René, roman publié en 1802, présente un jeune homme qui porte le même prénom que Chateaubriand et qui s'exprime à la première personne. Dans le passage qui suit, René se trouve à la campagne, après la mort de son père.

Comment exprimer cette foule de sensations fugitives que j'éprouvais dans mes promenades ? Les sons que rendent les passions dans le vide d'un cœur solitaire ressemblent au murmure que les vents et les eaux font entendre dans le silence d'un désert ; on en jouit, mais on ne peut les peindre.

L'automne me surprit au milieu de ces incertitudes : j'entrai avec ravissement dans le mois des tempêtes. Tantôt j'aurais voulu être un de ces guerriers errant au milieu des vents, des nuages et des fantômes ; tantôt j'enviais jusqu'au sort du pâtre que je voyais réchauffer ses mains à l'humble feu de broussailles qu'il avait allumé au coin d'un bois. J'écoutais ses chants mélancoliques, qui me rappelaient que dans tout pays le chant naturel de l'homme est triste, lors même qu'il exprime le bonheur. Notre cœur est un instrument incomplet, une lyre où il manque des cordes, et où nous sommes forcés de rendre les accents de la joie sur le ton consacré aux soupirs.

Le jour, je m'égarais sur de grandes bruyères terminées par des forêts. Qu'il fallait peu de chose à ma rêverie ! une feuille séchée que le vent chassait devant moi, une cabane dont la fumée s'élevait dans la cime dépouillée des arbres, la mousse qui tremblait au souffle du Nord sur le tronc d'un chêne, une roche écartée, un étang désert où le jonc flétri murmurait ! Le clocher solitaire s'élevant au loin dans la vallée a souvent attiré mes regards ; souvent j'ai suivi des yeux les oiseaux de passage qui volaient au-dessus de ma tête. Je me figurais les bords ignorés, les climats lointains où ils se rendent ; j'aurais voulu être sur leurs ailes. Un secret instinct me tourmentait : je sentais que je n'étais moi-même qu'un voyageur, mais une voix du ciel semblait me dire : « Homme, la saison de ta migration n'est pas encore venue ; attends que le vent de la mort

Caspar David Friedrich (1774-1840), *Tombeau d'Ulrich Von Hutten* (1823-1824), peinture (Musée des beaux-arts ; Weimar).

Contexte XIXe s. ▶ p. 486
Notice biographique ▶ p. 495
Du même auteur ▶ p. 34

se lève, alors tu déploieras ton vol vers ces régions inconnues que ton cœur demande. »

« Levez-vous vite, orages désirés qui devez emporter René dans les espaces d'une autre vie ! » Ainsi disant, je marchais à grands pas, le visage enflammé, le vent sifflant dans ma chevelure, ne sentant ni pluie, ni frimas, enchanté, tourmenté, et comme possédé par le démon de mon cœur.

RECHERCHE

Histoire littéraire

1. *René* n'est pas une autobiographie, mais un roman. À quoi reconnaît-on une authentique autobiographie ? Quelles sont les différences entre une vraie autobiographie et une autobiographie de fiction ?

Lecture analytique

2. En prenant appui sur les pronoms personnels, définissez la situation d'énonciation et ses variations : qui parle, à qui ? Que désigne l'expression *voix du ciel* (l. 23) ? Que traduisent ces différents changements d'interlocuteurs ?

3. La comparaison des lignes 2 à 4 détermine la suite du texte. Expliquez cette comparaison puis étudiez comment s'expriment différentes similitudes entre René et la nature qui l'entoure.

4. À partir du lexique des sentiments et du rêve, définissez les différentes aspirations de celui qui parle. Quel est le registre du passage ?

5. Quelles sont les différentes fonctions attribuées à la nature dans cet extrait ?

6. À propos de la sensibilité du début du XIXe siècle, on a utilisé l'expression *le vague des passions*. En quoi cette formule pourrait-elle s'appliquer à ce que ressent ici le narrateur ?

Maîtrise de la langue

7. Construisez une phrase ayant exactement la même structure grammaticale et syntaxique que celle des lignes 6 à 9 : utilisation de *Tantôt... tantôt...*, et du conditionnel passé, même nature des groupes nominaux, emploi de *jusque* et de deux subordonnées relatives dans la seconde partie de la phrase.

Lecture de l'image

8. Retrouvez dans l'image tous les éléments qui évoquent le temps et la nature.

9. Quels effets de disproportion peut-on observer ? Que traduisent-ils ?

REPÈRES Le romantisme ▶ p. 336
Le registre lyrique ▶ p. 337

2 Alphonse de Lamartine, *Les Méditations* (1820)

« Le Lac » est dédié à Elvire, jeune femme qu'aima Lamartine. Le poète évoque les lieux qu'ils ont parcourus ensemble et qu'il revoit, seul. En voici les premières strophes.

Le Lac

Ainsi, toujours poussés vers de nouveaux rivages,
Dans la nuit éternelle emportés sans retour,
Ne pourrons-nous jamais sur l'océan des âges
Jeter l'ancre un seul jour ?

Ô lac ! l'année à peine a fini sa carrière,
Et, près des flots chéris qu'elle devait revoir,
Regarde ! je viens seul m'asseoir sur cette pierre
Où tu la[1] vis s'asseoir !

Tu mugissais ainsi sous ces roches profondes ;
Ainsi tu te brisais sur leurs flancs déchirés ;
Ainsi le vent jetait l'écume de tes ondes
Sur ses pieds adorés.

Un soir, t'en souvient-il ? nous voguions en silence ;
On n'entendait au loin, sur l'onde et sous les cieux,
Que le bruit des rameurs qui frappaient en cadence
Tes flots harmonieux.

Tout à coup des accents inconnus à la terre
Du rivage charmé frappèrent les échos ;
Le flot fut attentif, et la voix qui m'est chère
Laissa tomber ces mots :

« Ô temps, suspends ton vol ! et vous, heures propices,
Suspendez votre cours !
Laissez-nous savourer les rapides délices
Des plus beaux de nos jours !

« Assez de malheureux ici-bas vous implorent :
Coulez, coulez pour eux ;
Prenez avec leurs jours les soins[2] qui les dévorent ;
Oubliez les heureux.

« Mais je demande en vain quelques moments encore,
Le temps m'échappe et fuit ;
Je dis à cette nuit : « Sois plus lente » ; et l'aurore
Va dissiper la nuit.

1. Il s'agit d'Elvire.
2. Soucis.

Maurice Chabas (1862-1947), *Contemplation*, huile sur toile (musée du Petit Palais ; Paris).

Contexte XIXe s. ► p. 486
Notice biographique ► p. 498

« Aimons donc, aimons donc ! de l'heure fugitive,
Hâtons-nous, jouissons !
L'homme n'a point de port, le temps n'a point de rive ;
Il coule, et nous passons ! »

Extrait (strophes 1-9).

RECHERCHE

Histoire littéraire

1. Les vers 33 et 34 font référence à un courant de pensée largement représenté dans la poésie française. Comment s'appelle ce courant ? Quels en sont les principaux représentants en poésie ?

Lecture analytique

2. Qui sont les locuteurs et les interlocuteurs dans le texte ? Prenez appui sur les pronoms personnels. Que pouvez-vous en déduire concernant les fonctions attribuées à la nature ? Sous quelles formes apparaît-elle dans le texte ?

3. Le thème de la nature se double d'une autre thématique : laquelle ? Comment est-elle exprimée et mise en relief dans le texte ?

4. Repérez le lexique de l'affectivité : quelles émotions et quels sentiments se trouvent évoqués dans le texte, de manière directe ou indirecte ? En prenant appui sur cette réponse et en tenant compte des deux thèmes trouvés dans les questions 2 et 3, dites quel est le registre du texte.

5. Les quatre dernières strophes ont une forme particulière. Quelles différences observez-vous par rapport au reste de l'extrait ? Quels sont les effets produits par ce changement métrique ?

Vers le commentaire

6. Construisez et rédigez, sur les quatre dernières strophes, un ou plusieurs axes de commentaire selon ces orientations : *l'omniprésence du temps ; le temps personnifié ; temps et sentiments.*

Vers la dissertation

7. À quoi sert la poésie ?
Vous répondrez à cette question en un développement argumenté faisant apparaître les différentes fonctions de ce genre littéraire, à différentes époques.

REPÈRES Le romantisme ► p. 336
Le registre lyrique ► p. 337

Eugène Delacroix (1798-1863), *Étude pour les massacres de Chio*, aquarelle sur traits à la mine de plomb (musée du Louvre ; Paris).

3 Victor Hugo, *Les Orientales* (1829)

Victor Hugo évoque, à travers « L'enfant », la guerre d'indépendance menée par les Grecs contre les Turcs, et plus précisément le massacre par les Turcs des habitants de l'île grecque de Chio, en 1822.

L'enfant

O horror ! horror ! horror !
Shakespeare, *Macbeth*.

Les Turcs ont passé là. Tout est ruine et deuil.
Chio, l'île des vins, n'est plus qu'un sombre écueil,
Chio, qu'ombrageaient les charmilles[1],
Chio, qui dans les flots reflétait ses grands bois,
Ses coteaux, ses palais, et le soir quelquefois
Un chœur dansant de jeunes filles.

Tout est désert. Mais non ; seul près des murs noircis ;
Un enfant aux yeux bleus, un enfant grec, assis,
Courbait sa tête humiliée.
Il avait pour asile, il avait pour appui
Une blanche aubépine, une fleur, comme lui
Dans le grand ravage oubliée.

1. Allées plantées de charmes.

Ah ! pauvre enfant, pieds nus sur le roc anguleux !
Hélas ! pour essuyer les pleurs de tes yeux bleus
Comme le ciel et comme l'onde,
Pour que dans leur azur, de larmes orageux,
Passe le vif éclair de la joie et des jeux,
Pour relever ta tête blonde,

Que veux-tu ? Bel enfant, que te faut-il donner
Pour rattacher gaîment et gaîment ramener
En boucles sur ta blanche épaule
Ces cheveux, qui du fer n'ont pas subi l'affront,
Et qui pleurent épars autour de ton beau front,
Comme les feuilles sur le saule ?

Qui pourrait dissiper tes chagrins nébuleux ?
Est-ce d'avoir ce lys, bleu comme tes yeux bleus,
Qui d'Iran borde le puits sombre ?
Ou le fruit du tuba[2], de cet arbre si grand,
Qu'un cheval au galop met, toujours en courant,
Cent ans à sortir de son ombre ?

Veux-tu, pour me sourire, un bel oiseau des bois,
Qui chante avec un chant plus doux que le hautbois,
Plus éclatant que les cymbales ?
Que veux-tu ? fleur, beau fruit, ou l'oiseau merveilleux ?
– Ami, dit l'enfant grec, dit l'enfant aux yeux bleus,
Je veux de la poudre et des balles.

Poème XVIII (intégral).

2. « Arbre merveilleux qui pousse dans le paradis mahométan » (note de Victor Hugo).

Contexte XIXe s. ▶ p. 486
Notice biographique ▶ p. 498
Du même auteur ▶ p. 327 p. 334 p. 406 p. 449

RECHERCHE

Histoire littéraire

1. Le poème « L'enfant » est extrait des *Orientales*. Citez d'autres œuvres inspirées par l'Orient à l'époque de V. Hugo. Comment peut s'expliquer cet engouement pour l'« exotisme » ?

2. Cherchez les circonstances de la guerre d'indépendance grecque. Quel poète anglais s'y engagea et y mourut ?

Lecture analytique

3. Observez la forme métrique du poème : quelle est la structure de chaque strophe ? Quels sont les effets de cette organisation ?

4. Recherchez et classez les termes et les formulations du texte qui expriment la guerre et ses conséquences.

5. Qu'est-ce qui s'oppose à la guerre ? Prenez appui sur le champ lexical de la nature, sur l'expression de l'affectivité et sur les temps verbaux.

6. Observez l'agencement d'une strophe à l'autre de ces deux séries d'éléments opposés : lesquels dominent dans un premier temps ? et ensuite ? Qu'a de surprenant le dernier vers du poème ? À quoi s'oppose-t-il ?

7. À partir des réponses précédentes, cherchez d'où vient la force de l'écriture poétique lorsqu'elle se met au service de l'engagement du poète. Précisez le registre du poème.

Vers le commentaire

8. Construisez et rédigez deux axes de commentaire en prenant appui sur les orientations suivantes : *l'expression des oppositions entre la guerre et la vie heureuse ; une force argumentative fondée sur l'émotion de la double évocation.*

REPÈRES Le romantisme ▶ p. 336
Le registre lyrique ▶ p. 337
La littérature engagée ▶ p. 389

4 Stendhal, *Le Rouge et le Noir* (1830)

Julien Sorel est un jeune roturier arrivé à l'âge adulte en 1830, fervent admirateur de Napoléon et ambitieux. Engagé chez Monsieur de Rênal, maire de Verrières, pour être le précepteur de ses enfants, il vient d'obtenir une augmentation de ses gages et un jour de congé, ce qui lui permet de marcher dans la nature.

Cette méditation sur ce qui avait pu faire peur à l'homme heureux et puissant contre lequel une heure auparavant il était bouillant de colère[1] acheva de rasséréner l'âme de Julien. Il fut presque sensible un moment à la beauté ravissante des bois au milieu desquels il marchait. D'énormes quartiers de roches nues étaient tombés jadis au milieu de la forêt du côté de la montagne. De grands hêtres s'élevaient presque aussi haut que ces rochers dont l'ombre donnait une fraîcheur délicieuse à trois pas des endroits où la chaleur des rayons du soleil eût rendu impossible de s'arrêter.

Julien prenait haleine un instant à l'ombre de ces grandes roches, et puis se remettait à monter. Bientôt, par un étroit sentier à peine marqué et qui sert seulement aux gardiens des chèvres, il se trouva debout sur un roc immense et bien sûr d'être séparé de tous les hommes. Cette position physique le fit sourire ; elle lui peignait la position qu'il brûlait d'atteindre au moral. L'air pur de ces montagnes élevées communiqua la sérénité et même la joie à son âme. Le maire de Verrières était bien toujours, à ses yeux, le représentant de tous les riches et de tous les insolents de la terre ; mais Julien sentait que la haine qui venait de l'agiter, malgré la violence de ses mouvements, n'avait rien de personnel. S'il eût cessé de voir M. de Rênal, en huit jours il l'eût oublié, lui, son château, ses chiens, ses enfants et toute sa famille. « Je l'ai forcé, je ne sais comment, à faire le plus grand sacrifice. Quoi ! plus de cinquante écus par an ! un instant auparavant je m'étais tiré du plus grand danger[2]. Voilà deux victoires en un jour ; la seconde est sans mérite, il faudrait en deviner le comment. Mais à demain les pénibles recherches. »

Julien, debout sur son grand rocher, regardait le ciel embrasé par un soleil d'août. Les cigales chantaient dans le champ au-dessous du rocher ; quand elles se taisaient, tout était silence autour de lui. Il voyait à ses pieds vingt lieues de pays. Quelque épervier parti des grandes roches au-dessus de sa tête était aperçu par lui, de temps à autre, décrivant en silence ses cercles immenses. L'œil de Julien suivait machinalement l'oiseau de proie. Ses mouvements tranquilles et puissants le frappaient ; il enviait cette force, il enviait cet isolement.

C'était la destinée de Napoléon, serait-ce un jour la sienne ?

Livre Ier, chapitre X.

1. Monsieur de Rênal lui avait reproché d'avoir délaissé ses enfants, mais avait finalement pris l'initiative de l'augmenter, de crainte que Julien ne le quitte pour se mettre au service de son rival politique.

2. Monsieur de Rênal est royaliste. Julien a réussi à lui cacher l'existence d'un portrait de Napoléon qu'il avait dans sa chambre.

Contexte XIXe s. ▶ p. 486
Notice biographique ▶ p. 502
Du même auteur ▶ p. 131 p. 150 p. 338

RECHERCHE

Histoire littéraire

1. Quelles relations historiques peut-on trouver entre le règne de Napoléon Ier, les espoirs et les frustrations des « enfants du siècle » ?

2. Dans *Le Rouge et le Noir,* Julien Sorel est passionné par la vie de Napoléon. Cherchez le titre et l'auteur de l'ouvrage qui lui valent d'être réprimandé et battu par son père.

Lecture analytique

3. *Julien Sorel / la nature environnante / Monsieur de Rênal / Napoléon* : étudiez comment le texte est structuré autour de ces quatre « éléments » et comment s'établissent des interférences entre eux.

4. Quelle est la position du narrateur par rapport au personnage ? par rapport au lecteur ? À qui appartient la dernière phrase ? Quel est l'intérêt de rapporter directement les paroles de Julien (l. 19-23) ?

5. Quels traits de caractère le lecteur peut-il déduire de ce que le narrateur lui dit et lui montre du personnage ?

Maîtrise de la langue

6. Réécrivez les lignes 19 à 23 au discours indirect libre, en faisant toutes les modifications utiles.

Écriture d'invention

7. Julien Sorel raconte, à la première personne, sa promenade dans les bois : il exprime son accord avec la nature environnante et fait part de ses ambitions.

REPÈRES Le romantisme ▸ p. 336
Le personnage de roman ▸ p. 178
Lieux et temps dans le récit ▸ p. 193

Caspar David Friedrich (1774-1840), *Femme au coucher du soleil* (1818), peinture, 22 × 30 cm (musée Folkwang ; Essen).

5 Victor Hugo
Les Feuilles d'automne
(1831)

Publié en 1831, le recueil Les Feuilles d'automne *regroupe des poèmes intimistes, parmi lesquels les « Soleils couchants », composé de six courtes pièces.*

Soleils couchants

Le soleil s'est couché ce soir dans les nuées ;
Demain viendra l'orage, et le soir, et la nuit ;
Puis l'aube, et ses clartés de vapeurs obstruées ;
Puis les nuits, puis les jours, pas du temps qui s'enfuit.

Tous ces jours passeront ; ils passeront en foule
Sur la face des mers, sur la face des monts,
Sur les fleuves d'argent, sur les forêts où roule
Comme un hymne confus des morts que nous aimons.

Et la face des eaux, et le front des montagnes,
Ridés et non vieillis, et les bois toujours verts
S'iront rajeunissant ; le fleuve des campagnes
Prendra sans cesse aux monts le flot qu'il donne aux mers.

Mais moi, sous chaque jour courbant plus bas ma tête,
Je passe et, refroidi sous ce soleil joyeux,
Je m'en irai bientôt, au milieu de la fête,
Sans que rien manque au monde, immense et radieux.

Contexte XIXe s. ▶ p. 486
Notice biographique ▶ p. 498
Du même auteur ▶ p. 324, p. 334, p. 406, p. 449

Poème VI (intégral).

RECHERCHE

Histoire littéraire

1. Quels poètes du XVIe siècle ont mis en évidence l'éternel renouvellement de la nature et la fragilité de l'homme ? Citez deux de ces écrivains et trouvez pour chacun au moins un poème sur ce thème.

Lecture analytique

2. Relevez et classez les repères temporels, ainsi que les termes qui expriment le temps qui passe. Étudiez les temps verbaux. Quelles indications ces observations donnent-elles sur le thème du poème ?
3. Étudiez la manière dont la nature est présentée ici. Quelles caractéristiques des éléments naturels cette présentation met-elle en évidence ?
4. Quelle rupture observe-t-on au dernier quatrain ? Étudiez les pronoms, les verbes et les termes qui se rapportent au locuteur. Quel aspect de la condition humaine est évoqué ?
5. Appuyez-vous sur les réponses précédentes pour définir le registre du poème.

Travail sur un corpus de textes

6. Rapprochez les textes de Chateaubriand (▶ p. 320), de Lamartine (▶ p. 322) et de V. Hugo (▶ p. 327) pour étudier les différentes manières dont se trouvent traités les deux thèmes du temps et de la nature.

Lecture de l'image

7. Décrivez ce que vous voyez sur le tableau de Friedrich (▶ p. 327) en mettant en relief les oppositions de lignes.
8. Quelle impression d'ensemble se dégage des lignes, des couleurs et de l'attitude du personnage ?
9. Rattachez ce tableau au poème de V. Hugo (▶ p. 327) : quelles relations de sens pouvez-vous percevoir entre ce qui est écrit et ce qui est représenté ?
10. Rapprochez ce tableau de celui de la page 335, du même peintre : quels sont les effets produits par la représentation d'un personnage vu de dos ?

REPÈRES Le romantisme ▶ p. 336
Le registre lyrique ▶ p. 337

Antoine-François Callet (1741-1823), *Allégorie à la victoire d'Austerlitz, 2 décembre 1805* (Napoléon sur son char, accompagné d'Hercule, est conduit par Minerve et couronné par la Victoire), XIXe siècle, huile sur toile, 104 × 116 cm (château de Versailles).

6 Alfred de Vigny, *Servitude et Grandeur militaires* (1835)

Servitude et Grandeur militaires *est une œuvre qui regroupe des réflexions et des textes narratifs ayant pour thème la condition militaire.*

Vers la fin de l'Empire, je fus un lycéen distrait. La guerre était debout dans le lycée, le tambour étouffait à mes oreilles la voix des maîtres, et la voix mystérieuse des livres ne nous parlait qu'un langage froid et pédantesque[1]. Les logarithmes et les tropes[2] n'étaient à nos yeux que des degrés pour monter à l'étoile de la Légion d'honneur, la plus belle étoile des cieux pour des enfants.

Nulle méditation ne pouvait enchaîner longtemps des têtes étourdies sans cesse par les canons et les cloches des *Te Deum*[3] ! Lorsqu'un de nos frères, sorti depuis quelques mois du collège, reparaissait en uniforme de housard[4] et le bras en écharpe, nous rougissions de nos livres et nous les jetions à la tête des maîtres. Les maîtres mêmes ne cessaient de nous lire les bulletins de la Grande Armée, et nos cris de *Vive l'Empereur !* interrompaient Tacite[5] et Platon[5]. Nos précepteurs ressemblaient à des hérauts d'armes[6], nos salles d'études à des casernes, nos récréations à des manœuvres, et nos examens à des revues.

Il me prit alors plus que jamais un amour vraiment désordonné de la gloire des armes ; passion d'autant plus malheureuse que c'était le temps précisément où, comme je l'ai dit, la France commençait à s'en guérir. Mais l'orage grondait encore, et ni mes études sévères, rudes, forcées, et trop précoces, ni le bruit du grand monde, où, pour me distraire de ce penchant, on m'avait jeté tout adolescent, ne me purent ôter cette idée fixe.

Chapitre 1 (extrait).

1. Prétentieux.
2. Types de calcul et figures mathématiques. Vigny souhaitait entrer à l'École polytechnique.
3. Chant religieux de remerciement.
4. Hussard.
5. Historien latin et philosophe grec.
6. Officier public chargé de lire les proclamations.

Contexte XIXe s. ► p. 486
Notice biographique ► p. 503
Du même auteur ► p. 288

RECHERCHE

Les mots et leur usage

1. Cherchez les différents sens du mot *héraut*, puis ceux du mot *héros* pour bien les différencier.

Lecture analytique

2. Étudiez en quoi le texte développe et illustre l'affirmation : *je fus un lycéen distrait* (l. 1). De quelle distraction s'agit-il ? Quelles formes prend-elle ?

3. Quelles sont les explications historiques données par Vigny à son dégoût des études ?

4. Comment se trouvent indirectement valorisées ici les guerres napoléoniennes et leurs héros ?

REPÈRES Le romantisme ► p. 336

Antoine-Jean Gros (1771-1835), *Portrait équestre de Joachim Murat, roi de Naples,* huile sur toile, 343 × 280 cm (musée du Louvre ; Paris).

7 Alfred de Musset, *La Confession d'un enfant du siècle* (1836)

Au début de La Confession d'un enfant du siècle, *Musset explique, de manière historique, le malaise de toute une génération, avide de gloire, puis progressivement déçue.*

Pendant les guerres de l'Empire, tandis que les maris et les frères étaient en Allemagne, les mères inquiètes avaient mis au monde une génération ardente, pâle, nerveuse. Conçus entre deux batailles, élevés dans les collèges aux roulements des tambours, des milliers d'enfants se regardaient entre eux d'un œil sombre, en essayant leurs muscles chétifs. De temps en temps leurs pères ensanglantés apparaissaient, les soulevaient sur leurs poitrines chamarrées d'or, puis les posaient à terre et remontaient à cheval.

Un seul homme était en vie alors en Europe ; le reste des êtres tâchait de se remplir les poumons de l'air qu'il avait respiré. Chaque année, la France faisait présent à cet homme de trois cent mille jeunes gens ; et lui, prenant avec un sourire cette fibre nouvelle arrachée au cœur de l'humanité, il la tordait entre ses mains, et en faisait une corde neuve à son arc ; puis il posait sur cet arc une de ces flèches qui traversèrent le monde, et s'en furent tomber dans une petite vallée d'une île déserte, sous un saule pleureur.

Jamais il n'y eut tant de nuits sans sommeil que du temps de cet homme ; jamais on ne vit se pencher sur les remparts des villes un tel peuple de mères désolées ; jamais il n'y eut un tel silence autour de ceux qui parlaient de mort. Et pourtant jamais il n'y eut tant de joie, tant de vie, tant de fanfares guerrières dans tous les cœurs ; jamais il n'y eut de soleils si purs que ceux qui séchèrent tout ce sang. On disait que Dieu les faisait pour cet homme, et on les appelait ses soleils d'Austerlitz[1]. Mais il les faisait bien lui-même avec ses canons toujours tonnants, et qui ne laissaient de nuages qu'aux lendemains de ses batailles.

C'était l'air de ce ciel sans tache, où brillait tant de gloire, où resplendissait tant d'acier, que les enfants respiraient alors. Ils savaient bien qu'ils étaient destinés aux hécatombes ; mais ils croyaient Murat[2] invulnérable, et on avait vu passer l'empereur sur un pont[3] où sifflaient tant de balles, qu'on ne savait s'il pouvait mourir. Et quand même on aurait dû mourir, qu'était-ce que cela ? La mort elle-même était si belle alors, si grande, si magnifique dans sa pourpre fumante ! Elle ressemblait si bien à l'espérance, elle fauchait de si verts épis qu'elle en était comme devenue jeune, et qu'on ne croyait plus à la vieillesse. Tous les berceaux de France étaient des boucliers ; tous les cercueils en étaient aussi ; il n'y avait vraiment plus de vieillards ; il n'y avait que des cadavres ou des demi-dieux.

Première partie, chapitre II.

1. Bataille remportée par Napoléon Ier le 2 décembre 1805. Il avait construit son plan de bataille sur des conditions météorologiques particulières au moment du lever du soleil.

2. Beau-frère de Napoléon, général devenu roi de Naples.

3. Il s'agit du passage du pont d'Arcole, scène illustrée par le peintre Gros en 1798.

Contexte XIXe s. ▶ p. 486
Notice biographique ▶ p. 500
Du même auteur ▶ p. 287 p. 290 p. 292

RECHERCHE

Les mots et leur usage

1. Cherchez le sens historique des expressions : *enfant du siècle, mal du siècle.*
Citez le nom d'écrivains du XIXe siècle qui sont eux-mêmes des « enfants du siècle » et retrouvez dans leurs œuvres des traces de l'époque historique de leur naissance et de leur jeunesse.

Lecture analytique

2. Quel est le thème précis du texte ? Prenez appui sur des repérages lexicaux et sur la structure du texte.
3. Le texte comporte de nombreuses oppositions. Trouvez-les et classez-les en mettant en évidence les mots de liaison qui les soulignent. Sur quel paradoxe ces oppositions attirent-elles l'attention du lecteur ?
4. Le texte explique de manière historique et humaine les raisons de ces oppositions. Retrouvez ces explications. Que remarquez-vous en ce qui concerne les procédés d'écriture ?
5. Quel est le registre du texte ?
6. *Historien / poète* : expliquez en quoi Musset est l'un et l'autre. Quel est l'intérêt d'un double regard ?

Étude comparée

7. Mettez en parallèle cet extrait et celui de Vigny (▶ p. 329) pour faire apparaître leurs points communs en ce qui concerne l'attitude de la jeunesse à l'égard des guerres napoléoniennes.

Vers la dissertation

8. Un courant littéraire et culturel est indissociable de son environnement historique, social, économique. Montrez, de manière organisée, comment s'expliquent – historiquement – le « mal du siècle » et les frustrations dont sont nées les œuvres de la période désignée ensuite comme « romantique ».
Vous prendrez appui sur les textes de cette séquence, sur les pages *Contexte* (▶ p. 486), sur les *Repères* (▶ p. 336), et sur vos lectures et recherches personnelles.

REPÈRES Le romantisme ▶ p. 336
Le registre lyrique ▶ p. 337

Arthur Rackham (1867-1939), *Ondine*, illustration pour le livre du baron Friedrich de La Motte-Fouqué (1909), lithographie (Bibliothèque des arts décoratifs ; Paris).

8 Aloysius Bertrand, *Gaspard de la nuit* (1842)

Créateur du poème en prose, Aloysius Bertrand recompose, dans un unique recueil, un univers fantastique, inspiré du Moyen Âge et de diverses mythologies.

Ondine[1]

– « Écoute ! – Écoute ! – C'est moi, c'est Ondine qui frôle de ces gouttes d'eau les losanges sonores de ta fenêtre illuminée par les mornes rayons de la lune ; et voici, en robe de moire[2], la dame châtelaine qui contemple à son balcon la belle nuit étoilée et le beau lac endormi.

« Chaque flot est un ondin qui nage dans le courant, chaque courant est un sentier qui serpente vers mon palais, et mon palais est bâti fluide, au fond du lac, dans le triangle du feu, de la terre et de l'air.

« Écoute ! – Écoute ! – Mon père bat l'eau coassante d'une branche d'aulne[3] verte, et mes sœurs caressent de leurs bras d'écume les fraîches îles d'herbes, de nénuphars et de glaïeuls, ou se moquent du saule caduc et barbu qui pêche à la ligne ! »

*

Sa chanson murmurée, elle me supplia de recevoir son anneau à mon doigt pour être l'époux d'une Ondine, et de visiter avec elle son palais pour être le roi des lacs.

Et comme je lui répondais que j'aimais une mortelle, boudeuse et dépitée, elle pleura quelques larmes, poussa un éclat de rire, et s'évanouit en giboulées qui ruisselèrent blanches le long de mes vitraux bleus.

Livre III, « La Nuit et ses prestiges », poème 9 (intégral).

1. Au masculin, *ondin* : génie des eaux de la mythologie germanique.
2. Étoffe à reflets changeants.
3. Arbre du bord des eaux.

Contexte XIXe s. ▸ p. 486
Notice biographique ▸ p. 494

Lecture analytique

1. Observez la ponctuation, les pronoms personnels, les temps et modes verbaux pour déterminer ce qui différencie, sur le plan de l'énonciation et des formes de discours, les deux grandes parties du poème. Qu'est-ce qui, cependant, établit un lien entre les deux étapes ?
2. Étudiez l'unité thématique des trois premières strophes. Mettez aussi en relief ce qui les différencie.
3. Quel est le thème des deux dernières strophes ?
4. À quels genres littéraires peut faire penser ce texte ? À quel univers renvoie-t-il ?
5. À partir d'éléments pris dans les réponses précédentes, donnez quelques caractéristiques du poème en prose : *structure, thèmes, images, rythmes.*

Vers le commentaire

6. Construisez et rédigez un ou plusieurs axes de commentaire du poème « Ondine », selon les orientations suivantes : *un poème très structuré ; une histoire d'amour ; le sens caché du texte.*

REPÈRES
Le romantisme ▸ p. 336
Le registre lyrique ▸ p. 337
Le fantastique ▸ p. 213

9 Gérard de Nerval, *Odelettes rythmiques et lyriques* (1853)

Faisant référence à Ronsard en disant qu'il « ronsardise », Nerval a regroupé dans les Odelettes *des poèmes qui renvoient au passé, aux rêves et qui évoquent les chansons folkloriques.*

Fantaisie

1 Il est un air pour qui je donnerais
Tout Rossini, tout Mozart, tout Weber[1]
Un air très vieux, languissant et funèbre,
Qui pour moi seul a des charmes secrets !

Or, chaque fois que je viens à l'entendre,
De deux cents ans mon âme rajeunit…
C'est sous Louis treize ; et je crois voir s'étendre
Un coteau vert, que le couchant jaunit,

Puis un château de brique à coins de pierre,
Aux vitraux teints de rougeâtres couleurs,
Ceint de grands parcs, avec une rivière
Baignant ses pieds, qui coule entre des fleurs ;

Puis une dame, à sa haute fenêtre,
Blonde aux yeux noirs, en ses habits anciens,
Que, dans une autre existence peut-être,
J'ai déjà vue… et dont je me souviens !

1. On prononce Wèbre.

Contexte XIXe s. ▸ p. 486
Notice biographique ▸ p. 500

RECHERCHE

Les mots et leur usage

1. Recherchez les différents sens du mot *fantaisie* et précisez dans quel domaine il est employé.

Lecture analytique

2. Par l'observation des termes de liaison et de la ponctuation, faites apparaître la manière dont est construite la rêverie à partir de l'évocation de la musique.
3. Dans la présentation de l'air, étudiez la manière dont sont données ses caractéristiques, ses relations avec la sensibilité du poète et ses effets.
4. Que pouvez-vous observer dans la présentation successive des éléments qui composent le paysage et du personnage ?
5. Quels termes laissent penser que la vision décrite hésite entre réalité et rêve ? Retrouvez certains éléments qui correspondent, dans la réminiscence, aux caractéristiques de l'air. Définissez le registre du poème et dites quel phénomène sensoriel il exprime.

Travail sur un corpus de textes

6. Retrouvez, dans cette séquence, au moins deux textes poétiques que l'on pourrait rapprocher de « Fantaisie » sur le plan du registre et sur celui d'un thème commun. Cherchez quels sont les indices du registre et étudiez comment se trouve traité, de manière proche ou différente, le thème commun.

REPÈRES Le romantisme ▸ p. 336
Le registre lyrique ▸ p. 337

10 Victor Hugo, *Châtiments* (1853)

Omniprésente dans le lyrisme romantique, la nature reste une référence lorsque le poète s'en prend, dans les Châtiments, *à celui qui a ruiné les espoirs républicains et démocratiques de 1848.*

Ô soleil, ô face divine,
Fleurs sauvages de la ravine,
Grottes où l'on entend des voix,
Parfums que sous l'herbe on devine,
Ô ronces farouches des bois,

Monts sacrés, hauts comme l'exemple,
Blancs comme le fronton d'un temple,
Vieux rocs, chêne des ans vainqueur,
Dont je sens, quand je vous contemple,
L'âme éparse entrer dans mon cœur,

Ô vierge forêt, source pure,
Lac limpide que l'ombre azure,
Eau chaste où le ciel resplendit,
Conscience de la nature,
Que pensez-vous de ce bandit ?

Jersey, 2 décembre 1852.

Livre II, poème IV (intégral).

Contexte XIXe s. ▶ p. 486
Notice biographique ▶ p. 498
Du même auteur ▶ p. 324, p. 327, p. 406, p. 449

RECHERCHE

Histoire littéraire

1. Dans quelles circonstances politiques Victor Hugo a-t-il composé le recueil intitulé *Châtiments* ?

2. Deux personnages historiques occupent une place importante dans cette œuvre : l'un est célébré, l'autre est violemment dénoncé. Qui sont-ils ?

Lecture analytique

3. Récapitulez les différents éléments de la nature qui sont présents dans le poème : à partir de la récurrence de *ô*, précisez quel premier rôle ils jouent pour celui qui parle.

4. Quelles caractérisations le poète donne-t-il à chaque élément ? Comment sont-elles mises en relief par la versification ?

5. Quelle valeur ces caractérisations confèrent-elles aux éléments de la nature ? Quel second rôle se dégage alors ?

6. Étudiez l'effet produit par le dernier vers : en quoi le sens du poème se met-il en place au moment où le lecteur arrive à la fin ? Quelle est la force de cette « chute » ? Quel est le troisième rôle attribué à la nature à travers ses différents aspects ?

Travail sur un corpus de textes

7. Rapprochez les textes de V. Hugo (▶ p. 324 ; 334), le texte de C. Roy (▶ p. 376), celui d'Aragon (▶ p. 377) et celui de J. Ferrat (▶ p. 386) et étudiez la manière dont la poésie se met au service de l'engagement, pour célébrer et / ou dénoncer certaines situations politiques.

REPÈRES Le romantisme ▶ p. 336
Le registre lyrique ▶ p. 337
La littérature engagée ▶ p. 389

11 Lire l'image : Friedrich

Caspar David Friedrich (1774-1840), *Voyageur contemplant une mer de nuages* (≈ 1818), peinture, 74,8 × 94,8 cm (Kunsthalle ; Hambourg).

Lecture analytique

1. Expliquez le titre du tableau à partir de ce qui est représenté.

2. Observez et énumérez les effets de contraste qui sont perceptibles sur le tableau. Quelles oppositions se trouvent ainsi mises en évidence ?

3. Quel peut être l'intérêt de représenter un personnage de dos ?

4. Pour quelles raisons, selon vous, ce tableau a-t-il été choisi pour illustrer la séquence sur le courant romantique ? Retrouvez des éléments thématiques permettant certains rapprochements ; cherchez les dates et les thèmes d'inspiration de son auteur.

REPÈRES Le romantisme ▸ p. 336

Le romantisme

Le romantisme est un mouvement culturel et littéraire qui domine la première moitié du XIXe siècle et dont les origines sont européennes et historiques.

Les origines du romantisme

La Révolution française donne l'occasion aux nobles émigrés en Allemagne et en Angleterre de découvrir, puis de faire connaître, à leur retour en France, une littérature dans laquelle la sensibilité et l'expression du « moi » jouent un rôle essentiel.

■ Ex : Le courant appelé ***Sturm und Drang*** en Allemagne (« orage et tempête »), les œuvres de Schiller, Goethe, celles de Shelley et Keats en Angleterre, les romans dits « gothiques » privilégient le sentiment de la nature, l'expression des passions, l'introspection, et mettent en scène le fantastique.

L'émergence du romantisme est également liée aux événements historiques qui suivent la Révolution : les espoirs de changement, les rêves de gloire militaire des jeunes gens « nés avec le siècle », Hugo, Musset, Balzac, Nerval, Vigny (▸ p. 329) s'effondrent avec la Restauration. Il s'en suit un profond sentiment de frustration, malaise existentiel qui prend le nom de « **mal du siècle** ».

Les caractéristiques du romantisme

L'analyse de nombreuses œuvres publiées à la même époque fait apparaître des **thèmes** communs, traduisant des aspirations semblables, exprimées dans des formes et à travers une **écriture** nouvelles.

Le « moi » : l'expression des sentiments personnels domine. Poètes et romanciers s'épanchent et s'analysent, font part de leurs expériences, privilégient l'individu, ses passions, ses espoirs. L'introspection permet de diagnostiquer les symptômes du mal du siècle : incertitudes, insatisfaction, attentes vagues, sentiment douloureux du présent...

■ Ex : Chateaubriand traduit, le premier, dans *René* (▸ p. 320), le sentiment exalté de la nature, l'angoisse du temps, la hantise d'une autre vie. Plus tard, Musset (▸ p. 330) analyse le désarroi de toute une génération.

Le temps, la nature et ses mystères : la sensibilité romantique trouve un accord avec la nature sauvage, se plaît dans les orages et les tempêtes, qui symbolisent la violence des passions et l'existence d'un monde infini et complexe, que le poète cherche à comprendre.

■ Ex : Les titres des recueils de V. Hugo, *Les Rayons et les Ombres, Les Chants du crépuscule, Les Contemplations, Les Feuilles d'automne* (▸ p. 327) soulignent l'association étroite du poète romantique et du monde qui l'entoure : il en est l'écho et parfois le traducteur.

L'évasion dans l'espace et dans le rêve : le voyage est une façon d'échapper à un présent peu satisfaisant. Réel, il conduit les artistes romantiques vers les pays exotiques ; imaginaire, il prend la forme du rêve ou du retour dans le passé à travers la réminiscence.
Certaines œuvres sont marquées par un retour au Moyen Âge ou à la Renaissance. Le **fantastique** traduit l'attirance vers l'irrationnel.

■ Ex : Delacroix voyage au Maroc ; Lamartine, Chateaubriand, Nerval vont au Moyen-Orient ; l'Italie et l'Espagne attirent Musset et V. Hugo par leur passé et leurs couleurs. La rêverie est présente dans *Les Chimères,* de Nerval, le souvenir dans *Les Contemplations,* de V. Hugo. Dans *Gaspard de la nuit* (▸ p. 332), A. Bertrand recrée un univers médiéval fantasmagorique.

L'engagement : en décalage avec une société différente de celle de leurs rêves, les artistes romantiques trouvent dans l'engagement social et humanitaire une manière d'exprimer leurs attentes et de mettre en application leur idéal du poète et de l'écrivain, associés aux luttes de leur temps.

■ Ex : Lamartine et V. Hugo (▸ p. 449) prennent position en dénonçant les misères et les injustices. Pour l'auteur des *Misérables,* le poète doit être un mage, qui guide les hommes vers la lumière de la connaissance.

Les innovations de l'écriture : le mouvement romantique est associé à l'idée de liberté. Celle-ci se manifeste dans la diversité des thèmes d'inspiration, mais aussi dans l'écriture et dans les genres littéraires.
Le **drame**, libéré des contraintes de la tragédie classique, illustre la volonté d'exprimer la vie réelle.
L'écriture poétique assouplit l'alexandrin, transforme les ballades ; sans refuser les formes fixes, les poètes revendiquent une liberté de composition tandis la création du **poème en prose** permet de dépasser l'incompatibilité de la prose et des vers.

REPÈRES Le fantastique ▸ p. 213
Le drame romantique ▸ p. 297
La littérature engagée ▸ p. 389

Le registre lyrique

Le mot « lyrique » a pour origine la lyre, instrument de musique dont s'accompagnait le poète Orphée. Le lyrisme désigne à présent l'expression de sentiments personnels, d'élans et de passions, qu'elle soit associée ou non à la musique.
Le registre lyrique n'est pas spécifique à la poésie, il figure dans tous les genres littéraires et dans tous les arts.

Des significations différentes

Dans la littérature gréco-romaine, le mot *lyrisme* est utilisé pour désigner uniquement les genres poétiques destinés à être chantés et qui sont accompagnés de la lyre.
Par la suite, le terme *lyrique* est appliqué à des formes poétiques, qui, sans être chantées, se différencient de l'épopée et du drame, en célébrant par exemple l'amour, les plaisirs ou les tourments de la vie.
Depuis le XIXe siècle, on parle de **lyrisme** pour désigner toute forme d'expression des sentiments personnels et d'émotions.

■ **Ex :** Appartiennent au lyrisme les odes antiques célébrant les victoires, et la poésie amoureuse, la poésie courtoise de Marie de France ou de Charles d'Orléans, les sonnets amoureux des poètes de la Pléiade, les « stances » du *Cid* (▸ p. 234) et certaines tirades de tragédies raciniennes, les sonnets de Nerval ou certains passages de *René*, de Chateaubriand (▸ p. 320), la poésie de la Résistance (▸ p. 376-380).

Les grands thèmes du lyrisme

Expression de l'affectivité humaine, le lyrisme est associé à tout ce qui, dans la vie des hommes, suscite bonheur ou chagrin.
On peut citer ainsi l'**amour**, partagé ou non, la douleur des ruptures ou des abandons et des séparations, le sentiment du **temps** et le déplaisir de le voir s'enfuir.
S'y ajoutent les bonheurs de la vie familiale, l'amour de son pays, les plaisirs de la découverte, les émotions esthétiques, la ferveur religieuse.
L'accord avec la **nature**, l'exaltation romantique pour un au-delà rêvé, la nostalgie du passé sont de nature à s'exprimer avec des accents lyriques, chargés d'émotion.

■ **Ex :** On peut ainsi utiliser le mot *lyrisme* pour caractériser l'évocation du temps par V. Hugo (▸ p. 327), l'analyse pleine d'émotion que fait Musset de la situation des « enfants du siècle » (▸ p. 330), ou l'évocation nostalgique du passé par Nerval (▸ p. 333).

L'écriture lyrique

L'expression des émotions et des sentiments passe par l'utilisation d'un lexique particulier. La ponctuation et la syntaxe jouent aussi un rôle important.

■ **Le lexique :** deux éléments dominent l'écriture lyrique, la présence de la première personne et le lexique de l'affectivité.
L'omniprésence du ***je*** témoigne de l'importance, dans le lyrisme, de ce qui est ressenti, perçu, pensé par celui qui parle. Il y a là une utilisation de la fonction expressive du langage, centrée sur l'émetteur.
L'**affectivité** est rendue par l'emploi de termes relatifs aux sentiments, aux émotions, aux sensations.

■ **Ex :** La première strophe du poème « Fantaisie » de Nerval (▸ p. 333) illustre cette utilisation des mots : présence insistante de « je », termes liés à la sensibilité, exclamation, échos sonores…

Il est un air pour qui je donnerais
Tout Rossini, tout Mozart, et tout Weber,
Un air très vieux, languissant et funèbre
Qui pour moi seul a des charmes secrets !

■ **La ponctuation, les rythmes, les figures de rhétorique :** les élans d'enthousiasme, les plaintes, les supplications sont exprimés par des interjections diverses, comme *las, hélas, oh, ô,* qui rythment les phrases, marquent des ruptures, soulignent les mouvements de la sensibilité.
Les structures de phrase reposent sur des rythmes significatifs : rythme binaire pour souligner les oppositions et les dilemmes, rythme ternaire pour souligner des gradations.

■ **Ex :** Dans ces deux vers des « stances » de Rodrigue (▸ p. 234) :

En cet affront mon père est l'offensé
Et l'offenseur le père de Chimène

le rythme binaire et la construction en chiasme soulignent le caractère insupportable de la situation.

Il faut enfin signaler l'importance des figures de rhétorique : métaphores, comparaisons, personnification, antithèses, hyperboles, anaphores… Elles contribuent à rendre plus imagée, plus concrète et plus originale l'expression de ce qui est ressenti.

■ **Ex :** L'antithèse très forte qui figure dans les deux vers de Corneille (*ci-dessus*) illustre la violence du conflit intérieur et en fait ressortir le caractère poignant.

Séquence 19

Réalisme et naturalisme

1 Stendhal, *Le Rouge et le Noir* (1830)

Le roman de Stendhal, Le Rouge et le Noir, *dont le titre regroupe deux symboles, qui représentent la gloire des armes et l'état ecclésiastique, a pour sous-titre* Chronique de 1830 *et comme épigraphe « La vérité, l'âpre vérité » (Danton). En voici l'incipit.*

La petite ville de Verrières peut passer pour l'une des plus jolies de la Franche-Comté. Ses maisons blanches avec leurs toits pointus de tuiles rouges s'étendent sur la pente d'une colline, dont des touffes de vigoureux châtaigniers marquent les moindres sinuosités. Le Doubs coule à quelques centaines de pieds au-dessous de ses fortifications, bâties jadis par les Espagnols, et maintenant ruinées.

Verrières est abritée du côté du nord par une haute montagne, c'est une des branches du Jura. Les cimes brisées du Verra se couvrent de neige dès les premiers froids d'octobre. Un torrent, qui se précipite de la montagne, traverse Verrières avant de se jeter dans le Doubs, et donne le mouvement à un grand nombre de scies à bois ; c'est une industrie fort simple et qui procure un certain bien-être à la majeure partie des habitants plus paysans que bourgeois. Ce ne sont pas cependant les scies à bois qui ont enrichi cette petite ville. C'est à la fabrique des toiles peintes, dites de Mulhouse, que l'on doit l'aisance générale qui, depuis la chute de Napoléon, a fait rebâtir les façades de presque toutes les maisons de Verrières.

À peine entre-t-on dans la ville que l'on est étourdi par le fracas d'une machine bruyante et terrible en apparence. Vingt marteaux pesants, et retombant avec un bruit qui fait trembler le pavé, sont élevés par une roue que l'eau du torrent fait mouvoir. Chacun de ces marteaux fabrique, chaque jour, je ne sais combien de milliers de clous. Ce sont de jeunes filles fraîches et jolies qui présentent aux coups de ces marteaux énormes les petits morceaux de fer qui sont rapidement transformés en clous. Ce travail, si rude en apparence, est un de ceux qui étonnent le plus le voyageur qui pénètre pour la première fois dans

Gustave Courbet (1819-1877), *Le miroir d'Ornans* (≈ 1872), huile sur toile, 50 × 61 cm (musée-maison natale Gustave Courbet ; Ornans).

Contexte XIXe s. ▸ p. 486
Notice biographique ▸ p. 502
Du même auteur ▸ p. 131, p. 150, p. 326

les montagnes qui séparent la France de l'Helvétie. Si, en entrant à Verrières, le voyageur demande à qui appartient cette belle fabrique de clous qui assourdit les gens qui montent la grande rue, on lui répond avec un accent traînard : *Eh ! elle est à M. le maire.*

Livre I, chapitre 1 « Une petite ville ».

RECHERCHE

Histoire littéraire

1. Quel est le sens du mot *chronique* ? Cherchez, dans la littérature, des titres d'œuvre où figure ce mot. Quelles orientations ce terme peut-il donner à un roman ?

Lecture analytique

2. Le texte se compose de trois paragraphes inégaux : quel est le thème de chacun ? Prenez appui sur le lexique. Comment sont-ils articulés ? Quelle est la progression suivie ?

3. Quelles sont les formes de discours utilisées par le narrateur ? Comment se situe-t-il par rapport aux lieux et au lecteur ? Quel rôle joue-t-il ?

4. Quelles sont les différentes sortes de réalité présentées dans le texte ? Quel est leur registre commun ?

5. À partir de cette présentation des lieux, que peut imaginer le lecteur pour la suite ? Mettez en parallèle le titre du roman, l'épigraphe de la première partie et l'incipit : que remarquez-vous ?

Maîtrise de la langue

6. Construisez un paragraphe de trois phrases respectant exactement la structure grammaticale du début du paragraphe 3 : *À peine... des milliers de clous* (l. 17-21). Choisissez un autre thème en restant dans la même organisation du paragraphe : *découverte d'un lieu et explicitation d'une perception.*

Vers le commentaire

7. Construisez et rédigez un ou plusieurs axes de commentaire : *une présentation structurée, du plus large au plus précis ; des informations géographiques et sociales ; le souci de la vérité.*

REPÈRES
Le discours narratif ▸ p. 146
Du réalisme au naturalisme ▸ p. 357
Lieux et temps dans le récit ▸ p. 193

2 Honoré de Balzac, *Le Cousin Pons* (1847)

Le chapitre XII du roman de Balzac, Le Cousin Pons, *a pour titre : « Spécimen de portier (mâle et femelle) ». On retrouve là l'idée chère à Balzac, dans* La Comédie humaine, *de classification des espèces, à la manière du naturaliste Buffon.*

Spécimen de portier (mâle et femelle)

La rue de Normandie est une de ces rues au milieu desquelles on peut se croire en province : l'herbe y fleurit, un passant y fait événement, et tout le monde s'y connaît. Les maisons datent de l'époque où, sous Henri IV, on entreprit un quartier dont chaque rue portât le nom d'une province, et au centre duquel devait se trouver une belle place dédiée à la France. L'idée du quartier de l'Europe fut la répétition de ce plan. Le monde se répète en toute chose partout, même en spéculation. La maison où demeuraient les deux musiciens[1] est un ancien hôtel entre cour et jardin ; mais le devant, sur la rue, avait été bâti lors de la vogue excessive dont a joui le Marais durant le dernier siècle. Les deux amis occupaient tout le deuxième étage dans l'ancien hôtel. Cette double maison appartenait à monsieur Pillerault, un octogénaire qui en laissait la gestion à monsieur et madame Cibot, ses portiers depuis vingt-six ans. Or, comme on ne donne pas des émoluments[2] assez forts à un portier du Marais, pour qu'il puisse vivre de sa loge, le sieur Cibot joignait à son sou pour livre et à sa bûche prélevée sur chaque voie de bois, les ressources de son industrie personnelle ; il était tailleur, comme beaucoup de concierges. Avec le temps, Cibot avait cessé de travailler pour les maîtres tailleurs ; car, par suite de la confiance que lui accordait la petite bourgeoisie du quartier, il jouissait du privilège inattaqué de faire les raccommodages, les reprises perdues, les mises à neuf de tous les habits dans un périmètre de trois rues. La loge était vaste et saine, il y attenait une chambre. Aussi le ménage Cibot passait-il pour un des plus heureux parmi messieurs les concierges de l'arrondissement.

Cibot, petit homme rabougri, devenu presque olivâtre à force de rester toujours assis, à la turque, sur une table élevée à la hauteur de la croisée grillagée qui voyait sur la rue, gagnait à son métier environ quarante sous par jour. Il travaillait encore, quoiqu'il eût cinquante-huit ans ; mais cinquante-huit ans, c'est le plus bel âge des portiers ; ils se sont faits à leur loge, la loge est devenue pour eux ce qu'est l'écaille pour les huîtres, et *ils sont connus dans le quartier* !

Madame Cibot, ancienne belle écaillère, avait quitté son poste au *Cadran-Bleu*[3] par amour pour Cibot, à l'âge de vingt-huit ans, après toutes les aventures qu'une belle écaillère rencontre sans les chercher. La beauté des femmes du peuple dure peu, surtout quand elles restent en espalier à la porte d'un restaurant. Les chauds rayons de la cuisine se projettent sur les traits qui durcissent, les restes de bouteilles bus en compagnie des garçons s'infiltrent dans le teint, et nulle fleur ne mûrit plus vite que celle d'une belle écaillère. Heureusement pour madame Cibot, le mariage légitime et la vie de concierge arrivèrent à temps pour la conserver ; elle demeura comme un modèle de Rubens, en gardant une beauté virile que ses rivales de la rue de Normandie

1. Personnages du roman.

2. Un salaire.

3. Nom d'un restaurant où travaillait madame Cibot.

Alfred André Geniole (1813-1861), *La Portière* (1841-1842), lithographie (musée Carnavalet ; Paris).

calomniaient, en la qualifiant de *grosse dondon*. Ses tons de chair pouvaient se comparer aux appétissants glacis[4] des mottes de beurre d'Isigny ; et nonobstant[5] son embonpoint, elle déployait une incomparable agilité dans ses fonctions. Madame Cibot atteignait à l'âge où ces sortes de femmes sont obligées de se faire la barbe. N'est-ce pas dire qu'elle avait quarante-huit ans ? Une portière à moustaches est une des plus grandes garanties d'ordre et de sécurité pour un propriétaire. Si Delacroix avait pu voir madame Cibot posée fièrement sur son balai, certes il en eût fait une Bellone[6] !

Chapitre XII.

4. Couleur d'apparence translucide.
5. En dépit de, malgré.
6. La déesse de la guerre.

Contexte XIXe s. ▸ p. 486
Notice biographique ▸ p. 494
Du même auteur ▸ p. 78, p. 133, p. 148, p. 165, p. 180

RECHERCHE

Histoire littéraire

1. Cherchez où se trouvent, à Paris, le Marais et le quartier de l'Europe. À quelles époques ces deux quartiers ont-ils joué un rôle important dans la vie et l'inspiration littéraires ?

2. À quelle époque ont vécu les peintres Rubens et Delacroix ? Pourquoi *la belle écaillère* est-elle comparée à *un modèle de Rubens* (l. 37) ? Pourquoi Delacroix et Bellone se trouvent-ils associés (l. 45) ?

Lecture analytique

3. Quelles relations de structure et de sens pouvez-vous établir entre le titre du chapitre et le contenu de l'extrait ?

4. Repérez, dans le texte, les différents modes d'expression de la généralisation. Quel est l'effet produit, compte tenu du titre du chapitre ?

5. Quelles relations unissent ici les lieux et les personnes ? Comment s'expriment ces relations ? Qu'ont-elles de particulier ? Peut-on parler de « lois » ?

6. Quel est le registre du portrait de madame Cibot ? Quel sens peut avoir le choix de ce registre ?

7. Cet extrait évoque-t-il, pour vous, la fiction ou la réalité sociale et historique ? Le qualifieriez-vous de « romanesque », d'informatif, d'historique ? Justifiez précisément votre réponse.

Vers le commentaire

8. Construisez et rédigez le commentaire du portrait de Madame Cibot (l. 29-46) selon les axes suivants : *un portrait élogieux ; des effets de distorsion ; le regard du narrateur sur son personnage.*

Écriture d'invention

9. À la manière de Balzac, décrivez un personnage étroitement associé aux lieux où il vit : présentez-le en insistant sur des phénomènes généraux et en faisant comprendre qu'il est représentatif d'une catégorie, qu'il constitue un « spécimen » dont on pourrait trouver plusieurs variantes.

REPÈRES Le discours narratif ▸ p. 146
Le personnage de roman ▸ p. 178
Du réalisme au naturalisme ▸ p. 357

Léon Henri Marie Frédéric (1856-1940), *La Vieille Servante* : détail (1884), huile sur toile, 107 × 101 cm (musée d'Orsay ; Paris).

3 Gustave Flaubert, *Madame Bovary* (1857)

Analyse du malaise existentiel d'une bourgeoise de province, le roman Madame Bovary *est aussi une présentation de la vie sociale qui mêle les différents milieux d'une petite ville. Dans le passage qui suit, lors de comices*[1] *agricoles, une vieille employée de ferme reçoit la récompense de cinquante-quatre années de travail.*

Alors on vit s'avancer sur l'estrade une petite vieille femme de maintien craintif, et qui paraissait se ratatiner dans ses pauvres vêtements. Elle avait aux pieds de grosses galoches de bois, et, le long des hanches, un grand tablier bleu. Son visage maigre, entouré d'un béguin sans bordure, était plus plissé de rides qu'une pomme de reinette flétrie, et des manches de sa camisole rouge dépassaient deux longues mains, à articulations noueuses. La poussière des granges, la potasse des lessives et le suint des laines les avaient si bien encroûtées, éraillées, durcies, qu'elles semblaient sales quoiqu'elles fussent rincées d'eau claire ; et, à force d'avoir servi, elles restaient entr'ouvertes, comme pour présenter d'elles-mêmes l'humble témoignage de tant de souffrances subies. Quelque chose d'une rigidité monacale relevait l'expression de sa figure. Rien de triste ou d'attendri n'amollissait ce regard pâle. Dans la fréquentation des animaux, elle avait pris leur mutisme et leur placidité. C'était la première fois qu'elle se voyait au milieu d'une compagnie si nombreuse ; et, intérieurement effarouchée par les drapeaux, par les tambours, par les messieurs en habit noir et par la croix d'honneur du Conseiller, elle demeurait tout immobile, ne sachant s'il fallait s'avancer ou s'enfuir, ni pourquoi la foule la poussait et pourquoi les examinateurs lui souriaient. Ainsi se tenait, devant ces bourgeois épanouis, ce demi-siècle de servitude.

Deuxième partie, chapitre VIII.

1. Association de notables ruraux visant au développement de l'agriculture.

Contexte XIXe s. ▶ p. 486
Notice biographique ▶ p. 497
Du même auteur ▶ p. 36, p. 154

RECHERCHE

Les mots et leur usage

1. Préparez une note explicative pour les mots : *galoches* (l. 3), *béguin* (l. 4), *camisole* (l. 5), *potasse* (l. 7), *suint* (l. 7).

2. Expliquez, en la replaçant dans le contexte, l'expression *rigidité monacale* (l. 11).

Lecture analytique

3. Comment est construite la présentation du personnage ? Sur quoi reposent ses deux grandes parties ? Prenez appui sur le lexique.

4. Sur quoi le narrateur met-il l'accent ? Étudiez les deux volets du portrait : de quoi le personnage est-il représentatif ?

5. Quel est le registre de ce portrait ?

6. Comment peuvent se justifier le choix d'un tel personnage et l'intérêt que lui porte un écrivain ? Prenez appui sur la dernière phrase et sa fonction.

Travail sur un corpus de textes

7. Rapprochez les extraits de Stendhal (▶ p. 338), Balzac (▶ p. 340), Flaubert (▶ p. 342) pour faire apparaître des éléments communs dans l'inspiration. Vous vous demanderez aussi ce que peuvent apporter ces trois textes au lecteur d'aujourd'hui.

Vers le commentaire

8. À partir de repérages précis, construisez et rédigez un ou plusieurs axes de commentaire : *la structure du portrait ; un personnage appartenant au peuple et son inadaptation à la situation ; les choix de Flaubert : apporter un témoignage sur la vie des humbles, aider à comprendre une condition sociale défavorisée.*

REPÈRES Le personnage de roman ▶ p. 178
Du réalisme au naturalisme ▶ p. 357

4 Gustave Flaubert, *L'Éducation sentimentale* (1869)

L'Éducation sentimentale *rapporte les ambitions et les échecs d'un groupe de jeunes gens nés à l'époque du romantisme triomphant (dans les années 1825). Dans le passage qui suit, le héros, Frédéric Moreau, et son ami Hussonnet assistent, de l'intérieur, au pillage des Tuileries, lors de la révolution de 1848.*

Tout à coup *La Marseillaise* retentit. Hussonnet et Frédéric se penchèrent sur la rampe. C'était le peuple. Il se précipita dans l'escalier, en secouant à flots vertigineux des têtes nues, des casques, des bonnets rouges, des baïonnettes et des épaules, si impétueusement, que des gens disparaissaient dans cette masse grouillante qui montait toujours, comme un fleuve refoulé par une marée d'équinoxe, avec un long mugissement, sous une impulsion irrésistible. En haut, elle se répandit, et le chant tomba.

On n'entendait plus que les piétinements de tous les souliers, avec le clapotement des voix. La foule inoffensive se contentait de regarder. Mais, de temps à autre, un coude trop à l'étroit enfonçait une vitre ; ou bien un vase, une statuette déroulait d'une console, par terre. Les boiseries pressées craquaient. Tous les visages étaient rouges ; la sueur en coulait à larges gouttes ; Hussonnet fit cette remarque :

– « Les héros ne sentent pas bon ! »

– « Ah ! vous êtes agaçant », reprit Frédéric.

Janet Lange (1815-1872), *Journée du jeudi 24 février*, gravure (musée Carnavalet ; Paris).

Et poussés malgré eux, ils entrèrent dans un appartement où s'étendait, au plafond, un dais de velours rouge. Sur le trône, en dessous, était assis un prolétaire à barbe noire, la chemise entr'ouverte, l'air hilare et stupide comme un magot[1]. D'autres gravissaient l'estrade pour s'asseoir à sa place.

– « Quel mythe ! » dit Hussonnet. « Voilà le peuple souverain ! »

Le fauteuil fut enlevé à bout de bras, et traversa toute la salle en se balançant.

– « Saprelotte ! comme il chaloupe ! Le vaisseau de l'État est ballotté sur une mer orageuse ! Cancane-t-il ! cancane-t-il ! »

On l'avait approché d'une fenêtre, et, au milieu des sifflets, on le lança.

– « Pauvre vieux ! » dit Hussonnet en le voyant tomber dans le jardin, où il fut repris vivement pour être promené ensuite jusqu'à la Bastille, et brûlé.

Alors, une joie frénétique éclata, comme si, à la place du trône, un avenir de bonheur illimité avait paru ; et le peuple, moins par vengeance que pour affirmer sa possession, brisa, lacéra les glaces et les rideaux, les lustres, les flambeaux, les tables, les chaises, les tabourets, tous les meubles, jusqu'à des albums de dessins, jusqu'à des corbeilles de tapisserie. Puisqu'on était victorieux, ne fallait-il pas s'amuser ! La canaille s'affubla ironiquement de dentelles et de cachemires. Des crépines[2] d'or s'enroulèrent aux manches des blouses, des chapeaux à plumes d'autruche ornaient la tête des forgerons, des rubans de la Légion d'honneur firent des ceintures aux prostituées. Chacun satisfaisait son caprice ; les uns dansaient, d'autres buvaient. Dans la chambre de la reine, une femme lustrait ses bandeaux[3] avec de la pommade ; derrière un paravent, deux amateurs jouaient aux cartes ; Hussonnet montra à Frédéric un individu qui fumait son brûle-gueule[4] accoudé sur un balcon ; et le délire redoublait au tintamarre continu des porcelaines brisées et des morceaux de cristal qui sonnaient, en rebondissant, comme des lames d'harmonica.

IIIe partie, chapitre 1.

1. Figurine représentant un personnage obèse et grimaçant.
2. Franges.
3. Coiffure romantique dans laquelle les cheveux sont lissés de chaque côté du visage.
4. Petite pipe courte.

Contexte XIXe s. ► p. 486
Notice biographique ► p. 497
Du même auteur ► p. 36, p. 154, p. 342

Lecture analytique

1. La scène rapportée est historique : qu'est-ce qui, dans le texte, donne au lecteur l'impression d'assister à une scène de révolution se déroulant sous ses yeux ? D'où vient l'effet de réel ?
2. À quel moment le narrateur donne-t-il des explications au lecteur sur le comportement de la foule ? Quelle est la position de ce narrateur ?
3. Les deux personnages qui échangent des propos ont-ils le même jugement concernant le peuple ? À partir de quels éléments le lecteur peut-il répondre à cette question ? Quels éléments du récit peuvent illustrer le jugement d'Hussonnet ? Mettez en parallèle les trois premiers paragraphes et le dernier : que remarquez-vous ?
4. Expliquez la métaphore du *vaisseau de l'État* (l. 23-24) et sa force symbolique.

Écriture d'invention

5. a. Rédigez une brève journalistique pour signaler le pillage des Tuileries par la population, en 1848. Vous pourrez prendre modèle sur les brèves de *Libération* (► p. 112).
b. Reprenez le même fait et rédigez une dépêche d'agence l'annonçant sous une forme strictement objective et non signée.
c. À partir de la dépêche, rédigez un article de vingt à trente lignes, en donnant des détails figurant uniquement dans le texte de Flaubert et en vous exprimant de manière objective.

REPÈRES
Le personnage de roman ► p. 178
Lieux et temps dans le récit ► p. 193
Du réalisme au naturalisme ► p. 357

Jean Béraud (1849-1936), *Les Grands Boulevards devant le théâtre des Variétés, le soir* (1883), huile sur toile, 51 × 71 cm (musée Carnavalet ; Paris).

5 Émile Zola, *La Curée* (1871)

Les transformations urbaines et architecturales de Paris, sous le Second Empire, donnent l'occasion à Zola de placer les personnages du roman La Curée *dans l'univers de la spéculation immobilière. L'un d'entre eux est Aristide Saccard, issu de la lignée des Rougon-Macquart.*

À cette heure, Paris offrait, pour un homme comme Aristide Saccard, le plus intéressant des spectacles. L'Empire venait d'être proclamé[1], après ce fameux voyage pendant lequel le prince-président avait réussi à chauffer l'enthousiasme de quelques départements bonapartistes. Le silence s'était fait à la tribune et dans les journaux. La société, sauvée encore une fois, se félicitait, se reposait, faisait la grasse matinée, maintenant qu'un gouvernement fort la protégeait et lui ôtait jusqu'au souci de penser et de régler ses affaires. La grande préoccupation de la société était de savoir à quels amusements elle allait tuer le temps. Selon l'heureuse expression d'Eugène Rougon[2], Paris se mettait à table et rêvait gaudriole au dessert. La politique épouvantait, comme une drogue dangereuse. Les esprits lassés se tournaient vers les affaires et les plaisirs. Ceux qui possédaient déterraient leur argent, et ceux qui ne possédaient pas cherchaient dans les coins les trésors oubliés. Il y avait, au fond de la cohue, un frémissement sourd, un bruit naissant de pièces de cent sous, des rires clairs de femmes, des tintements encore affaiblis de vaisselle et de baisers. Dans le grand silence de l'ordre, dans la paix aplatie du nouveau règne, montaient toutes sortes de rumeurs aimables, de promesses dorées et voluptueuses. Il semblait qu'on passât devant une de ces petites maisons dont les rideaux soigneusement tirés ne laissent voir que des ombres de femmes, et où l'on entend l'or sonner sur le marbre des cheminées. L'Empire allait faire de Paris le mauvais lieu de l'Europe. Il fallait à cette poignée d'aventuriers qui venaient de voler un trône un règne d'aventures, d'affaires véreuses, de consciences vendues, de femmes achetées, de soûlerie furieuse et universelle. Et, dans la ville où le sang de décembre était à peine lavé, grandissait, timide encore, cette folie de jouissance qui devait jeter la patrie au cabanon[3] des nations pourries et déshonorées.

Aristide Saccard, depuis les premiers jours, sentait venir ce flot montant de la spéculation, dont l'écume allait couvrir Paris entier. Il en suivit les progrès avec une attention profonde. Il se trouvait au beau milieu de la pluie chaude d'écus tombant dru sur les toits de la cité.

Chapitre II.

1. En 1852, après le coup d'État de Napoléon III.
2. Personnage récurrent, héros de *Son Excellence Eugène Rougon*.
3. Cellule où l'on enferme les fous dangereux.

Contexte XIXe s. ► p. 486
Notice biographique ► p. 503
Du même auteur ► p. 156, p. 185, p. 349, p. 460

RECHERCHE

Les mots et leur usage

1. Rédigez une note explicative pour les expressions : *gaudriole* (l. 10), *affaires véreuses* (l. 22).

Histoire littéraire

2. Cherchez les deux titres de l'ensemble de l'œuvre de Zola. En quoi ces deux titres apportent-ils des informations importantes concernant les dates, les thèmes, les orientations et les objectifs de l'œuvre entière ? À quoi peut-on percevoir les enjeux scientifiques du travail romanesque de Zola, d'après le titre global de l'œuvre ?

Lecture analytique

3. En prenant appui sur le lexique, mettez en relief le caractère historique du texte. Quelle est sa forme de discours ? À quel moment se situe le narrateur par rapport à l'époque évoquée ?

4. Le récit analyse et présente une atmosphère : quelles en sont les caractéristiques ? Par quels moyens (lexique, connotations, registre) se trouve rendue l'idée contenue dans la phrase : *faire de Paris le mauvais lieu de l'Europe* (l. 20) ?

5. Quelles sont les marques de la subjectivité du narrateur ? Comment se situe-t-il par rapport aux réalités sociales et politiques qu'il évoque ?

6. Certains critiques contemporains de Zola (▸ p. 357) lui ont reproché un choix de thèmes « orduriers » : que peut-on dire de ce texte par rapport à cette critique ?

Oral

7. Un romancier peut-il être taxé d'immoralité lorsqu'il donne à voir un monde immoral ?

REPÈRES Du réalisme... ▸ p. 357

6 Émile Zola, *Le Ventre de Paris* (1873)

Dès ses premiers ouvrages, Zola s'inspire des théories et des pratiques de la médecine expérimentale pour étudier les êtres humains à travers ses personnages : c'est là l'origine du roman expérimental (▸ p. 349).
Dans le passage qui suit, se trouve exposé l'un des moteurs de l'activité et de la survie sociales, la rivalité de nature entre « les Gras et les Maigres ».

Claude[1], les bras ballants, faisant de grandes enjambées régulières, regardait complaisamment les deux ombres, heureux et perdu dans le cadencement de la marche, qu'il exagérait encore en le marquant des épaules. Puis, comme sortant d'une songerie :

« Est-ce que vous connaissez la bataille des Gras et des Maigres ? » demanda-t-il.

Florent[2], surpris, dit que non. Alors Claude s'enthousiasma, parla de cette série d'estampes avec beaucoup d'éloges. Il cita certains épisodes : les Gras, énormes à crever, préparant la goinfrerie du soir, tandis que les Maigres, pliés par le jeûne, regardent de la rue avec la mine d'échalas envieux ; et encore les Gras, à table, les joues débordantes, chassant un Maigre qui a eu l'audace de s'introduire humblement, et qui ressemble à une quille au milieu d'un peuple de boules. Il voyait là tout le drame humain ; il finit par classer les hommes en Maigres et en Gras, en deux groupes hostiles dont l'un dévore l'autre, s'arrondit le ventre et jouit.

1. Il s'agit de Claude Lantier, fils de Gervaise, et peintre. Il est aussi le héros du roman intitulé *L'Œuvre*.

2. Florent est son demi-frère. Arrêté par erreur à la suite du coup d'État du 2 décembre 1851, il s'est évadé du bagne et est revenu à Paris.

« Pour sûr, dit-il, Caïn était un Gras et Abel un Maigre. Depuis le premier meurtre, ce sont toujours les grosses faims qui ont sucé le sang des petits mangeurs… C'est une continuelle ripaille, du plus faible au plus fort, chacun avalant son voisin et se trouvant avalé à son tour… Voyez-vous, mon brave, défiez-vous des Gras. »

Il se tut un instant, suivant toujours des yeux leurs deux ombres que le soleil couchant allongeait davantage. Et il murmura :

« Nous sommes des Maigres, nous autres, vous comprenez… Dites-moi si, avec des ventres plats comme les nôtres, on tient beaucoup de place au soleil. »

Florent regarda les deux ombres en souriant. Mais Claude se fâchait. Il criait :

« Vous avez tort de trouver ça drôle. Moi, je souffre d'être un Maigre. Si j'étais un Gras, je peindrais tranquillement, j'aurais un bel atelier, je vendrais mes tableaux au poids de l'or. Au lieu de ça, je suis un Maigre, je veux dire que je m'extermine le tempérament à vouloir trouver des machines qui font hausser les épaules des Gras. J'en mourrai, c'est sûr, la peau collée aux os, si plat qu'on pourra me mettre entre les deux feuillets d'un livre pour m'enterrer… Et vous donc ! vous êtes un Maigre surprenant, le roi des Maigres, ma parole d'honneur. Vous vous rappelez votre querelle avec les poissonnières[3], c'était superbe, ces gorges géantes lâchées contre votre poitrine étroite ; et elles agissaient d'instinct, elles chassaient au Maigre, comme les chattes chassent aux souris… En principe, vous entendez, un Gras a l'horreur d'un Maigre, si bien qu'il éprouve le besoin de l'ôter de sa vue, à coups de dents, ou à coups de pied. »

Chapitre 4.

3. Rappel d'un épisode antérieur du roman.

Contexte XIXe s. ▶ p. 486
Notice biographique ▶ p. 503
Du même auteur ▶ p. 156, p. 185, p. 349, p. 460

RECHERCHE

Les mots et leur usage

1. Cherchez le sens des mots *estampe* (l. 8), *échalas* (l. 10). Qu'est-ce qu'une parabole ?

Histoire littéraire

2. Dans quel type d'œuvres trouve-t-on des paraboles ? Quelles sont leurs fonctions ?
3. Explicitez l'allusion à Caïn et Abel (l. 16).

Lecture analytique

4. Classez, sous forme de tableau, tous les termes qui se rattachent, d'un côté, à l'image des Gras et, de l'autre, à celle des Maigres. Qu'observez-vous ?
5. Que fait apparaître le classement précédent, en ce qui concerne la situation personnelle des deux interlocuteurs ? Que fait-il apparaître, en ce qui concerne la structure du passage ?
6. *Fonctionnement social / situation personnelle* : comment ces deux aspects sont-ils mis en relation dans le texte ? Quelles relations le lecteur peut-il percevoir entre les deux ?
7. Quelles conclusions le lecteur peut-il tirer de ces observations sur le plan de l'évolution sociale ?

REPÈRES Le discours narratif ▶ p. 146
Le personnage de roman ▶ p. 178
Du réalisme au naturalisme ▶ p. 357

7 Émile Zola, *L'Assommoir* (1877)

Edgar Degas (1834-1917), *Dans un café, dit L'Absinthe* (≈ 1875-1876), huile sur toile, 92 × 68 cm (musée d'Orsay ; Paris).

Les personnages de la série des Rougon-Macquart ont une hérédité d'alcoolisme qui détermine leurs comportements. Le roman L'Assommoir *raconte et analyse la déchéance progressive de Gervaise et la détérioration de sa famille, sous l'effet de l'alcool. La scène qui suit la montre dans la contemplation de l'alambic du père Colombe, qui fabrique de l'absinthe.*

Et elle[1] se leva. Coupeau[2], qui approuvait vivement ses souhaits, était déjà debout, s'inquiétant de l'heure. Mais ils ne sortirent pas tout de suite ; elle eut la curiosité d'aller regarder, au fond, derrière la barrière de chêne, le grand alambic de cuivre rouge, qui fonctionnait sous le vitrage clair de la petite cour ; et le zingueur, qui l'avait suivie, lui expliqua comment ça marchait, indiquant du doigt les différentes pièces de l'appareil, montrant l'énorme cornue d'où tombait un filet limpide d'alcool. L'alambic, avec ses récipients de forme étrange, ses enroulements sans fin de tuyaux, gardait une mine sombre ; pas une fumée ne s'échappait ; à peine entendait-on un souffle intérieur, un ronflement souterrain ; c'était comme une besogne de nuit faite en plein jour, par un travailleur morne, puissant et muet. Cependant, Mes-Bottes[3], accompagné de ses deux camarades, était venu s'accouder sur la barrière, en attendant qu'un coin du comptoir fût libre. Il avait un rire de poulie mal graissée, hochant la tête, les yeux attendris, fixés sur la machine à soûler. Tonnerre de Dieu ! elle était bien gentille ! Il y avait, dans ce gros bedon de cuivre, de quoi se tenir le gosier au frais pendant huit jours. Lui, aurait voulu qu'on lui soudât le bout du serpentin entre les dents, pour sentir le vitriol encore chaud, l'emplir, lui descendre jusqu'aux talons, toujours, toujours, comme un petit ruisseau. Dame ! il ne se serait plus dérangé, ça aurait joliment remplacé les dés à coudre[4] de ce roussin[5] de père Colombe ! Et les camarades ricanaient, disaient que cet animal de Mes-Bottes avait un fichu grelot[6], tout de même. L'alambic, sourdement, sans une flamme, sans une gaieté dans les reflets éteints de ses cuivres, continuait, laissait couler sa sueur d'alcool, pareil à une source lente et entêtée, qui à la longue devait envahir la salle, se répandre sur les boulevards extérieurs, inonder le trou immense de Paris. Alors, Gervaise, prise d'un frisson, recula ; et elle tâchait de sourire, en murmurant :

– C'est bête, ça me fait froid, cette machine… la boisson me fait froid…

Chapitre II.

1. Il s'agit de Gervaise.
2. Ouvrier zingueur, Coupeau est amoureux de Gervaise.
3. Ouvrier ami de Coupeau.
4. Petits verres.
5. (*Terme d'argot*) Agent de police.
6. (*Terme d'argot*) Voix, façon de parler.

Contexte XIXe s. ► p. 486
Notice biographique ► p. 503
Du même auteur ► p. 38, p. 156, p. 185, p. 460

Lecture analytique

1. Observez et identifiez la variation des points de vue concernant l'alambic, ainsi que les modalités de paroles rapportées selon lesquelles s'expriment ces points de vue.

2. En quoi l'image de l'appareil diffère-t-elle selon celui qui en parle ? Mettez en parallèle les différents éléments de description et comparez le lexique, le niveau de langue, les images qui sont données de l'appareil.

3. Quel est le registre de la description faite par le narrateur ? Que remarquez-vous entre le début et la fin du passage, concernant la présence de l'alambic et ce qu'elle suscite ?

4. Cette scène se situe au début du roman : que laisse présager la curiosité de Gervaise pour l'alambic ? Quels indices le narrateur laisse-t-il « filtrer » à ce moment du roman ?

5. Quelles réflexions cette rencontre de Gervaise avec l'alambic peut-elle provoquer, chez le lecteur, à propos des relations entre un être et son environnement ?

Maîtrise de la langue

6. Transformez en discours direct le passage du texte qui se trouve au discours indirect libre ; vous ferez toutes les transformations nécessaires.

7. Rédigez la présentation d'une machine en suivant exactement la structure grammaticale de la phrase suivante : *L'alambic... puissant et muet* (l. 11-16). Vous conserverez les personnifications et rendrez l'aspect inquiétant qui figure dans le texte.

Vers la dissertation

8. En prenant appui sur ce texte de Zola et sur d'autres extraits de romans du XIXe siècle, vous vous demanderez s'il est possible de rendre compte de scènes historiques et de réalité sociale sans adopter un registre particulier, modifiant ainsi le parti pris réaliste. Vous utiliserez aussi les textes de Maupassant (▸ p. 134), de Flaubert (▸ p. 343) et les textes théoriques (▸ p. 349, 354).

REPÈRES
Le point de vue ▸ p. 147
Le registre épique ▸ p. 179
Du réalisme au naturalisme ▸ p. 357

8 Émile Zola, *Le Roman expérimental* (1880)

C'est seulement après avoir composé plusieurs romans, que Zola publie le texte théorique du Roman expérimental, *qui définit la démarche naturaliste, inspirée des sciences expérimentales.*

Nous venons de voir l'importance décisive donnée par Claude Bernard[1] à l'étude du milieu intra-organique, dont on doit tenir compte, si l'on veut trouver le déterminisme[2] des phénomènes chez les êtres vivants. Eh bien ! dans l'étude d'une famille, d'un groupe d'êtres vivants, je crois que le milieu social a également une importance capitale. Un jour, la physiologie nous expliquera sans doute le mécanisme de la pensée et des passions : nous saurons comment fonctionne la machine individuelle de l'homme, comment il pense, comment il aime, comment il va de la raison à la passion et à la folie ; mais ces phénomènes, ces faits du mécanisme des organes agissant sous l'influence du milieu intérieur, ne se produisent pas au-dehors isolément et dans le vide. L'homme n'est pas seul, il vit dans une société, dans un milieu social, et dès lors pour

1. Physiologiste français (1813-1878), auteur de *l'Introduction à l'étude de la médecine expérimentale* (1865).

2. Philosophie selon laquelle certaines causes physiques produisent des effets sur les comportements humains.

nous, romanciers, ce milieu social modifie sans cesse les phénomènes. Même notre grande étude est là, dans le travail réciproque de la société sur l'individu et de l'individu sur la société. Pour le physiologiste, le milieu extérieur et le milieu intérieur sont purement chimiques et physiques, ce qui lui permet d'en trouver les lois aisément. Nous n'en sommes pas à pouvoir prouver que le milieu social n'est, lui aussi, que chimique et physique. Il l'est à coup sûr, ou plutôt il est le produit variable d'un groupe d'êtres vivants, qui, eux, sont absolument soumis aux lois physiques et chimiques qui régissent aussi bien les corps vivants que les corps bruts. Dès lors, nous verrons qu'on peut agir sur le milieu social, en agissant sur les phénomènes dont on se sera rendu maître chez l'homme. Et c'est là ce qui constitue le roman expérimental : posséder le mécanisme des phénomènes chez l'homme, montrer les rouages des manifestations intellectuelles et sensuelles telles que la physiologie nous les expliquera, sous les influences de l'hérédité et des circonstances ambiantes, puis montrer l'homme vivant dans le milieu social qu'il a produit lui-même, qu'il modifie tous les jours, et au sein duquel il éprouve à son tour une transformation continue. Ainsi donc, nous nous appuyons sur la physiologie, nous prenons l'homme isolé des mains du physiologiste, pour continuer la solution du problème et résoudre scientifiquement la question de savoir comment se comportent les hommes, dès qu'ils sont en société.

Chapitre II.

Contexte **XIXe s.** ► p. 486
Notice biographique ► p. 503
Du même auteur ► p. 38, p. 172, p. 460

RECHERCHE

Les mots et leur usage

1. Repérez, dans le texte, et classez tous les termes qui appartiennent au vocabulaire scientifique.

Lecture analytique

2. À partir de la référence initiale à Claude Bernard, étudiez de quelle manière est construite la démonstration de Zola, en faisant apparaître et en classant les éléments mis en parallèle. Vous pouvez présenter sous forme de tableau les deux domaines envisagés : que révèle ce tableau ? Qu'a de particulier le lexique utilisé ?

3. En quoi, dans la démonstration de Zola, le physiologiste a-t-il des avantages sur le romancier ?

4. À quoi le lecteur perçoit-il dans cet extrait l'implication de celui qui parle et ses espoirs ?

5. Précisez, à partir des affirmations de Zola, la définition et les ambitions du roman expérimental. Que signifie, dans ce cadre, le mot *expérimental* et quelle semble être alors la fonction de la littérature ? À quoi se trouve-t-elle assimilée ?

Travail sur un corpus de textes

6. Rapprochez les trois extraits de romans de Zola (► p. 345, 346, 348) pour analyser comment s'expriment les relations entre le milieu social et historique et les individus. Quelles influences le milieu exerce-t-il sur les individus ?

REPÈRES Du réalisme… ► p. 357
Le discours argumentatif ► p. 416

9 Guy de Maupassant, *Contes divers* (1882)

Le texte suivant est une nouvelle intégrale de Maupassant, publiée dans le journal Le Gaulois, *le 31 mars 1882.*

L'aveugle

Qu'est-ce que cette joie du premier soleil ? Pourquoi cette lumière tombée sur la terre emplit-elle ainsi du bonheur de vivre ? Le ciel est tout bleu, la campagne toute verte, les maisons toutes blanches ; et nos yeux ravis boivent ces couleurs vives dont ils font de l'allégresse pour nos âmes. Et il nous vient des envies de danser, des envies de courir, des envies de chanter, une légèreté heureuse de la pensée, une sorte de tendresse élargie, on voudrait embrasser le soleil.

Les aveugles sous les portes, impassibles en leur éternelle obscurité, restent calmes comme toujours au milieu de cette gaieté nouvelle, et, sans comprendre, ils apaisent à toute minute leur chien qui voudrait gambader.

Quand ils rentrent, le jour fini, au bras d'un jeune frère ou d'une petite sœur, si l'enfant dit : « Il a fait bien beau tantôt ! », l'autre répond : « Je m'en suis bien aperçu, qu'il faisait beau. Loulou ne tenait pas en place. »

J'ai connu un de ces hommes dont la vie fut un des plus cruels martyres qu'on puisse rêver.

C'était un paysan, le fils d'un fermier normand. Tant que le père et la mère vécurent, on eut à peu près soin de lui ; il ne souffrit guère que de son horrible infirmité ; mais dès que les vieux furent partis, l'existence atroce commença. Recueilli par une sœur, tout le monde dans la ferme le traitait comme un gueux qui mange le pain des autres. À chaque repas, on lui reprochait la nourriture ; on l'appelait fainéant, manant ; et bien que son beau-frère se fût emparé de sa part d'héritage, on lui donnait à regret la soupe, juste assez pour qu'il ne mourût point.

Il avait une figure toute pâle, et deux grands yeux blancs comme des pains à cacheter ; et il demeurait impassible sous l'injure, tellement enfermé en lui-même qu'on ignorait s'il la sentait. Jamais d'ailleurs il n'avait connu aucune tendresse, sa mère l'ayant toujours un peu rudoyé, ne l'aimant guère ; car aux champs les inutiles sont des nuisibles, et les paysans feraient volontiers comme les poules qui tuent les infirmes d'entre elles.

Sitôt la soupe avalée, il allait s'asseoir devant la porte en été, contre la cheminée en hiver, et il ne remuait plus jusqu'au soir. Il ne faisait pas un geste, pas un mouvement ; seules ses paupières, qu'agitait une sorte de souffrance nerveuse, retombaient parfois sur la tache blanche de ses yeux. Avait-il un esprit, une pensée, une conscience nette de sa vie ? Personne ne se le demandait.

Pendant quelques années, les choses allèrent ainsi. Mais son impuissance à rien faire autant que son impassibilité finirent par exaspérer ses parents, et il devint un souffre-douleur, une sorte de bouffon-martyr, de proie donnée à la férocité native, à la gaieté sauvage des brutes qui l'entouraient.

Honoré Daumier 1808-1879), *La Soupe*, plume, encre noire, aquarelle (musée du Louvre ; Paris).

On imagina toutes les farces cruelles que sa cécité put inspirer. Et pour se payer de ce qu'il mangeait, on fit de ses repas des heures de plaisir pour les voisins et de supplice pour l'impotent.

Les paysans des maisons prochaines s'en venaient à ce divertissement ; on se le disait de porte en porte, et la cuisine de la ferme se trouvait pleine chaque jour. Tantôt on posait sur la table, devant son assiette où il commençait à puiser le bouillon, quelque chat ou quelque chien. La bête avec son instinct flairait l'infirmité de l'homme et, tout doucement, s'approchait, mangeait sans bruit, lapant avec délicatesse ; et quand un clapotis de langue un peu bruyant avait éveillé l'attention du pauvre diable, elle s'écartait prudemment pour éviter le coup de cuiller qu'il envoyait au hasard devant lui.

Alors c'étaient des rires, des poussées, des trépignements des spectateurs tassés le long des murs. Et lui, sans jamais dire un mot, se remettait à manger de la main droite, tandis que, de la gauche avancée, il protégeait et défendait son assiette.

Tantôt on lui faisait mâcher des bouchons, du bois, des feuilles ou même des ordures, qu'il ne pouvait distinguer.

Puis, on se lassa même des plaisanteries ; et le beau-frère enrageant de toujours le nourrir, le frappa, le gifla sans cesse, riant des efforts inutiles de l'autre pour parer les coups ou les rendre. Ce fut alors un jeu nouveau : le jeu des claques. Et les valets de charrue, le goujat[1], les servantes, lui lançaient à tout moment leur main par la figure, ce qui imprimait à ses paupières un mouvement précipité. Il ne savait où se cacher et demeurait sans cesse les bras étendus pour éviter les approches.

1. Ce mot désigne ici un valet de ferme, sans nuance péjorative.

Enfin, on le contraignit à mendier. On le postait sur les routes les jours de marché, et, dès qu'il entendait un bruit de pas ou le roulement d'une voiture, il tendait son chapeau en balbutiant : « La charité, s'il vous plaît. »

Mais le paysan n'était pas prodigue, et, pendant des semaines entières, il ne rapportait pas un sou.

Ce fut alors contre lui une haine déchaînée, impitoyable. Et voici comme il mourut.

Un hiver, la terre était couverte de neige, et il gelait horriblement.

Or, son beau-frère, un matin, le conduisit fort loin sur une grande route pour lui faire demander l'aumône. Il l'y laissa tout le jour, et quand la nuit fut venue, il affirma devant ses gens qu'il ne l'avait plus retrouvé. Puis, il ajouta : « Bast ! faut pas s'en occuper, quelqu'un l'aura emmené parce qu'il avait froid. Pardié ! i n'est pas perdu. I reviendra ben d'main manger la soupe. »

Le lendemain, il ne revint pas.

Après de longues heures d'attente, saisi par le froid, se sentant mourir, l'aveugle s'était mis à marcher. Ne pouvant reconnaître la route ensevelie sous cette écume de glace, il avait erré au hasard, tombant dans les fossés, se relevant, toujours muet, cherchant une maison.

Mais l'engourdissement des neiges l'avait peu à peu envahi, et, ses jambes faibles ne le pouvant plus porter, il s'était assis au milieu d'une plaine. Il ne se releva point.

Les blancs flocons qui tombaient toujours l'ensevelirent. Son corps raidi disparut sous l'incessante accumulation de leur foule infinie ; et rien n'indiquait plus la place où le cadavre était couché.

Ses parents firent mine de s'enquérir et de le chercher pendant huit jours. Ils pleurèrent même.

L'hiver était rude et le dégel n'arrivait pas vite. Or, un dimanche, en allant à la messe, les fermiers remarquèrent un grand vol de corbeaux qui tournoyaient sans fin au-dessus de la plaine, puis s'abattaient comme une pluie noire en tas à la même place, repartaient et revenaient toujours.

La semaine suivante, ils étaient encore là, les oiseaux sombres. Le ciel en portait un nuage comme s'ils se fussent réunis de tous les coins de l'horizon ; et ils se laissaient tomber avec de grands cris dans la neige éclatante, qu'ils tachaient étrangement et fouillaient avec obstination.

Un gars alla voir ce qu'ils faisaient, et découvrit le corps de l'aveugle, à moitié dévoré déjà, déchiqueté. Ses yeux pâles avaient disparu, piqués par les longs becs voraces.

Et je ne puis jamais ressentir la vive gaieté des jours de soleil, sans un souvenir triste et une pensée mélancolique vers le gueux, si déshérité dans la vie que son horrible mort fut un soulagement pour tous ceux qui l'avaient connu.

(Texte intégral.)

Contexte XIXe s. ► p. 486
Notice biographique ► p. 499
Du même auteur ► p. 94, p. 134, p. 158, p. 354

Lecture analytique

1. À partir des différentes articulations chronologiques, déterminez les étapes du récit. À l'intérieur de ces étapes, quelles sont celles qui correspondent à l'aggravation de la situation de l'aveugle ? Comment se marque cette gradation ?

2. Comment se trouve signalée la présence du narrateur ? À quels moments intervient-il ? Quelle est sa position ? Qu'a de particulier le passage qui commence à *Le lendemain, il ne revint pas...* (l. 76) ?

3. Pourquoi le lecteur peut-il rapprocher le début et la fin de la nouvelle ?

4. Concernant les comportements humains, que souligne cette nouvelle ? Sur quels aspects de la nature humaine met-elle l'accent ? Quel est le registre dominant ?

5. La cruauté mise en scène vient-elle de la famille uniquement ? des hommes en général ? du groupe de paysans, collectivité rendue complice par les difficultés de la vie ? Prenez appui sur le texte pour répondre.

Vers la dissertation

6. Construisez et rédigez un court développement organisé pour répondre, de manière argumentée, à la question suivante : que peut apporter à un lecteur de notre époque la lecture de nouvelles dont l'action se situe à la fin du XIXe siècle ?

Écriture d'invention

7. Rédigez une brève journalistique pour rendre compte du martyre et de la mort de l'aveugle.

8. Pour la rubrique « faits divers » d'un journal, rédigez un article court rapportant les mauvais traitements subis par l'aveugle, et sa mort. Donnez comme hypothèse la culpabilité du beau-frère. Précisez, en ouverture, dans quelles circonstances vous êtes conduit à évoquer ce fait divers.

REPÈRES Le discours narratif ► p. 146
La nouvelle ► p. 212
Du réalisme au naturalisme ► p. 357

10 Guy de Maupassant, préface de *Pierre et Jean* (1888)

La volonté de « faire vrai » et de retranscrire exactement le réel se heurte à plusieurs difficultés, qu'analyse ici Maupassant.

Le réaliste, s'il est un artiste, cherchera, non pas à nous montrer la photographie banale de la vie, mais à nous en donner la vision plus complète, plus saisissante, plus probante que la réalité même.

Raconter tout serait impossible, car il faudrait alors un volume au moins par journée, pour énumérer les multitudes d'incidents insignifiants qui emplissent notre existence.

Un choix s'impose donc, – ce qui est une première atteinte à la théorie de toute la vérité.

La vie, en outre, est composée des choses les plus différentes, les plus imprévues, les plus contraires, les plus disparates ; elle est brutale, sans suite, sans chaîne, pleine de catastrophes inexplicables, illogiques et contradictoires qui doivent être classées au chapitre *faits divers.*

Voilà pourquoi l'artiste, ayant choisi son thème, ne prendra dans cette vie encombrée de hasards et de futilités que les détails caractéristiques utiles à son sujet, et il rejettera tout le reste, tout l'à-côté.

Un exemple entre mille :

Le nombre des gens qui meurent chaque jour par accident est considérable sur la terre. Mais pouvons-nous faire tomber une tuile sur la tête d'un personnage principal, ou le jeter sous les roues d'une voiture, au milieu d'un récit, sous prétexte qu'il faut faire la part de l'accident ?

La vie encore laisse tout au même plan, précipite les faits ou les traîne indéfiniment. L'art, au contraire, consiste à user de précautions et de préparations, à ménager des transitions savantes et dissimulées, à mettre en pleine lumière, par la seule adresse de la composition, les événements essentiels et à donner à tous les autres le degré de relief qui leur convient, suivant leur importance, pour produire la sensation profonde de la vérité spéciale qu'on veut montrer.

Faire vrai consiste donc à donner l'illusion complète du vrai, suivant la logique ordinaire des faits, et non à les transcrire servilement dans le pêle-mêle de leur succession.

J'en conclus que les Réalistes de talent devraient s'appeler plutôt des Illusionnistes.

Préface « Le roman » (extrait).

Contexte XIXe s. ▶ p. 486
Notice biographique ▶ p. 499
Du même auteur ▶ p. 94 p. 134 p. 158 p. 351

Lecture analytique

1. Quels sont, d'après Maupassant, les différents obstacles à la volonté que peut avoir le romancier réaliste de « faire vrai » ? Parmi ces obstacles, distinguez ceux qui viennent du romancier et ceux qui viennent de la vie.

2. Quels sont les critères de choix du romancier, d'après le texte ?

3. À quelle conclusion paradoxale parvient ici Maupassant ? Cette conclusion était-elle prévisible ? Comment peut se définir une démarche de composition artistique ?

4. Récapitulez, sous forme de tableau, les spécificités de la vie, d'un côté, et, de l'autre, les possibilités de l'art, d'après le texte.

5. À quelle forme de discours appartient ce passage ?

Écriture d'invention

6. En prenant pour base de travail le texte de presse de la page 116, supposez que vous écrivez un texte romanesque (nouvelle ou roman). Faites, selon les principes de Maupassant, un choix parmi les éléments donnés dans l'article et repérez ce que vous allez garder, en expliquant vos raisons.

Oral

7. *Information journalistique, réalisme, art* : comment trouver les limites entre ces trois domaines ? Quels sont les dangers résultant des confusions ?

REPÈRES Du réalisme... ▶ p. 357
Le discours argumentatif ▶ p. 416

11 Lire l'image : Lhermitte

Léon Augustin Lhermitte (1844-1925), *La Paie des moissonneurs* (1882), huile sur toile, 215 × 272 cm, (musée d'Orsay ; Paris).

Lecture de l'image

1 Que représente le tableau ? Faites-en une description précise en insistant sur la composition du groupe et sur la manière dont il s'intègre au contexte. Tenez compte du titre.

2. D'où vient l'impression de précision ? Mettez en évidence, dans la représentation, le souci des détails, la volonté de « faire vrai », de montrer le réel, de rendre compte des mouvements, de faire apparaître ce que traduisent les attitudes et les physionomies.

3. Le tableau se limite-t-il à représenter le réel ? Quelle image de la vie paysanne donne-t-il ?

4. Rapprochez cette représentation du texte de Maupassant (▸ p. 354) : ce que dit le romancier de la représentation réaliste en littérature vaut-il pour la représentation picturale ?

Écriture d'invention

5. Composez une présentation de ce tableau pour un catalogue d'exposition dont le titre est *Représentation paysanne et réalisme* : en une quinzaine de lignes, indiquez qui est le peintre, exposez le thème du tableau et dites d'où vient le réalisme.

REPÈRES Du réalisme... ▸ p. 357

Du réalisme au naturalisme

Parmi les courants culturels et littéraires du XIXe siècle, le réalisme et le naturalisme traduisent le souci des artistes de représenter le réel et la nature humaine avec une précision presque scientifique.

Le réalisme

Créé à partir du mot *réel,* et associé à un contexte social et historique, le **réalisme** exprime la volonté de certains artistes de montrer la réalité sans la modifier, sans souci de l'embellir.

Ses origines : la tendance réaliste se manifeste d'abord en peinture, lorsque Courbet présente, dans les années 1840-1845, des tableaux représentant une réalité banale, peu esthétique.
Cette inspiration s'explique par les changements sociaux : l'émergence d'une classe nouvelle, celle des ouvriers, la révolution industrielle, le machinisme, les usines deviennent des thèmes d'inspiration.
L'invention de la **photographie** laisse penser que l'on peut donner une image exacte du réel.

Ex : Balzac commence le roman *Illusions perdues* (▸ p. 78) par une présentation des nouvelles presses à imprimer. Flaubert, dans *Madame Bovary,* aborde la question du progrès à travers le personnage du pharmacien Homais et choisit des personnages parmi les classes défavorisées (▸ p. 342).

Ses caractéristiques : le réalisme veut reproduire avec exactitude ce qui, jusque-là, n'était pas considéré comme « sujet » esthétique : le monde des ouvriers et celui des paysans, les bas-fonds des villes, les marginaux, le peuple et la violence naturelle de ses réactions, sans héroïsme, les malheurs, les vies ratées…
Cette approche se veut objective, fondée sur l'observation extérieure des comportements, sans subjectivité du narrateur. Elle implique tout un travail de documentation et d'observation très précis, qui se veut presque scientifique.

Ex : Maupassant s'intéresse à la vie misérable et violente des paysans normands (▸ p. 134, 351). Flaubert décrit les comportements passionnels d'une foule dans la révolution de 1848 (▸ p. 343), comme pourrait le faire un témoin historique direct.

Ses limites : dans la préface du roman *Pierre et Jean* (▸ p. 354), Maupassant évoque les limites du mouvement. En effet, la volonté d'être fidèle au réel se heurte au fait que le romancier ne peut pas tout dire. Les choix qu'il s'impose constituent un démenti du **principe de vérité**.
D'autre part, en souhaitant faire une œuvre d'art et non un simple compte rendu de la réalité, il doit adopter une écriture « artiste » qui le conduit à donner du réel une vision modifiée et subjective.

Le naturalisme

En tant que « formule de la science moderne appliquée à la littérature », d'après Zola, le **naturalisme** est une systématisation du réalisme : ce courant s'appuie sur les recherches scientifiques du XIXe siècle.

Ses sources : observateur de la nature humaine, Zola est très intéressé par les travaux de Claude Bernard et cherche à expliciter les relations de cause à effet qui existent entre les milieux et les caractères, parallèlement à l'étude de l'hérédité. Sa démarche, scientifique, porte sur la diversité sociale.

Ex : Le titre que Zola donne à son œuvre *Histoire naturelle et sociale d'une famille sous le Second Empire* en souligne l'orientation scientifique, par la référence à Buffon.

Ses caractéristiques : le naturalisme se veut une entreprise rigoureuse d'observation des effets du milieu social sur les comportements. Cela implique une connaissance très précise des milieux. Zola les observe, se documente, construit des dossiers qu'il nourrit de notes, de photos, de croquis (▸ p. 38). Il compose ensuite une vaste famille, les Rougon-Macquart, marquée par la double hérédité de la folie et de l'alcoolisme. Placés dans divers milieux, les personnages deviennent de vrais « sujets » d'observation, comme dans un laboratoire.

Ex : Gervaise est placée dans le milieu des blanchisseuses, Étienne Lantier, son fils, dans le milieu de la mine, Nana, sa fille, dans celui de la prostitution, Eugène Rougon est ministre.

Ses limites et ses ambiguïtés : la démarche naturaliste comporte néanmoins des écueils. Zola est rapidement accusé de se complaire dans « l'ordure » sociale et faire de la littérature « putride », mettant en scène uniquement des détraqués. D'autre part, il doit accepter l'idée que les êtres humains ne sont pas des objets de laboratoire sur lesquels un romancier peut agir. La portée scientifique de la littérature est limitée par la nécessité de transformer la documentation en fiction romanesque. L'entreprise naturaliste reste comme l'illustration d'une tentative pour mettre le roman au service de la connaissance humaine, mais sous une forme trop nettement marquée par la recherche scientifique.

REPÈRES Historique du roman ▸ p. 127

Max Ernst (1891-1976), *Au rendez-vous des amis* (1922-1923),
huile sur toile, 130 × 195 cm (Ludwig Museum ; Cologne).

6

HISTOIRE LITTÉRAIRE

Mouvements littéraires au XXe siècle

Séquence 20

Esprit nouveau et surréalisme 360

Repères : Esprit nouveau et surréalisme 373

Séquence 21

Littérature et Résistance 374

Repères : La littérature engagée 389

Séquence 20

Esprit nouveau et surréalisme

1 Émile Verhaeren, *Les Villes tentaculaires* (1895)

Le monde moderne et industriel, décor de la civilisation de masse qui s'installe, inspire aux poètes du début du XXe siècle des images insolites, effrayantes et fascinantes.

Les usines

Se regardant avec les yeux cassés de leurs fenêtres
Et se mirant dans l'eau de poix et de salpêtre
D'un canal droit, marquant sa barre à l'infini,
Face à face, le long des quais d'ombre et de nuit,
Par à travers les faubourgs lourds
Et la misère en pleurs de ces faubourgs,
Ronflent terriblement usines et fabriques.

Rectangles de granit et monuments de briques,
Et longs murs noirs durant des lieues,
Immensément, par les banlieues ;
Et sur les toits, dans le brouillard, aiguillonnées
De fers et de paratonnerres,
Les cheminées.

Se regardant de leurs yeux noirs et symétriques,
Par la banlieue, à l'infini,
Ronflent le jour, la nuit,
Les usines et les fabriques.

Oh les quartiers rouillés de pluie et leurs grand'rues !
Et les femmes et leurs guenilles apparues
Et les squares, où s'ouvre, en des caries
De plâtras blanc et de scories,
Une flore pâle et pourrie.

Maximilien Luce (1858-1941), *Aciérie à Charleroi* (1897), huile sur toile, 38,5 × 51 cm (musée d'Orsay ; Paris).

Aux carrefours, porte ouverte, les bars :
Étains, cuivres, miroirs hagards,
Dressoirs d'ébène et flacons fols
D'où luit l'alcool
Et sa lueur vers les trottoirs.
Et des pintes qui tout à coup rayonnent,
Sur le comptoir, en pyramides de couronnes ;
Et des gens soûls, debout,
Dont les larges langues lapent, sans phrases,
Les ales d'or et le whisky, couleur topaze.

Par à travers les faubourgs lourds
Et la misère en pleurs de ces faubourgs,
Et les troubles et mornes voisinages,
Et les haines s'entrecroisant de gens à gens
Et de ménages à ménages,
Et le vol même entre indigents,
Grondent, au fond des cours, toujours,
Les haletants battements sourds
Des usines et des fabriques symétriques. […]

Contexte xxe s. ► p. 490
Notice biographique ► p. 503

RECHERCHE

Les mots et leur usage

1. Rédigez une note explicative pour les mots suivants : *poix* (v. 2), *salpêtre* (v. 2), *scories* (v. 21), *pintes* (v. 28), *ales* (v. 32), *topaze* (v. 32).

Lecture analytique

2. Relevez les termes évoquant des lieux en relation avec le titre du poème. Comment sont représentés ou évoqués ces lieux ? Sur quoi le poète insiste-t-il ? par quels procédés ?

3. Repérez les termes qui évoquent les êtres humains. Comment ces êtres sont-ils caractérisés dans le texte ? Quels sont leurs liens avec les lieux ?

4. Quels aspects de la vie se trouvent abordés dans le texte ? En quoi ces aspects sont-ils liés à l'atmosphère générale rendue par le texte ?

5. Observez la longueur des strophes, celle des vers, la disposition des rimes, les récurrences de mots ou d'expressions : en quoi ces procédés participent-ils à l'évocation du monde des usines ? Dans quel registre le texte est-il composé ?

Vers le commentaire

6. Construisez et rédigez un ou plusieurs axes de commentaire : *les composantes matérielles et humaines de l'univers industriel ; un monde effrayant d'ombre, de bruit, d'alcool et de violence ; le pouvoir de l'écriture poétique : le « télescopage » des images.*

REPÈRES Esprit nouveau… ► p. 373
Le registre épique ► p. 179
Les mots : sens et usage ► p. 59

2 Blaise Cendrars, « Prose du Transsibérien et de la petite Jehanne de France » (1913)

Long poème en vers libres, « Prose du Transsibérien et de la petite Jehanne de France » énumère les images et les réminiscences chaotiques d'un voyage lointain, et peut-être imaginaire.

[...] Effeuille la rose des vents
Voici que bruissent les orages déchaînés
Les trains roulent en tourbillon sur les réseaux enchevêtrés
Bilboquets diaboliques
Il y a des trains qui ne se rencontrent jamais
D'autres se perdent en route
Les chefs de gare jouent aux échecs
Tric-trac
Billard
Caramboles
Paraboles
La voie ferrée est une nouvelle géométrie
Syracuse
Archimède
Et les soldats qui l'égorgèrent
Et les galères
Et les vaisseaux
Et les engins prodigieux qu'il inventa
Et toutes les tueries
L'histoire antique
L'histoire moderne
Les tourbillons
Les naufrages
Même celui du *Titanic*[1] que j'ai lu dans le journal
Autant d'images-associations que je ne peux pas développer dans mes vers
Car je suis encore fort mauvais poète
Car l'univers me déborde
Car j'ai négligé de m'assurer contre les accidents de chemin de fer
Car je ne sais pas aller jusqu'au bout
Et j'ai peur.

J'ai peur
Je ne sais pas aller jusqu'au bout
Comme mon ami Chagall je pourrais faire une série de tableaux déments
Mais je n'ai pas pris de notes en voyage
« Pardonnez-moi mon ignorance
« Pardonnez-moi de ne plus connaître l'ancien jeu des vers »
Comme dit Guillaume Apollinaire

1. En avril 1912.

Alberto Magnelli (1888-1971), *Peinture n° 0528* (1915), huile sur toile, 125 × 100 cm (collection privée).

Tout ce qui concerne la guerre on peut le lire dans les *Mémoires*
[de Kouropatkine[2]
Ou dans les journaux japonais qui sont aussi cruellement illustrés
À quoi bon me documenter
Je m'abandonne
Aux sursauts de ma mémoire… […]

(Extrait) In *Du monde entier au cœur du monde*, 1913,

2. Général russe ayant joué un rôle important au moment de la guerre russo-japonaise (1905).

Contexte xxe s. ▶ p. 490
Notice biographique ▶ p. 495

RECHERCHE

Les mots et leur usage

1. Préparez une note explicative pour chacun des mots suivants : *Caramboles* (v. 10), *Paraboles* (v. 11), *Syracuse* (v. 13), *Archimède* (v. 14). Comment ces mots se rattachent-ils à leur environnement textuel ?

Histoire littéraire

2. Cherchez des informations sur M. Chagall et sur G. Apollinaire et sur leurs relations avec B. Cendrars. Retrouvez-les en particulier dans ce manuel et précisez à quel titre ils y figurent.

Lecture analytique

3. Repérez dans le texte tout ce qui renvoie à l'idée d'un voyage en train : s'agit-il d'un récit de voyage ?

4. Observez la disposition du texte dans la page, et la nature des vers : que remarquez-vous ? Quels effets produit la brièveté des vers dans la première partie de l'extrait (v. 4-30). Quel est le procédé utilisé par le poète pour exprimer ce qu'il perçoit ?

5. B. Cendrars parle d'*images-associations* (v. 25) : en quoi cette expression se trouve-t-elle illustrée dans le texte lui-même ? Trouvez-en plusieurs exemples.

6. Étudiez la présence du poète dans le texte : dans quelle situation affirme-t-il se trouver ? Qu'apporte la double référence à Chagall et à Apollinaire ? Comment le poète définit-il sa démarche poétique ?

7. Qu'y a-t-il d'innovant et d'original dans cette « prose » ?

Travail sur un corpus de textes

8. Rapprochez les extraits de Verhaeren (▶ p. 360), de Cendrars (▶ p. 362) et d'Apollinaire (▶ p. 364) pour mettre en évidence l'originalité de « l'esprit nouveau » à travers une forme poétique nouvelle, qui exprime et donne à voir des réalités perçues de manière inhabituelle.

REPÈRES Esprit nouveau… ▶ p. 373
Le registre épique ▶ p. 179

3 Guillaume Apollinaire, *Alcools* (1913)

Premier texte du recueil Alcools, *« Zone » est un long poème dans lequel Apollinaire évoque la réalité quotidienne du monde moderne.*

Zone

À la fin tu[1] es las de ce monde ancien

Bergère ô tour Eiffel le troupeau des ponts bêle ce matin

Tu en as assez de vivre dans l'antiquité grecque et romaine

Ici même les automobiles ont l'air d'être anciennes
La religion seule est restée toute neuve la religion
Est restée simple comme les hangars de Port-Aviation

Seul en Europe tu n'es pas antique ô Christianisme
L'Européen le plus moderne c'est vous Pape Pie X[2]
Et toi que les fenêtres observent la honte te retient
D'entrer dans une église et de t'y confesser ce matin
Tu lis les prospectus les catalogues les affiches qui chantent tout haut
Voilà la poésie ce matin et pour la prose il y a les journaux
Il y a les livraisons à 25 centimes pleines d'aventures policières
Portraits des grands hommes et mille titres divers

J'ai vu ce matin une jolie rue dont j'ai oublié le nom
Neuve et propre du soleil elle était le clairon
Les directeurs les ouvriers et les belles sténo-dactylographes
Du lundi matin au samedi soir quatre fois par jour y passent
Le matin par trois fois la sirène y gémit
Une cloche rageuse y aboie vers midi
Les inscriptions des enseignes et des murailles
Les plaques les avis à la façon des perroquets criaillent
J'aime la grâce de cette rue industrielle
Située à Paris entre la rue Aumont-Thiéville et l'avenue des Ternes[3] [...]

(Extrait, vers 1-24)

1. Le poète s'adresse à lui-même.
2. En 1911, le pape avait béni un aviateur, Beaumont, qui avait survolé la place Saint-Pierre.
3. Le poème ne comporte aucune ponctuation, comme les autres poèmes du recueil *Alcools*.

Contexte XXe s. ▶ p. 490
Notice biographique ▶ p. 494
Du même auteur ▶ p. 64 p. 365

Lecture analytique

1. Observez les pronoms personnels du texte : dites ce que leur emploi a d'insolite et expliquez quelles confusions leur présence peut entraîner.
2. Quelles sont les composantes du monde moderne évoqué ? Classez ces éléments et soulignez leurs caractéristiques, ainsi que leurs relations avec celui qui parle.
3. Quels éléments simples de la vie deviennent ici thèmes d'inspiration poétique ?
4. Définissez l'écriture poétique d'Apollinaire dans ce texte : qu'a-t-elle d'original ?

REPÈRES Esprit nouveau... ▶ p. 373

4 Guillaume Apollinaire, *Calligrammes* (1918)

Douces figures poignardées Chères lèvres fleuries
MIA MAREYE
YETTE LORIE
ANNIE et toi MARIE
où êtes-
vous ô
jeunes filles
MAIS
près d'un
jet d'eau qui
pleure et qui prie
cette colombe s'extasie

Tous les souvenirs de naguère
O mes amis partis en guerre
Jaillissent vers le firmament
Et vos regards en l'eau dormant
Meurent mélancoliquement
Où sont-ils Braque et Max Jacob
Derain aux yeux gris comme l'aube
Où sont Raynal Billy Dalize
Dont les noms se mélancolisent
Comme des pas dans une église
Où est Cremnitz qui s'engagea
Peut-être sont-ils morts déjà
De souvenirs mon âme est pleine
Le jet d'eau pleure sur ma peine

CEUX QUI SONT PARTIS A LA GUERRE AU NORD SE BATTENT MAINTENANT
Le soir tombe O sanglante mer
Jardins où saigne abondamment le laurier rose fleur guerrière

Guillaume Apollinaire (1880-1918), *Calligrammes*, « La colombe poignardée et le jet d'eau », éd. Gallimard, 1918.

RECHERCHE

Histoire littéraire

1. Grâce à une biographie d'Apollinaire, identifiez les ami(e)s dont il est question dans ce calligramme.

Lecture analytique

2. Décrivez ce que vous voyez sur cette page. Quelles sont les relations entre les dessins et le titre : sans lire les mots, que distingue-t-on à partir des traits ?

3. Déchiffrez le sens de chacun des deux dessins en les « lisant » et faites apparaître les mots qui ont une relation de sens immédiate avec la forme du dessin.

4. *Jeunes filles / colombe poignardée, amis / jet d'eau* : sur quelles connotations et sur quels sens implicites le poète joue-t-il dans cette double association ? Que représente la colombe ? À quoi se trouve associé le jet d'eau ?

5. Quels sentiments se trouvent exprimés dans les deux dessins ? Quelle obsession s'y révèle ?

Écriture d'invention

6. À la manière d'Apollinaire, composez un ou plusieurs calligrammes sur les thèmes suivants, qui peuvent être associés : *la mer, l'amour, un arbre, une mandoline, un cœur, une plume, un visage, une main.*

REPÈRES Esprit nouveau... ▶ p. 373

Max Ernst (1891-1976), *Après moi le sommeil,* Titre attribué : *Hommage à Paul Eluard* (1958), huile sur toile, 130 × 89 cm (Centre Pompidou-MNAM-CCI ; Paris).

5 Paul Eluard, *Capitale de la douleur* (1926)

Dans une poésie qui utilise le plus souvent le vers libre, Eluard traduit, à travers des images dont le sens échappe souvent à la raison et à la logique, la complexité de la vie intérieure.

Leurs yeux toujours purs

Jours de lenteur, jours de pluie,
Jours de miroirs brisés et d'aiguilles perdues,
Jours de paupières closes à l'horizon des mers,
D'heures toutes semblables, jours de captivité,

Mon esprit qui brillait encore sur les feuilles
Et les fleurs, mon esprit est nu comme l'amour,
L'aurore qu'il oublie lui fait baisser la tête
Et contempler son corps obéissant et vain.

Pourtant, j'ai vu les plus beaux yeux du monde,
Dieux d'argent qui tenaient des saphirs dans leurs mains,
De véritables dieux, des oiseaux dans la terre
Et dans l'eau, je les ai vus.

Leurs ailes sont les miennes, rien n'existe
Que leur vol qui secoue ma misère,
Leur vol d'étoile et de lumière
Leur vol de terre, leur vol de pierre
Sur les flots de leurs ailes,

Ma pensée soutenue par la vie et la mort.

Contexte XXe s. ► p. 490
Notice biographique ► p. 496
Du même auteur ► p. 371 p. 451

Lecture analytique

1. Observez la structure du poème et sa composition. Que suggère l'articulation centrale ?

2. Quel est le thème commun aux deux premiers quatrains ? Prenez appui sur les connotations et sur tous les éléments négatifs pour répondre. Qu'est-ce qui est particulièrement mis en relief ?

3. Quels éléments nouveaux apparaissent dans la suite du poème, après l'articulation centrale ? Étudiez tous les procédés qui permettent de les caractériser et de signaler leur pouvoir.

4. Déterminez, à partir du dernier vers, sur quelle double thématique est construit le poème. Comment peut-on alors le relire ? Quelles différentes significations le lecteur peut-il lui attribuer, à partir des images et des associations de mots ?

5. Pourquoi est-il difficile de comprendre et d'analyser un tel texte ?

REPÈRES Esprit nouveau... ► p. 373
Les mots : sens et usage ► p. 59

6 Robert Desnos, *C'est les bottes de 7 lieues cette phrase : « je me vois »* (1926)

Amateur d'associations et d'images inattendues, Robert Desnos crée ici des rapprochements insolites, qu'il « enferme » dans la forme fixe du sonnet.

Les gorges froides

À la poste d'hier tu télégraphieras
que nous sommes bien morts avec les hirondelles.
Facteur triste facteur un cercueil sous ton bras
va-t'en porter ma lettre aux fleurs à tire d'elle.

La boussole est en os mon cœur tu t'y fieras.
Quelque tibia marque le pôle et les marelles
pour amputés ont un sinistre aspect d'opéras.
Que pour mon épitaphe un dieu taille ses grêles !

C'est ce soir que je meurs, ma chère Tombe-Issoire[1],
ton regard le plus beau ne fut qu'un accessoire
de la machinerie étrange du bonjour.

Adieu ! Je vous aimai sans scrupule et sans ruse,
ma Folie-Méricourt[1], ma silencieuse intruse.
Boussole à flèche torse annonce le retour.

In *Destinée arbitraire*, © éd. Gallimard, 1975.

1. Rues parisiennes.

Contexte XXe s. ▸ p. 490
Notice biographique ▸ p. 496
Du même auteur ▸ p. 380

RECHERCHE

Les mots et leur usage

1. Le titre du poème appartient à une expression toute faite, dans laquelle un mot a été remplacé par son contraire. Trouvez-en d'autres faisant intervenir les yeux, les mains ou le cœur, et interrogez-vous sur la (ou les) fonction(s) de ces expressions dans la langue.

Lecture analytique

2. Quelle expression courante le titre évoque-t-il ? Quelle est sa signification ? Comment est-elle ici transformée ? Qu'indique cette transformation sur l'orientation donnée au poème ?

3. Repérez dans le texte les expressions qui jouent ainsi sur le rapprochement, explicite ou implicite, d'éléments contraires. Prenez notamment appui sur le lexique et sur certaines données temporelles.

4. Quelles autres images insolites se trouvent dans le poème ? Classez-les en fonction des procédés d'écriture utilisés. Est-il possible de donner une interprétation sûre du poème ? Le registre du texte est-il : comique, tragique, fantaisiste, pathétique ?

5. Ce texte prend certaines libertés avec le langage, mais est également rigoureux. Étudiez la syntaxe et la forme du poème et dites ce qu'il y a de logique dans cette œuvre.

Vers la dissertation

6. *Poésie et monde moderne* : construisez un court développement argumenté, empruntant des exemples aux textes de cette séquence et à d'autres lectures, pour soutenir la thèse selon laquelle ces deux termes ne sont pas incompatibles.

REPÈRES Esprit nouveau... ▸ p. 373
Les mots : sens et usage ▸ p. 59

7 André Breton, *Nadja* (1928)

Dans Nadja, *récit autobiographique, André Breton raconte qu'il a rencontré par hasard une inconnue qui semble posséder un don de voyance. Le narrateur et la jeune femme se trouvent dans un restaurant parisien, sur une place.*

Le regard de Nadja fait maintenant le tour des maisons. « Vois-tu, là-bas, cette fenêtre ? Elle est noire, comme toutes les autres. Regarde bien. Dans une minute elle va s'éclairer. Elle sera rouge. » La minute passe. La fenêtre s'éclaire. Il y a, en effet, des rideaux rouges. (Je regrette, mais je n'y puis rien, que ceci passe peut-être les limites de la crédibilité. Cependant, à pareil sujet, je m'en voudrais de prendre parti : je me borne à *convenir* que de noire, cette fenêtre est alors devenue rouge, c'est tout.) J'avoue qu'ici la peur me prend, comme aussi elle commence à prendre Nadja. « Quelle horreur ! Vois-tu ce qui passe dans les arbres ? Le bleu et le vent, le vent bleu. Une seule autre fois j'ai vu sur ces mêmes arbres passer ce vent bleu. C'était là, d'une fenêtre de l'Hôtel Henri IV[1], et mon ami, le second dont je t'ai parlé, allait partir. Il y avait aussi une voix qui disait : Tu mourras, tu mourras. Je ne voulais pas mourir mais j'éprouvais un tel vertige... Je serais certainement tombée si l'on ne m'avait retenue. » Je crois qu'il est grand temps de quitter ces lieux. Le long des quais, je la sens toute tremblante. C'est elle qui a voulu revenir vers la Conciergerie[2]. Elle est très abandonnée, très sûre de moi. Pourtant elle cherche quelque chose, elle tient absolument à ce que nous entrions dans une cour, une cour de commissariat quelconque qu'elle explore rapidement. « Ce n'est pas là... Mais, dis-moi, pourquoi dois-tu aller en prison ? Qu'auras-tu fait ? Moi aussi j'ai été en prison. Qui étais-je ? Il y a des siècles. Et toi, alors, qui étais-tu ? » Nous longeons de nouveau la grille quand tout à coup Nadja refuse d'aller plus loin. Il y a là, à droite, une fenêtre en contrebas qui donne sur le fossé, de la vue de laquelle il ne lui est plus possible de se détacher. C'est devant cette fenêtre qui a l'air condamnée qu'il faut absolument attendre, elle le sait. C'est de là que tout peut venir. C'est là que tout commence. Elle tient des deux mains la grille pour que je ne l'entraîne pas. Elle ne répond presque plus à mes questions. De guerre lasse, je finis par attendre que de son propre gré elle poursuive sa route. La pensée du souterrain ne l'a pas quittée et sans doute se croit-elle à l'une de ses issues. Elle se demande qui elle a pu être, dans l'entourage de Marie-Antoinette. Les pas des promeneurs la font longuement tressaillir.

1. Lequel fait face à la maison dont il vient d'être question, ceci toujours pour les amateurs de solutions faciles. *(Note de l'auteur.)*

2. La Conciergerie était une prison pendant la Révolution française. On y avait notamment enfermé la reine Marie-Antoinette.

Contexte XXe s. ▸ p. 490
Notice biographique ▸ p. 495

Lecture analytique

1. Quels phénomènes curieux sont rapportés dans cet extrait ? Résumez-les en soulignant leur caractère étrange et la manière dont il s'exprime.

2. Le texte étant autobiographique, ce qui est rapporté est présenté comme vrai. En quoi est-ce inquiétant ? Comment sont rendues les réactions du narrateur ?

3. Nadja ne met pas en cause la réalité de ces phénomènes. Comment est exprimée sa certitude ? Prenez appui sur les paroles rapportées et le lexique.

4. Quels sont les effets sur le lecteur de l'alternance de doute et de certitude ? Quelle question existentielle semble posée dans le texte ? À quel registre pourrait se rattacher ce passage ?

Écriture d'invention

5. Le narrateur trouve une explication rationnelle à la prémonition de Nadja, à propos de la fenêtre rouge. Rédigez, en dix lignes, ce qu'il pourrait lui dire.

REPÈRES Esprit nouveau... ▸ p. 373
Le fantastique ▸ p. 213

Yves Tanguy (1900-1955), *Sans titre* (1927), huile sur toile (collection privée).

8 Max Jacob, *Sacrifice impérial* (1929)

Jongleur de mots, comme R. Desnos (▸ p. 367), Max Jacob utilise les ressources de la poésie pour exprimer des déchirements et ses refus.

La terre

1 Envolez-moi au-dessus des chandelles noires de la terre
au dessus des cornes venimeuses de la terre.
Il n'y a de paix qu'au-dessus des serpents de la terre,
La terre est une grande bouche souillée,
ses hoquets, ses rires à gorge déployée,
sa toux, son haleine, ses ronflements quand elle dort
me triturent l'âme. Attirez-moi dehors !
Secouez-moi ! empoignez-moi, et toi terre chasse-moi.
Surnaturel, je me cramponne à ton drapeau de soie
que le grand vent me coule dans tes plis qui ondoient.
Je craque de discordes militaires avec moi-même,
je me suis comme une poulie, une voiture de dilemmes
et je ne pourrai dormir que dans vos évidences.
Je vous envie, phénix, faisan doré, condors…
Donnez-moi une couverture volante qui me porte
au-dessus du tonnerre, dehors au cristal de vos portes.

In *Ballades,* © Éd. Gallimard.

Contexte XXe s. ▸ p. 490
Notice biographique ▸ p. 498

Lecture analytique

1. Retrouvez toutes les relations qui existent entre le poème et son titre.
2. Étudiez la représentation qui est donnée de la terre : à quoi se trouve-t-elle associée ? Quelles sont ses caractéristiques ? Quels procédés permettent cette représentation ?
3. Comment s'exprime la présence de celui qui parle ? Quelles sont ses demandes ? À qui s'adresse-t-il ?
4. Quels éléments vous paraissent cohérents et compréhensibles dans le texte ? Qu'est-ce qui reste difficile à comprendre ?
5. En tenant compte du thème, des images, de la forme, des rythmes, des sons, donnez une définition de ce type de poésie.

REPÈRES Esprit nouveau… ▸ p. 373
Le registre épique ▸ p. 179
Les mots : sens et usage ▸ p. 59

9 Henri Michaux, *La nuit remue* (1935)

Henri Michaux (1899-1984), *Sans titre* (1949), gouache et aquarelle sur papier, 38,7 × 54 cm (Centre Pompidou, MNAM-CCI ; Paris).

Contexte XXe s. ▸ p. 490
Notice biographique ▸ p. 500

Poète et peintre, Henri Michaux extériorise, grâce à ces deux formes d'expression, la peinture et la poésie, des angoisses liées à des épisodes de sa vie personnelle.

Icebergs

Icebergs, sans garde-fou, sans ceinture, où de vieux cormorans abattus et les âmes des matelots morts récemment viennent s'accouder aux nuits enchanteresses de l'hyperboréal.

Icebergs, Icebergs, cathédrales sans religion de l'hiver éternel, enrobés dans la calotte glaciaire de la planète Terre.
Combien hauts, combien purs sont tes bords enfantés par le froid.

Icebergs, Icebergs, dos du Nord-Atlantique, augustes Bouddhas gelés sur des mers incontemplées, Phares scintillants de la Mort sans issue, le cri éperdu du silence dure des siècles.

Icebergs, Icebergs, Solitaires sans besoin, des pays bouchés, distants, et libres de vermine. Parents des îles, parents des sources, comme je vous vois, comme vous m'êtes familiers…

Lecture analytique

1. Observez l'anaphore qui structure le texte : quel effet produit-elle sur le plan thématique et sur le plan sonore ?
2. Déterminez le thème de chaque strophe. Qu'y a-t-il de différent et qu'y a-t-il de similaire dans chacune ? Comportent-elles une progression ?
3. Mettez en relief la cohérence de certaines images et les jeux d'oppositions qui figurent dans le poème : quels effets résultent de leur coexistence ?
4. Quelles relations avec les icebergs celui qui parle exprime-t-il ? Quel est le registre du poème ? Qu'apporte-t-il au lecteur ?

Travail sur un corpus de textes

5. Rapprochez les poèmes d'Eluard (▸ p. 366), de Desnos (▸ p. 367), de M. Jacob (▸ p. 369) et de Michaux (▸ p. 370) pour mettre en évidence certaines caractéristiques communes à la poésie surréaliste : *images, figures récurrentes, rythmes, associations inattendues et parfois incompréhensibles de mots, absence apparente de cohérence.*
6. À partir des quatre poèmes surréalistes de cette séquence (Eluard, Desnos, M. Jacob et Michaux), cherchez à définir les relations que ces poètes entretiennent avec le réel.

Vers le commentaire

7. À partir de repérages précis, construisez et rédigez un ou plusieurs axes de commentaire du poème de Michaux : *des associations inattendues ; une tonalité élogieuse et les raisons de cet éloge.*

Écriture d'invention

8. À la manière de Michaux, composez un poème en prose dans lequel vous interpellerez un élément de la nature avec lequel vous entretenez une relation particulière, pour en faire une présentation à la fois logique et insolite, élogieuse ou critique.

REPÈRES Esprit nouveau… ▸ p. 373
Le registre épique ▸ p. 179
Les mots : sens et usage ▸ p. 59

Nusch Eluard, **André Breton**, **Greta Knutson**, **Valentine Hugo**, *Cadavre exquis* (≈ 1930), crayons de couleur sur papier noir (Musée d'art et d'histoire ; Saint-Denis).

10 Paul Eluard, *Poésie involontaire et Poésie intentionnelle* (1942)

Dans la préface d'un ouvrage de réflexion théorique sur la poésie, Paul Eluard définit une démarche de création proche de celle du surréalisme.

Contexte XXe s. ▶ p. 490
Notice biographique ▶ p. 496
Du même auteur ▶ p. 366 p. 451

1 Si nous voulions, rien ne nous serait impossible. Le plus dénué d'entre nous a le pouvoir, tout comme le plus riche, de nous remettre, de ses mains appliquées et de ses yeux confiants, un trésor inestimable, ses rêves et sa réalité que raison, bon sens, méchanceté ne parviennent pas à détruire. La poésie involontaire, si banale, si imparfaite, si grossière soit-elle, est faite des rapports entre la vie et le monde, entre le rêve et l'amour, entre l'amour et la nécessité. Elle engendre notre émotion, elle rend à notre sang la légèreté du feu. Tout homme est frère de Prométhée. Nous n'avons pas une intelligence particulière, nous sommes des êtres moraux et nous nous situons dans la foule.

Préface (extrait), Éd. Seghers, 1942, rééd. 1963.

RECHERCHE

Histoire littéraire

1. Cherchez qui est Prométhée, ce qu'il a fait et pourquoi il est ici associé à la poésie. Quel poète du XIXe siècle en a donné l'image d'un « voleur de feu » ?

Bilan de lecture

2. Faites apparaître ce qui constitue les domaines d'inspiration poétique.

3. Qu'est-ce qui, dans le texte, est présenté comme des « ennemis » de la poésie ?

4. En quoi, d'après le texte, le poète est-il à la fois un être ordinaire et un demi-dieu ?

5. Quelle est la fonction de la poésie, d'après Eluard ? Le poète est-il un être à part ?

Travail sur un corpus de textes

6. Vous expliquerez en quoi les quatre poèmes d'Apollinaire (▶ p. 364), d'Eluard (▶ p. 366), de M. Jacob (▶ p. 369) et de Michaux (▶ p. 370) peuvent constituer des illustrations de ce que dit ici Eluard.

REPÈRES Esprit nouveau... ▶ p. 373

11 Lire l'image : René Magritte

René Magritte (1898-1967), *La Condition humaine* (1935), huile sur toile, 100 × 81 cm (collection privée).

RECHERCHE

Histoire culturelle

1. Cherchez qui est le peintre René Magritte et quelles ont été ses relations avec le groupe surréaliste.

Lecture de l'image

2. Décrivez le tableau en expliquant précisément ce qu'il représente et combien de plans de représentation il met en jeu. Qu'y a-t-il là de « surréaliste » ?

3. En quoi y a-t-il à la fois continuité et rupture, logique et incohérence ?

4. Où est la réalité et où est sa représentation dans ce qui est représenté ici ?

5. Comment comprenez-vous le titre du tableau : *La Condition humaine* ?

REPÈRES Esprit nouveau... ▸ p. 373

Esprit nouveau et surréalisme

La poésie du début du XXe siècle trouve une inspiration et des formes nouvelles en relation avec le développement du monde industriel.
D'abord proche du contexte social et historique, elle abandonne, avec le surréalisme, après la guerre, la représentation figurative des choses et des êtres.

La vision nouvelle d'un monde nouveau

De nouveaux thèmes : le passage du XIXe au XXe siècle est marqué par le développement intensif de la civilisation industrielle ; villes, machines, gares, ponts, chemins de fer, constructions en acier deviennent les thèmes d'une véritable célébration.
L'essor des transports maritimes et ferroviaires, les voyages lointains, l'exotisme des trains de luxe sont évoqués sur un mode **lyrique** essentiellement dans la poésie et dans la peinture.
Les poètes sont sensibles à la magie nocturne des villes illuminées et aux enseignes de la publicité, à tout ce qui signale de nouvelles formes de communication.

Ex : Le poème liminaire du recueil *Alcools*, d'Apollinaire, « Zone » (▸ p. 364), est une évocation élogieuse d'un Paris à la fois moderne, industriel et populaire, dominé par la figure allégorique de la tour Eiffel, chef d'œuvre du travail de l'acier que le peintre R. Delaunay se plaît à représenter sous des formes disloquées et colorées.
Verhaeren, dans *Les Villes tentaculaires* (▸ p. 360), se laisse inspirer par l'univers des zones industrielles.
V. Larbaud célèbre le charme des trains de luxe comme l'Orient-Express.

De nouvelles formes : à cette nouveauté des thèmes correspond une nouveauté des formes poétiques, à l'image des nouvelles techniques de représentation picturale, celles du **cubisme** ; la contrainte de la rime disparaît, et parfois celle de la ponctuation, ce qui favorise une interprétation diverse des textes, notamment chez Apollinaire.
Le **vers libre** triomphe : sa liberté de rythme s'adapte aux thèmes et imite, de manière évocatrice, les mouvements et les ruptures exprimés par les mots, chez Verhaeren (▸ p. 360) et V. Larbaud. Cette irrégularité met en relief des enchaînements d'images, qui naissent par associations d'idées et de sons et qui se succèdent sans cohérence syntaxique.

Ex : On trouve cette nouvelle manière d'écrire de la poésie très inventive chez Cendrars (▸ p. 362) : *La place de l'étoile montera au ciel ; tric-trac, billard, caramboles, paraboles…*

Apollinaire, de son côté, remet au goût du jour les **calligrammes** (▸ p. 66, 365), poèmes-dessins qui associent la graphie et le texte et montrent un désir d'innover dans l'expression poétique.

Le surréalisme

L'élan créatif du début du siècle est brisé par la Première Guerre mondiale, dont la littérature rapporte, surtout sur le mode romanesque, l'horreur et l'inhumanité.
Les interrogations nées du conflit engendrent chez les artistes des réactions qui s'expriment dans le **mouvement Dada**, violemment contestataire. Né à Zurich en 1916, il rejette toutes les valeurs admises, notamment sur le plan de l'art et révolutionne la notion de « beau », en rejetant ce qui est esthétique.

De cette révolte naît le **surréalisme**, mouvement qui recherche dans l'inconscient les matériaux de la création, en refusant ce qui appartient à la raison. Il est défini par A. Breton dans le *Manifeste du surréalisme*, publié en 1925. Autour de lui, ceux qui adhèrent au mouvement, Eluard, Desnos, Michaux, M. Jacob (▸ p. 369) placent le rêve et l'imaginaire au cœur de la création et considèrent que l'inconscient peut être créateur : leurs œuvres, *Nadja* (▸ p. 368), *Capitale de la douleur* (▸ p. 366), *La nuit remue* (▸ p. 370) témoignent de l'importance qu'ils accordent au hasard, aux rencontres inattendues, d'êtres ou de mots, au caractère parfois insolite et inexplicable de la réalité, ce que traduit aussi le peintre Magritte (▸ p. 211, 372).

Ex : Desnos (▸ p. 367) associe des contraires sans réelle incohérence.
Breton (▸ p. 368) rapporte des coïncidences étranges.
Eluard (▸ p. 366) crée de la poésie avec des mots simples, mais rapprochés de manière insolite :
Jours de lenteur, jours de pluie,
Jours de miroirs brisés et d'aiguilles perdues…

Un nouveau mode de composition, l'**écriture automatique**, qui consiste à écrire sans intervention de la réflexion ou de la conscience, génère des juxtapositions incongrues, comme dans les rêves ou les cauchemars, que les surréalistes se plaisent à analyser. Par ce mode d'expression, ils privilégient l'extériorisation de la sensibilité immédiate et celle des angoisses des hommes dans une époque instable, celle de l'entre-deux-guerres.

REPÈRES Le registre lyrique ▸ p. 337
Les mots : sens et usage ▸ p. 59

Séquence 21

Littérature et Résistance

1 Vercors, *Le Silence de la mer* (1942)

Résistant ayant joué un rôle important dans l'édition, Vercors est aussi écrivain et auteur de nouvelles. Dans Le Silence de la mer, *texte écrit en 1942, il met en scène un narrateur et sa nièce, obligés de loger chez eux un officier allemand ; celui-ci vient d'arriver...*

L'officier reprit : « Cela[1] était naturellement nécessaire. J'eusse évité si cela était possible. Je pense[2] mon ordonnance[3] fera tout pour votre tranquillité. » Il était debout au milieu de la pièce. Il était immense et très mince. En levant le bras il eût touché les solives.

Sa tête était légèrement penchée en avant, comme si le cou n'eût pas été planté sur les épaules, mais à la naissance de la poitrine. Il n'était pas voûté, mais cela faisait comme s'il l'était. Ses hanches et ses épaules étroites étaient impressionnantes. Le visage était beau. Viril et marqué de deux grandes dépressions le long des joues. On ne voyait pas les yeux, que cachait l'ombre portée de l'arcade. Ils me parurent clairs. Les cheveux étaient blonds et souples, jetés en arrière, brillant soyeusement sous la lumière du lustre.

Le silence se prolongeait. Il devenait de plus en plus épais, comme le brouillard du matin. Épais et immobile. L'immobilité de ma nièce, la mienne aussi sans doute, alourdissaient ce silence, le rendaient de plomb. L'officier lui-même, désorienté, restait immobile, jusqu'à ce qu'enfin je visse naître un sourire sur ses lèvres. Son sourire était grave et sans nulle trace d'ironie. Il ébaucha un geste de la main, dont la signification m'échappa. Ses yeux se posèrent sur ma nièce, toujours raide et droite, et je pus regarder moi-même à loisir le profil puissant, le nez proéminent et mince. Je voyais, entre les lèvres mi-jointes, briller une dent d'or. Il détourna enfin les yeux et regarda le feu dans la cheminée et dit : « J'éprouve un grand estime pour les personnes qui aiment leur patrie », et il leva brusquement la tête et fixa l'ange sculpté au-dessus de la fenêtre. « Je pourrais maintenant monter à ma chambre, dit-il. Mais je ne

1. L'officier fait allusion au fait qu'il impose sa présence aux deux Français.

2. L'officier allemand parle français, mais en faisant quelques fautes.

3. Désigne un soldat mis au service d'un officier.

Affiche : *Le Silence de la mer,* d'après l'œuvre de **Vercors**, film de J.-P. Melville (1947).

connais pas le chemin. » Ma nièce ouvrit la porte qui donne sur le petit escalier et commença de gravir les marches, sans un regard pour l'officier, comme si elle eût été seule. L'officier la suivit. Je vis alors qu'il avait une jambe raide.

Je les entendis traverser l'antichambre, les pas de l'Allemand résonnèrent dans le couloir, alternativement forts et faibles, une porte s'ouvrit, puis se referma. Ma nièce revint. Elle reprit sa tasse et continua de boire son café. J'allumai une pipe. Nous restâmes silencieux quelques minutes. Je dis : « Dieu merci, il a l'air convenable. » Ma nièce haussa les épaules. Elle attira sur ses genoux ma veste de velours et termina la pièce invisible qu'elle avait commencé d'y coudre.

Contexte XXe s. ▶ p. 490
Notice biographique ▶ p. 503
Du même auteur ▶ p. 199

RECHERCHE

Histoire littéraire

1. Cherchez quel était le vrai nom de Vercors et quel rôle il a joué dans l'édition pendant la Seconde Guerre mondiale.

Lecture analytique

2. Quelle peut être l'utilité, à ce moment-là du récit, du portrait de l'officier ? Quelles en sont les connotations ?

3. Comment se manifeste, dès l'arrivée de l'hôte, la « résistance » du narrateur et de sa nièce ? Comment peut s'expliquer la remarque de l'officier : *J'éprouve un grand estime… patrie* (l. 21-22) ?

4. Qu'a de particulier la longueur du récit par rapport à la durée de cette scène de dialogue ? Sur quoi le narrateur met-il particulièrement l'accent ?

5. En quoi peut-on dire de cette scène qu'elle est « théâtrale » ? Que laisse-t-elle présager pour la suite ?

Vers le commentaire

6. Construisez et rédigez un ou plusieurs axes de commentaire : *la présentation d'un personnage à travers son portrait ; la présentation à travers des paroles ; une scène d'une grande tension reposant sur des implicites.*

REPÈRES La littérature engagée ▶ p. 389
Le personnage de roman ▶ p. 178

2 Claude Roy, *Poésies* (1939-1953)

Poète et résistant, Claude Roy a écrit le poème « Les cloches du sommeil » le 11 novembre 1942, jour anniversaire de la victoire de 1918. En voici la deuxième partie.

Les cloches du sommeil

Avant c'était le temps des petits matins d'août
quand un peu de brouillard s'élève des eaux calmes
et que l'herbe est trempée de rosée goutte à goutte
et que le bateau plat glisse comme une palme

Avant c'était le temps des bains du crépuscule
et des eaux attiédies par le brûlant du jour
le temps du romarin le temps des libellules
le temps du temps perdu le temps d'un autre amour

Mais il faut maintenant changer de ton de tour
car trop de mes amis sont morts en pleine nuit
et j'ai pu trop souvent aux premiers pas du jour
m'éveiller en veillant un jeune mort transi

J'ai vu le sang couler j'ai vu des chars brûler
j'ai vu mourir des hommes et des enfants perdus
m'ont demandé à boire et leur vie s'écoulait
dans mes mains maladroites et le vin répandu

C'est le temps maintenant de ne plus oublier
ceux qu'on a réveillés pour les faire mourir
ceux qui chaque matin s'en vont les mains liées
le long d'un long couloir qui n'en veut pas finir

C'est le temps maintenant d'avoir une autre voix
et de sonner sans fin les cloches du sommeil
et de rendre aux dormeurs l'espérance et la foi
de chanter aux vivants le chant du grand réveil.

Partie II, in *Les Circonstances*,
recueilli dans *Poésies*,

Contexte XXᵉ s. ► p. 490
Notice biographique ► p. 501

Lecture analytique

1. Observez la récurrence de certains adverbes, ainsi que les temps verbaux. Sur quelle notion insistent-ils ? À partir de cette observation, dites comment le poème est construit. Que met en valeur cette structure ?

2. Classez les images et les formulations qui font référence au passé. Quelle représentation en donnent-elles ?

3. Comment est marquée la rupture avec le passé ? Quels champs lexicaux sont alors développés ? À partir de cette étude, analysez la manière dont est évoqué le pays en guerre.

4. Précisez quelle est l'orientation des deux dernières strophes, ce qui les relie, et la manière dont la dernière complète et prolonge le reste du poème. Quelle nécessité le poète affirme-t-il ?

5. En quoi ce poème est-il une illustration de la démarche prônée par son auteur ?

Écriture d'invention

6. En prenant modèle sur les deux premières strophes du poème et en commençant par *Avant c'était le temps…*, évoquez, en vers ou en prose, un passé heureux ; puis marquez une rupture exprimée par *maintenant* et enchaînez sur l'évocation d'un présent différent.

REPÈRES La littérature engagée ▸ p. 389
Le registre épique ▸ p. 179
Le registre lyrique ▸ p. 337

Maria Helena Vieira da Silva (1908-1992), *Le Désastre* (1942), huile sur toile, 81 × 100 cm (collection privée ; Paris).

3 Louis Aragon, *Le Musée Grévin* (1943)

Œuvre engagée et polémique, Le Musée Grévin *s'en prend aux responsables de la guerre, présentés comme les fantômes d'un musée de cire imaginaire. Dans les strophes qui suivent, Aragon décrit l'état de la France en 1943.*

J'écris dans ce pays

J'écris dans ce pays qui souffre mille morts,
Qui montre à tous les yeux ses blessures pourprées[1],
Et la meute sur lui grouillante qui le mord,
Et les valets sonnant dans le cor la curée !

J'écris dans ce pays que les bouchers écorchent,
Et dont je vois les nerfs, les entrailles, les os…
Et dont je vois les bois brûler comme des torches,
Et, sur les blés en feu, la fuite des oiseaux…

1. De couleur pourpre, rouge foncé.

J'écris dans cette nuit profonde et criminelle
Où j'entends respirer les soldats étrangers…
Et les trains s'étrangler au loin dans les tunnels
Dont Dieu sait si jamais ils pourront déplonger[2] !

J'écris dans un champ clos, où, des deux adversaires,
L'un semble d'une pièce, armure et palefroi ;
Et l'autre, que l'épée atrocement lacère,
A, lui, pour tout arroi, sa bravoure et son droit !

J'écris dans cette fosse, où, non plus un prophète[3],
Mais un peuple est parmi les bêtes descendu,
Qu'on somme de ne plus oublier sa défaite
Et de livrer aux ours la chair qui leur est due…

J'écris dans ce décor tragique, où les acteurs
Ont perdu leur chemin, leur sommeil et leur rang,
Dans ce théâtre vide où les usurpateurs
Annoncent de grands mots pour les seuls ignorants…

J'écris dans la chiourme énorme qui murmure…
J'écris dans l'oubliette, au soir, qui retentit
Des messages frappés du poing contre les murs,
Infligeant aux geôliers d'étranges démentis !

Extrait, éd. Stock.

2. Verbe formé sur *plonger* : ici, sortir.

3. Allusion au prophète Daniel.

Contexte XXe s. ▶ p. 490
Notice biographique ▶ p. 494

RECHERCHE

Les mots et leur usage

1. Préparez une note explicative, dans le sens contextuel, des mots suivants : *curée* (v. 4), *palefroi* (v. 14), *arroi* (v. 16), *chiourme* (v. 25).

Lecture analytique

2. Observez la manière dont commence chaque strophe et la structure grammaticale déterminée par ce début. Sur quoi cette structure met-elle l'accent ?
3. Quel est le thème commun aux différentes strophes ? Prenez appui sur la première réponse et sur le lexique.
4. Identifiez toutes les références culturelles (histoire, Bible, littérature, réalités sociales) sur lesquelles sont construites les différentes strophes. Quel est l'effet produit par cette diversité ?
5. Quelle image de la France est donnée à travers le texte ? Quel est son registre ?
6. Déduisez de vos réponses et du début de chaque strophe le rôle du poète, tel que le conçoit Aragon.

Vers le commentaire

7. À partir de repérages précis, construisez et rédigez un ou plusieurs axes de commentaire : *la diversité des images évoquées ; un pays victime de la barbarie ; les différents rôles du poète engagé.*

Écriture d'invention

8. Composez, en vers ou en prose, un texte dans lequel vous utiliserez l'anaphore *J'écris...* pour prendre position sur un problème qui vous tient à cœur. La première personne peut être vous, ou quelqu'un à qui vous donnez la parole et qui fait connaître son point de vue. Vous utiliserez soit *J'écris dans...*, soit *J'écris pour...*

REPÈRES
La littérature engagée ▶ p. 389
Le registre épique ▶ p. 179
Le registre lyrique ▶ p. 337

4 Pierre Emmanuel, *L'Honneur des poètes* (1943)

Alberto Giacometti (1901-1966), *L'homme qui marche*, ht : 120 cm (Unesco).

Résistant, le poète Pierre Emmanuel écrit des textes marqués par l'expérience de la guerre, mais aussi par l'espoir d'une victoire sur la barbarie.

Les dents serrées

Je hais. Ne me demandez pas ce que je hais
Il y a des mondes de mutisme entre les hommes
et le ciel veule[1] sur l'abîme, et le mépris
des morts. Il y a des mots entrechoqués, des lèvres

sans visage, se parjurant dans les ténèbres
il y a l'air prostitué au mensonge, et la Voix
souillant jusqu'au secret de l'âme
                                                  mais il y a
le feu sanglant, la soif rageuse d'être libre
il y a des millions de sourds les dents serrées
  il y a le sang qui commence à peine à couler
    il y a la haine et c'est assez pour espérer.

1. Qui manque

Contexte XXe s. ▸ p. 490
Notice biographique ▸ p. 496

RECHERCHE

Les mots et leur usage

1. Cherchez le champ sémantique du mot *honneur*. Indiquez les variations de sens, selon que ce mot est employé au singulier ou au pluriel. En tenant compte de la date de publication du recueil, dites ce que peut signifier le titre *L'Honneur des poètes*.

Histoire littéraire

2. Qu'appelle-t-on « vers libre » en poésie ? À quelle époque cette forme poétique a-t-elle fait son apparition ?

Lecture analytique

3. Observez la disposition typographique du poème et, en particulier, les blancs. Qu'a de particulier le vers 8 ? En quoi peut-on parler d'articulation importante ?

4. Qu'évoquent les sept premiers vers ? Faites apparaître des connotations péjoratives et dites comment se justifie l'affirmation *Je hais...* qui ouvre le texte. Comment peut-on comprendre le « V » majuscule du mot *Voix* (v. 6) ?

5. Mettez en parallèle les évocations placées de part et d'autre du vers 8 : que pouvez-vous remarquer ? Comment se justifie la présence de *mais* ? Qu'est-ce que le poète oppose ?

6. Quel sens donnez-vous au poème et comment comprenez-vous le titre « Les dents serrées » ?

Travail sur un corpus de textes

7. Rapprochez les textes de L. Aragon (▸ p. 377), de C. Roy (▸ p. 376), de P. Emmanuel (▸ p. 379) et de J. Ferrat (▸ p. 386) pour étudier comment la poésie se met au service de la dénonciation de la barbarie et permet un témoignage qui prend la forme d'une résistance.

REPÈRES La littérature engagée ▸ p. 389
Le registre épique ▸ p. 179

5 Robert Desnos, *Destinée arbitraire* (1943-1944)

Engagé dans la Résistance, Robert Desnos a été déporté et est mort dans le camp de concentration de Terezin, en 1945, peu de temps avant la libération de ce camp par les armées alliées. Le poème suivant, publié le 14 juillet 1943 dans la revue L'Honneur des poètes, *évoque son engagement.*

Ce cœur qui haïssait la guerre

Ce cœur qui haïssait la guerre voilà qu'il bat pour le combat et la bataille !
Ce cœur qui ne battait qu'au rythme des marées, à celui des saisons,
à celui des heures du jour et de la nuit,
Voilà qu'il se gonfle et qu'il envoie dans les veines un sang brûlant
de salpêtre[1] et de haine
Et qu'il mène un tel bruit dans la cervelle que les oreilles en sifflent
Et qu'il n'est pas possible que ce bruit ne se répande pas dans la ville
et la campagne
Comme le son d'une cloche appelant à l'émeute et au combat.
Écoutez, je l'entends qui me revient renvoyé par les échos.
Mais non, c'est le bruit d'autres cœurs, de millions d'autres cœurs
battant comme le mien à travers la France.
Ils battent au même rythme pour la même besogne tous ces cœurs,
Leur bruit est celui de la mer à l'assaut des falaises
Et tout ce sang porte dans des millions de cervelles un même mot d'ordre :
Révolte contre Hitler et mort à ses partisans !
Pourtant ce cœur haïssait la guerre et battait au rythme des saisons,
Mais un seul mot : Liberté a suffi à réveiller les vieilles colères
Et des millions de Français se préparent dans l'ombre à la besogne
que l'aube proche leur imposera.
Car ces cœurs qui haïssaient la guerre battaient pour la liberté au rythme
même des saisons et des marées, du jour et de la nuit.

1. Nom usuel du nitrate de potassium, utilisé pour la poudre à canon.

Contexte XXe s. ▸ p. 490
Notice biographique ▸ p. 496
Du même auteur ▸ p. 367

Lecture analytique

1. À partir du paradoxe de la première phrase, que vous expliciterez, et du contenu de la dernière, identifiez la démarche sur laquelle repose le poème. Aidez-vous aussi des articulations logiques et de la mise en relief des temps verbaux pour répondre.

2. Relevez dans le texte tous les éléments qui justifient le nouvel état de fait constaté par le poète. Reformulez et classez ces différents arguments.

3. Comparez les valeurs qui fondaient le refus de la guerre et celles qui justifient l'engagement : que remarquez-vous ? Expliquez l'importance des répétitions dans le texte.

4. Qu'est-ce qui donne sa force au poème ? D'où vient l'émotion qui s'en dégage ?

Vers le commentaire

5. En partant de repérages précis, construisez et rédigez un ou plusieurs axes de commentaire : *le constat d'une situation paradoxale ; des justifications permettant de résoudre un dilemme douloureux ; un témoignage à valeur d'exemple.*

REPÈRES
La littérature engagée ▸ p.389
Le discours argumentatif ▸ p. 416
Le registre lyrique ▸ p. 337

Antigone, de **Jean Anouilh**, avec Edmond Beauchamp, Paul Mathos, Monelle Valentin et Jean Sylver (théâtre de l'Atelier ; Paris ; février 1944).

6 Jean Anouilh, *Antigone* (1944)

*En 1944, sous l'occupation allemande, Jean Anouilh reprend le mythe d'Antigone (**▸ p. 218**). Parce qu'elle s'oppose, pour obéir à sa conscience, aux lois de son oncle Créon, roi de Thèbes, l'héroïne incarne le refus et la révolte, c'est-à-dire l'esprit de résistance.*

ANTIGONE. – Pauvre Créon ! Avec mes ongles cassés et pleins de terre[1] et les bleus que tes gardes m'ont faits aux bras, avec ma peur qui me tord le ventre, moi je suis reine.

CRÉON. – Alors, aie pitié de moi, vis. Le cadavre de ton frère qui pourrit sous mes fenêtres, c'est assez payé pour que l'ordre règne dans Thèbes. Mon fils[2] t'aime. Ne m'oblige pas à payer avec toi encore. J'ai assez payé.

ANTIGONE. – Non. Vous avez dit « oui ». Vous ne vous arrêterez jamais de payer maintenant !

CRÉON, *la secoue soudain, hors de lui.* – Mais, bon Dieu ! Essaie de comprendre une minute, toi aussi, petite idiote ! J'ai bien essayé de te comprendre, moi. Il faut pourtant qu'il y en ait qui disent oui. Il faut pourtant qu'il y en ait qui mènent la barque. Cela prend l'eau de toutes parts, c'est plein de crimes, de bêtise, de misère… Et le gouvernail est là qui ballotte. L'équipage ne veut plus rien faire, il ne pense qu'à piller la cale et les officiers sont déjà en train de se construire un petit radeau confortable, rien que pour eux, avec toute la provision d'eau douce pour tirer au moins leurs os de là. Et le mât craque, et le vent siffle, et les voiles vont se déchirer, et toutes ces brutes vont crever toutes ensemble, parce qu'elles ne pensent qu'à leur peau, à leur précieuse peau et à leurs petites affaires. Crois-tu, alors, qu'on a le temps de faire le raffiné, de savoir s'il faut dire « oui » ou « non », de se demander s'il ne faudra pas payer trop cher un jour et si on pourra encore être un homme après ? On prend le bout de bois, on redresse devant la montagne d'eau, on

1. Les deux frères d'Antigone, Étéocle et Polynice, se sont entretués et Créon, le roi, a interdit que l'un d'entre eux, soit enterré. Antigone, transgressant ces ordres, est allée recouvrir de terre le cadavre de ce frère. Elle risque la mort.

2. Hémon, fils de Créon, est fiancé à Antigone.

gueule un ordre et on tire dans le tas, sur le premier qui s'avance. Dans le tas ! Cela n'a pas de nom. C'est comme la vague qui vient de s'abattre sur le pont devant vous ; le vent qui vous gifle, et la chose qui tombe dans le groupe n'a pas de nom. C'était peut-être celui qui t'avait donné du feu en souriant la veille. Il n'a plus de nom. Et toi non plus, tu n'as plus de nom, cramponné à la barre. Il n'y a plus que le bateau qui ait un nom et la tempête. Est-ce que tu le comprends, cela ?

ANTIGONE, *secoue la tête.* – Je ne veux pas comprendre. C'est bon pour vous. Moi je suis là pour autre chose que pour comprendre. Je suis là pour vous dire non et pour mourir.

CRÉON. – C'est facile de dire non !

ANTIGONE. – Pas toujours.

CRÉON. – Pour dire oui, il faut suer et retrousser ses manches, empoigner la vie à pleines mains et s'en mettre jusqu'aux coudes. C'est facile de dire non, même si on doit mourir. Il n'y a qu'à ne pas bouger et attendre. Attendre pour vivre, attendre même pour qu'on vous tue. C'est trop lâche. C'est une invention des hommes. Tu imagines un monde où les arbres aussi auraient dit non contre la sève, où les bêtes auraient dit non contre l'instinct de la chasse ou de l'amour ? Les bêtes, elles au moins, sont bonnes et simples et dures. Elles vont, se poussant les unes après les autres, courageusement, sur le même chemin. Et si elles tombent, les autres passent et il peut s'en perdre autant que l'on veut, il en restera toujours une de chaque espèce prête à refaire des petits et à reprendre le même chemin avec le même courage, toute pareille à celles qui sont passées avant.

ANTIGONE. – Quel rêve, hein, pour un roi, des bêtes ! Ce serait si simple.

Un silence, Créon la regarde.

Contexte XXe s. ▶ p. 490
Notice biographique ▶ p. 494

Éd. de la Table ronde.

RECHERCHE

Histoire littéraire

1. Quel auteur de l'Antiquité a écrit l'histoire d'Antigone ? Donnez les grandes lignes de cette histoire en la rattachant à celle du père de cette héroïne.

2. Citez d'autres exemples de reprises de mythes antiques au XXe siècle. Expliquez ce qui rend possible ces reprises et quel intérêt elles peuvent présenter.

Lecture analytique

3. Explicitez, sur un plan général, la métaphore de la barque et de la tempête : quel est le rôle du capitaine ? En quoi ce rôle est-il difficile ?

4. Pour le spectateur / lecteur de 1944, quelles sont les analogies entre l'image de la tempête et la situation historique de la France ? Comment se mettent-elles en place ? Quelle signification prennent alors : la position du chef, ses décisions, son action ?

5. Politiquement et historiquement, quel sens prend l'expression *dire oui,* selon Créon ? Quels sont ses arguments pour refuser l'attitude qui consiste à *dire non* ? Sur quoi s'opposent les deux personnages ? Qu'est-ce qui, dans le dialogue, souligne leur inégalité ?

6. Mettez en parallèle la première et la dernière réplique d'Antigone : que remarquez-vous ?

Écriture d'invention

7. Sous une forme argumentée, en une trentaine de lignes, Antigone répond à Créon en lui expliquant pourquoi ce n'est pas facile de *dire non*.

REPÈRES L'inspiration antique... ▶ p. 29
Le théâtre au XXe siècle ▶ p. 316
La littérature engagée ▶ p. 389

7 René Char, *Feuillets d'Hypnos* (1946)

Les textes qui composent Feuillets d'Hypnos[1] *ont été écrits entre 1943 et 1944, sous forme de notes. Le poète, alors engagé dans la Résistance, rapporte des faits dont il a été témoin et parfois acteur.*

Le boulanger n'avait pas encore dégrafé les rideaux de fer de sa boutique que déjà le village était assiégé, bâillonné, hypnotisé, mis dans l'impossibilité de bouger. Deux compagnies de SS et un détachement de miliciens[2] le tenaient sous la gueule de leurs mitrailleuses et de leurs mortiers. Alors commença l'épreuve.

Les habitants furent jetés hors des maisons et sommés de se rassembler sur la place centrale. Les clés sur les portes. Un vieux, dur d'oreille, qui ne tenait pas compte assez vite de l'ordre, vit les quatre murs et le toit de sa grange voler en morceaux sous l'effet d'une bombe. Depuis quatre heures j'étais éveillé. Marcelle[3] était venue à mon volet me chuchoter l'alerte. J'avais reconnu immédiatement l'inutilité d'essayer de franchir le cordon de surveillance et de gagner la campagne. Je changeai rapidement de logis. La maison inhabitée où je me réfugiai autorisait, à toute extrémité, une résistance armée efficace. Je pouvais suivre de la fenêtre, derrière les rideaux jaunis, les allées et venues nerveuses des

1. Fils d'Érèbe et de Nyx (la Nuit), et frère jumeau de Thanatos (la Mort), Hypnos est le dieu du Sommeil, dans la mythologie grecque. Il est, pour René Char, le symbole des années sombres que la France en guerre vit pendant l'Occupation.

2. Créée par le gouvernement de Vichy, la « Milice » était une formation paramilitaire travaillant avec les Nazis à détruire la Résistance.

3. Il s'agit sans doute de Marcelle Sidoine-Pons, une amie de René Char, engagée dans la Résistance.

Opération des Groupes Mobiles de Réserve (unités spéciales de police sous l'autorité du gouvernement de Vichy) contre les maquisards de Haute-Savoie, en 1944.

occupants. Pas un des miens[4] n'était présent au village. Cette pensée me rassura. À quelques kilomètres de là, ils suivraient mes consignes et resteraient tapis. Des coups me parvenaient, ponctués d'injures. Les SS avaient surpris un jeune maçon qui revenait de relever des collets. Sa frayeur le désigna à leurs tortures. Une voix se penchait hurlante sur le corps tuméfié : « Où est-il ? Conduis-nous », suivie de silence. Et coups de pied et coups de crosse de pleuvoir. Une rage insensée s'empara de moi, chassa mon angoisse. Mes mains communiquaient à mon arme leur sueur crispée, exaltaient sa puissance contenue. Je calculais que le malheureux se tairait encore cinq minutes, puis, fatalement, *il parlerait.* J'eus honte de souhaiter sa mort avant cette échéance. Alors apparut jaillissant de chaque rue la marée des femmes, des enfants, des vieillards, se rendant au lieu de rassemblement, suivant un *plan concerté.* Ils se hâtaient sans hâte, ruisselant littéralement sur les SS, les paralysant « en toute bonne foi ». Le maçon fut laissé pour mort. Furieuse, la patrouille se fraya un chemin à travers la foule et porta ses pas plus loin. Avec une prudence infinie, maintenant des yeux anxieux et bons regardaient dans ma direction, passaient comme un jet de lampe sur ma fenêtre. Je me découvris à moitié et un sourire se détacha de ma pâleur. Je tenais à ces êtres par mille fils confiants dont pas un ne devait se rompre.

J'ai aimé farouchement mes semblables cette journée-là, bien au-delà du sacrifice.

(Texte intégral), in *Fureur et mystère,*

4. Pendant la Seconde Guerre mondiale, René Char dirigea un réseau de résistants.

Contexte XXe s. ► p. 490
Notice biographique ► p. 495

RECHERCHE

Les mots et leur usage

1. Relevez et expliquez tous les termes du texte qui permettent de dater historiquement l'action qu'il rapporte.

2. Quelle(s) explication(s) pouvez-vous proposer à l'utilisation de l'italique et des guillemets dans le texte ?

Lecture analytique

3. Que rapporte ce texte ? Répondez en deux ou trois phrases concises.

4. Par qui la scène est-elle vue ? Prenez appui sur les pronoms personnels et sur les indications de lieu. En quoi est-ce important ? Dans quelle situation se trouve mis le lecteur ?

5. Étudiez comment le texte développe et illustre la phrase : *Alors commença l'épreuve* (l. 4-5) ? Quels termes expriment les réactions du narrateur devant le spectacle de *l'épreuve* ?

6. Quel est le sens de l'expression *mille fils confiants* (l. 32) ?

7. Quelle est la portée symbolique de la scène rapportée ? Quelles sont les fonctions d'un texte comme celui-ci, d'abord dans son contexte d'écriture, puis près de soixante ans après sa publication ?

Maîtrise de la langue

8. En choisissant un contexte tout à fait différent, et non tragique, composez un paragraphe ayant exactement la même structure grammaticale et le même nombre de phrases que le paragraphe 1 du texte.

Écriture d'invention

9. Rédigez un court article pour dire comment, à partir du texte, vous comprenez l'affirmation de la dernière phrase : *J'ai aimé farouchement mes semblables cette journée-là, bien au-delà du sacrifice.*

10. Racontez cet épisode à la première personne, en vous mettant à la place d'une des femmes arrivant selon le *plan concerté.* Vous conserverez les différents éléments de l'épisode rapporté, mais vous utiliserez vos propres formulations.

Travail sur un corpus de textes

11. Rapprochez les textes de Vercors (► p. 374), J. Anouilh (► p. 381) et R. Char (► p. 383) : comment ces textes en prose font-ils connaître l'esprit de résistance et quelle a été leur force au moment de leur publication ? Quelles réflexions peuvent-ils susciter à notre époque ?

REPÈRES La littérature engagée ► p. 389
Lieux et temps dans le récit ► p. 193

8 Albert Camus, *Discours de Suède* (1957)

Lauréat en 1957 du prix Nobel de littérature, l'écrivain Albert Camus expose, dans son « discours de Suède[1] », ses idées sur l'engagement.

Le rôle de l'écrivain, du même coup, ne se sépare pas de devoirs difficiles. Par définition, il ne peut se mettre aujourd'hui au service de ceux qui font l'histoire : il est au service de ceux qui la subissent. Ou sinon, le voici seul et privé de son art. Toutes les armées de la tyrannie avec leurs millions d'hommes ne l'enlèveront pas à la solitude, même et surtout s'il consent à prendre leur pas. Mais le silence d'un prisonnier inconnu, abandonné aux humiliations à l'autre bout du monde, suffit à retirer l'écrivain de l'exil, chaque fois, du moins, qu'il parvient, au milieu des privilèges de la liberté, à ne pas oublier ce silence et à le faire retentir par les moyens de l'art.

Aucun de nous n'est assez grand pour une pareille vocation. Mais, dans toutes les circonstances de sa vie, obscur ou provisoirement célèbre, jeté dans les fers de la tyrannie ou libre pour un temps de s'exprimer, l'écrivain peut retrouver le sentiment d'une communauté vivante qui le justifiera, à la seule condition qu'il accepte, autant qu'il peut, les deux charges qui font la grandeur de son métier : le service de la vérité et celui de la liberté. Puisque sa vocation est de réunir le plus grand nombre d'hommes possible, elle ne peut s'accommoder du mensonge et de la servitude qui, là où ils règnent, font proliférer les solitudes. Quelles que soient nos infirmités personnelles, la noblesse de notre métier s'enracinera toujours dans deux engagements difficiles à maintenir : le refus de mentir sur ce que l'on sait et la résistance à l'oppression.

Pendant plus de vingt ans d'une histoire démentielle, perdu sans secours, comme tous les hommes de mon âge, dans les convulsions du temps, j'ai été soutenu ainsi par le sentiment obscur qu'écrire était aujourd'hui un honneur, parce que cet acte obligeait, et obligeait à ne pas écrire seulement. Il m'obligeait particulièrement à porter, tel que j'étais et selon mes forces, avec tous ceux qui vivaient la même histoire, le malheur et l'espérance que nous partagions.

1. On désigne par ce nom le discours que prononcent les lauréats du prix Nobel de littérature.

Contexte XXe s. ▸ p. 490
Notice biographique ▸ p. 495
Du même auteur ▸ p. 136 p. 188 p. 306

Lecture analytique

1. Quelle est, selon le paragraphe 1, la mission que se donne l'écrivain engagé ?

2. Quelles sont les deux conditions de réalisation de cette mission et les valeurs sur lesquelles elle repose ? Ces conditions vous semblent-elles faciles à respecter ? Pourquoi ?

3. À partir du texte, construisez une définition de l'écrivain engagé. À partir des mots *solitude* et *nombre*, faites apparaître les paradoxes de la condition d'écrivain, telle que la définit Camus.

4. Donnez le sens du mot *honneur* (l. 23) et retrouvez dans cette séquence un texte qui fait référence à cette notion.

Vers la dissertation

5. En vous appuyant sur ce texte, sur les autres textes de la séquence et sur certains textes de ce manuel (▸ p. 389), rédigez un développement organisé dans lequel vous définirez les missions de l'écrivain engagé et les moyens littéraires dont il dispose.

REPÈRES La littérature engagée ▸ p. 389

9 Jean Ferrat, « Nuit et Brouillard » (1963)

Chanteur et compositeur engagé, Jean Ferrat reprend pour titre d'une de ses chansons la traduction de l'expression allemande Nacht und Nebel, *nom de l'opération lancée en 1941 par le régime nazi pour se débarrasser, sans traces, de certains résistants des pays occupés.*

Ils étaient vingt et cent, ils étaient des milliers
Nus et maigres, tremblants, dans ces wagons plombés
Qui déchiraient la nuit de leurs ongles battants
Ils étaient des milliers, ils étaient vingt et cent
Ils se croyaient des hommes, n'étaient plus que des nombres
Depuis longtemps leurs dés avaient été jetés
Dès que la main retombe il ne reste qu'une ombre
Ils ne devaient jamais plus revoir un été

La fuite monotone et sans hâte du temps
Survivre encore un jour, une heure, obstinément
Combien de tours de roues, d'arrêts et de départs
Qui n'en finissent pas de distiller l'espoir
Ils s'appelaient Jean-Pierre, Natacha ou Samuel
Certains priaient Jésus, Jéhovah ou Vichnou
D'autres ne priaient pas, mais qu'importe le ciel
Ils voulaient simplement ne plus vivre à genoux

Helmut Franz, *Scène du camp de concentration de Ravensbrück* (1942), dessin.

Ils n'arrivaient pas tous à la fin du voyage
Ceux qui sont revenus peuvent-ils être heureux
Ils essaient d'oublier, étonnés qu'à leur âge
Les veines de leurs bras soient devenus si bleues
Les Allemands guettaient du haut des miradors
La lune se taisait comme vous vous taisiez
En regardant au loin, en regardant dehors
Votre chair était tendre à leurs chiens policiers

On me dit à présent que ces mots n'ont plus cours
Qu'il vaut mieux ne chanter que des chansons d'amour
Que le sang sèche vite en entrant dans l'histoire
Et qu'il ne sert à rien de prendre une guitare
Mais qui donc est de taille à pouvoir m'arrêter
L'ombre s'est faite humaine, aujourd'hui c'est l'été
Je twisterais[1] les mots s'il fallait les twister
Pour qu'un jour les enfants sachent qui vous étiez

Vous étiez vingt et cent, vous étiez des milliers
Nus et maigres, tremblants, dans ces wagons plombés
Qui déchiriez la nuit de vos ongles battants
Vous étiez des milliers, vous étiez vingt et cent.

Paroles et musique : Jean Ferrat,

1. Allusion à un genre de musique et à une danse, le twist, des années 1960 (du verbe anglais *to twist* : « tordre »).

Contexte xxe s. ▶ p. 490

RECHERCHE

Les mots et leur usage

1. Identifiez la figure de rhétorique sur laquelle repose l'expression : *le sang sèche vite en entrant dans l'histoire* (v. 27) et expliquez son sens.

Histoire littéraire

2. Quel poème d'Aragon rappelle la mémoire de vingt-trois résistants étrangers formant le groupe Manouchian, fusillés par les Allemands en février 1944 ? Retrouvez dans ce poème une formule que reprend ici Jean Ferrat.

Lecture analytique

3. Les trois premières strophes de la chanson suivent un ordre chronologique : retrouvez les éléments qui permettent d'identifier cet ordre. À quelle réalité correspond-il ?

4. À l'intérieur de ces trois strophes, quels autres éléments expriment directement ou indirectement la déportation et les camps ?

5. À quoi fait référence la strophe 4 ? Comment le poète répond-il aux paroles suggérées par *On me dit...* (v. 25) ?

6. Comme s'explique le passage de la troisième personne du pluriel à la seconde ?

7. Définissez la mission que se donne le chanteur et expliquez de quelle manière il la met en œuvre au moment même où il l'exprime.

REPÈRES La littérature engagée ▶ p. 389

10 Lire l'image : Renato Guttuso

Renato Guttuso (1912-1987), *Le Triomphe de la guerre* (1966), huile sur toile (collection de l'artiste).

Lecture analytique

1. Observez les couleurs et les lignes du tableau : vers quoi convergent-elles ? En quoi ces deux éléments peuvent-ils renvoyer au titre ? Qu'est-ce qui évoque l'idée de « triomphe » ?

2. Certains éléments du tableau ne sont pas inconnus et sont empruntés à d'autres tableaux : que reconnaissez-vous parmi les différents motifs ? Comment s'explique la présence de ces « emprunts » ? Quels sont leurs effets ?

3. À quels registres peut-on rattacher ce tableau ?

Écriture d'invention

4. En utilisant le « principe » de ce tableau, qui emprunte des éléments à d'autres, composez un texte faisant la critique de la guerre en insérant, de manière pertinente et signalée (guillemets, notes donnant la source et l'auteur), des extraits venus d'autres textes.

La littérature engagée

On parle de littérature engagée lorsque des œuvres littéraires sont l'occasion et le moyen, pour leurs auteurs, de faire connaître leurs positions politiques et de dénoncer ce qu'ils considèrent comme des atteintes aux droits de l'homme. Cette littérature est considérée comme une arme et les écrivains comme des combattants : elle est polémique.

Contextes et objectifs de l'engagement

Les contextes : la littérature engagée est associée à des périodes troublées : guerres civiles ou religieuses, régimes autoritaires, révolutions, conflits sociaux divers, occupation d'un pays...
L'engagement vient de la conscience qu'ont les écrivains que leur **devoir** d'homme de lettres est de participer, par leur plume, leur inspiration et leur talent, à des combats, à des dénonciations, à des rassemblements efficaces.

Ex : Pendant les guerres de Religion, Ronsard et A. d'Aubigné ont pris parti, de manière violente, le premier pour les catholiques, le second pour les protestants.
Au siècle des Lumières, de nombreux philosophes, grâce à des écrits polémiques, ont suscité une prise de conscience et contribué à la diffusion d'idées nouvelles, sur le plan politique, religieux et social.
La guerre de 1870, puis celle de 1914 et celle de 1939-1945 sont à l'origine d'œuvres qui n'ont pas uniquement pour mission d'informer : contes de Maupassant, romans comme *Le Feu* d'H. Barbusse (▸ p. 123), poésie et prose de la Résistance (▸ p. 374).

Les objectifs : la littérature engagée a plusieurs objectifs qui justifient les moyens adoptés. Dans certains cas, elle prend la forme d'une littérature de **protestation** et de **dénonciation**, en mettant au grand jour des faits, des situations inacceptables. Elle vise alors à informer le public et à faire prendre conscience d'injustices, d'inégalités, de faits insupportables.
En même temps qu'elle atteint la sensibilité, et grâce à ce premier effet, elle peut avoir un rôle rassembleur, regroupant ceux qui ont des **valeurs** communes et qui luttent pour elles. Ce regroupement peut être suivi d'action : dans ce cas, la littérature engagée constitue un **appel** et une **incitation** au combat.

Ex : En 1763, Voltaire dénonce la condamnation du protestant Calas, et engage un véritable combat pour sa réhabilitation.
Aragon, dans *Le Musée Grévin* (▸ p. 377), donne une image bouleversante de la France occupée, espérant par là émouvoir et provoquer des réactions de refus de l'occupation. Desnos (▸ p. 380) expose les raisons que peut avoir de s'engager *un homme qui hait la guerre.*

La littérature engagée met l'écrivain en situation dangereuse : s'il est lui-même combattant, il risque sa vie ; s'il mène son combat uniquement grâce à sa plume, il peut être censuré, emprisonné, exilé... R. Char (▸ p. 383) illustre le cumul des deux engagements.

Ex : Voltaire a connu la prison et l'exil pour des écrits qui critiquaient la monarchie et les institutions françaises. *L'Encyclopédie,* œuvre d'instruction et de critique, a été condamnée au bûcher.
Pourchassé comme écrivain opposé au coup d'État de Napoléon III, V. Hugo (▸ p. 334) a dû s'exiler et est resté absent de France pendant vingt ans.
La lettre ouverte « J'accuse » a valu à Zola un exil en Angleterre.

Une écriture de combat

Quelles sont les armes littéraires de ces écrivains engagés ? À la diversité des genres adoptés s'ajoutent des procédés d'écriture efficaces. Tous les genres littéraires peuvent participer aux combats littéraires. Si les **essais** véhiculent des idées, celles-ci peuvent être mises en situation dans des **genres narratifs**.

Ex : Voltaire a dénoncé l'esclavage dans le *Dictionnaire philosophique,* mais aussi dans *Candide* (▸ p. 424). Vercors évoque indirectement la déportation dans « Ce jour-là » (▸ p. 199), une nouvelle poignante qui ne parle pas de guerre. R. Char rapporte, dans un court récit (▸ p. 383), une scène qui célèbre le courage d'un villageois et dénonce la terreur exercée par les SS.

La **poésie**, avec ses rythmes, ses images, sa versification, est de nature à toucher la sensibilité. Sa force argumentative vient des procédés rhétoriques qui figurent aussi dans les autres genres : métaphores, allégories, anaphores, hyperboles, nombreux termes symboliques, raisonnement exprimé sous une forme inhabituelle...

Ex : V. Hugo a fait connaître le sort des enfants exploités, dans certains poèmes des *Contemplations.* C'est de manière poétique que P. Eluard fait l'éloge de Gabriel Péri (▸ p. 451), insistant à la fois sur la force des mots et sur le sens d'une mort injuste.

Active, combattante et efficace, la littérature engagée reste un moyen littéraire de dénonciation. C'est là une de ses fonctions jamais démentie.

REPÈRES Le registre polémique ▸ p. 473

Henri Gervex (1852-1929), *Le conseil des directeurs de « La République française »* (1890), huile sur toile, 185 × 217 cm (musée d'Orsay ; Paris).

7

DÉMONTRER, CONVAINCRE, PERSUADER

Séquence 22

L'éducation en débat 392

Repères : Le discours argumentatif 416

Repères : Énoncé, énonciation 417

Séquence 23

L'autre en question 418

Repères : L'ironie 437

Séquence 22

L'éducation en débat

1 Fabliau (anonyme), « *Du vilain qui conquit le paradis par plaid*[1] »

Ce texte est un fabliau, c'est-à-dire un court récit appartenant à la littérature médiévale qui met en scène des personnages populaires et qui comporte un enseignement moral.

Écoutez la belle histoire qui est arrivée jadis à un paysan comme vous ; je l'ai lue dans un livre.

Il était mort un matin, au petit jour, son âme venait de quitter son corps. Et par hasard, ce jour-là, à cette heure-là, tous les anges et tous les démons étaient occupés, aucun n'était disponible pour emporter son âme… L'âme du paysan attendait. Personne ne venait rien lui demander, personne ne venait lui donner d'ordre. Il en était tout heureux, lui qui pendant sa vie avait si souvent eu peur.

Comme il regardait en l'air, partout, voilà soudain qu'il aperçoit à droite l'archange saint Michel qui emporte une âme[2]. Pour sûr il l'emporte au ciel, il a l'air plein de joie. Le paysan se dit : « Je m'en vais le suivre. » Il le suit, il le suit même si bien qu'il entre au paradis avec lui.

Pas mal ! Mais saint Pierre l'avait vue, cette âme qui était entrée toute seule. Dès qu'il a reçu et inscrit l'âme qui était amenée par saint Michel, il revient vers le paysan : « Dis donc, qui est-ce qui t'a amené, toi ? Personne n'est hébergé ici sans passer par le tribunal. Surtout pas les vilains[3], par saint Alain ! Nous nous en moquons des paysans ; notre séjour n'est pas pour eux. Et il n'y a pas plus paysan que toi, il me semble…

– Oh ! oh ! tout doux, beau sire Pierre, lui fait le paysan. Vous avez toujours eu un cœur de… pierre. Par son Saint Nom, Dieu a fait une belle bêtise quand il vous a choisi pour apôtre. Il ne fallait pas avoir beaucoup d'honneur, ni de religion, pour renier Jésus trois fois comme vous avez fait. Et vous êtes ici avec Lui quand même !… Le paradis ne vous convient pas du tout. Sortez, parjure[4]. Je suis honnête et franc, moi ; j'y ai plus droit que vous. »

1. *Par plaid* : « en plaidant ». (On a conservé le titre original du fabliau.)

2. C'est l'archange saint Michel qui vient chercher l'âme de Roland mourant dans *La Chanson de Roland*.

3. Paysans.

4. Qui a fait de faux serments.

Accueil des âmes au Paradis, miniature d'un livre d'heures, XVe siècle (Musée du Moyen Âge – Cluny ; Paris).

Saint Pierre a honte, il n'ose pas discuter. Il va confier toute l'histoire à saint Thomas, comme il peut. « Je vais le trouver, dit saint Thomas. Il ne restera pas ici, à Dieu ne plaise[5] ! »

Et, en effet, aussitôt à la porte il se met à crier : « Vilain, ce lieu est réservé aux nôtres, aux martyrs[6], à tous ceux qui ont proclamé leur foi. Est-ce que tu as fait quelque chose de pareil, pour croire que tu habiteras ici ? Non. Alors ?… Tu ne pourras jamais y rester. C'est un séjour pour les compagnons fidèles.

– Maître Thomas, maître Thomas, réplique le paysan, vous parlez à la légère ! Vous vous prenez pour un juge irréprochable ?… Est-ce que ce n'est pas vous, dites, qui avez juré aux apôtres qui vous disaient avoir vu Jésus après la résurrection que jamais vous ne le croiriez si vous ne mettiez pas la main dans ses plaies ? Vous appelez ça une amitié fidèle ? Je regrette, mais je vous dis que vous avez été sans foi et sans raison, un mécréant[7]. »

Saint Thomas baisse la tête et se tient coi[8]. Il va trouver saint Paul pour lui dire son malheur. « J'y vais, par ma tête, dit saint Paul, je verrai bien. »

Mais l'âme du paysan n'a plus du tout maintenant la peur qu'elle avait sur terre. Elle se trouve bien au paradis et elle a le droit pour elle. Saint Paul lui lance : « Aucun ange ne t'a conduit au ciel et tu n'as rien fait sur terre qui justifie ta place chez nous. Hors d'ici, paysan ! Tu es fou, ma parole ! »

Le vilain réplique aussitôt : « Qu'est-ce qu'il y a, monsieur Paul le chauve, vous reprenez votre caractère de tyran ? Croyez-vous que je ne sache pas toute votre vie ? Jamais je n'en ai entendu d'aussi horrible ! Vous avez persécuté les chrétiens, vous avez fait lapider[9] saint Étienne. Vous feriez mieux de ne rien dire. »

Saint Paul lui aussi est bouleversé de honte ; il s'en va tout de suite. Il retrouve saint Thomas qui se consultait avec saint Pierre. Il leur parle à l'oreille : « Ah ! il a gagné contre moi ! Pour ma part je lui donne le paradis, si Dieu veut. »

5. Qu'il ne plaise pas à Dieu, que cela ne se fasse pas !

6. Qui ont souffert et qui sont morts pour leur foi en Dieu.

7. Qui ne croit pas en Dieu.

8. Silencieux.

9. Tuer à coups de pierres.

Tous trois font appel à Jésus. Saint Pierre raconte franchement ce que le paysan leur a dit : « Ses paroles nous ont confondus[10] ; que pouvions-nous répondre ? Jamais plus je ne pourrai en parler. »

Le Christ se lève aussitôt : « J'irai. Je veux l'écouter moi-même. »

Il vient au paysan, il lui demande comment il peut se faire qu'il soit au paradis sans un ordre formel[11] : « Jamais une âme n'entre ici sans congé[12], ni homme ni femme. Tu as blâmé mes apôtres, tu les as insultés, humiliés ; et tu penses rester quand même !

– Seigneur, c'est vrai. Je dois rester tout autant qu'eux, si je suis jugé comme il faut. Jamais je ne vous ai renié, jamais je n'ai cessé de croire en vous, jamais je n'ai tué ou fait tuer personne !.... Tant que j'ai été en bas, sur terre, j'ai mené la vie la plus nette que je pouvais, j'ai donné de mon pain aux pauvres, je les ai chauffés à mon feu, je leur ai fourni des vêtements quand j'en avais, je les ai soignés lorsqu'ils étaient malades, je les ai menés à l'église, je ne les ai laissés manquer de rien. Est-ce que ce n'est pas comme ça qu'il fallait agir ?... Je me suis confessé, j'ai communié[13] de votre corps. On nous a toujours dit au prêche que ceux qui meurent de cette façon, Dieu leur pardonne leurs péchés. Vous qui savez tout, vous savez bien que je ne mens pas. Alors, maintenant que je suis au paradis, je vous réclame d'y rester. Vous-même vous avez donné commandement à tous les hommes de chercher d'abord le Royaume de Dieu, de n'en jamais démordre[14] ; je vous obéis. Vous ne pouvez pas me chasser sans vous mentir.

– Paysan, dit Jésus, ainsi soit-il[15]. Reste au ciel. Tu as bien plaidé ton procès, tu l'as gagné. Tu as raison et tu sais parler. Tu as été à très bonne école. »

Il dit vrai le proverbe des paysans : « Mieux vaut la raison que la force. »

(Texte intégral) In *Fabliaux du Moyen Âge*, éd. Garnier-Flammarion, 1988.

10. Troublés, réduits au silence.

11. Précis, sans erreur possible.

12. Permission, laissez-passer.

13. Pour tous les croyants, recevoir le corps du Christ sous la forme de pain consacré.

14. De ne jamais s'écarter de cette voie.

15. Qu'il en soit ainsi.

RECHERCHE

Les mots et leur usage

1. Cherchez des termes dérivés du mot *plaid* et donnez leur sens.

2. Donnez le sens précis des mots ou expressions : *jugement dernier, réquisitoire, défense, avocat de la défense / de la partie civile, droit, argumentation, thèse.*

Lecture analytique

3. Repérez dans le texte tous les indices du récit, puis toutes les insertions de discours direct et dites grâce à quoi vous les avez identifiées.

4. Saint Pierre, saint Thomas et saint Paul ont une même attitude à l'égard du paysan : laquelle ? Quelles sont les raisons (les arguments) invoquées par chacun des trois saints pour la justifier ?

5. Quels sont les arguments du paysan dans son discours à chacun des saints ? Sur quoi reposent-ils ? Quelle est leur force ? À quoi le lecteur peut-il comprendre que ces arguments sont efficaces ?

6. Quelle est l'argumentation développée par le paysan dans son discours au Christ ? Sur quoi repose-t-elle ? D'où vient sa force ?

7. En reprenant l'ensemble de l'argumentation du paysan, dites en quoi consiste son habileté, aussi bien lorsqu'il s'adresse au Christ que lorsqu'il s'adresse aux trois saints. Quel(s) sens peut-on donner au mot *raison* dans la dernière phrase ?

Maîtrise de la langue

8. En faisant toutes les modifications nécessaires pour que le texte soit compréhensible, transformez la réplique du vilain à saint Paul (l. 44-48) en discours indirect.

9. Transformez les paroles directes que le paysan adresse au Christ (l. 61-73) en discours indirect libre. Faites toutes les modifications nécessaires.

Oral

10. Débat : Au delà d'un sens immédiat, les fabliaux sont souvent porteurs de réflexions, de critiques, de satire sociale ou religieuse. Qu'est-ce qui est reproché au monde chrétien à travers cette histoire ?

REPÈRES Le discours narratif ▸ p. 146
Le discours argumentatif ▸ p. 416

2 Érasme, *De l'éducation des enfants* (1529)

Page de manuscrit : épitome (ou sommaire) du traité d'**Érasme**, *De l'institution d'un prince chrétien...* (1526), enluminure sur parchemin, 17,5 × 11,2 cm (musée Condé ; Chantilly).

Dans De l'éducation des enfants, *l'humaniste Érasme plaide pour certains apprentissages que ne désavouerait pas l'école moderne.*

Tu[1] vas me demander de t'indiquer les connaissances qui correspondent à l'esprit des enfants et qu'il faut leur infuser dès leur prime jeunesse. En premier lieu, la pratique des langues. Les tout-petits y accèdent sans aucun effort, alors que chez les adultes elle ne peut s'acquérir qu'au prix d'un grand effort. Les jeunes enfants y sont poussés, nous l'avons dit, par le plaisir naturel de l'imitation, dont nous voyons quelques traces jusque chez les sansonnets et les perroquets. Et puis – rien de plus délicieux – les fables des poètes. Leurs séduisants attraits charment les oreilles enfantines, tandis que les adultes y trouvent le plus grand profit, pour la connaissance de la langue autant que pour la formation du jugement et de la richesse de l'expression. Quoi de plus plaisant à écouter pour un enfant que les apologues[2] d'Ésope qui, par le rire et la fantaisie, n'en transmettent pas moins des préceptes philosophiques sérieux ? Le profit est le même avec les autres fables des poètes anciens. L'enfant apprend que les compagnons d'Ulysse ont été transformés par l'art de Circé en pourceaux et en d'autres animaux. Le récit le fait rire mais, en même temps, il a retenu un principe fondamental de philosophie morale, à savoir : ceux qui ne sont pas gouvernés par la droite raison et se laissent emporter au gré de leurs passions ne sont pas des hommes mais des bêtes. Un stoïcien s'exprimerait-il plus gravement ? Et pourtant le même enseignement est donné par une fable amusante. Je ne veux pas te retenir en multipliant les exemples, tant la chose est évidente. Mais quoi de plus gracieux qu'un poème bucolique[3] ? Quoi de plus charmant qu'une comédie ? Fondée sur l'étude des caractères, elle fait impression sur les non-initiés et sur les enfants. Mais quelle somme de philosophie y trouve-t-on en se jouant ! Ajoute mille faits instructifs que l'on s'étonne de voir ignorés même aujourd'hui par ceux qui sont réputés les plus savants. On y rencontre enfin des sentences brèves et attrayantes du genre des proverbes et des mots de personnages illustres, la seule forme sous laquelle autrefois la philosophie se répandait dans le peuple.

In *Idéaux pédagogiques européens*, coll. « Nouveaux Classiques Larousse », tome 1, © Librairie Larousse, 1975.

1. Désigne l'interlocuteur d'Érasme, qui lui a demandé conseil en matière d'éducation.
2. Petit récit comportant une morale.
3. Poème ayant pour inspiration la vie à la campagne.

Contexte XVIe s. ▶ p. 474
Notice biographique ▶ p. 497

RECHERCHE

Histoire littéraire

1. Dans quelle langue Érasme écrivait-il ?
2. Qui est Ésope ? L'avez-vous déjà « rencontré » dans ce manuel ?
3. Dans quelle œuvre se trouve l'histoire d'Ulysse et de la magicienne Circé ? Pourquoi cette histoire se trouve-t-elle associée aux *fables des conteurs* ?
4. Qu'est-ce qu'un stoïcien ?

Lecture analytique

5. Pour éduquer les jeunes enfants, Érasme prône deux disciplines : lesquelles ? Laquelle développe-t-il le plus ? Comment justifie-t-il la première ?
6. Retrouvez et reformulez les différents arguments qui justifient le choix de la seconde discipline et différenciez-les des exemples.
7. Par quels procédés syntaxiques, lexicaux, rhétoriques, celui qui parle cherche-t-il à rendre son argumentation plus convaincante ?
8. À quels domaines les arguments appartiennent-ils ? Par qui peuvent-ils être reconnus et acceptés ? S'agit-il d'une opinion personnelle de celui qui parle ?

Vers la dissertation

9. Peut-on apprendre en s'amusant ?
Vous répondrez à cette question sous forme de développement argumenté en prenant appui sur les textes de la séquence et sur vos lectures.

REPÈRES Le discours argumentatif ▸ p. 416

3 Montaigne, *Essais* (1580-1588-1592)

Dans les Essais, *Montaigne s'analyse et étudie les autres, ainsi que son époque. Dans le chapitre 26 du livre I, il compose un véritable traité d'éducation.*

Pour tout ceci, je ne veux pas qu'on emprisonne ce garçon. Je ne veux pas qu'on l'abandonne à l'humeur mélancolique[1] d'un furieux[2] maître d'école. Je ne veux pas corrompre son esprit à le tenir à la géhenne[3] et au travail, à la mode des autres, quatorze ou quinze heures par jour, comme un portefaix[4]. Ni ne trouverais bon, quand par quelque complexion solitaire et mélancolique on le verrait adonné d'une application trop indiscrète[5] à l'étude des livres, qu'on la lui nourrît[6] ; cela les rend ineptes à la conversation civile[7] et les détourne de meilleures occupations. Et combien ai-je vu de mon temps d'hommes abêtis par téméraire[8] avidité de science ? Carnéade[9] s'en trouva si affolé[10] qu'il n'eut plus de loisir de se faire le poil et les ongles[11]. Ni ne veux gâter ses mœurs généreuses par l'incivilité et barbarie d'autrui. La sagesse française a été anciennement en proverbe, pour une sagesse qui prenait de bonne heure, et n'avait guère de tenue[12]. À la vérité, nous voyons encore qu'il n'est rien si gentil[13] que les petits enfants en France ; mais ordinairement ils trompent l'espérance qu'on en a conçue, et, hommes faits, on n'y voit aucune excellence. J'ai ouï tenir à gens d'entendement que ces collèges où on les envoie, de quoi ils[14] ont foison, les abrutissent ainsi.

Au nôtre, un cabinet, un jardin, la table et le lit, la solitude, la compagnie, le matin et le vêpre[15], toutes les heures lui seront unes, toutes places lui seront étude : car la philosophie, qui, comme formatrice des jugements et des mœurs, sera sa principale leçon, a ce privilège de se mêler partout. [...]

1. Sombre.
2. Dément.
3. Torture.
4. Homme dont le métier est de porter des fardeaux.
5. Excessive.
6. Développât.
7. Contact des autres.
8. Exagérée.
9. Philosophe grec (IIe siècle avant J.-C.).
10. Rendu fou.
11. On raconte qu'il consacrait tellement de temps aux études qu'il n'avait même plus de temps pour sa toilette.
12. Durée.
13. Noble.
14. Il y a.
15. Le soir.

Pieter Bruegel, dit **Bruegel l'Ancien** (1530-1569), *Jeux d'enfants* : détail (1560), huile sur bois, 118 × 161 cm (Kunsthistorisches Museum ; Vienne).

Les jeux mêmes et les exercices seront une bonne partie de l'étude : la course, la lutte, la musique, la danse, la chasse, le maniement des chevaux et des armes. Je veux que la bienséance extérieure, et l'entregent[16], et la disposition de la personne, se façonne quant et quant[17] à l'âme. Ce n'est pas une âme, ce n'est pas un corps qu'on dresse, c'est un homme ; il n'en faut pas faire à deux[18]. Et, comme dit Platon, il ne faut pas les dresser l'un sans l'autre, mais les conduire également, comme un couple de chevaux attelés à même timon.

Livre I, chapitre 26, « De l'institution des enfants » (orthographe modernisée).

16. Qualités sociales.

17. En même temps que.

18. Il ne faut pas les séparer.

Contexte XVIe s. ▸ p. 474
Notice biographique ▸ p. 500
Du même auteur ▸ p. 420

RECHERCHE

Histoire littéraire

1. Cherchez dans quelles circonstances Montaigne a composé le chapitre « De l'institution des enfants » d'où est extrait ce passage.
2. Que signifient les trois dates qui suivent le titre de l'œuvre ?

Lecture analytique

3. Montaigne plaide pour une éducation libérée de certaines contraintes : retrouvez dans le texte et reformulez ce qu'il rejette, en donnant les raisons de ces rejets. À quel type d'éducation s'oppose-t-il ?
4. Quels sont les choix qu'il affirme ? Récapitulez ses propositions et précisez à quels domaines elles font référence.
5. Montaigne expose son système d'éducation en employant la première personne. Ses arguments sont-ils personnels et subjectifs ? Peuvent-ils également toucher un public plus large ?
6. En quoi ce texte est-il argumentatif ? Retrouvez les différents éléments qui constituent la thèse de Montaigne et reformulez-la.
7. Le point de vue de Montaigne vous semble-t-il dépassé ou comporte-t-il des éléments applicables à notre époque ? Répondez de manière personnelle, sous une forme argumentée.

Étude comparée

8. Comparez les deux textes d'Érasme (▸ p. 395) et de Montaigne (▸ p. 396) pour faire apparaître en quoi ils se complètent et en quoi ils peuvent différer, concernant l'éducation humaniste.

Maîtrise de la langue

9. Réécrivez le texte de Montaigne à partir de la ligne 18, en reprenant les mêmes idées, mais en les exprimant dans la langue de notre époque.

REPÈRES
Les mots : sens et usage ▸ p. 59
Le discours argumentatif ▸ p. 416

▲ **Caspar Netscher**, (1639-1684)
Mère avec ses enfants, peinture (Rijksmuseum ; Amsterdam).

4 Molière, *Les Femmes savantes* (1672)

Dans la comédie Les Femmes savantes, *Molière s'intéresse à l'éducation des femmes. Le passage qui suit oppose Armande, femme qui se veut savante, à sa sœur Henriette.*

1 ARMANDE. – Mon Dieu, que votre esprit est d'un étage bas !
Que vous jouez au monde un petit personnage[1]
De vous claquemurer aux choses du ménage,
Et de n'entrevoir point de plaisirs plus touchants
Qu'une idole d'époux et des marmots d'enfants !
Laissez aux gens grossiers, aux personnes vulgaires,
Les bas amusements de ces sortes d'affaires.
À de plus hauts objets élevez vos désirs,
Songez à prendre un goût des plus nobles plaisirs,
Et, traitant de mépris les sens et la matière,
À l'esprit, comme nous, donnez-vous tout entière :
Vous avez notre mère en exemple à vos yeux,
Que du nom de savante on honore en tous lieux ;
Tâchez, ainsi que moi, de vous montrer sa fille,
Aspirez aux clartés qui sont dans la famille,
Et vous rendez sensible aux charmantes douceurs
Que l'amour de l'étude épanche dans les cœurs.
Loin d'être aux lois d'un homme en esclave asservie,
Mariez-vous, ma sœur, à la philosophie,
Qui nous monte au-dessus de tout le genre humain,
Et donne à la raison l'empire[2] souverain,
Soumettant à ses lois la partie animale,
Dont l'appétit grossier aux bêtes nous ravale.

1. Rôle.
2. L'autorité, le pouvoir.

Ce sont là les beaux feux, les doux attachements,
Qui doivent de la vie occuper les moments ;
Et les soins où je vois tant de femmes sensibles
Me paraissent aux yeux des pauvretés horribles.

HENRIETTE. – Le ciel, dont nous voyons que l'ordre est tout-puissant,
Pour différents emplois nous fabrique en naissant ;
Et tout esprit n'est pas composé d'une étoffe
Qui se trouve taillée à faire un philosophe.
Si le vôtre est né propre aux élévations
Où montent des savants les spéculations[3],
Le mien est fait, ma sœur, pour aller terre à terre,
Et dans les petits soins son foible[4] se resserre.
Ne troublons point du ciel les justes règlements
Et de nos deux instincts suivons les mouvements.
Habitez, par l'essor d'un grand et beau génie,
Les hautes régions de la philosophie,
Tandis que mon esprit, se tenant ici-bas,
Goûtera de l'hymen[5] les terrestres appas.
Ainsi, dans nos desseins l'une à l'autre contraire,
Nous saurons toutes deux imiter notre mère :
Vous, du côté de l'âme et des nobles désirs,
Moi, du côté des sens et des grossiers plaisirs ;
Vous, aux productions d'esprit et de lumière,
Moi, dans celles, ma sœur, qui sont de la matière.

Acte I, scène 1 (vers 26-72).

3. Réflexions, hypothèses.

4. Faiblesse.

5. Mariage.

Contexte XVIIe s. ▶ p. 478
Notice biographique ▶ p. 500
Du même auteur ▶ p. 272, p. 274, p. 440

RECHERCHE

Histoire littéraire

1. Que désignait-on par le mot *salon* au XVIIe siècle ? Faites une recherche pour présenter le mouvement appelé « *Préciosité* » : origines, manifestations, excès. Citez quelques œuvres et quelques auteurs à partir desquels les chercheurs ont pu déterminer les caractéristiques de ce courant.

Lecture analytique

2. La thèse d'Armande est qu'une femme ne doit pas limiter ses occupations à tenir sa maison et à élever ses enfants, mais qu'elle doit consacrer du temps à l'étude. Retrouvez les arguments qui soutiennent cette thèse et reformulez-les. Sur quoi Armande s'appuie-t-elle pour persuader sa sœur ? À quoi fait-elle appel chez elle ?

3. Comment Henriette justifie-t-elle son désir de s'occuper simplement des choses *terre à terre* ? Reformulez ses arguments, identifiez les procédés par lesquels elle tente de convaincre sa sœur et cherchez ce qui donne du poids à son argumentation.

4. Quel est le registre de la tirade d'Henriette ? Appuyez-vous sur certaines oppositions pour répondre et dites quelle peut être l'utilité de ce choix. Que révèle-t-il des compétences d'Henriette ?

Vers le commentaire

5. Construisez et rédigez un ou plusieurs axes de commentaire sur la tirade d'Henriette (v. 28-47) : *une argumentation habile ; un registre efficace ; un personnage se révélant à travers ses paroles.*

Vers la dissertation

6. La comédie est faite pour *divertir*, mais sa vocation est également d'*instruire* (▶ p. 278).
À partir de votre connaissance du théâtre comique (▶ séquence 15) et en prenant appui sur l'extrait qui précède, vous construirez un développement argumenté d'une trentaine de lignes pour montrer comment les débats d'idées trouvent, au théâtre, un mode d'expression efficace.

REPÈRES Le discours argumentatif ▶ p. 416
La comédie ▶ p. 278

5 Jean-Jacques Rousseau, *Émile ou De l'éducation* (1762)

Émile ou De l'éducation, *de Rousseau, est un traité dans lequel l'auteur énonce des préceptes en avance sur son temps. Il y met en évidence l'importance de l'enfance.*

William Hogarth (1697-1764), *Les enfants Graham* (1742), huile sur toile, 160,5 × 181 cm (National Gallery ; Londres).

Hommes, soyez humains, c'est votre premier devoir ; soyez-le pour tous les états, pour tous les âges, pour tout ce qui n'est pas étranger à l'homme. Quelle sagesse y a-t-il pour vous hors de l'humanité ? Aimez l'enfance ; favorisez ses jeux, ses plaisirs, son aimable instinct. Qui de vous n'a pas regretté quelquefois cet âge où le rire est toujours sur les lèvres, et où l'âme est toujours en paix ? Pourquoi voulez-vous ôter à ces petits innocents la jouissance d'un temps si court qui leur échappe, et d'un bien si précieux dont ils ne sauraient abuser ? Pourquoi voulez-vous remplir d'amertume et de douleurs ces premiers ans si rapides, qui ne reviendront pas plus pour eux, qu'ils ne peuvent revenir pour vous ? Pères, savez-vous le moment où la mort attend vos enfants ? Ne vous préparez pas des regrets en leur ôtant le peu d'instants que la nature leur donne : aussitôt qu'ils peuvent sentir le plaisir d'être, faites qu'ils en jouissent ; faites qu'à quelque heure que Dieu les appelle, ils ne meurent point sans avoir goûté la vie.

Que de voix vont s'élever contre moi ! J'entends de loin les clameurs de cette fausse sagesse qui nous jette incessamment hors de nous, qui compte toujours le présent pour rien, et, poursuivant sans relâche un avenir qui fuit à mesure qu'on avance, à force de nous transporter où nous ne sommes pas, nous transporte où nous ne serons jamais.

C'est, me répondez-vous, le temps de corriger les mauvaises inclinations de l'homme ; c'est dans l'âge de l'enfance, où les peines sont le moins sensibles, qu'il faut les multiplier, pour les épargner dans l'âge de raison. Mais qui vous dit que tout cet arrangement est à votre disposition, et que toutes ces belles instructions dont vous accablez le faible esprit d'un enfant ne lui seront pas un jour plus pernicieuses qu'utiles ? Qui vous assure que vous épargnez quelque chose par les chagrins que vous lui prodiguez ? Pourquoi lui donnez-vous plus de maux que son état n'en comporte, sans être sûr que ces maux présents sont à la décharge de l'avenir ? Et comment me prouverez-vous que ces mauvais penchants dont vous prétendez le guérir ne lui viennent pas de vos soins mal entendus, bien plus que de la nature ? Malheureuse prévoyance, qui rend un être actuellement misérable, sur l'espoir bien ou mal fondé de le rendre heureux un jour !

Livre II.

Contexte XVIIIe s. ▶ p. 482
Notice biographique ▶ p. 501
Du même auteur ▶ p. 46 p. 458

RECHERCHE

Les mots et leur usage

1. Expliquez, dans le sens du texte, les mots *inclinations* (l. 20), *épargner* (l. 22), *pernicieuses* (l. 25). Donnez un équivalent de l'expression : *à la décharge de l'avenir* (l. 28).

Lecture analytique

2. Quelle est la démarche de Rousseau par rapport à ses interlocuteurs ? Répondez en prenant appui sur le découpage en paragraphes, sur les pronoms personnels et sur les modes verbaux. En quoi cette démarche est-elle habile ?

3. Quelle est la thèse défendue par Rousseau et quels sont les arguments qui la soutiennent ? Quelle forme ces arguments prennent-ils le plus souvent ? Quelle est l'efficacité de cette manière de procéder ?

4. Reformulez le point de vue (la thèse) et les arguments que Rousseau prête à ses adversaires.

5. Quels arguments utilise-t-il dans les paragraphes 2 et 3 pour contrer les objections supposées de ses adversaires ?

6. Récapitulez quelques-uns des procédés rhétoriques utilisés par Rousseau dans cet extrait.

Travail sur un corpus de textes

7. Rapprochez les textes d'Érasme (▶ p. 395), de Montaigne (▶ p. 396) et de Rousseau (▶ p. 400) : vous mettrez en évidence, dans chaque texte, le thème de l'éducation, et ferez apparaître, sur ce même thème général, des préoccupations différentes mais convergentes.

Écriture d'invention

8. *Que de voix vont s'élever contre moi !* écrit Rousseau.
Composez, à partir des paragraphes 2 et 3, un texte de protestation. Les idées exprimées ne seront pas nécessairement les vôtres. Vous ferez comprendre comment vous vous situez par rapport à elles.

9. Vous appartenez à une organisation de protection de l'enfance (ex. : l'Unicef) : composez un manifeste de lutte contre le travail des enfants. Vous commencerez votre texte par : *Hommes, soyez humains !...*

REPÈRES Le discours argumentatif ▶ p. 416

6 Voltaire, *Jeannot et Colin* (1764)

La question « Que faut-il apprendre aux enfants ? » se trouve au centre de tous les systèmes éducatifs, mais les réponses divergent selon les époques, les sociétés, et les classes sociales. Dans le conte Jeannot et Colin, *Voltaire aborde ce problème en mettant en scène une famille de bourgeois qui se font passer pour des aristocrates.*

Le père et la mère donnèrent d'abord un gouverneur au jeune marquis : ce gouverneur, qui était un homme du bel air, et qui ne savait rien, ne put rien enseigner à son pupille. Monsieur voulait que son fils apprît le latin, madame ne le voulait pas. Ils prirent pour arbitre un auteur qui était célèbre alors par des ouvrages agréables. Il fut prié à dîner. Le maître de la maison commença par lui dire d'abord : « Monsieur, comme vous savez le latin, et que vous êtes un homme de la cour… – Moi, monsieur, du latin ! je n'en sais pas un mot, répondit le bel esprit, et bien m'en a pris ; il est clair qu'on parle beaucoup mieux sa langue quand on ne partage pas son application entre elle et les langues étrangères. Voyez toutes nos dames, elles ont l'esprit plus agréable que les hommes ; leurs lettres sont écrites avec cent fois plus de grâce ; elles n'ont sur nous cette supériorité que parce qu'elles ne savent pas le latin.

– Eh bien ! n'avais-je pas raison ? dit madame. Je veux que mon fils soit un homme d'esprit, qu'il réussisse dans le monde ; et vous voyez bien que, s'il savait le latin, il serait perdu. Joue-t-on, s'il vous plaît, la comédie et l'opéra en latin ? Plaide-t-on en latin quand on a un procès ? Fait-on l'amour en latin ? » Monsieur, ébloui de ces raisons, passa condamnation, et il fut conclu que le jeune marquis ne perdrait point son temps à connaître Cicéron, Horace, et Virgile. Mais qu'apprendra-t-il donc ? car encore faut-il qu'il sache quelque chose ; ne pourrait-on pas lui montrer un peu de géographie ? « À quoi cela lui servira-t-il ? répondit le gouverneur. Quand monsieur le marquis ira dans ses terres les postillons ne sauront-ils pas les chemins ? ils ne l'égareront certainement pas. On n'a pas besoin d'un quart de cercle[1] pour voyager, et on va très commodément de Paris en Auvergne, sans qu'il soit besoin de savoir sous quelle latitude on se trouve.

– Vous avez raison, répliqua le père ; mais j'ai entendu parler d'une belle science qu'on appelle, je crois, l'*astronomie.* – Quelle pitié ! repartit le gouverneur ; se conduit-on par les astres dans ce monde ? et faudra-t-il que monsieur le marquis se tue à calculer une éclipse, quand il la trouve à point nommé dans l'almanach, qui lui enseigne de plus les fêtes mobiles, l'âge de la lune, et celui de toutes les princesses de l'Europe ? »

Madame fut entièrement de l'avis du gouverneur. Le petit marquis était au comble de la joie ; le père était très indécis. « Que faudra-t-il donc apprendre à mon fils ? disait-il. – À être aimable, répondit l'ami que l'on consultait ; et s'il sait *les moyens de plaire,* il saura tout : c'est un art qu'il apprendra chez madame sa mère, sans que ni l'un ni l'autre se donnent la moindre peine. »

Madame, à ce discours, embrassa le gracieux ignorant, et lui dit : « On voit bien, monsieur, que vous êtes l'homme du monde le plus savant ; mon fils vous

1. Instrument permettant de déterminer la hauteur du soleil.

Jean-Baptiste Greuze (1725-1805), *Un écolier endormi sur son livre* (≈ 1755), huile sur toile, 65 × 54 cm (The Kasser Art Found ; Montclair).

devra toute son éducation : je m'imagine pourtant qu'il ne serait pas mal qu'il sût un peu d'histoire. – Hélas ! madame, à quoi cela est-il bon ? répondit-il ; il n'y a certainement d'agréable et d'utile que l'histoire du jour. Toutes les histoires anciennes, comme le disait un de nos beaux esprits, ne sont que des fables convenues ; et pour les modernes, c'est un chaos qu'on ne peut débrouiller. Qu'importe à monsieur votre fils que Charlemagne ait institué les douze pairs de France, et que son successeur ait été bègue.

– Rien n'est mieux dit ! s'écria le gouverneur : on étouffe l'esprit des enfants sous un amas de connaissances inutiles ; mais de toutes les sciences la plus absurde, à mon avis, et celle qui est la plus capable d'étouffer toute espèce de génie, c'est la géométrie. Cette science ridicule a pour objet des surfaces, des lignes, et des points, qui n'existent pas dans la nature. On fait passer en esprit cent mille lignes courbes entre un cercle et une ligne droite qui le touche, quoique dans la réalité on n'y puisse pas passer un fétu. La géométrie, en vérité, n'est qu'une mauvaise plaisanterie. »

Monsieur et Madame n'entendaient pas trop ce que le gouverneur voulait dire ; mais ils furent entièrement de son avis.

Extrait.

Contexte XVIIIe s. ▶ p. 482
Notice biographique ▶ p. 503
Du même auteur ▶ p. 118, p. 424

Lecture analytique

1. Quelles sont les disciplines (les matières scolaires) envisagées successivement par les parents du jeune marquis et par leurs interlocuteurs ? Prenez appui sur le lexique pour répondre.

2. Pour chacune des disciplines envisagées, précisez entre quels interlocuteurs se met en place un débat, quelles sont les positions défendues, les arguments des uns et des autres, la décision finale. Vous pouvez présenter ce travail sous forme de tableau.

3. Reprenez les différents arguments qui servent à éliminer les disciplines envisagées et cherchez quelle est leur validité. Qu'ont-ils en commun ? Partez des exemples pour répondre à cette question.

4. Est-il possible de déterminer la position de celui qui raconte par rapport aux différents avis donnés ? Quels indices peuvent aider le lecteur ? Comment appelle-t-on ce registre ?

5. Le texte, extrait d'un conte, est narratif : comment l'argumentation s'insère-t-elle dans la narration ? Quelle peut être la force de ce choix d'écriture ?

Maîtrise de la langue

6. Composez un paragraphe ayant exactement la même structure grammaticale que l'avant-dernier paragraphe du texte (l. 50-59) pour vanter l'enseignement d'une discipline de votre choix. Vous conserverez la ponctuation et modifierez les termes.

Écriture d'invention

7. *Étudier le latin au XXIe siècle :* faites parler deux interlocuteurs de votre choix sur ce thème en leur faisant défendre des thèses opposées.

8. Mettez face à face deux interlocuteurs dans un débat polémique à notre époque : l'un affirme que ce qu'on apprend à l'école ne sert à rien ; l'autre défend les études.

REPÈRES Le discours narratif ▶ p. 146
Le discours argumentatif ▶ p. 416

7 Condorcet, *Cinq Mémoires sur l'Instruction publique* (1791)

Mathématicien ayant collaboré à l'Encyclopédie, *penseur des Lumières, Condorcet participa aux travaux du Comité d'Instruction publique de l'Assemblée législative et composa* Cinq Mémoires sur l'Instruction publique. *Dans le premier, il évoque l'éducation des femmes.*

Jean-Baptiste Siméon Chardin (1699-1779), *La Mère laborieuse* (XVIIIe siècle), huile sur toile, 40 × 39 cm (musée du Louvre ; Paris).

Il est nécessaire que les femmes partagent l'instruction donnée aux hommes.

1. Pour qu'elles puissent surveiller celle de leurs enfants.

L'instruction publique, pour être digne de ce nom, doit s'étendre à la généralité des citoyens, et il est impossible que les enfants en profitent si, bornés aux leçons qu'ils reçoivent d'un maître commun, ils n'ont pas un instituteur domestique qui puisse veiller sur leurs études dans l'intervalle des leçons, les préparer à les recevoir, leur en faciliter l'intelligence, suppléer enfin à ce qu'un moment d'absence ou de distraction a pu leur faire perdre. Or, de qui les enfants des citoyens pauvres pourraient-ils recevoir ces secours, si ce n'est de leurs mères qui, vouées aux soins de leur famille, ou livrées à des travaux sédentaires, semblent appelées à remplir ce devoir ; tandis que les travaux des hommes, qui presque toujours les occupent au-dehors, ne leur permettraient pas de s'y consacrer ? Il serait donc impossible d'établir dans l'instruction cette égalité nécessaire au maintien des droits des hommes et sans laquelle on ne pourrait même y employer légitimement ni les revenus des propriétés nationales, ni une partie du produit des contributions publiques, si, en faisant parcourir aux femmes au moins les premiers degrés de l'instruction commune, on ne les mettait en état de surveiller celle de leurs enfants.

2. Parce que le défaut d'instruction des femmes introduirait dans les familles une inégalité contraire à leur bonheur.

D'ailleurs on ne pourrait l'établir pour les hommes seuls sans introduire une inégalité marquée, non seulement entre le mari et la femme mais entre le frère et la sœur et même entre le fils et la mère ; or, rien ne serait plus contraire à la pureté et au bonheur des mœurs domestiques. L'égalité est partout, mais surtout dans les familles, le premier élément de la félicité, de la paix et des vertus. Quelle autorité pourrait avoir la tendresse maternelle, si l'ignorance dévouait les mères à devenir pour leurs enfants un objet de ridicule ou de mépris ? On dira peut-être que j'exagère ce danger ; que l'on donne actuellement aux jeunes gens des connaissances que non seulement leurs mères, mais leurs pères même ne partagent point, sans que cependant on puisse être frappé des inconvénients qui en résultent. Mais il faut observer d'abord que la plupart de ces connaissances, regardées comme inutiles par les parents et souvent par les enfants eux-mêmes, ne donnent à ceux-ci aucune supériorité à leurs propres yeux ; et ce sont des connaissances réellement utiles qu'il est aujourd'hui question de leur enseigner. D'ailleurs, il s'agit d'une éducation générale, et les inconvénients de cette supériorité y seraient bien plus frappants que dans une éducation réservée à des classes où la politesse des mœurs et l'avantage que donne aux parents la jouissance de leur fortune empêchent les enfants de tirer trop de vanité de leur science naissante. Ceux, d'ailleurs, qui ont pu observer des jeunes gens de familles pauvres, auxquels le hasard a procuré une éducation cultivée, sentiront aisément combien cette crainte est fondée.

Contexte XVIIIe s. ▶ p. 482
Notice biographique ▶ p. 496

Ier mémoire, partie 4.

RECHERCHE

Les mots et leur usage

1. La présence de certains mots permet de dater historiquement un texte : quels termes du texte de Condorcet peuvent laisser penser que l'on n'est plus sous un régime de monarchie absolue ?

Histoire littéraire

2. Comment peut s'expliquer l'intérêt des penseurs des Lumières, puis celui des législateurs de la Révolution pour les questions d'éducation ? Rappelez quelle était la vocation de l'*Encyclopédie* et les moyens mis en œuvre pour y parvenir.

Lecture analytique

3. Sur quel grand principe, révolutionnaire à cette époque, Condorcet fonde-t-il toute sa réflexion sur l'instruction ? Répondez à cette question en prenant appui sur des termes récurrents du texte.

4. Retrouvez et reformulez l'argument développé par Condorcet dans le paragraphe 1 pour justifier la nécessité d'instruire les femmes. En quoi cet argument se rattache-t-il au principe trouvé dans la première question ?

5. Quel est l'argument développé dans le paragraphe 2 ? Étudiez précisément la structure de ce paragraphe en faisant apparaître l'objection émise par Condorcet et la manière dont il y répond.

6. Par rapport à quel domaine précis – et limité – Condorcet envisage-t-il l'instruction des femmes ?

Maîtrise de la langue

7. Sur le modèle du texte de Condorcet, construisez deux brefs paragraphes (5 à 10 lignes chacun) développant l'affirmation suivante : *Il est nécessaire que les filles accèdent aux études supérieures scientifiques. 1. Pour qu'elles... 2. Parce que....*

Travail sur un corpus de textes

8. Rapprochez les textes d'Érasme (▶ p. 395), de Montaigne (▶ p. 396), de Molière (▶ p. 398), de Voltaire (▶ p. 402) et de Condorcet (▶ p. 404) pour analyser les relations que l'on peut observer entre un système éducatif et l'époque qui le voit (et le fait) naître.

REPÈRES Le discours argumentatif ▶ p. 416

L'instituteur de village (1845), lithographie (BNF ; Paris).

8 Victor Hugo, *Les Contemplations* (1856)

Dans un long poème écrit en 1831 et intitulé « À propos d'Horace », Victor Hugo s'en prend avec une extrême violence au système éducatif de son temps. Il termine par le rêve d'un système idéal.

1 [...] Un jour, quand l'homme sera sage,
Lorsqu'on n'instruira plus les oiseaux par la cage,
Quand les sociétés difformes sentiront
Dans l'enfant mieux compris se redresser leur front,
Que, des libres essors ayant sondé les règles,
On connaîtra la loi de croissance des aigles,
Et que le plein midi rayonnera pour tous,
Savoir étant sublime, apprendre sera doux.
Alors, tout en laissant au sommet des études
Les grands livres latins et grecs, ces solitudes
Où l'éclair gronde, où luit la mer, où l'astre rit,
Et qu'emplissent les vents immenses de l'esprit,
C'est en les pénétrant d'explication tendre,
En les faisant aimer, qu'on les fera comprendre.
Homère emportera dans son vaste reflux
L'écolier ébloui ; l'enfant ne sera plus
Une bête de somme attelée à Virgile ;
Et l'on ne verra plus ce vif esprit agile
Devenir, sous le fouet d'un cuistre ou d'un abbé,

Le lourd cheval poussif du pensum embourbé.
Chaque village aura, dans un temple rustique,
Dans la lumière, au lieu du magister antique,
Trop noir pour que jamais le jour y pénétrât,
L'instituteur lucide et grave, magistrat
Du progrès, médecin de l'ignorance, et prêtre
De l'idée, et dans l'ombre on verra disparaître
L'éternel écolier et l'éternel pédant.
L'aube vient en chantant, et non pas en grondant.
Nos fils riront de nous dans cette blanche sphère ;
Ils se demanderont ce que nous pouvions faire
Enseigner au moineau par le hibou hagard.
Alors, le jeune esprit et le jeune regard
Se lèveront avec une clarté sereine
Vers la science auguste, aimable et souveraine ;
Alors, plus de grimoire obscur, fade, étouffant ;
Le maître, doux apôtre incliné sur l'enfant,
Fera, lui versant Dieu, l'azur et l'harmonie,
Boire la petite âme à la coupe infinie.
Alors, tout sera vrai, lois, dogmes, droits, devoirs.
Tu laisseras passer dans tes jambages noirs
Une pure lueur ; de jour en jour moins sombre,
Ô nature, alphabet des grandes lettres d'ombre !

Paris, mai 1831.

Livre I, poème XIII (vers 193-227).

Contexte XIXe s. ▸ p. 486
Notice biographique ▸ p. 498
Du même auteur ▸ p. 324 p. 327 p. 334 p. 449

RECHERCHE

Les mots et leur usage

1. Préparez une note explicative pour les mots *cuistre* (v. 19), *pensum* (v. 20), *pédant* (v. 27).

Histoire littéraire

2. Recherchez les circonstances de composition du recueil intitulé *Les Contemplations* : quel événement important de la vie de V. Hugo détermine la structure de ce recueil et son contenu ?

3. Recherchez des précisions sur le cursus scolaire de V. Hugo et sur ses différents succès.

Lecture analytique

4. Quel idéal d'éducation V. Hugo défend-il dans ce texte ? Répondez à partir d'une double classification des idées : ce qui est prôné par le poète et ce qui est refusé.

5. Composé en vers, le texte met au service de l'argumentation non seulement la versification, mais aussi un langage poétique : repérez, identifiez et analysez des procédés rhétoriques de mise en relief des idées.

6. Quelles conditions, sur le plan social, sont présentées comme nécessaires pour la réalisation du projet éducatif ? En quoi peut-on parler d'utopie ?

7. À partir des articulations temporelles, étudiez la progression du texte vers les quatre derniers vers : quelle est l'ambition finale de toute éducation, selon V. Hugo ? Étudiez les connotations de certains termes et les mots utilisés pour désigner le maître, l'élève et le savoir.

8. Dégagez du texte, dans une formulation non poétique, la thèse de V. Hugo concernant les relations société / éducation. Expliquez en quoi la fin de l'extrait rejoint son début.

Vers le commentaire

9. Prenez appui sur des repérages précis pour construire un ou plusieurs des axes de commentaire suivants : *la disparition de l'écolier et le refus d'un système ; l'apologie de l'enfant et l'enseignement idéal ; de la sagesse des hommes au triomphe de la connaissance.*

REPÈRES La littérature engagée ▸ p. 389
Le discours argumentatif ▸ p. 416

9 Jules Ferry, « Circulaire concernant l'enseignement moral et civique » (1883)

À la fin du XIXe siècle, Jules Ferry a donné son nom à des lois importantes, instituant l'enseignement obligatoire, gratuit et laïque. Le texte suivant est extrait d'une lettre-circulaire adressée aux instituteurs en 1883. Le ministre vient de rappeler aux instituteurs leur rôle formateur en matière de morale.

Demetrio Cosola (1851-1895), *La Dictée* (1891), huile sur toile (Galleria d'Arte Moderna ; Turin).

Paris, le 17 novembre 1883,

Monsieur l'Instituteur,

[...] Les uns vous disent : Votre tâche d'éducateur moral est impossible à remplir. Les autres : Elle est banale et insignifiante. C'est placer le but ou trop haut ou trop bas. Laissez-moi vous expliquer que la tâche n'est ni au-dessus de vos forces ni au-dessous de votre estime, qu'elle est très limitée et pourtant d'une grande importance, – extrêmement simple, mais extrêmement difficile.

J'ai dit que votre rôle en matière d'éducation morale est très limité. Vous n'avez à enseigner à proprement parler rien de nouveau, rien qui ne vous soit familier comme à tous les honnêtes gens. Et quand on vous parle de mission et d'apostolat, vous n'allez pas vous y méprendre : vous n'êtes point l'apôtre d'un nouvel évangile ; le législateur n'a voulu faire de vous ni un philosophe, ni un théologien improvisé. Il ne vous demande rien qu'on ne puisse demander à tout homme de cœur et de sens. Il est impossible que vous voyiez chaque jour tous ces enfants qui se pressent autour de vous, écoutant vos leçons, observant votre conduite, s'inspirant de vos exemples, à l'âge où l'esprit s'éveille, où le cœur s'ouvre, où la mémoire s'enrichit, sans que l'idée vous vienne aussitôt de profiter de cette docilité, de cette confiance, pour leur transmettre, avec les connaissances scolaires proprement dites, les principes mêmes de la morale, j'entends simplement de cette bonne et antique morale que nous avons reçue de nos pères et que nous nous honorons tous de suivre dans les relations de la vie, sans nous mettre en peine d'en discuter les bases philosophiques.

Vous êtes l'auxiliaire et, à certains égards, le suppléant du père de famille : parlez donc à son enfant comme vous voudriez que l'on parlât au vôtre : avec force et autorité, toutes les fois qu'il s'agit d'une autorité incontestée, d'un précepte de la morale commune ; avec la plus grande réserve, dès que vous risquez d'effleurer un sentiment religieux dont vous n'êtes pas juge.

Si parfois vous étiez embarrassé pour savoir jusqu'où il vous est permis d'aller dans votre enseignement moral, voici une règle pratique à laquelle vous pourrez vous tenir : avant de proposer à vos élèves un précepte, une maxime quelconque, demandez-vous s'il se trouve, à votre connaissance, un seul honnête homme qui puisse être froissé de ce que vous allez dire. Demandez-vous si un père de famille, je dis un seul, présent à votre classe et vous écoutant, pourrait de bonne foi refuser son assentiment à ce qu'il vous entendrait dire. Si oui, abstenez-vous de le dire ; sinon, parlez hardiment : car ce que vous allez communiquer à l'enfant, ce n'est pas votre propre sagesse, c'est la sagesse du genre humain, c'est une de ces idées d'ordre universel que plusieurs siècles de civilisation ont fait entrer dans le patrimoine de l'humanité. Si étroit que vous semble peut-être un cercle d'action ainsi tracé, faites-vous un devoir d'honneur de n'en jamais sortir, de rester en deçà de cette limite plutôt que vous exposer à la franchir ; vous ne toucherez jamais avec trop de scrupule à cette chose délicate et sacrée qu'est la conscience de l'enfant. Mais une fois que vous vous êtes ainsi loyalement enfermé dans l'humble et sûre région de la morale usuelle, que vous demande-t-on ? des discours ? des dissertations savantes ? de brillants exposés, un docte enseignement ? Non ! La famille et la société vous demandent de les aider à bien élever leurs enfants, à en faire des honnêtes gens. C'est à dire qu'elles attendent de vous non des paroles, mais des actes, non pas un enseignement de plus à inscrire au programme, mais un service tout pratique que vous pouvez rendre au pays plutôt encore comme homme que comme professeur. […]

Le Président du Conseil, Ministre de l'Instruction publique et des Beaux-Arts,
Jules Ferry.

Contexte XIXe s. ▶ p. 486
Notice biographique ▶ p. 497

RECHERCHE

Les mots et leur usage

1. Rédigez une note explicative pour les mots suivants : *apostolat* (l. 14), *auxiliaire* (l. 31), *suppléant* (l. 31), *morale usuelle* (l. 51), *docte* (l. 53), *un service tout pratique* (l. 56).

Lecture analytique

2. Le texte est une lettre : retrouvez certains indices de l'écriture épistolaire. Qu'est-ce qui, dans le texte, rappelle qu'elle s'adresse aux instituteurs ? Prenez appui sur le lexique pour répondre à cette question et dites quel est le domaine précis abordé.

3. Quelle est la thèse de J. Ferry concernant l'enseignement de la morale ? Où s'exprime-t-elle ? Sur quels arguments repose-t-elle ?

4. Étudiez précisément l'objection abordée à la ligne 36 : *Si parfois...* Précisez d'abord par qui elle est signalée et donnez la réponse qui figure dans le texte. Sur quels principes, utilisés comme arguments, repose cette réponse ?

5. Quelle conception générale de l'enseignement cette lettre met-elle en relief ? En prenant appui sur le lexique, étudiez les relations établies entre l'école, la famille et la société.

6. Identifiez certains procédés par lesquels celui qui parle met en confiance son interlocuteur et rend ainsi son exposé plus convaincant.

Maîtrise de la langue

7. Étudiez la structure syntaxique de la phrase : *Il est impossible que... les bases philosophiques* (l. 19-30). Puis construisez une phrase ayant une structure strictement semblable, sur un thème différent. Essayez ensuite de ponctuer votre phrase différemment pour obtenir plusieurs phrases plus courtes.

Travail sur un corpus de textes

8. Une stratégie argumentative consiste à envisager les objections potentielles et à y répondre. Parmi les textes de cette séquence, trouvez-en trois dans lesquels les locuteurs procèdent de cette manière. Exposez les trois stratégies, comparez-les et dites d'où vient leur efficacité.

REPÈRES Le discours argumentatif ▶ p. 416

10 L. Cornu, J.-C. Pompougnac, J. Roman, *Le Barbare et l'Écolier* (1990)

Les interrogations sur le fonctionnement et sur le rôle de l'école sont très nombreuses à la fin du XXe siècle. L'école républicaine s'est en effet largement ouverte à un public de plus en plus nombreux. S'est-elle pour autant démocratisée ?

Il est de bon ton, par les temps qui courent, d'exalter l'école républicaine comme seul rempart à la barbarie montante, que celle-ci soit le fait du pouvoir des médias, de la croissance des intolérances, du racisme et de l'indifférence – bref, de l'individualisme grandissant et du manque de respect des jeunes pour les valeurs de leurs aînés. Quoique le problème soit la plupart du temps fort mal posé, il n'y en a pas moins là une difficulté réelle. L'école, dont on a tant attendu qu'elle se démocratise et même qu'elle démocratise ainsi la société, apparaît à certains égards comme profondément antidémocratique. Pour trois raisons, au moins.

La première, c'est que, si l'on s'accorde à voir dans la démocratie une société animée de la passion de l'égalité, selon la leçon de Tocqueville[1], l'école est pour sa part marquée par l'inégalité. Lieu institutionnel de l'inégalité entre enfants et adultes, elle est sans cesse en train de hiérarchiser : les contenus culturels, dont elle décrète les uns légitimes et les autres non, les performances individuelles, qu'elle ne cesse de classer et de comparer, et enfin les enfants eux-mêmes, qu'elle a pour tâche de trier et de répartir entre les différentes positions sociales en fonction des différentes aptitudes, effectives ou supposées, qu'ils sont censés présenter.

La seconde, qui n'est qu'en apparence contradictoire avec la précédente, c'est que, si la démocratie est le lieu qui consacre l'émancipation de l'individu de toute tutelle de groupe, et qui en magnifie l'autonomie, l'école est d'abord lieu de socialisation, c'est-à-dire lieu d'apprentissage des règles de la vie collective. Institution par excellence, elle est aussi, jusqu'au cœur de ses pratiques les plus constitutives comme *la classe,* le moyen de l'insertion de l'individu dans le collectif.

La troisième, enfin, est que si la démocratie est ce régime toujours neuf, ou du moins le régime où rien ne vient d'en haut limiter les décisions du souverain (sous réserve des formes constitutionnelles dans lesquelles ces décisions se prennent), c'est-à-dire où nulle autorité ni aucune tradition ne peuvent prétendre à une légitimité plus haute que celle du suffrage, l'école est pour sa part, par excellence, le lieu de la tradition et de l'autorité.

Éd. Calmann-Lévy.

1. Historien et homme politique français (1805-1859), auteur de l'essai *De la démocratie en Amérique*.

Contexte XXe s. ▶ p. 490

Lecture analytique

1. Observez la disposition du texte en paragraphes et l'ouverture des paragraphes 2, 3 et 4. Que remarquez-vous ? Quelle information cette disposition donne-t-elle sur la structure du texte ?
2. Où figure la thèse soutenue par les trois auteurs ? Reformulez-la.
3. Retrouvez et reformulez l'argument contenu dans chacun des paragraphes et expliquez avec vos propres mots la relation négative établie entre école et démocratie. Ces arguments appartiennent-ils en propre aux auteurs ? Relèvent-ils de l'opinion ou du constat vérifiable par tous ?
4. À quelle idée couramment admise s'oppose la thèse des trois auteurs ? Où cette idée figure-t-elle ?

Vers la dissertation

5. *École et démocratie* : développez, en suivant la structure du texte, trois raisons expliquant que l'école peut être synonyme de démocratie.
6. Développez l'idée contenue dans le paragraphe 2 en donnant différents exemples de hiérarchies et d'inégalités dans le domaine scolaire.
7. Développez et illustrez l'idée suivante : *L'école est [...] le lieu de la tradition et de l'autorité* (l. 30-31). Cherchez d'abord les différents sens du mot *autorité*.

REPÈRES Le discours argumentatif ▶ p. 416

11 Philippe Meirieu, « Pour un nouveau pacte éducatif » (2000)

Universitaire et chercheur en sciences de l'éducation, Philippe Meirieu analyse ici deux réponses à la contradiction suivante : la pression sociale impose aux élèves d'apprendre, mais apprendre ne les mobilise pas parce qu'ils sont sollicités par « mille choses qui leur paraissent infiniment plus séduisantes que les apprentissages scolaires ».

Un même problème… deux réponses contradictoires !

Dans la cacophonie actuelle des débats sur l'éducation se dessinent deux manières de se dégager de la contradiction que nous venons d'exposer.

D'une part, dans la grande tradition de la pensée française sur l'enseignement, de nombreux intellectuels expriment avec constance *la position classique d'une « école sanctuaire » dédiée à la transmission rigoureuse et exigeante des savoirs* : pour eux, la force d'attraction de la culture, dans ses formes les plus élevées, constitue la seule garantie contre la baisse du niveau, l'effondrement de nos références et la disparition progressive de notre élite. Pas question de se soumettre aux caprices de l'enfant-roi, de renoncer à l'autorité des maîtres, de chercher à rendre plus attractifs des savoirs qui imposent, pour être acquis, une véritable ascèse de la pensée. Pas question, non plus, de sombrer dans la « pédagogie compassionnelle » qui excuse tout comportement déviant en exhibant les misères sociales subies par une partie de notre jeunesse. Au contraire : il faut la « tirer vers le haut », lui donner à voir et à entendre ce qu'il y a de plus difficile et exigeant, assumer l'inévitable sélection entraînée par tout travail intellectuel. Il faut remplacer la hiérarchie des privilèges hérités dans la famille par le véritable mérite, lutter contre toutes les formes de complicité sociale en revalorisant les diplômes nationaux qui garantissent l'égalité des chances.

Pour les tenants de cette position, inutile de s'arrêter longtemps aux états d'âme de l'enfant : le rôle de l'École est de « transformer l'enfant en élève », d'ignorer les appartenances sociologiques et les problèmes psychologiques de chacun pour lui permettre, grâce aux savoirs, de s'exhausser jusqu'aux plus hauts sommets de l'humain. Ainsi, pour ceux que l'on nomme parfois » les républicains de l'École » – parce qu'ils se réfèrent aux principes de l'École de Jules Ferry –, *la question du désir d'apprendre se résout en elle-même par la seule présence de l'exigence culturelle.* Restaurer les savoirs, c'est comme ouvrir les rideaux et faire entrer le soleil : les enfants et les adolescents, soumis, ne peuvent qu'être conquis par la force qui en émane et se réveiller ainsi de leur torpeur sociale. Il n'est pas question, au nom de ce « pédagogisme », de céder d'un pouce sur la culture universelle. Au contraire, il faut arracher les élèves à l'ignorance par la contrainte, afin qu'une fois instruits, ils deviennent enfin des hommes libres. D'ailleurs, la culture s'impose vite d'elle-même : que Molière advienne et l'on jettera les *game-boy* et autres *play-station* ! Que Newton apparaisse et c'en sera fini des feuilletons télévisés !

À l'opposé sur l'échiquier idéologique se trouvent *les « libéraux », partisans de faire du marché l'outil essentiel de régulation du système scolaire.* Pour eux, pas question de se réfugier dans le règne abstrait des savoirs qui fait le lit de l'irresponsabilité sociale des enseignants. Pas question, non plus, de résister à la pression sociale des parents et des entreprises sur l'École. Au contraire, c'est cette dernière qui est le vrai moteur de la transformation positive de l'institution scolaire. L'État doit fixer un cadre minimal (des programmes et des examens nationaux) : aux établissements et aux enseignants, ensuite, de faire preuve de leur savoir-faire et de parvenir à inventer les modalités les plus efficaces de transmission. Les « libéraux » considèrent qu'alors que toute la population active est soumise à l'obligation de résultats, il est scandaleux qu'une profession échappe à tout contrôle. Et ils croient qu'en matière éducative, comme ailleurs, le meilleur contrôle, c'est le marché, la loi de l'offre et de la demande. Laissons donc se développer les initiatives de toutes sortes, laissons les parents poursuivre avec ardeur l'intérêt de leurs propres enfants en choisissant pour eux les meilleures écoles, les meilleures filières, les meilleures options… et les meilleurs enseignants ! *La question du désir d'apprendre sera résolue pragmatiquement, à la base, dans des institutions contraintes de s'adapter aux publics qu'elles recevront* : restaurer le marché scolaire, lui donner des règles claires pour éviter le « marché noir » qui sévit aujourd'hui, c'est créer, en pratique, les espaces nécessaires pour régler une question qui ne peut trouver aucune solution théorique générale. Que les enseignants aient enfin à rendre des comptes et ils trouveront bien les moyens de mobiliser le désir des élèves !

Contexte xxe s. ► p. 490
Notice biographique ► p. 499

In *L'école et les parents*, éd. Plon.

RECHERCHE

Les mots et leur usage

1. Cherchez le sens des mots *cacophonie* (l. 1), *ascèse* (l. 11), *comportement déviant* (l. 12), *échiquier idéologique* (l. 35).

Lecture analytique

2. En quoi la structure du texte et son contenu correspondent-ils à ce qui est annoncé dans la première phrase ? Répondez en tenant compte des paragraphes et des mots de liaison.
Qu'est-ce qui, dans la présentation graphique du texte et dans certaines reprises de termes souligne le parallélisme entre les deux grandes étapes ?

3. Dégagez et reformulez, dans chacune des deux étapes, le principe de base de la conception éducative présentée, ce qu'elle refuse, ce qu'elle revendique, la manière dont elle se met en œuvre, sa finalité. Vous pouvez construire votre réponse sous forme de tableau.

4. Étudiez la position de celui qui parle par rapport aux deux conceptions énoncées : dites d'abord à qui elles appartiennent, précisez ensuite si l'auteur du texte souscrit à l'une ou à l'autre. Repérez et identifiez certains indices, notamment sur le plan du registre, qui permettent de répondre.

5. En quoi la première conception énoncée est-elle traditionnelle, en quoi la seconde est-elle libérale ? Quel terme essentiel dans la seconde s'oppose catégoriquement à l'esprit de la première ?

Oral

6. Débat : Dans la phrase qui suit la fin de cet extrait, Ph. Meirieu écrit : *L'opposition que nous venons de présenter est, évidemment, caricaturale.* En quoi les deux conceptions sont-elles contradictoires ? En quoi leur opposition ne couvre-t-elle pas véritablement la réalité de l'école ?

REPÈRES Le discours argumentatif ▸ p. 416

12 Albert Jacquard, « Hors de la réussite scolaire, point de salut » (2000)

Dans un article qui plaide pour une école humaniste, capable d'épanouir, Albert Jacquard vient de dénoncer le caractère élitiste de la sélection par les concours. L'extrait qui suit est à la fois la fin de son article et la fin de l'ouvrage L'école et les parents, *publié sous la direction de Philippe Meirieu (▸ p. 411).*

Beaucoup d'autres réformes seront nécessaires pour que cette société prenne enfin au sérieux les objectifs de respect, d'égalité des chances, de justice, qu'elle proclame sans y croire. Mais, en commençant par le système éducatif, et, au cœur de celui-ci, par les institutions dotées du plus grand prestige[1], elle pourra peut-être conduire ces changements avec sagesse plutôt que de subir les convulsions d'une révolution totale.

Cela est vrai au cœur de chaque nation, mais plus encore pour cet ensemble désormais interactif qu'est l'humanité. Les tensions grandissantes entre nantis et démunis, entre Nord et Sud, peuvent peut-être encore être résolues sans destructions dramatiques ; là encore, l'espoir ne peut guère être fondé que sur le développement de l'éducation.

Il ne s'agit évidemment pas d'uniformiser le contenu des programmes ou les méthodes pédagogiques, mais d'apporter à tous les jeunes humains des chances

1. L'auteur fait allusion aux grandes écoles.

égales d'accès à la formation de leur intelligence. Peu nombreuses sont les nations qui y parviennent aujourd'hui pour leurs propres citoyens. Étendre cette égalité à toute l'humanité sera une rude tâche. Mais, par chance, les avancées techniques la rendent aujourd'hui possible.

Le concept de « patrimoine commun de l'humanité » proposé dès sa création par l'Unesco a été adopté par toutes les nations ; elles sont capables de mettre leurs ressources en commun lorsqu'il s'agit de sauver le temple de Borobudur ou celui d'Abou Simbel.

De même pourrait-on proposer le concept d'« objectif commun de l'humanité » unissant tous les États dans une dynamique collective. Le premier de ces objectifs communs devrait être la généralisation de l'accès à l'éducation. Ne peut-on imaginer que le coût des systèmes éducatifs de tous les pays de la planète soit financé par un trésor commun alimenté par tous ? Les impôts payés par les citoyens des nations les plus riches serviraient à payer les salaires des instituteurs et des institutrices des populations les plus pauvres.

La mondialisation ne soulève guère d'enthousiasme lorsque banquiers et commerçants s'affrontent pour mettre au point les règles de la concurrence. Elle susciterait un espoir unanime si politiques et éducateurs cherchaient les moyens d'enseigner à tous les hommes l'art de la rencontre.

Utopie ? Certes. Sans doute le XXIe siècle ne viendra pas au bout de cette tâche. Espérons que le troisième millénaire y parviendra.

Contexte XXe s. ▸ p. 490
Notice biographique ▸ p. 498
Du même auteur ▸ p. 429

In *L'école et les parents*,
éd. Plon.

RECHERCHE

Histoire culturelle

1. Qu'est-ce que l'Unesco ? Quel a été le rôle de cet organisme concernant les temples de Borobudur et d'Abou Simbel ?

Bilan de lecture

2. Quel idéal de société A. Jacquard défend-il ? Quelles relations met-il en valeur entre cet idéal et la notion d'éducation ?

3. Quels sont les pouvoirs et l'utilité de l'éducation, selon A. Jacquard ?

4. Quelles formulations insistent sur le côté utopique des suggestions de celui qui parle ?

Travail sur un corpus de textes

5. Rapprochez les textes de L. Cornu, J.-C. Pompougnac et J. Roman (▸ p. 410), de Ph. Meirieu (▸ p. 411) et d'A. Jacquard (▸ p. 413) pour mettre en relief les problèmes auxquels se trouve confronté le système d'éducation français.
En quoi le texte d'A. Jacquard se démarque-t-il des deux autres ?

REPÈRES Le discours argumentatif ▸ p. 416

13 Lire l'image : Plantu

Plantu, *Le Monde.*

Plantu, *Le Monde.*

Étude comparée

1. Les deux dessins illustrent une même prise de position (ou thèse) du dessinateur Plantu. Quelle est cette thèse ?

2. Chacun des dessins représente-t-il une situation unique et particulière ? À partir de la réponse à cette question, demandez-vous si ces deux dessins jouent le rôle d'arguments, d'exemples, ou s'ils sont les deux à la fois.

Écriture d'invention

3. Rédigez un court récit mettant en scène les personnages du premier dessin et se terminant par la conclusion : …*Mais cette demi-heure de lecture était celle des programmes de télévision.*

Vers la dissertation

4. L'image peut-elle avoir une force argumentative plus grande que celle du texte ? En prenant appui sur des dessins et des photos d'actualité, vous répondrez sous une forme argumentée.

REPÈRES Le discours argumentatif ▸ p. 416

REPÈRES

Le discours argumentatif

***Rappel* : On parle de discours argumentatif lorsqu'un locuteur défend une idée, une position et cherche à convaincre un interlocuteur de la validité de ses propos. Celui qui argumente soutient une thèse ou en réfute une autre à l'aide d'arguments organisés en différents types de raisonnement. Le discours argumentatif prend des formes différentes selon qu'il vise à démontrer, convaincre ou persuader.**

Thème, thèse, arguments et exemples

À l'intérieur d'un **thème** large, que l'on trouve en posant la question « de quoi s'agit-il ? » à propos d'un énoncé, les **thèses** en présence, implicites ou explicites, expriment des prises de position dans un débat.

Ex : Dans le conte de Voltaire *Jeannot et Colin* (▸ p. 402), qui traite du thème de l'éducation, les interlocuteurs s'opposent, dans une discussion, sur la question de l'étude du latin ; la thèse du gouverneur est qu'il ne sert à rien d'apprendre cette langue.

Il n'est pas toujours facile de déterminer la ou les thèses d'un texte : clairement identifiables dans certains cas, elles restent sous-jacentes dans d'autres, et il faut les déduire de l'analyse des arguments.

Ex : Dans le texte de Jean de Léry (▸ p. 418), la thèse se dégage de la succession d'observations : elle n'est pas formulée directement.

Une thèse est soutenue, étayée par des **arguments**, c'est-à-dire par des idées qui ont pour fonction de justifier, de prouver, d'expliquer. Ils ont une étroite relation de sens avec la thèse, mais peuvent avoir des natures diverses et venir de domaines différents : constats, avis de spécialiste, idée communément admise, certitudes acquises par la tradition, données chiffrées... C'est de leur origine que viennent leur validité et leur force.

Ex : Dans la préface de *Tartuffe* (▸ p. 274), Molière justifie les relations entre le théâtre et la religion à l'aide d'arguments dont la validité vient de ce qu'ils sont tous empruntés à l'Histoire.

Les arguments sont illustrés et enrichis par des **exemples**, éléments concrets, parfois anecdotiques, images, pris dans la vie de tous les jours, mais aussi dans la littérature et dans les arts. Par rapport à l'argument, qui est une idée, l'exemple appartient au domaine du fait.

L'importance de l'énonciation

Il est essentiel de déterminer à qui appartiennent les prises de position (les thèses) dans un texte argumentatif : celui qui parle peut parler en son propre nom, sans nécessairement utiliser le *je*. Il peut aussi exprimer des idées qui ne sont pas les siennes ou donner la parole, à travers différentes formes de paroles rapportées, à d'autres locuteurs.

Ex : Dans le texte sur l'esclavage (▸ p. 423), Montesquieu ne parle pas en son propre nom ; il reprend les arguments esclavagistes, mais pour mettre en lumière leurs incohérences et leur caractère inacceptable.

Raisonnements et stratégies

La démarche argumentée, qu'il s'agisse d'**étayer** une thèse ou de la **réfuter**, s'appuie sur différents types de raisonnement et utilise certains procédés :
– le raisonnement qui procède par **développement linéaire** : *d'abord, ensuite, enfin...*
– le **raisonnement dialectique**, qui met face à face une thèse et des objections, et cherche à dépasser les oppositions : *mais, alors que, inversement, au contraire, cependant...*
– le **raisonnement déductif**, qui part d'une loi pour arriver à une conclusion : *donc, c'est pourquoi,* et dont l'exemple type est le syllogisme ;
– le **raisonnement inductif**, qui prend appui sur différents constats pour généraliser : *donc...*
– le **raisonnement par analogie** qui repose sur une comparaison : *de même que..., de même...*
– le **raisonnement concessif**, qui souscrit en premier lieu à une thèse pour mieux la contrer : *bien que, quoique, certes, il est vrai...*
Ces types de raisonnement sont consolidés par des procédés rhétoriques comme l'anaphore, les interrogations oratoires, l'interpellation de l'interlocuteur, les hyperboles, des questions interro-négatives...

Procédés et stratégies varient selon qu'il s'agit de **démontrer**, **convaincre** ou **persuader** :
– la première démarche est scientifique et logique, elle repose sur des lois et des règles ;
– la seconde s'appuie sur la raison, sur des idées communément admises pour modifier le point de vue de l'interlocuteur et lui faire admettre celui qu'on défend ;
– la troisième fait appel à l'émotion et cherche à séduire l'interlocuteur, en utilisant ses faiblesses et des procédés dont il n'a pas toujours conscience ; c'est le cas, par exemple, des démarches mises en œuvre par la publicité.

REPÈRES L'ironie ▸ p. 437
Le registre polémique ▸ p. 473

Énoncé, énonciation

***Rappel* : On désigne par le mot « énoncé » toute production écrite ou orale. La situation d'énonciation regroupe les conditions de production de tout énoncé : qui parle, à qui, à quel moment et dans quel lieu, avec quelle visée ?**
Identifier les composantes d'une situation d'énonciation permet de mieux comprendre un texte et d'éviter les contresens.

L'émetteur et le destinataire

Concernant l'**émetteur**, la source d'un énoncé, les premières questions importantes sont : « Qui l'a produit ? » (ou : « Qui parle ? ») et « Qui le prend à son compte ? ». S'il semble facile de répondre à cette question dans un dialogue, la démarche est plus difficile dans un récit ou dans un texte d'idées, même si l'on trouve des réponses dans le paratexte, dans la signature, ou dans les marques de la présence d'un narrateur.

Ex : Dans l'extrait consacré à l'esclavage (▸ p. 423), Montesquieu commence son exposé par *Si j'avais à soutenir... voilà ce que je dirais...*, ce qui est une hypothèse non réalisée. Cette précaution lui permet d'énoncer ensuite des arguments esclavagistes, mais sans jamais les prendre à son compte, et d'en souligner le caractère incohérent. L'analyse de l'énonciation permet ici de ne pas voir en Montesquieu un partisan de l'esclavage.

Les **marques de l'énonciation** comme les pronoms personnels, certains modalisateurs (adverbes, mode subjonctif ou conditionnel, interjections...), des indices de subjectivité (jugements personnels, prises de position), les connotations, certains registres permettent au lecteur de savoir qui prend un énoncé à son compte.
Des formulations comme *certains pensent que..., on considère que..., d'après...* soulignent que celui qui parle partage avec d'autres certaines affirmations. L'emploi de *nous* implique la présence de celui qui parle ; en revanche, *on* ne l'inclut pas nécessairement.

Ex : Dans l'extrait de *Jeannot et Colin* (▸ p. 402), aucun des différents interlocuteurs présents ne soutient le point de vue de Voltaire sur l'éducation : le caractère outré et peu cohérent des propos fait que le lecteur ne peut les prêter ni au narrateur, ni à l'auteur.

Dans un texte argumentatif, il est essentiel de bien identifier l'énonciation pour savoir à qui appartiennent les thèses en présence. Il est également important de définir le **destinataire**, celui à qui est destiné l'énoncé : selon qu'il s'agit des lecteurs en général, du destinataire d'une lettre ou d'un personnage de théâtre s'adressant à un autre, les enjeux ne sont pas les mêmes.
On parle de **double énonciation** au théâtre, mais également dans la littérature épistolaire : un personnage qui s'adresse à un autre délivre son message au spectateur ; une lettre personnelle s'adresse à un lectorat plus large si elle est publiée.

Lieu et temps de l'énonciation

Le **temps de l'énonciation** désigne le moment où l'énoncé se trouve produit. Ce moment se reconnaît à l'emploi du présent, pris comme temps de référence. C'est à partir de ce temps de référence que l'énonciateur peut employer les adverbes *aujourd'hui, demain, hier.* S'il ne fait pas référence au présent d'énonciation, il dira *le lendemain, la veille...*

Le **lieu de l'énonciation** désigne l'endroit de l'écriture, pris lui aussi comme point de référence : c'est l'adverbe *ici* qui l'exprime.
Ni *aujourd'hui,* ni *ici* ne peuvent être utilisés autrement que dans un **énoncé ancré** dans la situation d'énonciation.
L'ancrage d'un énoncé dans la situation d'énonciation définit ce que l'on appelle le « **discours** ».
Lorsqu'un énoncé ne comporte aucun des indices d'énonciation et se situe dans un passé sans référence au présent de l'écriture, on parle de « **récit** ».

Certains types d'énoncés littéraires, au **théâtre** et dans l'**écriture autobiographique**, permettent de comprendre l'importance du temps et des lieux dans la question de l'énonciation.

Ex : Dans l'extrait qui met face à face Junie et Britannicus (▸ p. 238), Néron étant caché, les paroles de Junie prennent un sens différent pour le spectateur, qui connaît exactement la situation d'énonciation, et pour Britannicus, qui ignore la présence de Néron.

Dans un texte autobiographique (▸ p. 46), l'utilisation du présent peut signifier que celui ou celle qui parle se situe au moment de l'écriture, c'est-à-dire à l'âge adulte, ce qui modifie la manière de voir les faits.

L'identification de l'énonciation et de ce qu'elle met en jeu est également essentielle dans un **devoir d'écriture** : il est impératif de savoir si l'on doit donner un point de vue personnel et parler en son propre nom ou s'il s'agit d'exposer des idées et des savoirs acquis.

REPÈRES L'ironie ▸ p. 437

Séquence 23

L'autre en question

1 Jean de Léry, *Histoire d'un voyage en la terre du Brésil* (1578)

Dans un récit publié vingt ans après son voyage, Jean de Léry rapporte une expérience de vie parmi les Indiens du Brésil. Dans le passage qui précède celui-ci, il a évoqué avec beaucoup de précision des scènes d'anthropophagie. Sont-elles spécifiques aux « barbares » d'outre-Atlantique ?

Je pourrais encore amener quelques autres semblables exemples, touchant la cruauté des sauvages envers leurs ennemis, n'était qu'il me semble que ce que j'en ai dit est assez pour faire avoir horreur et dresser à chacun les cheveux en la tête. Néanmoins, afin que ceux qui liront ces choses tant horribles, exercées journellement entre ces nations barbares du Brésil, pensent aussi un peu de près à ce qui se fait par deçà[1] parmi nous, je dirai en premier lieu sur cette matière, que si on considère à bon escient ce que font nos gros usuriers[2] (suçant le sang et la moelle, et par conséquent mangeant tout vivants, tant de veuves, orphelins et autres pauvres personnes auxquels il vaudrait mieux couper la gorge tout d'un coup que de les faire languir), on dira qu'ils sont encore plus cruels que les sauvages dont je parle. Voilà aussi pourquoi le Prophète[3] dit que telles gens écorchent la peau, mangent la chair, rompent et brisent les os du peuple de Dieu, comme s'ils les faisaient bouillir dans une chaudière. Davantage[4], si on veut venir à l'action brutale de mâcher et manger réellement (comme on parle) la chair humaine, ne s'en est-il point trouvé en ces régions de par deçà, voire même entre ceux qui portent le titre de chrétiens, tant en Italie qu'ailleurs, qui, ne s'étant pas contenté d'avoir fait cruellement mourir leurs ennemis, n'ont pu rassasier leur courage sinon en mangeant de leur foie et de leur cœur ? Je m'en rapporte aux histoires. Et sans aller plus loin, en la France, quoi[5] ? (Je suis Français et me fâche de le dire.) Durant la sanglante tragédie qui commença à Paris le 24 août 1572[6] dont je n'accuse point ceux qui n'en sont pas cause, entre autres actes horribles à raconter qui se perpétrèrent alors par tout le royaume, la graisse des corps humains (qui d'une façon plus

1. Du côté européen de l'Atlantique.
2. Prêteurs d'argent.
3. Référence au *Livre de Michée*, texte biblique composé par un des sept petits prophètes.
4. De plus.
5. Qu'est-il arrivé ?
6. Date du massacre de la Saint-Barthélemy.

barbare et cruelle que celle des sauvages, furent massacrés dans Lyon, après être retirés de la rivière de Saône) ne fut-elle pas vendue publiquement au plus offrant et dernier enchérisseur ? Les foies, cœurs et autres parties des corps de quelques-uns ne furent-ils pas mangés par les furieux meurtriers dont les Enfers ont horreur ? Semblablement, après qu'un nommé Cœur de Roi, faisant profession de la religion réformée dans la ville d'Auxerre, fut misérablement massacré, ceux qui commirent ce meurtre ne découpèrent-ils pas son corps en pièces, l'exposèrent en vente à ses haineux[7], et finalement l'ayant fait griller sur les charbons, assouvissant leur rage comme des chiens mâtins[8], en mangèrent ? Il y a encore des milliers de personnes en vie qui témoigneront de ces choses non jamais auparavant ouïes entre peuples quels qu'ils soient, et les livres qui depuis longtemps en sont déjà imprimés en feront foi à la postérité. Tellement que non sans cause, quelqu'un, duquel je proteste ne savoir le nom, après cette exécrable boucherie du peuple français, reconnaissant qu'elle surpassait toutes celles dont on avait jamais ouï parler, pour l'exagérer fit ces vers suivants :

Riez Pharaon[9],
Achab[9] *et Néron*[9],
Hérodes[9] *aussi*
Votre barbarie
Est ensevelie[10]

Par ce fait ici. Parquoi, qu'on n'abhorre[11] plus tant désormais la cruauté des sauvages anthropophages, c'est-à-dire mangeurs d'hommes ! Car, puisqu'il y en a de tels, voire d'autant plus exécrables et pires au milieu de nous, qu'eux qui, comme il a été vu, ne se ruent que sur les nations qui leur sont ennemies, (et celles-ci se sont plongées au sang de leurs parents, voisins et compatriotes), il ne faut pas aller si loin qu'en leur pays, ni qu'en Amérique pour voir choses si monstrueuses et prodigieuses.

(Langue et orthographe modernisées).

7. Ses ennemis.
8. Gros chiens méchants.
9. Noms de souverains particulièrement cruels.
10. Dépassée.
11. Qu'on ne déteste plus.

Contexte XVIe s. ▸ p. 474
Notice biographique ▸ p. 499

RECHERCHE

Histoire littéraire

1. En quoi les découvertes de la Renaissance, en matière de géographie et d'astronomie, ont-elles pu bouleverser la pensée du XVIe siècle ? Citez des ouvrages qui témoignent des interrogations et des incertitudes de cette époque.

Lecture analytique

2. Celui qui parle énonce la finalité de ses propos au début de l'extrait : quelles sont ses intentions ? En prenant appui sur le lexique et sur l'organisation du texte, montrez comment ce qu'il annonce est mis en place dans la suite du texte.
3. Distinguez les différentes étapes du récit à partir des articulations qui les relient. Qu'ont-elles toutes en commun concernant le thème abordé et le registre adopté ? En quoi entrent-elles toutes dans une comparaison avec le comportement des indigènes du Brésil ?
4. De quelles manières celui qui parle laisse-t-il deviner ce qu'il ressent ? Sur quoi appuie-t-il ses propos pour en assurer la véracité ?
5. Comment le narrateur fait-il appel à son lecteur ? Repérez et analysez différents procédés utilisés pour rendre l'exposé plus efficace et toucher davantage celui qui lit.
6. Quelle thèse, non explicitement exprimée, se dégage de l'exposé de Jean de Léry ? Sur quoi s'appuie-t-elle ?

Étude comparée

7. Expliquez sur quel point précis on peut rapprocher le texte de Jean de Léry de celui de Montaigne (▸ p. 420).

REPÈRES Le discours narratif ▸ p. 146
Le discours argumentatif ▸ p. 416

Gravure de **Théodore de Bry**, d'après *Navigatio in Brasiliam…* (1562) : « Fête barbare » (Service historique de la Marine ; Vincennes).

2 Montaigne,

Essais (1580-1588-1592)

La découverte du Nouveau Monde, en 1492, et celle de populations jusque-là ignorées, donnent l'occasion à Montaigne de s'interroger sur le sens du mot « barbare ».

Or je trouve, pour revenir à mon propos, qu'il n'y a rien de barbare et de sauvage en cette nation, à ce qu'on m'en a rapporté ; sinon que chacun appelle barbarie ce qui n'est pas de son usage ; comme de vrai, il semble que nous n'avons autre mire[1] de la vérité et de la raison que l'exemple et l'idée des opinions et usances du pays où nous sommes. Là est toujours la parfaite religion, la parfaite police[2], parfait et accompli usage de toutes choses. Ils sont sauvages, de même que nous appelons sauvages les fruits que nature, de soi et de son progrès ordinaire, a produits : là où, à la vérité, ce sont ceux que nous avons altérés par notre artifice[3], et détournés de l'ordre commun, que nous devrions appeler plutôt sauvages. En ceux-là sont vives et vigoureuses les vraies et plus utiles et naturelles vertus et propriétés, lesquelles nous avons abâtardies[4] en ceux-cy, et les avons seulement accommodées au plaisir de notre goût corrompu. Et si pourtant[5], la saveur même et délicatesse se trouve à notre goût excellente, à l'envi des nôtres[6], en divers fruits de ces contrées-là sans culture. Ce n'est pas raison[7] que l'art gagne le point d'honneur sur notre grande et puissante mère Nature. Nous avons tant rechargé la beauté et richesse de ses ouvrages par nos inventions, que nous l'avons du tout étouffée. Si est-ce que[8], partout où sa pureté reluit, elle fait merveilleuse honte à nos vaines et frivoles entreprises.

Livre I, chapitre 31 « Des cannibales » (extrait ; orthographe modernisée).

1. Critère.
2. Forme de gouvernement.
3. Technique.
4. Corrompues, détériorées.
5. *Si* a pour sens « pourtant » (il y a donc insistance).
6. Susceptible de concurrencer les nôtres.
7. Il n'y a pas de raison pour que…
8. Pourtant.

Contexte XVIe s. ► p. 474
Notice biographique ► p. 500
Du même auteur ► p. 396

RECHERCHE

Les mots et leur usage

1. Cherchez l'étymologie des mots *barbare, sauvage.* Quelles connotations accompagnent souvent ces deux termes ?

Lecture analytique

2. Concernant la « nation » envisagée, quel est le premier point de vue exprimé par Montaigne ? Répondez en prenant appui sur l'utilisation des mots *barbare, sauvage, usage.*

3. La formulation personnelle *je trouve* (l. 1) implique-t-elle que l'avis de Montaigne ne puisse être défendu que par lui ? À partir de quelles observations cet avis s'est-il construit ?

4. Quelle est la seconde affirmation importante du passage, concernant les Européens ? Quel rôle joue-t-elle par rapport à la première ? Quel enseignement contient-elle ? Prenez appui sur l'emploi du mot *sauvage* pour répondre.

5. À partir de la première objection (*Et si pourtant…*, l. 14), quelles sont les remarques de Montaigne à propos de la nature ? Comment se rattachent-elles aux premières remarques ?

6. Montaigne utilise les mots *barbare* et *sauvage* dans plusieurs sens : lesquels ? Quelle thèse soutient-il ?

Maîtrise de la langue

7. « Traduisez » en français moderne, pour en rendre le sens plus accessible, les lignes 1 à 11.

REPÈRES Le discours argumentatif ► p. 416

3 Marivaux, *La Colonie* (1729)

Dans la comédie La Colonie, *Marivaux aborde la question du statut des femmes par rapport aux hommes, en mettant en scène un groupe de naufragés sur une île déserte. Les hommes ont décidé d'élaborer une Constitution, sans demander leur avis aux femmes. Arthénice est une femme noble, Mme Sorbin une femme d'artisan. Hermocrate et Timagène sont deux hommes appartenant à la noblesse.*

ARTHÉNICE. – Messieurs, daignez répondre à notre question ; vous allez faire des règlements pour la république, n'y travaillerons-nous pas de concert[1] ? À quoi nous destinez-vous là-dessus ?

HERMOCRATE. – À rien, comme à l'ordinaire.

UN AUTRE HOMME. – C'est-à-dire, à vous marier quand vous serez filles, à obéir à vos maris quand vous serez femmes, et à veiller sur votre maison : on ne saurait vous ôter cela, c'est votre lot.

MME SORBIN. – Est-ce là votre dernier mot ? Battez tambour ; *(Et à Lina)* et vous, allez afficher l'ordonnance à cet arbre. *(On bat le tambour et Lina affiche.)*

HERMOCRATE. – Mais, qu'est-ce que c'est que cette mauvaise plaisanterie-là ? Parlez-leur donc, seigneur Timagène, sachez de quoi il est question.

TIMAGÈNE. – Voulez-vous bien vous expliquer, Madame ?

MME SORBIN. – Lisez l'affiche, l'explication y est.

ARTHÉNICE. – Elle vous apprendra que nous voulons nous mêler de tout, être associées à tout, exercer avec vous tous les emplois, ceux de finance, de judicature[2] et d'épée.

HERMOCRATE. – D'épée, Madame ?

ARTHÉNICE. – Oui d'épée, Monsieur ; sachez que jusqu'ici nous n'avons été poltronnes que par éducation.

MME SORBIN. – Mort de ma vie ! qu'on nous donne des armes, nous serons plus méchantes que vous ; je veux que dans un mois, nous maniions le pistolet comme un éventail ; je tirai ces jours passés sur un perroquet, moi qui vous parle.

ARTHÉNICE. – Il n'y a que de l'habitude à tout.

MME SORBIN. – De même qu'au Palais à tenir l'audience, à être Présidente, Conseillère, Intendante, Capitaine ou Avocate.

UN HOMME. – Des femmes avocates ?

MME SORBIN. – Tenez donc, c'est que nous n'avons pas la langue assez bien pendue, n'est-ce pas ?

ARTHÉNICE. – Je pense qu'on ne nous disputera pas le don de la parole.

HERMOCRATE. – Vous n'y songez pas, la gravité de la magistrature et la décence du barreau[3] ne s'accorderaient jamais avec un bonnet carré[4] sur une cornette[5].

ARTHÉNICE. – Et qu'est-ce que c'est qu'un bonnet carré, Messieurs ? Qu'a-t-il de plus important qu'une autre coiffure ? D'ailleurs, il n'est pas de notre bail[6] non plus que votre Code ; jusqu'ici c'est votre justice et non pas la nôtre ;

1. Ensemble.
2. Fonction de juge.
3. Terme collectif désignant les avocats.
4. Coiffure des juges.
5. Coiffure féminine.
6. Responsabilité.

justice qui va comme il plaît à nos beaux yeux, quand ils veulent s'en donner la peine, et si nous avons part à l'institution des lois, nous verrons ce que nous ferons de cette justice-là, aussi bien que du bonnet carré, qui pourrait bien devenir octogone, si on nous fâche ; la veuve ni l'orphelin n'y perdront rien.

UN HOMME. – Et ce ne sera pas la seule coiffure que nous tiendrons de vous[7].

MME SORBIN. – Ah ! la belle pointe d'esprit ; mais finalement, il n'y a rien à rabattre, sinon lisez notre édit, votre congé est au bas de la page.

HERMOCRATE. – Seigneur Timagène, donnez vos ordres, et délivrez-nous de ces criailleries.

TIMAGÈNE. – Madame…

ARTHÉNICE. – Monsieur, je n'ai plus qu'un mot à dire, profitez-en ; il n'y a point de nation qui ne se plaigne des défauts de son gouvernement ; d'où viennent-ils, ces défauts ? C'est que notre esprit manque à la terre dans l'institution de ses lois, c'est que vous ne faites rien de la moitié de l'esprit humain que nous avons, et que vous n'employez jamais que la vôtre, qui est la plus faible.

MME SORBIN. – Voilà ce que c'est, faute d'étoffe l'habit est trop court.

ARTHÉNICE. – C'est que le mariage qui se fait entre les hommes et nous, devrait aussi se faire entre leurs pensées et les nôtres ; c'était l'intention des dieux, elle n'est pas remplie, et voilà la source de l'imperfection des lois ; l'univers en est la victime et nous le servons en vous résistant. J'ai dit ; il serait inutile de me répondre, prenez votre parti, nous vous donnons encore une heure, après quoi la séparation est sans retour, si vous ne vous rendez pas ; suivez-moi, Madame Sorbin, sortons.

MME SORBIN *(en sortant)*. – Notre part d'esprit salue la vôtre.

Scène XIII (intégrale).

7. Allusion aux cornes que la tradition comique attribue aux maris trompés.

Contexte XVIIIe s. ▸ p. 482
Notice biographique ▸ p. 499
Du même auteur ▸ p. 260

RECHERCHE

Les mots et leur usage

1. Définissez le mot *parité*. À quel débat politique et social de la fin du XXe siècle ce mot fait-il référence ? Quelles relations peut-on établir entre ce mot et le texte de Marivaux ?

Lecture analytique

2. Quel est l'objet du débat entre les hommes et les femmes ? Par qui est-il lancé ? À quelle occasion ? Répondez en prenant appui sur les premières répliques.
3. Récapitulez les arguments énoncés par les hommes : précisez ainsi ce qu'ils accordent aux femmes et ce qu'ils leur refusent.
4. Quelle est la demande des femmes et quels sont leurs arguments ?
5. Le dialogue aborde un thème grave, mais il est marqué par de la fantaisie et de l'humour : donnez-en des exemples. Quelle peut être l'utilité de ces changements de registre ?

Vers la dissertation

6. La comédie a-t-elle pour fonction d'aborder des questions sociales ou culturelles graves ? Répondez à cette question sous forme de développement argumenté et illustré d'exemples.

Écriture d'invention

7. Imaginez et rédigez l'affiche que les femmes ont composée pour exprimer leurs revendications.
8. Expliquez comment vous comprenez l'affirmation d'Arthénice : *C'est que notre esprit manque à la terre dans l'institution de ses lois* (l. 48-49). Donnez des exemples qui vous paraissent illustrer ce propos.

Oral

9. Débat : Dans la scène de la comédie de Marivaux, les femmes sortent sans avoir rien obtenu. Peut-on dire pour autant que l'échange de points de vue et d'arguments ait été inutile ?

REPÈRES La comédie ▸ p. 278
Le discours argumentatif ▸ p. 416

4 Montesquieu, *De l'esprit des lois* (1748)

Les différences ethniques et la domination des supposés « barbares » par les « civilisés » après la conquête de l'Amérique ont conduit à l'esclavage, que Montesquieu dénonce ici avec force.

Si j'avais à soutenir le droit que nous avons eu de rendre les nègres esclaves, voici ce que je dirais :

Les peuples d'Europe ayant exterminé ceux de l'Amérique, ils ont dû mettre en esclavage ceux de l'Afrique, pour s'en servir à défricher tant de terres.

Le sucre serait trop cher, si l'on ne faisait travailler la plante qui le produit par des esclaves.

Ceux dont il s'agit sont noirs depuis les pieds jusqu'à la tête ; et ils ont le nez si écrasé qu'il est presque impossible de les plaindre.

On ne peut se mettre dans l'esprit que Dieu, qui est un être très sage, ait mis une âme, surtout bonne, dans un corps tout noir.

Il est si naturel de penser que c'est la couleur qui constitue l'essence de l'humanité, que les peuples d'Asie, qui font les eunuques, privent toujours les noirs du rapport qu'ils ont avec nous d'une façon plus marquée.

On peut juger de la couleur de la peau par celle des cheveux, qui, chez les Égyptiens, les meilleurs philosophes du monde, étaient d'une si grande conséquence, qu'ils faisaient mourir tous les hommes roux qui leur tombaient entre les mains.

Une preuve que les nègres n'ont pas le sens commun, c'est qu'ils font plus de cas d'un collier de verre que de l'or, qui, chez les nations policées[1], est d'une si grande conséquence.

Il est impossible que nous supposions que ces gens-là soient des hommes ; parce que, si nous les supposions des hommes, on commencerait à croire que nous ne sommes pas nous-mêmes chrétiens.

De petits esprits exagèrent trop l'injustice que l'on fait aux Africains. Car, si elle était telle qu'ils le disent, ne serait-il pas venu dans la tête des princes d'Europe, qui font entre eux tant de conventions[2] inutiles, d'en faire une générale en faveur de la miséricorde et de la pitié ?

Livre XV, chapitre 5.

1. Civilisées.
2. Traités.

Contexte XVIIIe s. ▶ p. 482
Notice biographique ▶ p. 500
Du même auteur ▶ p. 448

Lecture analytique

1. Observez les temps et les modes verbaux utilisés dans la première phrase : sur quelle situation d'énonciation attirent-ils l'attention du lecteur ? En quoi cette information est-elle importante ?

2. Quelle est l'hypothèse annoncée dans le paragraphe 1 ? Comment se trouve-t-elle développée ensuite ? Reprenez les différents arguments en précisant à quels domaines ils font référence. Qu'ont-ils tous en commun ?

3. Étudiez la structure logique des différents arguments proposés et dites pourquoi ils ne sont pas recevables. Comment Montesquieu procède-t-il pour leur faire perdre toute validité ?

4. Quel est le registre du texte ? Prenez appui sur la réponse à la question 3.

5. Quelle est la véritable thèse soutenue par Montesquieu ? Comment est-elle étayée ?

REPÈRES
Le discours argumentatif ▶ p. 416
Énoncé, énonciation ▶ p. 417
L'ironie ▶ p. 437

5 Voltaire, *Candide* (1759)

John Gabriel Stedman (1744-1797), *Groupe de noirs emmenés à la foire aux esclaves en 1793* (1796), gravure colorée (BNF ; Paris).

Dans le conte philosophique Candide, *le héros se trouve confronté à diverses situations d'injustice et de cruauté. L'esclavage en fait partie, ce qui permet à Voltaire de dénoncer cette pratique fondée sur la discrimination. L'extrait qui suit rapporte la rencontre de Candide avec un esclave en Guyane hollandaise.*

En approchant de la ville, ils rencontrèrent un nègre étendu par terre, n'ayant plus que la moitié de son habit, c'est-à-dire d'un caleçon de toile bleue ; il manquait à ce pauvre homme la jambe gauche et la main droite. « Eh ! mon Dieu ! lui dit Candide en hollandais, que fais-tu là, mon ami, dans l'état horrible où je te vois ? – J'attends mon maître, M. Vanderdendur, le fameux négociant, répondit le nègre. – Est-ce M. Vanderdendur, dit Candide, qui t'a traité ainsi ? – Oui, monsieur, dit le nègre, c'est l'usage. On nous donne un caleçon de toile pour tout vêtement deux fois l'année. Quand nous travaillons aux sucreries, et que la meule nous attrape le doigt, on nous coupe la main ; quand nous voulons nous enfuir, on nous coupe la jambe[1] : je me suis trouvé dans les deux cas. C'est à ce prix que vous mangez du sucre en Europe. Cependant, lorsque ma mère me vendit dix écus patagons[2] sur la côte de Guinée, elle me disait : « Mon cher enfant, bénis nos fétiches[3], adore-les toujours, ils te feront vivre heureux ; tu as l'honneur d'être esclave de nos seigneurs les blancs, et tu fais par là la fortune de ton père et de ta mère. » Hélas ! je ne sais pas si j'ai fait leur fortune, mais ils n'ont pas fait la mienne. Les chiens, les singes et les perroquets sont mille fois moins malheureux que nous ; les fétiches[4] hollandais qui m'ont converti me disent tous les dimanches que nous sommes tous enfants d'Adam, blancs et noirs. Je ne suis pas généalogiste ; mais si ces prêcheurs disent vrai, nous sommes tous cousins issus de germain. Or vous m'avouerez qu'on ne peut pas en user avec ses parents d'une manière plus horrible. »

Chapitre XIX (extrait).

1. Châtiment édicté par le *Code noir*, qui définit aux XVIIe et XVIIIe siècles la condition des esclaves.
2. Monnaie espagnole et flamande.
3. Idoles.
4. Les prêtres.

Contexte XVIIIe s. ▶ p. 482
Notice biographique ▶ p. 503
Du même auteur ▶ p. 118 p. 402

Lecture analytique

1. À partir de l'observation de la ponctuation, des verbes de paroles et des pronoms personnels, précisez sous quelles modalités de paroles rapportées sont données les informations concernant l'esclave et l'esclavage.

2. Regroupez ces informations, ainsi que les termes qui soulignent la position inférieure de l'esclave : donnez tous les éléments qui permettent de définir l'esclavage.

3. Sur quel ton l'esclave répond-il aux questions posées ? Quel effet produit sur le lecteur la manière dont il présente lui-même l'esclavage et la responsabilité de ses parents ?

4. Repérez certains effets de décalage dans le texte et déterminez leur registre. La dénonciation de l'esclavage dans ce récit vous paraît-elle efficace ?

Maîtrise de la langue

5. Transformez une partie de la réponse de l'esclave (l. 7-11) en discours indirect libre. Faites toutes les transformations nécessaires.

REPÈRES Le discours narratif ▶ p. 146
Le discours argumentatif ▶ p. 416
L'ironie ▶ p. 437

6 Claude Lévi-Strauss, *Anthropologie structurale II* (1952)

*Ethnologue ayant vécu parmi les Indiens d'Amazonie, Claude Lévi-Strauss analyse ici les causes du rejet des autres, phénomène constant dans l'Histoire. Sa conclusion, qui définit le « barbare », rejoint la pensée de Montaigne (**▸ p. 420**).*

L'attitude la plus ancienne, et qui repose sans doute sur des fondements psychologiques solides puisqu'elle tend à réapparaître chez chacun de nous quand nous sommes placés dans une situation inattendue, consiste à répudier purement et simplement les formes culturelles : morales, religieuses, sociales, esthétiques, qui sont les plus éloignées de celles auxquelles nous nous identifions. « Habitudes de sauvages », « cela n'est pas de chez nous », « on ne devrait pas permettre cela », etc., autant de réactions grossières qui traduisent ce même frisson, cette même répulsion en présence de manières de vivre, de croire ou de penser qui nous sont étrangères. Ainsi l'Antiquité confondait-elle tout ce qui ne participait pas de la culture grecque (puis gréco-romaine) sous le même nom de barbare ; la civilisation occidentale a ensuite utilisé le terme de sauvage dans le même sens. Or derrière ces épithètes se dissimule un même jugement : il est probable que le mot barbare se réfère étymologiquement à la confusion et à l'inarticulation du chant des oiseaux, opposées à la valeur signifiante du langage humain ; et sauvage, qui veut dire « de la forêt », évoque aussi un genre de vie animal, par opposition à la culture humaine. Dans les deux cas, on refuse d'admettre le fait même de la diversité culturelle ; on préfère rejeter hors de la culture, dans la nature, tout ce qui ne se conforme pas à la norme sous laquelle on vit.

Ce point de vue naïf, mais profondément ancré chez la plupart des hommes, n'a pas besoin d'être discuté puisque cette brochure[1] – avec toutes celles de la même collection – en présente justement la réfutation. Il suffira de remarquer ici qu'il recèle un paradoxe assez significatif. Cette attitude de pensée, au nom de laquelle on rejette les « sauvages » (ou tous ceux qu'on choisit de considérer comme tels) hors de l'humanité, est justement l'attitude la plus marquante et la plus distinctive de ces sauvages mêmes. On sait, en effet, que la notion d'humanité, englobant, sans distinction de race ou de civilisation, toutes les formes de l'espèce humaine, est d'apparition fort tardive et d'expansion limitée. Là même où elle semble avoir atteint son plus haut développement, il n'est nullement certain – l'histoire récente le prouve – qu'elle soit à l'abri des équivoques ou des régressions. Mais, pour de vastes fractions de l'espèce humaine et pendant des dizaines de millénaires, cette notion paraît être totalement absente. L'humanité cesse aux frontières de la tribu, du groupe linguistique, parfois même du village ; à tel point qu'un grand nombre de populations dites primitives se désignent elles-mêmes d'un nom qui signifie les « hommes » (ou parfois – dirons-nous avec plus de discrétion ? – les « bons », les « excellents », les « complets »), impliquant ainsi que les autres tribus, groupes ou villages ne participent pas des vertus ou même de la nature humaine, mais sont tout au plus composés de « mauvais » de « méchants », de « singes de terre » ou d'« œufs de pou ». On va souvent jusqu'à priver

1. L'auteur fait référence ici à l'ensemble des textes publiés par l'Unesco et consacrés à la question raciale.

l'étranger de ce dernier degré de réalité en en faisant un « fantôme » ou une « apparition ». Ainsi se réalisent de curieuses situations où deux interlocuteurs se donnent cruellement la réplique. Dans les grandes Antilles, quelques années après la découverte de l'Amérique, pendant que les Espagnols envoyaient des commissions d'enquête pour rechercher si les indigènes avaient ou non une âme, ces derniers s'employaient à immerger des blancs prisonniers, afin de vérifier, par une surveillance prolongée, si leur cadavre était ou non sujet à la putréfaction.

Cette anecdote à la fois baroque et tragique illustre bien le paradoxe du relativisme culturel (que nous retrouverons ailleurs sous d'autres formes) : c'est dans la mesure même où l'on prétend établir une discrimination entre les cultures et les coutumes que l'on s'identifie le plus complètement avec celles qu'on essaye de nier. En refusant l'humanité à ceux qui apparaissent comme les plus « sauvages » ou « barbares » de ses représentants, on ne fait que leur emprunter une de leurs attitudes typiques. Le barbare, c'est d'abord l'homme qui croit à la barbarie.

Contexte XXe s. ▶ p. 490
Notice biographique ▶ p. 499

« La question raciale devant la science moderne », Unesco 1952, *Anthropologie structurale II, Race et histoire,* éd. Plon, 1973.

RECHERCHE

Les mots et leur usage

1. Cherchez le sens, dans le texte, des mots : *barbare* (l. 11), *paradoxe* (l. 23), *relativisme* (l. 50), *équivoque* (l. 31), *régression* (l. 31), *discrimination* (l. 51).

Lecture analytique

2. À propos de l'attitude de rejet de l'autre, que contient le paragraphe 1 du texte ? Appuyez votre réponse sur le lexique et sur les articulations logiques.

3. Énoncez le paradoxe dont il est question dès le début du paragraphe 2. Quelle explication l'auteur en donne-t-il, à partir de la notion d'*humanité,* que vous définirez ?

4. À quoi l'auteur fait-il référence en parlant de *régression* et d'*histoire récente* (l. 30) ? Rappelez les différentes périodes historiques dont il est question dans le texte. Que remarquez-vous par rapport à d'autres textes de cette séquence ?

5. Quel est le rôle du dernier paragraphe par rapport à l'ensemble du texte ? Étudiez la formule finale, sa force et la manière dont elle est préparée par tout l'exposé.

6. Quelle est la thèse paradoxale de Claude Lévi-Strauss ? Dans quelle formulation se trouve-t-elle explicitée ?

Travail sur un corpus de textes

7. Rapprochez les textes de Montaigne (▶ p. 420), de J. de Léry (▶ p. 418) et de C. Lévi-Strauss (▶ p. 425) pour faire apparaître leur thème commun et la manière différente dont ce thème est abordé.

REPÈRES Le discours argumentatif ▶ p. 416

Richard Walter, *En train, Palatino, Paris-Rome* (été 1999).

7 Jacques Prévert, *La Pluie et le Beau Temps* (1955)

Jacques Prévert évoque ici avec compassion les conditions de vie difficiles de nombreux étrangers accueillis en France, mais aussi exploités.

Étranges étrangers

Kabyles de la Chapelle[1] et des quais de Javel[1]
hommes des pays loin
cobayes des colonies
Doux petits musiciens
soleils adolescents de la porte d'Italie[1]
Boumians[2] de la porte de Saint-Ouen[1]
Apatrides[3] d'Aubervilliers
brûleurs des grandes ordures de la ville de Paris
ébouillanteurs des bêtes trouvées mortes sur pied
au beau milieu des rues
Tunisiens de Grenelle[1]
embauchés débauchés
manœuvres désœuvrés
Polacks[4] du Marais du Temple[1] des Rosiers[1]

Cordonniers de Cordoue soutiers[5] de Barcelone
pêcheurs des Baléares ou bien du Finisterre[6]
rescapés de Franco[7]
et déportés de France et de Navarre
pour avoir défendu en souvenir de la vôtre
la liberté des autres

Esclaves noirs de Fréjus[8]
tiraillés et parqués
au bord d'une petite mer
où peu vous vous baignez

Esclaves noirs de Fréjus
qui évoquez chaque soir
dans les locaux disciplinaires
avec une vieille boîte à cigares

1. Noms de quartiers parisiens.
2. Bohémiens.
3. Qui n'a pas de patrie.
4. Terme familier pour désigner les Polonais.
5. Qui travaillent dans les soutes des navires.
6. Pointe extrême de l'Espagne sur la côte atlantique.
7. Allusion aux républicains espagnols qui se sont exilés à la fin de la guerre d'Espagne.
8. Base militaire sur laquelle se trouvaient des soldats originaires d'Afrique.

et quelques bouts de fil de fer
tous les échos de vos villages
tous les oiseaux de vos forêts
et ne venez dans la capitale
que pour fêter au pas cadencé
la prise de la Bastille le quatorze juillet

Enfants du Sénégal
dépatriés expatriés et naturalisés

Enfants indochinois
jongleurs aux innocents couteaux
qui vendiez autrefois aux terrasses des cafés
de jolis dragons d'or faits de papier plié

Enfants trop tôt grandis et si vite en allés
qui dormez aujourd'hui de retour au pays
le visage dans la terre
et des bombes incendiaires labourant vos rizières

On vous a renvoyé
la monnaie de vos papiers dorés
on vous a retourné
vos petits couteaux dans le dos

Étranges étrangers

Vous êtes de la ville
vous êtes de sa vie
même si mal en vivez
même si vous en mourez.

Contexte XXe s. ▸ p. 490
Notice biographique ▸ p. 501

Recueilli in *Grand Bal du printemps*, © éd. Gallimard.

Lecture analytique

1. Observez la manière dont est composé le poème, avec ses blancs et ses strophes, la reprise de certains termes, la personne des verbes : quel est son point d'aboutissement ?
Quelles oppositions sont mises en relief dans les quatre derniers vers ?

2. Étudiez la manière récurrente dont chaque groupe est présenté et la mise en valeur de caractéristiques communes : origines, statut social, professions…

3. Que dénonce Prévert à travers ce poème ?
En quoi le choix de l'écriture poétique participe-t-il à la force de la dénonciation ?
À quel(s) registre(s) le texte se rattache-t-il ?

4. Expliquez le premier vers du poème : *Étranges étrangers*.

Travail sur un corpus de textes

5. Trois textes, celui de Montesquieu (▸ p. 423), celui de Voltaire (▸ p. 424) et celui de J. Prévert (▸ p. 427), dénoncent l'exploitation des êtres humains sous le prétexte de leur(s) différence(s) : quel genre littéraire chaque auteur a-t-il choisi ? Quelle est l'efficacité spécifique de chaque genre par rapport à l'objectif commun, que vous définirez ?

Vers le commentaire

6. À partir de repérages précis, construisez et rédigez un ou plusieurs axes de commentaire : *une énumération de personnes et de situations diverses ; la mise en relief des éléments communs ; l'émotion au service de la dénonciation.*

REPÈRES La littérature engagée ▸ p. 389
Le discours argumentatif ▸ p. 416

8 Albert Jacquard, *Éloge de la différence. La génétique et les hommes* (1978)

Généticien, Albert Jacquard se fonde sur ses recherches scientifiques pour affirmer qu'il n'y a pas de supériorité de race. Dans cet essai, il rappelle que la diversité et la multiplicité des groupes ethniques et des civilisations sont sources de richesse.

La leçon première de la génétique est que les individus, tous différents, ne peuvent être classés, évalués, ordonnés : la définition de « races », utile pour certaines recherches, ne peut être qu'arbitraire et imprécise ; l'interrogation sur le « moins bon » et le « meilleur » est sans réponse ; la qualité spécifique de l'Homme, l'intelligence, dont il est si fier, échappe pour l'essentiel à nos techniques d'analyse ; les tentatives passées d'« amélioration » biologique de l'Homme ont été parfois simplement ridicules, le plus souvent criminelles à l'égard des individus, dévastatrices pour le groupe.

Par chance, la nature dispose d'une merveilleuse robustesse face aux méfaits de l'Homme : le flux génétique poursuit son œuvre de différenciation et de maintien de la diversité, presque insensible aux agissements humains ; l'« univers des phénotypes[1] », où nous vivons, n'a fort heureusement que peu de possibilités d'action sur l'« univers des génotypes[2] », dont dépend notre avenir. Transformer notre patrimoine génétique est une tentation, mais cette action restera longtemps, espérons-le, hors de notre portée.

Cette réflexion peut être transposée de la génétique à la culture : les civilisations que nous avons sécrétées sont merveilleusement diverses et cette diversité constitue la richesse de chacun de nous. Grâce à une certaine difficulté de communication, cette hétérogénéité des cultures a pu longtemps subsister ; mais, il est clair qu'elle risque de disparaître rapidement. Notre propre civilisation européenne a étonnamment progressé vers l'objectif qu'elle s'était donné : le bien-être matériel. Cette réussite lui donne un pouvoir de diffusion sans précédent, qui aboutit peu à peu à la destruction de toutes les autres ; tel a été le sort, pour ne citer qu'un exemple parmi tant d'autres, des Esquimaux d'Ammassalik, sur la côte est du Groenland, dont R. Gessain a décrit la mort culturelle sous la pression de la « civilisation obligatoire ».

Lorsque l'on constate la qualité des rapports humains, de l'harmonie sociale dans certains groupes que nous appelons « primitifs », on peut se demander si l'alignement sur notre culture ne sera pas une catastrophe ; le prix payé pour l'amélioration du niveau de vie est terriblement élevé, si cette harmonie est remplacée par nos contradictions internes, nos tensions, nos conflits. Est-il encore temps d'éviter le nivellement des cultures ? La richesse à préserver ne vaut-elle pas l'abandon de certains objectifs qui se mesurent en produit national brut ou même en espérance de vie ?

Poser une telle question est grave ; il est bien difficile, face à cette interrogation, de rester cohérent avec soi-même, selon que l'on s'interroge dans le calme douillet de sa bibliothèque ou que l'on partage durant quelques instants la vie d'un de ces groupes qui nous émerveillent, mais où les enfants meurent, faute de nourriture ou de soins.

1. Ensemble des caractères résultant des gènes (couleur des yeux, de la peau…).
2. Ensemble des gènes, porteurs des caractères héréditaires d'un individu.

Contexte XXe s. ▶ p. 490
Notice biographique ▶ p. 498
Du même auteur ▶ p. 413

Lecture analytique

1. Concernant la notion de race, quelle est l'affirmation essentielle d'Albert Jacquard dans le paragraphe 1 ? Par quoi est-elle argumentée ? Quelle est précisément l'articulation des paragraphes 1 et 2 ?

2. Par quel processus la richesse de la diversité se trouve-t-elle menacée ? Reformulez le raisonnement d'Albert Jacquard dans les paragraphes 3 et 4. Quel paradoxe ce raisonnement met-il en lumière ?

3. Sur le plan de la réflexion, quelles situations se trouvent opposées dans le dernier paragraphe ?

4. Voici plusieurs propositions de thèses.
Déterminez celle qui correspond au texte et expliquez pourquoi les autres ne sont pas pertinentes.
– *Il n'y a pas de races supérieures ou inférieures.*
– *La nature peut s'opposer aux méfaits de l'homme.*
– *Une grave question se pose à propos du progrès.*
– *Ce qui vaut pour la génétique vaut pour la culture.*
– *La notion de supériorité des races n'a pas de sens ; ce qui compte est la diversité des êtres, source de richesse menacée par le progrès.*
– *La réponse à une question dépend de l'endroit où l'on se trouve.*

Étude comparée

5. Quel est le point commun entre les idées énoncées par Montaigne (▶ p. 420) et ce que dit Albert Jacquard dans l'extrait d'*Éloge de la différence* ?

Écriture d'invention

6. Écrivez un article de 20 à 30 lignes à partir des idées contenues dans le dernier paragraphe du texte d'Albert Jacquard : vous éluciderez le paradoxe signalé, ainsi que les divers problèmes qu'il pose. Vous expliquerez ensuite pourquoi il est difficile, comme le dit Albert Jacquard, d'être cohérent avec soi-même. Vous n'oublierez pas de donner un titre à votre article.

REPÈRES Le discours argumentatif ▶ p. 416

9 Albert Memmi, *Ce que je crois* (1985)

Dans Ce que je crois, *l'écrivain Albert Memmi évoque ce qu'il appelle « l'hétérophobie » ou « crainte agressive d'autrui », sentiment paradoxal mais inhérent à l'être humain.*

Non, il nous faut admettre, *en même temps,* ces deux constats : le racisme est insoutenable, par n'importe quel esprit, même médiocrement doué, et il y a en nous quelque chose qui, presque malgré nous, nous pousse, sous une forme ou sous une autre, à le soutenir. C'est contradictoire, embarrassant et assez terrible. Ce moteur inlassable, inusable, jusqu'ici en tout cas, j'ai proposé de l'appeler, d'un terme qu'il m'a fallu forger : *l'hétérophobie* ou la peur agressive d'autrui. Ce malaise diffus devant les autres, il est aussi difficile d'en rendre compte que de l'amour d'autrui, avec lequel, heureusement, il coexiste. C'est un fait aussi dense, aussi inesquivable, complémentaire, comme s'il n'y avait guère de zone neutre. Une jeune femme essaye de me l'expliquer : « Tout homme me semble toujours prêt à porter atteinte à ma liberté, à mon intégrité… sauf l'homme que j'aime, mais alors il ne me semble plus exactement un homme. » En somme il cesse d'être un inconnu différent et dangereux. Pourtant cette force, cette inclination à accuser autrui, à l'agresser, sous divers prétextes, nous la connaissons bien : nous en avons une très fréquente *expérience,* même si son contenu est confus, plus émotionnel que raisonnable. En gros, chaque fois que nous nous trouvons devant un individu ou un groupe différent ou mal connu, nous en ressentons quelque malaise. Dans une entreprise comme dans une armée ; même au sein d'un clergé ; ne parlons pas des artistes menés par leur excessive sensibilité. Notre inquiétude peut nous pousser à adopter des attitudes de méfiance et même de refus hostile. Lesquelles n'excluent pas, du reste, des sentiments ambivalents d'attente et d'espoir : on le voit chez l'enfant, toujours prêt, à la fois, à prendre peur et à sourire (question classique : l'enfant est-il raciste ? Évidemment non, il n'en possède pas l'argumentation, mais il est *candidat à l'hétérophobie*). On le voit dans le tourisme, où l'inconnu nous fascine et nous inquiète. C'est pourquoi certains philosophes ont pu affirmer que l'homme est un loup pour l'homme, et d'autres que l'homme est plein d'amour pour l'homme : chaque partie a exprimé la moitié de la vérité.

Plus grave : cette réaction, à base de peur et de concurrence, ne relève pas seulement du délire : elle a une *fonction* : elle fut et, en un sens, reste vitale pour l'espèce humaine. Pour survivre, l'homme a dû souvent défendre son intégrité et ses biens et, à l'occasion, s'approprier ceux d'autrui, biens mobiliers et immobiliers, aliments, matières premières, territoire, femmes, bien réels ou imaginaires, religieux, culturels et symboliques. De sorte qu'il est *à la fois* agresseur et agressé, terrifiant et terrifié. Car, puisque chacun en fait autant, on ne sait plus où commence ce cercle infernal de la défense et de l'agression. Cela fait partie de notre histoire et de notre mémoire collective ; et avons-nous vraiment changé depuis ?

Contexte XXe s. ▶ p. 490
Notice biographique ▶ p. 499

Éd. Grasset.

RECHERCHE

Les mots et leur usage

1. Quel terme désigne un mot récemment inventé ?

2. Le mot *hétérophobie* comporte un suffixe d'origine grecque qui désigne « la peur ». Trouvez d'autres termes construits à l'aide de ce suffixe, puis trouvez le préfixe qui désigne « la haine » et citez des termes qui le contiennent. Dans les deux cas, donnez le sens des mots cités.

Lecture analytique

3. Dans la première phrase, quels termes antithétiques expriment la difficulté d'accepter, simultanément, les deux constats ?

4. Comment l'auteur du texte explique-t-il les réactions de refus et d'agressivité, dans le paragraphe 1 d'abord, dans le second ensuite ? Que marque le paragraphe 2 par rapport au premier ?

5. Quelle est la thèse d'Albert Memmi concernant le refus des autres et la méfiance à leur égard ? Reformulez l'ensemble de son raisonnement.

6. Le texte comporte des marques de la présence de celui qui parle. Trouvez-les, puis dites si le point de vue exposé est un avis uniquement personnel ou s'il peut être soutenu et adopté par d'autres. Quel pronom personnel, présent dans le texte, exprime l'idée que tout le monde est concerné ?

7. Comment peut s'expliquer, dans le texte, la mise en italique de certains mots ?

Écriture d'invention

8. *L'inconnu nous fascine et nous inquiète* (l. 25-26). Présentez, de manière à la fois narrative et analytique, une situation de rencontre avec l'inconnu (il ne s'agit pas de fantastique ou d'irrationnel, mais de situations courantes) et faites état des réactions de celui qui la vit. Vous mettrez en scène un personnage réel ou fictif, mais qui n'est pas vous. Vous pourrez écrire à la troisième ou à la première personne.

REPÈRES Le discours argumentatif ▶ p. 416
Énoncé, énonciation ▶ p. 417

10 Élisabeth Badinter, *L'Un est l'Autre* (1986)

É. Badinter analyse ici la nature et les origines des relations hommes / femmes.

La relation homme / femme s'inscrit dans un système général de pouvoir, qui commande le rapport des hommes entre eux. Cela explique qu'à l'origine, les premiers coups portés contre le patriarcat le furent par les hommes et non par les femmes. Avant de penser à ruiner le pouvoir familial du père, il fallait d'abord abattre le pouvoir politique absolu du souverain et saper ses fondements religieux. Telle est l'évolution que connaissent toutes les sociétés occidentales à travers révolutions et réformes, et cela jusqu'au XXe siècle. Mais, si les hommes eurent à cœur de construire une nouvelle société fondée sur l'égalité et la liberté, leur projet, d'abord politique puis économique et social, ne concernait qu'eux-mêmes, puisqu'ils s'en voulaient les seuls bénéficiaires.

Les hommes ont lutté pour l'obtention de droits dont ils prirent soin d'exclure les femmes. Quel besoin avaient-elles de voter, d'être instruites ou d'être protégées, à l'égal des hommes, sur leurs lieux de travail ? L'égalité s'arrêtait aux frontières du sexe, car, si la plupart des hommes cherchaient à se débarrasser du patriarcat politique, ils voulaient à tout prix maintenir le patriarcat familial. D'où l'avertissement constamment répété, au XIXe siècle, par les conservateurs et l'Église : en luttant pour plus de liberté et d'égalité, vous portez atteinte à la puissance paternelle et vous sapez les fondements de la famille…

Le combat mené pendant deux siècles par les démocrates fut sans conteste la cause première de la chute du système patriarcal. Mais il n'en fut pas la raison suffisante. Ce sont les femmes, alliées aux plus justes d'entre eux, qui achevèrent péniblement le travail. Il leur fallut presque deux siècles pour faire admettre à leurs pères et époux qu'elles étaient des « Hommes » comme tout le monde : les mêmes droits devaient s'appliquer à leurs compagnons et à elles-mêmes, ils devaient partager ensemble les mêmes devoirs.

L'évidence enfin reconnue est lourde de conséquences. Non seulement parce qu'elle met fin à un rapport de pouvoir entre les sexes plusieurs fois millénaire, mais surtout parce qu'elle inaugure une nouvelle donne, qui oblige à repenser la spécificité de chacun. Les valeurs démocratiques furent fatales au roi, à Dieu-le-père et au Père-Dieu. Elles rendirent par là même caduques les définitions traditionnelles des deux sexes et n'ont pas fini de laisser perplexe et d'inquiéter une partie du monde. […][1]

Le XXe siècle a mis fin au principe d'inégalité qui présidait aux rapports entre hommes et femmes. Il a clos, en Occident, une longue étape de l'humanité commencée il y a plus de 4 000 ans. Il est probable que les hommes se seraient mieux accommodés de l'égalité dans la différence, c'est-à-dire du retour à l'authentique complémentarité des rôles et des fonctions. Malheureusement pour eux, l'expérience de nos sociétés prouve que la complémentarité est rarement synonyme d'égalité et que la différence se transforme vite en asymétrie. L'époque n'est plus à la séparation primitive des sexes, mais au contraire au partage de tout par Elle et Lui.

Partie II, chapitre 3 « La mort du patriarcat », éd. Odile Jacob, 1986.

1. Suit ici un long développement historique qui retrace le déclin du système patriarcal.

Contexte XXe s. ▶ p. 490
Notice biographique ▶ p. 494

RECHERCHE

Les mots et leur usage

1. Que signifient, dans le texte, les mots suivants : *patriarcat* (l. 3), *caduques* (l. 30), *asymétrie* (l. 40) ?

Histoire culturelle

2. À quelle date les femmes ont-elles obtenu le droit de vote en France ? Cherchez d'autres lois qui ont contribué à mettre fin au *principe d'inégalité* signalé à la ligne 33.

Lecture analytique

3. En quoi le texte est-il le développement de l'idée contenue dans la première phrase ? Répondez en prenant appui sur les réseaux lexicaux.

4. Reformulez le processus historique et politique exposé par É. Badinter dans les trois premiers paragraphes. Quel est le rôle des paragraphes 4 et 5 ?

5. Quelles sont, selon l'auteur, les conséquences de l'égalité acquise par les femmes ? Dans quels domaines se manifestent-elles ?

6. Le point de vue d'Élisabeth Badinter sur l'égalité hommes / femmes se révèle à plusieurs reprises dans le texte, derrière l'étude historique : quel est ce point de vue ? Par quels procédés d'écriture est-il rendu perceptible au lecteur ?

Étude comparée

7. Rapprochez le texte d'Élisabeth Badinter de celui de Marivaux (▸ p. 421) : quel est leur thème commun ? En quoi peut-on dire que la scène de Marivaux illustre les propos d'Élisabeth Badinter ? Quelles remarques pouvez-vous tirer de cette comparaison concernant certains objectifs et certaines fonctions du théâtre ?

Oral

8. Débat : Expliquez et discutez le titre choisi par É. Badinter pour son essai : *L'Un est l'Autre.*

REPÈRES Le discours argumentatif ▸ p. 416

11 Jean-Claude Carrière, *La Controverse de Valladolid* (1992)

La scène ci-dessous se passe dans un couvent espagnol, à Valladolid, en 1550. Le pape a envoyé un cardinal pour trancher le débat qui oppose le philosophe Sépulvéda au dominicain Bartolomé de Las Casas à propos de la nature des Indiens : sont-ils ou non des « esclaves-nés » ?

– Éminence[1], les habitants du Nouveau Monde sont des esclaves par nature. En tout point conformes à la description d'Aristote[2].

– Cette affirmation demande des preuves, dit doucement le prélat[3].

Sépulvéda n'en disconvient pas. D'ailleurs, sachant cette question inévitable, il a préparé tout un dossier. Il en saisit le premier feuillet.

– D'abord, dit-il, les premiers qui ont été découverts se sont montrés incapables de toute initiative, de toute invention. En revanche, on les voyait habiles à copier les gestes et les attitudes des Espagnols, leurs supérieurs. Pour faire quelque chose, il leur suffisait de regarder un autre l'accomplir. Cette tendance à copier, qui s'accompagne d'ailleurs d'une réelle ingéniosité dans l'imitation, est le caractère même de l'âme esclave. Âme d'artisan, âme manuelle pour ainsi dire.

– Mais on nous chante une vieille chanson ! s'écrie Las Casas. De tout temps les envahisseurs, pour se justifier de leur mainmise, ont déclaré les peuples conquis indolents, dépourvus, mais très capables d'imiter ! César

1. Celui qui parle est Sépulvéda et il s'adresse au cardinal.

2. Philosophe grec qui fut le précepteur d'Alexandre le Grand.

3. Ce terme désigne le cardinal. Un prélat est un dignitaire de l'Église.

Diego Duran, *Histoire des Indes* (1579), fol. 207 r° : « Cortés rencontre les Indiens de la région de Tlaxcala » (Bibliothèque nationale ; Madrid).

racontait la même chose des Gaulois qu'il asservissait ! Ils montraient, disait-il, une étonnante habileté pour copier les techniques romaines ! Nous ne pouvons pas retenir ici cet argument ! César s'aveuglait volontairement sur la vie véritable des peuples de la Gaule, sur leurs coutumes, leurs langages, leurs croyances et même leurs outils ! Il ne voulait pas, et par conséquent ne pouvait pas voir tout ce que cette vie offrait d'original. Et nous faisons de même : nous ne voyons que ce qu'ils imitent de nous ! Le reste, nous l'effaçons, nous le détruisons à jamais, pour dire ensuite : ça n'a pas existé !

Le cardinal, qui n'a pas interrompu le dominicain, semble attentif à cette argumentation nouvelle, qui s'intéresse aux coutumes des peuples. Il fait remarquer qu'il s'agit là d'un terrain de discussion des plus délicats, où nous risquons d'être constamment ensorcelés par l'habitude, prise depuis l'enfance, que nous avons de nos propres usages, lesquels nous semblent de ce fait très supérieurs aux usages des autres.

– Sauf quand il s'agit d'esclaves-nés, dit le philosophe. Car on voit bien que les Indiens ont voulu presque aussitôt acquérir nos armes et nos vêtements.

– Certains d'entre eux, oui sans doute, répond le cardinal. Encore qu'il soit malaisé de distinguer, dans leurs motifs, ce qui relève d'une admiration sincère ou de la simple flagornerie[4]. Quelles autres marques d'esclavage avez-vous relevées chez eux ?

Sépulvéda prend une liasse de feuillets et commence une lecture faite à voix plate, comme un compte rendu précis, indiscutable :

– Ils ignorent l'usage du métal, des armes à feu et de la roue. Ils portent leurs fardeaux sur le dos, comme des bêtes, pendant de longs parcours. Leur nourriture est détestable, semblable à celle des animaux. Ils se peignent grossièrement le corps et adorent des idoles affreuses. Je ne reviens pas sur les sacrifices humains, qui sont la marque la plus haïssable, et la plus offensante à Dieu, de leur état.

Las Casas ne parle pas pour le moment. Il se contente de prendre quelques notes. Tout cela ne le surprend pas.

4. *(Péjoratif)* Flatterie.

– J'ajoute qu'on les décrit stupides comme nos enfants ou nos idiots. Ils changent très fréquemment de femmes, ce qui est un signe très vrai de sauvagerie. Ils ignorent de toute évidence la noblesse et l'élévation du beau sacrement du mariage. Ils sont timides et lâches à la guerre. Ils ignorent aussi la nature de l'argent et n'ont aucune idée de la valeur respective des choses. Par exemple, ils échangeaient contre de l'or le verre cassé des barils[5].

– Eh bien ? s'écrie Las Casas. Parce qu'ils n'adorent pas l'or et l'argent au point de leur sacrifier corps et âme, est-ce une raison pour les traiter de bêtes ? N'est-ce pas plutôt le contraire ?

– Vous déviez ma pensée, répond le philosophe.

– Et pourquoi jugez-vous leur nourriture détestable ? Y avez-vous goûté ? N'est-ce pas plutôt à eux de dire ce qui leur semble bon ou moins bon ? Parce qu'une nourriture est différente de la nôtre, doit-on la trouver répugnante ?

– Ils mangent des œufs de fourmi, des tripes d'oiseau...

– Nous mangeons des tripes de porc ! Et des escargots !

– Ils se sont jetés sur le vin, dit Sépulvéda, au point, dans bien des cas, d'y laisser leur peu de raison.

– Et nous avons tout fait pour les y encourager ! Mais ne vous a-t-on pas appris, d'un autre côté, qu'ils cultivent des fruits et des légumes qui jusqu'ici nous étaient inconnus ? Et que certains de leurs tubercules sont délicieux ? Vous dites qu'ils portent leurs fardeaux sur le dos : Ignorez-vous que la nature ne leur a donné aucun animal qui pût le faire à leur place ? Quant à se peindre grossièrement le corps, qu'en savez-vous ? Que signifie le mot « grossier » ?

– Frère Bartolomé, dit le légat[6], vous aurez de nouveau la parole, aussi longtemps que vous voudrez. Rien ne sera laissé dans l'ombre, je vous l'assure. Mais pour le moment, restez silencieux.

Éd. Belfond.

5. Petits tonneaux.

6. Le cardinal envoyé par le pape.

Contexte **xxe s.** ► p. 490
Notice biographique ► p. 495

Lecture analytique

1. Identifiez les trois interlocuteurs du dialogue : quels sont ceux qui parlent le plus ? À quoi le lecteur perçoit-il la présence d'un narrateur ? Quel est son rôle ?

2. Retrouvez et reformulez les arguments utilisés par Sépulvéda pour soutenir la thèse qu'il énonce à la ligne 1. Dites à quel domaine appartiennent ces arguments. Quelle est leur validité ?

3. En quoi consiste la démarche argumentative du dominicain ? Reprenez et reformulez ses arguments ; observez la manière dont ils s'insèrent dans le dialogue, et définissez ce qui leur donne du poids.

4. Quelle est la thèse de Las Casas ? Formulez-la et dites si elle est donnée de manière explicite dans le texte.

5. Que signifie le constat : *Tout cela ne le surprend pas* (l. 45) ?

Travail sur un corpus de textes

6. À quelles idées figurant dans d'autres textes de cette séquence, cet extrait fait-il écho ? Construisez vous-même un corpus de textes autour d'un ou de plusieurs éléments communs et justifiez votre choix en un paragraphe d'une vingtaine de lignes.

Écriture d'invention

7. Mettez en scène un débat au cours duquel vous opposerez aux arguments de Sépulvéda les idées énoncées par Albert Jacquard (► p. 429) sur l'absence de hiérarchie des races et sur la richesse de la diversité. Vous avez toute liberté en ce qui concerne les interlocuteurs, le lieu et les circonstances du débat. Soyez-en le rapporteur et, si vous le souhaitez, donnez votre point de vue.

REPÈRES Le discours narratif ► p. 146
Le discours argumentatif ► p. 416
L'ironie ► p. 437

12 Lire l'image : publicité Benetton

Pendant plusieurs années, la marque Benetton a utilisé dans ses campagnes de publicité le thème du racisme et de l'intolérance.
L'affiche ci-dessous en est un exemple.

Campagne de publicité **Benetton**, automne-hiver 1989-1990.
© Benetton Group S.p.A. Photo O. Toscani.

Lecture analytique

1. Décrivez avec précision ce que vous voyez sur cette photo.

2. Quelles interprétations le « lecteur » peut-il donner de cette représentation ? Qu'est-ce qui lui vient à l'esprit ? Comment faut-il comprendre la formule *United colors* ?

3. Le concepteur de la publicité a pour objectifs, outre de faire connaître une marque, de faire réfléchir sur le racisme. Comment pourrait-on formuler sa thèse ? Quelle est alors la fonction de l'image ?

4. Mettez en parallèle un texte et une image ayant tous deux une vocation argumentative : qu'y a-t-il de différent dans la structure de l'un et de l'autre, dans le « fonctionnement » de l'un et de l'autre ? À quelles démarches et réactions du lecteur font-ils l'un et l'autre appel ?

Oral

5. Débat : Des images publicitaires utilisées pour promouvoir une marque de vêtements vous semblent-elles un bon support pour faire passer une réflexion morale ?

REPÈRES Le discours argumentatif ▸ p. 416

L'ironie

S'il est assez facile de ressentir l'ironie d'un propos ou d'une attitude, il est plus difficile de l'analyser. Dans le dictionnaire, le mot « ironie » est défini comme une « manière de railler », de se moquer en disant le contraire de ce que l'on veut faire comprendre. Cette définition attire l'attention sur les procédés d'écriture générateurs ou révélateurs d'ironie.

Les procédés de l'ironie

Les phénomènes de décalage entre ce qui est dit et ce que l'on veut faire comprendre proviennent de choix lexicaux, rhétoriques et syntaxiques.

Les jeux d'opposition entre les termes : parler, comme le fait Voltaire dans l'article « Guerre » du *Dictionnaire philosophique,* du caractère *merveilleux* d'une *entreprise infernale* à propos de la guerre est un **oxymore**, un rapprochement de deux mots de sens opposés. Appliquer deux caractérisations contraires à la même notion révèle une anomalie dans la pensée ou dans le jugement énoncé. Il y a là une sorte de rupture qui étonne.

Ex : On retrouve ce phénomène dans des expressions de la langue courante lorsque l'on dit *C'est du joli !* ou *C'est du propre !* pour caractériser une action qui suscite la réprobation ou l'indignation.

Les connotations et les disproportions : les phénomènes de distorsion peuvent venir de connotations inadaptées ou de formulations hyperboliques appliquées de manière non pertinente et inattendue.

Ex : Dans le conte *Jeannot et Colin* (▸ p. 402), Voltaire fait dire à l'un de ses personnages que la géométrie, qui traite de choses qui n'existent pas, est une *aimable plaisanterie.* Un autre personnage affirme que si un enfant apprenait le latin, il serait *perdu.*
Dans les deux cas, l'exagération attire l'attention sur deux choses : d'une part, le jugement proféré n'a pas de fondement ; d'autre part, la condamnation des deux disciplines est tout à fait opposée à la pensée du philosophe.

La fausse logique : un troisième procédé générateur de distorsion ironique vient de l'utilisation d'articulations supposées garantir la rigueur et la logique de la pensée, et qui sont en réalité incohérentes.

Ex : Le raisonnement de Montesquieu (▸ p. 423) lorsqu'il fait semblant de soutenir la cause esclavagiste pour mieux la démonter est un exemple de cette fausse logique. Lorsqu'il écrit, à propos des esclaves noirs : *Et ils ont le nez si écrasé qu'il est presque impossible de les plaindre,* il met en évidence que la relation de cause à effet soulignée par *si... que* est logique en apparence, dans sa forme, mais pas dans son sens.
L'utilisation de ce procédé attire l'attention sur le caractère erroné et incohérent des arguments esclavagistes.

Les fonctions de l'ironie

Rupture volontaire de logique entre le discours et la pensée, l'ironie est utilisée dans des objectifs précis : déstabiliser et créer la surprise pour faire réfléchir. Elle est souvent présente dans l'argumentation et dans le registre polémique.

Créer une surprise : l'ironie déconcerte parce qu'elle est inattendue. On attend un jugement et c'est son contraire qui arrive.

Ex : La guerre semble célébrée et admirée, l'esclavage justifié de manière logique. Le récepteur du message doit s'interroger pour savoir quelle crédibilité il doit accorder à ce qui est dit : n'est-ce pas plutôt le contraire qu'il faut croire ?

Cette interrogation conduit presque toujours à une réflexion et à une prise de conscience.

Faire réfléchir pour remettre en question : les phénomènes de distorsion, en choquant et en surprenant, conduisent à certaines remises en cause.

Ex : Comment peut-on considérer la guerre comme quelque chose de merveilleux sans avouer que l'on fait peu de cas de la vie humaine ?
Si certains fondent leur racisme et la défense de l'esclavage sur l'apparence physique et la forme du nez, l'incohérence de leur raisonnement, mis en évidence par Montesquieu, devrait les faire réfléchir.

L'ironie apparaît comme un instrument qui suscite la réflexion, et c'est la raison pour laquelle elle a été très utilisée par les philosophes du XVIIIe siècle, dans leurs écrits polémiques. Mais elle implique une sorte de complicité entre **émetteur** et **récepteur** : elle demande en effet que l'interlocuteur comprenne parfois à demi-mot. Elle est une arme culturelle, mais perd son efficacité lorsque celui à qui elle s'adresse ne la comprend pas et prend le discours dans son sens dénoté, au premier degré de compréhension.

REPÈRES Énoncé, énonciation ▸ p. 417
Le registre polémique ▸ p. 473

▲
Charles Le Brun (1619-1690), *Le Chancelier Séguier*, huile sur toile, 295 × 357 cm (musée du Louvre ; Paris).

8

L'éloge et le blâme

Séquence 24
Portraits et éloges 440
Repères : L'éloge et le blâme 457

Séquence 25
À quoi sert la littérature 458
Repères : Le registre polémique 473

L'éloge et le blâme

Séquence 24

Portraits et éloges

1 Molière, *Tartuffe* (1664-1667-1669)

Orgon, un chef de famille bourgeois, a accueilli chez lui Tartuffe, un dévot personnage qui, au nom de la religion, a entrepris de régenter la vie familiale. Le beau-frère d'Orgon, Cléante, qui a détecté en Tartuffe un hypocrite, dresse, à destination d'Orgon, un portrait en deux temps (▸ textes 1 et 2) visant à lui faire distinguer les vrais dévots des faux.

Texte 1

CLÉANTE. – Je ne suis point, mon frère, un docteur révéré[1],
Et le savoir chez moi n'est pas tout retiré ;
Mais, en un mot, je sais, pour toute ma science,
Du faux avec le vrai faire la différence ;
Et, comme je ne vois nul genre de héros
Qui soient plus à priser que les parfaits dévots,
Aucune chose au monde et plus noble et plus belle
Que la sainte ferveur d'un véritable zèle,
Aussi ne vois-je rien qui soit plus odieux
Que le dehors plâtré d'un zèle spécieux[2],
Que ces francs charlatans, que ces dévots de place[3]
De qui la sacrilège et trompeuse grimace
Abuse impunément et se joue, à leur gré,
De ce qu'ont les mortels de plus saint et sacré ;
Ces gens qui, par une âme à l'intérêt soumise,
Font de dévotion métier et marchandise,
Et veulent acheter crédit et dignités
À prix de faux clins d'yeux et d'élans affectés ;
Ces gens, dis-je, qu'on voit d'une ardeur non commune
Par le chemin du ciel courir à leur fortune ;
Qui, brûlants et priants[4], demandent chaque jour
Et prêchent la retraite au milieu de la cour ;

1. Un savant reconnu.

2. De belle apparence.

3. Qui se montre sur la place publique.

4. Métaphore exprimant leur ardeur. (L'accord des participes correspond à l'orthographe de l'époque.)

Lorenzo Lippi (1606-1665), *Allégorie de la Simulation : femme tenant un masque et une grenade*, peinture (Musée des beaux-arts ; Angers).

Contexte XVIIe s. ► p. 478
Notice biographique ► p. 500
Du même auteur ► p. 256 p. 270 p. 274 p. 398

Qui savent ajuster leur zèle avec leurs vices,
Sont prompts, vindicatifs, sans foi, pleins d'artifices,
Et, pour perdre quelqu'un, couvrent insolemment
De l'intérêt du ciel leur fier ressentiment ;
D'autant plus dangereux dans leur âpre colère
Qu'ils prennent contre nous des armes qu'on révère,
Et que leur passion, dont on leur sait bon gré,
Veut nous assassiner avec un fer sacré.
De ce faux caractère on en voit trop paraître. [...]

Acte I, scène 5 (vers 351-381).

RECHERCHE

Les mots et leur usage

1. Donnez le sens, dans le texte, des mots *ardeur* (v. 19), *ciel* (v. 20), *fortune* (v. 20), *retraite* (v. 22), puis leur sens le plus courant à notre époque.

Lecture analytique

2. a. Repérez les termes faisant référence à l'apparence, au mensonge, au faux. Comment l'écriture versifiée contribue-t-elle à leur mise en relief ?
b. Relevez les termes évoquant différents aspects de la religion.
c. Rapprochez les deux relevés : le mensonge, d'une part ; la religion, de l'autre. Que remarquez-vous ?
3. En vous appuyant sur les repérages précédents, dites quels sont les reproches adressés par Cléante aux hypocrites. Sur quelles attitudes met-il l'accent ?
4. En présentant ainsi les faux dévots, Cléante cherche à mettre Orgon en garde. Au nom de quelles valeurs dénonce-t-il l'hypocrisie ?

Vers le commentaire

5. Construisez et rédigez un ou plusieurs axes de commentaire : *le contexte religieux ; l'hypocrisie en action ; les dangers de la fausse dévotion.*

Écriture d'invention

6. À partir du contenu de la tirade de Cléante, mais en imitant la manière d'écrire de La Bruyère (► p. 445), présentez, en une quinzaine de lignes, un hypocrite religieux en action.

Lecture de l'image

7. Expliquez les correspondances entre le tableau et son titre. En quoi l'allégorie aide-t-elle à mieux comprendre une notion ? Comment ce tableau illustre-t-il le texte ?

REPÈRES La comédie ► p. 278
L'éloge et le blâme ► p. 457

Texte 2

CLÉANTE. – [...] Mais les dévots de cœur sont aisés à connaître.
Notre siècle, mon frère, en expose à nos yeux
Qui peuvent nous servir d'exemples glorieux.
Regardez Ariston, regardez Périandre,
Oronte, Alcidamas, Polydore, Clitandre :
Ce titre par aucun ne leur est débattu[1] :
Ce ne sont point du tout fanfarons[2] de vertu,
On ne voit point en eux ce faste[3] insupportable,
Et leur dévotion est humaine et traitable.
Ils ne censurent point toutes nos actions :
Ils trouvent trop d'orgueil dans ces corrections,
Et, laissant la fierté des paroles aux autres,
C'est par leurs actions qu'ils reprennent les nôtres.
L'apparence du mal a chez eux peu d'appui,
Et leur âme est portée à juger bien d'autrui.
Point de cabale[4] en eux, point d'intrigues à suivre ;
On les voit, pour tous soins, se mêler de bien vivre.
Jamais contre un pécheur ils n'ont d'acharnement :
Ils attachent leur haine au péché seulement
Et ne veulent point prendre avec un zèle extrême
Les intérêts du ciel plus qu'il ne veut lui-même.
Voilà mes gens, voilà comme il en faut user,
Voilà l'exemple enfin qu'il se faut proposer.
Votre homme, à dire vrai, n'est pas de ce modèle.
C'est de fort bonne foi que vous vantez son zèle,
Mais par un faux éclat je vous crois ébloui.

Acte I, scène 5 (vers 382-407).

1. Contesté.
2. Champions.
3. Manifestation extérieure.
4. Tendance à s'associer à d'autres pour comploter.

Contexte XVIIe s. ▶ p. 478
Notice biographique ▶ p. 500
Du même auteur ▶ p. 256, p. 270, p. 274, p. 398

RECHERCHE

Histoire littéraire

1. Quel est le sens des trois dates qui accompagnent le titre *Tartuffe* ? À quelles difficultés font-elles référence ? Qu'est-ce que la Compagnie du Saint-Sacrement ?
2. Quel était le statut du catholicisme en France au XVIIe siècle ? celui du protestantisme ?

Lecture analytique

3. À partir des trois premiers vers, déterminez de qui il est question, quel est le contenu de la tirade et quel est son objectif. Quel est le sens du mot de liaison qui commence le premier vers ?
4. En prenant appui sur les verbes et en observant leur forme, étudiez l'alternance de formulations négatives et positives dans le portrait. Qu'ont de particulier les formulations négatives ? Par quels procédés d'écriture sont-elles mises en relief ?
5. Reformulez les différentes qualités reconnues par Cléante aux vrais dévots. Quel idéal de vie sociale se trouve défini à travers ce portrait ?
6. Récapitulez tous les arguments qui, dans cette tirade, soutiennent la thèse : *Il faut imiter les dévots de cœur ; leur vie constitue un modèle.*

Étude comparée

7. Mettez en parallèle les deux portraits (▶ textes 1 et 2) pour faire apparaître les oppositions entre les deux groupes et les similitudes dans la manière d'écrire.

REPÈRES La comédie ▶ p. 278
L'éloge et le blâme ▶ p. 457

Theodorus Netscher (1661-1732), *Henriette d'Angleterre tenant un portrait de son mari, Philippe I, duc d'Orléans,* huile sur toile (musée Condé ; Chantilly).

2 Jacques Bénigne Bossuet, *Oraison funèbre d'Henriette d'Angleterre* (1670)

Fille de Charles Ier d'Angleterre et d'Henriette de France, épouse de Philippe d'Orléans[1]*, Henriette-Anne Stuart mourut subitement, à vingt-six ans, le 30 juin 1670. Bossuet prononça son oraison funèbre le 21 août 1670. Voici un extrait de la seconde partie.*

Changeons maintenant de langage ; ne disons plus que la mort a tout d'un coup arrêté le cours de la plus belle vie du monde, et de l'histoire qui se commençait le plus noblement : disons qu'elle a mis fin aux plus grands périls dont une âme chrétienne peut être assaillie. Et, pour ne point parler ici des tentations infinies qui attaquent à chaque pas la faiblesse humaine, quel péril n'eût point trouvé cette princesse dans sa propre gloire ? La gloire ! Qu'y a-t-il pour le chrétien de plus pernicieux et de plus mortel ? quel appât plus dangereux ? quelle fumée plus capable de faire tourner les meilleures têtes ? Considérez la princesse ; représentez-vous cet esprit qui, répandu par tout son extérieur, en rendait les grâces si vives : tout était esprit, tout était bonté. Affable à tous avec dignité, elle savait estimer les uns sans fâcher les autres ; et quoique le mérite fût distingué, la faiblesse ne se sentait pas dédaignée. Quand quelqu'un traitait

1. Philippe d'Orléans était le frère de Louis XIV.

avec elle, il semblait qu'elle eût oublié son rang pour ne se soutenir que par sa raison. On ne s'apercevait presque pas qu'on parlât à une personne si élevée ; on sentait seulement au fond de son cœur qu'on eût voulu lui rendre au centuple la grandeur dont elle se dépouillait si obligeamment. Fidèle en ses paroles, incapable de déguisement, sûre à ses amis, par la lumière et la droiture de son esprit elle les mettait à couvert des vains ombrages[2], et ne leur laissait à craindre que leurs propres fautes. Très reconnaissante des services, elle aimait à prévenir[3] les injures... par sa bonté ; vive à les sentir, facile à les pardonner. Que dirai-je de sa libéralité ? Elle donnait non seulement avec joie, mais avec une hauteur d'âme qui marquait tout ensemble et le mépris du don et l'estime de la personne. Tantôt par des paroles touchantes, tantôt même par son silence, elle relevait ses présents, et cet art de donner agréablement, qu'elle avait si bien pratiqué durant sa vie, l'a suivie, je le sais, jusqu'entre les bras de la mort. Avec tant de grandes et tant d'aimables qualités, qui eût pu lui refuser son admiration ? Mais avec son crédit, avec sa puissance, qui n'eût voulu s'attacher à elle ? N'allait-elle pas gagner tous les cœurs, c'est-à-dire, la seule chose qu'ont à gagner ceux à qui la naissance et la fortune semblent tout donner ? Et si cette haute élévation est un précipice affreux pour les chrétiens, ne puis-je pas dire, Messieurs, pour me servir des paroles fortes du plus grave des historiens, qu'*elle allait être précipitée dans la gloire*[4] ? Car quelle créature fut jamais plus propre à être l'idole du monde ?

IIe partie.

2. Soupçons.

3. Prendre de vitesse, anticiper.

4. Citation empruntée à l'historien latin Tacite (Ier siècle apr. J.-C.).

Contexte XVIIe s. ▶ p. 478
Notice biographique ▶ p. 495

RECHERCHE

Les mots et leur usage

1. Recherchez le sens, à l'époque de Bossuet, des mots *faiblesse* (l. 5), *gloire* (l. 6), *grandeur* (l. 16), *fortune* (l. 29) ; mettez en évidence leurs connotations morales et / ou sociales.

2. Que désignent les mots *exorde* et *péroraison* dans un discours ?

Lecture analytique

3. Repérez, au début du texte, ce qui signale un changement d'orientation du discours et une référence différente à la mort. Sous quel aspect nouveau est-elle évoquée ? Quelle thèse Bossuet défend-il à partir de cette étape de l'oraison à propos de la *gloire* ?

4. Étudiez l'énumération des qualités de la princesse : comment sont-elles exprimées ? Sur quoi celui qui parle insiste-t-il ?

5. Quelle est la fonction de cet éloge très insistant par rapport à la thèse énoncée juste avant ? En quoi le raisonnement de Bossuet peut-il paraître paradoxal ?

6. L'orateur utilise des procédés rhétoriques destinés à agir sur son auditoire : lesquels ? Quelle est leur force ?

7. Quelles sont les qualités morales et les vertus sociales sur lesquelles se fonde l'éloge ? Comment la religion intervient-elle aussi ?

Maîtrise de la langue

8. En utilisant les notions suivantes (ou des équivalents), reconstituez en une phrase ou deux le raisonnement de Bossuet concernant Henriette d'Angleterre dans le passage étudié : *valeurs du christianisme ; risques associés à la célébrité ; qualités nombreuses suscitant l'admiration ; fonction de la mort.*

Vers la dissertation

9. Faire l'éloge de quelqu'un, ou le blâmer, ce n'est pas seulement faire son portrait, c'est aussi mettre en évidence des valeurs prises comme références. En vous appuyant sur certains portraits de cette séquence, vous étudierez, en un développement argumenté d'une trentaine de lignes, comment se trouvent abordées et exprimées ces valeurs.

REPÈRES Le discours argumentatif ▶ p. 416
L'éloge et le blâme ▶ p. 457

3 Jean de La Bruyère, *Les Caractères* (1688)

Bonnard (≃ 1650-1750), *Costume de jeune noble* (1675), eau-forte (BNF ; Paris).

Dans un recueil de portraits présentés comme la traduction des Caractères *de l'écrivain grec Théophraste (IVe-IIIe siècle av. J.-C.), La Bruyère met en scène, pour les dénoncer, certains traits des comportements humains.*

Iphis voit à l'église un soulier d'une nouvelle mode, il regarde le sien et en rougit ; il ne se croit plus habillé. Il était venu à la messe pour s'y montrer, et il se cache ; le voilà retenu par le pied dans sa chambre tout le reste du jour ; il a la main douce et il l'entretient avec une pâte de senteur ; il a soin de rire pour montrer ses dents ; il fait la petite bouche, et il n'y a guère de moment où il ne veuille sourire ; il regarde ses jambes, et se voit au miroir : l'on ne peut pas être plus content de personne qu'il l'est de lui-même ; il s'est acquis une voix claire et délicate, et heureusement il parle gras ; il a un mouvement de tête, et je ne sais quel adoucissement dans les yeux, dont il n'oublie pas de s'embellir ; il a une démarche molle et le plus joli maintien qu'il est capable de se procurer, il met du rouge, mais rarement, il n'en fait pas habitude. Il est vrai aussi qu'il porte des chausses[1] et un chapeau, et qu'il n'a ni boucles d'oreilles ni collier de perles ; aussi ne l'ai-je pas mis dans le chapitre des femmes.

Chapitre XIII, « De la mode ».

1. Sorte de pantalon.

Contexte XVIIe s. ▸ p. 478
Notice biographique ▸ p. 498
Du même auteur ▸ p. 446

RECHERCHE

Histoire littéraire

1. Qui était Théophraste et à quelle époque a-t-il vécu ? Cherchez d'autres exemples d'auteurs anciens ayant inspiré les écrivains du XVIIe siècle.

2. À propos des auteurs anciens, quelle querelle a opposé les auteurs français de la fin du XVIIe siècle ? Indiquez l'objet du débat, les deux camps en présence et les positions qu'ils soutiennent. Quelle était la position de La Bruyère dans cette querelle ?

Lecture analytique

3. Observez la ponctuation du texte et le mot qui commence chaque proposition, ainsi que le premier et le dernier mot du passage : comment le portrait est-il construit ?

4. Repérez dans la présentation du personnage ce qui relève du naturel et ce qui est « travaillé ». Comment ces éléments sont-ils reliés ? Prenez appui sur les mots de liaison pour répondre.

5. Sur quels défauts le moraliste met-il l'accent ? Comment rend-il le portrait visuel et vivant ?

6. Étudiez la chute du portrait : était-elle prévisible ?

Vers le commentaire

7. Prenez appui sur des repérages précis pour commenter le portrait d'Iphis selon les axes suivants : *une structure énumérative d'actions et de manières d'être ; des éléments naturels et un travail conscient ; un portrait ambigu.*

REPÈRES L'ironie ▸ p. 437
L'éloge et le blâme ▸ p. 457

4 Jean de La Bruyère, *Discours de réception à l'Académie française* (1693)

Depuis la création de l'Académie française par Richelieu, la tradition veut que tout nouvel académicien prononce un discours comportant plusieurs éloges.
Le texte suivant est une partie de l'éloge de Richelieu, prononcé par La Bruyère lors de son discours de réception, le 15 juin 1693.

Le croirait-on, Messieurs ? cette âme sérieuse et austère, formidable[1] aux ennemis de l'État, inexorable aux factieux[2], plongée dans la négociation, occupée tantôt à affaiblir le parti de l'hérésie[3], tantôt à déconcerter une ligue[4], et tantôt à méditer une conquête, a trouvé le loisir d'être savante, a goûté les belles-lettres et ceux qui en faisaient profession. Comparez-vous, si vous l'osez, au grand Richelieu, hommes dévoués à la fortune, qui, par le succès de vos affaires particulières[5], vous jugez dignes que l'on vous confie les affaires publiques ; qui vous donnez pour des génies heureux et pour de bonnes têtes ; qui dites que vous ne savez rien, que vous n'avez jamais lu, que vous ne lirez point, ou pour marquer l'inutilité des sciences, ou pour paraître ne devoir rien aux autres, mais puiser tout de votre fonds. Apprenez que le cardinal de Richelieu a su, qu'il a lu : je ne dis pas qu'il n'a point eu d'éloignement pour les gens de lettres, mais qu'il les a aimés, caressés, favorisés, qu'il leur a ménagé des privilèges, qu'il leur destinait des pensions, qu'il les a réunis en une Compagnie célèbre, qu'il en a fait l'Académie française. Oui, hommes riches et ambitieux, contempteurs[6] de la vertu, et de toute association qui ne roule pas sur les établissements et sur l'intérêt, celle-ci est une des pensées de ce grand ministre, né homme d'État, dévoué à l'État, esprit solide, éminent, capable dans ce qu'il faisait des motifs les plus relevés et qui tendaient au bien public comme à la gloire de la monarchie ; incapable de concevoir jamais rien qui ne fût digne de lui, du prince qu'il servait, de la France, à qui il avait consacré ses méditations et ses veilles.

Il savait quelle est la force et l'utilité de l'éloquence, la puissance de la parole qui aide la raison et la fait valoir, qui insinue aux hommes la justice et la probité, qui porte dans le cœur du soldat l'intrépidité et l'audace, qui calme les émotions populaires, qui excite à leurs devoirs les compagnies entières ou la multitude. Il n'ignorait pas quels sont les fruits de l'histoire et de la poésie, quelle est la nécessité de la grammaire, la base et le fondement des autres sciences ; et que pour conduire ces choses à un degré de perfection qui les rendît avantageuses à la République, il fallait dresser le plan d'une compagnie où la vertu seule fût admise, le mérite placé, l'esprit et le savoir rassemblés par des suffrages. N'allons pas plus loin : voilà, Messieurs, vos principes et votre règle, dont je ne suis qu'une exception.

Extrait.

1. Inspirant la crainte.
2. Organisateurs de complots.
3. Désigne les non-catholiques.
4. Organisation.
5. Ce qui vous appartient en propre.
6. Qui méprisent.

Contexte XVIIe s. ▶ p. 478
Notice biographique ▶ p. 498
Du même auteur ▶ p. 445

Philippe de Champaigne (1602-1674), *Triple portrait du cardinal de Richelieu,* (1642) huile sur toile ; 58,4 × 72,4 cm (National Gallery ; Londres).

RECHERCHE

Histoire littéraire

1. À quelle époque Richelieu a-t-il vécu ? Donnez ses dates, indiquez les règnes qu'il a connus et précisez quel a été son rôle politique. En particulier, quels « ennemis » de l'État a-t-il eu à combattre ? Quelles « négociations » a-t-il eu à mener ?

2. Qu'est-ce que l'Académie française ? Indiquez à quelle époque elle a été créée, avec quelles fonctions et où elle siège. Combien comprend-elle de membres ? Qui fut la première académicienne ?

Lecture analytique

3. Repérez dans le texte les indices qui marquent la présence des destinataires du discours. Quel rôle l'orateur leur fait-il jouer ? Prenez appui sur les verbes à la deuxième personne du pluriel.

4. À quels aspects de la personnalité et de l'action de Richelieu La Bruyère fait-il référence dans le paragraphe 1 ? Prenez appui sur les différents champs lexicaux.

5. Récapitulez les qualités que La Bruyère reconnaît chez Richelieu (paragraphe 1). Quelles figures de rhétorique, quelles marques de l'éloquence les mettent particulièrement en valeur ?

6. À partir de repérages lexicaux, déterminez le thème du paragraphe 2, ainsi que les relations définies entre ce thème et l'homme dont il est question.

7. Quel idéal d'homme politique se dessine à travers l'éloge de Richelieu ? Récapitulez et classez tout ce qui permet de le définir. Qu'est-ce qui se trouve également célébré (paragraphe 2) ?

Travail sur un corpus de textes

8. Rapprochez les textes de Molière (▸ p. 440), Bossuet (▸ p. 443) et La Bruyère (▸ p. 446) pour repérer, identifier et classer les procédés stylistiques utilisés dans l'éloge. Qu'est-ce qui, dans l'éloge d'une personne, ou d'un groupe, permet de mettre en relief des valeurs touchant à la morale et à la vie sociale ?

Lecture de l'image

9. Quelle est l'utilité de faire un triple portrait ?

10. Quels traits de caractère semblent se dégager du portrait ?

11. Quelles sont, selon vous, les qualités du peintre ?

REPÈRES L'ironie ▸ p. 437
L'éloge et le blâme ▸ p. 457

▲ **Hyacinthe Rigaud** (1659-1743), *Louis XIV âgé de soixante-treize ans en grand costume royal*, peinture, 276 × 194 cm ; (musée de Versailles).

5 Montesquieu, *Lettres persanes* (1721)

Le roman épistolaire des Lettres persanes, *publié de façon anonyme à Amsterdam en 1721, regroupe la correspondance fictive échangée par des Persans. Les voyageurs donnent de ce qu'ils voient en France une image naïve et déconcertante pour les lecteurs français. Le portrait de Louis XIV met ainsi en évidence quelques caractéristiques étonnantes.*

Usbek a Ibben
À Smyrne

Le roi de France est vieux[1]. Nous n'avons point d'exemple dans nos histoires d'un monarque qui ait si longtemps régné. On dit qu'il possède à un très haut degré le talent de se faire obéir : il gouverne avec le même génie sa famille, sa Cour, son État. On lui a souvent entendu dire que, de tous les gouvernements du Monde, celui des Turcs ou celui de notre auguste sultan[2] lui plairait le mieux, tant il fait cas de la politique orientale[3].

J'ai étudié son caractère, et j'y ai trouvé des contradictions qu'il m'est impossible de résoudre. Par exemple : il a un ministre qui n'a que dix-huit ans[4], et une maîtresse qui en a quatre-vingts[5] ; il aime sa religion, et il ne peut souffrir ceux qui disent qu'il la faut observer à la rigueur[6] ; quoiqu'il fuie le tumulte des villes, et qu'il se communique peu, il n'est occupé, depuis le matin jusques au soir, qu'à faire parler de lui : il aime les trophées et les victoires, mais il craint autant de voir un bon général à la tête de ses troupes[7], qu'il aurait sujet de le craindre à la tête d'une armée ennemie. Il n'est, je crois, jamais arrivé qu'à lui d'être, en même temps, comblé de plus de richesse qu'un prince n'en saurait espérer, et accablé d'une pauvreté qu'un particulier ne pourrait soutenir.

Il aime à gratifier ceux qui le servent ; mais il paye aussi libéralement les assiduités ou plutôt l'oisiveté de ses courtisans, que les campagnes laborieuses de ses capitaines. Souvent il préfère un homme qui le déshabille, ou qui lui donne la serviette quand il se met à table, à un autre qui lui prend des villes ou lui gagne des batailles. Il ne croit pas que la grandeur souveraine doive être dans la distribution des grâces, et, sans examiner si celui qu'il comble de biens est un homme de mérite, il croit que son choix va le rendre tel : aussi lui a-t-on vu donner une petite pension à un homme qui avait fui deux lieues, et un beau gouvernement à un autre qui en avait fui quatre.

Il est magnifique, surtout dans ses bâtiments : il y a plus de statues dans les jardins de son palais que de citoyens dans une grande ville.

Sa garde est aussi forte que celle du prince devant qui les trônes se renversent. Ses armées sont aussi nombreuses ; ses ressources, aussi grandes ; et ses finances, aussi inépuisables.

De Paris, le 7 de la lune de Maharram, 1713.

Lettre XXXVII (intégrale).

1. Louis XIV avait soixante-quinze ans en 1713.
2. Prince musulman.
3. Considérée à l'époque comme despotique.
4. Sans doute le fils de Louvois, nommé secrétaire d'État à dix-sept ans.
5. Madame de Maintenon, née en 1635, avait soixante-dix-huit ans.
6. D'une manière rigoureuse.
7. Allusion à la disgrâce des maréchaux Catinat et Villars.

Contexte XVIIIe s. ► p. 482
Notice biographique ► p. 500
Du même auteur ► p. 423

RECHERCHE

Histoire littéraire

1. Cherchez le titre de quatre romans épistolaires du XVIIIe siècle ; donnez leur auteur et leur date de publication. Quelle est la particularité de ce type de roman en ce qui concerne le narrateur et d'où vient sa complexité pour le lecteur ?

Lecture analytique

2. Repérez, dans le texte et le paratexte, des indices permettant d'affirmer qu'il s'agit d'une lettre. Quels termes laissent penser que l'auteur de la lettre n'a pas toujours de certitudes à propos de ce qu'il écrit ?

3. En prenant appui sur certains mots et sur certaines figures, dites quelle tonalité (élogieuse ou dépréciative) du portrait le paragraphe 1 semble annoncer. La retrouve-t-on par la suite ? Déduisez de votre réponse le registre de la lettre.

4. Récapitulez, reformulez et explicitez les reproches adressés au roi. Par quelle figure de rhétorique ces reproches sont-ils mis en relief ? Précisez les différents domaines abordés.

5. Derrière les critiques adressées au roi, c'est un régime politique qui est contesté. Retrouvez ce qui, dans le texte, pourrait constituer les arguments étayant la thèse : *Le régime monarchique français a besoin d'être réformé.*

6. De manière implicite, quel portrait d'un monarque idéal se dessine dans le texte ?

Étude comparée

7. Mettez en parallèle le portrait de Louis XIV dans les *Lettres persanes* et le tableau de Hyacinthe Rigaud (▸ p. 448) pour faire apparaître deux finalités opposées. Retrouvez cependant sur quels plans on peut trouver des coïncidences entre les deux représentations.

Maîtrise de la langue

8. Rédigez quelques lignes d'un portrait (élogieux ou critique) à partir des éléments suivants à utiliser en début de phrase : *X est... Nous n'avons point d'exemple... On dit que... On lui a souvent entendu dire que...* Vous ferez apparaître un lien précis entre les quatre phrases.

REPÈRES Énoncé, énonciation ▸ p. 417
L'éloge et le blâme ▸ p. 457

6 Victor Hugo,

Châtiments (1853)

Exilé à la suite du coup d'État de Napoléon III, Victor Hugo compose les Châtiments, *violente diatribe contre celui qu'il considère comme un usurpateur. L'œuvre vise aussi à pousser le peuple français à « se réveiller » et à se libérer.*

Au peuple

Il te ressemble ; il est terrible et pacifique.
Il est sous l'infini le niveau magnifique ;
Il a le mouvement, il a l'immensité.
Apaisé d'un rayon et d'un souffle agité,
Tantôt c'est l'harmonie et tantôt le cri rauque.
Les monstres sont à l'aise en sa profondeur glauque ;
La trombe[1] y germe ; il a des gouffres inconnus
D'où ceux qui l'ont bravé ne sont pas revenus ;
Sur son énormité le colosse chavire ;
Comme toi le despote, il brise le navire ;
Le fanal[2] est sur lui comme l'esprit sur toi ;

1. Le cyclone.
2. Lumière.

Victor Hugo, *Ma destinée* (1857), plume et pinceau, encre et gouache (musée Victor-Hugo ; Paris).

Il foudroie, il caresse, et Dieu seul sait pourquoi ;
Sa vague, où l'on entend comme des chocs d'armures,
Emplit la sombre nuit de monstrueux murmures,
Et l'on sent que ce flot, comme toi, gouffre humain,
Ayant rugi ce soir, dévorera demain.
Son onde est une lame aussi bien que le glaive ;
Il chante un hymne immense à Vénus[3] qui se lève ;
Sa rondeur formidable, azur universel,
Accepte en son miroir tous les astres du ciel ;
Il a la force rude et la grâce superbe ;
Il déracine un roc, il épargne un brin d'herbe ;
Il jette comme toi l'écume aux fiers sommets,
Ô Peuple ; seulement, lui, ne trompe jamais
Quand, l'œil fixe, et debout sur sa grève sacrée,
Et pensif, on attend l'heure de sa marée.

Au bord de l'Océan, juillet 1853. [23 février 1853.]

3. Désigne ici l'étoile du berger, point le plus lumineux du ciel après la lune.

Contexte XIXe s. ▸ p. 486
Notice biographique ▸ p. 498
Du même auteur ▸ p. 324, p. 334, p. 406

RECHERCHE

Histoire littéraire

1. Élucidez l'expression finale *Au bord de l'Océan* qui donne le lieu de composition du poème : où vivait V. Hugo en 1853 ? Dans quelles circonstances précises avait-il quitté la France ? Remontez, pour répondre à cette question, aux dates historiques de février 1848 et de décembre 1851.

Lecture analytique

2. Expliquez en quoi le titre, puis l'interpellation du vers 24 permettent de comprendre ce que désigne le pronom *tu* dans le texte. Qui représente le pronom *il* ? À partir de quels éléments l'avez-vous déterminé ?

3. À partir de l'affirmation *Il te ressemble* (v. 1), trouvez et identifiez les différents procédés utilisés pour exprimer ou suggérer les ressemblances entre *tu* et *il*. Comment ces procédés sont-ils mis en relief par la versification ?

4. Retrouvez les similitudes explicites entre *tu* et *il*. Quelles sont les analogies implicites ?

5. Sur quelle différence décevante se termine le rapprochement entre *tu* et *il* ? En quoi la ressemblance établie tout au long du poème permet-elle au poète d'espérer un changement ? Lequel ?

6. En quoi ce poème relève-t-il à la fois de l'éloge et du blâme ?

Vers le commentaire

7. En prenant appui sur des repérages précis, construisez et rédigez un ou plusieurs axes de commentaire du poème de V. Hugo : *un texte construit sur une comparaison et un système d'analogies ; les qualités mises en évidence ; une argumentation implicite et sa force.*

REPÈRES Le discours argumentatif ▸ p. 416
L'éloge et le blâme ▸ p. 457

▲ **Fernand Léger** (1881-1955), *Liberté, j'écris ton nom*, d'après le poème de Paul Eluard (musée Fernand Léger ; Biot).

7 Paul Eluard, *Au rendez-vous allemand*

(1944-1946)

Le poème suivant a été écrit par Paul Eluard en hommage à Gabriel Péri, député communiste et journaliste à L'Humanité, *fusillé par les Allemands le 15 décembre 1941.*

Gabriel Péri

Un homme est mort qui n'avait pour défense
Que ses bras ouverts à la vie
Un homme est mort qui n'avait d'autre route
Que celle où l'on hait les fusils
Un homme est mort qui continue la lutte
Contre la mort contre l'oubli

Car tout ce qu'il voulait
Nous le voulions aussi
Nous le voulons aujourd'hui
Que le bonheur soit la lumière
Au fond des yeux du fond du cœur
Et la justice sur la terre

Il y a des mots qui font vivre
Et ce sont des mots innocents
Le mot chaleur le mot confiance
Amour justice et le mot liberté
Le mot enfant et le mot gentillesse
Et certains noms de fleurs et certains noms de fruits
Le mot courage et le mot découvrir
Et le mot frère et le mot camarade
Et certains noms de pays de villages
Et certains noms de femmes et d'amis
Ajoutons-y Péri

Péri est mort pour ce qui nous fait vivre
Tutoyons-le sa poitrine est trouée
Mais grâce à lui nous nous connaissons mieux
Tutoyons-nous son espoir est vivant.

Éd. de Minuit.

Contexte XXe s. ▶ p. 490
Notice biographique ▶ p. 496
Du même auteur ▶ p. 366
p. 371

RECHERCHE

Histoire littéraire

1. Comme Eluard, des écrivains et des poètes se sont engagés dans la Résistance et ont mis leur talent au service de la liberté (▸ séquence 21). Citez-en au moins cinq, avec le nom de quelques œuvres.

2. D'autres ont au contraire collaboré avec l'occupant : lesquels ? Quel a été leur sort à la Libération ?

Lecture analytique

3. Étudiez la structure du poème : sur quoi le poète met-il l'accent dans la strophe 1 ? Comment s'articulent les strophes 1 et 2 ? Quel est le rôle de la strophe 3 ? Comment passe-t-on de l'une à l'autre de manière démonstrative et argumentée ?

4. Repérez et analysez les différentes oppositions qui se manifestent dans le texte : prenez appui sur les temps verbaux, sur le lexique et les antithèses. Sur quoi ces oppositions mettent-elles l'accent ?

5. Quelles valeurs se trouvent célébrées dans ce poème ? À travers quels mots ? Quel rôle essentiel le poète attribue-t-il à Gabriel Péri ?

6. Observez les premiers mots du premier vers et les derniers mots du dernier vers : que remarquez-vous ? Quelles conclusions pouvez-vous en tirer en ce qui concerne le rôle de la littérature ?

Travail sur un corpus de textes

7. Rapprochez les textes de Molière (▸ p. 440), La Bruyère (▸ p. 446), V. Hugo (▸ p. 449) et P. Eluard (▸ p. 451) pour étudier en quoi les éloges et les blâmes adressés à des personnes s'inscrivent dans une perspective d'argumentation. Comment se dégage une thèse ? En quoi consistent les arguments ?

REPÈRES La littérature engagée ▸ p. 389
L'éloge et le blâme ▸ p. 457

8 Albert Cohen, *Le Livre de ma mère* (1954)

Dans un ouvrage autobiographique, l'écrivain Albert Cohen rend un hommage émouvant à sa propre mère, décédée deux ans auparavant, et à travers elle, aux « mères de tous les pays ».

Louange à vous, mères de tous les pays, louange à vous en votre sœur ma mère, en la majesté de ma mère morte. Mères de toute la terre, Nos Dames les mères, je vous salue, vieilles chéries, vous qui nous avez appris à faire les nœuds des lacets de nos souliers, qui nous avez appris à nous moucher, oui, qui nous avez montré qu'il faut souffler dans le mouchoir et y faire feufeu, comme vous nous disiez, vous, mères de tous les pays, vous qui patiemment enfourniez, cuillère après cuillère, la semoule que nous, bébés, faisions tant de chichis pour accepter, vous qui, pour nous encourager à avaler des pruneaux cuits, nous expliquiez que les pruneaux sont de petits nègres qui veulent rentrer dans leur maison et alors le petit crétin, ravi et soudain poète, ouvrait la porte de la maison, vous qui nous avez appris à nous gargariser et qui faisiez reureu pour nous encourager et nous montrer, vous qui étiez sans cesse à arranger nos mèches bouclées et nos cravates pour que nous fussions jolis avant l'arrivée des visites ou avant notre départ pour l'école, vous qui sans cesse harnachiez et pomponniez vos vilains nigauds petits poneys de fils dont vous étiez les bouleversantes propriétaires, vous qui nettoyiez tout de nous et nos sales genoux terreux ou écorchés et nos sales petits nez de marmots morveux, vous qui n'aviez aucun dégoût de nous, vous, toujours si faibles avec nous, indulgentes qui plus tard vous laissiez si facilement embobiner et refaire par vos fils adolescents et leur

Mary Cassatt (1845-1926), *Une mère tenant son enfant dans ses bras* (1893), pastel, 80 × 64 cm (musée Pouchkine ; Moscou).

donniez toutes vos économies, je vous salue, majestés de nos mères. Je vous salue, mères pleines de grâce, saintes sentinelles, courage et bonté, chaleur et regard d'amour, vous aux yeux qui devinent, vous qui savez tout de suite si les méchants nous ont fait de la peine, vous, seuls humains en qui nous puissions avoir confiance et qui jamais, jamais ne nous trahirez, je vous salue, mères qui pensez à nous sans cesse et jusque dans vos sommeils, mères qui pardonnez toujours et caressez nos fronts de vos mains flétries, mères qui nous attendez, mères qui êtes toujours à la fenêtre pour nous regarder partir, mères qui nous trouvez incomparables et uniques, mères qui ne vous lassez jamais de nous servir et de nous couvrir et de nous border au lit même si nous avons quarante ans, qui ne nous aimez pas moins si nous sommes laids, ratés, avilis, faibles ou lâches, mères qui parfois me faites croire en Dieu.

Chapitre XXIX (intégral), éd. Gallimard.

Contexte XXe s. ▶ p. 490
Notice biographique ▶ p. 496

Lecture analytique

1. Retrouvez les formulations qui, tout au long du texte, mettent en évidence son caractère élogieux. Quelles sont les connotations de ces formules ? À quel genre de texte font-elles penser ?

2. Étudiez l'alternance du *vous* et du *nous* : que permet l'utilisation du *nous* ? Qu'est-ce qui se trouve mis en scène et évoqué tout au long de l'éloge ?

3. Étudiez la progression chronologique de l'évocation : que prouve-t-elle concernant la relation mères / fils ? À partir des scènes évoquées, récapitulez les qualités des mères.

4. Qu'est-ce qui fait l'universalité des scènes évoquées ? Qu'ont-elles d'émouvant ? de ridicule ? Grâce à quel registre le narrateur se protège-t-il du ridicule et d'une émotion excessive ?

5. Expliquez la formule finale : en quoi est-elle préparée dans ce qui précède ?

Écriture d'invention

6. En vous inspirant de certains textes de cette séquence, rédigez, en une trentaine de lignes, l'éloge, non d'une personne, mais d'une des notions suivantes, au choix : *la tolérance, la liberté, le travail, la paresse, la politesse, l'exactitude, l'amitié, l'amour.* Vous pouvez utiliser, ou non, la deuxième personne.

REPÈRES L'éloge et le blâme ▶ p. 457

9 André Malraux, *Oraisons funèbres* (1971)

À l'occasion du transfert des cendres de Jean Moulin au Panthéon, André Malraux prononça, le 19 décembre 1964, en présence du général de Gaulle, sur la place du Panthéon, une oraison funèbre dont voici un extrait.

Eduardo Arroyo (né en 1937), *Transfert des cendres de Jean Moulin au Panthéon* (1984), lithographie.

Chef de la Résistance martyrisé dans des caves hideuses, regarde de tes yeux disparus toutes ces femmes noires[1] qui veillent nos compagnons : elles portent le deuil de la France, et le tien. Regarde glisser sous les chênes nains du Quercy, avec un drapeau fait de mousselines nouées, les maquis que la Gestapo ne trouvera jamais parce qu'elle ne croit qu'aux grands arbres. Regarde le prisonnier qui entre dans une villa luxueuse et se demande pourquoi on lui donne une salle de bains – il n'a pas encore entendu parler de la baignoire[2].

Pauvre roi supplicié des ombres, regarde ton peuple d'ombres se lever dans la nuit de juin constellée de tortures. Voici le fracas des chars allemands qui remontent vers la Normandie à travers les longues plaintes des bestiaux réveillés : grâce à toi, les chars n'arriveront pas à temps. Et quand la trouée des Alliés commence, regarde, préfet, surgir dans toutes les villes de France les commissaires de la République[3] – sauf lorsqu'on les a tués. Tu as envié, comme nous, les clochards épiques de Leclerc : regarde, combattant, tes clochards sortir à quatre pattes de leurs maquis de chênes, et arrêter avec leurs mains paysannes formées aux bazookas l'une des premières divisions cuirassées de l'empire hitlérien, la division *Das Reich*.

Comme Leclerc entra aux Invalides, avec son cortège d'exaltation dans le soleil d'Afrique et les combats d'Alsace, entre ici, Jean Moulin, avec ton terrible cortège. Avec ceux qui sont morts dans les caves sans avoir parlé, comme toi ; et même, ce qui est peut-être plus atroce, en ayant parlé ; avec tous les rayés et tous les tondus des camps de concentration, avec le dernier corps trébuchant des affreuses files de *Nuit et Brouillard*[4], enfin tombé sous les crosses ; avec les huit mille Françaises qui ne sont pas revenues des bagnes, avec la dernière femme morte à Ravensbrück pour avoir donné asile à l'un des nôtres. Entre, avec le peuple né de l'ombre et disparu avec elle – nos frères dans l'ordre de la Nuit…

« Transfert des cendres de Jean Moulin au Panthéon » (extrait), éd. Gallimard.

1. Allusion à une scène rapportée dans un autre discours. Au moment de l'inhumation, en Corrèze, de combattants résistants exécutés par les Allemands, une foule de femmes vêtues de noir était apparue dans la montagne pour rendre hommage aux morts.

2. Une des tortures utilisées contre les résistants consistait à les empêcher de respirer en leur maintenant la tête sous l'eau.

3. Titre donné aux préfets.

4. Traduction de l'expression adoptée par les Allemands pour désigner la disparition des résistants dans les camps de concentration (► p. 386).

Contexte XXe s. ► p. 490
Notice biographique ► p. 499

Lecture analytique

1. Repérez toutes les formes de désignation de celui à qui s'adresse Malraux. À quelle personne les verbes sont-ils conjugués ? Que peut signifier ce choix ? Quelle valeur ont les termes désignant Jean Moulin ?
2. L'homme à qui André Malraux rend hommage est invité à *regarder* : qu'ont en commun les scènes évoquées dans leur sujet et dans leur mode d'expression ? Sur quoi mettent-elles l'accent ?
3. Quelle est l'importance du cortège évoqué ensuite ? Quel sens prend l'énumération de ceux qui le composent ? leur entrée au Panthéon ?
4. Quelles valeurs Malraux défend-il à travers cet éloge ? Définissez la thèse soutenue et la manière dont elle est étayée.

REPÈRES La littérature engagée ► p. 389
L'éloge et le blâme ► p. 457

10 *Dictionnaire des Littératures* (1994)

ÉLOGE L'éloge, qui prit le nom de *panégyrique* lorsqu'il était prononcé dans une assemblée solennelle, fut, en Grèce, un genre bien défini. D'origine lyrique (*Odes triomphales* de Pindare), il devient chez les sophistes et dans les écoles de rhéteurs prétexte à exercices subtils sur des héros fabuleux ou des thèmes insignifiants (souris, fièvre, etc.). Il peut être un procédé didactique dans les œuvres sérieuses : éloge de l'amour dans le *Banquet* de Platon, de l'eau dans le traité *Du baptême* de Tertullien, exposés moraux ou politiques chez Isocrate. L'artifice du genre a vite suscité les parodies de l'*Éloge de la mouche* de Lucien à l'*Éloge de la folie* d'Érasme ou à l'*Éloge de la goutte* par Jérôme Cardan.

La forme la plus répandue de l'éloge est l'*éloge funèbre*. Athènes, où, depuis Marathon, un orateur était chargé chaque année de l'éloge des guerriers morts pour la patrie, n'a laissé qu'un seul exemple authentique : le discours d'Hypéride après la guerre lamiaque.

Mais les éloges apocryphes ne manquent pas, prêtés à Périclès, à Lysias, à Démosthène. Isocrate, dans l'*Éloge d'Évagoras*, roi de Chypre, donne la première de ces oraisons de princes où s'illustreront les rhéteurs de la fin de la période hellénistique et dont le plus célèbre reste l'*Éloge de l'empereur Julien* par Libanios. Rome, où l'éloge faisait partie du rite des funérailles, ne nous a rien laissé de ces compositions, à l'exception d'un fragment de l'éloge de Scipion Émilien par Laelius. Avec le christianisme, l'éloge funèbre devient *oraison* : la glorification du mort est l'occasion de l'édification des fidèles (*Oraisons funèbres* de Bossuet). Si le genre – avec l'œuvre poétique de Saint-John Perse (*Éloges*, 1911) – a parfois retrouvé, hors de la perspective religieuse, une certaine actualité (André Malraux a voulu restituer, sans toujours éviter la grandiloquence, le sublime propre à l'évocation des vies illustres, dans ses éloges de Jean Moulin et de Le Corbusier), l'éloge subsiste surtout aujourd'hui sous sa forme *académique* : essai didactique au XVIIIe s. qui va de l'économie politique (Turgot, *Éloge de Gournay*) à l'esthétique littéraire (Diderot, *Éloge de Richardson*), le genre, illustré par Fontenelle, Condorcet, d'Alembert, reste imposé aux Académiciens français lors de leur réception.

RECHERCHE

Les mots et leur usage

1. Cherchez le sens des mots *panégyrique*, *dithyrambe*, *apologie*, *hagiographie*. En quoi se rattachent-ils, par leur sens, au mot *éloge* ? Que signifie l'expression *éloge apocryphe* ?

Bilan de lecture

2. Comment est construit cet article de dictionnaire ?
3. À partir du texte, expliquez les relations entre l'histoire et la notion d'éloge ; illustrez votre explication à l'aide de textes figurant dans cette séquence.
4. Quelles sont les valeurs implicitement ou explicitement célébrées dans les différentes sortes d'éloges ?

Oral

5. Expliquez cette affirmation de Figaro : *Sans la liberté de blâmer, il n'est point d'éloge flatteur*, extraite du *Mariage de Figaro*, de Beaumarchais.
Puis dites, arguments à l'appui, si vous partagez son point de vue.

REPÈRES L'éloge et le blâme ► p. 457

11 Lire l'image : Jean Garnier

Jean Garnier (1632-1705), *Allégorie à Louis XIV, protecteur des Arts et des Sciences,* huile sur toile, 163 × 204 cm (châteaux de Versailles et de Trianon).

RECHERCHE

Les mots et leur usage

1. Que signifie le terme *Allégorie* ?

2. Quel terme désigne celui qui protège les arts et les artistes ? Quelle est son origine historique ? Cherchez des exemples historiques montrant que Louis XIV a joué ce rôle.

Lecture de l'image

3. Retrouvez, dans le tableau, tous les éléments qui figurent dans le titre : en particulier, comment sont représentés les *Arts* et les *Sciences* ?

4. Étudiez l'équilibre de la composition et les différentes techniques de mise en valeur : lumière, couleurs, disposition, répartition des objets par rapport au portrait.

5. Comment s'explique la notion d'allégorie ?

6. En quoi peut-on parler de registre élogieux à propos de cette représentation ?

Écriture d'invention

7. À partir des éléments du tableau, composez un éloge de Louis XIV présenté comme le *protecteur des Arts et des Sciences.* D'environ trente lignes, cet éloge sera écrit à la troisième personne.

REPÈRES L'éloge et le blâme ▸ p. 457

L'éloge et le blâme

Appartenant au genre dit « épidictique », l'éloge et le blâme correspondent l'un et l'autre à une démarche argumentative : le premier met en relief des qualités et fait apparaître les valeurs qui les sous-tendent ; le second énonce des critiques qui révèlent le refus ou le non-respect de ces mêmes valeurs.
L'éloge et le blâme mêlent ainsi la rhétorique argumentative, l'affectivité (par l'expression de l'admiration ou de l'indignation), la morale et l'esthétique.

Éloge et blâme dans l'histoire

L'éloge, un genre traditionnel : l'éloge existe, dès l'Antiquité, en tant que genre littéraire (▸ p. 455). Les héros morts pour la patrie ont droit à un **éloge funèbre**, les vainqueurs des Jeux olympiques sont célébrés dans des **odes**.

Ex : On peut citer les *Odes triomphales* du poète Pindare (Ve siècle av. J.-C.), qui vantent les exploits des athlètes d'Olympie.

Par la suite, si l'éloge figure parmi les exercices conventionnels des écoles de rhétorique, et se trouve dans des œuvres philosophiques, la forme qui se maintient et se développe est l'**éloge funèbre**, notamment celui des personnages importants, des empereurs.
Cet éloge funèbre est repris au XVIIe siècle par Bossuet sous la forme d'**oraisons**, dans la tradition chrétienne. Faire l'éloge d'un haut personnage défunt est l'occasion d'une réflexion sur la vie, sur la mort et sur les qualités morales qu'implique une vie exemplaire.
Parallèlement s'est développé l'usage, à l'Académie française, de prononcer, lorsqu'on est élu, l'éloge de celui dont on prend le fauteuil.

Ex : L'éloge de l'amour figure dans *Le Banquet*, de Platon. Dans l'oraison funèbre d'Henriette d'Angleterre (▸ p. 443), Bossuet incite les fidèles qui l'écoutent à évaluer les risques de faute qui pèsent sur une vie. Lors de son entrée à l'Académie, La Bruyère fait l'apologie de Richelieu et de son action dans le domaine des lettres (▸ p. 446). Dans le discours prononcé en hommage à Jean Moulin (▸ p. 454), A. Malraux évoque le courage des résistants et le sens de leur lutte.

À notre époque, c'est encore ce type d'éloge qui est pratiqué, et qui prend des formes diverses, notamment dans les nécrologies de personnes connues. La notion d'éloge se révèle aussi dans les plaidoyers en justice et dans les critiques élogieuses des productions esthétiques.

Les différentes formes du blâme : le blâme n'existe pas en tant que **genre** littéraire. Il mêle la notion de **registre** à celle de genre, et apparaît dans des textes ou des œuvres divers comme les pamphlets, les réquisitoires, les satires, les libelles, les critiques négatives, les caricatures, les railleries, le persiflage… On peut parler de blâme à chaque fois que se trouvent exposés, et jugés sévèrement, des comportements, des idées, des faits, des opinions, dans une visée **satirique** et dévalorisante, voire destructrice. Ces textes peuvent être des lettres ouvertes, des discours, des extraits de théâtre ou de roman, de la poésie, des essais, des préfaces…

Ex : Dans *Tartuffe* (▸ p. 440), Cléante, porte-parole de Molière, fait le portrait critique des faux dévots en faisant apparaître tous les signes extérieurs de leur hypocrisie. La Bruyère montre, à travers le portrait d'Iphis (▸ p. 445), les défauts d'un personnage efféminé. Montesquieu (▸ p. 448) trace, par l'intermédiaire d'un épistolier persan, une véritable caricature des incohérences de Louis XIV.

Dans tous les exemples d'éloges et de blâmes, on observe, à travers des formulations qui utilisent les mêmes procédés, mais de manière inversée, la volonté de mettre en relief des **valeurs** qui sont reconnues dans un cas et bafouées dans l'autre.

La force argumentative de l'éloge et du blâme

Démarches opposées, l'éloge et le blâme se rejoignent dans leur portée argumentative.
L'éloge loue des qualités reconnues, en fonction de valeurs sous-jacentes, qui servent de **critère**, et qui font naître la notion de **modèle**. Ce qui est loué peut ou doit être imité, suivi, au nom de la morale, de l'esthétique, ou d'un engagement humaniste irréfutable. Dans le cas du blâme, la dénonciation prend appui sur les mêmes valeurs, mais fait apparaître qu'elles ne sont pas respectées. Ce qui est blâmé sert de **contre-modèle** et rappelle ce qu'il ne faut pas faire. Il est donc essentiel de dégager, derrière les éloges et les blâmes, les enjeux véritables des textes et des œuvres.

Ex : Le caractère rassembleur de la mort de Gabriel Péri (▸ p. 451), les contradictions de la monarchie absolue (▸ p. 448), le caractère contre-nature du comportement d'Iphis (▸ p. 445), le pouvoir éducatif du roman *Robinson Crusoé* (▸ p. 458).

REPÈRES L'ironie ▸ p. 437
Le registre polémique ▸ p. 473

Séquence 25

À quoi sert la littérature

1 Jean-Jacques Rousseau, *Émile ou De l'éducation* (1762)

Dans son traité d'éducation publié en 1762, Jean-Jacques Rousseau refuse que son élève apprenne dans les livres. Un ouvrage, pourtant, échappe à sa critique.

Puisqu'il nous faut absolument des livres, il en existe un qui fournit, à mon gré, le plus heureux traité d'éducation naturelle. Ce livre sera le premier que lira mon Émile[1] ; seul il composera durant longtemps toute sa bibliothèque, et il y tiendra toujours une place distinguée. Il sera le texte auquel tous nos entretiens sur les sciences naturelles ne serviront que de commentaire. Il servira d'épreuve durant nos progrès à l'état de notre jugement ; et, tant que notre goût ne sera pas gâté, sa lecture nous plaira toujours.

Quel est donc ce merveilleux livre ? Est-ce Aristote[2] ? est-ce Pline[3] ? est-ce Buffon[4] ? Non ; c'est *Robinson Crusoé.*

Robinson Crusoé dans son île, seul, dépourvu de l'assistance de ses semblables et des instruments de tous les arts, pourvoyant cependant à sa subsistance, à sa conservation, et se procurant même une sorte de bien-être, voilà un objet intéressant pour tout âge, et qu'on a mille moyens de rendre agréable aux enfants. Voilà comment nous réalisons l'île déserte qui me servait d'abord de comparaison[5]. Cet état n'est pas, j'en conviens, celui de l'homme social ; vraisemblablement il ne doit pas être celui d'Émile : mais c'est sur ce même état qu'il doit apprécier tous les autres. Le plus sûr moyen de s'élever au-dessus des préjugés et d'ordonner ses jugements sur les vrais rapports des choses, est de se mettre à la place d'un homme isolé, et de juger de tout comme cet homme en doit juger lui-même, eu égard à sa propre utilité.

Ce roman, débarrassé de tout son fatras, commençant au naufrage de Robinson près de son île, et finissant à l'arrivée du vaisseau qui vient l'en tirer, sera tout à la fois l'amusement et l'instruction d'Émile durant l'époque dont il est ici question. Je veux que la tête lui en tourne, qu'il s'occupe sans cesse de son château, de ses chèvres, de ses plantations ; qu'il apprenne en détail, non

1. Prénom de l'enfant mis en scène dans le traité d'éducation.
2. Philosophe grec qui fut le précepteur d'Alexandre le Grand (384-322 av. J.-C.).
3. Écrivain latin du Ier siècle après J.-C., naturaliste.
4. Naturaliste du XVIIIe siècle (1707-1788), auteur de *l'Histoire naturelle*.
5. Allusion au passage précédent.

Frontispice : *Robinson Crusoé*, de **Daniel Defoe** (XVIIIe siècle), (BNF ; Paris).

dans des livres, mais sur les choses, tout ce qu'il faut savoir en pareil cas ; qu'il pense être Robinson lui-même ; qu'il se voie habillé de peaux, portant un grand bonnet, un grand sabre, tout le grotesque équipage de la figure, au parasol près, dont il n'aura pas besoin. Je veux qu'il s'inquiète des mesures à prendre, si ceci ou cela venait à lui manquer, qu'il examine la conduite de son héros, qu'il cherche s'il n'a rien omis, s'il n'y avait rien de mieux à faire ; qu'il marque attentivement ses fautes, et qu'il en profite pour n'y pas tomber lui-même en pareil cas ; car ne doutez point qu'il ne projette d'aller faire un établissement semblable ; c'est le vrai château en Espagne de cet heureux âge, où l'on ne connaît d'autre bonheur que le nécessaire et la liberté.

Livre III.

Contexte XVIIIe s. ▸ p. 482
Notice biographique ▸ p. 501
Du même auteur ▸ p. 46 p. 400

RECHERCHE

Les mots et leur usage

1. L'histoire de Robinson (▸ p. 92, 114) a inspiré des romanciers et des poètes d'époques différentes : comment appelle-t-on ce phénomène de récurrence thématique ? Cherchez des exemples d'œuvres inspirées par ce personnage.

Lecture analytique

2. Repérez, identifiez et classez tous les indices qui mettent en relief l'implication et les choix personnels de celui qui parle.

3. *Livre, personnage, roman* : en quoi ces trois termes déterminent-ils la structure de l'extrait ?

4. Comment Rousseau met-il en valeur dans le paragraphe 1 le livre dont il est question ? Répondez en prenant appui sur la structure, le lexique, certaines figures de rhétorique récurrentes.

5. Retrouvez, dans le paragraphe 2, la structure logique suivante : *affirmation / objection / réponse*. Quelle problématique résout-elle ?

6. Sur le plan éducatif, à quoi la lecture de Robinson Crusoé doit-elle servir ? Répondez à cette question à partir du paragraphe 3, puis retrouvez, dans l'ensemble du texte, ce qui renvoie à l'idée d'*éducation naturelle*.

Vers la dissertation

7. Dans un roman de Ray Bradbury, *Fahrenheit 451* (▸ p. 466), on brûle les livres, considérés comme dangereux. Quels sont les dangers des livres ? Après avoir répondu à cette question, vous montrerez en quoi les livres restent indispensables. Vous pouvez vous référer aux textes des séquences 5 et 6.

REPÈRES Le discours argumentatif ▸ p. 416
L'éloge et le blâme ▸ p. 457

2 Émile Zola, *Les Romanciers naturalistes* (1881)

Caricature d'Honoré de Balzac, par **Nadar** (1845), lithographie.

Dans Les Romanciers naturalistes, *Émile Zola rend hommage à des écrivains qui l'ont précédé, parmi lesquels Honoré de Balzac.*

Mais je veux être plus affirmatif encore. Seul un tel[1] homme pouvait écrire l'épopée moderne. Il fallait qu'il eût passé par la faillite pour composer son admirable César Birotteau, qui est aussi grand dans sa boutique de parfumeur que les héros d'Homère devant Troie. Il fallait qu'il eût marché sur le pavé de Paris avec des souliers éculés pour connaître les dessous de la vie et mettre debout les types éternels des Goriot, des Philippe Bridau, des Marneffe, des baron Hulot, des Rastignac. Un homme heureux, digérant à l'aise, coulant ses journées sans secousses, n'aurait jamais descendu dans cette fièvre de l'existence actuelle. Balzac, acteur du drame de l'argent, a dégagé de l'argent tout le pathétique terrible qu'il contient à notre époque ; et il a analysé de même les passions qui font mouvoir les personnages de la comédie contemporaine, il a peint admirablement son temps, parce qu'il souffrait de son temps. C'est le soldat, placé au centre de la bataille de la vie, qui voit tout, qui se bat pour son propre compte, et qui raconte l'action, dans la fièvre même de la lutte.

Il est venu à son heure, voilà encore une des raisons de son génie. On ne se l'imagine pas naissant au dix-septième siècle, dans lequel il aurait fait un auteur tragique bien médiocre. Il devait se produire juste au moment où la littérature classique se mourait d'anémie, où la forme du roman allait s'élargir et englober tous les genres de l'ancienne rhétorique, pour servir d'instrument à l'enquête universelle que l'esprit moderne ouvrait sur les choses et sur les êtres. Les méthodes scientifiques s'imposaient, les héros pâlis s'effaçaient devant les créations réelles, l'analyse remplaçait partout l'imagination. Dès lors, le premier, il était appelé à employer puissamment ces outils nouveaux. Il créa le roman naturaliste, l'étude exacte de la société, et du coup, par une audace du génie, il osa faire vivre dans sa vaste fresque toute une société copiée sur celle qui posait devant lui. C'était l'affirmation la plus éclatante de l'évolution moderne. Il tuait les mensonges des anciens genres, il commençait l'avenir. Ce qu'il y a de plus étonnant, dans son cas, c'est qu'il ait accompli cette révolution en plein mouvement romantique. Toute l'attention se portait alors sur le groupe flamboyant à la tête duquel trônait Victor Hugo. Les œuvres de Balzac n'avaient qu'un très petit succès. Personne ne semblait soupçonner que le véritable novateur était ce romancier, qui jetait encore si peu d'éclat, et dont les œuvres paraissaient si confuses et si ennuyeuses. Certes, Victor Hugo reste un homme de génie, le premier poète lyrique du monde. Mais l'école de Victor Hugo agonise, le poète n'a plus qu'une influence de rhétoricien sur les jeunes écrivains, tandis que Balzac grandit tous les jours et détermine à cette heure un mouvement littéraire qui sera sûrement celui du vingtième siècle. On avance dans la voie qu'il a tracée, chaque nouveau venu poussera l'analyse plus loin et élargira la méthode. Il est à la tête de la France littéraire de demain.

1. Il s'agit de Balzac.

Contexte XIXe s. ► p. 486
Notice biographique ► p. 503
Du même auteur ► p. 38, p. 156, p. 172, p. 349

RECHERCHE

Histoire littéraire

1. Grâce à une biographie de Balzac, élucidez les allusions faites par Zola à la pauvreté de ce romancier et à ses débuts difficiles : en quoi a-t-il été *acteur du drame de l'argent* ?

2. Qui sont les personnages cités dans le texte : *César Birotteau, Goriot, Philippe Bridau, Marneffe, Hulot, Rastignac ?*

Lecture analytique

3. Repérez et identifiez les termes qui soulignent le caractère élogieux de cette présentation de Balzac. Quel en est le thème ? Répondez à partir des champs lexicaux dominants.

4. Sur quelles qualités de Balzac et de son œuvre repose cet éloge ? En quoi consiste son génie, selon Zola ?

5. Quelles explications Zola donne-t-il de la réussite de Balzac ? Trouvez celles qui relèvent de sa vie personnelle et celles qui relèvent des circonstances historiques.

6. Quels obstacles pouvaient gêner Balzac dans l'élaboration de son œuvre ?

7. Déduisez du texte les facteurs qui peuvent contribuer à la naissance d'une œuvre littéraire importante.

Maîtrise de la langue

8. Dans la phrase *C'est le soldat... la lutte* (l. 14-16), remplacez le mot *soldat* par un autre, de sens différent, et réécrivez la phrase selon la même structure en changeant tous les éléments de la métaphore filée.

REPÈRES Le discours argumentatif ▸ p. 416
L'éloge et le blâme ▸ p. 457

3 Jules Lemaître, *Les Contemporains* (1886-1918)

Auteur d'une histoire de la littérature et de nombreuses œuvres de critique littéraire, Jules Lemaître s'interroge ici sur la valeur des recherches d'érudition.

L'érudition, comme nous la voyons pratiquée par les trois quarts des érudits, est, sous ses airs graves, une des plus futiles entre les occupations humaines. La race n'est pas éteinte des gens qui, du temps de La Bruyère, recherchaient avec passion si c'était la main gauche ou la main droite qu'Artaxerxès[1] avait plus longue que l'autre. Les neuf dixièmes des variantes que tel philologue, après avoir pâli sur les manuscrits, introduit dans le texte d'un auteur grec ou latin, sont parfaitement insignifiantes. Je ne suis nullement curieux de savoir combien il y a au juste de génitifs locatifs[2] dans Virgile[3] ? Je ne puis dire combien j'ai peu de souci de connaître la date exacte de chacune des comédies de Plaute. Sur cent inscriptions que l'on découvre et que l'on déchiffre, il n'y en a pas deux qui nous révèlent quelque chose de vraiment intéressant. L'homme qui passe une journée à déterrer dans quelque village d'Italie et à cataloguer de vieux pots en se demandant s'ils sont étrusques, fait une besogne pour laquelle je n'arriverai jamais à me passionner.

Les trois quarts des textes du Moyen Âge, laborieusement établis et publiés par des hommes persévérants, distillent un insupportable ennui et nous

1. Roi perse de l'Antiquité (Ve siècle av. J.-C.).

2. Cas de la déclinaison latine.

3. Poète latin, auteur de *l'Énéide* (Ier siècle av. J.-C.).

apprennent moins de choses essentielles que le portail de Notre-Dame de Paris. Le travail enragé de presque tous les érudits sur le passé n'aboutit la plupart du temps qu'à découvrir ou à démontrer de petits faits purement contingents, absolument vides de signification, et dont il n'y a rien à tirer pour la connaissance de l'humanité et de son histoire.

Mais, au reste, l'érudit est soutenu par cette idée qu'il travaille à une grande œuvre collective où l'effort de chaque ouvrier peut sembler de peu de fruit, mais où l'effort de tous est nécessairement fécond. Si quatre-vingt-dix-neuf inscriptions ne nous apprennent rien, la centième pourra fixer un point d'histoire important. Si quatre-vingt-dix-neuf variantes n'ajoutent ni sens ni beauté à un texte ancien, la centième pourra nous donner un beau vers. La date exacte d'un ouvrage peut être indifférente : elle peut aussi marquer clairement l'influence d'une littérature sur une autre, ou des événements politiques sur la littérature. Mille petits pots, en terre rouge ou brune, ne seront que des petits pots, quelques-uns avec des bonshommes dessus : le mille et unième sera précieux pour l'histoire de l'art ou des religions, complétera pour nous le sens d'un mythe, nous fera mieux connaître l'âme des anciens hommes. Il faut aimer les érudits, leur pardonner leurs petits travers, leur étroitesse de spécialiste et leur vue de myope. Ce sont les manœuvres dévoués et pieux de belles architectures édifiées par les grands esprits. Ils préparent les matériaux qui servent à écrire les beaux livres.

Contexte xxᵉ s. ▸ p. 490
Notice biographique ▸ p. 498

RECHERCHE

Les mots et leur usage

1. Préparez une note explicative pour les mots suivants : *érudition* (l. 1), *variante* (l. 5), *philologue* (l. 5), *contingent* (l. 19).

Histoire littéraire

2. Plaute et La Bruyère sont deux auteurs qui figurent dans ce manuel : retrouvez-les et dites à quel titre ils s'y trouvent.

Lecture analytique

3. Quel est le thème du texte ? Répondez en prenant appui sur les champs lexicaux dominants. Qu'est-ce qui différencie ses deux grandes parties ?
4. Quelle est la thèse de la première étape du texte ? Cette thèse est-elle strictement personnelle ? Répondez à partir de l'observation des pronoms personnels.
5. Comment cette thèse est-elle étayée ? Qu'ont en commun les différents arguments ?
6. Étudiez ensuite la seconde thèse et ses arguments : contredit-elle la première ? De quoi le lecteur peut-il être finalement convaincu ?
7. En quoi cet extrait concerne-t-il les deux démarches de l'éloge et du blâme ?

Maîtrise de la langue

8. Présentez le contenu des deux étapes du texte et soulignez leur relation logique en utilisant une formulation concessive : *en dépit de, malgré, et pourtant, bien que...*

Oral

9. Débat : À quoi sert l'archéologie ?

REPÈRES Le discours argumentatif ▸ p. 416
L'éloge et le blâme ▸ p. 457

Georges Croegaert (1848-1923), *La Lecture,* huile sur bois, 24,5 × 32,5 cm (musée Carnavalet ; Paris).

4 Marcel Proust, *Sur la lecture* (1905)

Auteur de l'ensemble romanesque intitulé À la recherche du temps perdu, *Marcel Proust propose, avec* Sur la lecture, *un ensemble de réflexions sur le charme et la richesse des œuvres du passé et de leur lecture.*

Mais il est une autre cause à laquelle je préfère, pour finir, attribuer cette prédilection des grands esprits pour les ouvrages anciens. C'est qu'ils n'ont pas seulement pour nous, comme les ouvrages contemporains, la beauté qu'y sut mettre l'esprit qui les créa. Ils en reçoivent une autre plus émouvante encore, de ce que leur matière même, j'entends la langue où ils furent écrits, est comme un miroir de la vie. Un peu du bonheur qu'on éprouve à se promener dans une ville comme Beaune qui garde intact son hôpital du XVe siècle, avec son puits, son lavoir, sa voûte de charpente lambrissée et peinte, son toit à hauts pignons percé de lucarnes que couronnent de légers épis en plomb martelé (toutes ces choses qu'une époque en disparaissant a comme oubliées là, toutes ces choses qui n'étaient qu'à elle, puisque aucune des époques qui l'ont suivie n'en a vu naître de pareilles), on ressent encore un peu de ce bonheur à errer au milieu d'une tragédie de Racine ou d'un volume de Saint-Simon. Car ils contiennent toutes les belles formes de langage abolies qui gardent le souvenir d'usages ou de façons de sentir qui n'existent plus, traces persistantes du passé à quoi rien du présent ne ressemble et dont le temps, en passant sur elles, a pu seul embellir encore la couleur.

Une tragédie de Racine, un volume des mémoires de Saint-Simon ressemblent à de belles choses qui ne se font plus. Le langage dans lequel ils ont été sculptés par de grands artistes avec une liberté qui en fait briller la douceur et saillir la force native, nous émeut comme la vue de certains marbres, aujourd'hui inusités, qu'employaient les ouvriers d'autrefois. Sans doute dans tel de ces vieux édifices la pierre a fidèlement gardé la pensée du sculpteur, mais aussi, grâce au sculpteur, la pierre, d'une espèce aujourd'hui inconnue, nous a été conservée, revêtue de toutes les couleurs qu'il a su tirer d'elle, faire apparaître, harmoniser. C'est bien la syntaxe vivante en France au XVIIe siècle – et en elle des coutumes et un tour de pensée disparus – que nous aimons à trouver dans les vers de Racine. Ce sont les formes mêmes de cette syntaxe, mises à nu, respectées, embellies par son ciseau si franc et si délicat, qui nous émeuvent dans ces tours de langage familiers jusqu'à la singularité et jusqu'à l'audace et dont nous voyons, dans les morceaux les plus doux et les plus tendres, passer comme un trait rapide ou revenir en arrière en belles lignes brisées, le brusque dessin. Ce sont ces formes révolues prises à même la vie du passé que nous allons visiter dans l'œuvre de Racine comme dans une cité ancienne et demeurée intacte.

Contexte **XXe s.** ▶ p. 490
Notice biographique ▶ p. 501

RECHERCHE

Les mots et leur usage

1. Préparez une note explicative pour les mots suivants : *prédilection* (l. 2), *lambrissée* (l. 8), *ciseau* (l. 29).

Histoire littéraire

2. Cherchez les dates de Racine et celles de Saint-Simon. Donnez trois titres de tragédies du premier et le titre de l'œuvre du second. Cherchez ensuite un passage dans l'œuvre de chacun de ces deux auteurs qui puisse faire comprendre la métaphore de textes *sculptés* dans un langage particulier.

Lecture analytique

3. Quel est le thème de cet extrait ?
Répondez à partir du lexique.
Concernant les œuvres du passé, de quoi celui qui parle fait-il l'éloge ?

4. Le texte est construit sur plusieurs comparaisons, empruntées à des domaines différents, et sur des métaphores : retrouvez ces rapprochements et explicitez-les en prenant appui sur des mots appartenant à différents domaines artistiques.

5. Quelles sont, d'après le texte, les différentes raisons qu'un lecteur peut avoir de lire Racine ou Saint-Simon ? En quoi l'une de ces raisons rejoint-elle le titre de l'œuvre de Proust ?

Vers la dissertation

6. *La langue où ils furent écrits est comme un miroir de la vie* (l. 5-6).
Dans un développement argumenté, vous chercherez en quoi les mots et leurs fonctionnements syntaxiques peuvent donner une image exacte de la vie et comment on peut retrouver le passé grâce à eux et à travers eux. Vous pouvez vous appuyer sur certains extraits de la séquence 6.

REPÈRES Le discours argumentatif ▶ p. 416
L'éloge et le blâme ▶ p. 457

5 Julien Gracq, *La Littérature à l'estomac* (1950)

Romancier connu mais peu soucieux de se mêler à la vie littéraire, Julien Gracq publia, en 1950, un pamphlet dénonçant la commercialisation de la littérature.

Les autres, dans le fouillis de ce qui s'imprime, cherchent à tâtons une nourriture faite à leur estomac ; le public français sait, lui, que sa destination de naissance est d'élire des Présidents de la République des Lettres. De là cette cuisine parlementaire, ces jalousies, ces intrigues de sérail, ces manœuvres de couloirs, ces débauchages de clientèle, ces débinages journalistiques, ces scrutins à double fond, plus machiavéliques que ceux de la République Sérénissime, ce *cursus honorum* plein de pièges et de détours, qui rendent la vie littéraire française si bassement excitante. Car l'écrivain français se donne à lui-même l'impression d'exister bien moins dans la mesure où on le lit que dans la mesure où « on en parle ». Il lui faut sans cesse relancer la presse prompte à s'endormir (et moins la critique encore que les *échos,* qui sont la récompense suprême) il faut tenir les langues en haleine. Un anxieux, un essoufflé « Je suis là !... j'y suis – j'y suis toujours ! » est parfois ce qui s'exprime de plus pathétique, pour l'œil un peu prévenu, au travers des pages de tel romancier en renom, auxquelles on se prend distraitement à souhaiter tout à coup que la poussière soit légère : ce n'est rien toutefois, ou du moins ce n'est pas forcément qu'il n'ait plus rien à nous dire ; mais c'est son *livre annuel* : il s'agit à nouveau de donner le branle, d'empêcher qu'il y ait prescription. Saine ou véreuse, dans cette rue Quincampoix où se cote au jour le jour notre littérature, rien n'égale pour lui la sensation qu'il est une de ces « valeurs-pilotes » dont les hauts et les bas enfièvrent le marché – et à cette sensation exigeante – et ruineuse – d'être porté à la crête de la vague, on connaît des carrières qui ont tout sacrifié.

Éd. José Corti.

Contexte XXe s. ▶ p. 490
Notice biographique ▶ p. 497

RECHERCHE

Les mots et leur usage

1. a. Que désigne et que connote l'expression *République Sérénissime* (l. 6) ?
b. Donnez, dans le texte, le sens du mot *sérail* (l. 4).
c. À quoi fait référence *la rue Quincampoix* (l. 19) ?

Lecture analytique

2. Repérez des termes et des expressions qui, dès la première lecture du texte, soulignent qu'il s'agit d'une critique sévère.

3. À partir de l'expression *élire des Présidents de la République des Lettres* (l. 3), étudiez les images qui sont données de la vie littéraire et les reproches qui lui sont adressés. À quoi le lecteur est-il assimilé ? À quel monde celui des *Lettres* est-il associé ?

4. Quelles sont les autres critiques de J. Gracq à l'égard des auteurs français ?

5. À quoi la violence de la critique peut-elle se percevoir dans le texte ?

Maîtrise de la langue

6. Résumez le texte en trois phrases exprimant chacune une ou deux critiques exprimées par J. Gracq. Commencez de la manière suivante : *Julien Gracq reproche à la vie littéraire... Il critique certains écrivains parce qu'ils... et qu'ils... Enfin, il dénonce...*

REPÈRES Le discours argumentatif ▶ p. 416
L'éloge et le blâme ▶ p. 457
Le registre polémique ▶ p. 473

6 Jean Guéhenno, article du *Figaro* (14 octobre 1966)

Dans cet article de presse publié à l'occasion de l'adaptation cinématographique du roman de Ray Bradbury, Fahrenheit 451, *l'écrivain Jean Guéhenno pose la question de la survie du livre.*

Fahrenheit 451. C'est son titre et la température à laquelle le papier, les livres prennent feu. Nous sommes entre le réel et le fantastique, dans une sorte de « meilleur des mondes[1] » où tout ce qu'il y aurait de bonheur tiendrait à ce que les hommes ne pensent plus, une société à l'envers, confortable et conformiste, pleine d'ennui, naïvement assurée contre les périls, ceux du corps, mais surtout ceux de l'esprit, comme contre les incendies, et où les pompiers, n'ayant plus rien à faire dans des villes aux maisons ignifugées, n'ont plus charge d'éteindre le feu, mais de l'allumer, et de voler sur leurs autos rouges, à la première dénonciation, faire la chasse aux livres et les brûler, comme le principe de tout mal, de l'inquiétude des individus, de tous les désordres de la société.

Ces brûleries sacrilèges de livres, tout au long du film, ne font pas très peur, mais la question reste posée.

Sommes-nous menacés de vivre dans un monde sans livres, et que serait un monde sans livres ?

L'humanité n'a jamais cessé d'être gouvernée par tous les plus grands livres, j'entends ceux qui nous laissent entrevoir quelque chose de la vérité. Ce que les hommes ont trouvé d'elle ne peut plus se perdre. Les livres ont à ce point pullulé qu'il faudrait, pour qu'ils disparaissent, mettre le feu à la terre entière.

J'admire qu'un cinéaste se soit employé à démontrer que le livre est irremplaçable. Le vrai péril est en effet en nous, en notre paresse. Nous contenterons-nous des images ? C'est évidemment le plus simple, le moins fatigant, et le temps et la vie passent. « Divertissement » disait Pascal[2], et le plus vide et le plus bête peut être le plus efficace. André Brincourt[3], dans ses notes sur *La Télévision,* a raison de rappeler qu'il n'y a culture et vie de l'esprit que si l'esprit demeure en alerte, provoqué dans sa curiosité et s'il est retenu par la « difficulté » même. Le vrai problème est là, sans doute. Les images, certes, provoquent la curiosité, mais elles ne peuvent suffire, parce qu'elles l'usent dans le même instant : elles se chassent les unes les autres : leur beauté n'est que d'un moment. Un livre est une pensée dans sa fièvre et sa durée et qui demeure là devant nous, une conversation toujours reprise, un combat qui vous est proposé, une curiosité toujours relancée, une recherche toujours recommencée. Un homme est là, « l'autre ». Avec un vrai livre, tout commence toujours.

Extrait.

1. Allusion au roman d'A. Huxley, *Le Meilleur des mondes.*

2. Philosophe français (1623-1662), auteur des *Provinciales* et des *Pensées.*

3. Journaliste et essayiste.

Contexte XXe s. ▸ p. 490
Notice biographique ▸ p. 498
Du même auteur ▸ p. 98

Fahrenheit 451, film de **François Truffaut** (1966).

Lecture analytique

1. Quel est le thème précis du texte ? Quelles sont ses deux étapes ? À quelle forme de discours appartient chacune d'elles ?

2. Quelles sont les différentes utilités de la présentation du film (et du roman) dans la première partie du texte ? Que fait-elle apparaître concernant les livres ? En quoi prépare-t-elle la seconde partie du texte ?

3. À partir de la seconde partie du texte, établissez un parallèle entre l'image et le livre pour faire apparaître la spécificité de chacun. En quoi leurs caractéristiques renvoient-elles à ce qui est dit dans la première partie du texte ?

Étude comparée

4. Rapprochez les textes de M. Proust (▸ p. 463) et de J. Guéhenno (▸ p. 466) pour faire apparaître les raisons de lire qu'ils donnent l'un et l'autre. Sont-elles différentes ? Se rejoignent-elles ?

Vers la dissertation

5. *Les images [...] ne peuvent suffire* (l. 28), écrit Jean Guéhenno. Vous chercherez quelle est la force des images, ce qui fait à la fois leur utilité et leur danger, et par quoi elles doivent être complétées.

Écriture d'invention

6. À partir d'une des associations suivantes : *livre / conversation, livre / combat, livre / curiosité, livre / recherche,* composez un court article (vingt à trente lignes) pour expliquer et illustrer le sens de l'association.

REPÈRES Le discours argumentatif ▸ p. 416
L'éloge et le blâme ▸ p. 457

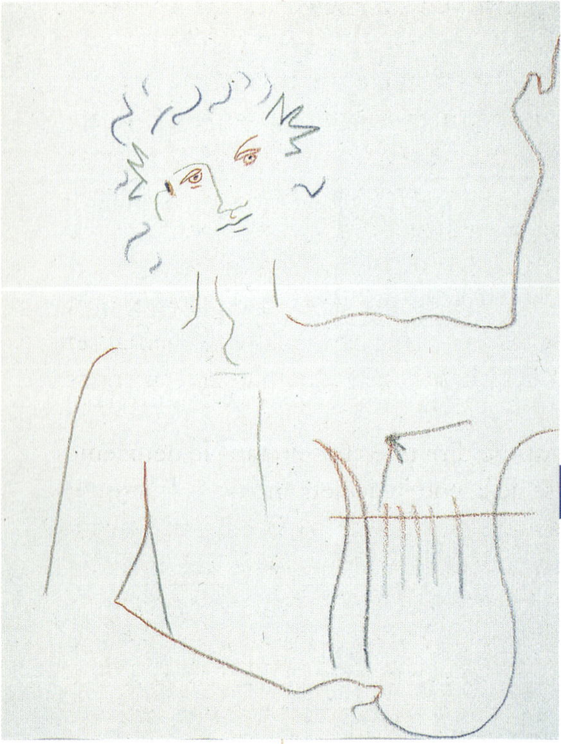

▲ **Jean Cocteau** (1889-1963), *Orphée à la lyre*, dessin en couleur (galerie Arcade Colette ; Paris).

7 Nuno Júdice, *Lettres à la jeunesse* (2003)

Poète, fondateur et directeur d'une revue de poésie, universitaire, Nuno Júdice a écrit cette lettre à l'occasion du « Printemps des poètes », manifestation culturelle française.

Lettre à un jeune lecteur de poésie

Dans un poème déjà ancien, j'ai écrit que « la poésie, telle que je l'entends, est inutile ». Cette phrase peut devenir une limite au-delà de laquelle celui qui ne s'intéresse pas au problème de la poésie peut s'arrêter. C'est que, tout en étant inutile, elle a accompagné l'homme depuis son origine et elle continue à l'accompagner dans les moments les plus difficiles. Et en voici la raison : le poème n'exige rien de nous, au contraire, il nous donne tout ce dont nous avons besoin avec sa simplicité absolue. Nous le faisons seulement avec des mots et ceux-ci nous allons les chercher au plus simple des dictionnaires, notre propre vie. Pierre, savon, éponge, toi, amour, mort – peuvent être les colonnes qui soutiennent cet édifice bâti sur rien qui se dresse jusqu'au ciel, lorsque cet assemblage de sons prend la forme du vers.

La raison de ceci c'est que, au fond, le premier lecteur du poème c'est toi, pour qui je l'écris. Je ne te connais pas, peut-être que nous ne nous rencontrerons jamais : mais le courant qui s'établit à l'instant où les mots jaillissent ne pourrait jamais déboucher dans le poème s'il ne s'adressait pas à quelqu'un que seule l'existence du poème lui-même peut rendre réel. Tu existes, alors, au-delà des époques et des langues, je sais que, par des chemins qu'aucun de nous ne pourra même rêver, le poème arrivera à l'embouchure des fleuves humains qui prolongent la vie des communautés, suivant le parcours souterrain des eaux qui s'enfoncent parmi les racines de la mémoire jusqu'à trouver son lit naturel.

C'est ici que tu peux trouver ce qui fait la différence du poème et qui empêche la poésie de mourir. Il peut être dit à voix haute, murmuré à tes oreilles, ou peut-être seulement chuchoté, loin des oreilles indésirables, il peut être surtout dit en silence, à l'intérieur de nous, appris par cœur, et c'est là que son chant gagne sa plus grande force, jusqu'à nous restituer celle que nous croyions avoir perdue, car ce qui distingue la voix du poète, c'est, pour chacun nous, de pouvoir l'assumer comme nôtre.

Il y a un curieux exercice qui se pratiquait souvent entre enfants : répéter un mot d'une manière exhaustive. À partir d'un moment donné, la personne qui le répète constate que le son a pris possession du mot, le vidant de tout sens ; ce que nous entendons devient seulement une séquence phonique, à laquelle nous pouvons attribuer n'importe quel autre sens. Ainsi, le mot pierre répété mille fois peut finir par signifier rose ou la larme se convertir en océan. Ceci est, au fond, la propriété même du poème. Qu'on le lise ou qu'on le dise, quel que soit le nombre de fois que nous le fassions, son sens ne s'épuise jamais et chaque fois nous voyons naître de lui des choses que jamais auparavant nous aurions imaginé qu'il puisse avoir.

En commençant cette lettre, j'ai omis de dire une chose : dans le deuxième vers du poème où je parlais de l'inutilité de la poésie, je demandais : « Pourquoi alors suis-je arrivé jusqu'ici ? » Et la réponse est peut-être celle-ci : pour savoir, chaque fois que j'écris un poème, ce qui jaillira de nouveau de celui-ci. Il y avait, dans les foires de mon enfance, des artistes maladroits qui essayaient de tirer de nouveau objets de chapeaux vides ou alors de retirer du milieu d'un jeu de cartes usagé des cartes invisibles. Le poème nous permet de faire cela sans avoir besoin de recourir à des trucs et moins encore de tromper celui qui regarde. La transfiguration surgit de l'intérieur des mots eux-mêmes au moyen de cette magie qui vient de la musique qu'il y a en eux, et que chacun de nous apprend quand il commence à parler.

Et à la fin tu verras, quoique la poésie continue à être inutile, il ne te sera plus possible de vivre sans elle.

(Texte intégral) Traduit du portugais par Isabel Meyrelles, coll. « Librio », 2003.

Contexte XXe s. ▶ p. 490
Notice biographique ▶ p. 498

Lecture analytique

1. Le texte se présente comme une lettre : à quoi peut-on le percevoir dans l'ensemble du texte ?
2. Observez la composition du texte en paragraphes, le thème de chacun et les articulations d'un paragraphe à l'autre : comment cette lettre est-elle structurée ?
3. À propos de la poésie, quel paradoxe l'auteur met-il en relief dès le début du texte ?
4. Quelles sont les qualités reconnues à la poésie par celui qui écrit ? Quelle est l'importance de celui qui la lit ? Quels sont les pouvoirs des mots ?
5. Expliquez en quoi cette lettre peut être considérée comme un éloge de la poésie. Quelle conception de l'écriture poétique s'en dégage ?

Écriture d'invention

6. *Ceci est, au fond, la propriété même du poème* (l. 33-34).
Prenez cette phrase comme point de départ ou comme conclusion d'un développement de vingt à trente lignes dans lequel vous exposerez, sous une forme de votre choix, les caractéristiques, les qualités et/ou le charme du texte poétique.

REPÈRES Le discours argumentatif ▶ p. 416

8 Umberto Eco, *De la littérature* (2003)

Spécialiste de littérature et de sémiotique (l'analyse des signes), Umberto Eco commence l'ouvrage intitulé De la littérature *par un chapitre consacré à quelques fonctions des œuvres littéraires.*

Mais ces jeux[1] ne se substituent pas à la vraie fonction éducative de la littérature, fonction éducative qui ne se réduit pas à la transmission des idées morales, fussent-elles bonnes ou mauvaises, ou à la formation du sens du beau.

Jurij Lotman, dans *La Culture et l'explosion,* reprend la fameuse recommandation de Tchékhov[2], selon laquelle si, dans un récit ou un drame, on montre au début un fusil accroché au mur, avant la fin, ce fusil devra tirer. Lotman nous laisse comprendre que le vrai problème n'est pas de savoir si le fusil tirera vraiment. C'est justement de ne pas savoir s'il tirera ou non qui confère de la signification à l'intrigue. Lire un récit veut aussi dire être pris dans une tension, un spasme[3]. Découvrir à la fin que le fusil a tiré, ou pas, ne prend pas la simple valeur d'une information. C'est découvrir que les choses ont évolué, et pour toujours, d'une certaine manière, au-delà des désirs du lecteur. Le lecteur doit accepter cette frustration, et à travers elle, éprouver le frisson du Destin. Si on pouvait décider du destin des personnages, ce serait comme aller au comptoir d'une agence de voyages : « Alors, où voulez-vous trouver la Baleine, aux Samoas ou aux Aléoutiennes ? Et quand ? Et vous voulez la tuer vous-même, ou bien vous laissez faire Quiqueg ? » La vraie leçon de *Moby Dick* est que la Baleine va où elle veut.

Pensez à la description que fait Hugo de la bataille de Waterloo dans *Les Misérables.* À la différence de Stendhal qui décrit la bataille avec les yeux de Fabrice, qui est dedans et ne comprend pas ce qui se passe, Hugo la décrit avec les yeux de Dieu, il la voit d'en haut : il sait que si Napoléon avait su que de l'autre côté de la crête du plateau de Mont-Saint-Jean, il y avait un ravin (mais son guide ne le lui avait pas dit), les cuirassiers de Milhaud[4] ne se seraient pas écrasés au pied de l'armée anglaise ; que si le petit pâtre qui servait de guide à Bülow[4] avait suggéré un parcours différent, l'armée prussienne ne serait pas arrivée à temps pour décider du sort de la bataille.

Avec une structure hypertextuelle[5], nous pourrions réécrire la bataille de Waterloo en faisant en sorte que les Français de Grouchy[4] arrivent à la place des Allemands de Blücher[4], et il y a des *war games* qui permettent de le faire, et c'est très amusant. Mais la tragique grandeur des pages de Hugo réside dans le fait que (au-delà de nos désirs) les choses vont comme elles vont. La beauté de *Guerre et Paix,* c'est que l'agonie du prince André se conclut par la mort, bien que cela nous déplaise. Le douloureux émerveillement que nous procure chaque lecture des grands tragiques, c'est que leurs héros, qui auraient pu échapper à un destin atroce, par faiblesse ou aveuglement, ne comprennent pas vers quoi ils vont, et se précipitent dans l'abîme qu'ils ont creusé de leurs propres mains. C'est d'ailleurs ce que Hugo nous dit après nous avoir montré quelles autres opportunités Napoléon à Waterloo aurait pu saisir : « Était-il possible que Napoléon gagnât cette bataille ? Nous répondons que non.

1. L'auteur vient de parler de la création de textes de manière interactive.
2. Romancier et dramaturge russe (1860-1904).
3. Contraction des muscles.
4. Héros militaires de Waterloo.
5. Système informatif permettant de passer d'un texte à un autre selon divers chemins.

Le registre polémique

Le mot « polémique », nom féminin ou adjectif, vient du grec *polemos* qui signifie « le combat ».
On parle de « registre polémique » pour caractériser un texte marqué par une grande violence verbale, dans lequel les mots jouent le rôle d'armes dans une confrontation qui oppose deux interlocuteurs, même lorsqu'il ne s'agit pas de dialogue.

Polémique et genres littéraires

Les termes de *confrontation* et de *controverse*, associés à la notion de polémique, soulignent que les textes caractérisés par ce registre sont généralement **argumentatifs**. Ils peuvent se trouver dans tous les genres littéraires, dès lors qu'il y a matière à discussion contradictoire et à échange violent.
Dans le **roman**, on trouve des polémiques lorsque des personnages s'opposent et échangent des propos chargés de violence, par exemple dans les disputes, situations qui sont également fréquentes au théâtre.
La **comédie** et la **tragédie** reposent en effet sur des crises qui mettent face à face des personnages dont les idées ou les intérêts divergent.

Ex : Dans *Horace* (▸ p. 236), Camille est tuée par son frère au terme d'une très violente altercation, dans laquelle les reproches et la volonté de blesser passent par les mots.
La scène de dénouement d'*Andromaque* (▸ p. 246) relève aussi de la polémique par la violence des propos d'Oreste, tous emplis de désir de vengeance.

Le registre polémique caractérise particulièrement la **littérature engagée**, dans laquelle l'écrivain est un combattant et les textes de véritables « charges explosives » : pamphlets, discours, essais, préfaces, lettres ouvertes, diatribes, satires, sont autant d'exemples d'utilisation de la violence verbale et de la force des mots, mises au service d'une cause ou d'une idéologie.

Ex : Les textes poétiques de Ronsard et d'A. d'Aubigné contre les guerres de Religion, les *Châtiments* (▸ p. 334, 449), armes de la lutte menée par V. Hugo contre Napoléon III, les textes engagés d'Aragon (▸ p. 377), de P. Emmanuel (▸ p. 379) et de R. Desnos (▸ p. 380), contre l'occupation allemande, illustrent la notion de « combat littéraire » et politique contenue dans le mot *polémique*.

L'écriture polémique

Le registre polémique se caractérise par la violence : celle des mots et celle qui vient de procédés d'écriture empruntés à la **rhétorique de la persuasion**.

Le lexique : les réseaux lexicaux qui expriment la violence, la critique, le refus, l'horreur sont omniprésents. Que les thèmes abordés soient politiques, esthétiques ou moraux, le vocabulaire exprime des prises de position très catégoriques. Dans un texte polémique, celui qui parle attaque une idée, une institution, une situation, une personne et n'a de cesse de l'avoir ridiculisée, diminuée, détruite. Le texte polémique se veut porteur de destruction, en même temps qu'il valorise, avec autant de violence, ce qu'il défend : à un lexique fortement **dépréciatif** s'opposent des formulations très **laudatives**.

Ex : Le poème d'Aragon « J'écris dans ce pays » (▸ p. 377) comporte un grand nombre de termes connotant le carnage : *meutes grouillantes, entrailles, fosse, livrer aux ours,* pour évoquer la situation de la France pendant l'Occupation.

Les figures de rhétorique : la force du lexique vient de ses **connotations**, mais aussi de l'utilisation de figures d'accentuation et d'analogie. L'**anaphore** permet le martèlement des mêmes formules ; l'**hyperbole** exprime la violence, le refus, la haine, le mépris, le dégoût portés à leur paroxysme ; les **métaphores** et les **comparaisons** confèrent au discours un caractère imagé qui a une grande efficacité.

Ex : Dans « J'accuse », lettre ouverte adressée au président de la République en janvier 1898, Zola martèle la formule *J'accuse*, et énumère, fonction par fonction, tous ceux qu'il attaque. Aragon (▸ p. 377) commence chaque quatrain de son poème par *J'écris...*, prise de position catégorique suivie de la description pitoyable de la France de 1943.

La ponctuation, les rythmes : le dialogue polémique est caractérisé par une ponctuation expressive et des échanges de rythme très rapide, qui se traduisent, au théâtre, par les **stichomythies**, répliques courtes et cinglantes. Elles expriment par leur brièveté la rapidité et le caractère immédiat, non réfléchi parfois, des réactions. L'expression de la colère passe par des interpellations de l'interlocuteur, des interjections, des exclamations, des interrogations oratoires, expression fréquente de l'indignation...
Il faut enfin signaler que ce qui est polémique fait intervenir d'autres **registres**, l'ironie, la satire, le registre épique... La dramatisation des situations et des personnes fait parfois appel au tragique.

REPÈRES L'ironie ▸ p. 437

LE XVIe SIÈCLE

Siècle de « renaissance », et d'innovations dues aux grandes découvertes, le XVIe siècle est aussi celui des affrontements religieux, des interrogations et des remises en question. C'est un siècle de profonds bouleversements.

Les sources de la Renaissance

À la fin du Moyen Âge, au XVe siècle, une série d'événements s'associent pour créer les conditions d'éclosion d'un esprit nouveau.

L'invention de l'imprimerie (≈ 1440)

Jusqu'à cette époque, les manuscrits étaient recopiés, souvent par des moines, et de manière erronée. L'invention de l'imprimerie permet de multiplier les ouvrages et de diffuser le savoir (▸ p. 67). Le format des livres, in-quarto ou in-octavo (format de poche), les rend plus maniables ; le remplacement des caractères gothiques par des caractères romains, ainsi que la disposition du texte sur la page, les rendent plus lisibles. Il s'agit là d'une véritable révolution : la multiplication des ouvrages et leur diffusion contribuent à la vulgarisation du savoir, qui n'est plus réservé aux gens d'Église.

Tiziano Vecellio, dit **Titien** (≈ 1488-1576), *La Vénus d'Urbino* (1538), huile sur toile, 119 × 165 cm (musée des Offices ; Florence).

La chute de Constantinople (1453)

L'Empire romain d'Orient, réputé pour le caractère brillant de sa civilisation, disparaît avec la prise de Constantinople par les Turcs (1453). Les savants, mathématiciens, philosophes, érudits en langues anciennes se réfugient en Italie, emportant avec eux les manuscrits de l'Antiquité gréco-romaine. Ils s'installent dans un pays qui connaît alors – au **Quattrocento** (le XVe siècle italien) – une très riche floraison des arts, avec des artistes comme Donatello puis, au XVIe siècle, Titien, le Primatice, Michel-Ange.

Les guerres d'Italie (1494-1559)

C'est cette Italie artistique et florissante – Florence et Venise sont d'importantes villes d'art – que découvre François Ier, à partir de 1515, lors des guerres d'Italie : admiratif, il n'a de cesse de faire venir en France des artistes italiens, comme Léonard de Vinci.

Maquette de la caravelle de Christophe Colomb (fin XVe siècle), (Musée de la marine ; Milan).

Les grandes découvertes

La fin du XVe siècle est marquée par de grandes expéditions, celle de Christophe Colomb avec la découverte de l'Amérique (1492), les voyages de Vasco de Gama (1497). Au début du XVIe siècle, Magellan et Jacques Cartier ouvrent de nouvelles voies de navigation. Ces découvertes de pays, de peuples, de modes de vie nouveaux bousculent les connaissances et provoquent d'importantes remises en question des croyances : on vérifie que la Terre est ronde, et non plate ; Copernic, en 1543, émet l'hypothèse que la Terre tourne autour du Soleil. Le passage de la théorie géocentriste à la conception héliocentriste soulève de nombreuses critiques, notamment de la part de l'Église.

L'ensemble de ces bouleversements et de leurs conséquences conduit à un double mouvement en Europe, d'une part l' **humanisme** , courant culturel et profane, d'autre part la **Réforme**, mouvement qui se situe sur le plan religieux.

Les cadres et les caractéristiques de l'esprit nouveau

Château de Fontainebleau : les grands appartements [stucs et fresques du **Primatice** (milieu XVIe siècle), détail : « Alexandre domptant Bucéphale »].

Trois monarques, Louis XII (1498-1515), François Ier (1515-1547) et Henri II (1547-1559), donnent à la vie intellectuelle et artistique des orientations déterminantes.

L'importance du mécénat

Princes et grands seigneurs donnent l'exemple en protégeant les artistes et en leur faisant des commandes qui modifient progressivement les conceptions esthétiques traditionnelles. En architecture, les châteaux de la Loire montrent un art raffiné, inspiré de l'Italie et bien différent de la lourdeur des constructions médiévales. François Ier invite des artistes et crée un véritable foyer artistique à Fontainebleau, à partir de 1526 : tapisserie, céramique d'art, travail du bronze, peinture… Il s'entoure d'écrivains, comme **Clément Marot** (▸ p. 44), et d'érudits qu'il protège, comme **Guillaume Budé**.

Sous le règne d'Henri II se forme un groupe de sept poètes prestigieux, **la Pléiade**, groupe auquel appartiennent, entre autres, **Joachim du Bellay** et **Pierre de Ronsard**. Leur poésie est très marquée par l'admiration de l'Antiquité – littérature, philosophie, histoire –, première caractéristique de l' **humanisme** .

Un enseignement nouveau

Souhaitant voir l'enseignement se libérer de la tutelle de l'Église, et échapper aux pratiques scolastiques fondées sur la mémoire et la lecture de commentaires, François Ier crée et finance personnellement, en 1530, le Collège des lecteurs royaux, établissement qui ne dépend pas de la Sorbonne, faculté de théologie. Il veut y développer l'enseignement des langues anciennes (hébreu, grec et latin) pour que les textes antiques puissent être lus dans leur langue d'origine. Participent à cette entreprise des **humanistes** comme **Guillaume Budé** et **Lefèvre d'Étaples**, premier traducteur de la Bible en français. La question de l'éducation est au centre des préoccupations des penseurs du XVIe siècle : **Montaigne** (▸ p. 396, 420), **Érasme** (▸ p. 395) ou **Rabelais** montrent, par leurs programmes, l'enthousiasme de l'époque pour le savoir, et le souci d'une libération du système médiéval.

Portrait équestre de François Ier, roi de France (détail ; XVIe siècle), (musée Condé ; Chantilly).

L'évolution de la langue française

En 1539, François Ier impose, par l'ordonnance de Villers-Cotterêts, l'usage du français à la place du latin dans les actes juridiques et administratifs. Cette décision linguistique, qui rend plus accessibles les documents importants, est aussi un acte de centralisation politique. Il montre l'importance accordée par le roi à une langue commune, qu'il faut développer. Sous le règne d'Henri II, en 1549, le manifeste de **du Bellay**, *Défense et illustration de la langue française,* souligne le même souci d'enrichir la langue par toutes sortes de créations lexicales, dont certaines sont copiées sur le latin et le grec.

Hôtel Carnavalet (Paris), détail du décor de façade : bas-relief de **Jean Goujon**, « Les quatre saisons » (XVIe siècle).

Cette politique culturelle – très active dans la première moitié du siècle – ne se poursuit pas avec la même intensité sous les règnes et régences qui suivent : François II (1559-1560), Catherine de Médicis (1560-1562), Charles IX (1562-1574), Henri III (1574-1589), Henri IV (1589-1610). Cette période, très troublée par les guerres de Religion, n'est pas favorable à l'épanouissement des arts. Néanmoins, les œuvres littéraires et artistiques montrent plusieurs orientations qui permettent de définir l' **humanisme** : admiration pour l'Antiquité ; célébration de l'être humain, mis au centre des préoccupations ; interrogations portant sur sa condition, son destin, ses capacités... Ces interrogations conduisent à une remise en question des croyances religieuses.

La Réforme et la question religieuse

Née de la contestation de nombreux abus constatés dans le monde religieux, la **Réforme** touche une partie de l'Europe : Allemagne, Angleterre, France. Le mouvement est difficilement dissociable d'enjeux politiques. En France, il dégénère en guerres civiles qui déstabilisent le pouvoir royal.

Les origines de la contestation

Plusieurs raisons expliquent les violentes critiques adressées à l'Église. Entre le bas et le haut clergé existent des inégalités flagrantes : pauvreté et ignorance, d'un côté ; richesse, train de vie et scandales, de l'autre. Les impôts prélevés par l'Église sont jugés insupportables. Le « trafic des Indulgences », ou manière de racheter ses péchés par des sommes versées à l'Église, est jugé inacceptable et contraire à l'esprit évangélique.

Premières manifestations et développement en France

Les premières protestations viennent de l'Allemand Luther, qui, dès 1517, dénonce, dans ses *95 Thèses,* le scandale des Indulgences et la richesse de l'Église. Il est excommunié par le pape, mais le mouvement s'amplifie et l'Allemagne du Nord se sépare de Rome. On parle alors de « protestantisme ».

En France, deux tendances apparaissent. L'évangélisme, mouvement de même esprit que celui de Luther, se développe autour de Lefèvre d'Étaples, sans toutefois se séparer de Rome. François Ier soutient le mouvement évangéliste jusqu'à l'affaire dite « des Placards » en 1534 : des affiches hostiles à la messe sont « placardées » jusque sur les portes des appartements royaux. C'est une véritable provocation. Le calvinisme, né à Genève avec Calvin, se développe après l'affaire des Placards.

Les trois mouvements sont nés d'une même protestation, mais ils divergent en ce qui concerne l'idée de l'homme et de son salut. Ils ont en commun de heurter de front le pouvoir royal et de l'obliger à prendre position, dans une situation d'extrême tension, qui dégénère rapidement en guerres de Religion.

Les guerres de Religion et l'affaiblissement du pouvoir royal

▲ **François Dubois** (1529-1584), *La Saint-Barthélemy, le 24 août 1572* (détail), peinture (Musée cantonal des beaux-arts ; Lausanne).

Affaibli par la jeunesse des rois, et par une régence, le pouvoir ne peut empêcher le développement des conflits. Plusieurs guerres s'ensuivent, opposant de grandes familles qui ont fait des choix religieux différents : les Guise, catholiques, les Condé, protestants, s'affrontent, et ces affrontements ont des enjeux politiques qui dépassent la question religieuse. Chaque parti cherche des alliances à l'étranger : l'Angleterre soutient les « réformés » (protestants), l'Espagne les catholiques; l'indépendance du pays est menacée par ces intrusions étrangères.

À la suite de la paix de Saint-Germain, en 1570, le parti catholique décide le massacre des chefs protestants venus à Paris, le 24 août 1572, assister au mariage de la sœur du roi catholique Charles IX, Marguerite de Valois, avec le protestant Henri de Navarre, futur roi Henri IV. C'est le massacre de la Saint-Barthélemy. Cet épisode tragique est suivi de guerres incessantes et de menaces venues de la famille de Guise, à la tête de la Ligue des catholiques ultras contre le pouvoir d'Henri III, monté sur le trône en 1574. Il est assassiné en 1589. Le réformé Henri de Navarre se convertit au catholicisme, monte sur le trône et s'efforce de pacifier le pays. En 1598, par l'édit de Nantes, il accorde aux protestants des droits importants : liberté de conscience, libre exercice du culte, égalité politique et places de sûreté pour se protéger.

Les conséquences sur les arts et la culture

La politique culturelle engagée au début du siècle souffre de l'instabilité du pouvoir et de la violence des conflits : la littérature et les arts reflètent les engagements religieux et politiques. Deux poètes expriment, dans chacun des camps, l'horreur des combats et des massacres, la division des familles, la ruine du pays. **Ronsard** compose le *Discours sur les misères de ce temps,* suivi d'une *Continuation* du même discours, en 1562. **Agrippa d'Aubigné,** dans le camp protestant, compose *Les Tragiques,* en 1616, où il exprime, avec une même violence, l'inhumanité des guerres fratricides.

Portrait de Montaigne (XVIe siècle), huile sur panneau (musée Condé ; Chantilly). ▼

À l'optimisme quelque peu utopique de l'esprit de la Renaissance et à la confiance en l'homme – qui définissent l' **humanisme** – s'opposent à la fin du siècle des interrogations et bien des incertitudes : l'idéal qui faisait de l'homme le centre d'intérêt des arts, de la pensée, de la philosophie, laisse place à la prise de conscience d'une barbarie qui s'exprime dans les conflits civils et religieux, ainsi que dans la conquête des nouveaux territoires lointains. Cette interrogation est présente dans l'œuvre de **Montaigne** (▸ p. 396, 420) et dans les récits de **Jean de Léry** (▸ p. 418). À la question : « Qui sont les barbares ? », la réponse n'est pas, pour Montaigne, les populations sauvages, mais ceux qui les ont corrompues et qui croient pouvoir imposer par la force des valeurs en contradiction avec leurs principes mêmes.

L' **humanisme**, cet élan de foi en l'homme, de confiance et d'admiration dans ses réalisations, trouve là certaines limites, et de nouvelles sources d'interrogations.

LE XVIIe SIÈCLE

Associé aux gloires de Versailles et à la somptuosité de la vie de cour, le Grand Siècle peut se confondre avec l'image solaire de Louis XIV. Mais celui-ci arrive au pouvoir, en 1661, à l'issue d'une longue période d'instabilité et son règne présente autant d'ombres que de lumières.

L'instabilité du début du Grand Siècle

▲
Henry IV s'appuyant sur la religion pour donner la paix à la France, école française (XVIe siècle), huile sur bois, 33 × 25,5 cm (château de Pau).

La vie politique et économique

La première moitié du siècle est caractérisée par une instabilité politique due à une alternance de règnes et de régences, période de rivalités, de guerres et de conspirations. Certes, Henri IV (1589-1610) installe la paix, agrandit le territoire national, développe le commerce et l'agriculture, avec l'aide de son ministre Sully. Mais son assassinat par Ravaillac et la régence de Marie de Médicis (1610-1617), puis le début du règne de Louis XIII, jusqu'en 1624, entraînent un affaiblissement du pouvoir politique.

Il faut l'autorité et la rigueur de Richelieu pour que reprenne le développement économique de la France. Mais le poids de la fiscalité pour financer la guerre de Trente Ans (1618-1648) et les ambitions politiques des nobles entraînent révoltes et opposition au régime. Le pouvoir réagit de manière impitoyable : les jacqueries sont réprimées par la force, les complots des nobles se soldent par des exécutions capitales.

Peu après la disparition de Richelieu, en 1642, s'ouvre une nouvelle régence, Louis XIV étant trop jeune pour régner à la mort de Louis XIII, en 1643. Cette période est marquée par une opposition très forte à la personne et à la politique de Mazarin, successeur et continuateur de l'œuvre de Richelieu. Il vient cependant à bout de la Fronde (1648-1653), soulèvement populaire parisien prolongé par la révolte de certains nobles : il restaure le pouvoir royal et prépare l'accession au trône du jeune Louis XIV.

Les questions religieuses

L'édit de Nantes, signé en 1598, devait assurer la paix religieuse après les déchaînements de violence des guerres de Religion ; mais son application n'est pas rigoureuse. Les protestants continuent à se heurter à l'hostilité des catholiques. La situation s'aggrave après la mort d'Henri IV et de véritables combats opposent les troupes royales aux protestants, comme à Montauban (1621) ou à La Rochelle (1626-1628). Les réactions du pouvoir politique, étroitement associé à l'Église, montrent une crainte de déstabilisation au moment où se développe, parallèlement à la « menace » protestante, un mouvement d'incrédulité et de libertinage.

Les penseurs italiens Bruno et Vanini affirment un athéisme et un matérialisme qui les conduisent au bûcher (en 1600 et 1619). En France, le **libertinage**, qui refuse les croyances religieuses traditionnelles, est sévèrement puni et certains écrivains, comme le poète **Théophile de Viau**, sont poursuivis.

La vie culturelle et les productions artistiques

Les productions artistiques de la première moitié du siècle portent la marque des incertitudes et de l'instabilité. L'enthousiasme humaniste du XVIe siècle a fait place à des interrogations sur le monde, sur la position de la Terre dans l'univers, avec les théories héliocentristes de Copernic, relayé par Galilée. Les remises en question du savoir laissent libre cours à l'imagination, qui se tourne parfois vers l'irrationnel, le fantastique : un courant, défini plus tard par l'adjectif **baroque**, (du portugais *barocco* : « perle irrégulière »), exprime la profusion, le mouvement, les métamorphoses, le passage, l'inconstance des choses, la fragilité de la vie… Cette profusion se retrouve dans l'art, notamment religieux, qui impose des ouvrages surchargés et excessifs dans leurs proportions. Les œuvres du Bernin révèlent une volonté d'impressionner le spectateur par une exubérance décorative et par un appel à l'émotion.

Gian-Lorenzo Bernini, dit **Le Bernin** (1598-1680), *Statue équestre de Louis XIV transformé en Marcus Curtius* (exécutée à Rome de 1671 à 1674), marbre blanc (château de Versailles).

Sur le plan de la vie littéraire et culturelle, on voit se développer, à partir de 1620, les **salons**, lieux d'échanges et de débats. **Molière** a mis en scène leurs excès, dans *Les Précieuses ridicules* (1659) ou dans *Le Misanthrope* (1666), mais ces lieux de réflexion et de création contribuent à l'élaboration d'une langue enrichie et raffinée, et au développement de certains genres, notamment la poésie. Les sonnets, rondeaux et madrigaux, le plus souvent consacrés à l'amour, sont caractérisés par une langue subtile, qui abuse des figures de style au point de rendre leur sens très complexe.

À ce langage « codé » correspondent des comportements tout aussi codifiés, particulièrement dans la vie amoureuse, ce que résume la célèbre « Carte du Tendre », qui figure dans un roman de **Madeleine de Scudéry**, *Clélie* (1654-1660). Le romanesque connaît un grand succès dans cette période de **préciosité**, aussi bien à travers d'interminables récits d'analyse qu'au théâtre, où triomphe la tragi-comédie aux péripéties multiples.

La création de l'Académie française, par Richelieu (1634), souligne la préoccupation – nouvelle – d'imposer des règles et des normes. Sur le plan du langage, comme sur celui de la politique, l'unification et la centralisation sont en route.

La Carte du Tendre (détail), volume II du roman *Clélie*, de **Mlle de Scudéry**, gravée par François Chauveau (1656), gravure colorée (collection privée).

Le règne de Louis XIV (1661-1715)

Les gloires de la monarchie absolue

Le règne personnel de Louis XIV offre une image rayonnante : autorité progressivement imposée, prestige de la monarchie constamment rappelé, magnificence de la vie de cour… Ces aspects lumineux correspondent à une politique de développement menée par le ministre Colbert, et relayée par le système des intendants, représentants du pouvoir central dans les provinces. Les manufactures d'État se multiplient, produisant des objets de luxe, comme celles d'Aubusson ou des Gobelins, en relation avec le commerce, lui-même intensifié par la création d'un empire colonial. Colbert crée les deux Compagnies des Indes pour commercer avec le Nouveau Monde et avec l'Orient. On fait venir en France des artisans et spécialistes étrangers.

Hyacinthe Rigaud
(1659-1743),
Portrait de Jules Hardouin Mansart, premier architecte des bâtiments du roi
(détail ; 1685),
huile sur toile,
139 × 106 cm
(musée du Louvre ; Paris).

Le rayonnement de la France se marque aussi par une volonté d'expansion territoriale. Conquérant victorieux, Louis XIV annexe la Flandre, la Franche-Comté, Strasbourg. Il mène de nombreuses guerres contre ses voisins européens : Provinces-Unies (actuels Pays-Bas), États de l'Allemagne, Angleterre, Espagne, pensant ainsi accroître son prestige. Deux longs conflits, la guerre de la Ligue d'Augsbourg (1686-1697) et celle de la Succession d'Espagne (1701-1714), ont des conséquences humaines et financières catastrophiques, qui ternissent considérablement l'éclat du régime.

Depuis le début de son règne, Louis XIV travaille à la consolidation de la monarchie, qui devient absolue : concentration des trois pouvoirs entre les mains du souverain ; conception pyramidale de l'autorité et de la société ; le roi donne l'impulsion à la cour, la cour à la ville, la ville aux provinces... Le centralisme est extrême en ce qui concerne les décisions : tout est édicté par le roi, tout se décide à Versailles, le modèle vient d'en haut et il est unique. Le roi ne souffre aucune ombre : la condamnation du surintendant Foucquet (1664) en est un exemple. Quiconque s'oppose à lui peut être emprisonné par simple lettre de cachet. Son image devient celle d'un souverain autocrate, dont le règne somptueux, multipliant les fêtes, masque l'extrême misère des ouvriers et des paysans, et de profondes difficultés religieuses.

Les arts et les lettres

À un régime marqué extérieurement par l'opulence et la magnificence correspond une vie artistique brillante, dont les initiatives viennent du roi lui-même, qui joue le rôle de premier mécène. Il protège les artistes, leur accorde des pensions et la carrière de certains auteurs dépend de cette protection : c'est le cas de **Molière**, de **Racine** et de **Boileau**, nommés « historiographes du roi », du peintre Le Brun, du compositeur Lully, de Le Nôtre pour les jardins... Les commandes royales les font connaître et assurent leur célébrité.

Par l'intermédiaire de Colbert, le roi met en place un ensemble d'institutions culturelles et artistiques : Académie des sciences (1666), puis Académie de sculpture, de musique, d'architecture... Il s'agit de promouvoir les arts, mais aussi de les contrôler : ceux qui y enseignent et qui y règnent, les « doctes », imposent des codes, des règles et des modèles, qui sont tous en relation avec l'Antiquité, période considérée comme jamais égalée – et inégalable – en perfection.

Étienne Allégrain
(1644-1736),
Promenade de Louis XIV dans les jardins de Versailles
(détail ; ≈ 1688),
huile sur toile
(château de Versailles et de Trianon).

Ainsi s'élabore un art officiel avec un ensemble de réglementations : à la centralisation des pouvoirs et des décisions correspond une centralisation du goût, qui conditionne les productions. L'ambition des artistes est de « plaire » au roi et à la cour, condition même de la consécration : ceux qui y réussissent triomphent, tandis que les exclus en retirent amertume et frustration, comme **La Fontaine** (▸ p. 19) ou **La Rochefoucauld**.

Aucun des genres littéraires, aucun des modes d'expression artistique de l'époque n'échappe à cette situation. Il en résulte un ensemble de caractères communs qui permettent de définir un idéal, désigné plus tard par le mot « **classicisme** » : modération, cohérence, clarté, rigueur de la pensée, des structures, de l'expression même… Le refus de l'excès nourrit les comédies de **Molière** (▸ p. 254), la « règle des unités » dans la tragédie (▸ p. 252) impose une structure formelle propre à faire ressortir la violence des passions et la force du destin.

La nécessité de respecter des codes conduit à deux types de démarches : la première est celle de la justification, dans des préfaces ou autres textes théoriques, nombreux à l'époque, comme chez **Racine** (▸ p. 27, 248), **Corneille** ou **Molière** (▸ p. 274), qui va jusqu'à réfléchir sur le théâtre dans l'écriture théâtrale même (▸ p. 264). La seconde est celle de la contestation, au nom du progrès et du modernisme, parce que les auteurs veulent se libérer des contraintes. La fin du siècle est ainsi agitée par la **querelle des Anciens et des Modernes**, âpres débats entre les partisans de l'Antiquité, **La Fontaine**, **La Bruyère** (▸ p. 445, 446), **Boileau** (▸ p. 32, 249), et ceux, comme **Perrault** (▸ p. 20), **Fontenelle**, **Saint-Évremond**, qui annoncent l'esprit ouvert et expérimental des Lumières du XVIIIe siècle.

Les ombres du régime

Louis Le Nain (1593-1648), *La charrette ou Le retour de la fenaison* (détail ; 1641), huile sur toile, 56 × 72 cm (musée du Louvre ; Paris).

Mais la vie de cour et la richesse des productions esthétiques, dans tous les domaines, ne font pas oublier les guerres, la conscription, les déficits financiers qu'elles provoquent et la lourdeur des impôts. À mesure que le règne avance, certaines couches de la population connaissent des conditions de vie de plus en plus difficiles. **La Bruyère** compare les paysans à des « bêtes » parce qu'ils ne vivent pas autrement, ravalés à une condition animale. Des disettes (1693-1694, 1709) aggravent leur situation, alors qu'ils sont déjà surchargés de taxes diverses. Ainsi se creuse le fossé entre les pauvres du royaume, en très grand nombre, et les classes, minoritaires, qui affichent leurs privilèges : la noblesse, appelée aux plus hautes charges du régime, le haut clergé ou la bourgeoisie d'affaires, qui s'enrichit dans le commerce.

Parmi les ombres, on peut signaler les incohérences d'un monarque parfois velléitaire, qui choisit mal certains de ses conseillers et généraux, accorde récompenses et pensions de manière injustifiée, impose à la cour une étiquette et un protocole d'un formalisme excessif, se laisse influencer par ses maîtresses… Le portrait que tracera de lui Montesquieu, dans les *Lettres persanes* (1721, ▸ p. 448) met en relief des contradictions dont les conséquences se font sentir sur toute sa manière de gouverner.

Parmi les ombres, enfin, la persistance et l'aggravation des problèmes religieux. La question protestante trouve une issue tragique dans la révocation de l'édit de Nantes (1685), décision aux conséquences humaines et économiques considérables : intolérance à l'égard de ceux qui conservent leur croyance, exil massif en Allemagne et en Angleterre d'industriels utiles à la France... Les problèmes religieux sont également liés au jansénisme, branche dissidente de l'Église catholique, dont les membres, lettrés et influents, sont perçus comme une double menace pour l'Église et pour le pouvoir. Ils sont pourchassés et leur monastère, Port-Royal des Champs, est détruit sur ordre du roi en 1713.

Soucieux d'un État unifié sur le plan religieux, et craignant pour son autorité, le Roi-Soleil, si éclairé sur le plan des arts, se révèle intolérant et autoritaire à l'égard de groupes pourtant susceptibles de contribuer à la gloire, à la richesse économique et à la renommée intellectuelle de son pays.

Claude Callot (1620-1686), *La Pendaison* (détail ; XVIIe siècle), d'après la peinture originale de Jacques Callot, huile sur toile (musée Bargoin ; Clermont-Ferrand).

LE XVIIIe SIÈCLE

Antoine-François Callet (1741-1823), *Portrait de Louis XVI, revêtu du grand costume royal en 1779,* huile sur toile (château de Versailles).

Commencé sous le règne d'un monarque absolu et achevé par la Révolution, le XVIIIe siècle voit la fin d'un système politique sous la poussée des idées nouvelles et de la contestation qu'elles font naître : ce grand mouvement est mené par ceux que l'on appelle les philosophes des **Lumières** .

Les grandes étapes historiques du siècle

Lorsque le siècle s'ouvre, Louis XIV règne en monarque absolu; en 1793, Louis XVI est condamné à mort par un tribunal révolutionnaire et exécuté : c'est la fin de la monarchie. Entre-temps se succèdent le régent Philippe d'Orléans et Louis XV.

■ La fin du règne de Louis XIV (1685-1715)

Le règne du Roi-Soleil s'achève dans l'austérité religieuse, les difficultés financières dues aux guerres (Succession d'Espagne, 1701-1714), et l'accroissement de la misère des paysans et des ouvriers. Un grand nombre de protestants émigrent à la suite de la révocation de l'édit de Nantes (1685), déséquilibrant l'économie du pays. Hivers rigoureux et terribles famines accentuent les inégalités : pauvreté d'un côté; richesse outrancière de l'autre.

En 1694, **Fénelon** écrit au roi une lettre dans laquelle il dénonce l'état de délabrement de la France, «grand hôpital désolé», et met en cause sa responsabilité.

■ La Régence de Philippe d'Orléans (1715-1723)

L'âge de l'héritier du trône, Louis XV, impose une régence, assurée par Philippe d'Orléans. Cette période de huit ans est caractérisée par un mouvement de libéralisation sur tous les plans : à l'austérité succèdent le libertinage, le goût du luxe et des plaisirs, l'impiété. Le financier écossais Law développe le papier-monnaie et émet des emprunts, mais le système se solde par une faillite qui conduit à la ruine de bien des souscripteurs.

Nicolas-Pierre Pithou le Jeune (1760-1817), *Le Déjeuner de la sultane,* décor sur une plaque de porcelaine tendre d'après Amédée Van Loo (1783), 40,5 × 48,5 cm (Musée national de céramique ; Sèvres).

Le climat général est celui de l'instabilité, tandis qu'apparaissent les premiers ouvrages contestataires, comme les *Lettres persanes* (▸ p. 448), de **Montesquieu**, publiées de manière anonyme à Amsterdam en 1721 et qui connaissent immédiatement un très grand succès.

■ Le règne de Louis XV (1723-1774)

En 1723, le règne de Louis XV s'ouvre sur de grands espoirs : des réformes menées par le cardinal de Fleury et le développement économique laissent penser que la prospérité est revenue. Mais les difficultés s'accumulent : à l'intérieur, les parlements contestent le pouvoir monarchique; à l'extérieur, après les victoires de la guerre de la Succession d'Autriche (Fontenoy, en 1745), le pays connaît de nouveau des problèmes financiers par suite de la guerre de Sept Ans (1756-1763), qui fait perdre à la France une grande partie de son empire colonial (Indes et Canada) au profit de l'Angleterre.

Dans le domaine des idées, le travail de contestation, engagé par les philosophes – notamment par **Voltaire** avec les *Lettres philosophiques* (1734) ou le *Traité sur la tolérance* (1763) –, se développe avec le lancement, en 1748, du projet de l'***Encyclopédie*** (1751-1772), vaste entreprise de classification des savoirs, mais aussi de critique des institutions. Le conflit est immédiat avec les autorités politiques et religieuses, qui se jugent – à juste titre – attaquées.

Le règne de Louis XVI (1774-1792)

Face à une crise financière permanente, le nouveau roi Louis XVI choisit des ministres efficaces, Turgot, Necker, mais ces derniers se heurtent, dans leurs réformes (projet de l'égalité devant l'impôt, notamment), aux réactions de la noblesse et des parlements qui exigent la convocation des états généraux, ce que le roi accepte (1788-1789).

C'est l'occasion pour la bourgeoisie de faire entendre officiellement ses revendications et de s'opposer aux privilèges de la noblesse. Le mécontentement des classes défavorisées s'exprime à cette occasion, dans un grand mouvement de protestation et d'espoir d'où sortira la révolution de 1789.

Les aspirations du peuple et de la bourgeoisie ont déjà trouvé leur expression dans le théâtre contestataire de **Beaumarchais**, le personnage de Figaro (1784, ▸ p. 267) incarnant à la fois les compétences et les frustrations de toute une catégorie sociale.

La Révolution (1789-1799)

La dynamique mise en route par le rassemblement des états généraux conduit à des actes de liberté : prise de la Bastille, symbole de l'Ancien Régime et de son arbitraire (14 juillet 1789), abolition des privilèges (nuit du 4 août), *Déclaration des droits de l'homme et du citoyen* (26 août), abolition de la monarchie et proclamation de la République (21 septembre 1792). Mais ces conquêtes sociales et politiques sont menacées par une coalition étrangère (Autriche, Angleterre, Prusse), à laquelle s'associent les aristocrates exilés («l'armée des princes»), et par de fortes résistances intérieures, catholiques et royalistes (Bretons et Vendéens notamment).

Contre cette double menace, le gouvernement révolutionnaire prend des mesures d'exception qui conduisent à une dictature de Salut public et à la Terreur (1793). Son instigateur, Robespierre, est renversé en 1794. En 1795, le Directoire poursuit la guerre à l'extérieur. Les victoires du jeune général Bonaparte le portent au pouvoir grâce au coup d'État du 18 brumaire, en novembre 1799, qui ouvre sur le Consulat et l'Empire.

Jacques-Louis David (1748-1825), *Le Serment du Jeu de Paume, le 20 juin 1789* (1791), huile sur toile (musée Carnavalet ; Paris).

L'influence déterminante du mouvement des idées

L'exigence de réformes, exprimée par toute la littérature d'idées, renvoie à une conception généreuse de l'être humain, à une foi dans ses capacités de progrès, ce qui permet de définir les **Lumières** comme un courant humaniste.

Les cibles de la contestation

Si l'on en juge par les *Lettres persanes,* premier ouvrage critique du siècle (1721), c'est l'ensemble des institutions qui est attaqué par les philosophes : le pouvoir politique et son organisation, l'intolérance religieuse, les inégalités sociales, les traditions respectées pour elles-mêmes et non pour leur valeur…

Jean Honoré Fragonard (1732-1806), *Portrait de Denis Diderot* (détail ; XVIIIe siècle), huile sur toile, 81 × 65 cm (musée du Louvre ; Paris).

- **Le pouvoir politique** : la légitimité du pouvoir absolu héréditaire est contestée, au nom d'une possibilité qui serait donnée au peuple de choisir son souverain. **Montesquieu** dans *De l'esprit des lois* (1748), **Diderot** dans l'article « Autorité » de l'*Encyclopédie* (1751), **Voltaire** dans les *Lettres philosophiques* (1734) s'appuient sur les exemples antiques et sur l'histoire récente de l'Angleterre pour faire l'éloge d'une monarchie parlementaire dans laquelle le pouvoir du roi serait contrebalancé par celui d'une chambre élue. La séparation des pouvoirs, prônée par **Montesquieu**, va dans le même sens. Les philosophes s'attaquent également à la manière dont ce pouvoir peut s'exercer arbitrairement à travers les « lettres de cachet », qui permettent au roi de faire arrêter et emprisonner n'importe lequel de ses sujets. Les critiques visent enfin la pratique systématique de la « question », ou torture, à laquelle sont soumis tous les accusés.
- **Le pouvoir de l'Église** : l'institution religieuse constitue un véritable « État dans l'État », force dont le roi lui-même doit tenir compte, même s'il en est officiellement le représentant. Une partie du clergé constitue une classe privilégiée, à l'égal de la noblesse, qui ne paie pas d'impôt mais en perçoit sous forme de « dîme », ou dixième partie des récoltes. Ce haut clergé, qui vit de ses bénéfices ecclésiastiques, fréquente la cour et se mêle de politique, semble bien loin, dans ses pratiques, de l'esprit de l'Évangile. Religion d'État, le catholicisme se montre particulièrement intolérant à l'égard des protestants et de ceux qui affichent leur incroyance. Parmi les premiers, ceux qui sont restés en France sont l'objet d'accusations et d'arrestations iniques, comme Calas et Sirven, réhabilités grâce à **Voltaire**. Parmi les seconds, on peut citer le cas du jeune chevalier de La Barre, torturé et exécuté pour avoir chanté une chanson impie au passage d'une procession religieuse.

La Famille Calas devant Voltaire à Ferney (XVIIIe siècle), huile sur toile (musée Antoine Lecuyer ; Saint-Quentin).

Au nom d'une conception traditionnelle du monde et de son organisation, l'Église refuse les idées nouvelles qui pourraient limiter son pouvoir. L'ordre des Jésuites représente cette tradition qui s'oppose à l'esprit philosophique. Des philosophes, **Voltaire** est le plus violent dans son anticléricalisme et dans sa dénonciation des pratiques religieuses différentes qui séparent les hommes. **Rousseau**, de son côté, prône un déisme dans lequel l'homme entrerait en communication avec la divinité, sans intermédiaire. Ce n'est pas la religion, qu'ils condamnent, mais ses effets superstitieux.

- **Les inégalités sociales** : les trois ordres qui composent la société sont très inégaux en nombre, en richesse et en pouvoir. Le haut clergé (130 000 personnes environ) et la noblesse (300 000 personnes) sont des privilégiés. Le tiers état (24 millions de personnes) regroupe les ouvriers, les paysans et les bourgeois, avec de très grandes disparités.

Les philosophes dénoncent le fait que ceux qui contribuent à l'économie du pays n'ont pas accès à la gestion des affaires politiques, réservée à une aristocratie dont la « naissance » ne garantit pas les compétences, comme le rappelle avec ironie **Beaumarchais**. Comme **Lesage** avec Gil Blas (1715-1735 ▸ p. 128, 164), il met en scène avec Figaro (1784, ▸ p. 267) un personnage qui incarne les ambitions de la petite bourgeoisie. En s'intéressant aux questions économiques et à l'agriculture, les encyclopédistes montrent qu'ils n'oublient pas, dans leurs réflexions, la partie la plus défavorisée de la population.

Nicolas Henri Jeaurat de Bertry (1728-1796), *Une allégorie de la Révolution avec un médaillon de Jean-Jacques Rousseau* (1794), huile sur toile (musée Carnavalet ; Paris).

Les armes de la contestation

Le mouvement des **Lumières** est animé par un esprit nouveau qui croit au progrès et qui a foi en l'homme. Ses armes essentielles sont la pensée, la raison, l'esprit d'examen et leur mise en œuvre dans des productions littéraires variées, dont l'orientation polémique se dissimule derrière divers subterfuges.

- **La croyance dans le progrès** : issue de l'esprit des Modernes à la fin du XVIIe siècle, la foi dans le progrès est étroitement liée aux débuts de la révolution industrielle, déjà bien avancée en Angleterre. Dans la querelle qui l'oppose à Rousseau, **Voltaire** développe l'idée que le progrès technique et matériel est source de progrès moral. La partie scientifique et technique de l'***Encyclopédie***, avec ses volumes de planches explicatives, souligne les préoccupations de ses auteurs, comme le montrent aussi le sous-titre de l'œuvre – *Dictionnaire raisonné des sciences, des arts et des métiers* – et le « Discours préliminaire », rédigé par le mathématicien **d'Alembert**. Cet ouvrage rend compte des découvertes récentes, celles de Lavoisier, évoque les connaissances acquises lors des voyages de Bougainville, de Cook, de La Pérouse, prône la vaccination et fait état de notions médicales nouvelles.
- **L'importance de la raison et de l'esprit d'examen** : au poids des traditions, au principe d'autorité, les philosophes opposent la rigueur de l'observation scientifique. À l'imitation de Fontenelle et de Bayle, qui posèrent les bases de cet esprit nouveau, ils passent au crible de l'analyse raisonnée les croyances et les superstitions qui s'opposent au progrès et qui maintiennent la pensée au stade des préjugés. Pour bousculer les habitudes et les idées toutes faites, en faire admettre l'inefficacité ou le danger, des « instruments » sont nécessaires : ils sont essentiellement littéraires.
- **Une littérature engagée** : l'esprit nouveau s'exprime à travers des œuvres diverses, qui doivent contourner la censure. L'œuvre majeure est l'***Encyclopédie***, somme des savoirs de l'époque, outil d'éducation et de contestation à la fois, ce qui lui vaut interdiction et condamnation au bûcher. Mais bien d'autres genres littéraires sont mis au service de la critique : **lettres**, comme les *Lettres philosophiques* de Voltaire, ou la *Lettre sur les aveugles* de Diderot ; **essais** et **traités**, comme le *Traité sur la tolérance*, de Voltaire, *Le Contrat social*, de Rousseau, ou *De l'esprit des lois* (▸ p. 423), de Montesquieu ; **romans** et **contes**, comme les *Lettres persanes* (▸ p. 448), de Montesquieu, *Candide* (▸ p. 118, 424), *Zadig*, *L'Ingénu* (▸ p. 84), de Voltaire ; **discours** et **pamphlets** divers…

Sur un mode souvent ironique, pour déstabiliser, ou par le truchement d'un regard étranger, pour surprendre, les auteurs s'efforcent de faire prendre conscience à leurs lecteurs des anomalies qui touchent la société et de la nécessité de changement. Ce travail de contestation, qui valut à **Voltaire** ou **Diderot** d'être condamnés et emprisonnés, est à l'origine de « l'esprit de 1789 » qui animera les premières grandes réformes de la Révolution.

De ce siècle de transition entre tradition centralisatrice et modernisme émerge un courant humaniste majeur, les **Lumières**, et son incarnation dans le « philosophe » apparaît comme la continuité de l'« humaniste » du XVIe siècle et de l'« honnête homme » du XVIIe.

Maurice Quentin de La Tour (1704-1788), *Portrait de Jean Le Rond d'Alembert* (XVIIIe siècle), huile sur toile, 63 × 52 cm (château de Versailles).

LE XIXe SIÈCLE

Issu de la révolution politique de 1789, le XIXe siècle est caractérisé par une autre révolution, celle de l'industrie, qui ouvre la voie aux applications techniques, aux avancées du progrès, mais entraîne avec elle la formation du prolétariat, le machinisme et l'exode rural.

Jacques Louis David (1748-1825), *Portrait de Napoléon Ier en costume impérial* (1805), huile sur bois, 57 × 49,5 cm (Musée des beaux-arts ; Lille).

Le contexte historique et ses grandes articulations

Une succession de régimes et de changements importants caractérise le XIXe siècle.

Le Premier Empire (1804-1814), les Cent-Jours (1815)

Le siècle commence avec l'arrivée au pouvoir de Napoléon : premier consul depuis 1799, il se fait sacrer empereur le 2 décembre 1804 et engage la France dans une double politique d'organisation intérieure rigoureuse et d'expansion territoriale. L'image de ce roturier parvenu au sommet de l'État enflamme les imaginations des jeunes gens « nés avec le siècle », comme **Hugo**, **Balzac**, **Stendhal** (▸ p. 326), avides de réussite et de gloire.

L'épopée, semée de victoires successives mais aussi de tragédies (retraite de Russie en 1812, premier exil à l'île d'Elbe), s'achève à Waterloo, le 18 juin 1815, face à une coalition anglo-prussienne. Avec l'exil de l'empereur à Sainte-Hélène disparaissent les espoirs de toute une génération, qui ne voit dans la Restauration qu'ennui, tristesse et conformisme, ce que **Musset** (▸ p. 330) désigne par l'expression « mal du siècle ».

La Restauration (1815-1830) et la monarchie de Juillet (1830-1848)

Le retour à la monarchie est marqué par le règne de Louis XVIII, jusqu'en 1824, puis par celui de Charles X, mais les mentalités ont changé et il n'est plus question de l'absolutisme d'Ancien Régime. Les revendications libertaires, les incertitudes politiques conduisent aux journées révolutionnaires de 1830.

Trois journées de révolte et de barricades, les « Trois Glorieuses », soulèvent Paris en juillet 1830 et mettent fin au règne de Charles X. Mais la monarchie demeure : Louis-Philippe, le « roi bourgeois », monte sur le trône et s'ouvre alors le règne de la bourgeoisie et des banquiers, sous la devise officielle « Enrichissez-vous… ». La volonté de progrès se double d'un repli sur des préoccupations de réussite et de confort individuels. Sur le plan social, cette période voit un accroissement des inégalités entre la bourgeoisie aisée et le monde ouvrier et paysan. L'artiste, lui, souffre de marginalité et d'incompréhension parce qu'il refuse le conformisme et les valeurs bourgeoises.

François Auguste Biard (1798-1882), *L'abolition de l'esclavage dans les colonies françaises en 1848* (salon de 1849), huile sur toile, 260 × 392 cm (château de Versailles).

La révolution de 1848 et la IIe République (1848-1851)

Le soulèvement de février 1848 se fait dans la ligne de 1789 : mêmes aspirations du « peuple », mêmes revendications égalitaires. La République est proclamée. Dans un même élan sont abolis la censure, l'esclavage, la peine de mort. Le suffrage universel est instauré. Mais l'éphémère IIe République s'achève en 1852 après le coup d'État du premier président, Louis-Napoléon Bonaparte, le 2 décembre 1851.

Le Second Empire (1852-1870)

Le Second Empire est mis en place pour vingt ans. Les opposants s'exilent, comme **Hugo**, qui, de Jersey puis de Guernesey, condamne le régime avec une grande violence dans les *Châtiments* (▸ p. 334, 449). Le nouveau régime de Napoléon III se construit sur un ordre intérieur sévère (l'empire autoritaire) et sur d'ambitieux projets de politique extérieure et coloniale. Paris est transformé par les grands travaux d'Haussmann, de 1853 à 1869, qui développent une spéculation immobilière effrénée (l'empire libéral). Un ordre moral est instauré, qui conduit au retour de la censure : **Flaubert** et **Baudelaire** en sont les victimes en 1857, l'un pour *Madame Bovary* (▸ p. 86), l'autre pour *Les Fleurs du mal.*

La Commune (1870-1871) et les débuts de la IIIe République

1870 est, selon **Hugo**, « l'année terrible ». Le régime s'effondre avec la défaite de Sedan, en septembre 1870 : la France est occupée, les Prussiens campent autour de Versailles. La IIIe République naît difficilement de la terrible répression de la Commune (1871), insurrection parisienne pour tenter d'imposer un régime révolutionnaire.

Il aura ainsi fallu presque un siècle pour que s'instaure le régime entrevu et espéré en 1789. Installée, la IIIe République doit faire face à de nombreuses crises : chutes de ministères, scandales financiers… La « guerre scolaire » s'ouvre entre partisans et adversaires de la laïcité. Elle se résout avec les lois de Jules Ferry (1882-1883, ▸ p. 408) imposant la scolarité obligatoire, gratuite et laïque.

Un nationalisme doublé d'antisémitisme est à l'origine de l'affaire Dreyfus, dans laquelle **Zola** (1898) prend position avec courage.

▲ Anciennement attribué à **Édouard Manet**, *Exécution pendant la Commune* (après 1871), huile sur toile, 37,8 × 46,2 cm (musée Folkwang ; Essen).

Le contexte industriel, social et économique

Le XIXe siècle est caractérisé par des progrès aux conséquences sociales importantes.

Progrès et positivisme

Le développement industriel et la recherche scientifique se font dans un contexte d'optimisme : la foi dans le progrès et dans la science, qui caractérise le **positivisme**, conduit à penser qu'ils pourront apporter des réponses à toutes les interrogations des hommes et des solutions à tous leurs maux. Les découvertes semblent illimitées : machine à vapeur, vaccins, pasteurisation, rayons X, photographie, anesthésie, médecine expérimentale… Le développement de l'électricité, du moteur à explosion, les fonderies permettent à des régions entières de s'industrialiser. Le XIXe siècle est celui des concentrations financières. Dans le domaine commercial, la création des grands magasins, comme le Bon Marché décrit par **Zola**, révolutionne les pratiques au détriment du petit commerce.

Les mutations sociales et les premières revendications

En ne s'attachant qu'aux aspects positifs du progrès, le positivisme ne prend pas en compte ce que l'on appelle au siècle suivant les « effets pervers » du progrès, et que certains – **Flaubert**, **Baudelaire** – dénoncent déjà : la prospérité n'atteint pas toute la population.

- **Les ouvriers** : la situation de la classe ouvrière n'est pas homogène. Les pires conditions sont celles des ouvriers de la grande industrie du Nord : journées de 13 à 15 heures sans pause pour les repas, travail sans protection entraînant de nombreux accidents, aucune couverture sociale, pas de congés, pas de retraite. Femmes et enfants travaillent, à un taux inférieur. L'incapacité de travailler conduit à l'alcoolisme, à la misère, à la marginalité. C'est cette situation que **Zola** (▸ p. 156, 185, 3 45, 348) s'est attaché à montrer, faisant de ces êtres malheureux les héros de ses romans. Ces conditions sont la cause de mouvements ouvriers et d'ébauches de mouvements syndicaux. Les idées de Proudhon, Bakounine, Marx commencent à se répandre.

Édouard Manet (1832-1883), *Olympia* (détail ; 1863), huile sur toile, 130,5 × 190 cm (musée d'Orsay ; Paris).

- **Les paysans** : le monde rural connaît un exode qui s'explique par l'industrialisation. Certains rendements progressent, mais la population paysanne vit de manière difficile sur des exploitations réduites, la plupart du temps salariée des bourgeois qui détiennent la grande propriété. **Maupassant**, dans ses contes (▸ p. 134, 351), et **Zola**, dans *La Terre* (▸ p. 39), donnent des images saisissantes de la vie misérable et souvent violente de ces familles de paysans.
- **Les bourgeois** : ils sont les acteurs et les bénéficiaires de l'essor économique, participant activement à l'enrichissement qui caractérise la monarchie de Juillet, le Second Empire et la IIIe République. Ces bourgeois matérialistes souvent taxés de conformisme et d'absence d'imagination, héros des romans de **Balzac** (▸ p. 165), de **Stendhal** (▸ p. 131) ou de **Maupassant** (▸ p. 158), sont la cible des poètes comme **Corbière**, **Verlaine**, **Rimbaud**, des auteurs de théâtre comme **Labiche** (▸ p. 294). Ce sont ces bourgeois qui assurent un « ordre moral » apparent, criant au scandale devant *L'Olympia* de Manet, ou les poèmes de **Baudelaire**.

Les courants esthétiques et leurs productions

Théodore Chasseriau (1819-1856), *Danseuses marocaines, La danse des mouchoirs* (détail ; XIXe siècle), huile sur bois, 32 × 40 cm (musée du Louvre ; Paris).

La vie artistique et culturelle du XIXe siècle s'inscrit dans un contexte qu'elle reflète ou rejette parfois.

Le romantisme : frustrations, liberté et évasion

La révolution de 1789 a fait naître de grands espoirs et des revendications de liberté qui s'expriment aussi dans les arts. Le théâtre s'affranchit des règles du classicisme et produit le drame ; la poésie assouplit l'alexandrin et invente le poème en prose (▸ p. 332).

Avec **Lamartine** (▸ p. 322), **Hugo** (▸ p. 324, 327, 334), **Musset** (▸ p. 330), **Nerval** (▸ p. 333), la poésie se fait l'écho d'une profonde insatisfaction, d'un sentiment de mal-être que les poètes compensent par le rêve, l'inspiration fantastique et les voyages, notamment en Orient. La peinture de Delacroix traduit le mouvement, la couleur, l'exotisme…

Les nouveaux héros romanesques, issus du peuple, comme Julien Sorel chez **Stendhal** (▸ p. 131, 326), ou les personnages de **Balzac** (▸ p. 78) incarnent une génération qui se sent à l'étroit dans le conformisme bourgeois et dont l'avidité de réussite se heurte aux conventions d'une société encore très rigide. Les ouvrages littéraires connaissent une grande diffusion, favorisée par l'expansion de la presse, qui les publie en feuilletons.

Positivisme, réalisme et naturalisme

Les mutations sociales dues au progrès ont une influence sur le regard et l'inspiration des artistes. Il leur semble important de représenter la société et le monde économique tels qu'ils sont, en pleine transformation, sans les embellir. C'est l'objectif que se donne le réalisme, avec des peintres, comme Courbet, et des romanciers, comme **Balzac**, **Flaubert**, **Maupassant** (▸ p. 94, 354).

▲ **Gustave Courbet** (1819-1877), *Les Cribleuses de blé* (1854), huile sur toile, 131 × 167 cm (Musée des beaux-arts ; Nantes).

Dans le naturalisme, **Zola** systématise la référence à la science, et à la foi positiviste dans le progrès, pour faire de la méthode expérimentale de Claude Bernard un modèle de démarche littéraire (▸ p. 349) : le projet naturaliste n'est pas seulement de montrer le réel, mais de faire de la littérature un mode d'analyse et de connaissance de la nature humaine. Il s'agit alors de placer des personnages dans des milieux différents, ceux qu'offre une société diversifiée – prolétariat, paysannerie, milieux financiers, bas-fonds, milieux diplomatiques – et d'observer l'influence de ces milieux sur les comportements. Les limites de l'expérience sont perceptibles, mais elle permet à **Zola** de tracer une vaste fresque de la France du Second Empire.

Symbolisme et décadentisme

Parallèlement, certains poètes se sentent étrangers à un monde qu'ils considèrent comme trop attaché aux valeurs matérialistes du progrès et trop contraignant sur le plan des règles morales. **Baudelaire** et les poètes dits « maudits », **Verlaine**, **Rimbaud**, **Corbière**, **Lautréamont**, se mettent délibérément en marge d'une société qui a tendance à les rejeter. Leur poésie ne montre du réel que ce qui blesse leur sensibilité ; elle s'efforce de trouver une évasion dans la recherche de l'Idée à travers les symboles. Les notions de « spleen » et d'« idéal » illustrent la coexistence difficile de deux orientations contradictoires.

Il faut attendre la fin du siècle pour que la poésie se mette, avec **Verhaeren** (▸ p. 360), à l'unisson du monde moderne. Durant une longue période, elle est soit l'expression d'un mal de vivre, d'un refus de la société et d'une recherche philosophique, soit un instrument de lutte politique. Elle fait du poète un créateur dont la mission s'apparente à celle d'un guide, d'un prophète, et un médiateur capable d'accéder aux mystères du langage et du monde. Dans cette mission difficile, il n'est pas le seul à devoir subir les sarcasmes de la foule qui ne le comprend pas : les peintres de l'époque, Monet, Manet, Van Gogh, connaissent, eux aussi, refus et insultes, preuves d'une incompréhension du public.

Vincent Van Gogh (1853-1890), *Le Tisserand*, aquarelle, plume et encre brune, 31,8 × 45,1 cm (musée du Louvre – fonds Orsay ; Paris). ▼

LE XXe SIÈCLE

Attendu comme un siècle heureux et prometteur, le XXe siècle offre un bilan contradictoire : il est l'époque du progrès triomphant et l'illustration de la barbarie humaine. Les deux guerres mondiales, les interactions politiques, le développement intensif des communications sont les signes d'une mondialisation. Dans ces conditions, il devient difficile de limiter à ses frontières les grands faits de l'histoire d'un pays, même si ses productions culturelles restent attachées à l'esprit national.

Pablo Picasso (1881-1973), *Violon* (1911-1912), huile sur toile, 55 × 46 cm (musée Pouchkine ; Moscou).

La « Belle Époque » et ses menaces (1900-1914)

Le siècle s'ouvre sur une période dont l'euphorie apparente cache mal les menaces de la guerre. Le développement industriel est intense, l'expansion coloniale source de richesse, et la littérature porte les traces d'un enthousiasme qui se traduit par une inspiration et un esprit nouveaux, illustrés par la poésie d'**Apollinaire** (► p. 66, 364, 365) de **Larbaud**, de **Cendrars** (► p. 362) : les voyages sont à l'honneur, ils permettent de célébrer les progrès de la communication, le modernisme industriel. Les villes s'ornent de lumières et se couvrent de publicités que célèbre Cendrars. Les peintres découvrent le **cubisme** de Picasso, Braque, Léger et l'influence des arts africains. Une quantité d'œuvres importantes s'ébauche alors : **Proust** (► p. 463), **Gide**, **Giraudoux** (► p. 304), **Martin du Gard**, **Colette** (► p. 122)...

Mais le complexe système des alliances, la politique de l'empereur allemand Guillaume II, plusieurs crises importantes entre la France et l'Allemagne mettent en danger un équilibre fragile. D'autre part, la rivalité entre la Russie et l'Autriche à propos des Balkans crée un état de guerre latent dans cette région. L'assassinat, le 28 juin 1914, à Sarajevo, du prince héritier d'Autriche-Hongrie déclenche une guerre d'ampleur internationale : la Première Guerre mondiale commence le 1er août 1914.

Amadeo Modigliani (1884-1920), *Femme assise en bleu* (1919), peinture (Musée d'art moderne ; Stockholm).

La Première Guerre mondiale (1914-1918)

L'assassinat de Jaurès, le 31 juillet 1914, montre la détermination des partisans de la guerre. Après les grandes offensives de 1915, le conflit prend la forme d'une guerre de position et d'usure, épouvantable guerre de tranchées, où l'on utilise des gaz asphyxiants. De nombreuses œuvres littéraires témoignent de cette « boucherie » et du sacrifice de toute une génération : *Le Feu*, de **Barbusse** (► 1916, p. 123) ; *Les Croix de bois*, de **Dorgelès**, ainsi que des auteurs allemands, comme E. M. Remarque, et russes. L'année 1917 est particulièrement meurtrière avec des mutineries et des exécutions capitales. Les Allemands capitulent en 1918, après l'entrée des États-Unis dans le conflit, mais les conditions du traité de Versailles laissent planer une nouvelle menace.

L'entre-deux-guerres et les « années folles » (1919-1939)

La période qui suit la guerre est caractérisée par des tendances contradictoires : soulagement de la paix et de la fin des combats, douleur devant le nombre de vies sacrifiées et l'état désastreux du pays, sentiment diffus d'une menace et désir de profiter de la vie... L'expression « années folles » traduit une vitalité un peu artificielle qui se manifeste dans la mode (coiffures courtes des femmes, « à la garçonne », jupes raccourcies) et la musique avec le jazz et le charleston.

Sur le plan de la vie littéraire, le **mouvement Dada**, né à Zurich en 1916, apparaît comme une réaction à l'incohérence de la guerre : rejet de toutes les valeurs, il se caractérise par un esprit de subversion refusant toutes les contraintes et exprimant sous des formes diverses, mais toujours libres, le sentiment d'un monde absurde et violent. C'est de lui que naît le **surréalisme**, animé par **Breton** (► p. 368), mouvement auquel adhèrent **Desnos** (► p. 367, 380), **Aragon** (► p. 377), **Eluard** (► p. 371), les peintres Dali, Ernst, Magritte.

Affiche « Mouvement Dada », pour une lecture faite par **Tristan Tzara**, à Munich, le 23 juillet 1918 (dessin de Marcel Janco, 1918), 46,8 × 32,2 cm (collection privée).

Cependant, l'équilibre européen semble fragile : le traité de Versailles a fait naître une profonde amertume en Allemagne. La Russie s'installe, non sans difficultés, dans un nouveau régime né de la révolution bolchevique de 1917. La crise économique de 1929 aux États-Unis a des conséquences déstabilisatrices sur les économies européennes. Des régimes fascistes se mettent en place en Allemagne (1933) et en Italie (1922), à la faveur des crises politiques et économiques. La guerre civile espagnole de 1937 est une préfiguration du second conflit mondial que de nombreux hommes politiques, diplomates et écrivains voient poindre. La vie artistique est caractérisée par le développement du roman, sous l'influence d'écrivains américains comme Faulkner et Dos Passos : **Malraux** (► p. 454), **Giraudoux** (► p. 304), **Bernanos**, **Montherlant** s'interrogent sur le sens de l'**engagement**. La réflexion philosophique avec Bergson, Alain, Bachelard s'oriente vers les mêmes thèmes de réflexion.

La Seconde Guerre mondiale (1939-1945)

Provoqué par les annexions successives que mène l'Allemagne nazie en Europe, le conflit prend rapidement une ampleur mondiale. Écrasée militairement, la France, dirigée par le maréchal Pétain, subit l'occupation allemande et se soumet aux lois raciales du IIIe Reich, ce qui entraîne la déportation de nombreux Juifs – y compris de très jeunes enfants – dans les camps de la mort. Parallèlement, la Résistance s'organise à Londres autour du général de Gaulle.

Robert Capa, *Populations fuyant pendant la guerre civile espagnole* (5 septembre 1936).

Sur le plan littéraire, les écrivains se divisent assez vite en résistants et en partisans de la collaboration. Les premiers, parmi lesquels **Desnos** (► p. 367, 380), **Aragon** (► p. 377), **Eluard** (► p. 366, 371, 451), **Char** (► p. 383), **P. Emmanuel** (► p. 379), **Vercors** (► p. 199, 374), publient, souvent dans la clandestinité, des textes appelant à la résistance, ou célébrant le courage de ceux qui sacrifient leur vie. **Vercors** fonde, en 1942, les éditions de Minuit et publie des récits célébrant la Résistance. **Anouilh** fait représenter *Antigone* (► p. 381).

Lorsque les armées alliées américaines et soviétiques effectuent leur jonction, après la libération de la France, la découverte des camps de concentration révèle une horreur inimaginable et quasi impossible à exprimer : les survivants, parmi lesquels les écrivains **R. Antelme** (► p. 55), **J. Semprun** (► p. 56), **D. Rousset**, **P. Levi**, ont beaucoup de difficultés à transcrire en récits leur expérience de la barbarie humaine et d'une organisation de destruction encore jamais mise en place. Le devoir de mémoire qu'ils s'imposent dans leurs témoignages et que reprennent d'autres écrivains sous des formes différentes, comme **G. Perec**, a pour fonction de lutter contre toutes les formes de révisionnisme.

L'après-guerre et les « trente glorieuses » (1945-1973)

Après toutes les formes d'horreur, celles des camps, celle des bombardements systématiques des populations civiles, celle des bombes d'Hiroshima et de Nagasaki en 1945, un nouvel ordre s'installe, décidé par les alliés à Yalta, générateur de rivalités et de guerre froide entre l'Union soviétique et les États-Unis.

En France, comme partout, il s'agit de reconstruire, et de restaurer l'économie, de moderniser le pays. Les années qui suivent la fin de la guerre, la IVe République, constituent une période d'instabilité due aux relations difficiles avec les colonies, Maroc, Tunisie, Indochine. Lorsque le général de Gaulle revient au pouvoir, en 1958, et instaure la Ve République, la France est confrontée à la guerre d'Algérie après avoir perdu l'Indochine. Il y a beaucoup à faire pour moderniser le pays, au moment où se met en place la conquête spatiale, où les communications et l'informatique se développent, où l'on avance sur le plan de la génétique avec la découverte de la structure de l'ADN (1953).

Alfred Manessier (1911-1993), *Fenêtre sur le jardin* (1947), huile sur toile (Musée des beaux-arts ; Lille).

Ce que l'on appelle les « trente glorieuses » est la période qui va de la fin de la guerre aux années 1970, années euphoriques de progrès et de marche en avant, de découvertes scientifiques et d'applications multiples, avec l'idée cependant que le progrès est générateur d'effets pervers, insuffisamment analysés et difficiles à prévoir. Cette période voit se développer la civilisation de consommation, fondée sur la possession de biens consommables, rapidement renouvelés et sur une idéologie du bonheur matériel, tourné vers l'individualisme.

Sur le plan des productions littéraires, les années 1950 sont marquées par la **philosophie de l'absurde**, déjà présente dans certaines œuvres de l'époque de la guerre : la réflexion sur le sens de la vie, sur la responsabilité, sur la liberté figure au cœur des œuvres de **Camus** (▸ p. 306, 385), qui s'interroge aussi sur la notion de culpabilité, dans *La Chute* (▸ p. 136). Ces interrogations sont également celles de **Sartre** (▸ p. 51, 95), créateur du **mouvement existentialiste**. Un peu plus tard, des dramaturges comme **Beckett** et **Ionesco** (▸ p. 311) mettent en scène l'incohérence de la vie et le vide du langage.

Du côté de l'anthropologie et de l'ethnologie, le chercheur **C. Lévi-Strauss** (▸ p. 425), après des recherches menées auprès de populations d'Amazonie, définit la démarche du **structuralisme**, tentative d'explication du monde à travers des structures et des codes. Ce mouvement a des incidences sur la linguistique, sur l'analyse des textes et des signes : un nouveau domaine de recherches apparaît, la sémiotique.

L'art pictural témoigne aussi de recherches : l' **abstraction** se révèle comme une manière de traduire l'inspiration et les émotions, les mouvements d'un monde perçu sous une forme fragmentaire, sans passer par des formes figuratives immédiatement identifiables. Les travaux des peintres Hartung, de Staël, Soulages, Vasarely témoignent de cette recherche, souvent mal comprise par le public.

Les crises culturelles et la chute des idéologies (1968-2000)

Le rythme accéléré de l'évolution entre brusquement en conflit, à la même époque et dans plusieurs pays d'Europe, avec les traditions, certaines institutions (l'école, par exemple) et certaines structures étant perçues comme rétrogrades.

Affiche mai 1968 : « CRS – SS » (BNF ; Paris).

Cette « révolution culturelle », qui précipite dans la rue les étudiants contestataires, est celle de mai 1968 : issus du *baby boom* de l'après-guerre, ces jeunes proclament la nécessité d'une évolution des mœurs (sur le plan familial, dans les conditions de travail) et réclament plus de liberté. Ils s'inscrivent par là dans la ligne de la *beat generation* américaine des années 1950, niant les valeurs bourgeoises, prônant le voyage, la drogue, toutes les formes de liberté, refusant tous les interdits et partageant un goût commun pour la musique.

Cette agitation, qui touche l'Allemagne et l'Italie, rejoint le mouvement de révolte de la Tchécoslovaquie, qui est réprimé violemment, en août 1968, par les Soviétiques. Les grands rassemblements de jeunes comme celui de Woodstock, en août 1969, témoignent d'une solidarité et de l'existence de thèmes communs de revendications. Ces mouvements illustrent le décalage entre le progrès technique d'une part, et le retard de certaines mentalités et surtout de certaines législations.

Les trente dernières années du siècle sont caractérisées par des crises économiques et politiques importantes : crise pétrolière de 1973, qui oblige à une révision des politiques énergétiques, crise politique des pays de l'Est. La chute du mur de Berlin et l'effondrement du système soviétique, en 1989, mettent fin à soixante-dix ans de régime totalitaire en Union soviétique. La fin du régime socialiste est vécue comme une libération, mais laisse des peuples entiers dans un grand désarroi politique. La mondialisation des problèmes est perceptible sur de nombreux plans.

Du côté des productions littéraires, l'époque est caractérisée par un foisonnement d'ouvrages divers où se mêlent fiction, recherche sociologique et goût pour les biographies. Le courant du « **nouveau roman** », illustré dans les années 1960 par **M. Butor**, **A. Robbe-Grillet**, **C. Simon**, **N. Sarraute** (▸ p. 53, 173) a fait éclater les notions traditionnelles de récit, de narrateur et de personnage. Puis il a laissé la place à une littérature difficilement classable, mais dont les productions semblent avoir toutes en commun un caractère expérimental, par le mélange des genres et des domaines et par le caractère parfois extrême des expériences traitées. Cette activité littéraire intense laisse penser que la création littéraire (roman, théâtre, poésie, plus discrète) est à la recherche de nouvelles voies, qu'elle explore systématiquement à la fois sur le plan des thèmes et sur celui de l'écriture. Les romans ne se comptent plus (des centaines à chaque rentrée littéraire). Internet n'a pas détrôné le livre, mais donne la possibilité à chacun de s'exprimer et donc de « publier ». On assiste peut-être ainsi à l'émergence d'une nouvelle forme d'expression, distincte de la littérature, mais représentative des mentalités de l'époque.

Jeune homme sur le mur de Berlin (1989).

Notices biographiques

■ **Anouilh, Jean** (1910-1987)
Né à Bordeaux, Jean Anouilh est très tôt associé au monde du théâtre en étant le secrétaire de l'acteur Louis Jouvet. Il est l'auteur de nombreuses pièces, classées selon leur registre et leur inspiration : pièces « noires », « roses », « brillantes »... qui donnent de la nature humaine une image pessimiste. En 1944, il reprend avec *Antigone* (▶ p. 381), la pièce de Sophocle qu'il adapte à la situation de l'Occupation, non sans controverse. Une de ses dernières pièces, *L'Arrestation,* date de 1975.

■ **Antelme, Robert** (1917-1990)
Résistant déporté au camp d'extermination de Buchenwald, Robert Antelme est libéré au moment de l'arrivée des armées alliées. Son retour à Paris, alors qu'il se trouve en état de faiblesse extrême, se fait grâce à l'action conjuguée de l'écrivain Marguerite Duras, de François Mitterrand et de quelques amis. Il témoigne de ce qu'il a vécu dans *L'Espèce humaine* (▶ p. 55), ouvrage écrit en 1946 et publié à la Cité universelle en 1947.

■ **Apollinaire, Guillaume** (1880-1918)
De son vrai nom Wilhelm Apollinaris de Kostrowitzky, Guillaume Apollinaire naît à Rome. Toute sa vie est marquée du signe de l'aventure, du voyage et d'une sensibilité particulière à ce que le monde offre de nouveau. Le poème « Zone », extrait du recueil *Alcools* (1913, ▶ p. 364), témoigne de cette curiosité. Apollinaire fréquente les artistes de son temps, Cocteau, Picasso, Max Jacob, Derain et s'intéresse à leurs recherches. Sa poésie est caractérisée par l'insolite des images et des associations. Les *Calligrammes* (▶ p. 66, 365) mêlent le dessin et les mots. Engagé dans la Première Guerre mondiale, Apollinaire est blessé à la tête. Il meurt de la grippe espagnole en 1918.

■ **Aragon, Louis** (1897-1982)
Enfant naturel d'un député et ambassadeur de la IIIe République, brillant et inspiré, Louis Aragon fait partie du groupe surréaliste, avec A. Breton, rencontré pendant la Première Guerre mondiale. Reconnu dès ses premières œuvres, *Le Mouvement perpétuel* (1926), *Le Paysan de Paris* (1926), il est un écrivain engagé politiquement en tant que membre actif du parti communiste. Il écrit dans *L'Humanité.* Il participe à la Résistance pendant l'Occupation, et compose à cette occasion plusieurs recueils : *Les Yeux d'Elsa* (1942), *Le Musée Grévin* (1943, ▶ p. 377), *La Diane française* (1945). Après la guerre, il exprime ses doutes sur le régime stalinien, sans toutefois le condamner. Il meurt en 1982 après la publication d'un dernier recueil *Les Adieux.*

■ **Aristophane** (≈ 450-386 av. J.-C.)
Auteur comique grec, vivant à Athènes, Aristophane met au service de la comédie un talent satirique et polémique vigoureux pour dénoncer toutes les formes de violence et de démagogie. Il est l'auteur de nombreuses pièces dont seulement onze demeurent, pièces qui s'inspirent des événements politiques et qui mettent en scène, sous une forme à peine déguisée, les hommes politiques aux prises avec « Démos », le peuple. Parmi ces comédies, dont certaines sont reprises de nos jours, on peut citer *Les Cavaliers* (▶ p. 224), *Les Nuées, Les Guêpes, Les Grenouilles, L'Assemblée des femmes,* écrites et jouées entre 424 et 388 av. J.-C.

■ **Badinter, Élisabeth** (née en 1944)
Agrégée de philosophie et universitaire, Élisabeth Badinter est l'auteur de plusieurs essais philosophiques, historiques et sociologiques. *L'Amour en plus* traite des relations maternelles, *L'Un est l'Autre* (1986, ▶ p. 432) des relations entre hommes et femmes. En collaboration avec Robert Badinter, elle a écrit un ouvrage traitant de la vie et des idées de Condorcet.

■ **Balzac, Honoré (de)** (1799-1850)
Originaire de Touraine, Honoré de Balzac vient à Paris avec l'ambition de réussir dans la littérature et dans les cercles aristocratiques de la capitale. Après dix ans d'échecs littéraires et de faillite financière, il connaît son premier succès avec *Les Chouans* (1829). Dès lors, sa vie est faite d'un travail acharné d'écriture et de publications : *La Peau de chagrin* (1831, ▶ p. 133), *Le Père Goriot* (1835, ▶ p. 165), *Illusions perdues* (1837-43, ▶ p. 78) et bien d'autres. Ses romans, qui analysent les fonctionnements sociaux, sont regroupés sous le titre de *La Comédie humaine,* en 1842. Il meurt en 1850, quelques mois après son mariage avec Eve Hanska.

■ **Barbusse, Henri** (1873-1935)
D'abord journaliste, critique d'art dramatique et plastique, Henri Barbusse fréquente les artistes symbolistes, puis les cubistes et Apollinaire, et compose de la poésie et des romans, *L'Enfer* (1908), *Nous autres* (1914). Engagé volontaire dans de la guerre de 1914-1918, il devient célèbre avec le roman *Le Feu, journal d'une escouade* (1916, ▶ p. 123), qui lui vaut le prix Goncourt en 1917. Il apporte avec cette œuvre un témoignage sur la vie dans les tranchées et développe un humanisme qu'il exprime aussi dans la revue *Clarté,* dont il est le directeur de 1919 à 1924.

■ **Beaumarchais, Pierre-Augustin (Caron de)** (1732-1799)
Fils d'un horloger et horloger lui-même, Beaumarchais devient noble grâce à l'achat d'une charge. Un procès perdu le conduit à exercer différents métiers : espion, trafiquant d'armes. Il écrit *Le Barbier de Séville* (1775) et connaît des difficultés : *Le Mariage de Figaro* (1784), pièce satirique, est un succès qui lui vaut cependant la prison. Beaumarchais mène un combat pour faire reconnaître la propriété littéraire et les droits des auteurs. Il meurt en 1799, après quelques aventures et mésaventures pendant la Révolution.

■ **Bertrand, Aloysius** (1807-1841)
Né à Ceva, au Piémont, Aloysius Bertrand fait des études à Dijon, qui reste sa ville de prédilection, malgré des séjours à Paris où il rencontre des écrivains romantiques et tente de faire publier une œuvre à laquelle seul le critique Sainte-Beuve s'intéresse. *Gaspard de la nuit* (▶ p. 332) est un ensemble de poèmes en prose, une forme de poésie tout à fait nouvelle. Atteint de tuberculose, il meurt en 1841. Son œuvre – qui a une influence considérable sur Baudelaire – est publiée l'année suivante grâce à son ami, le sculpteur David d'Angers.

■ **Boileau-Despréaux, Nicolas** (1636-1711)
Nicolas Boileau-Despréaux appartient à une famille de la bourgeoisie parlementaire : il commence des études de droit, abandonnées au profit de la littérature en 1657. Admirateur de l'Antiquité gréco-romaine, il compose d'abord des *Satires* (1660-1667) inspirées de celles des poètes latins Juvénal et Horace. Il y critique les écrivains qu'il n'aime pas et célèbre ceux qu'il apprécie : Molière, Racine, La Fontaine. Après les *Épîtres* et *Le Lutrin,* poème burlesque, il publie, en 1674, l'*Art poétique* (▸ p. 32, 249) qui définit la doctrine classique. Il est nommé historiographe du roi en 1677. Dans la querelle des Anciens et des Modernes, il défend les Anciens.

■ **Bossuet, Jacques-Bénigne** (1627-1704)
Issu d'une famille de magistrats de Dijon, Bossuet exprime très tôt sa vocation religieuse. À vingt-cinq ans, il est prêtre à Metz. Vincent de Paul le fait venir à Paris, où il se fait connaître comme prédicateur. Devenu célèbre, il est demandé à la cour, et chargé de prononcer les oraisons funèbres des grands. En 1670, Louis XIV lui confie l'éducation de son fils aîné, le dauphin, jusqu'en 1680. Bossuet est connu pour une importante œuvre oratoire, qui comporte *L'Oraison funèbre d'Henriette d'Angleterre* (1670, ▸ p. 443), celle de Condé, le *Sermon sur la mort* (1662). Les *Maximes et réflexions sur la comédie* (1694) sont une violente attaque contre le théâtre.

■ **Bradbury, Ray** (né en 1920)
Écrivain américain, Ray Bradbury est considéré comme l'un des maîtres de la science-fiction. Il est connu pour ses *Chroniques martiennes* (1950) et pour *Fahrenheit 451* (1953, ▸ p. 466). Il est aussi l'auteur de nombreuses nouvelles (▸ p. 203), dont il publie un recueil par an.

■ **Breton, André** (1896-1966)
Destiné à la médecine par ses études, André Breton se tourne vers la littérature, influencé par la lecture des poètes Rimbaud et Lautréamont. Il s'intéresse à la « psycho-analyse » et aux travaux de Freud. En 1924, il fonde le mouvement surréaliste en publiant le premier *Manifeste du surréalisme,* qui prône le refus du réalisme au profit de créations libres hors du contrôle de la raison. En 1928, *Nadja* (▸ p. 368) rapporte une expérience de rencontre dans laquelle le hasard, la mémoire et les coïncidences jouent un grand rôle. Les œuvres et les recherches d'A. Breton dans le domaine de la création et de l'écriture automatiques, sa réflexion philosophique marquent la littérature des années 1920-1960.

■ **Calvino, Italo** (1923-1985)
Écrivain italien engagé dans la Résistance, Italo Calvino est l'auteur d'ouvrages d'orientation fantastique. Outre la trilogie de *Nos Ancêtres, Le Vicomte pourfendu* (1952), *Le Baron perché* (1957) et *Le Chevalier inexistant* (1959), il a écrit *Si par une nuit d'hiver un voyageur* (1979, ▸ p. 100), œuvre très originale qui a pour thème la lecture d'une série de romans à peine commencés se transformant en d'autres romans. Toute son œuvre romanesque est accompagnée d'une réflexion sur le roman, faite sous forme de fiction romanesque.

■ **Camus, Albert** (1913-1960)
Albert Camus naît à Mondovi, en Algérie, dans une famille pauvre. Il est orphelin de père et la tuberculose l'empêche de devenir professeur. Il devient journaliste et s'oriente vers la littérature. Son premier roman *L'Étranger* (1942, ▸ p. 188) est publié pendant la guerre, alors que Camus dirige le journal engagé *Combat.* Ce roman illustre la philosophie de l'absurde. *La Peste* (1947) s'interroge sur le sens de la vie dans un univers concentrationnaire. *La Chute* (1956, ▸ p. 136) aborde la question de la culpabilité. En 1957, Camus reçoit le prix Nobel de littérature pour l'ensemble de son œuvre (▸ p. 385), qui contient aussi du théâtre (*Les Justes,* ▸ p. 306) et des essais. Il meurt en 1960 dans un accident de voiture.

■ **Carrière, Jean-Claude** (né en 1931)
Originaire d'une famille de viticulteurs, Jean-Claude Carrière fait des études de Lettres et s'oriente vers l'écriture et l'adaptation cinématographique. Il travaille avec les metteurs en scène J. Tati et L. Buñuel, et mène en parallèle une carrière de dramaturge. Il fait de la mise en scène théâtrale avec J.-L. Barrault et P. Brook, et adapte à l'écran de très nombreuses œuvres littéraires. Parmi ses nombreuses productions, on peut citer *La Controverse de Valladolid* (1992, ▸ p. 433), mise en scène par J. Lassale, qui traite des relations entre les Espagnols et les Indiens du Nouveau Monde.

■ **Cendrars, Blaise** (1887-1961)
De son vrai nom Frédéric-Louis Sauser, Blaise Cendrars naît en Suisse, en 1887. Aventurier, « bourlingueur », il quitte sa famille à quinze ans pour voyager. À ces voyages réels répondent des voyages imaginaires, ceux de la lecture et de l'écriture : *Pâques à New York* (1912), *Feuilles de route* (1924), *Bourlinguer* (1948). Le long poème intitulé « Prose du Transsibérien et de la petite Jehanne de France » (1913, ▸ p. 362) retrace un périple peut-être plus imaginé que vécu, dans une écriture qui traduit la perception chaotique du monde moderne.

■ **Char, René** (1907-1988)
René Char est originaire de L'Isle-sur-Sorgue, village auquel il reste attaché et qu'il célèbre dans sa poésie. Membre du groupe surréaliste, lié avec P. Eluard et avec A. Breton, il publie ses premiers textes poétiques vers 1929, avec *Arsenal.* Son adhésion au surréalisme prend fin en 1932. Pendant la Seconde Guerre mondiale, il entre dans la Résistance. Il est alors chef de tout un secteur et organise des actions de sabotage. Les *Feuillets d'Hypnos* (1946, ▸ p. 383) témoignent de cet engagement. L'œuvre poétique de R. Char, très abondante, est caractérisée par la densité des images qui rendent compte de la complexité du réel perceptible.

■ **Chateaubriand, François-René (de)** (1768-1848)
Cet aristocrate breton, né et enterré à Saint-Malo, a connu l'Ancien Régime, la Révolution, l'Empire et la Restauration. Les *Mémoires d'outre-tombe,* son œuvre principale, commencée en 1803 et achevée à sa mort, révèlent l'étroite imbrication de sa vie personnelle, de sa production littéraire et de ses responsabilités politiques. À travers cette autobiographie, il donne un témoignage historique important. Grand voyageur, il est l'auteur de romans, *Atala, René* (1802, ▸ p. 320), d'une biographie, *La Vie de Rancé,* et d'un essai, *Le Génie du christianisme.* L'ensemble de son œuvre est empreint d'une sensibilité qui annonce le romantisme.

■ **Claudel, Paul** (1868-1955)
Poète et homme de théâtre, Paul Claudel est profondément marqué par la lecture de Rimbaud, puis par une crise mystique qui fait de lui un fervent croyant (1886). Devenu diplomate, il voyage beaucoup en Extrême-Orient, tout en publiant de la poésie et en élaborant une importante œuvre théâtrale. Les *Cinq grandes odes* (1910) sont une interrogation sur l'inspiration ; son théâtre, de *L'Annonce faite à Marie* (1912) au *Soulier de satin* (1929) ou à *L'Échange* (1952, ▸ p. 309), aborde les questions dramaturgiques et toutes les grandes interrogations philosophiques sur la condition humaine, la responsabilité, les relations de l'homme et de l'Histoire.

■ **Cocteau, Jean** (1889-1963)
À la fois peintre, sculpteur, dessinateur, poète, metteur en scène et compositeur de ballets, Jean Cocteau est un passionné de la création et de l'avant-garde. Il fréquente les milieux de la peinture, et ceux du cinéma. Auteur de romans, *Les Parents terribles, Thomas l'imposteur,* de recueils de poésie, *Opéra* (1927), et de réflexions sur la création, *Le Rappel à l'ordre* (1926), il allie la mythologie et l'époque moderne avec une étonnante inventivité. *La Machine infernale* (1934, ▸ p. 303) reprend le mythe d'Œdipe ; *Orphée* (1925), *Le Testament d'Orphée* font revivre la figure du premier des poètes, dans lequel Cocteau se retrouvait.

■ **Cohen, Albert** (1895-1981)
Né à Corfou, en Grèce, Albert Cohen émigre en France, puis fait en Suisse des études de droit qui lui permettront d'être diplomate et de travailler à la Société des Nations, à Genève. Il est l'auteur de plusieurs romans, *Solal* (1930), *Mangeclous* (1938), *Belle du seigneur* (1968). Sa dernière œuvre, *Le Livre de ma mère* (1954, ▸ p. 352), est un éloge adressé à celle qu'il considérait comme un modèle de mère, la sienne.

■ **Colette, Sidonie Gabrielle** (1873-1954)
Si la vie de Colette est faite d'expériences très variées – écrivain, elle fut aussi mime et danseuse de music-hall –, son œuvre offre une grande diversité d'orientations : récits presque autobiographiques de l'adolescence dans la série des *Claudine* (1900-1903), écrite en collaboration avec Willy, son premier mari, célébration de sa mère dans *Sido* (1930), de la nature dans *Les Vrilles de la vigne* (1908), affirmation d'une liberté sentimentale dans *Chéri* (1920). Romancière originale, elle se fit aussi journaliste pour composer, pendant la guerre de 1914-1918 des chroniques regroupées sous le titre *Les Heures longues* (1917, ▸ p. 122).

■ **Condorcet, Marie Jean-Antoine Caritat (de)** (1743-1794)
Mathématicien et savant ayant collaboré à *l'Encyclopédie,* auteur de nombreux écrits scientifiques, Condorcet participe à l'Assemblée législative de 1792, puis à la Convention. Il est l'auteur d'un plan de réforme de l'Instruction publique présenté dans les *Cinq mémoires sur l'Instruction publique* (1791, ▸ p. 404) et dans le *Rapport sur l'Instruction publique* (1792). Son *Esquisse d'un tableau historique des progrès de l'esprit humain* témoigne de son humanisme. Arrêté comme girondin, il s'empoisonne en 1794.

■ **Corneille, Pierre** (1606-1684)
Originaire de Rouen et destiné à une carrière d'avocat, Corneille est assez tôt tenté par le théâtre. Ses premières productions font alterner tragi-comédie, *Clitandre, Le Cid* (1637, ▸ p. 234) et comédie, *L'Illusion comique* (1636, ▸ p. 23, 254). Les critiques qui accueillent *Le Cid,* au nom des règles, le conduisent vers la tragédie, où il connaît de grands succès : *Horace* (1640), *Cinna* (1642, ▸ p. 231, 232), *Polyeucte* (1642). Les pièces suivantes, *Nicomède* (1651), *Pertharite,* plaisent moins au public. Il entre en compétition avec Racine sur le thème de *Bérénice,* en 1670, mais la pièce de son rival l'emporte. Il achève sa carrière avec *Suréna* (▸ p. 242), dix ans avant sa mort. Il est alors académicien depuis 1647.

■ **Desnos, Robert** (1900-1945)
Né avec le XIXe siècle, Robert Desnos participe aux recherches et aux créations des surréalistes, avec A. Breton, P. Eluard et L. Aragon, mais son refus d'adhérer au parti communiste l'écarte du groupe en 1929. Auteur de plusieurs recueils, *La Liberté ou l'Amour !* (1927), *Corps et biens* (1930), il montre une très grande virtuosité poétique. En 1934, il commence une carrière de journaliste de radio. Engagé dans la Résistance, il est arrêté et déporté par la Gestapo et meurt d'épuisement dans le camp de Térezin, peu de temps avant la libération de ce camp par les troupes alliées. Certains recueils écrits pendant la guerre ont été regroupés après la mort du poète : c'est le cas de *Destinée arbitraire* (▸ p. 380).

■ **Diderot, Denis** (1713-1784)
Philosophe des Lumières, Denis Diderot est l'auteur d'une œuvre très diversifiée, qui touche à tous les genres : romancier, il mène, avec *Jacques le Fataliste* (▸ p. 130), une réflexion sur le roman ; essayiste, il s'interroge sur les bienfaits de la civilisation dans le *Supplément au voyage de Bougainville.* Inventeur de la comédie larmoyante et moralisatrice, et de la critique picturale avec ses *Salons,* il est surtout le concepteur et le maître d'œuvre de *l'Encyclopédie,* œuvre gigantesque qu'il dirige avec d'Alembert, de 1748 à 1765, et qui se donne pour objectif de regrouper les connaissances de l'époque à des fins d'éducation et de critique.

■ **Eco, Umberto** (né en 1932)
Universitaire italien, Umberto Eco est titulaire de la chaire de sémiotique (analyse des signes) de l'université de Bologne. Il est l'auteur de nombreux ouvrages, essais sur l'interprétation des textes, comme *Les Limites de l'interprétation* (1992), *De la littérature* (2003, ▸ p. 470), ou romans, comme *Le Nom de la rose* (1982) ou *Baudolino* (2002).

■ **Eluard, Paul** (1895-1952)
De son vrai nom Eugène Grindel, Paul Eluard est originaire de la banlieue parisienne. Atteint de tuberculose, il interrompt ses études pour se soigner dans un sanatorium où il commence à écrire de la poésie. Il participe activement au mouvement surréaliste, avec A. Breton, et se lie avec des peintres comme Picasso, Dali, Max Ernst. Il publie alors des recueils importants, *Capitale de la douleur* (1926), *L'Amour la poésie* (1929), *La Vie immédiate* (1932). Sa poésie est inspirée par plusieurs grandes passions, Gala, Nusch et Dominique. Engagé politiquement, il soutient les républicains espagnols, puis participe à la Résistance : *Au rendez-vous allemand* (1944, ▸ p. 451) témoigne de cet engagement.

■ **Emmanuel, Pierre** (1916-1984)
Poète français dont les œuvres – essais et recueils poétiques – sont marquées à la fois par l'inspiration romantique et par la croyance chrétienne. Résistant, il a fait de sa poésie, durant la Seconde Guerre mondiale, un instrument de protestation et d'encouragement au refus de l'occupation avec *Jours de colère* (1942), *La liberté guide nos pas* (1945) et sa participation à la revue *L'Honneur des poètes* (▸ p. 379), lancée par l'éditeur et poète Pierre Seghers.

Érasme (≈ 1469-1536)
Humaniste hollandais écrivant en latin, auteur d'ouvrages satiriques comme l'*Éloge de la folie,* il a laissé un traité d'éducation, *De l'institution des enfants* (▶ p. 395) dans lequel il prône une éducation à la fois chrétienne et humaniste.

Ésope (VIIe-VIe av. J.-C.)
Ancien esclave phrygien affranchi par son maître, qui appréciait ses réparties verbales, Ésope est considéré comme l'auteur d'un nombre important de fables en prose mettant en scène des animaux et des hommes (▶ p. 18). Ces fables ont été imitées par le fabuliste latin Phèdre (Ier apr. J.-C.), puis par La Fontaine (▶ p. 19). Ce dernier a rendu hommage à son inspirateur en composant une « Vie d'Ésope le Phrygien », dans laquelle il rapporte toutes sortes d'anecdotes.

Euripide (480-406 av. J.-C.)
On ne sait pas grand chose de la vie de cet auteur tragique grec, connu surtout par les tragédies qu'il a laissées et dont se sont inspirés de nombreux écrivains et compositeurs. Il a puisé ses thèmes autant dans les mythes que dans des événements historiques de son temps, comme la guerre du Péloponnèse. Parmi ses œuvres marquantes, on peut citer *Andromaque* (425), *Les Suppliantes* (423), *Électre* (416), *Médée* (▶ p. 219), *Iphigénie à Aulis* (413, ▶ p. 24) dont on retrouve des traces importantes dans le théâtre de Racine.

Fénéon, Félix (1861-1944)
Critique à la revue *La Vogue,* Félix Fénéon crée, en 1883, la *Revue indépendante* qui publie Verlaine, Rimbaud et d'autres poètes contemporains moins célèbres. Travaillant au journal *Le Matin,* il y invente la rubrique des « Nouvelles en trois lignes » toutes consacrées à des faits divers (▶ p. 115).

Ferry, Jules (1832-1893)
Avocat et homme politique français. Ministre de l'Instruction publique de 1879 à 1883, président du Conseil à plusieurs reprises pendant cette période, il fit voter des lois relatives à la liberté de la presse, de réunion et des syndicats. Son nom reste attaché aux lois imposant l'école obligatoire, laïque et gratuite (1882-1883), dont la « Lettre aux instituteurs » (▶ p. 408) précise l'esprit.

Feydeau, Georges (1862-1921)
Auteur dramatique français, Georges Feydeau a composé de nombreux vaudevilles construits à partir de l'observation critique des comportements. Le comique de situation domine, accompagné d'un comique de mots. Pièces au succès jamais démenti, les comédies de Feydeau sont toujours jouées, dans des mises en scène modernes, et répondent à leur double fonction de critique sociale et de divertissement. Parmi les plus célèbres, on peut citer *Le Dindon, Occupe-toi d'Amélie, La Dame de chez Maxim,* et *On purge Bébé* (1910, ▶ p. 298).

Flaubert, Gustave (1821-1880)
Fils d'un chirurgien normand, Gustave Flaubert a consacré son temps à la littérature. Après des nouvelles romantiques, il écrit *Madame Bovary* (1857, ▶ p. 342), roman qui lui vaut un procès pour immoralité (▶ p. 86). *L'Éducation sentimentale* (1869, ▶ p. 154, 343) raconte l'échec d'une génération dans le contexte de la révolution de 1848 et du Second Empire. Souffrant d'une maladie de nerfs, il vit dans sa propriété de Croisset, et échange de très nombreuses lettres (▶ p. 36) avec des écrivains français et étrangers. Il s'en échappe cependant pour voyager avec son ami Maxime du Camp. Toute son œuvre, qui comporte aussi *Salammbô, Trois contes, Bouvard et Pécuchet,* est caractérisée par le pessimisme et l'ironie.

Furetière, Antoine (1619-1688)
Antoine Furetière naît à Paris en 1619 dans une famille bourgeoise. C'est un personnage anticonformiste et provocateur, qui parodie les auteurs qui l'entourent et dont la vie est marquée par des démêlés avec la justice. Son nom est connu par le dictionnaire qu'il compose, en concurrence avec celui de l'Académie, et en utilisant ses travaux, ce qui lui vaut une condamnation pour plagiat. Furetière est l'auteur du *Roman bourgeois* (▶ p. 162), publié sans succès en 1666. Il y tourne en ridicule les modes et les codes du genre romanesque et innove en mettant en scène des « héros » issus de la bourgeoisie. Cette œuvre ouvre la voie à Diderot, Sterne et Gide.

Gailly, Christian (né en 1943)
Romancier français auteur de récits qui sont souvent associés à la musique, comme *K. 622* (1989), *Be-Bop* (1995) et *Ce soir au club* (2001, ▶ p. 142).

Gautier, Théophile (1811-1872)
Né à Tarbes, Théophile Gautier fait des études à Paris et fréquente les jeunes romantiques qui entourent Hugo lors de la bataille d'*Hernani.* Auteur d'un long poème, *Albertus* (1832), il compose un roman, *Mademoiselle de Maupin,* dont la préface affirme le caractère inutile de l'art. T. Gautier est adepte du mouvement de « L'art pour l'art » et recherche la beauté formelle à travers les poèmes du recueil *Émaux et camées* (1852). On lui doit *Le Roman de la momie* (1858), *Le Capitaine Fracasse* (1863) et de nombreux récits fantastiques, parmi lesquels *La Cafetière, Jettatura* (▶ p. 167), *Spirite, La Morte amoureuse, Omphale* (▶ p. 182).

Giraudoux, Jean (1882-1944)
Originaire de la Haute-Vienne, région qu'il choisit comme décor de plusieurs de ses œuvres, Jean Giraudoux, est un écrivain très imprégné de culture antique et classique, passionné par le théâtre. Auteur de romans, mais surtout de théâtre, il s'inspire des mythes dans *Amphitryon 38, La guerre de Troie n'aura pas lieu* (▶ p. 304), pièce composée en 1935 alors que de nombreuses menaces de guerre pèsent sur l'Europe. Toute son œuvre est marquée par un mélange, dans les thèmes et dans l'écriture, de gravité, d'humour et de fantaisie, et invite à la réflexion.

Gracq, Julien (né en 1910)
De son vrai nom Louis Poirier et, à l'origine, professeur d'histoire et de géographie, Julien Gracq est l'auteur d'une œuvre romanesque influencée par le surréalisme et caractérisée par un mélange de mystère, de rêve et de violence. *Au château d'Argol, Un beau ténébreux, Le Rivage des Syrtes* mettent en scène des personnages complexes dans des situations de tension souvent liées à la nature des lieux. J. Gracq a aussi composé un recueil de poèmes en prose, *Liberté grande* (1946), un essai sur ses lectures, *En lisant en écrivant* (1980), et un pamphlet en relation avec son refus du prix Goncourt, *La Littérature à l'estomac* (1950, ▶ p. 465).

■ **Green, Julien** (1900-1998)
Né dans une famille américaine sudiste, mais appartenant à deux cultures – américaine et française –, Julien Green partage sa vie entre les États-Unis et la France, commençant à écrire en anglais pour continuer en français, langue de la plupart de ses romans. Son œuvre romanesque est importante et regroupe des romans tous marqués par le sentiment de la culpabilité, par la violence des sentiments, par la folie : *Mont-Cinère* (1926), *Adrienne Mesurat* (1927), *Léviathan* (1928, ▸ p. 186), *Minuit* (1936). À sa mort, en 1998, il laisse aussi un *Journal*, commencé en 1938 et achevé en 1996.

■ **Guéhenno, Jean** (1890-1978)
Originaire d'un milieu modeste, Jean Guéhenno est l'auteur de plusieurs ouvrages écrits sur le mode du « journal » : *Journal d'un homme de quarante ans* (1934), *Journal des années noires* (1946) rapportant les années d'Occupation, *Ce que je crois* (1964), *Carnets du vieil écrivain* (1971, ▸ p. 98). Toute son œuvre est marquée par une réflexion philosophique humaniste sur les apports de la culture de masse et sur la générosité populaire opposée à l'égoïsme des classes favorisées.

■ **Hugo, Victor** (1802-1885)
La vie de Victor Hugo coïncide avec une grande partie du XIXe siècle, qu'il domine par sa personnalité. Poète (▸ p. 324, 327, 334, 406, 449), romancier (▸ p. 183), dramaturge, homme politique engagé, et exilé pendant vingt ans, il met son talent littéraire au service de ses convictions et mêle constamment sa vie et son œuvre. Il est le chef de file des jeunes romantiques lors de la bataille d'*Hernani* (1830, ▸ p. 283) ; il révolutionne le théâtre, remet à la mode les épopées et s'oppose violemment au régime de Napoléon III dans les *Châtiments* (1853). Son œuvre et son action occupent une place fondamentale dans l'histoire et dans la littérature du XIXe siècle.

■ **Ionesco, Eugène** (1912-1994)
Né en Roumanie, Eugène Ionesco vit en France de 1913 à 1925, puis retourne dans son pays avant de se fixer en France à partir de la Seconde Guerre mondiale. Il se fait connaître au théâtre avec une série de pièces, *La Cantatrice chauve* (1950), *La Leçon* (1951), qui analysent les stéréotypes du langage et s'intéressent aux comportements dictés par le pouvoir. Avec *Rhinocéros* (1959, ▸ p. 311), il analyse la manière dont s'infiltre le totalitarisme, en s'appuyant sur les idées toutes faites. Représentatives du théâtre de l'absurde, ses pièces comportent de nombreuses mises en garde.

■ **Jacob, Max** (1876-1944)
Poète et peintre né à Quimper et venu vivre à Paris, il se mêle à la bohème montmartroise du début du siècle, avec Picasso et F. Carco. Il se convertit au catholicisme et se retire à l'abbaye de Saint-Benoît-sur-Loire à partir de 1921. Arrêté comme Juif par les Allemands en 1944, il est transféré au camp de Drancy où il meurt. Sa poésie est caractérisée par un humour souvent grinçant et une fantaisie apparente qui cache de profonds déchirements. Parmi ses œuvres, on peut citer *Le Laboratoire central* (1921), *Sacrifice impérial* (1929, ▸ p. 369), *Méditations religieuses* (1947).

■ **Jacquard, Albert** (né en 1925)
Albert Jacquard est un scientifique, spécialiste de génétique et de démographie, engagé dans différents mouvements sociaux (Droit au logement, Droits Devant) qui agissent pour venir en aide aux défavorisés. Il est l'auteur de nombreux ouvrages de réflexion, notamment sur la question des différences : *Éloge de la différence* (1978, ▸ p. 429), *Tous pareils, tous différents* (1991). Il s'efforce de faire participer la science à l'élaboration d'une philosophie humaniste.

■ **Júdice, Nuno** (né en 1949)
Critique littéraire, poète et universitaire originaire de l'Algarve, au Portugal, Nuno Júdice s'intéresse particulièrement à la littérature portugaise moderne et à la littérature médiévale ibérique. Auteur d'une quinzaine de recueils poétiques et récompensé dans son pays par de nombreux prix, traducteur et enseignant, il dirige depuis 1996 la revue de poésie *Tabacaria* publiée par la Casa Fernando Pessoa, à Lisbonne (▸ p. 468).

■ **Labiche, Eugène** (1815-1888)
Auteur dramatique, observateur minutieux des défauts de la petite bourgeoisie du Second Empire et de la IIIe République, Eugène Labiche a composé des vaudevilles très alertes, qui mettent en scène des personnages poussés par leur intérêt plus que par l'altruisme. La justesse des analyses psychologiques constitue un ressort du comique et assure aux pièces les plus connues, et les plus jouées, un succès jamais démenti. Parmi ces chefs-d'œuvre du théâtre comique figurent *Un chapeau de paille d'Italie* (1851), *Le Voyage de M. Perrichon* (1860, ▸ p. 294), *La Cagnotte* (1864).

■ **La Bruyère, Jean (de)** (1645-1696)
Né à Paris, La Bruyère est avocat, puis devient le précepteur du duc de Bourbon. Observateur de la nature humaine et des comportements sociaux, il compose, dans *Les Caractères* (1688, ▸ p. 445), une série de portraits critiques qu'il présente comme la traduction de l'œuvre de l'écrivain grec Théophraste (IVe av. J.-C.). Cette œuvre, qui connaît un grand succès, vise des contemporains, mais dépasse le caractère individuel des représentations pour accéder à l'image de l'homme éternel. Entré à l'Académie française en 1693 (▸ p. 446), La Bruyère y défend les Anciens et l'imitation de l'Antiquité.

■ **La Fontaine, Jean (de)** (1621-1695)
Originaire de Château-Thierry en Champagne, La Fontaine est le fils d'un maître des eaux et forêts, ce qui explique peut-être son goût pour la nature. Après des hésitations sur sa voie professionnelle (entrée dans les ordres, carrière juridique), il commence à écrire, avec comme mécène le surintendant Foucquet. Lorsque ce dernier est condamné, La Fontaine lui reste fidèle, mais s'exile dans le Limousin. Son œuvre se compose de nombreux livres de fables, publiés de 1668 à 1694, inspirées de fabulistes divers (▸ p. 19), et de contes libertins qu'il renie à la fin de sa vie. Dans la querelle des Anciens et des Modernes, La Fontaine défend les Anciens dans l'*Épître à Hué* (1687).

■ **Lamartine, Alphonse (de)** (1790-1869)
Avec les *Méditations poétiques*, en 1820, Lamartine marque l'entrée du lyrisme personnel et élégiaque dans la poésie, comme en témoigne « Le Lac » (▸ p. 322). Poète, diplomate et ministre en 1848, il mène parallèlement une carrière littéraire et un engagement politique auquel le Second Empire met fin, le contraignant à des travaux d'écriture multiples. Son œuvre comporte des recueils poétiques, *Les Harmonies poétiques et religieuses* (1830), une *Histoire des Girondins* (1847) et un *Cours familier de littérature* (1856-1869). Il est considéré avec V. Hugo comme l'un des fondateurs du romantisme.

■ **Lemaître, Jules** (1853-1914)
Écrivain et critique dramatique, universitaire, Jules Lemaître est l'auteur des *Contemporains* (1886-1918, ▸ p. 461), ouvrage de critique en huit volumes qui refuse toute théorie,

et repose sur un jugement personnel sûr, sachant respecter la tradition. J. Lemaître est lui-même un auteur dramatique. Il a aussi laissé des *Impressions de théâtre,* portant sur les diverses créations dramaturgiques de la fin du XIXe siècle.

■ **Léry, Jean (de)** (1534-1613)
Parti au Brésil en 1556 pour séjourner dans une colonie protestante, Jean de Léry partage pendant plusieurs mois la vie des Indiens. Il consigne ses observations dans l'*Histoire d'un voyage en la terre du Brésil* (▸ p. 418), œuvre publiée en 1578, et qui trouve sa place dans les réflexions sur le Nouveau Monde. À son retour, il s'installe en Suisse pour échapper aux persécutions protestantes. Il y meurt de la peste en 1613.

■ **Lesage, Alain-René** (1668-1747)
Né en Bretagne, Lesage fait des études de droit à Paris, mais, avocat désargenté, il préfère gagner sa vie en faisant des traductions d'espagnol. Il s'inspire des œuvres qu'il traduit pour commencer à écrire. Après un premier roman *Le Diable boiteux* (1707) et de très nombreuses pièces de théâtre, dont *Turcaret ou le financier* (1709), il entreprend un long roman picaresque, l'*Histoire de Gil Blas de Santillane* (▸ p. 128, 164), publié de 1715 à 1735. Il y fait, comme dans son théâtre, avec une ironie constante, la satire des milieux de son époque.

■ **Lévi-Strauss, Claude** (né en 1908)
Philosophe à qui l'on doit des travaux importants sur le structuralisme, Claude Lévi-Strauss est aussi anthropologue et ethnologue. En Amazonie, il étudie, dans les années précédant la Seconde Guerre mondiale, la vie de groupes ethniques encore très éloignés de la civilisation occidentale. Il en retire une expérience consignée dans l'essai *Tristes Tropiques* (1955, ▸ p. 425), réflexion désabusée sur les méfaits du progrès. Professeur au Collège de France, il est aussi l'auteur de *La Pensée sauvage* (1962) et de *Mythologiques* (1964).

■ **Lindon, Jérôme** (1926-2001)
Jérôme Lindon était le directeur des Éditions de Minuit. Il a contribué à faire connaître les écrivains du « nouveau roman », Butor, Beckett, Robbe-Grillet, C. Simon, et a permis à de nombreux jeunes et nouveaux auteurs de publier des œuvres romanesques originales et de qualité.

■ **Londres, Albert** (1884-1932)
Albert Londres est un journaliste considéré comme une référence dans le monde de la presse. Correspondant de guerre pour *Le Petit Journal,* grand reporter à *L'Excelsior,* au *Petit Parisien* et au *Journal,* il a laissé des reportages précis, écrits dans une langue littéraire, souvent consacrés à des lieux marqués par l'horreur et la déchéance, bagne ou hôpital psychiatrique par exemple. Il est aussi connu pour ses reportages de guerre (▸ p. 120). Son nom reste attaché à un prix qui récompense un reportage. Il meurt tragiquement en 1932 dans l'incendie d'un navire, le *Georges-Philippar,* dans l'océan Indien.

■ **Malet, Léon (dit « Léo »)** (1909-1996)
Avant de devenir journaliste, puis écrivain, Léo Malet exerça toutes sortes de métier, chansonnier, plombier, vendeur de mode... Très influencé par le surréalisme, il invente le « décollage » qui consiste à créer des œuvres en déchirant des affiches dans la rue. Il entreprend ensuite de parodier la littérature policière anglo-saxonne, et finit par créer le personnage récurrent de Nestor Burma, « privé » non conformiste. Certains de ses romans, *Casse-pipe à la Nation, Brouillard au pont de Tolbiac,* ont été réécrits sous forme de bande dessinée, avec la collaboration du dessinateur Tardi (▸ p. 145).

■ **Malraux, André** (1901-1976)
D'abord marqué par le surréalisme, André Malraux mène une double vie d'aventurier et d'écrivain engagé politiquement : il s'intéresse à la révolution chinoise de 1925, composant *Les Conquérants* (1928) et *La Condition humaine* (1933), qui lui vaut le prix Goncourt. Engagé du côté des républicains espagnols dans la guerre civile, il écrit *L'Espoir* (1937). Après la Seconde Guerre mondiale, qui le voit résister aux côtés du général de Gaulle, il devient ministre des Affaires culturelles de 1958 à 1969. C'est à ce titre qu'il prononce plusieurs oraisons funèbres, notamment celle de Jean Moulin (▸ p. 454). Il laisse une œuvre autobiographique, les *Anti-mémoires.*

■ **Marivaux,**
Pierre Carlet de Chamblain (de) (1688-1763)
Originaire de Riom, Marivaux s'installe à Paris à partir de 1712 et fréquente les salons littéraires. Il est ruiné par le système de Law et doit vivre de sa plume, directeur du *Spectateur français* (1722) puis de *L'Indigent philosophe* (1728). Auteur de deux romans importants, *La Vie de Marianne* (1731-41) et *Le Paysan parvenu* (1735), il est plus connu par son théâtre, inspiré du théâtre italien, qui lui vaut de grands succès, comme *La Double Inconstance, Le Jeu de l'amour et du hasard* (1730, ▸ p. 260). *La Colonie* (▸ p. 421) et *L'Ile des esclaves* abordent des problèmes sociaux contemporains.

■ **Marot, Clément** (1496-1544)
Clément Marot est le fils d'un poète du groupe des « Grands rhétoriqueurs » connus pour leur virtuosité. Cette filiation apparaît dans son habileté à composer des formes fixes. Esprit frondeur, il connaît la prison pour raison de désobéissance religieuse, en 1526, 1527 et 1532, mais il est protégé par le roi François Ier et par sa sœur Marguerite de Navarre. *L'Adolescence clémentine* (1532) regroupe un grand nombre de ses poèmes. Tenté par l'évangélisme, il est arrêté au moment de l'affaire des Placards (▸ p. 44), en 1534, s'évade et s'exile, en Navarre, puis en Italie. La publication de *L'Enfer* et d'une traduction des *Psaumes de David* lui vaut d'être de nouveau persécuté. Il meurt à Turin en 1544.

■ **Maupassant, Guy (de)** (1850-1893)
Né en Normandie, comme Flaubert, Maupassant y vit jusqu'à sa mobilisation, en 1870. L'expérience de la guerre lui inspire de nombreux contes. Venu à Paris, et travaillant dans divers ministères, il mène une vie de dandy favorisée par ses succès littéraires : la nouvelle *Boule de suif* (1880), puis les romans *Une vie* (1883), *Bel-Ami* (1885, ▸ p. 158), *Pierre et Jean* (1888) dont la préface « Le roman » (▸ p. 94, 354) expose les théories du roman réaliste. Auteur de centaines de nouvelles (▸ p. 134, 351), il est l'un des écrivains les plus lus du grand public de son temps. Atteint de troubles mentaux, il meurt en 1893.

■ **Memmi, Albert** (né en 1920)
Romancier tunisien d'expression française, Albert Memmi exprime dans son œuvre la difficulté de vivre déchiré entre trois cultures. Il est l'auteur d'essais, *Portrait du colonisé, Portrait du colonisateur* (1957), de romans, *La Statue de sel* (1953), *Agar* (1955), dans lesquels on retrouve les mêmes thèmes, et en particulier une réflexion sur « l'autre » et sur les sources du racisme.

■ **Meirieu, Philippe** (né en 1949)
Professeur à l'université de Lyon II – Louis-Lumière, Philippe Meirieu est un spécialiste des sciences de l'éducation, qui

connaît, pour les avoir expérimentés, tous les échelons de la hiérarchie universitaire. Il est l'auteur de nombreux ouvrages de réflexion sur la didactique et la pédagogie. En 2000, il a coordonné l'ouvrage *L'école et les parents* (▸ p. 411), qui regroupe des articles de nombreux chercheurs, parmi lesquels le généticien A. Jacquard (▸ p. 413) et le sociologue F. Dubet.

■ **Michaux, Henri** (1899-1984)
Poète français d'origine belge, Henri Michaux exprime dans sa poésie et dans sa peinture ses difficultés de vivre dans un monde qu'il ressent comme hostile et incompréhensible. Méfiant à l'égard du langage, il l'utilise néanmoins sur un mode sarcastique, pour exprimer dans des œuvres diverses, notamment des poèmes en prose, l'hostilité et la médiocrité du monde réel : *La nuit remue* (1935, ▸ p. 370), *Exorcismes* (1945). Grand voyageur, Michaux mène une réflexion sur le choc des civilisations dans *Ecuador* (1929), *Un barbare en Asie* (1933). Continuateur du surréalisme, il a permis à ce mouvement de persister jusque dans les années 1960.

■ **Molière (Jean-Baptiste Poquelin, dit)** (1622-1673)
Fils d'un tapissier du roi, Jean-Baptiste Poquelin met sa vie au service du théâtre : il est auteur, metteur en scène, comédien, directeur de troupe. Après l'échec de *L'Illustre Théâtre,* avec les Béjart, une famille de comédiens, il connaît de nombreux succès à Paris, notamment avec *Les Précieuses ridicules* (1659). Ses comédies, qui s'inspirent des auteurs anciens, tournent en ridicule les vices humains – avarice (▸ p. 21, 262), hypocrisie, vantardise –, ainsi que certaines catégories – dévots, médecins, faux savants –, ce qui lui vaut d'être critiqué, censuré, interdit : il réécrit trois fois *Tartuffe* (▸ p. 256, 270, 274, 440) et a des difficultés avec *Dom Juan* (1665, ▸ p. 272). La fin de sa vie est assombrie par la maladie. Il meurt le 21 février 1673 en jouant *Le Malade imaginaire*.

■ **Montaigne, Michel Eyquem (de)** (1533-1592)
Originaire d'une famille noble de Dordogne, Montaigne est magistrat à Bordeaux, mais quitte la vie publique pour se retirer, lire et écrire sur ses terres. Son œuvre, intitulée *Essais* (▸ p. 396, 420*)*, est un ensemble de réflexions sur l'homme, la vie, la mort, la politique, les croyances religieuses, les voyages, la découverte des autres. Nourris d'une culture antique très riche, les *Essais* n'ont pas d'autre ambition que d'être un « essai » des facultés de leur auteur, qui considère qu'un être peut être représentatif de tous les autres. Écrivain représentatif de l'humanisme, Montaigne a innové dans la littérature philosophique et autobiographique en créant le genre de l'essai.

■ **Montesquieu, Charles de Secondat (de)** (1689-1755)
Moraliste, penseur et philosophe français, magistrat au parlement de Bordeaux, Montesquieu devient célèbre avec le succès des *Lettres persanes,* en 1721 (▸ p. 448), ce qui lui ouvre les salons parisiens. Grand voyageur, spécialiste de l'histoire antique, il compose un traité de sciences politiques, *De l'esprit des lois* (1748, ▸ p. 423), dans lequel il s'interroge sur les fondements des différents gouvernements. Partisan de la séparation des pouvoirs, mais conscient de l'importance de l'aristocratie, il contribue à la diffusion des idées nouvelles.

■ **Monzó, Quim** (né en 1952)
Né à Barcelone, cet auteur de nouvelles et de contes a exercé toutes sortes de métiers, de la création de bandes dessinées au journalisme en passant par les techniques du bâtiment, avant de consacrer son temps à l'écriture. L'univers de ses personnages est celui de l'ironie, de l'humour grinçant et du « non-sens », aux limites du fantastique, comme dans la nouvelle « N'en soyez pas si sûr » (▸ p. 207).

■ **Musset, Alphonse (de)** (1810-1857)
Élevé dans un milieu très cultivé, Musset se tourne vers la littérature et connaît ses premiers succès poétiques avec les *Contes d'Espagne et d'Italie* (1829). Auteur de théâtre, il est aussi à l'aise dans les comédies, parmi lesquelles *Les Caprices de Marianne* (1833) et *On ne badine pas avec l'amour* (1834, ▸ p. 292) que dans le drame, avec *Lorenzaccio* (1834, ▸ p. 287). Son analyse des sources du « mal du siècle » permet de comprendre l'influence de l'Histoire sur les sensibilités. Il meurt à 47 ans, après une vie de libertin marquée par des liaisons orageuses.

■ **Nadeau, Maurice** (né en 1911)
Professeur, critique et directeur littéraire, notamment au journal *Combat,* avec Camus, aux éditions Julliard, puis Denoël, Maurice Nadeau est le directeur, depuis 1966, de la revue *La Quinzaine littéraire,* qui contribue à faire connaître de jeunes auteurs. Spécialiste du surréalisme, il est l'auteur d'essais et de nombreux articles de critique, notamment sur le roman français du XXe siècle et sur Flaubert (▸ p. 82).

■ **Nerval (Gérard Labrunie, dit de)** (1808-1855)
Gérard de Nerval est le fils d'un médecin de l'armée napoléonienne. Son attirance pour l'Allemagne, où est morte sa mère, lui fait traduire des œuvres importantes dont le *Faust* de Goethe (1828). Son œuvre poétique a pour inspiration le rêve et les réminiscences (▸ p. 333), le fantastique et l'ésotérisme des mythes et religions d'Orient, que l'on retrouve dans le *Voyage en Orient* (1851) et dans les sonnets des *Chimères* (1854). Atteint de troubles mentaux qui provoquent des crises de folie, il est interné plusieurs fois. On le retrouve pendu le 26 janvier 1855.

■ **Perrault, Charles** (1628-1703)
Charles Perrault est connu par les contes qui portent son nom et dont le titre est en réalité *Contes de ma mère l'Oye* (1697). Haut fonctionnaire protégé par Colbert et poète, auteur du *Labyrinthe de Versailles* (▸ p. 20), il est également célèbre pour ses prises de position dans la querelle des Anciens et des Modernes : chef de file des Modernes, il affirme la nécessité d'une inspiration renouvelée et célèbre son temps dans *Le Siècle de Louis le Grand* (1687). Ses *Parallèles sur les Anciens et les Modernes* (1688-1697) critiquent les auteurs de l'Antiquité et l'opposent à Boileau.

■ **Plaute** (≈ 254-184 av. J.-C.)
Il est difficile de dire combien de comédies ont été réellement composées par cet auteur latin à qui on en attribue plusieurs centaines... Celles qui restent, et qui préfigurent le théâtre italien de la *commedia dell'arte*, ont inspiré Molière, qui a emprunté à Plaute le thème de *L'Avare* (*La Marmite,* ▸ p. 21) et celui d'*Amphitryon*. Un personnage classique du théâtre comique latin, le soldat fanfaron *(miles gloriosus,* ▸ p. 22), a été repris par Corneille dans *L'Illusion comique*. Plaute lui-même reprenait des thèmes de la « nouvelle comédie » grecque, illustrée par Ménandre (≈ 342-292 av. J.-C.) ou Philémon, avec *Le Marchand* (▸ p. 226).

■ **Poe, Edgar Allan** (1809-1849)
Originaire de Boston, aux États-Unis, Edgar Allan Poe est à la fois poète et auteur de nouvelles d'inspiration policière, comme « La Lettre volée », ou imprégnées de fantastique

comme « Le Scarabée d'or », « Le Chat » ou « Le Portrait ovale » (▸ p. 151). Regroupées dans deux recueils, les *Histoires extraordinaires* (1840-1845) et les *Nouvelles Histoires extraordinaires,* toutes les nouvelles d'E. Poe ont été connues en France grâce à la traduction de Baudelaire, qui l'admirait beaucoup. Ses écrits ont eu une influence sur certains poètes de la fin du XIXe siècle, parmi lesquels Mallarmé.

■ **Ponge, Francis** (1899-1988)
Né à Montpellier, Francis Ponge exerce différents métiers avant de se consacrer à la poésie. Il est l'auteur de poèmes en prose consacrés à la présentation à la fois descriptive et explicative d'objets ou d'éléments de la nature : cageot, bougie, huître, orange, pain, œillet, mimosa... *Le Parti pris des choses* est publié en 1942, *Proêmes* en 1948, *La Rage de l'expression* en 1952 (▸ p. 50). Sa poésie s'accompagne d'une réflexion sur le langage et intègre de manière originale une explication de la démarche de création poétique.

■ **Prévert, Jacques** (1900-1977)
Poète influencé par le surréalisme, Jacques Prévert est célèbre par le caractère irrévérencieux et désinvolte de sa poésie, à la fois très libre de forme et très concertée dans l'écriture. Reconnu dès son premier recueil, *Paroles* (1946), il participe à la réalisation de films avec son frère Pierre, *Drôle de drame, Les Visiteurs du soir, Les Enfants du paradis.* D'autres ouvrages de poésie installent sa réputation d'insolence, mais expriment aussi sa compassion pour les malheureux et sa révolte contre l'injustice : *Spectacle* (1951), *La Pluie et le Beau Temps* (1955, ▸ p. 427).

■ **Proust, Marcel** (1871-1922)
Issu de la bourgeoisie aisée, souffrant d'asthme, ce qui le contraint parfois à une sorte de réclusion, Marcel Proust fait de sa vie et de l'observation de son milieu le thème de son œuvre. *À la recherche du temps perdu,* récit à la première personne, est à la fois une vaste chronique des milieux mondains de son époque, une tentative pour reconstituer le passé et une réflexion sur l'écriture, sur l'art, et sur leur signification par rapport au temps. Proust est aussi l'auteur d'un essai critique, *Contre Sainte-Beuve* (1954), et d'un court ouvrage intitulé *Sur la lecture* (1905, ▸ p. 463).

■ **Queneau, Raymond** (1903-1976)
Poète, essayiste, Raymond Queneau est aussi mathématicien, et son œuvre littéraire est marquée par des recherches diverses, notamment avec le groupe de l'OuLiPo et le collège de Pataphysique, auquel participe B. Vian. Concepteur de nouvelles formes d'écriture romanesque, inventeur de personnages insolites, dans *Le Chiendent* (1933), *Les Fleurs bleues* (1965), *Zazie dans le métro* (1959), il s'intéresse aux variations de l'écriture, dans les *Exercices de style* (1947), et au statut du lecteur, dans « Un conte à votre façon » (▸ p. 102). Ses recherches poétiques ont pour point de départ le texte intitulé « L'explication des métaphores ».

■ **Racine, Jean** (1639-1699)
Orphelin à trois ans, Racine est élevé dans le milieu janséniste de Port-Royal, avec lequel il rompt lorsqu'il s'oriente vers le théâtre et compose ses premières pièces, *La Thébaïde* (1664) et *Alexandre* (1665). La gloire vient avec *Andromaque* (1667, ▸ p. 246), qui sait « plaire » au public et le « toucher ». La suite de son œuvre connaît le même succès : *Britannicus* (1669, ▸ p. 238), *Bérénice* (1670), *Iphigénie* (1674, ▸ p. 25, 27, 240), *Phèdre* (1677, ▸ p. 244), sont des pièces inspirées de l'Antiquité gréco-romaine – et notamment d'Euripide (▸ p. 24) – qui mettent en scène des héros confrontés au destin. Devenu historiographe du roi, Racine compose encore deux pièces bibliques, puis renonce au théâtre et se réconcilie avec ses maîtres jansénistes.

■ **Rambaud, Patrick** (né en 1946)
Romancier français, Patrick Rambaud (▸ p. 139) a obtenu le prix Goncourt 1997 pour le roman *La Bataille*. Il est aussi l'auteur, entre autres, du roman *Les Aventures de Mai* (1998) et de *Il neigeait* (2000).

■ **Romains, Jules (Louis Farigoule, dit)** (1885-1972)
Philosophe de formation, écrivain, dramaturge, essayiste, Jules Romains connaît son premier grand succès avec la pièce *Knock ou le Triomphe de la médecine* (1923, ▸ p. 301), où il met en scène un inquiétant médecin, préfiguration de l'esprit totalitaire. Son œuvre romanesque majeure est la somme des *Hommes de bonne volonté* (1932-1946), vingt-sept volumes dans lesquels s'exprime un idéal de vie humaniste bien différent du contexte historique de leur publication.

■ **Rouaud, Jean** (né en 1942)
Originaire de Loire-Atlantique, Jean Rouaud a exercé divers métiers dont celui de kiosquiste à Paris, avant de se faire connaître par l'écriture. *Des hommes illustres* (1993, ▸ p. 137) constitue le second volet d'une suite romanesque commencée avec *Les Champs d'honneur* (1990) et qui retrace l'histoire de sa famille.

■ **Rousseau, Jean-Jacques** (1712-1778)
Né à Genève, Jean-Jacques Rousseau vit une jeunesse assez difficile, qu'il rapporte dans ses *Confessions* (publiées en 1782, ▸ p. 46), œuvre autobiographique née d'un différend avec Voltaire. Il se fait connaître par le *Discours sur les sciences et les arts* (1750) et s'engage dans la rédaction d'œuvres variées : *Émile ou De l'éducation,* traité d'éducation (1762, ▸ p. 400, 458) ; *La Nouvelle Héloïse,* roman par lettres (1761) ; *Le Contrat social,* traité politique (1762). Il participe à *l'Encyclopédie* en rédigeant les articles sur la musique. Il a lui-même composé un opéra, le *Devin du village*. Sa pensée politique est une référence pour les révolutionnaires de 1789. Il meurt en 1778, brouillé avec de nombreux écrivains de son temps, et persuadé d'être victime de leurs persécutions.

■ **Roy, Claude** (1915-1997)
Poète français influencé par Apollinaire, Supervielle et Eluard, résistant, membre du parti communiste, il en est exclu pour avoir dénoncé la répression en Hongrie en 1957. Son œuvre comporte des recueils de poésie, *Les Circonstances* (1970, ▸ p. 376), *À la lisière du temps* (1985), *Voyages d'automne* (1987), des essais critiques, des récits autobiographiques, des comptes rendus de voyage, des monographies sur des peintres et des sculpteurs, Maillol, Goya, Paul Klee.

■ **Saki (Hector Hugh Munro, dit)** (1870-1916)
Hector Munro naît en Birmanie, où son père est officier de la police britannique. Élevé en Angleterre par deux jeunes tantes selon des principes que retracent certaines de ses nouvelles, (▸ p. 194), il retourne en Birmanie, dans la police coloniale, puis devient journaliste, et correspondant étranger de plusieurs journaux, dont le *Morning Post*. Il est l'auteur de chroniques de presse et de nombreuses nouvelles, souvent ironiques et sarcastiques dans leur observation de la société britannique. Il meurt dans les tranchées de la Somme en 1916.

■ **Sales, Claude** (né en 1930)
Journaliste et écrivain, Claude Sales a travaillé dans différents journaux et magazines : *France-Soir, Le Point, Le Monde* et *Télérama*. Il est l'auteur d'un roman *La Trahison* (1999, ▸ p. 88) et a écrit *Les Rires de Dieu* (2003).

■ **Sarraute, Nathalie** (1900-1999)
Née en Russie dans une famille d'intellectuels, Nathalie Sarraute partage sa vie d'enfant entre deux pays, la Russie et la France, et entre deux langues. Après des études d'anglais, de sociologie et de droit, avocate, elle abandonne son métier pour l'écriture. Elle écrit des ouvrages qui mettent du temps à trouver leur public : *Tropismes* (1939), *Le Planétarium* (1959), puis des pièces de théâtre, *Le Mensonge* (1967), *Pour un oui ou pour un non* (1982, ▸ p. 313). Son autobiographie, *Enfance* (▸ p. 57, 173), qui connaît un grand succès en 1983, est construite comme un dialogue à deux voix, cette coexistence représentant, dans l'écriture même, le dédoublement « je » / « moi » voulu par tout projet autobiographique.

■ **Sartre, Jean-Paul** (1905-1980)
Né dans un milieu bourgeois et cultivé, le jeune Sartre accède très tôt à l'univers des livres, ce qu'il raconte dans son œuvre autobiographique, *Les Mots* (1964, ▸ p. 51, 95). Professeur de philosophie, puis théoricien de l'existentialisme, il est aussi homme de théâtre avec *Les Mouches* (1943), *Huis clos* (1944), *Les Mains sales* (1948) et romancier, avec *Les Chemins de la liberté* (1945-1944). Écrivain engagé, il prend position contre la guerre d'Algérie, contre la torture, contre le colonialisme, et participe aux luttes sociales en dirigeant le quotidien d'extrême-gauche *La Cause du peuple.* Il est aussi le fondateur de la revue *Les Temps modernes,* en 1945. En 1965, il refuse le prix Nobel de littérature qui lui est décerné pour son œuvre romanesque.

■ **Saumont, Annie** (née en 1927)
Angliciste, traductrice de l'écrivain américain Salinger et en particulier de son roman *L'Attrape-cœur,* Annie Saumont est l'auteur de six romans et de centaines de nouvelles, dont beaucoup mettent en scène des adolescents. Ses thèmes sont empruntés à la vie de tous les jours, ses héros sont des gens comme tout le monde, dont elle capte les réactions avec un sens précis de l'observation. On peut citer *Quelquefois dans les cérémonies,* qui obtint le prix Goncourt de la nouvelle en 1981, *Quelque chose de la vie* (1991), *Après* (1996, ▸ p. 104).

■ **Semprun, Jorge** (né en 1923)
Écrivain espagnol d'expression castillane et française, il milite au parti communiste espagnol, participe à la Résistance et est déporté au camp de Buchenwald en 1943. Il témoigne de la vie concentrationnaire dans deux ouvrages, *La Deuxième Mort de Ramon Mercader* et *L'Écriture ou la Vie* (1994, ▸ p. 56). Scénariste de plusieurs films engagés du metteur en scène Costa-Gavras, *Z, L'Aveu,* il est ministre de la Culture en Espagne de 1988 à 1991.

■ **Sophocle** (496-406 av. J.-C.)
Auteur tragique grec, dont il reste sept tragédies, *Ajax, Antigone, Œdipe roi, Électre, Les Trachiniennes, Philoctète, Œdipe à Colone.* Ses œuvres, comme celles d'Euripide et d'Eschyle, restent comme des modèles d'un genre auquel se réfère toute l'histoire du théâtre. La particularité de Sophocle est d'intégrer l'évolution psychologique du héros tragique à la notion de destin et de fatalité divine.

■ **Stendhal (Henri Beyle, dit)** (1783-1842)
Admirateur de l'Italie et de la musique italienne, Stendhal est l'auteur d'œuvres de sensibilité romantique, *Le Rouge et le Noir* (1830, ▸ p. 131, 326), *La Chartreuse de Parme* (1839, ▸ p. 150), *Lucien Leuwen,* roman resté inachevé, *Armance,* les *Chroniques italiennes.* Dans le genre autobiographique, il a composé un *Journal,* une autobiographie sous le titre de *Vie de Henry Brulard* (1835-1836) et les *Souvenirs d'égotisme.* Originaire de Grenoble, et d'un milieu bourgeois, formé aux idées des Lumières par son grand-père, il est un fervent admirateur de Napoléon, dont il suit les armées, avant de se fixer à Paris, puis en Italie où il est consul de France. Le début de son épitaphe porte cette mention : « Henri Beyle, Milanais ».

■ **Tardi, Jacques** (né en 1946)
Dessinateur de bande dessinée, ayant fait ses débuts dans l'hebdomadaire *Pilote,* en 1969, Jacques Tardi est le créateur du personnage d'Adèle Blanc-Sec, héroïne d'une série d'albums ayant un grand succès. Il est parallèlement l'adaptateur de romans de L. Malet, qu'il transcrit en bandes dessinées : *Brouillard au pont de Tolbiac, 120 rue de la Gare, Casse-pipe à la Nation* (▸ p. 144) donnent un visage au détective Nestor Burma. On lui doit également la transposition de *La Der des ders,* de D. Daeninckx, et du *Cri du peuple,* de J. Vautrin.

■ **Tardieu, Jean** (1903-1995)
Auteur de théâtre passionné par les questions de langage, Jean Tardieu se fait d'abord connaître par des recueils poétiques, *Le Fleuve caché, Monsieur Monsieur* (1951). Son poste de Directeur des émissions dramatiques de la Radio et Télévision lui permet de travailler sur les techniques de dramaturgie sonore. Son théâtre se démarque des structures traditionnelles de l'intrigue pour se centrer sur les mots, leurs sens et leurs emplois, notamment dans *Un mot pour un autre* et *La Comédie du langage* (1951, ▸ p. 307).

■ **Thibaudet, Albert** (1874-1936)
Élève du philosophe Bergson, mais ayant une formation d'historien et de géographe, ce critique littéraire s'est intéressé aux mouvements de la vie littéraire pour en saisir le dynamisme, dans l'*Histoire de la littérature française de 1789 à nos jours* (1936), tout en cherchant à cerner la personnalité des écrivains. Il est l'auteur de plusieurs études sur Flaubert, Valéry, Stendhal et Montaigne. Collaborateur de la Nouvelle Revue Française (N.R.F.), il y a écrit de nombreux articles, comme *Réflexions sur le roman* (1912, ▸ p. 106).

■ **Vallès, Jules** (1832-1885)
Journaliste et écrivain, Jules Vallès défend dans ses articles, réunis dans *Les Réfractaires* (1866) et *La Rue* (1867), la cause prolétarienne. Membre de la Commune de Paris qu'il soutient dans *Le Cri du peuple,* il est condamné à mort, mais s'enfuit en Angleterre. Il compose, à partir de 1879, une trilogie romanesque *L'Enfant* (▸ p. 48, 92), *Le Bachelier* et *L'Insurgé,* fortement autobiographique. En racontant la vie de Jacques Vingtras, c'est de lui-même qu'il parle.

■ **Veilletet, Pierre** (né en 1943)
Journaliste, puis écrivain, Pierre Veilletet a occupé plusieurs fonctions au quotidien régional *Sud-Ouest* : chroniqueur, grand reporter, rédacteur en chef. Il a été récompensé par le prix Albert Londres en 1976, et par différents prix littéraires. Il est l'auteur de romans, d'essais et d'ouvrages divers, souvent liés à sa région, celle de Bordeaux. Dans *Mots et Merveilles* (1998, ▸ p. 190), il évoque les relations entre la littérature et des lieux qui l'inspirent.

Vercors (Jean Bruller, dit) (1902-1991)
D'abord attiré par la gravure et le dessin, et auteur de différents albums publiés sous son nom, Jean Bruller manifeste son esprit de résistance en fondant les Éditions de Minuit en 1941 et en publiant de manière clandestine un récit *Le Silence de la mer* (1942, ▸ p. 374), qui exprime le refus de toute fraternité pendant l'Occupation. Sous ce même titre sont regroupées dans un recueil plusieurs nouvelles, dont « Ce jour-là » (1943, ▸ p. 199). Les différentes œuvres – récits et essais – de celui qui choisit comme pseudonyme le nom d'un massif montagneux et d'un maquis célèbre abordent des questions rendues aiguës par la situation de guerre, entre autres celles de la dénonciation, de la torture, de la liberté.

Verhaeren, Émile (1855-1916)
Émile Verhaeren est originaire de Belgique. Ses premiers poèmes célèbrent la Flandre et ses paysages, puis son inspiration se modifie et il s'intéresse au monde industriel, ce que traduisent les deux recueils *Les Campagnes hallucinées* (1893) et *Les Villes tentaculaires* (1895, ▸ p. 360). Dans d'autres recueils, *La Belgique sanglante* et *Les Ailes rouges de la guerre*, il dénonce la violence et les combats. Sa poésie s'inscrit dans le mouvement du renouveau du début du XXe siècle, avec Cendrars et Apollinaire.

Vigny, Alfred (de) (1797-1863)
Issu d'une famille aristocratique fidèle à l'Ancien Régime, légitimiste et catholique, Vigny accompagne Louis XVIII pendant les Cent-Jours. Il met fin à sa carrière militaire en 1827 et se consacre à l'écriture, fréquentant les cénacles romantiques. Son œuvre comporte des recueils poétiques, *Poèmes antiques et modernes* (1826), *Les Destinées* (1864). Vigny est aussi l'auteur d'un drame romantique, *Chatterton* (1835, ▸ p. 288) et de récits de la vie militaire, sur un mode dramatique, *Servitude et Grandeur militaires* (1835, ▸ p. 329). L'ensemble de son œuvre est marqué par le pessimisme.

Villiers de L'Isle-Adam, Auguste (de) (1838-1889)
Aristocrate breton appartenant à une famille ruinée, Villiers de L'Isle-Adam mène à Paris une vie chaotique et souvent misérable qui lui permet néanmoins de rencontrer la plupart des écrivains de son temps, Baudelaire, qu'il admire, Mallarmé, Heredia, Leconte de Lisle. Il s'oriente d'abord vers le théâtre, mais sans succès. C'est seulement à quarante-cinq ans qu'il commence à être connu, avec la publication des *Contes cruels* (1883, ▸ p. 169). Il apparaît alors comme le chef de file des symbolistes et peut faire paraître une œuvre à laquelle il n'a cessé de travailler, *L'Ève future* (1886).

Voltaire (François-Marie Arouet, dit) (1694-1778)
Issu de la bourgeoisie parisienne, Voltaire incarne l'esprit des Lumières : irrévérencieux à l'égard des institutions dont il veut dénoncer le caractère inégalitaire, il s'engage dans des causes dangereuses, comme la défense de Calas, de Sirven ou celle du chevalier de La Barre. Ses actions et ses écrits lui valent d'être censuré, emprisonné, exilé. Son œuvre, immense et très variée, comporte des contes, *Candide* (1759, ▸ p. 118, 424), des essais, des dictionnaires – il participe à *l'Encyclopédie* –, du théâtre, une abondante correspondance, des pamphlets virulents contre toutes les injustices. Installé à Ferney, où il met en application ses idées de vie communautaire, il est connu de toute l'Europe et de tous les souverains.

Yourcenar, Marguerite (de Crayencour, dite) (1903-1987)
Sous un pseudonyme qui est l'anagramme de son nom (Crayencour), Marguerite Yourcenar se fait connaître comme écrivain dès les années 1920, avec différentes œuvres, de la poésie, un roman, *Alexis ou le Traité du vain combat* (1929), des nouvelles, *La mort conduit l'attelage* (1934), les *Nouvelles orientales* (1933, ▸ p. 121). Au début de la Seconde Guerre mondiale, elle s'installe aux États-Unis, dans l'île de Mount Desert, et choisit la nationalité américaine en 1947. Elle connaît un grand succès avec les *Mémoires d'Hadrien* (1951), puis avec *L'Œuvre au noir* (1968). Première femme à être admise à l'Académie française, en 1980, elle laisse une autobiographie en trois étapes, regroupées sous le titre *Le Labyrinthe du monde* (1974).

Zola, Émile (1840-1902)
Après une enfance pauvre et une adolescence marquée par son échec au baccalauréat, Zola travaille chez Hachette et se met à écrire. Il publie des contes et quelques romans, puis commence, avec *L'Assommoir* (1877, ▸ p. 156, 348), la vaste fresque des *Rougon-Macquart, Histoire naturelle et sociale d'une famille sous le Second Empire*. Le titre souligne l'orientation scientifique du projet. Le principe – qui définit le naturalisme (▸ p. 349) – est d'observer les membres d'une même famille dans des milieux différents. Le travail préparatoire est très précis (▸ p. 38), mais la volonté de Zola de montrer la nature provoque des réactions violentes. Ses romans (▸ p. 156, 172, 185, 345, 346) sont néanmoins considérés comme de véritables témoignages sociaux.

Index des auteurs et des œuvres

Les numéros indiqués renvoient aux pages.

A

Albalat, Antoine, *Le Travail du style*, 40

Anouilh, Jean, *Antigone*, 381

Antelme, Robert, avant-propos de *L'Espèce humaine*, 55

Apollinaire, Guillaume, *Alcools*, « Zone », 364 ; *Calligrammes*, « Il pleut », 66 ; « La colombe poignardée et le jet d'eau », 365

Aragon, Louis, *Le Musée Grévin*, « J'écris dans ce pays », 377

Aristophane, *Les Cavaliers*, 224

B

Badinter, Élisabeth, *L'Un est l'Autre*, 432

Balzac, Honoré (de), *Adieu !*, 180 ;
Le Colonel Chabert, 148 ;
Le Cousin Pons, 340 ;
Illusions perdues, 78 ;
La Peau de chagrin, 133 ;
Le Père Goriot, 165

Barbusse, Henri, *Le Feu*, 123

Beaumarchais, *Le Mariage de Figaro*, 255 (didascalie initiale), 267 ; préface du *Mariage de Figaro*, 275

Bertrand, Aloysius, *Gaspard de la nuit*, « Ondine », 332

Biasi, Pierre-Marc (de), *Brouillons d'écrivains*, « Mille et une ratures », 30

Boileau, Nicolas, *Art poétique*, 32, 249

Bossuet, Jacques Bénigne, *Oraison funèbre d'Henriette d'Angleterre*, 443

Bradbury, Ray, *Un remède à la mélancolie*, « Le dragon », 203

Breton, André, *Nadja*, 368

C

Calvino, Italo, *Si par une nuit d'hiver un voyageur*, 100

Camus, Albert, *La Chute*, 136 ;
Discours de Suède, 385 ;
L'Étranger, 188 ;
Les Justes, 306

Carrière, Jean-Claude, *La Controverse de Valladolid*, 433

Cendrars, Blaise, « Prose du Transsibérien et de la petite Jehanne de France », 362

Char, René, *Feuillets d'Hypnos*, 383

Chateaubriand, François-René (de), *Mémoires d'outre-tombe*, 34 ;
René, 320

Claudel, Paul, *L'Échange*, 309

Cocteau, Jean, *La Machine infernale*, 303

Cohen, Albert, *Le Livre de ma mère*, 452

Colette, *Les Heures longues*, « La Tête », 122

Condorcet, *Cinq Mémoires sur l'Instruction publique*, 404

Corneille, Pierre, *Le Cid*, 234 ;
Cinna, 231 (didascalie initiale), 232 ;
Horace, 236 ;
L'Illusion comique, 23, 254 (didascalie initiale) ;
Polyeucte, 231 (didascalie initiale) ;
Suréna, 242

Cornu (L.), **Pompougnac** (J.-C.), **Roman** (J.) *Le Barbare et l'Écolier*, 410

D

Desnos, Robert, *C'est les bottes de 7 lieues cette phrase : « je me vois »*, « Les gorges froides », 367 ;
Destinée arbitraire, « Ce cœur qui haïssait la guerre », 380 ;

Dictionnaire des Littératures, article « Bibliothèque bleue », 71 ;
article « Éloge », 455 ;

Dictionnaire des Littératures de langue française, article « Colportage », 69

Diderot, Denis, *Jacques le Fataliste et son maître*, 130 ;

« Du vilain qui conquit le paradis par plaid » (fabliau anonyme), 392

E

Eco, Umberto, *De la littérature*, 470

Eluard, Paul, *Au rendez-vous allemand*, « Gabriel Péri », 451 ;
Capitale de la douleur, « Leurs yeux toujours purs », 366 ;
préface de *Poésie involontaire et Poésie intentionnelle*, 371

Emmanuel, Pierre, *L'Honneur des poètes*, « Les dents serrées », 379

Érasme, *De l'éducation des enfants*, 395

Ésope, Fables, « Le Renard et le Bouc dans le puits », 18

Euripide, *Iphigénie à Aulis*, 24 ;
Médée, 219

F

Fénéon, Félix, *Nouvelles en trois lignes*, 115

Ferrat, Jean, « Nuit et Brouillard », 386

Ferry, Jules, « Circulaire concernant l'enseignement moral et civique », 408

Feydeau, Georges, *On purge Bébé*, 298

Flaubert, Gustave, *Correspondance*, 36 ; *L'Éducation sentimentale*, 154, 343 ; *Madame Bovary*, 342

Furetière, Antoine, *Le Roman bourgeois*, 162

G

Gagnière, Claude, *Pour tout l'or des mots*, 16

Gailly, Christian, *Un soir au club*, 142

Gautier, Théophile, *Récits fantastiques*, « Jettatura », 167 ; « Omphale », 182

Genette, Gérard, *Fiction et diction*, 125

Giraudoux, Jean, *La guerre de Troie n'aura pas lieu*, 304

Gracq, Julien, *La Littérature à l'estomac*, 465

Green, Julien, *Léviathan*, 186

Grimal, Pierre, *La Civilisation romaine*, 223

Guéhenno, Jean, article du *Figaro*, 466 ; *Carnets du vieil écrivain*, 98

H

Hugo, Victor, *Châtiments*, « Au peuple », 449 ; « Ô soleil, ô face divine… », 334 ; *Les Contemplations*, « À propos d'Horace », 406 ; préface de *Cromwell*, 282 *Les Feuilles d'automne*, « Soleils couchants », 327 ; *Hernani*, 280 (didascalie initiale), 283 ; *Les Misérables*, 183 ; *Les Orientales*, « L'enfant », 324

I

Ionesco, Eugène, *Rhinocéros*, 311

J

Jacob, Max, *Sacrifice impérial*, « La terre », 369

Jacquard, Albert, *L'école et les parents*, 413 ; *Éloge de la différence*, 429

Jean, Georges, « Du *volumen* au codex », 63 ; *L'Écriture, mémoire des hommes*, 62

Júdice, Nuno, *Lettres à la jeunesse*, « Lettre à un jeune lecteur de poésie », 468

L

Labiche, Eugène, *Le Voyage de M. Perrichon*, 294

La Bruyère, Jean de, *Les Caractères*, « De la mode », 445 ; *Discours de réception à l'Académie française*, 446 ;

La Fontaine, Jean (de), *Fables*, « Le Renard et le Bouc », 19

Lamartine, Alphonse (de), *Les Méditations*, « Le Lac », 322

Lemaître, Jules, *Les Contemporains*, 461

Léry, Jean (de), *Histoire d'un voyage en la terre du Brésil*, 418

Lesage, Alain-René, *Histoire de Gil Blas de Santillane*, 128, 164

Lévi-Strauss, Claude, *Anthropologie structurale II*, 425

Lindon, Jérôme, entretien dans *Le Français dans le monde*, 80 ;

Libération, brèves, 112 ;

Lire, article de D. Sénécal, « Où vont-ils pêcher ces noms ? », 175

Londres, Albert, *La Chine en folie*, 120

M

Magazine littéraire article de V. Marin La Meslée, 88

Malet, Léo, *Casse-pipe à la Nation*, 145

Malraux, André, *Oraisons funèbres*, « Transfert des cendres de Jean Moulin au Panthéon », 454

Manguel, Alberto, *Une histoire de la lecture*, 67

Marivaux, *La Colonie*, 421 *La Fausse Suivante*, 255 (didascalie initiale) ; *Le Jeu de l'amour et du hasard*, 260

Marot, Clément, « Petite épître au roi », 44

Maupassant, Guy (de), *Bel-Ami*, 158, 159 ; *Contes de la bécasse*, « Aux champs », 134 ; *Contes divers*, « L'aveugle », 351 ; préface de *Pierre et Jean*, 94, 354

Meirieu, Philippe, *L'école et les parents*, 411

Memmi, Albert, *Ce que je crois*, 430

Michaux, Henri, *La nuit remue*, « Icebergs », 370

Molière, *Amphitryon*, 264 ; *L'Avare*, 21, 254 (didascalie initiale), 262 ; *Dom Juan*, 272 ; *Les Femmes savantes*, 398 ; *Les Fourberies de Scapin*, 266 ; *George Dandin*, 259 ; *Tartuffe*, 256, 270, 440 ; préface de *Tartuffe*, 274

Le Monde, « La terre a encore tremblé… », 116 ; « Mexique : un violent séisme », 113 ; « Piège de guerre », article de J.-L. Douin, 89

Le Monde des livres article de C. Rousseau, « Le destin des livres à dix francs », 74

Montaigne, *Essais*, « De l'institution des enfants », 396 ; « Des cannibales », 420

Montesquieu, *De l'esprit des lois*, 423 ; *Lettres persanes*, 448

Monzó, Quim, *Olivetti, Moulinex, Chaffoteaux et Maury*, « N'en soyez pas si sûr », 207

Musset, Alfred (de), *Les Caprices de Marianne*, 290 ; *La Confession d'un enfant du siècle*, 330 ; *Lorenzaccio*, 281 (didascalie initiale), 287 ; *On ne badine pas avec l'amour*, 292

N

Nadeau, Maurice, note pour l'édition Folio du roman *Madame Bovary*, de Gustave Flaubert, 82

Nerval, Gérard (de), *Odelettes rythmiques et lyriques*, « Fantaisie », 333

P

Le Parisien, « Nouveau séisme au Mexique », 113

Perrault, Charles, *Le Labyrinthe de Versailles*, « Le Renard et le Bouc », 20

Pinard, Ernest, *Réquisitoire du procès de* Madame Bovary, 86

Plaute, *Le Marchand*, 226 ; *La Marmite*, 21 ; *Le Soldat fanfaron*, 22

Poe, Edgar Allan, *Nouvelles Histoires extraordinaires*, « Le portrait ovale », 151

Pomeau, René, note sur *L'Ingénu*, de Voltaire, pour l'édition GF-Flammarion, 84

Ponge, Francis, *La Rage de l'expression*, « Le Mimosa », 50

Prévert, Jacques, *La Pluie et le Beau Temps*, « Étranges étrangers… », 427

Proust, Marcel, *Sur la lecture*, 463

Q

Queneau, Raymond, *Contes et propos*, « Un conte à votre façon », 102

R

Racine, Jean, *Andromaque*, 230 (didascalie initiale), 246 ; *Britannicus*, 238 ; *Iphigénie*, 25, 240 ; préface d'*Iphigénie*, 27 ; préface de *Mithridate*, 248 ; *Phèdre*, 230 (didascalie initiale), 244

Rambaud, Patrick, *Une journée d'été*, « La salle des fêtes », 139 ;

Robinson Crusoé, présentation du roman dans le « Guide de lecture » des éditions Presses Pocket, 114

Romains, Jules, *Knock ou le Triomphe de la médecine*, 301

Romilly, Jacqueline (de), *La Tragédie grecque*, 216

Rouaud, Jean, *Des hommes illustres*, 137

Rousseau, Jean-Jacques, *Les Confessions*, 46 ; *Émile ou De l'éducation*, 400, 458

Roy, Claude, *Poésies*, « Les cloches du sommeil », 376

S

Sairigné, Guillemette (de), *L'Aventure du livre de poche*, 72

Saki, *Nouvelles*, « Sredni Vashtar », 194

Sales, Claude, *La Trahison*, 88

Sarraute, Nathalie, *Enfance*, 53, 173 ; *Pour un oui ou pour un non*, 313

Sartre, Jean-Paul, *Les Mots*, 51, 95

Saumont, Annie, *Après*, « Fille lisant à l'arrêt du bus », 104

Semprun, Jorge, *L'Écriture ou la Vie*, 56

Sophocle, *Œdipe roi*, 221

Stendhal, *La Chartreuse de Parme*, 150 ; *Le Rouge et le Noir*, 131, 326, 338

T

Tardi, *Casse-pipe à la Nation*, 144

Tardieu, Jean, *La Comédie du langage*, « Finissez vos phrases ou Une heureuse rencontre », 307

Thibaudet, Albert, *Nouvelle Revue française*, « Réflexions sur le roman », 106

Toulet, Jean, *Le Livre français, hier, aujourd'hui, demain*, 65

V

Vallès, Jules, *L'Enfant*, 48, 92

Veilletet, Pierre, *Mots et Merveilles*, « La société des lacs », 190

Vercier, Bruno, note pour l'édition GF-Flammarion du *Roman d'un enfant*, de Pierre Loti, 82

Vercors, *Le Silence de la mer*, 374 ; « Ce jour-là », 199

Verhaeren, Émile, *Les Villes tentaculaires*, « Les usines », 360

Vigny, Alfred (de), *Chatterton*, 288 ; *Servitude et Grandeur militaires*, 329

Villiers de l'Isle-Adam, *Contes cruels*, « Vox populi », 169

Voltaire, *Candide ou l'Optimisme*, 118, 424 ; *Jeannot et Colin*, 402

Y

Yourcenar, Marguerite, *Nouvelles orientales*, « Comment Wang-Fô fut sauvé », 121

Z

Zola, Émile, *L'Assommoir*, 156, 348 ; « ébauche » de *La Bête humaine*, 172 ; *Carnets d'enquêtes*, 38 ; *La Curée*, 185, 345 ; *Le Roman expérimental*, 349 ; *Les Romanciers naturalistes*, 460 ; *Le Ventre de Paris*, 346

Glossaire

Les numéros indiqués renvoient aux pages.

Absurde (théâtre de l') : courant représenté par un ensemble de pièces de théâtre de la seconde moitié du XXe siècle dont le thème est le sentiment de l'incohérence de la condition humaine. Les représentants de ce théâtre sont Beckett et Ionesco (▶ p. 316, 492).

Action : au théâtre, l'action désigne ce qui se passe sur scène ; pour la « règle d'action » (▶ p. 252).

Adjuvant : dans le schéma actantiel (▶ p. 178), l'adjuvant est l'élément (ou le personnage) qui apporte son aide à celui qui agit.

Alexandrin : vers comportant douze syllabes accentuées.

Allégorie : figure de rhétorique (analogie) qui consiste à représenter une idée par une personne (ex : *la liberté*).

Anagramme : mot formé à l'aide des lettres d'un autre mot. Ex : *aimer* est l'anagramme de *Marie*.

Anaphore : figure d'insistance qui consiste à répéter un mot ou une expression en début de phrase ou de vers.

Anciens : groupe d'écrivains de la fin du XVIIe et du début du XVIIIe siècle, partisans de l'imitation de l'Antiquité. Ils s'opposent aux Modernes, partisans du progrès et de l'innovation (▶ p. 478).

Antinomique : opposé, contraire, contradictoire. Ex : *aimer* et *haïr* sont deux termes antinomiques.

Antiphrase : figure d'opposition qui consiste à dire le contraire de ce qu'on pense. L'antiphrase est souvent utilisée dans le registre ironique (▶ p. 437).

Anthropologie : science qui étudie l'homme dans sa dimension sociale.

Antithèse : figure d'opposition qui rapproche des notions contraires.

Antithétique : contraire, opposé, contradictoire.

Aparté : au théâtre, paroles prononcées par un personnage et entendues seulement par les spectateurs.

Argument : dans le discours argumentatif, l'argument est une idée qui soutient une thèse ou qui permet d'en réfuter une autre. Ce mot désigne aussi le thème d'un roman, d'une pièce de théâtre ou d'un ballet.

Argumentation (discours argumentatif) : le discours argumentatif vise à démontrer, convaincre, persuader, et à faire valoir le bien-fondé d'une prise de position (▶ p. 416).

Athéisme : courant de pensée refusant toute croyance en Dieu.

Autobiographie : genre littéraire dans lequel l'auteur, le narrateur et le personnage principal sont confondus. Il existe des autobiographies authentiques (ex : *Les Confessions* de J.-J. Rousseau, ▶ p. 46), et des autobiographies de fiction (ex : *L'Enfant* de J. Vallès, ▶ p. 48, 92).

Baroque : courant littéraire et culturel du début du XVIIe siècle, caractérisé par la complexité des formes, l'irrégularité. Ses thèmes d'inspiration sont l'inquiétude, le mouvement, la métamorphose, la mort (▶ p. 478).

Bienséance : ce qu'il convient de faire ou de ne pas faire pour se conformer aux usages sociaux ou littéraires. La règle de bienséance concerne la tragédie classique (▶ p. 252, 478).

Brève : très court texte journalistique rapportant un fait ou un événement (▶ p. 112).

Burlesque : manière parodique de traiter un sujet noble sur un mode trivial et bas (▶ p. 279).

Cadavre exquis : jeu inventé par les surréalistes et consistant à composer des textes à partir de phrases ou de morceaux de phrases que chacun écrit à tour de rôle sans avoir vu les phrases écrites par les autres joueurs. Ex : *Le cadavre exquis boira le vin nouveau.* L'expression désigne aussi un dessin obtenu par la même procédure (▶ p. 371).

Calligramme : dessin fait avec des mots. Les mots et la forme dessinée ont des relations de sens (▶ p. 59, 66, 365).

Canal : moyen ou support utilisé pour transmettre un message, comme la feuille de papier ou les ondes sonores (▶ p. 109).

***Catharsis* :** purification produite chez les spectateurs par la représentation d'une tragédie, selon Aristote (▶ p. 229, 252).

Champ lexical : ensemble de termes se rattachant à une même notion. Ex : *clarté, bougies, feu, électricité, jaune, illumination, lampe* appartiennent au champ lexical de la lumière.

Champ sémantique : ensemble des significations d'un mot.

Chiasme : figure d'opposition qui consiste à placer les éléments de deux groupes formant une antithèse dans un ordre inversé. Ex : *Un roi chantait en bas, en haut mourait un dieu* (V. Hugo).

Chronique : suite de faits donnés dans l'ordre de leur déroulement. Récit historique. Article de presse écrit chaque jour par le même auteur (▶ p. 122).

Chute : trait spirituel ou conclusion inattendue par laquelle se termine un texte. On parle de chute ou pointe d'un sonnet, de la chute d'une nouvelle (▶ p. 212).

Classicisme : courant culturel du XVIIe siècle caractérisé par le goût de l'ordre, de la mesure, de la rigueur, de la raison. Le classicisme est le courant auquel appartiennent Molière, La Fontaine, Racine, Boileau et leurs contemporains.

Cliché : lieu commun, formule ou idée que l'on retrouve de manière récurrente et qui manque d'originalité (▶ p. 59).

Codex : livre formé de pages reliées, apparu au IVe siècle et ayant remplacé le *volumen*, ou rouleau (▶ p. 63).

Comique : registre caractérisé par le rire. Le comique est provoqué par des mots, des gestes, des situations (▶ p. 279).

Concession : type de raisonnement qui consiste à accorder un avantage à son interlocuteur dans la discussion, pour ensuite le contrer.

Connotation : ensemble de sens que peut prendre un mot en fonction de son environnement contextuel, de la sensibilité de celui qui écrit, de la culture de celui qui lit.

Conquistadores : terme désignant les conquérants espagnols et portugais du XVIe siècle qui ont découvert le « Nouveau Monde ».

Couleur locale : ensemble d'éléments (objets, végétaux, décors, costumes) permettant de rendre plus vraie l'évocation de certains lieux et pays.

Cubisme : mouvement artistique qui, dans les années 1908-1920, a substitué aux modes de représentation hérités de la Renaissance, des types nouveaux de construction plastique. Une des orientations du cubisme consiste à représenter un objet perçu de plusieurs angles de vue à la fois.

Dada (mouvement) : mouvement de révolte et de contestation contre les dangers de la civilisation moderne, notamment la guerre. Ce mouvement est né à Zurich, en 1916, et fut animé par Tristan Tzara. Il se manifeste en peinture et en littérature. Parmi ses membres, on peut citer F. Picabia, Man Ray, Arp (► p. 491).

Dénotation : sens premier d'un terme, tel qu'il est donné par le dictionnaire.

Dépêche (d'agence) : information brève transmise par les agences de presse.

Destinataire : dans le schéma de la communication (► p. 109), désigne celui à qui est destiné un message.

***Deus ex machina* :** (« dieu descendu au moyen d'une machine ») au théâtre, en particulier dans la comédie, personne ou événement venant opportunément dénouer une situation inextricable.

Didactique : qui concerne l'enseignement, qui a pour objet d'instruire.

Didascalies : ensemble des remarques et des informations de mise en scène et de jeu qui figurent dans un texte théâtral.

Discours : énoncé ancré dans la situation d'énonciation (► p. 417), par opposition au récit ; texte rapportant les paroles d'un orateur ; énoncé ayant une finalité particulière (forme de discours) : raconter (► p. 146), décrire, informer, expliquer, argumenter (► p. 416), ordonner.

Doctes : au XVIIe siècle, savants élaborant les règles en matière de littérature et d'art (► p. 478).

Dogme : point fondamental d'une doctrine ou d'une croyance religieuse.

Drame (romantique) : genre théâtral apparu au XIXe siècle qui s'oppose aux théories de la tragédie classique (► p. 297).

Ellipse : raccourci dans l'expression du temps, de l'espace ou de la pensée (► p. 161).

Emboîtement : technique narrative qui consiste à insérer un récit à l'intérieur d'un autre. Il y a alors deux récits (premier, second) et deux narrateurs (► p. 161, 212).

Émetteur : dans le schéma de la communication (► p. 109), désigne celui qui est à l'origine d'un message.

Engagement : on désigne par ce terme le fait de prendre parti et d'intervenir publiquement, dans des écrits ou dans des créations artistiques, sur les problèmes sociaux et politiques de son temps (► p. 389).

Enjambement : phénomène de versification qui consiste à faire « déborder » un vers sur le vers suivant. La partie du vers qui « déborde » s'appelle le rejet.

Énonciation : ensemble des conditions dans lesquelles se trouve produit un énoncé (► p. 417).

Épigraphe : court texte précédant le début d'une œuvre pour en définir l'esprit.

Épilogue : conclusion, fin d'un ouvrage ou d'une histoire (► p. 161).

Épique : registre qui caractérise l'épopée et qui est marqué par des effets de grandissement et d'exagération (► p. 179).

Épistolaire : caractérise ce qui appartient au domaine de la lettre (genre épistolaire).

Épistolier (-ère) : auteur d'une lettre.

Épître : lettre en vers traitant de sujets politiques ou philosophiques, de registre souvent critique ou satirique (► p. 44).

Épopée : genre littéraire narratif qui met en scène des actions et des héros hors du commun (► p. 179).

Esthétique : ensemble des caractères définissant le beau. Ensemble des caractères définissant un mouvement artistique.

Ethnocentrisme : idée selon laquelle seul ce qui appartient à un groupe humain particulier a de la valeur. L'ethnocentrisme conduit souvent au rejet de l'autre.

Ethnologie : science qui étudie le comportement des groupes humains.

Euphémisme : figure d'atténuation qui adoucit le sens de certaines expressions ou de certains mots jugés crus, choquants ou discriminatoires.

Existentialisme : courant philosophique du XXe siècle, qui place l'existence au cœur de ses interrogations. J.-P. Sartre fut un des principaux représentants de ce courant.

Exorde : début d'un discours.

Fable : dans la langue classique, désigne toute forme de fiction. La fable est aussi un genre littéraire (l'apologue). Elle se compose d'une petite histoire suivie d'une moralité (► p. 18).

Fantastique : ce terme caractérise, en littérature ou en peinture, l'intrusion de l'irrationnel dans la vie quotidienne (► p. 213). Le fantastique constitue à la fois un genre et un registre.

Farce : genre théâtral médiéval et populaire reposant essentiellement sur un comique de gestes (► p. 278).

Focalisation (ou point de vue) : ce terme désigne la manière de voir et/ou de rapporter une scène dans le récit. On distingue la focalisation zéro, la focalisation interne et la focalisation externe (► p. 147).

Fonctions du langage : rôles attribués au langage selon que l'accent est mis sur tel ou tel des six éléments de la communication (► p. 109).

Formes de discours : *voir* Discours.

Gradation : figure d'insistance qui procède par degrés successifs de manière croissante ou décroissante.

Historiographe : historien nommé par un chef d'État pour écrire l'histoire officielle du règne. Racine et Boileau furent les historiographes de Louis XIV (► p. 478).

Humanisme : courant culturel et esthétique du XVIe siècle qui fait de l'homme le centre de ses préoccupations (► p. 474). On parle aussi de courant humaniste pour les Lumières (► p. 485) et pour la philosophie du XXe siècle.

Humanités : lettres classiques regroupant le latin et le grec.

Hymne : chant ou texte poétique pour célébrer un personnage ou un événement (► p. 457).

Hyperbole : figure de rhétorique (amplification) qui consiste à grossir, agrandir, exagérer un fait, un portrait, une action. L'hyperbole est particulièrement utilisée dans le registre épique (► p. 179).

Implicite : ce qui n'est pas dit clairement et ouvertement (contraire : *explicite*).

Incipit : début de roman (► p. 161).

Intertextualité : ensemble des relations qu'un texte entretient avec un autre (ou avec d'autres) sur le plan de la création (emprunts, citations, plagiat...), du thème, de la compréhension, par les rapprochements que peut faire le lecteur.

Introspection : observation et analyse de soi-même.

Ironie : procédé d'écriture ou de parole qui consiste à exprimer le contraire de ce que l'on veut faire comprendre (► p. 437).

Liminaire : adjectif utilisé pour caractériser un texte d'ouverture d'une œuvre.

Lumières : mouvement intellectuel et philosophique européen du XVIIIe siècle, qui met en avant la raison, la croyance dans le progrès et dans les capacités humaines, la tolérance et le respect des libertés civiles (► p. 482).

Lyrisme : registre caractérisé par l'expression des sentiments personnels (▶ p. 337).

Manifeste : déclaration écrite par laquelle un mouvement, un parti, un groupe définit son programme.

Métaphore : figure de rhétorique (analogie) qui consiste à rapprocher deux éléments sans utiliser de mot de comparaison, parfois sans préciser sur quoi porte le rapprochement. Ex : *cette faucille d'or* (V. Hugo) est une métaphore pour désigner la lune.

Modalisation : ensemble de procédés permettant à celui qui parle d'exprimer sa subjectivité (hésitation, incertitude, atténuation, acquiescement...). Certains adverbes, certains modes verbaux (le subjonctif et le conditionnel, notamment) et les connotations participent à la modalisation d'un énoncé.

Modernes : groupe d'écrivains de la fin du XVIIe et du début du XVIIIe siècle, partisans du progrès et de l'innovation. Ils s'opposent aux Anciens, partisans de l'imitation de l'Antiquité (▶ p. 478).

Moralité : petite phrase située soit à la fin soit au début d'une fable et délivrant un enseignement moral.

Mythe : récit légendaire, transmis de manière orale et permettant de donner des explications à certains phénomènes naturels ou sociaux (▶ p. 218).

Narrateur : celui qui prend en charge un récit (discours narratif). Le narrateur doit être distingué de l'auteur, sauf dans l'autobiographie et dans les lettres réelles (▶ p. 146).

Narration (discours narratif) : récit s'inscrivant dans le temps, situé dans un lieu et mettant en jeu des actions accomplies par des personnages. Le discours narratif implique la présence d'un narrateur (▶ p. 146).

Naturalisme : courant littéraire et esthétique de la seconde moitié du XIXe siècle (▶ p. 357, 486).

Niveau de langue : registre d'une même langue que peut adopter un locuteur. On distingue les niveaux de langue argotique, familier, courant, littéraire, recherché.

Nouveau roman : tendance littéraire française des années 1950 caractérisée par son refus des conventions du genre romanesque traditionnel (personnage, rôle du narrateur, techniques narratives...). Parmi les représentants de ce courant figurent M. Butor, N. Sarraute, C. Simon, A. Robbe-Grillet (▶ p. 127).

Nouvelle : genre narratif bref (▶ p. 216).

Nouvelliste : auteur de nouvelles.

Ode : poème destiné à être mis en musique et célébrant des personnages ou des événements (▶ p. 457).

Opposant : dans le schéma actantiel (▶ p. 178), élément ou personnage qui fait obstacle à l'action.

Orphée : premier poète, selon la légende, il s'accompagnait de la lyre et charmait les bêtes sauvages par la beauté de ses chants.

Oulipo : terme formé avec le début des mots *Ouvroir de Littérature Potentielle*, désignant un atelier de littérature expérimentale animé par un groupe d'écrivains parmi lesquels G. Perec, I. Calvino, R. Queneau (▶ p. 102) et le mathématicien F. Le Lyonnais.

Oxymore : figure d'opposition qui consiste à rapprocher dans une même expression deux termes antithétiques. Ex : *le soleil noir* (Nerval).

Pamphlet : court texte critique et satirique qui attaque avec violence les institutions, la religion, le pouvoir... (▶ p. 457).

Parabole : court récit rapportant des faits de la vie de tous les jours, mais ayant une portée symbolique et comportant un enseignement moral.

Paradoxe : pensée ou opinion contraire à l'opinion commune.

Parallélisme : structure de phrase ou de paragraphe mettant sur le même plan des mots ou des groupes de mots construits de la même manière.

Paratexte : ensemble des éléments informatifs (notes, chapeau, situation dans l'œuvre...) qui accompagnent un texte (▶ p. 91).

Parodie : imitation satirique.

Pastiche : imitation des caractéristiques d'un style visant à son exacte reproduction, sans volonté satirique.

Pathétique : registre caractérisé par l'émotion inspirée au lecteur ou au spectateur par une situation pitoyable (▶ p. 317).

Péripéties : ensemble des revirements et des événements qui viennent changer le cours d'une intrigue, au théâtre ou dans un roman (▶ p. 161).

Périphrase : figure de substitution qui consiste à utiliser plusieurs termes pour désigner une notion. Ex : *le siècle des Lumières* désigne le XVIIIe siècle.

Personnification : figure d'analogie qui attribue à des objets, à des animaux ou à des idées, des caractères humains.

Picaresque (roman) : roman mettant en scène un *picaro*, personnage issu du peuple, aventureux, ambitieux et débrouillard, dont les mésaventures constituent la trame du récit (▶ p. 146).

Plagiat : action de prendre des passages entiers dans les œuvres d'autrui et de les faire passer pour sa propre production.

Pléiade : groupe de sept poètes de la Renaissance parmi lesquels Ronsard et du Bellay. Leur poésie est caractérisée par l'admiration de l'Antiquité et le lyrisme (▶ p. 475).

Poème en prose : texte poétique dont la forme est prosaïque, mais qui s'apparente à la poésie par les rythmes, les images et une structure recherchée. Le poème en prose est né au XIXe siècle avec A. Bertrand (▶ p. 332).

Point de vue (ou focalisation) : manière de voir et/ou de rapporter une scène dans le récit ; on distingue le point de vue omniscient, le point de vue interne et le point de vue externe (▶ p. 147).

Polémique : caractérise ce qui relève du combat. Un texte polémique est un texte qui attaque des personnes, des idées... (▶ p. 473). Une polémique est un débat houleux, une controverse.

Polysémique : caractère de ce qui comporte plusieurs sens.

Positivisme : mouvement philosophique du XIXe siècle caractérisé par la foi dans le progrès et par l'idée que les hommes pourront accéder au bonheur grâce à la science. Le chef de file de ce courant était A. Comte (▶ p. 487, 489).

Préciosité : courant littéraire du XVIIe siècle, dont l'objectif était d'atténuer la grossièreté des mœurs et du langage. Molière tourna en ridicule l'excès de complexité du langage précieux (▶ p. 479).

Quatrain : groupe de quatre vers.

Quiproquo : malentendu qui fait prendre quelqu'un pour quelqu'un d'autre. Le quiproquo est source de comique au théâtre.

Raisonnement (types de) : on distingue les raisonnements concessifs, déductifs, dialectiques, inductifs, par développement linéaire, par analogie... (▶ p. 416).

Rationalisme : conception philosophique selon laquelle la raison est le principe de toute connaissance.

Réalisme : manière de rendre compte du réel sans le modifier ni l'embellir ; courant littéraire et pictural du XIXe siècle attaché à la représentation exacte du réel (▶ p. 357, 486).

Récit : énoncé coupé de la situation d'énonciation (▶ p. 417), par opposition au discours.

Récit emboîté : *voir* Emboîtement (▸ p. 161, 212).

Réforme : mouvement de protestation contre les abus de l'Église aux XVe et XVIe siècles, marqué par la volonté de revenir aux enseignements des textes sacrés (▸ p. 476).

Règles : conventions régissant le théâtre classique, notamment la tragédie. Ex : règle de bienséance, règle des trois unités... (▸ p. 252, 478).

Réfutation : démarche argumentée qui consiste à démontrer le caractère inexact d'une thèse par des preuves contraires (▸ p. 416).

Registre : manière d'exprimer dans un texte une attitude particulière face à une situation, en relation avec différentes émotions (joie, angoisse, colère, indignation, admiration, plainte, compassion, méfiance, doute...). On distingue ainsi les registres épique (▸ p. 179), fantastique (▸ p. 213), tragique (▸ p. 253), comique (▸ p. 279), pathétique (▸ p. 317), lyrique (▸ p. 337), polémique (▸ p. 473)...

Rejet : *voir* Enjambement.

Rétrospective (ou retour en arrière) : à l'intérieur d'un récit, insertion d'un passage qui rapporte des faits survenus antérieurement (▸ p. 161).

Roman : genre narratif appartenant à la fiction (▸ p. 127).

Romantisme : courant culturel de la première moitié du XIXe siècle (▸ p. 297, 336, 486).

Salons : lieux où se réunissaient, à partir du XVIIe siècle, écrivains et artistes pour débattre de questions littéraires (▸ p. 479).

Satire : critique moqueuse des défauts humains et des situations.

Sonnet : poème à forme fixe, composé de deux quatrains et de deux tercets.

Stances : tirade en vers sous forme de strophes, dont chacune présente des récurrences de disposition des vers et possède une unité de sens (▸ p. 234).

Stichomythies : au théâtre, échange rapide et souvent violent de répliques brèves, se limitant à un vers, dans un dialogue animé (▸ p. 473).

Sturm und Drang : « Tempête et élan », mouvement littéraire créé en Allemagne vers 1770, par réaction contre le rationalisme et le classicisme. Goethe et Schiller participèrent à ce mouvement (▸ p. 336).

Surréalisme : courant littéraire et pictural qui a suivi la Première Guerre mondiale et dont la caractéristique est de laisser libre cours à l'imaginaire dans la création artistique (▸ p. 373, 490).

Synonymes : mots de même sens.

Tercet : groupe de trois vers.

Tragique : registre caractérisé par un enchaînement de faits conduisant à la mort (▸ p. 253).

Utopie : désigne, par son étymologie, « un lieu qui n'existe pas », et, de là, une société idéale, de conception imaginaire.

Vaudeville : comédie légère, fondée sur des rebondissements de l'intrigue, sur des quiproquos et des bons mots.

Vers libres : vers de longueur irrégulière et sans rime. Ils sont identifiables à leur disposition dans la page, disposition elle-même associée à leur rythme (▸ p. 373).

Volumen : manuscrit formé de feuilles de papyrus et enroulé autour d'un bâton (▸ p. 62).

Le lexique de l'image

Abstraction : représentation picturale qui ne cherche pas à rendre une imitation du réel figuratif, mais à suggérer, par les lignes, les couleurs, les mouvements, des éléments de la vie intérieure et de l'imaginaire du peintre.

Angle de prise de vue : au cinéma et dans la photographie, cette expression désigne la position de la caméra ou de l'appareil photo par rapport à ce qui est filmé, soit sur le même plan (à hauteur du regard d'un homme), soit de haut en bas (plongée) soit de bas en haut (contre-plongée).

À-plat : en peinture, désigne une couleur appliquée de manière uniforme.

Bulle (ou phylactère) : espace délimité dans lequel sont inscrites les paroles des personnages des bandes dessinées.

Cadre : ce qui limite une représentation, contours, taille de la toile, de l'écran. Le cadre délimite le champ.

Champ : espace limité par le cadre de l'image. Ce qui est en dehors constitue le hors-champ, ce qui est en face, le contre-champ.

Composition : manière dont sont disposés les éléments d'une image les uns par rapport aux autres.

Couleurs : sensations que produisent sur l'œil les radiations de la lumière. Les couleurs sont dites « chaudes » (rouge, orange...) ou « froides » (bleu, vert...). Les combinaisons des couleurs primaires (rouge, jaune, bleu) forment de très nombreuses nuances. Aux différentes couleurs sont associées des significations symboliques. Ex : le rouge est lié à la passion, à la violence.

Dessin : représentation des formes et des contours d'un objet ou d'une figure, plutôt que leur couleur.

Esquisse : première forme, traitée à grands traits et généralement en dimension réduite, d'une œuvre envisagée.

Image fixe : désigne un ensemble de représentations picturales comme une photographie, un tableau, une affiche, un dessin de presse, une publicité sur papier.

Image mobile : images de cinéma, qui se succèdent et sur lesquelles les éléments représentés sont animés.

Lignes (grandes) : ensemble d'éléments géométriques (droites, courbes, diagonales, parallèles...) permettant de comprendre les grandes directions et la structure d'une représentation.

Perspective : technique de représentation en deux dimensions d'objets perçus dans la réalité en trois dimensions.

Photogramme : au cinéma, image isolée d'une série photographique enregistrée sur la pellicule d'un film.

Plan : façon de situer et de cadrer une scène ou un élément représenté : premier plan, arrière-plan ; au cinéma on parle de plan général ou plan d'ensemble (totalité d'un paysage), de plan moyen (plusieurs personnages en pied), de plan américain (personnage vu à mi-cuisse), de plan rapproché (personnage vu à hauteur de la taille), de gros plan (visage).

Point de fuite : point d'un dessin en perspective où convergent des lignes qui seraient parallèles dans la réalité.

Table des illustrations

14 ph © E. Lessing / Akg-images
17g ph © Bridgeman-Giraudon
17d ph © G. Blot / RMN © Succession Picasso, 2004
18 et 19 ph © Akg-images
22 ph © G. Dagli Orti
23 ph © Agence Enguerand-Bernand
24 ph © G. Dagli Orti
26 ph © G. Blot / RMN
28g ph © Bridgeman-Giraudon
28d © Succession Picasso, 2004
30, 31 © Archives Hatier
33, 39, 41 ph © BNF, Paris
42h © DR
42b ph © E. Lessing / Akg-images
45 ph © Archives Hatier
46 © Coll. Roger-Viollet
48, 52 ph © Akg-images
53, 54 ph © Archives Charmet / Bridgeman-Giraudon © DR
56 © Collection FNDIRP
58 ph © C. Jean / RMN
60 ph © Bridgeman-Giraudon © Adagp, Paris, 2004
63 ph © Archives Charmet / Bridgeman-Giraudon
64 ph © G. Dagli-Orti
66 © Editions Gallimard
67 ph © Bildarchiv Steffens / Bridgeman-Giraudon
69 ph © J. Schormans / RMN
71 © Médiathèque de l'agglomération troyenne, photo P. Jacquinot
72h © Le Livre de Poche
72b © Pocket Classiques, 1991
73 ph © J.L. Charmet / Archives Hatier
74 © Mille et une nuits, département de la Librairie Arthème Fayard, 1993, 2000.
75 © Editions J'ai Lu, Collection Librio / Illustration : **Th. Birch**, *L'île de Saine Eustatie* : détail (Omaha Joslyn Art Museum)
76 © Nicolas Fructus / Musée des Arts et Métiers
80 ph © S. Bassouls / Corbis Sygma
82h © Editions Gallimard, 2001 © Timothy John / Corbis
82b **O. Redon** (1840-1916) : *Portrait d'Arï Redon au col marin* : détail, vers 1897 (Musée d'Orsay, Paris) / ph © RMN © Editions GF-Flammarion
83g © Editions Gallimard, Coll. Folio
83d © Edition Pocket, 1990
85 © Coll. Roger-Viollet
86 coll. Christophe L
88 © Editions du Seuil, Paris
90g © Le Livre de Poche
90m © Bruno Mallart / Le Livre de Poche
90d © Editions Gallimard, Collection Découvertes Gallimard
93 ph © Akg-images
95 ph © Bridgeman-Giraudon © Adagp, Paris 2004
98 ph © H. Lewandowski / RMN © Hamilton John Mac Lux
101 ph © Bridgeman-Giraudon © DR
102g et d ph © Selva / Leemage © Editions Gallimard
105 ph © Akg-images © DR
108 © Lorenzo Mattotti / Ministère de la Culture et de la Communication
110 ph © Bridgeman-Giraudon
115 ph © Archives Charmet / Bridgeman-Giraudon © DR
118 ph © G. Dagli Orti
120 ph © Illustration
121 ph © H. Bréjat / RMN
122 ph © Archives Charmet / Bridgeman-Giraudon
126 ph © Mme Hélion © Adagp, Paris 2004
129 ph © Bridgeman-Giraudon
130, 135 ph © G. Dagli Orti
137 ph © R.G. Ojeda / RMN © Succession Picasso, 2004
140 ph © Robert Doisneau / Rapho
143 ph © Bridgeman-Giraudon © DR
144 © Casterman
149 ph © D. Arnaudet / RMN
150 © Collection Roger-Viollet
153 ph © R. G. Ojeda / RMN
155 ph © J.B. Berizzi / RMN
157 © Collection Jonas / Kharbine-Tapabor
159 ph © Archives Charmet / Bridgeman-Giraudon © DR
160 ph © Akg-images
163, 164 ph © G. Dagli Orti
165 ph © Archives Hatier
167 ph © E. Lessing / Akg-images
170 ph © H. Lewandowski / RMN © Adagp, Paris 2004
172h ph © B. Barbier / Corbis-Sygma © Pathé Renn Production
172b coll. Christophe L ph © Sam Levin
173 coll. Kharbine Tapabor
176h ph © Archives Charmet / Bridgeman-Giraudon
176m et b © G-F Flammarion
177g ph © B. Barbier / Corbis-Sygma
177d ph © Le Livre de Poche
181 ph © G. Dagli Orti
183 ph © H. Lewandowski / RMN © Adagp, Paris 2004
185 ph © Bridgeman-Giraudon
187 ph © R. G. Ojeda / RMN © Adagp, Paris 2004
189 ph © Haags Gemeentemuseum © 2004, Mondrian / Holtzman Trust c/o HCR International -- hcr@hcrinternational.com
190 ph © Bridgeman-Giraudon
192 ph © Akg-images © DR
195 ph © G. Dagli Orti
197 ph © G. Blot / RMN
200 ph © R. G. Ojeda / RMN © Doigneau Edouard
205 ph © Artothek / Bridgeman-Giraudon
207 ph © Bridgeman-Giraudon © F. Botero
211 ph © Bridgeman-Giraudon / D.A.C.S. © Adagp, Paris 2004
214 ph © Christie's Images / Bridgeman-Giraudon © Adagp, Paris 2004
217 ph © G. Dagli Orti
219 ph © E. Lessing / Akg-images
221 ph © H. Lewandowski / RMN
224 ph © Bildarchiv
226, 227 ph © E. Lessing / Akg-images
228g ph © E. Lessing / Akg-images
228d ph © Brigitte Enguerand / Enguerand-Bernand
230 ph © Archives Hatier
233 ph © Ramon Senera / Agence Enguerand-Bernand
234 ph © Brigitte Enguerand / Agence Enguerand-Bernand
237 ph © Pascal Gely / Agence Enguerand-Bernand.
238 ph © Brigitte Enguerand / Agence Enguerand-Bernand
241 ph © Marc Enguerand / Enguerand-Bernand
243 ph © Brigitte Enguerand / Agence Enguerand-Bernand
244 © Collection Roger-Viollet
248 © Collection Roger-Viollet
251h ph © Agence Enguerand-Bernand
251b ph © Mme Marie-Noelle Robert
254, 255 ph © Archives Charmet / Bridgeman-Giraudon
257 ph © Brigitte Enguerand / Agence Enguerand-Bernand
259 ph © Gély / Agence Enguerand-Bernand
260 ph © Lauros / Bridgeman-Giraudon
263 ph © Pascal Gely / Agence Enguerand-Bernand
264 ph © Brigitte Enguerand / Agence Enguerand-Bernand

266	ph © Marc Enguerand / Agence Enguerand-Bernand
269	ph © Brigitte Enguerand / Agence Enguerand-Bernand
273	ph © J. M. Martin du Thein / Agence Enguerand-Bernand
277	ph © G. Dagli Orti
284	ph © Archives Hatier
285	ph © J.L. Charmet / Archives Hatier
288	ph © Archives Charmet / Bridgeman-Giraudon
291	ph © A. Pacciani / Agence Enguerand-Bernand
292	ph © Agnès Varda / Agence Enguerand-Bernand
294, 295	© Collections Comédie-Française
296	ph © P. Bernard / RMN
299	ph © Tristan Valès / Agence Enguerand-Bernand
301	© Selva / Leemage
309	ph © Brigitte Enguerand / Agence Enguerand-Bernand
311	© Lipnitzki / Collection Roger-Viollet
313	ph © Brigitte Enguerand / Agence Enguerand-Bernand
315	ph © Marc Enguerand / Agence Enguerand-Bernand
318	ph © Bridgeman-Giraudon
321	ph © Akg-images
323	ph © Peter Willi / Bridgeman-Giraudon © DR
324	ph © M. Bellot / RMN
327	ph © Akg-images
329	ph © J. Lewandowski / RMN
330	ph © J.G. Berizzi / RMN
332	ph © The Arthur Rackham pictures, reproduction avec l'aimable autorisation de la famille / Archives Charmet / Bridgeman-Giraudon
335	ph © Akg-images
339, 341	ph © Lauros / Bridgeman-Giraudon
342	ph © Lagiewski / RMN © Adagp, Paris 2004
343	ph © Photothèque des Musées de la Ville de Paris / Degraces
345	ph © Lauros / Bridgeman-Giraudon © Adagp, Paris 2004
348	ph © H. Lewandowski / RMN
352	ph © M. Bellot / RMN
356	ph © H. Lewandowski / RMN
358	ph © Akg-images © Adagp, Paris 2004
361	ph © G. Blot / RMN © Adagp, Paris 2004
363	ph © Peter Willi / Bridgeman-Giraudon © Adagp, Paris 2004
365	© Editions Gallimard
366	ph © Photo CNAC / MNAM Dist. RMN © Adagp, Paris 2004
369	ph © Lauros / Bridgeman-Giraudon © Adagp, Paris 2004
370	ph © P. Migeat / Photo CNAC / MNAM Dist. RMN © Adagp, Paris 2004
371	ph © Archives Hatier © Adagp, Paris 2004
372	ph © P. Willi / Bridgeman-Giraudon © Adagp, Paris 2004
375	coll. Christophe L
377	ph © Bridgeman-Giraudon © Adagp, Paris 2004
379	ph © Photos12.com / ARJ © Adagp, Paris 2004
381, 383	© Collection Roger-Viollet
386	ph © Akg-images © DR
388	ph © Alinari / Bridgeman-Giraudon © Adagp, Paris 2004
390	ph © Bridgeman-Giraudon
393	ph © G. Blot / RMN
395	ph © R.G. Ojeda / RMN
397	ph © E. Lessing / Akg-images
398	ph © Rijksmuseum, Amsterdam
400	ph © Bridgeman-Giraudon
403	ph © Akg-images
404	ph © H. Lewandowski / RMN
406	ph © Akg-images
408	ph © Alinari / Bridgeman-Giraudon
415	© Plantu
420	ph © G. Dagli Orti
424	ph © Archives Charmet / Bridgeman-Giraudon
427	ph © R. Walter / Rapho
434	ph © G. Dagli Orti
436	© Benetton Group S.p.A. / Photo O. Toscani
438	ph © H. Lewandowski / RMN
441	ph © G. Blot / RMN
443	ph © Lauros / Bridgeman-Giraudon
445, 447	ph © Bridgeman-Giraudon
448	ph © G. Blot / RMN
450	ph © E. Lessing / Akg-images
451	ph © G. Blot / RMN © Adagp, Paris 2004
453	ph © E. Lessing / Akg-images
454	ph © Arroyo © Adagp, Paris 2004
456	ph © Arnaudet ; H. Lewandowski / RMN
459	ph © Archives Hatier
460	ph © Akg-images
463	© Photothèque des musées de la Ville de Paris / Cliché Ladet
467	coll. Christophe L
468	ph © J.L. Charmet / Archives Hatier © Adagp, Paris 2004.
472	ph © Akg-images © Adagp, Paris 2004
474h et b	ph © G. Dagli Orti
475h et b	ph © G. Dagli Orti
476 et 477h	ph © G. Dagli Orti
477b	ph © Lauros / Bridgeman-Giraudon
478	ph © R. G. Ojeda / RMN
479h	ph © RMN
479b	ph © Archives Charmet / Bridgeman-Giraudon
480h et b	ph © G. Blot / RMN
481h	ph © G. Dagli Orti
481b	ph © Lauros / Bridgeman-Giraudon
482h	ph © RMN
482b	ph © M. Beck-Coppola / RMN
483	ph © Bridgeman-Giraudon
484h	ph © RMN
484b	ph © Bridgeman-Giraudon
485h	ph © Bridgeman-Giraudon
485b	ph © RMN
486h	ph © P. Bernard / RMN
486b	ph © G. Blot / RMN
487	ph © Bridgeman-Giraudon
488h	ph © J.G. Berizzi / RMN
488b	ph © Arnaudet / RMN
489h	ph © G. Blot / RMN
489b	ph © M. Bellot / RMN
490h	ph © E. Lessing / Akg-images © Succession Picasso, 2004
490b	ph © G. Dagli Orti
491h	ph © Akg-images © Adagp, Paris 2004
491b	ph © Robert Capa / Magnum
492	ph © P. Bernard / RMN © Adagp, Paris 2004
493h	ph © Archives Hatier
493b	ph © Peter Turnley / Corbis

Achevé d'imprimer Par Rotolito à Pioltello - Italie
Dépôt Légal n° 46442 - Avril 2004

XIXe

1800 — 1850

Ire République, Directoire et Consulat	(1792-1804)
Premier Empire	(1804-1814)
Restauration	(1815-1830)
Monarchie de juillet	(1830-1848)
IIe République	(1848-1852)
Second Empire	(1852-1870)
II	

HISTOIRE ET POLITIQUE

1804 Code civil
1805 Austerlitz
1812 Campagne de Russie
1815 Les Cent-jours Waterloo
1822 Lois contre la presse
1823 Guerre d'Espagne
1828 Abolition de la censure
1830 Conquête de l'Algérie
1831 Révolte des canuts de Lyon
1841 Loi limitant le travail des enfants
1848 Révolution Suffrage universel
1848 Abolition de l'escla-vage
1851 Coup d'État de Louis-Napoléon Bonaparte
1854 Guerre de Crimée
1859 Campagne d'Italie
1859-1869 Construction du canal de Suez
1864 Droit de grève
1864 Ire Internationale
1870 Guerre franco-prussienne
1871 Commune de Paris
1881-1882 Lois Ferry sur l'école
1889 IIe Internation
1895 Créa de la
1894-1 Affaire Dreyfu
18 Zol *J'a*

SCIENCES

1814 Stephenson Première locomotive
1816-1829 Niépce Première photographie
1828 Première ligne de chemin de fer
1853-1869 Haussmann Rénovation de Paris
1859 Darwin *Origine des espèces*
1862 Moteur à explosion
1865 Claude Bernard *Introduction à l'étude de la médecine expérimentale*
1876 Bell Invention du téléphone
1877 Edison Invention du phonographe
1883 1re automobile à essence
1885 Pasteur Vaccination contre la rage
1889 Exposition universelle à Paris (tour Eiffel)
1895 Premie des frè Lumièr
1896 Becqu Décou de la activit

ARTS

1801 Haydn *Les Saisons*
1808 Beethoven *Symphonie pastorale*
1814 Goya *Tres de Mayo*
1824 Delacroix *Les Massacres de Scio*
1832-1835 Chopin *Nocturnes*
1836 E. de Girardin, journal *La Presse*
1843 Wagner *Le Vaisseau fantôme*
1853 Verdi *La Traviata*
1862 Ingres *Le Bain turc*
1874 Première exposition des impressionnistes
1880-1906 Rodin *Le Penseur*

Mouvements

Naturalisme
Réalisme
Romantisme
Symbolisme
Le Parnasse

Auteurs

Goethe 1749-1832
Staël 1766-1817
Chateaubriand 1768-1848
Stendhal 1783-1842
J. & W. Grimm 1785-1863 / 1786-1859
Byron 1788-1824
Keats 1795-1821
Balzac 1799-1850
Hugo 1802-1885
Dumas 1802-1870
Sand 1804-1876
Bertrand 1807-1841
Nerval 1808-1855
Poe 1809-1849
Musset 1810-1857
Dickens 1812-1870
Melville 1819-1891
Flaubert 1821-1880
Baudelaire 1821-1867
Dostoïevski 1821-1881
E. & J. de Goncourt 1822-1886 / 1830-1870
Verne 1828-1905
Tolstoï 1828-1910
Vallès 1832-1885
Carroll 1832-1898
Zola 1840-1902
Mallarmé 1842-1898
James 1843-1916
Verlaine 1844-1896
Maupassant 1850-1893
Loti 1850-1923
Huysmans 1848-1907
Rimbaud 1854-1891
Wilde 1854-1900
Laforgue 1860-1887